U0052834

古代文明的開展

文化絕對價值的尋求

王世宗　著

三民書局

獻　給

所有為追尋生命意義而受苦的靈魂

自序

這本《古代文明的開展——文化絕對價值的尋求》是拙著《現代世界的形成——文明終極意義的探求》（三民，2003）的「姊妹作」，它們共同構成一部解釋人類文明進程的通史，其所要闡明的理念是文明的發展有其方向與目的，決非隨波逐流而船過水無痕。

我所要說的是文明歷史不斷在進化——不是進步。

而這個進化的工作是靠極少數負有才智與使命感的菁英在人間推動，不是由爭權奪利的政客與資本家或追求人生安適的凡夫俗子所造就。這些肩負文明傳承任務的菁英是兼具智仁勇的君子，他們不是偉大而是高貴，不是成功而是不計較成敗，他們可能被敬佩但卻不被效法，永遠孤獨但絕不冷漠，他們是悲劇英雄，但從不是要作英雄。

科學家可以說人是什麼什麼，其論證可能是依據百分之九十九點九九九九的人的行為，這樣的論點是有效的，但絕對是錯誤的，因為科學家不能解釋甚至未能發現那極少數的「怪胎」，於是你只能以文化——而非科學——的觀點說他們是瘋子，其實他們不是，因為沒有瘋子會有意識地自討苦吃。所以佛洛伊德說「文明的代價是瘋狂」——瘋狂是文明的代價，不是文明的本質。

當人們說歷史在重演，其論據多半是政治社會現象，我們卻無法說藝術的歷史、文化思想的歷史、宗教的歷史、科學的歷史、甚至是經濟的歷史是在重演的。這個意義就是古今中外絕大多數人都是一樣的，而這點並沒有證明什麼。一般人只從自己的生命經驗看人生，只有巨人會站在巨人的肩膀上看到人間。因此，關於最高層次的義理，少數人的看法未必是對的，但多數人的意見絕對是錯的。

相對論者何苦堅持其見為絕對，虛無主義者何苦強調其說為真實，懷疑論者何苦宣傳一切為假象，他們在自我肯定時就在自我毀滅，而他們卻在自我毀滅時想要自我肯定。智慧不同於知識，知識不同於資訊，誠如意義不同於關懷，關懷不同於興趣；同理，生命不同於生活，文明不同於文化，史識不同於史實。如果不信真理存在也無追求之意，則學者只是遊客而非旅客，而學術只是遊戲而非遊歷。當生命的意義只是壽命，而萬物之靈的價值只是高等的動物時，「人生」一詞也應消滅，因為它已無異於「時間」。

這本書的出版是作者的義務，希望它能找到讀者，而讀者能找到希望。

王世宗

臺北花園新城挹塵樓

古代文明的開展
——文化絕對價值的尋求

第一章 文明演進的歷程

Temple of Aphaia, c.500BC, Limestone, Aegina.

文化與文明的意涵

「文化」(Culture) 一詞本是人類學的術語，其定義是「一個社會的生活方式」。它在十九世紀後期為英國人類學者泰勒 (E. B. Tylor, 1832–1917) 率先使用，因為這個概念在學術討論上有其相當大的有效性與便利，故迅速被其他社會學科、人文學科，乃至為生物科學界所採用 *1*。「文化」一說原是用以標誌人類社會之不同於動物群體，這個用法是在強調人類社會文化的諸多要素，如風俗習慣、觀念與態度等，乃是經由學習過程而非生物遺傳累世傳遞 *2* 。各個社會的文化內涵雖有差異，但所有的文化都包含相同的課題或類門，這包括社會組織、宗教信仰、經濟體制、及物質生活型態（如武器、工具、與衣著）等。

「文明」(Civilization) 簡言之是指「高級的文化」，它至少要具備數個「先進的」條件，如農牧業（已超越食物採集 food collection 階段而進入食物生產 food production 時代）、冶金、專業化與分工的社會、文字的使用、城市的發展（Civilization 一字是源於拉丁文 *civis*，其義是「市民」）、國家規模和政府組織等。具體而言，「文明」一詞適用於距今 8000 至 6000 年間首度發展出的文化型態；西亞、埃及、中國、印度、希臘、羅馬、秘魯 (Inca)、墨西哥 (Aztec) 等地從此時以後相繼進入「文明」之域。而各地文明雖各有興衰起滅的變化，但既成的文明基本素質並不

1. 有關「文化」一詞意涵的擴大，參見 Dorothy Lee, *Freedom and Culture* (Englewood Cliffs, N.J.: Prentice-Hall, 1959), 70–71.
2. 文化觀點所以能世代相傳乃是藉由社會特有的獎懲體系發揮其規範和控制的作用，而其傳遞的主要媒介為語言，然也有憑藉經驗教訓之途而維持文化傳統者。

隨之在當地消失不復，而且文明的偉大觀念與發明常向外地傳布發揚；再者，文明發展即為文化的進化，它只可能停滯，而無倒退之虞，因為在歷代少數菁英的傳承之下，高尚的文化素質雖可能為社會大眾所棄絕與輕視，但絕不會被獨具慧眼的英雄所忽略而致失傳。由此可見，「文化」與「文明」頗為相近，但「文化」的定義顯然較「文明」廣泛或寬鬆，它可以指任何一種「生活方式」，包含初等與高級之流，而「文明」則僅指複雜而開化的生活方式。故任何民族都有「文化」，但並非每一民族都有「文明」，就如每一個人都有他的行為方式，但不是每一個人都有修養（譬如並非每一個「當代」人均有「現代」的素養）[3]。然在中文詞彙的使用上，一般人並不如此清晰定義及區別「文化」與「文明」，使用者常語意含混模糊而各行其是，乃多有以「文化」指陳「上層或高級的文化」(the high culture) 者，這正是將「文化」說成「文明」[4]。

3. 社會學者如韋伯 (Max Weber) 也不認為人類的歷史可以「文化」而非「文明」的觀點去論定其通則規律，詳見 C. O. Scharmer, 'Max Weber: History as Interplay and Dichotomy of Rationalization and Charisma,' in Johan Galtung and Sohail Inayatullah eds., *Macrohistory and Macrohistorians: Perspectives on Individual, Social, and Civilizational Change* (London: Praeger, 1997), 88–89. 但文化史學者則大都主張以多元價值觀考察各社會的特質，參見 Peter Burke, *Varieties of Cultural History* (Cambridge: Polity Press, 1997), 55–56.

4. 中文世界所謂的「西洋文化史」科目其實常是「西洋文明史」，而所採之西文教材亦多為 Western 'Civilizations' 之屬，故在課程名稱英譯時，又多取 Western Civilizations 之名，而非 Western Cultures，這正顯示中文語彙中「文化」與「文明」的用法常混淆不清。誤用

文明演進的歷程

約略而言，類似人種的猿人在二百萬年前已出現於非洲，經過「巧人」(Homo habilis)、「直立人」(Homo erectus)，至十萬年前乃有「智人」(Homo sapiens) 的形成，而在四萬年前生理與心理條件與今人相同的現代人 (Homo sapiens sapiens) 已經出現。這也就是說，文明發展的意義不在於人種體格的改變，而在於精神層次的提升，否則文明早已出現。事實上，人之所以為萬物之靈，其條件或原因正是人的心智，而非體格。能思索和質問「人與禽獸的不同」正是人與禽獸最大的不同之處，而人獸之不同、君子與小人之不同、以及文明與文化之不同，皆與這個意識發揚的程度息息相關，孟子說「人之異於禽獸者幾希，庶民去之，君子存之」(〈離婁〉下) 正是此意。人類超越其他物種而步向文明的第一件大事即是火的使用，這就表示人的體格條件不如大自然中的飛禽走獸，但能自保營生乃至宰制自然，正是憑藉其智能 5 。古希臘神話中普羅米修士 (Prometheus) 為幫助體弱無力的人類求

或濫用「文化」一詞者常忽略人與動物不同、文化與文明不同、各地文化不同、以及狹義的文化與政治經濟社會諸領域不同等各式問題，而以為或主張文化可以表示一切的行為模式。有關「文化」與「文明」 二詞混用情形的批判 ， 參見 A. L. Kroeber and Clyde Kluckhohn, *Culture: A Critical Review of Concepts and Definitions* (New York: Vintage, 1972), 19–20.

5. 例如大部分的哺乳類動物天生皆能游泳，而人則不能，須經學習與訓練方能泅水。人在生物界中無疑為最乏自衛機能者之一，其求生能力的提升顯賴心智而非體格。如此看來，人類的演化相當程度可謂是「反求生」，若考量道德觀念的反功利要求，更可知人的生存遠較禽獸辛苦。

生，自天庭盜火而護送至人間，卻因此受天神嚴懲，這個故事除卻歌頌道德勇氣之外，便是說明智慧——火的使用為其表現與象徵——之於人類文明開展的重要性。如此，工具的使用是人類智慧的進一步表現，而最原始並取材於自然的工具即是石器 (stone tools) 6。直至石器時代，人們多以家族小群體為生活圈，不斷為覓食營生而遷移，處於食物採集的階段，既憂且勞。

到了新石器 (Neolithic) 時代，動物的馴養 (animal domestication) 及植物的栽植（可謂 plant domestication）開始出現，這也就是說畜牧業與農業開始發展（二者大約同時）7，於是定居的生活型態 (sedentary life) 也就此產生（定居生活一出倫理道德問題的重要性隨之遽增）。定居的生活使造屋與貯水更形重要，因而有取土製作建材與水罐的陶業 (pottery) 之興起，石器時代由此逐漸終了。同時，定居的生活導致人口密集的聚落（或稱「城市」city，故最早的政治體乃為「城邦」city-state）8，而食物短缺時，村落之間的交易——以穀物、陶器與各式原料為主——乃開始增加，這也逐漸刺激村民職務的分工與專業化 (occupational specialization)，進一步促進城市的發展，此種集體安全系統大有利於人類的求生。在這個事務漸繁而人際關係趨於緊密的情況下，「口說無憑」的困擾與權責確保的重要性日增，於是文字 (writing or written language) 便應時而生（在西亞這大約是

6. 火的使用可為現成資源的借取（如直接採用野火），石器的使用則為工具的製作，故火的使用不可能晚於石器。

7. 最早的農牧業出現在西元前 9000 年的西亞地區，東南亞與墨西哥地區則在西元前 7000 年開始出現農耕。

8. 中文古字「國」常指「城」或都邑，此亦可為上古普行城邦制之輔證。

西元前 3500 年)。既有文字，乃有識字 (literacy) 與文柄之事，而這在文明初創時通常即是宗教祭司之專利，於是社會階級 (hierarchy) 的分化更趨嚴密 9 。同時，文字的出現標示了歷史時代——相對於史前 (prehistoric) 時代——的開端，文明的發展因此更有先民的遺產可憑藉（有跡可尋），文明發展的原理脈絡與目的意義也因此更有尋繹的可能。與文字發明約略同時（在西亞大約是西元前 3500 年） 且深受文字記載累積經驗之惠者，是冶金 (metallurgy) 技術的發展，其先是製銅，然後是製鐵（先銅後鐵的進程與礦冶條件及技術的難易有關）；銅與鐵的使用一方面是在於器具，另一方面則在於武器，這使城市經濟更加發達，也使掌握此類先進武器的部落征服力大增。於是部落兼併之風興起，城邦時代逐漸逝去，起而代之的是大一統帝國的格局，這大約是西元前 500 年左右的局勢（波斯帝國的建立可視為其徵象）10。同時，部分是為了回應這個外在的大變局，部分是基於內在的省思，探討普世價值與超越性真理的宗教信仰（如猶太教與婆羅門教）與哲學人生觀（如希臘哲學與中國儒家思想），於是產生，更高等的文明就此誕生，它不僅關心生活的功能，更關心生命的意義 11。

---

9. hierarchy 一詞原意指宗教階層，神權統治 (theocracy) 為人類社會最早的政權型態，二者同時盛行乃自然之勢。

10. 秦統一天下是在中國的鐵器時代，其道理亦類此。

11. 若將上文所述文明發展歷程簡化成幾項步驟，這就是：1. 火 (fire) 的使用；2. 石器 (stone tools) 的使用；3. 動物的馴養 (animal domestication)；4. 植物的栽植 (plant domestication) 或農業 (agriculture, c.9000BC–) 的發展 [定居生活 (sedentary life) 的開始]；5. 陶業 (pottery) 的出現；6. 城市聚落 (cities) 的興起 [全面專業化 (intensive occupational specialization) 的開端]；7. 文字 (writing

文明發展意義的省思

上述文明發展的歷程在世界各大文明區皆可應驗，並無歧異；也就是說，世上諸文明興起的時期雖先後有別，但是文明（或說古文明）「成長」所經歷的進程皆相同。這個一致性顯示在高度文明成就之前——即如前述文明歷程的討論止於帝國與文明觀（或立國精神）成形的階段（約為西元前 500 年）——初級文明的發展深受物質環境或外在條件的影響乃至制約。上文所分析的文明演進歷程以後見之明而論甚為合理且必然，這似乎驗證了唯物主義的文明歷史觀，但其有效性其實是由於初民社會最大的問題即在克服自然以求生，故早期的文明發展取向與物質條件關係當然緊密 。然而進入高度文明之後 （或者說高度文明自有其高尚表現），一個社會的文化性格與其物質環境的關係便趨於疏遠，人的自由意志表現則增強（這才顯示文明的高貴性）[12]，可見左派學者的唯物史觀在論述文明歷史——尤其是現代史——時，實在過於將人「物化」(dehumanize)，而忽視文明發展的意義和理想。事

or literacy, c.3500BC) 的發明 ； 8.銅器 (bronze) 的發現 ； 9.鐵器 (iron) 的發現 [部落征服力 (power of conquest) 大增] ； 10.帝國 (empire) 時代的出現 (c.500BC–1500AD)；11.世界觀 [世界性的宗教與哲學] 的提出 (worldview: universal religion and philosophy, c.500BC) 。 相對於帝國時代 ， 十五世紀以後是民族國家的時代 (nation-state system, 1500AD–) ， 至二十世紀乃有世界一家 (‘the world as one’) 觀念的提出與推展。

12. 愈高度的文明愈不受自然環境影響，而反過來將對自然環境造成高度的影響。詳見 W. H. McNeill, *The Human Condition: An Ecological and Historical View* (Princeton: Princeton University Press, 1980), 18–19.

實上，道德（社會出現後）與知識（文字發明後）的增長皆未必有助於人的求生[13]，但這卻是文明進化之所圖，可見文明發展不僅為謀生，更為求道[14]。這也就是說，若論文明偉大與否，不應著重其初期的表現——因為各古文明的同質性其實甚高——而應視其後來發展的成就，這才是文明差異的重點所在。

另外，各古文明興起先後不同而發展歷程卻一致的現象，使人不禁設想世上文明相繼的出現似為單一文明向外傳播的結果，由此文明傳播 (diffusion) 論與獨立發展 (independent origins) 說形成對峙的文明發展理論[15]。論者往往以各文明區的農業、陶業、銅鐵等物質文化之交流及其興起時間的早晚不同為證，論斷文明傳播的真實性，但事涉精神文明現象的部分，這個說法便無法令人信服。例如埃及的象形文字 (hieroglyph) 固然可能受到兩河流域同為象形系統的楔形文字 (cuneiform) 之影響而定型，但無論如何，中國的表意文字 (ideograph) 系統應不是源自於西方，畢竟其間性質的差異有相反之勢；又古希伯來人的啟示性宗教信仰（revealed religion，即猶太教）也與古印度的非啟示性宗教（non-revealed religion，即婆羅門教）觀，迥不相牟，二者應無相互繼承或仿效的關係。依此而論，文明獨立發展說似較可信，

13. 人若能自命為小人，固守無知無恥，便能視人間為樂園；反過來說，君子總先憂後樂，無畏成仁取義，而難以維生。
14. 參見 A. N. Whitehead, *Adventures of Ideas* (New York: The Free Press, 1967), 273; and Matthew Melko, 'The Nature of Civilization,' in S. K. Sanderson ed., *Civilization and World System: Studying World-Historical Change* (London: Altamira Press, 1995), 41.
15. 詳見 C. L. Riley, *The Origins of Civilization* (Carbondale, Ill.: Southern Illinois University Press, 1972), 209–14.

而事實上世上的四大古文明在初期發展的時候，彼此確少有接觸；何況傳播論無法解釋最初文明如何出現的問題，這表示獨立發展說畢竟較傳播論有效（缺陷較少）。然而究竟人類文明是靠傳播而擴展的，抑或是各自獨立發展而成的，至今學者仍無共識與定見，而此後似亦不能確知[16]。但若吾人以探究文明的價值為念，則超越時空的文明意義才是尋思的重點，上述的爭議於此便無關宏旨。又如前文所說，文明性格與成敗的判分關鍵其實不在於古代，而是在於現代，爭論文明起源的單一性或多元性與探問何為高度文明取向的大哉問相形之下，就顯得有些玩物喪志了。

文明發展的歷程顯示人類不斷朝向「克服自然」前進，但克服自然一方面當是不可能，另一方面則為無止境，故文明發展的終極目標應不是在於克服自然，或侷限於物質文明的成就，因而人與自然的關係之重新思考與定義，乃成為現代文明的重要課題。

此外，文明演進的歷程並不顯示初期的發明或突破，在價值或意義上不如晚期的成就，不論此類進步是奠基於文明經驗的累積或是推翻。這是說古人所面臨的考驗未必比今人所面對的問題簡單輕鬆，其成就大小的比較亦應循此去思量，如此古代文字的創造（可說「無中生有」）其難度不可謂低於現代科學的發明（有前人智慧為憑）。由此可見，近代流行的文明「進步觀」(idea of progress) 實甚幼稚。

再者，如前言，文明愈早的創作愈多針對外在環境所做的回應，而高度文明的成就主要是內在主動追求的表現。當然，文明

---

16. 參見 A. M. Craig et al., *The Heritage of World Civilizations* (Upper Saddle River, N.J.: Prentice Hall, 2003), 1. 左派學者強調唯物主義與環境制約作用，故較傾向於傳播論；右派學者重視心靈創作與個性特質，故較傾向於獨立發展說。

的創作恐無絕對出於「外應」或絕對基於「內省」的結果，此在宗教信仰、學術思想、或道德法律等方面的建構皆然。然而高度文明表現必是拋卻其地域性與個別性特質，而展現出其對超越性與普遍性價值的掌握，中國儒家思想、希臘哲學觀念與基督教精神的可貴與高貴正是在此;它們追求放諸四海皆準的理念與標準，而不是企圖彰顯自身的文化個性和民族立場17。當這個取向確立時，文明的觀念就成為人在宇宙中探求真理的思考，而不再是人在部落中尋求認同的思想，所以文明不是文化而已，而是高等文化。這可以解釋何以古代城邦體系推翻後，繼起的不是民族國家制度，而是帝國規模，因為有志者所思是「天下惡乎定？曰：定於一」。

17. 文明的歷史向來主要乃為菁英的歷史，「下層的歷史」(history from below) 在近代民主意識與資料處理技術發達之前也不存在。參見 Pat Hudson, *History by Numbers: An Introduction to Quantitative Approaches* (New York: Oxford University Press, 2000), 240; and Henry Abelove et al. eds., *Visions of History* (New York: Pantheon, 1983), 31–32.

第二章 上古文明的主要課題

The Goddess Lilith, c.2025–1763BC, Terra-cotta relief.

文明歷史的分期大略可區別為上古 (Ancient, c.3000BC–500BC)、古典 (Classical, 500BC–500AD)、中古 (Medieval, 500AD–1500AD)、與現代 (Modern, 1500AD–)，東方文明雖未必合乎這個進程劃分的年代斷限，但若就文明發展的精神或特質而論，則這個演進的趨勢在東方世界大致也可辨識。前述四個詞彙其實多少都帶著價值判斷的成分，它們標誌著各時代的文明屬性：上古是人類文明初建期，它的主要課題是求生 (surviving)，其主要的關懷為安全（security，相對於自由 liberty）；古典時代是文明基本價值的奠定期，它已超越維生的需求，進一步尋求「長治久安」乃至「安身立命」之道，文明的價值與生命的意義開始被確認，安全之外自由的重要性逐漸為人所重視；中古代表一個衰退與過渡的階段，它是一種「見山不是山」的處境，對於古典價值或遺忘、或拋卻、或質疑、或無力實踐；現代是文明終極意義的確定期，它是「見山是山」去疑安心的境界，重新肯定古典時代的價值，並賦予新詮釋與新生命，力圖貫通古今，追求永恆與超越性的真理。

當然，人類歷史實際的表現不能全然符合如上的標準和理想，但若吾人不執著人事物的表象，而追究其背後的意義，則知如此的分期不僅標示時代性，也指示文明發展的方向。現今學者為表現「客觀公正」的學術立場，大都不喜作價值判斷，故史學家常較過去更肯定上古與中古文明的成就，並傾向以較無價值意涵的 'Middle Ages' 和 'Contemporary' 取代 'Medieval' 和 'Modern' 二詞的用法，同時對於史上社會下層的大眾文化也更刻意強調。依此而論，上文的說法不免顯得「封建」或偏執。然而吾人應知所謂 'history' 有三個層次：其下者是「過去發生的事」（此為一般人所說的「歷史」），在上者為「往事的紀錄」，最高者是「詮釋過去發生的事」(此方為「歷史學」)。一般人常將「歷史」視為「故事」，而史學研究者又常以「復原事實」為職志。其實，「事實」(fact)是否在而可重建已極可疑，若為此而不作歷史解釋 (historical interpretation)——這才是「歷史觀點」(historical perspective) 或「歷史意識」(historical sense) 得以建構的途徑——這恐屬「玩物喪志」的等級。若然，則史學家 (historian) 便無異於「好古者」(antiquarian)，或是任一個有獨特知識癖好的人（如集郵者）。因此，任何企圖從歷史去探求文明意義的學者，皆不能不以價值判斷討論史事，只要自知不是「為賦新詞強說愁」（刻意曲解）即可，實無必要為保「客觀公正」的形式而不作解釋工作，或將一切的人事物均視為同等重要。

上古文明主要包括兩河流域 (Mesopotamia [1], c.3000BC–539BC)、埃及 (c.3000BC–525BC)、以及古代印度 (c.2800BC–321BC) 與中國 (c.2000BC–221BC) 文明，而波斯帝國 (559BC–330BC) 可視為古代西亞與埃及文明的總結，它的時代雖與古典文明代表的希臘 (c.800BC–338BC) 相近，但以文明性格而論，波斯的表現仍屬「上古的」而非「古典的」。上古文明的特質呈現是：文明性格與自然環境關係緊密、克服自然以營生為首要的文明課題、權力的追求 (the will to power) 為政治開始發展的基本動力、建立法律與道德綱維以求安定為主要的社會議題、生命意義的探求或宗教信仰的建立為上層文化的總體表現、藝術充分反映人生實況。這是一個探索的時代，它所表現的原始性自與人的獸性關

1. Mesopotamia 本是希臘文，意為「兩河之間」。由許多西洋古史名稱源出於希臘文的現象可知，後人對上古歷史的看法常是承襲希臘的世界觀。

係密切，人文主義與理性主義的精神薄弱，集體主義強烈，民情好戰黷武、迷信無知（神話充斥）、悲觀神秘，更不必說生活困苦。當然，文明進化的跡象也呈現在上古的歷史發展中，不論其程度如何小而速度如何慢，其趨勢是文明性格與自然環境的關係逐漸疏離，謀生的問題不是逐漸獲得解決便是不再重於一切，權力的追求在以力服人之餘也逐漸講求以德服人，法律與道德倫理除了保護既得利益者之外也逐漸伸張正義公理的觀念，人生觀與宗教信仰逐漸解脫對自然與現實表象的感受而具有超越性素質，藝術表現逐漸褪去生活寫實色彩而朝向純粹美感的呈現。而當這些文明的取向更趨成熟定型時，歷史便進入了古典的時代。

一、自然環境與文明性格的關連

兩河流域與埃及文明性格的差異

文明性格受制於自然環境愈大，愈表現此類文明的原始性，因而人類文明中最明顯受到自然環境影響者，正是史上最古老的兩個文明——兩河流域與埃及[2]。

整體而言，兩河流域的自然環境較埃及尼羅河 (Nile) 谷地險惡甚多[3]。兩河流域雖被譽為「肥沃月彎」(Fertile Crescent)，但其實它並不肥沃，只是相對於周圍的山區與沙漠甚為美好，而且

2. 過去學者對於兩河流域與埃及文明何者較早出現並無定論，但現今學界主流看法是認為兩河流域文明早於埃及。

3. 詳細的分析與比較參見 C. L. Redman, *The Rise of Civilization: From Early Farmers to Urban Society in the Ancient Near East* (San Francisco: W. H. Freeman & Co., 1978), 17–48.

這個肥沃是靠人工灌溉渠道與運河網絡的辛苦經營才造就，並非天成。當地因富產能適應乾熱環境的棗椰 (date)，方能吸引人定居，但居民卻須「看天吃飯」，與自然搏鬥，辛苦謀生。構成兩河流域的泰格里斯河 (Tigris) 與幼發拉底河 (Euphrates) 因不穩定的雪水常不定時氾濫成災，水源問題成為居民一大苦惱；同時，當地氣候不甚宜人，又有熱帶疾病肆虐，地理形勢且不似埃及封閉安全，誠非生活樂土。故史上埃及長期有人墾殖，而上古兩河流域文明盛期一過，該地的本土政權、經濟建設與文化體制皆急速沒落，隨即為外來文明所消滅和取代。兩河流域的第一大城巴比倫 (Babylon) 在古代西亞文明滅亡後，便迅速衰微 4，後繼無力，直到第八世紀才有巴格達 (Baghdad) 的崛起，成為兩河流域回教世界的重鎮。而兩河流域自中古巴格達回教政權盛世過後 5，也一路沒落至二十世紀，欲振乏力。

因為營生的環境惡劣，古代兩河流域的人民無法視自然為可親與厚生的資源；生活既是一場天人的鬥爭，兩河流域的文明性格乃顯得陰沈悲涼。這個地區無論在政治上或文化上都沒有統一過，更無一個類似埃及的穩固傳統。在政治上，由於諸多民族爭

---

4. 巴比倫城為上古兩河流域政權巴比倫 (Babylonia, 1830–1530BC) 與加爾底亞 (Chaldea, 606–539BC) 的首都。而在此二「帝國」之間將近一千年中，巴比倫城甚為衰敗，它成為西亞第一個真正的大都城乃是加爾底亞努力經營的結果。巴比倫城的盛世隨著加爾底亞的覆亡而消逝，它在西元二、三世紀以後已逐漸為人所遺忘，長期淹沒於塵土下，直到二十世紀才被發掘。

5. 1258 年西征的蒙古領袖旭烈兀（Hulagu Khan, 1217–65，成吉思汗之孫）揮軍攻滅巴格達，破壞當地自古以來的灌溉系統，致使兩河流域的繁榮從此成為歷史舊聞。

奪肥沃月彎的良田，而當地形勢開放又無險可守，以致上古兩河流域始終充滿著不同的部落政權與各式體制，或同時存在，或興滅相繼 6，衝突嚴重，動盪頻繁，缺乏埃及那般的長治久安政局。在文化上，兩河流域顯然較埃及激進、好戰、消極而悲觀。這顯現在埃及人因富有樂生之意而對來生或永生具有高度的期望，但兩河流域人民則常感人生為苦海，專事「活在當下」已感力不從心，故對死後世界或再世為人興味不高；從另一方面來說，埃及人對神的感受是慈悲的，故其對神的態度是敬愛的，反觀西亞人對神的感受則是威重的，故其對神的態度是敬畏的 7 。如此的文

---

6. 兩河流域最早的蘇美 (Sumer) 文明過去後 （3200–2300BC 為其盛期 ，2200–2000BC 為後期復興時代），繼起的勢力是阿卡德帝國 (Akkadian Empire, c.2300–2200BC) 與巴比倫帝國 (Babylonian Empire, c.2000–1600BC) ；其後是一個多國分立的亂局 (c.1500–700BC)，其中較大的勢力是西臺帝國 （Hittite Empire, c.1600–1200BC，立於小亞細亞）與卡賽族（Kassites，推翻巴比倫帝國）；然後是亞述帝國 (c.700–600BC) 稱霸期，最後崛起的是加爾底亞帝國（Chaldean Empire, c.600–539BC，此即所謂的新巴比倫帝國 New Babylonian Empire），它在西元前 539 年亡於波斯 (Persia)，上古兩河流域文明於焉告終。除了蘇美人之外，古代兩河流域民族概為閃米族 (Semites)，從歷史現象來看，在波斯帝國興起後閃米族總為相對（或相抗）於縱橫歐亞大陸的印歐族 (Indo-Europeans) 之社群，而常處於下風。今日的閃米族主要包括阿拉伯人 (Arabs) 及以色列人（Israelis，或猶太人 Jews），而由二十世紀以來的國際政局可見，閃米族頗有復興之情。
7. 古代兩河流域人民的宗教始終未脫多神信仰 (polytheism) 的層次，而埃及卻幾乎達到一神信仰 (monotheism) 的境界（詳後）。兩河流域宗教信仰的原始性（萬物崇拜）反映當地生活的困頓以及文化性

化風情差異也反映在埃及藝術的歡愉喜樂氣氛 （多生活情趣表現），與兩河流域藝術的緊張暴戾之氣（多戰狩搏鬥情景）形成鮮明對比 8 。

相對於西亞 ，埃及的自然環境可謂 「得天獨厚」、「風調雨順」 9 ，它的氣候宜人，尼羅河的洪水規律而可預期，且其所沖積的肥沃土壤嘉惠農民甚多；同時，尼羅河谷受高山、沙漠與海洋的保護，使埃及成為一個穩定、孤立而自足的環境，免於外來侵略，故能成就一個長久統一而和平的局面 10 。在這樣舒適安樂

格的現實與悲觀態度，國家一統對於埃及宗教中普世性觀念的發展有重要作用，同理兩河流域的政局紛亂也與其神明信仰的錯雜關係密切 。 參見 Herbert Butterfield, *The Origins of History* (New York: Basic Books, 1981), 47.

8. 兩河流域文明中藝術與現實生活關係之密切猶過於埃及的情況，或者說兩河流域藝術所表現的集體主義精神高於埃及藝術，這也可以作為兩河流域文明早於埃及文明而存在的佐證。關於兩地文明性格的比較，參見 P. L. Ralph et al., *World Civilizations: Their History and Their Culture* (New York: W. W. Norton, 1997), vol. I, 51.

9. 希臘史學家希羅多德 (Herodotus, c.484–425BC) 稱埃及為 「河流恩澤之地」 (gift of the river) 。 參見 R. V. Munson, *Telling Wonders: Ethnographic and Political Discourse in the Work of Herodotus* (Ann Arbor, Mich.: The University of Michigan Press, 2001), 75–76.

10. 古埃及文明略可分為三期：古王國（Old Kingdom, c.2800–2200BC，第一至第六王朝）、中王國 （Middle Kingdom, c.2000–1786BC，第十二王朝起） 與帝國時期 （the Empire 或新王國 New Kingdom, c.1560–1087BC，第十八王朝起）。古王國之後為封建割據的亂局，中王國之後則為西克索人 (Hyksos) 異族入主時期，新王國之後再歷五百年埃及亡於波斯帝國 (525BC)。相對於兩河流域文明，埃及的

的處境下，埃及文化的樂觀祥和態度似為理所當然，此情表現在古埃及「貪生」的復活觀、愉悅的人像藝術、及具有喜氣的民間文學（尤其是短篇故事）上，與此相應的是，古埃及不設常備軍或國民兵[11]，無好戰侵略的氣息，社會生活安定（古埃及軍國主義的發展與帝國主義的擴張，乃在新王國時期，這與西克索人入侵統治的刺激關係甚大）。另一方面，埃及的農業發展亟賴水利工程的興修，由於龐大的灌溉建設須靠強大的公權力籌辦，中央政府的集權統治與社會的分工合作（而非剝削利用）和集體主義運作乃為埃及歷史常態 （因此常有學者以 「國家社會主義」 state socialism 稱之）， 而神權統治 (theocracy) 是強化這個領導勢力的重要安排，這使得古埃及的宗教信仰氣氛濃烈而階級組織嚴密[12]。

政治顯得長治久安、穩定和平。同時，因為形勢封閉孤立，古埃及文明對於當代或後世其他地區的影響並不深遠。因為此種長久安定的文化特性，學者甚至認為古埃及並無歷史發展的觀念可言，參見 John Van Seters, *In Search of History: Historiography in the Ancient World and the Origins of Biblical History* (New Haven, Conn.: Yale University Press, 1983), 127.

11. 埃及古王國與中王國時期的兵制學者所知甚少 ， 相關討論見 B. G. Trigger, *Early Civilizations: Ancient Egypt in Context* (Cairo: The American University in Cairo Press, 1993), 51–52.

12. 古埃及法老 (pharaoh) 權威之大 ， 一方面是由於人民的宗教信仰觀念，另一方面是因為現實生活實際需要所造成。法老不僅為神在人間的代理者，其本身亦被視為神，擁有至上的權力。在名義上埃及所有的土地全歸法老所有，只是租予人民使用，此與兩河流域的情形不同， 西亞在漢摩拉比 (Hammurabi, fl. 1792–1750BC) 時法律已經承認土地財產的私有權。另外，古埃及施行工商國有制，並無自營商存在的餘地，所有商人皆為官方雇員，依政府指示而經商，不

例如金字塔 (pyramid) 的建築不是靠強制性苦力（如奴隸），而是志願的工農大眾基於宗教信仰與政治效忠，群策群力長久營造而成；一般而言，權勢愈大的法老其金字塔（帝王陵墓）規模愈大，但這是由各方情願之舉所促成，不是專制獨裁一事可以有效解釋。埃及神廟亦以規模龐大著稱（加納 Karnak 神廟尤為代表），就歷史觀點而論，公共建築物的巨大常表示該社會的集體主義取向強烈，但這也不是統治者一廂情願可以造就，而須有人民意向的配合。此外，可能是受到「一分耕耘便有一分收穫」的安適生活條件之影響，埃及人的人生觀與信仰觀極為實際，不重（擅）抽象玄思，這反映在埃及人對「天堂」所望不是一種心靈解脫的境界，而是一個物質享受的樂園；另外，古埃及的科學重實用而不講理論，藝術重寫實而不富想像，這也證明埃及文化的現實性。

埃及文明性格的轉變及其意義

兩河流域與埃及的文明性格雖有別，但二者高度受到自然環境的塑造則是相同之事。然文明發展程度愈高，其受自然條件制約的程度便愈低。古埃及文明略晚於兩河流域文明且受其惠——換言之埃及文明發展程度略高於兩河流域——這或許從埃及文明性格受制於自然環境的情況較西亞為輕可以見得；同時，這也表現在一個事實上，此即是古埃及晚期已逐漸解脫自然環境的支配，發展出與前期不同的文明特質，而此種現象在兩河流域則不甚明顯。

前文所述的埃及文明性格特質大略是樂觀態度、和平精神、極權主義、神權政治、集體主義、多神信仰、與現實精神。這些

像兩河流域容許獨立性甚高的商人階級出現。

性質的程度隨著埃及歷史的發展，逐漸降低。埃及人初始的樂觀態度是一種幼稚的天真，隨著人事滄桑的經歷，埃及人的悲觀態度慢慢浮現，這可由其復活觀的改變證明。早期埃及人相信凡人皆有永生可期（木乃伊 mummy 的製作乃為復活作準備，雖然貧者通常無力專注於此事），其後人們轉而相信只有善者可以上天堂，而惡者必墮入地獄，到了埃及的末期時巫術興盛（生死書與符咒流行），一般人認為只要能欺騙地獄之神，通過死後審判一關，即得往生樂土。這個「世風日下人心不古」的現象表示埃及人對世事的樂觀信心與道德勇氣逐漸淪喪，「理所當然」的想法隨著社會的敗壞而消沈。埃及人的和平精神到了新王國時期 (1560–1087BC) 已為好戰黷武的帝國主義所取代，在此時埃及帝國政府類似古王國時代 (2800–2200BC) 的型態，但更為極權，軍力成為法老統治的重要憑藉；同時埃及不再抱持傳統和平與孤立的政策，轉而採取對外侵略的帝國主義，在東地中海世界稱霸達二百年[13]。再者，埃及的集體主義與神權統治雖始終不改，但也有鬆解的趨勢，個人主義與自由價值在後期漸受重視。在中王國時期 (2000–1786BC) 法老的權威已不如從前，他的神性較少被強調，而道德倫理問題則開始被人們重視[14]；同時，祭司階級崛起，成為另一股瓜分權利的政治勢力，而社會財富亦不似古王國時期集中。這

---

13. 埃及帝國佔有巴勒斯坦 (Palestine)、敘利亞 (Syria)、尼羅河上游（奴比亞 Nubia）、克里特島 (Crete) 等地，並收服西臺人與卡賽人。詳見 D. B. Redford, 'Egypt and the World Beyond,' in D. P. Silverman ed., *Ancient Egypt* (New York: Oxford University Press, 1997), 44–47.
14. 詳見 D. P. Silverman, 'Divinity and Deities in Ancient Egypt,' in B. E. Shafer ed., *Religion in Ancient Egypt: Gods, Myths, and Personal Practice* (Ithaca, N.Y.: Cornell University Press, 1991), 58–67.

樣的轉變反映在中王國以後金字塔建築潮流的式微，與神廟建築時代的興起。金字塔為帝王陵墓，它代表統治者的權勢，而神廟乃人民信仰的公共空間，它象徵大眾的立場和地位；人民對法老的永生或「一人得道雞犬升天」的期許減弱，個人拯救成為更高的關懷，於是太陽神拉（Ra，代表天神）的地位名義上雖仍高於河神奧賽理斯（Osiris，代表地神，其後成為地獄之神），但其在民間信仰中的重要性漸漸不及奧賽理斯，蓋象徵母性慈悲、人間溫情、萬物生育力、且掌握死後審判大權、關係個人禍福的奧賽理斯，在人民心目中自然比高高在上、象徵威權天道的太陽神，更為可親與可貴[15]。連帶產生的現象是領導者對於政治權威的鞏固也不再如前時那般著重，與民生福祉相關的經濟建設則獲大力推動，埃及的貿易交通益為暢旺。此外，埃及的宗教逐漸脫離多神信仰（太陽神與河神成為眾神中的崇拜重心）而朝向一神信仰發展（西元前十四世紀伊克納唐 Ikhnaton or Akhenaton 推動信仰 Aton 的一神教），於此埃及文化的現世實用精神減少，抽象玄思與理想觀念則增加。

同一個自然環境（空間），在不同的時期（時間）裡表現不同

15. 據埃及神話，奧賽理斯原為一個愛民而賢能的君主，他教民稼穡與工藝、立法除暴安良，卻為其陰險的兄弟賽特 (Seth) 所害，死後被碎屍萬段，棄於尼羅河中。其妻艾西斯（Isis，為其姊妹）辛苦搜尋屍塊，復原其遺體，而使奧賽理斯神奇地復活。其後奧賽理斯重掌國政，濟世如前，最後他進入陰間，成為審判死者的主官。然後，其子賀拉斯 (Horus) 也為父報仇，成就大義。這個神話在埃及逐漸為人詮釋，使其信仰深度益增，不再只是自然界四時榮衰循環的擬人化描述；死後復活和永生、善惡果報、乃至人間親情與道德倫理，在此皆成為真理神性的具體呈現。

的文化素質，此即是文明演進之兆。古埃及後期文化與前期有別（雖不是迥異），這是上古文明第一個明顯表現歷史發展有其方向與意義的例證，此後這類現象已成常態，不勝枚舉，這說明人類文明進程已逐漸遠離物質困境，揮去汲汲營生的懸念，而開始設教立道，發展「為人」的價值。

印度古代文明的變異

古代印度文明主要出現在北印度地區，然在此同一地域中，由印度原住民德拉威人 (Dravidians) 所建立的文明與亞利安人 (Aryans) 入主後所建立的文明，在性格特質上卻有巨大的差異，這也說明文明取向不必受自然環境的決定，而吠陀文明（Vedic Civilization，亞利安人的文明16）層次高於印度河文明（Indus Civilization, c.2800–1500BC，原始印度本土文明）的表現也在此。印度文明應是獨立發展成的，不是根源或沿襲自另一文明（西

16. 亞利安 (Aryan) 一詞原為梵文 (Sanskrit)「貴族」之意，它是大約西元前 1500 年入侵北印度的印歐族群 (Indo-Europeans) 自稱的用詞，其意是要彰顯他們與被征服的印度原住民之不同。印歐族群包括日耳曼人、斯拉夫人、以及說希臘語、拉丁語、羅曼語（Romance，主要為西班牙語和法語）、與印度波斯語系 (Indo-Iranian) 的民族，成員眾多；憑藉其騎射（馴服馬匹）本事、鐵製兵器、與嚴密的社會階級組織等優勢，印歐語族在西元前500 年左右已經征服大西洋與印度恒河之間的大片江山。廣義上，亞利安人是印歐族群的同義詞，但亞利安一詞為二十世紀納粹德國推動種族政策時所慣用，成為日耳曼人或「非猶太人」的代稱，因此使這個名詞沾染上種族歧視的色彩，而不為現代學者所樂用。古印度亞利安人所用的梵文大約在西元前 700 年產生，而梵文最古老的經典是吠陀 (Vedas)，故學者稱亞利安文明為吠陀文明。

亞）[17]。印度河文明（以 Harappa 與 Mohenjo-Daro 二地為重鎮）處於印度的銅器時代，已有城市商業文化，也發展出文字（但至今仍未能解讀），大約維持一種封閉保守的神權政治，富有一致性、規律性、同質性、穩定性與連續性的表現，似為一個祥和繁榮且先進的社會[18]。這個文明在西元前 1500 年左右突然消失，而亞利安人入主印度後一千年間，物質成就極微，無城市建設，無文字發明，文明程度顯然低於前者。但其後梵文出現（西元前 700 年），吠陀文明逐漸成形，它的文化風格卻與印度河文明大異，並無發揚或繼承先前傳統的跡象。相對於印度河文明的物質成就與世俗性特色，吠陀文明可說是一個精神文明，它的主要貢獻是開創一個反物質乃至棄世的宗教觀（詳後），成為此後印度文化的中心思想，決定了印度的社會經濟乃至政治之型態。同一個自然環境卻出現截然不同的文明性格，古印度的例子說明人的觀念未必受外在條件的制約。事實上，吠陀時代的印度人並不是因為生活較前人更苦而有厭世的想法，也不是因為生活遠較前人優裕而專務不食人間煙火的玄談；他們的世界觀（worldview，即人生觀）不是針對其對物理世界的掌控狀況而發，而是要超越自身所處的環境去探問「人在宇宙中的地位」(man's place in the universe) 究竟為何[19]。

17. D. K. Chakrabarti, *The Archaeology of Ancient Indian Cities* (Delhi: Oxford University Press, 1998), 14–15.

18. 學者相信印度河文明圈應為一個王國甚或帝國，參見 C. L. Riley, *The Origins of Civilization* (Carbondale, Ill.: Southern Illinois University Press, 1972), 69.

19. 印度的醫學、天文學與數學成就甚高，此與印度宗教信仰（重求知）有關；印度人對宇宙本質與起源問題的探討，有如古希臘學者

波斯文明的吸收性與融合性

波斯帝國控有兩河流域與埃及，但它的文化性格與這兩個古文明先驅皆不同，這也說明文化不必是外在環境的產物；而文明歷史愈後期的表現愈不受自然條件的制約，波斯帝國作為上古文明的結束階段，正是因其展現更高的人為創作素質，然又不及古典文明的水準。波斯人是來自現在伊朗地區的印歐民族，波斯帝國是源出於伊朗高原上的部落政權，其文明遠落後於兩河流域與埃及，在西元前六世紀中葉之前幾不為世人所悉[20]。其後因賽流士 (Cyrus, d.529BC) 與大流士 (Darius, d.486BC) 的武功，波斯帝國迅速擴張，成為近東世界的霸主，橫跨歐亞非三大洲，統治著兩河流域、埃及、希臘（東部）、乃至印度等先進文明區。波斯所以能成為第一個統御數種民族而成功的帝國，乃因其富有「政治智慧」，而這個政治智慧簡單說即是施行深具包容性與融合性的統治政策[21]。波斯對於治下諸民族文化的兼容並蓄政策，其實是一

（特別是邁立特學派 Milesian School）純理性的追求，不為現實利益，而為求真。

20. 波斯早期歷史問題的探討可參見 Heleen Sancisi-Weerdenburg, 'The Persian Kings and History,' in C. S. Kraus ed., *The Limits of Historiography: Genre and Narrative in Ancient Historical Texts* (Leiden: Brill,1999), 100–6. Persia 一詞源自希臘文 Persis，波斯人自稱其國為「亞利安人之地」(the land of the Aryans)，這是伊朗 (Iran) 一詞的來源。

21. 兩河流域後期的亞述帝國國祚不滿百年 (700–606BC)，加爾底亞帝國為時更短 (606–539BC)，中國的第一帝國秦朝僅持續 15 年 (221–207BC)，而波斯帝國存在達二百餘載 (559–330BC)，帝國時期的埃

種文化繼承與吸收的工作[22]，這使波斯不僅不須自力更生、從無到有經歷文明開創發展的漫長過程，而能迅速過渡至先進文化，

及雖在東地中海地區稱霸二百年，然其統治範圍遠不能與波斯帝國相比，故波斯帝國可謂人類史上的第一個帝國。此外，波斯帝國不同於亞述、加爾底亞與埃及帝國之處是，後三者皆企圖同化其所征服的部族，但波斯帝國卻採世界一家的兼容並蓄政策；兩河流域地區的雄君常自命為「真主」('true king')，波斯國王則僅自稱為「王中之王」('king of kings')，承認其他君主的存在與威權。同時，賽流士與大流士等君王皆能「虛心」學習先進民族的文化並努力推廣之，使波斯帝國文化整體展現高度的國際性或世界性(cosmopolitanism)。尤可注意者，波斯帝國的版圖與其後亞歷山大帝國幾乎相同，只是後者更多巴爾幹半島（希臘故土）一地，然波斯帝國不採文化本位立場，卻有混同四海之志，而亞歷山大持有強烈的文化優越意識，企圖以帝國發源地的文化為宗，塑造出一個希臘化世界。由此可見，波斯帝國的帝國主義氣息實不強烈。

22. 波斯承襲最多的文化傳統是來自西亞，其次為埃及。波斯文是採用亞拉米語（Aramaic，古代敘利亞與巴勒斯坦等地的閃米族系語言）加以轉化而成，波斯貨幣體制是仿效小亞細亞西部小國里底亞(Lydia) 的設計，波斯曆法是以埃及的陽曆為本修改而得，波斯的建築更合成兩河流域、埃及、希臘（小亞細亞上的希臘殖民地）等地的特色，富有文化融合與折衷的風格。以首都波斯城（Persepolis，希臘文「波斯城市」）宮殿為例，其高填的地基平臺是西亞（尤其是巴比倫與亞述時代）的建築格式，其石柱仿製埃及神廟形式，列柱上的凹槽與渦形裝飾式樣則學自希臘（為 Ionic），而宮牆上的猛獸浮雕題材與彩釉磚瓦是仿照兩河流域的建築風貌（波斯人喜以獅子為飾的風習可能承自亞述，不過兩河流域建築中拱門與圓頂二大要素卻未為波斯所採用）。總而言之，除了宗教信仰（即祆教 Zoroastrianism）外，波斯文化大半是吸收異族文化而來。

且使波斯文化別樹一格，成為一種新型文化，乃至上古時代的最高文明，而非各式舊文化的雜燴。如此的表現自然使波斯帝國的文明性格較先前各古文明更不受外在環境的限制，而有自由的發揮空間。例如波斯帝國首度統一與統治近東世界眾民族，理當因此處於人民叛亂的高度隱憂下，而須建置大軍以防制反動（秦朝的「暴虐」道理正在此），然波斯政府因採寬容的統治政策（不似秦朝的高壓同化政策）[23]，各民族能歸順安處，故而國家不須執行普遍徵兵制（如中國初次統一時秦漢帝國之所為）或著力於軍備，人力可以他用，使得波斯文明的「文治」更可為而可觀。

高度的文明發展恐不是靠文化的累積 (accumulation) 所得，而是對傳統的推翻或突破所致，但是在文明發展的初期（上古時期），經驗的累積當然是「進步」的主要方式。如此，波斯文明為上古最高的文明，其文明性格較先前少受自然環境的影響，這與波斯民族的智能關係其實不深，而是因其能善用文化的遺產，雖然這也需要某些智能。

結　論

上古歷史的重要特徵是部族社會的好戰黷武與兵戎不斷，而論者常以地理因素解釋如此的現象，水源、沃土與戰略要地的爭奪乃成為學者分析的要點，這個說法的有效性當然與謀生的困難及人性的粗野程度相應和。綜上所言，文明性格與自然環境關係愈疏，愈顯現該文明的開化地步或其「現代性」(modernity)[24]，

23. 波斯帝國統治下的「異族」多為自治或半獨立的藩屬，希伯來人被波斯從「巴比倫俘虜」(Babylonian captivity，即加爾底亞（新巴比倫）的奴役）的困境中解放，並非因為波斯人對猶太民族情有獨鍾，特予優待，而是出於其一致的民族政策。

如此可知，「人在江湖身不由己」的態度其實是「不（夠）文明的」(uncivilized) 表現。

二、克服自然以營生

蘇美的文明階段與兩河流域的文明進展

文明早期多洪水相關的神話傳說，如巴比倫時代成形的吉格彌斯史詩 (Gilgamesh Epic)、《聖經》中的諾亞方舟 (Noah's ark)、埃及的奧賽理斯神、與中國的大禹治水等典故皆是，這反映的正是初期農業時代傍水而居的生活危境。由此可知，克服自然以營生是文明初始最重要的問題。

蘇美文明的起始大約是西元前四、五千年當蘇美人由中亞(和平地）南移至兩河流域下游，放棄游牧生活，而改營農耕定居生活之時[25]。一如首章所述的文明演進歷程，在農業產生之後，蘇美依序發展出陶業、城市聚落、文字及銅業。蘇美人最早（西元前第四千紀後期）發明文字，而文字紀錄乃是歷史時代定義的標準，故可說蘇美是人類歷史的開端。蘇美的楔形文字 (cuneiform)

---

24. 愈高度的文明愈不受自然環境影響，而反過來將對自然環境造成高度的影響。參見 W. H. McNeill, *The Human Condition: An Ecological and Historical View* (Princeton: Princeton University Press, 1980), 18–19.

25. 學者認為在蘇美之前五千年間已有許多部落文化在兩河流域發展，這是蘇美文明建立的憑藉；直到兩河流域北部發現更早 (c.5000BC) 的古代聚落之前，兩河流域南部（蘇美所在）一直被認為是人類文明的起源地。

在蘇美亡後一千年仍繼續被使用，巴比倫與亞述皆大量沿用蘇美文字系統，這套文字亦為兩河流域以外的部落（如西臺人）所使用；在西元前 3000–500 年間，楔形文字乃是西亞與埃及商業往來的通行媒介[26]。另外，蘇美人最早（西元前 3200 年）發明和使用輪子（埃及人至西元前 1700 年始知有輪子）、乘除算數（六十進位）、及陰曆等，這些創作皆成為後來兩河流域文明發展的根基，事實上，兩河流域的文字、宗教、法律、科學、和經濟型態，都以蘇美為母型而建構。

尤顯著者，巴比倫人長期與蘇美人接觸而深受影響，少有本身獨創的文化，巴比倫立國後其文化仍呈現蘇美風格，較大的改變只是法政方面（詳後）。蘇美是兩河流域的銅器時代，至西臺人——西元前 1500 年小亞細亞最主要的國家[27]——攻滅巴比倫

26. 楔形文字仍有許多部分至今無法解讀，這些字可能來自其他數種不同語文。楔形文字在波斯帝國征服兩河流域後，逐漸淘汰，終至消滅。楔形文字是一種象形文字 (pictograph)，它後來又衍生出一些表音符號，但從未發展出字母系統 (alphabet) 或拼音文字 (orthography)。中文初始型態亦是一種象形文字，但它後來轉化成表意文字 (ideograph) 而成功定型，足以傳達「形上」思想。象形文字為最原始的文字系統，但因它所能表達的語意有限且多為具體事物，故在文明更進一步發展後終不敷所需，而須轉型或放棄。今日世上主要語文中並無象形文字系統，而由象形文字演化成的中文，則是僅有的完整表意文字系統；然此二者皆被認為落後於拼音文字系統，因為拼音文字文法嚴謹，可以表現高度精確與抽象的概念，且能配合和傳達高度文明所要追求的理想性或超越性意義。

27. 西臺人是印歐族群的一支，他們是現今所知最早的土耳其居民，其入主土耳其大約是在西元前 1900 年時。隨後數百年間西臺人征服了兩河流域部分地區以及敘利亞，在西元前 1500 年時，他們已經

（c.1595BC，此時兩河流域的下游則為卡賽人所佔），引進鐵器，方使兩河流域超越蘇美的文明階段而進入鐵器時代。但除了冶鐵的技術外，西臺人的文化主要仍是仿效傳統兩河流域文明，少有新創；不過西臺人是東西文化的重要聯絡者，他們將兩河流域文化西傳至地中海東岸與愛琴海各地，首度促成上古文明經驗的重大傳播與交流。

稍後，腓尼基人 (Phoenicians) 則發展出非農業的另一種營生的方式——商業。腓尼基人定居於地中海東部沿岸，在西元前十二世紀已是縱橫地中海世界的貿易商與航海家。腓尼基人雖有極高的工藝製作技術，也能務農生產，但他們主要的謀生方法卻是經商[28]。這確是古代文明中的特例，也代表克服自然以營生的方式達到一個更高的層次，蓋商人不是生產者，其生機也就較不受自然條件的限制。但是在衣食尚不充裕的古代，以農立國乃是民生基本型態，腓尼基的經商營生途徑顯然不是一般部落可以從事或仿效的謀生之道，更不是一個國家賴以茁壯的主要憑藉。故而腓尼基的生活方式僅能象徵在農業之外，商業亦可為營生之法，然尚不是社會常態，而且在此時經商的成功仍有賴克服自然——腓尼基的航海活動也是高度的「看天吃飯」行業。事實上，腓尼

成為近東的大國。西臺人是史上最早具備冶鐵技術的部落之一，以此軍力遠勝他族。

28. Phoenicia 一詞是希臘文「紫色」之意。腓尼基人以海貝製成紫色染料，出產紫色衣料，成為古代近東珍品，生財頗鉅。不過腓尼基的繁榮主要仍是得助於商業貿易，而非農工業。腓尼基人航海技術高超，能於夜間以星座定位行船，因而北極星有時被說為「腓尼基人之星」(the Phoenicians' star)。許多學者相信腓尼基人曾航海到達英格蘭西南部 (Cornwall) 和非洲西岸，甚至環繞非洲抵達東印度群島。

基的商業航海事業僅足以建立一個自立自保的國家，絕不能發展為一個大陸霸權。腓尼基人的擴張政策其實甚為保守，他們四海為家但並不企圖開拓內陸殖民地，只求在港岸建立貿易站以牟取專利，避免競爭；腓尼基人只是生意人，不是帝國主義者，他們不建大軍——亦無力為之——也少征服異族之想（其影響力乃經由和平的商業交易而傳輸）;他們的政治組織是一個鬆懈的城邦聯盟，常以納貢換取國家安全，確保民族生存[29]。總之，腓尼基的生活方式展現上古文明的另類求生方法，但不代表上古文明普遍到達的階段；商業之外，腓尼基文化其實大多得自兩河流域與埃及文明，並無創意與特殊貢獻之處[30]。

希伯來人 (Hebrews) 與腓尼基人同為近東世界的邊緣人，但具有更為獨特的文明地位。希伯來人亦為閃米族的一支，其傳統文化深受兩河流域文明的影響，然希伯來人終於成就一個優異的文化，展現一種與眾不同的人生觀。希伯來人在物質文明方面（如科學）的成就極少，故就克服自然以營生的表現而言實無足觀[31]；

---

29. 腓尼基在地中海東岸的主要城邦包括 Tyre, Sidon, Byblos, Caza, Tripoli, Aradus 等，其海外殖民地遍佈地中海世界，如 Cyprus, Sicily, Sardinia 與西班牙南岸的 Malaga, Cades 等地皆有其據點，而尤重要者為非洲北岸的 Carthage 與 Utica。腓尼基的極盛時期是西元前十世紀至八世紀之間，其後受亞述重挫而式微，西元前六世紀後則相繼為加爾底亞與波斯所統治，勢力漸衰，最後亡於馬其頓。
30. 腓尼基人為重要的文化傳遞者而非發明者，其一大貢獻是採用埃及文字中的表音符號為字母，藉此創造腓尼基文，並將此拼音系統傳至西方，其後為希臘所仿效，成為歐洲現代文字的始祖。
31. 希伯來人的歷史地位或貢獻主要是「精神文明」，如文學、哲學、神學（或宗教信仰）、乃至道德法律觀點，然而希伯來文化的藝術早期希伯來人四處游徙謀生的困阨（西元前 1900–1500 年間由兩河流域遷至南敘利亞，再往埃及），正顯示他們在維持生計方面的失敗。既然「安身」不利，希伯來人乃以「立命」一途（宗教信仰）超脫人事苦難，而「另起爐灶」，竟也能充滿樂生之意。畫餅果能充飢，何嘗不是一種求生能力或生命境界的表現，豈能以自愚自欺的論點譏之，畢竟何謂基本生存需求，這是無法以科學標準判定的；事實上，人類並非須在克服自然之後方能生存，並且文明程度愈高愈知自然是不可能被克服或征服的，故生活條件並無「滿足」之日，「知足」的物質觀亦為營生條件之一。如此，希伯來文化也可說是另類的生存方式，甚至是克服自然以營生的高層次作為；不過，與前述腓尼基文化在此脈絡下的意義一樣，希伯來文化也不是促進社會富強繁榮的康莊大道——希伯來人實不看重世俗功業——而是一種對於文明發展方向的省思，它辨別了「生活」(living) 與「生命」(life) 的不同（正如「職業」不同於「事業」），建立捨利就義的人生觀。

亞述人在營生的方式上也有不同於其他部族之處，但它的原始性或野蠻性則甚高。亞述本為一個居於兩河流域上游的衰弱部族，常受強鄰欺凌，其後亞述人從卡賽人學得騎術，從西臺人習得冶鐵鑄劍之法，兵力大增，反而成為侵吞鄰邦的帝國。文明初期時克服自然以謀生的主要或正常途徑即是農耕，而不務生產卻得以生存的變態作法則是掠奪他人財物，或憑藉武力奴役他人從

表現卻又乏善可陳，這是因為猶太教義嚴禁偶像崇拜（「十誡」之第二律），既以人物形象為忌諱，藝術創作的題材與動機乃甚貧乏，而單純的宗教藝術一方面使藝術表現單調，另一方面又使藝術失去其本身的價值（不容許「為藝術而藝術」），這使藝術的發揮受到極大的限制。

事生產。姑不論道德問題，戰爭在古代乃是一種「生產行為」，且因其收益豐厚，戰勝者既可獲得財物，亦可佔有戰俘為奴隸，可謂人財兩得；故而戰爭向為貴族的特權，非一般民眾可參與，平民參戰者多務勞役之事（今日所謂之後勤工作），不能贏得軍功，取得權利。亞述的高層文化大都承襲自巴比倫，少有自創，但亞述卻因其獨特的軍國主義，而成為兩河流域第一個具有鮮明（一致性甚高）的文化風格之時代[32]。武力鬥爭的需求支配了亞述文化的取向：軍事領袖成為亞述最富有財產與權力的階級，農工商業皆因不為國家所重而衰微[33]，亞述人的宗教信仰不過是戰神的崇拜，而亞述的藝術不外是戰爭與狩獵的描繪。亞述人不了解也不關心其他民族，他們不知政治節制，不重視法律，巴比倫漢摩拉比法典的精神至此已經淪喪。亞述人所享有的生活物資便是其戰利品，而其社會關係即是階級剝削；亞述的「殘暴」常表現於官方放任士兵掠奪財物以為酬庸，以戰俘為奴或出售戰俘為奴，及（首創）以集體移民的方法防止叛變。總之，亞述的「克服自然以營生」的方式是征服人，而不是開發物，此種建立在剝削控

---

32. 亞述曾孤立生存數百年，其文化獨立發展，最後才受巴比倫文化影響而稍與他國交流，但它仍保有封閉排外的傳統，而獨具風格。從另一角度看，亞述其實是西亞文明世界的緩衝國與捍衛者，它防禦了兩河流域邊疆部落對此文明重鎮的侵襲破壞，而亞述因襲巴比倫文化，也使兩河流域傳統文化免於因列國分立的亂局 (1500–700BC) 而喪亂殆盡。

33. 亞述人由於黷武好戰，專注整軍經武，竟致農業生產不振，而須從外地輸入糧食以補不足。另外，亞述修建許多公路與驛站，以傳達政令，這個史上最早的郵政制度之設立，其實也是為了國防軍事，不是為了便民。

制手段上的謀生方式，既非文明的常態，也無法成為普及的文明體制（不足為訓）。它不如腓尼基人的經商營生在開發物質文明上的成就，更不能代表兩河流域文化傳承的成績；事實上，亞述人因其暴虐的軍事統治深受西亞眾民族痛恨，而亞述因武力強盛迅速擴張，終至於過度膨脹無法控制而崩潰，其帝國瓦解之徹底為史所罕見，其文化對後世的影響幾無蹤跡可尋。亞述之後繼起的加爾底亞帝國企圖振興巴比倫的文治，剷除亞述的軍國主義，重建文明經濟厚生的常規，特重科學效用，於是上古克服自然以營生的進程乃又回歸物力開發之途。

埃及的實用文明

埃及文明現實性甚強，其文化特性與利用自然以營生的需求息息相關。前文已指出，自然條件的優厚和求生的容易（相對而言）導致埃及人心的樂觀性，而龐大的水利建設工程促進埃及政治的極權化與社會的集體化，營生的便利也可能造成埃及重實用而不喜玄理的文化風格。古埃及的文明發展進程與兩河流域類似，同樣歷經農業、陶業、城市聚落、文字發明、銅器、鐵器、帝國建立、以及普世性宗教的提出等階段，但埃及這番成長似乎較兩河流域輕易，因為除了自身的創作外，埃及得利於西亞的文明傳播頗不少，這使其文明進展更為順當，乃至層次更高。例如埃及的象形文字 (hieroglyph) 晚於蘇美的楔形文字而出現，它的形式雖是自創的，但它的觀念應是學自兩河流域；然而早在古王國時期，埃及文字即已演發出象形 (pictographic) 、 表音 (syllabic) 與字母 (alphabetic) 三成分，前二種可見於蘇美文字，但字母原則——以單一符號代表單一發音——則是埃及人的發明。腓尼基人只是引用此法，稍加修改，去除非拼音符號，而建立世上第一套純字母

系統文字 (c.1400BC)，其後為希伯來人、阿拉伯人、希臘人與羅馬人所仿效。埃及同樣重要的發明是草紙 (papyrus) 的使用。草紙作為書寫材料遠較兩河流域刻畫楔形文字所用的泥板為輕便，且字形呈現更為清晰，這使文字的社會功能更能有效發揮，對於政令的傳達與人際溝通的暢達貢獻甚大；埃及的政治集權統一和社會動員凝聚效率之高與此關係極大，其後希臘與羅馬皆採用草紙，用處更多，此例呈現物質文明與精神文明緊密的關係和互動性。

此外，正如兩河流域文明是由蘇美奠基定型，埃及的文化也在早期確立而後穩定維持，變異不大34。然埃及政治的安定持久遠勝於兩河流域，這意味古埃及後期人民的營生不僅較西亞人民且較埃及先民容易許多。

波斯自現成文明的受惠

波斯帝國統一西亞與埃及，繼承上古文明傳統，故就謀生的技能與便利而言為前世所不及。史上文明區邊緣的野蠻部族入侵文明重鎮，常被稱為歷史的倒退或文明的破壞，此說大有商榷的餘地。尤其在古代，落後地區人民滲透或侵襲文明區，其主要目的實為生活條件的改善，而不是出於以破壞為樂的奸惡動機；入侵者既為物質享受而來，自不可能摧毀其所奢望的樂園，特別是當地的物資與生產建設。而且入侵者既然為文化後進者，其對高等文明中的文化價值觀（如宗教、法律與藝術）未必了解或認同，但愛羨先進地區物質成就的心情則極強烈，因此蠻族的侵略動亂

34. 埃及後期雖遭西克索人統治二百年 (1786–1575BC)，和來自於利比亞 (Libya) 與伊索匹亞 (Ethiopia) 的統治者控制，但這些外來者對於埃及文化的影響極微，最後都融合於埃及傳統中。

固可能導致受害國上層文化的衰微，但其物質文明的部分則通常不致毀滅，甚且可能受到更多的保護和珍視（例如蒙古入主中國後尊重工匠的程度猶勝於儒生）。滅亡羅馬帝國的日耳曼民族如是，征服西亞與埃及的波斯人亦如是。正因此，波斯獨創的文明成就雖少，但文明經驗的累積以及波斯文化的物質主義取向，使當世生活較前人更為優裕。例如波斯在科學上的發明甚微，但波斯頗知利用西亞與埃及的科技知識，且以追求商業利益等世俗價值為意向發展科技，因而使波斯時代的民生更得科學嘉惠。

古代的「超人」觀與科學觀

克服自然以營生為上古文明最重要的課題，這可以由當時的「超人」觀與科學觀探知。原始的穴居部落常有野獸壁畫，上古時代也常以猛獸為實力與威權的象徵，如兩河流域與埃及的宮殿皆喜以獅子圖像為裝飾[35]，這反映出初民對強壯體格的渴望，因為這是早期人類求生的首要憑藉。惟文明的發展非憑蠻力，而是靠人的智能，於是「完美的生物」逐漸變成兼具人的智慧與猛獸體格的「人獸」（或「獸人」），這就是古代的「超人」想像（東方神像的多面千眼千手造型具有類似涵義）。亞述國王薩爾恭二世(Sargon II, 722–705BC) 宮殿的飛牛人頭像，與埃及的獅身人面像（sphinx，用以象徵法老為太陽神的化身，原有數千座之多），都是此類形象表現[36]。然文明愈進化，智力優於體力的強調便愈高，

35. 奈布卡尼薩 (Nebuchadnezzar, 605–562BC) 所建的加爾底亞城牆和波斯城宮殿臺階，尤以獅子浮雕裝飾聞名。

36. 二十世紀義大利極權領袖墨索里尼 (Benito Mussolini, 1883–1945) 亦有手抱幼獅的政治宣傳照，這顯示法西斯政權理念的原始性——強調蠻力。

於是晚近的「超人」形象便不再是人獸一體，而是凡人的身軀（一身俗骨），但懷有超凡的智慧、意志和愛心。德國哲學家尼采(Friedrich Nietzsche, 1844–1900) 的超人觀和美國通俗影視劇〈超人〉的角色，相較於上古時代的超人概念，便可顯露文明進化的訊息。同理，人身獸頭的形象在現代則是「怪物」的典型，象徵著野蠻、反文明、或退化，這是人的自重表示。

上古科學觀的「古代性」表現主要是其實用取向，而希伯來人的科學特不發達，正因其文化中少有世俗化的精神。因為重視實用，所以古代科學不深談理論，不關注宇宙起源或事物本質的問題，而偏重有利於國計民生的課目，故天文學、數學及醫學尤為古代科學中的顯學[37]。古人研究天文主要是為訂定可供農民四時耕種參照的曆法，和有助於確定方位的方法，乃至於為人解析命運（故天文學 astronomy 與占星術 astrology 不分）；數學的功能是為計算財物、測量土地和房屋建築等實用目的，其推理思考的訓練不為人所重；醫學的探索更是為解除人的切身之痛，而非追究超自然現象。蘇美人已發展出陰曆、與六十進位的算術，能以自然素材為藥方；加爾底亞人尤為天文專家，精於計時（有星期制），能推算日蝕月蝕，已知五大行星之運行。實用的科學最能以經驗傳承——即文明累積的方式——延續不墜，即使好戰黷武、不重文治教化的政權，也會因富國強兵的需求而重視這些物質文明遺產[38]，故亞述時期兩河流域的科學傳統仍得安在且繼續發揚，

37. 科學的實用性到古典時代反而未見重大的突破，這應與知識的價值本身受到較高重視有關。參見 I. M. Diakonoff, *The Paths of History* (Cambridge: Cambridge University Press, 1999), 54–55.

38. 可見只要是有效或實用的科技通常會迅速流傳，不易消失；然則所謂「失傳的秘方」或「偏方」，依常識判斷即知其多不可信。

而波斯帝國因繼承與綜合近東世界科技文明，乃成為上古科學知識水準最高的時代。

埃及的科學更明顯為「應用科學」(applied science)，埃及學者對於真相真理無甚興趣，但宗教目的（其抽象性與超越性也極低）卻是其科學發展的重要動力。埃及人創造陽曆除了為計時與農耕，也是為配合宗教活動（太陽神的信仰）；埃及的數學特長在於測量與計算（如幾何學、圓周率及小數點的應用），此與建築工程和尼羅河定期氾濫後的土地重劃需求關係密切；埃及的醫學排除超自然觀點，純就自然因素看待疾病，以物理方法醫療，這並不是因為埃及人沒有宗教迷信，而是因為他們非常實際(practical)。古印度的天文學、醫學與數學成就亦甚高，這除了與生活所需有關外，也是因為印度的宗教信仰特重求知，故而與西亞和埃及不同的是，印度的科學既講究實用，也重視宇宙本質與起源的探討39。然宗教對於信徒而言不僅真實且有大用，故為宗教信仰而發展科學，也可說是實用的科學。

物質文明中的發明或發現其首要用途或最早應用之處常為軍事方面，這是古代部落為維持其競爭優勢和提高其征服力所使然40，例如兩河流域與埃及急於應用輪子以為戰車，使用銅鐵打

39. 印度人在數學上發明「0」（零）的用法，這或許與印度信仰中的空、無、或涅槃觀念有關。印度宗教的反物質主義精神使印度人與希伯來人同樣傾向於「立命以安身」的人生觀，而對克服自然以營生一事，態度不若其它民族積極。

40. 此在現代亦然，二十世紀兩次大戰期間，最新科技發明總以應用於軍事為優先考量，乃至以軍事需要引領科學研究（原子彈的研發為顯著例子），這顯示人性好求權勢的特質似乎不因文明進化而消失。科學發明即使用於正途，而化為有益於民生的利器，也往往因人的

造戰場利器，並且嚴格限制這些材料與技術的流傳。此事也可作為古代科學偏重實用的證明，因為愈不文明者愈圖「以力服人」，而科學發明的最大用處對此輩而言便是製作成「先進武器」。

結　論

上古文明的主要課題既為克服自然以營生，故所有古文明皆為所謂的「大河文明」，因為水為滋養生命所不可缺，而人類步入文明的初步即是發展農業；同時，水及其他生活物資乃是各方爭奪的目標，這造成古代歷史多暴戾征戰的特徵。然而人類營生的方法隨歷史進化愈來愈與農業、土地或大自然本身關係疏遠，而朝向對物力的提升與人力的控制而發展，換言之，工商業與政治在克服自然以營生的過程中，其重要性日增；同時，克服自然以營生的工作性質由物質文明逐漸轉化為精神文明，而克服自然所需的體力也漸不如智能之重要，於是暴力掠奪漸為和平智取所取代。這也就是說，人類早期靠食物採集維生，其後朝向以食物生產求生，至文明高度發展時則憑生產力營生。如此，當自然被視為生產力無窮的大地而人人皆有謀生的餘地時，古代族群間的對立性乃降低，而安全感增加，私有財產制漸受重視，而共產公有的分食觀念則漸泯。當然這個演進歷程絕非迅速，也未有明確的階段區分與完成時期（現代文明亦不能說已經達成克服自然以營生的目標），但觀乎上古文明即可知這個發展趨勢已成定局，後世社會不過是繼續這個永無止境的求生工作。然而吾人應知，文明的發展並不是為無止境地提升人的生活品質或壽命，因為這「無

蠻性，而使之成為害世的東西，正如拿刀殺人，即是利用一種「工具」以為「武器」，致使它成為「凶器」。

止境」是不可能的，生活的享受與人的壽命都有其極限，這是人所必須接受的「自然」，不論科技如何發達。故而孔子所說「不患寡而患不均」一語，若不以「量」的觀點同時解釋「寡」與「不均」，而以「寡」為「量」、以「不均」為「質」去思量其義，則可領悟聖人當以為生命的價值不在於壽命之長久，而是繫於生命如何使用。

三、權力的追求

權力的慾望或許源自於食物與財產的佔有慾，由此再轉化為一種支配他人生存的影響力；它若不是人的本性，也絕對是一種原始的人性，乃至獸性（如同動物佔據「掠食領域」的行為）41。後人常將權力慾視為或說成人生的「成就感」——屬於相對於「立德」與「立言」的「立功」觀點——以美化這個自私的妄念，但這未必是當事人具有的自覺或承認的蠻性；而且文明進化對這個人性黑暗面的消減似乎作用不大，將政府說為「必要的惡」即是對權力的支配做最強力的辯護，而資本主義的價值觀、社會階級關係的上下結構、乃至於君臣父子身分定位所暗示的敬老尊賢倫理規範，都在肯定權力的概念。甚至戰爭被指為文明的常態，而和平被認為歷史的異象，暴力征服被確立為權力取得的合理根據，因而有「征服權」(right of conquest) 之說（十九世紀後期帝國主

41. 追求「權」常妨礙「利」，未必有助於求生，且可能損人不利己，故權力慾望可說是一種「病態」（或變態）的人性表現；例如任職行政首長者常抱怨工作繁重、吃力不討好、「不是人幹的」，但將屆任滿之時卻又積極更謀權位，不忍下臺去職，這在官場中已是見怪不怪之事。如此可見，一個人「老」的特徵之一正是「愛權甚於愛利」。

義擴張競爭下，此說已訂為國際公法，保障列強權益），這也在合理化和促進權力的追求。至此，權力簡直是一個不可溯源和解析的人性因子，教育的立場又常將它化作激勵世人上進的動力[42]，不問是非對錯，這使人渾然不知權力慾望根本是人的惡性。其實，權力是一個凡人禁不起追問與批判的成就動機，它最終披露的是常人無法獨立自處、不問生命意義、而汲汲營生的無聊窘境和盲目追求。

領導是權力的體現，凡追求權力者必意欲作為他人的領袖，而最高形式的領導即是政治，最能全面——雖未必最深刻——支配他人的人即是政治統治者；身為領導而不帶世俗權力慾望者必有高貴的理想或使命感為其指引（如此方為不自私），「先天下之憂而憂，後天下之樂而樂」的人，必是無權力慾望的人，但此種志士仁人在史上可謂鳳毛麟角。以權力的追求為命題去解讀文明發展歷史，所見人性本質並無差異，惟不同者是追求權力的方法漸少暴力強取手段，而改為合乎「遊戲規則」（文明規範）的競爭手法，這正是「君子愛財取之有道」或「盜亦有道」似的主張；從表象來看，所謂政治的「進步」或「現代化」其重要指標是，古代的政治領導者多為軍事領袖（馬上得天下，馬上治天下），而現代的政治領袖則多是出身於考試和民主選舉的文官。但事實上，這並不保證政治由黑暗轉為清明，因為從政者的權力野心人人皆同，不分文武，不論古今。由此可知，文明的目的應不是要發現一個人人可以維生的妥協方法——這只是文明的形式表現——而

42. 「做總統」與「做廚師」二志願相比，後者常被認為「胸無大志」或「沒出息」，但其實前者充滿著支配他人的權力慾，而後者則較可能具有自我實踐的人生價值觀，雖然有志者應圖改善世界而不是服務食客。

是要改變人心，以不同於原始人類的態度去看待生活問題，這才是文明的本質所在。

兩河流域：從城邦到帝國

農業定居生活型態出現後，便有城市聚落的產生，而由於適合群居之處（如取水方便）有限，城市聚落並不能隨地發展，而是零星分佈，彼此聯繫不密，因此人類最初的政權規模乃是個個孤立的城邦 (city-state)，以一城為一國。史上最早的蘇美文明即是城邦分立的形勢（尤著者為 Uruk, Ur, Lagash 等城），而其盛況也僅為城邦聯盟的局面，但不論如何，當時的城邦統治者（稱為 Ensi）均為武將，蘇美城邦的分合端視這些軍事統治者的力量和作為如何。至西元前 2300 年左右，來自蘇美北方（兩河流域中游）的阿卡德 (Akkad) 強人吞併了整個蘇美地區。這個領袖的真名不傳於後世，他自許的封號薩爾恭 (Sargon) 成為他的代稱，而此詞意為「大王」('true king')[43]。阿卡德帝國 (Akkadian Empire) 包括蘇美與阿卡德地區，大約限於兩河流域中下游，而薩爾恭卻自命是寰宇之內的唯一真主，這和《詩經》〈小雅〉「北山」篇所述西周政權盛況「溥天之下莫非王土，率土之濱莫非王臣」如出一轍，其誇大不實或「好大喜功」的說法反映著古來梟雄一致的權力慾——政治野心。

巴比倫的政權穩固，帝國主義氣息較前代更濃厚。如前文所述，巴比倫長期與蘇美人接觸而深受影響，巴比倫主宰兩河流域

---

43. 在西元前第三千紀兩河流域的專制王權逐漸強化時，宗教勢力則同時式微，神權統治色彩於是降低。參見 Susan Pollock, *Ancient Mesopotamia: The Eden that Never Was* (Cambridge: Cambridge University Press, 1999), 193.

後，文化規模多沿襲蘇美舊制，不過巴比倫帝國在法律政治問題上，卻有極大的變革。舊時城邦制的地方自治傳統漸次被掃除，巴比倫國王的威權成為至高無上，中央集權更進一步，稅制嚴苛，兵役嚴格（為強迫性），工商業均由政府統制，甚至巴比倫城的主神馬杜克 (Marduk) 也被奉為眾神之王。如前述，在城邦時代裡，以一城為一邦，即使偶有「大國」局面的形成，也不過是城邦聯盟的鬆散組合，故地方分權仍盛，而無首都（以城為國）或大城的出現。至巴比倫時代，在權威、專制、武功的推展下，早期兩河流域的多元、獨立與自由格局已消失殆盡。於是一統的大國成為事實，首都的意義與大城的地位——二者常合而為一——開始興起；其他的城市與之相較，正如地方相對於中央或臣民相對於君主，明顯為相形見絀，或說眾星拱月。巴比倫若可算作兩河流域第一個「大國」（說是「帝國」其實不免誇張），其表徵之一即是巴比倫城——兩河流域的第一個大城及首都——重要性的躍起[44]，而這現象就反映在巴比倫由城名（為 Babylon）變成國名（為 Babylonia 或 Babylonian Empire）。與「大國」相伴而起的自然是「大王」（如漢摩拉比，執政期 1792–1750BC），他是真正統治八方的霸主，而不是自誇自娛的一方豪強[45]。

44. 在今日西方語彙中，巴比倫 (Babylon) 一詞常為大都市的代稱，並暗指紙醉金迷、繁華而墮落的城市生活。

45. 關於酋長部落 (chiefdom) 與國家政權之別以及遠古國家發展的討論，詳見 C. K. Maisels, *The Emergence of Civilization: From Hunting and Gathering to Agriculture, Cities, and the State in the Near East* (London: Routledge, 1990), 199–203. 關於早期國家發展過程中統治者屬性的轉變，參見 S. N. Eisenstadt, *European Civilization in a Comparative Perspective* (Oslo: Norwegian University Press, 1987), 20.

巴比倫衰微之後，當西臺人發展鐵製兵器而卡賽人引進騎術，優勢者的征服力大增，兩河流域小國混戰的結局自然成為強者兼併，造就了不同凡響的大「帝國」，此即是亞述。簡單說，鐵器時代的來臨便是帝國時代的開端（秦能統一中國，建立中國第一個帝國，亦可以此脈絡解說）。亞述有時被說為兩河流域的第一個帝國，這表示亞述的政權規模與性質前所未見，並不表示吾人不能視巴比倫或波斯為史上第一帝國，因為這些判斷都是以其先的歷史現象為對比而認定的。不論如何，相對於過去，亞述政權更呈現出大國或帝國的性格，這包括輝煌首都（尼尼微 Nineveh）與宮殿的營造[46]、全國交通與警備系統（公路和驛站）的建立、傳統文明知識的收集與整理（Assurbanipal 在位時國家圖書館的設置）、以及軍事控制和鎮壓異族叛亂的措置等。其實，第一帝國既然是吞併諸邦而成，眾庶必有二心，因此施政必然專制暴虐（軍國主義為其國格），方能勉強維持國體，亞述與秦朝皆是如此；而亞述作為第一帝國，其速亡 (700–606BC) 與對後世影響之微小，亦如秦朝在中國的情形。

加爾底亞推翻亞述，雖在文化上企圖去除亞述軍國主義的惡名，復興巴比倫的文治舊觀，但在政治上加爾底亞的觀念與行為其實與亞述相去不遠；甚至加爾底亞所以為「新巴比倫」，並不因為它振興了巴比倫的文化傳統[47]，而是因為它致力於恢

46. 由前文論述可知，國家大都的興建對初起的霸權有重要的政治意義，不能單以奢侈縱慾等道德觀點批判之。

47. 加爾底亞政府雖欲恢復漢摩拉比時代舊觀，但亞述其實早已將巴比倫文化遺緒改變了，況且加爾底亞人亦有其自身的歷史傳統，因此加爾底亞要恢復巴比倫文化可能性並不甚大。事實上，加爾底亞雖重振了若干巴比倫時代的政府制度、法律規範、經濟體系、乃至處

復漢摩拉比時代的法政權威，藉以鞏固這個新政權的統治力。這也就是說，自巴比倫以後兩河流域的「帝國」規模已經逐漸定型，後世新政權都在強化這個控制權威和統治組織，亞述如此，加爾底亞亦如此，它並無放棄帝制、解放各民族的意思。西元前 586 年加爾底亞征服猶太王國，攻取耶路撒冷，因為希伯來人的頑抗，加爾底亞國王奈布卡尼薩 (Nebuchadnezzar, 605–562BC) 乃憤而決意剷除其民族主義意識，於是對希伯來人進行種族遷移與集體奴役，此即是所謂「巴比倫俘虜」(Babylonian Captivity, 597–538BC) 的由來。加爾底亞這個集體移民的作法可能仿效亞述政府，與秦始皇脅迫全國富豪遷居首都咸陽的措施也有異曲同工之處。另外，奈布卡尼薩在巴比倫大興土木，使之成為西方史上第一個大都會兼政經中心[48]，這與亞述和秦朝大力營建首都的措施，也富有類似的政治意義。可見加爾底亞伸張統治權力的積極及其帝國主義霸氣，絕不輸前代。總之，從巴比倫至加爾底亞歷經千餘年，兩河流域專制王權的觀念與規制已經確立，政治競逐遊戲在此時與後世不斷重演，差別僅是不同的人物與事件過程。

世觀念，但在文藝方面這個文化復興工作成就並不大。加爾底亞的宗教信仰與兩河流域傳統相去尤遠，而其科學觀念（與宗教信仰關係密切）也與前人差異甚大。

48. 學者指出，古代兩河流域相較於其他古文明因有先進的城市建制故最顯「現代」風格。參見 C. K. Maisels, *Early Civilizations of the Old World: The Formative Histories of Egypt, the Levant, Mesopotamia, India and China* (London: Routledge, 1999), 346.

埃及：從和平主義到帝國主義

古埃及的政情相對於兩河流域的征戰鬥爭不斷可謂太平，但這不表示埃及人追求權力的慾望與觀念特與外族不同49。埃及的和平主義得以維持，主要是因為其生存空間寬廣富裕且形勢封閉，因而使埃及既少外患之虞，且無外犯之需；另一方面，因為埃及人的宗教信仰與政治社會體制結合（或配合）密切，其神權統治為上下交相迎合的構造，故少官逼民反的內亂隱憂（埃及內亂形式主要是貴族鬥爭），政府施政乃得以平和進行（無常備軍）。然而埃及統治階級的權力並不因和平主義之風而稍減，其權力鬥爭也不因此而消失，只是方式有所不同。金字塔的興築如前言並非依賴強制性勞力而是自願的民力，這可表現埃及政治的和平精神50；而另一方面，權勢愈大的法老通常其葬身的金字塔規模愈大，這又顯示統治者的權力不因和平政策而折損。神廟所祀奉者為太陽神，而據說法老乃是太陽神在人間的代表，如此拜神具有稱臣之義，政權不為宗教犧牲。古埃及政體即使可謂為社會主義王國 (socialist monarchy)，然埃及王權絕不少於其他專制王朝，法老陵墓的修築消耗龐大國家資源、土地王有（非公有）、以及官營工商的體制等，皆是鐵證。

史上的神權統治大多是愚民政治，它是統治者對宗教的利用，

---

49. 古埃及每一個成功的統治者均必須且善於利用「君權神授」之說以強鞏固其地位，參見 Charles Freeman, *Egypt, Greece and Rome: Civilizations of the Ancient Mediterranean* (Oxford: Oxford University Press, 1996), 34.

50. 金字塔為神格化的法老（太陽神的化身）之陵墓，建築者相信其對法老身後事的效力與奉獻，可使其因此獲得神的祝福。

不是宗教信仰指引政治行為，這也就是說在神權統治中政權其實高於教權；埃及實施中央集權專制，卻少高壓政策，其政治氣氛平和，政局穩定，社會安詳，此乃民智未開時才有的現象[51]。因此，造成埃及政治動盪的因素並不來自於民間，而是來自於同為統治階級而想進一步握權的貴族（即宗教領袖），以及外來的侵略勢力；前者導致古王國政權淪為封建割據的亂局 (c.2200–2000BC)，後者造成西克索族的高壓暴政 (1786–1575BC)。埃及既然為神權政治，其國內的權力篡奪自然也是假借宗教，故古王國之後法老權威式微的同時是祭司階級權力的增加[52]，而在這個過程中，人民的權力並無多大變化。相對的，埃及的外來入侵者奪取政權的憑藉當然是武力，而不是精神力量或文化因素，他們對於埃及的宗教信仰或神權政治的觀念自然影響微小，故異族政權消滅後，埃及的政治型態又復原如昔。埃及的極權專制雖然隨著時代的發展而有逐步解放的趨勢（見前文），但其實改變的程度並不高，而且，專制與民主僅是政治的方法、形式或手段性的差別，並不表示統治者的權力慾望或權力控制程度必然不同；埃及晚期的王權不少於古王國時代，正如現代民主政治下假借民意而擅權的統治者（如法西斯與共產主義政權），其專制獨裁而壓迫人民的

51. 十六世紀卡爾文 (John Calvin) 在日內瓦的統治方為真正的神權政治，他因教設政，以信徒為國民，視教規為國法，要求人民高度服從，因此專制而高壓，社會氣氛嚴謹，頗不同於古埃及的平和歡愉風氣。

52. 古埃及祭司有時可為國王的代表，以維持神格在人間完整的呈現，埃及神權政治的鞏固與內在緊張皆由此生 。 參見 Serge Sauneron, *The Priests of Ancient Egypt* (Ithaca, N.Y.: Cornell University Press, 2000), 34–35, 189.

程度絕不低於古代的暴君。

西克索人的統治雖對於埃及文化影響甚少，但其武力統治的手段與「槍桿子出政權」的征服行為，卻對埃及的權力觀念產生巨大衝擊。埃及人因異族侵略的刺激而引發其民族主義意識與團結情感，這一方面激起埃及的仇外與擴張野心，另一方面則促使埃及國內地方割據勢力的削弱，於是重新獨立的埃及成為一個更加統一與集權的國家。埃及不僅自西克索人學得騎術兵法，更進而建立軍事統治的實體，神權政治因此更增實力與威嚴，同時埃及的和平主義漸失，內政益為高壓，外交益為黷武，於是埃及的新王國 (The New Kingdom, 1560–1087BC) 已化為一個帝國。然而與其說埃及的帝國主義是學自西克索人，毋寧說西克索人激發了埃及人對權力追求的本能[53]，使埃及神格化的矯飾政治暴露它原來粗暴的性格，政治安定的維持因而更無可能。

只不過法老仍透過宗教的面紗施政，而埃及神權統治下祭司的政治特權仍難消滅，因此其時權力鬥爭的型態仍以宗教信仰衝突出現。伊克納唐的宗教改革有意建立一神信仰，就政治意義而言，這正是企圖削除貴族（祭司）勢力，發展至尊獨裁的王權。在這個設計下，法老仍為神在人間的代表，但此神乃宇宙唯一真神（或曰上帝），而上帝之下眾生平等，也就表示法老之下貴族與平民同為被統治者，不得自命不凡；於是伊克納唐排斥諸侯、親近百姓，改變埃及史上法老高高在上、不與凡夫接觸的傳統[54]，

53. 新王國新建的中央集權是仿效埃及傳統王朝而非學自西克索人的政體，參見 Erik Hornung (translated by David Lorton), *History of Ancient Egypt* (Ithaca, N.Y.: Cornell University Press, 1999), 77.

54. 詳見 Cyril Alfred, *Akhenaten: King of Egypt* (London: Thames & Hudson, 1991), 303–6.

以政治觀點而論，這正是統治者拉攏群眾打擊反政府的上層階級之策略。不過，伊克納唐的宗教改革終歸失敗，這一方面是因為大眾宗教信仰的改變不可能靠政令造就，另一方面是因為握有重權的祭司貴族不可能輕易剷除[55]。伊克納唐死後，埃及不但陷入權貴鬥爭的內亂，也遭遇嚴重的外患，終至亡國。於此，埃及的政治特性已經與兩河流域無甚差別，而埃及的政治史也開始與西亞合流，最後乃塑造出古代第一個跨文明區的大帝國——波斯。

波斯：古代第一帝國

波斯帝國包括古代近東世界乃至印度，其版圖之大前所未見，統御如此廣土眾民的經驗不是任一個先前文明可以提供借鏡的，故波斯所面臨的最大挑戰及其成就，即是維持安定的政權及有效率的行政。在近代以前，西方史上於帝國政府統治技術最有建樹者，當推亞述、波斯與羅馬帝國，然亞述帝國統領範圍小，且多以力服人的「蠻幹」作為，不足為訓，羅馬帝國則甚晚於波斯，不乏前人經驗可資參考，故波斯帝國可說是大一統政權行政規劃的最早典範。波斯的政治智慧、或有別於其他帝國統治方式之處，即是寬容和平的政策，這或許是古代初見的大帝國為保政權安定與長久而不得不然的作法，但有此見識與雅量卻非易事。前已提及，凡是稱霸一方的多民族政權，征服者常因沈溺於所向披靡的權力支配之尊榮，又因常處於人民反叛的隱憂下，故其統治手段必為極權高壓，而此暴政又必激使人民更圖解脫，導致東西史上

55. 學者推測伊克納唐的死因可能是祭司謀反所策動的暗殺，這表示神權政治終究是政治而非信仰，神權政治的領袖仍不可能以其宗教權威主宰政務。

的早期帝國通常國祚不長。波斯如何防範兩河流域第一帝國亞述覆亡的教訓，正如漢朝如何避免重蹈秦朝速亡的覆轍，在不成功的第一帝國雛形之後，繼起的一統政權乃走向「與民休息」的保全路線，波斯的寬大政策與漢初的無為策略，其實同是無奈與聰明的抉擇——權力慾望使他們無奈，也使他們聰明。不過，波斯人所以不專制也因為其以文化粗野之國征服文明先進之區，施政上無法以教化為統治之道，故只能寬容諸民族傳統。

第一帝國的政治課題皆相近，此即是建構長治久安之道；波斯與秦朝施政的比較，亦彷彿前述亞述與秦朝施政的比較，只是波斯顯然較亞述更完備地建立起統治的機制（波斯承襲亞述制度甚多而有「青出於藍而更勝於藍」的表現）。波斯與秦朝皆大舉營建首都，以為帝國的政治圖騰與權力象徵，波斯城的輝煌與神聖性尤為超凡，這是因為該城事實上是作為波斯帝國的「形式首都」(ceremonial capital)，國家的行政中心乃分置他處（特別重要的是蘇沙 Susa 與巴比倫二城），而為彰顯帝國混同天下的氣象，波斯城宮殿更結合了兩河流域、埃及乃至希臘的建築風格[56]。秦朝廢封建、行郡縣，組織由中央到地方的控制體系，同樣地，波斯也建立了省縣制度以為中央一統的運作結構[57]，惟其地方文化頗能見容於當權者。秦築馳道，以便全國交通與防備地方叛亂，波斯也建有帝國大道　（從波斯灣北岸的蘇沙至愛琴海東岸的薩迪斯

56. 詳見 S. A. Matheson, *Persia: An Archaeological Guide* (Park Ridge, N.J.: Noyes Press, 1973), 224–33.

57. 波斯帝國的地方總督名為 satrap，其轄區為 satrapy，全國有 20 個如此的省區。各地總督在行政上可獨當一面，然為防止其勢力太過壯大，中央政府在總督旁另置秘書與將軍各一員（直接向國王負責）加以節制，這是古時大國慣用的御下計略。

Sardis）與驛站（波斯是古代首先善用馬匹為交通工具並建立「馬路」的國家），具有相同的功能，而郵政系統也由此衍生。秦朝發行國幣，取天圓地方為形，象徵天下一統權威，波斯也推廣里底亞 (Lydia) 的幣制，使為帝國通行的錢法，同時藉以塑造政治與經濟的統一力量。秦朝採行徵兵制，以利武備民防，遏止地方反叛，波斯則因寬政，較無民變之憂，故不必厲行軍國政策，推行兵役58，但波斯仍藉助腓尼基人組訓強大海軍，以確保國防與地方安定。秦推動「書同文，行同軌」的文化統一工作，又有「焚書坑儒」的思想控制苛政，此與漢朝「獨尊儒術」的政治意義同，皆為初建的帝國確立一個「立國精神」，以便統治和鎮壓叛逆；波斯政府的作法則是宣揚祆教（Zoroastrianism，富道德倫理性），以促進國家認同及社會和諧，一樣具有同化的意義，而且波斯與秦朝同樣企圖推行度量衡 (weights and measures) 的標準化，以整齊民俗。由以上的討論可知，波斯較亞述或其他上古政權更具備治大國的宏規設計（也就是說波斯較亞述更像是一個「帝國」），

58. 徵兵制實非一國施政的常態，通常在國有外患（如國際戰爭）或一國初建時，才會施行徵兵法，以應非常之局。國家領土廣大而民族複雜如波斯帝國者，欲實施徵兵制度困難既多，且極浪費；況且波斯帝國非單純的陸權國家，它處於鹹海 (Aral Sea)、裏海 (Caspian Sea)、黑海 (Black Sea)、愛琴海 (Aegean Sea)、地中海 (Mediterranean Sea)、紅海 (Red Sea)、阿拉伯海 (Arabian Sea)、與波斯灣 (Persian Gulf) 之間，更像是一個海權國家，故其國防理當倚賴海軍。海軍相對於陸軍為高科技武力，故可以質代量，有強大的海軍則無須施行徵兵（大多組成陸軍）；英國在一次大戰爆發後仍不採行徵兵，而其徵兵制的實施為主要參戰國中最晚 (1916) 者，道理在此。

這不僅是政治才能不同的問題(雖然波斯帝國的朝廷一開始即「內亂」不休)，更是歷史發展下異族兼併導致龐大統治範圍出現後，量變造成質變的政治行為轉化。至論權力追求的本性，則從蘇美到波斯，其實都沒有什麼改變，後世也是一樣[59]。

印度：從出世到入世

亞利安人憑藉先進武力征服印度本土文明，他們雖自命高貴卻使印度文明倒退停滯，而千年之後吠陀文明形成，它的特質——相對於其他文明而言——竟是反物質主義的出世精神。這個新的印度文明建立在厭世的信仰上而開展，婆羅門教 (Brahmanism) 及其後的耆那教 (Jainism) 和佛教 (Buddhism) 共同的追求是解脫人間之苦，而解脫人間之苦的法門是去除人性與世俗價值，這當然也就視世間成就與權力為空虛，於是印度文明的本質似乎正是反文明。宗教信仰理當不是為追求世間功名，或存有政治目的，但信徒未必能實踐教義而不墮落，於是宗教的世俗化乃至政治化成為歷史常態，即便是充滿出世精神的印度宗教亦然，於是在紅塵中爭權奪利者不乏教徒，利用宗教為政治工具者所在多有。若吾人不信宗教所追求的超越性真理之存在，而以史上教徒的言行為該教教義的表現，則「真理」當然是人所創造，而宗教乃為社會現象。不論如何，作為古印度文明核心的印度宗教本有高度的反世俗精神，但這也不能避免信仰成為權力鬥爭之資的後果。

59. 就這層意義來說，許多人認為歷史——傳統的歷史概為政治史——不斷重演。但其實文明的價值表現在人性的感化，多數人的蠻性不除並不意謂「天下烏鴉一般黑」，文明的進化常靠少數困而學之的志士，他們對集人性醜惡之大全的政治又常憤而遠之，故政治史所表現的「不進化」現象，實不能誇張為歷史的不斷重演。

吠陀文明的信仰根基是婆羅門教。婆羅門教以涅槃（Nirvana，意為空無）為終極境界，然宗教信仰與政治社會結構結合，卻造就了一個牢不可破的人間秩序，此即是種姓制度 (caste system)[60]，使印度社會中既得利益者的特權得到嚴密的合理化與保護，永享世俗樂利。婆羅門教建立宇宙靈魂 (Universal Soul) 說，認為一切生命的個別靈魂皆由此分化而成，眾生在世不論榮衰如何，終應回歸源始，方得解脫。這個說法的社會意義可能成為肯定世俗的權力結構，因為它強調上下次序、統一性、威權與領導。再者，婆羅門教講因果輪迴之義，強調人生在世的貧富禍福皆為個人造業 (karma) 的善惡報應，因此振衰起弊與趨吉避害之事，乃有待個人的改過修行，以種善因促成。此說可為世間的得勢者利用，以合理化自身的優勢，並保護其特權，因為在這個認知下，爭取基本人權與福利的政治革命已無發生的理由。於是，在充滿認命與自省的文化中，服從和自救成為社會倫常，憑藉他救或集體運動的社會改良反成神話；印度社會在權力分配

60. 古印度種姓制度的產生或許與亞利安人欲維護其相對於德拉威人的統治優勢有關，不論如何，經由宗教理論的詮釋，這個階級制度乃能嚴明穩固地建立。依此，最高的階級為僧侶（宗教領袖），稱為婆羅門 (Brahman)；其下為武士貴族（政治領袖），名為剎帝利 (Kshatriya)；再下者為平民大眾（農工商人），喚作吠舍 (Vaishya)；最低下的階級為農奴工役（原為被征服的土著德拉威人），是為首陀羅 (Shudra)；四大階級之外又有賤民 (outcastes or untouchables)，為不被認同的下等僕人。關於印度種姓制度發展的民族學觀點，參見 C. K. Maisels, *Early Civilizations of the Old World: The Formative Histories of Egypt, the Levant, Mesopotamia, India and China* (London: Routledge, 1999), 250–52.

上的「不合理」皆有其神聖性，法律與教義相互為用，「禮不下庶人，刑不上大夫」不是階級壓迫，而是天經地義。建構在宗教理論上的種姓制度，使得階級嚴明，職業世襲，種族隔離（更不能通婚），婚嫁必門當戶對，因此社會流動 (social mobility) 幾無可能。同時社會儀禮規矩及禁忌的繁複，成為印度文化的特徵，這一方面是其區隔階級的方法，另一方面則是神聖化階級差別的陰謀。由此可知，印度的政治社會改造不能依賴政治社會革命為之，而須經由宗教改革，此與埃及情勢相似。這也就是說，神權統治是世俗君王假借宗教鞏固政權的形式，在此種社會中，政治社會改革自然也須藉由宗教改革從事之。耆那教與佛教的出現，就世俗意義而言，正是帶有淑世的目的和社會運動的性質，而非單純的信仰觀點改變，或個人解脫的追求。事實上，此二宗教與其他宗教運動並出（西元前五、六世紀），與印度政治社會的動亂同時，此應非偶然巧合；而當時宗教改革者多出自上層階級，他們是信仰的有識之士，也是政治的異議分子，或是權力的鬥爭者。

但值得注意的是，印度宗教信仰的單純性或崇高性高於埃及（或說埃及宗教的世俗化程度高於印度），故就神權統治的色彩而言，古印度因教設政的程度強於埃及，這表現在印度種姓制度下最高階級為宗教領袖，第二階級方為政治領袖，而在埃及則法老兼備人格（政治領袖）與神格（太陽神化身）；這是說印度人的宗教虔誠性高，故至少在形式上政權退居教權之後，而埃及的政治神話色彩濃，國家領導兼備人神二性，其實是人君充分在利用宗教鞏固政權。當然，在印度宗教領袖仍為位高權輕，政治領袖才是社會真正的統治者；印度的神權政治固然比埃及有較高的信仰純粹性，但本質上仍是政治對宗教的利用，不是宗教信仰支配政治行為。

耆那教與佛教反對婆羅門教的信仰主張，其功用就現實權力觀點而論，是針對印度保守貴族進行一番政治革命；不過，因為這個人間使命並不成功，所以這兩個宗教也就不顯得極為世俗化，相較於主政的婆羅門教時尤然。耆那教反對婆羅門教的宇宙靈魂說，相信人人皆有其個別靈魂 (Individual Soul)，這就社會意義來說，正是反對傳統印度的集體主義和階級統治，而主張個人自由，可視為下層革命的主張，或至少為社會改革運動的理論根據。當然真正的耆那教信徒未必有此企圖，事實上耆那教徒恆以靈魂解脫物質為念，嚴格反對殺生（食素為基本生活戒律），富有棄世苦修的精神，對政治或世間權利少有興味。然而即使不是有心人的利用，出世的宗教成為世間權謀的工具，也常是「無心插柳柳成蔭」的結果。耆那教信徒為求不殺生，多捨棄農牧漁業而轉營商業貿易以維生，因此多有致富者，反而使他們較他人更獲世間的榮華富貴，成為印度社會中握有權勢者。這正說明宗教信仰濃厚的印度社會，權力追求與鬥爭可能少於其他文明，但仍不能免除，只是形式有所差異。

佛教談徹悟，不信靈魂之說，主張眾生平等，強調自我意識為解脫的障礙，而慾望為苦難罪惡之源，無常為人間實相，而不朽為虛無幻念，這種種說法皆可視為反對權力——富有「唯我獨尊」意識——的命題；佛祖釋迦牟尼原以王子出家，正是棄絕人間權利的示範。就社會革命的意義而言，佛教比耆那教更徹底而有效反對婆羅門教所建構的世俗權威[61]，至少它也被主張社會平

61. 參見 H. P. Ray, *The Winds of Change: Buddhism and the Maritime Links of Early South Asia* (Delhi: Oxford University Press, 2000), 134–36.

等的運動者用為訴求的觀念。佛教的初創具有政治批判的功能，但其方式是醒世，不是暴力革命，也不為追求權力；若有所謂佛教的政治主張，則此應為一種無政府主義 (anarchism)。佛祖既講無我，必反英雄崇拜或領袖效忠，然釋迦牟尼死後，信眾隨即尊奉他為教主，建構起繁複的宗教階層組織與教條戒規，又使這個出世的信仰轉變為一個人間的權勢團體。其後佛教甚至被引為立國精神，幫助孔雀王朝 (Maurya Dynasty, 321–184BC) 建立文治教化的標準，促成了古印度唯一的帝國盛世。至此，印度古代出世信仰甚濃的神權社會，已經和世俗性甚高的埃及法老政治相去不遠，更為「權力的追求」為上古文明的共同課題，增一佐證。

四、建立社會綱維以求安定

征服者在權力獲得後須圖二事，其一是合理化其奪權行為，二是保障及鞏固其新立政權，此在初民社會尤其重要，因為惟此方可避免當初征服者推翻既有秩序所依據的「叢林法則」(law of the jungle) 造成另一次奪權亂局；而謀畫此二事的同一方法即是建立社會綱維，其名義常是保境安民，其實則是統治階級確保自身的既得利益。然而這是一個「以德服人」的政治工作，亦即文明的表現，不能全以虛偽的設計視之，因為政治既然不能消滅，為政之道的改良提升即是「政治進化」必要的任務；而且權力與責任 (power and responsibility) 為政治中不可分割的原則或領域，社會綱維的建立即展現執政者兼具此二屬性，馬上得天下者亦可能因為這個責任感，而自我教化，褪去其「以強權為公理」(Might is right.) 的初想。故而文明愈是原始，在這個征服行為後所進行的收服人心工作中，所暴露的「以力服人」本性就愈強烈。

自古所建的社會綱維大略包含三項構造元素：道德倫理、宗教信仰（教義與戒律）、及法律規範。在這三者中，道德標準貫穿其他二者，為宗教與法律所共同認可及貫徹，而道德標準自古至今改變無多，這說明人皆有羞惡之心，且統治者皆知「為政以德」的道理；宗教所建立的行為準則對於信徒的規範，效用為三者中最佳，它不訴諸政治威權或武力，卻對政治社會的安定助益極大，甚得君主歡心，故執政者常推展宗教以為立國精神，施行愚民政策；法律規定則最顯露政權本色和征服霸氣，因主權為最高的法源，故各國——主權國家——的法律規範不同，在上述三者中法律作為建構社會綱維的依據，最不能獲得人民的信服，於是法律規定亟須以道德觀點甚至宗教教義加以鞏固或美化。

如前言，社會綱維常為執政者的利益而存在，這在某些霸道政權的法律中隨處可見。例如竊盜與搶劫的定刑，當然符合道德觀念，這是人民可心悅誠服的，但若其罪責極重，這嚴刑峻法的背後恐是享有特權者的自保動機，因為竊賊與強盜多非來自權貴階級——其營生牟利方式不必如此辛苦違法——而是相對於貴族的「無產階級」；換言之，保護財產的法律常出自保護富人的立場62。又殺人有罪（重罪）而殺生不罰（輕罰）的規範，也可見法律主要是維護社會秩序與安定的人為設計，道德考量在其中並不充分，古代刑制重用肉刑、苦役與罰金而不盛行長期監禁之法，亦是重視政權甚於道義的表現。另外，聚眾活動與結夥犯行在專制政權下罪責亦重，這也反映統治者唯恐民變叛亂的憂慮。事實上，此種集體行為所表現的個人罪行惡性，應是低於單打獨鬥的

62. 十九世紀初，在英國偷竊一隻羊的罪罰，可至問吊，這正是英國資本主義精神的極端表現。

江洋大盜，因為凡人犯罪的膽量不大，常需結伴壯膽才敢妄為，故純就道德觀點而論，同一罪行的個別犯案，其罪罰應大於集體行動才是；但原始蠻橫的國家通常對於可能危及政權的行為，設有苛法嚴防，故其作法反而是嚴懲聚眾興事者而輕忽獨自行動者。此外，上古以來政府必將忠孝列入道德要點，並強力提倡，這也具有深沈的政治考量，蓋「忠君」可以保障政治領袖的威權，而「孝順」可以強化上下次序的倫理，並轉移安民養老的工作於民間，「推卸」統治者的社會責任（為民服務是現代的政府觀）；同時，忠先於孝的宣傳，正是政權高於親情的主張，其實孝道的意義乃勝於愛國忠君[63]。凡此都說明古代的法律與道德規範充滿相對性的標準，缺少絕對性與超越性的觀念。

當征服者初成統治者的時候，首先必張揚「朕即是法」的個人權威，此為勝利後的示威；然後其所建立的社會綱維則必強調「犧牲小我完成大我」的集體主義觀念，用以掩飾其「家天下」的本來私心。所謂「效忠國家」，在王朝 (dynasty) 的時代裡，其實是對控有政權的一家一姓之服從。總之，古代的社會綱維實非天道公理，而是人倫王法，它所要維持的安定乃是政權的安定。

法律與政權

兩河流域的法律典範是漢摩拉比法典 (Code of Hammurapi)，它是近東閃米族共同的法律基礎，自巴比倫以後，為亞述與加爾底亞所承襲，甚至為希伯來人所採用。漢摩拉比法典成於西元前

63. 又如販毒與吸毒處罰甚重，此因其甚有害於國力與社會秩序，軍人自殺（稱為「自裁」）為有罪，亦因其有損戰力，這些法規所考量的現實利害問題顯然超過道德問題。

十八世紀，象徵巴比倫帝國政權盛世，這是政治統治規模高度擴展後所需的擘畫，而非文化學術的高級產物，故歷代政治勢力興盛者往往有「法治」（其實為「人治」本質）的強調與法典的編撰，羅馬帝國、東羅馬查士丁尼 (Justinian)、法國拿破崙時期皆然。漢摩拉比法典當然不是漢摩拉比的創作，它表現的是原始權力概念的修飾，不是抽象的王道理想，故而它繼承許多蘇美與阿卡德以來的法律傳統，強調政治的威權與統緒（後代法律的發佈更為強調「正統」性，以提升政權的合理性)。法律的頒佈重在周告天下的效果與強化王權的作用，而以石刻法條豎立於都城廣場的方式正可以達到這雙重目的，漢摩拉比法典即是以這個形式出現64。這部法典以今日標準而言涵蓋了民法、刑法、商法及訴訟法等部分，當然這不表示當時已有完備的法治規模，而是表示巴比倫政權已極威嚴而社會已極複雜。法典中對於親屬權責、社會關係與財產問題等，皆有明文規範，顯示其時文明發展的程度和時代特性。

漢摩拉比法典中所見婦女的權力較近代以前似乎更高，例如丈夫欲離婚或休妻時須負補償責任，而婦女也有要求離婚、擁有財產、以及經商等權利。此現象並不表示歷史發展是文明的倒退，以致後世女權主張——基於人權觀念——反而不如上古時代，它其實反映所謂的社會綱維常是既得利益者自衛的設計。這是說史上婦女地位的卑下不是自初民社會以來即有的現象，而是古代權力結構（在生存競爭告一段落）確立後人為設定的社會秩序之一，因此女權的低落也非社會關係不合理的獨特呈現；其實，男女差

64. 漢摩拉比法典石刻於 1901 年在蘇沙（今伊朗境內）被發現，它共有 3,600 行楔形文，包含近 300 條法令，這個石刻現存於法國巴黎。

別待遇的問題和奴隸剝削、種族歧視、異族統治、社會階級、文武對立、世代衝突等問題向來並存，它們共同反映著某一時代文明開化的程度[65]。在原始的人類社會裡，因求生問題勝過一切，實用與成效為論定人事物價值的主要標準，所以女人所獲肯定亦高，因其對族群的生存必有一定貢獻，母系社會的存在正顯示女性在人類生活問題中所扮演的重要角色；在「論功行賞」的價值系統下，女人權力即便不是高於男人，亦不至於地位低落而無法「翻身」。待求生問題已不嚴重而社會型態確立時，權力的分配也須隨之安排底定，於是既得利益者（即優勢者）便以文化及政治力將現狀合理化與恆久化，故而征服者強於戰敗者、統治者高於人民、男性優於女性、長者先於幼者、武將勝於文士等原則便成為定制，此即所謂「歷史傳統」。這些建立在「征服權」或「弱肉強食」法則上的社會規範，須到現代人權概念興起時，始經改造。如此，漢摩拉比法典對於女權的重視（當然不及男權），其實不是「現代性」的反映，反而是上古文明脫離初民社會階段不久的表徵。

漢摩拉比法典處處表現人類社會由野蠻步入文明的過渡情狀。它自然沒有「法律之前人人平等」的概念，當事者依其社會階級——貴族、平民、奴隸——而有不同的法律待遇[66]。但另一

65. 這表示女權的提升其實不是（單）靠婦女運動，而是要靠人權運動乃至文化改造，才可能達成；而女權促進的成功，正是「女權」這一觀念與口號的消滅，因為文明的意義是提高「人」——相對於「天」——的價值，而不是區別「男女」的不同。

66. 在漢摩拉比法典中，奴隸絕無權力可言，其法律地位類似財產物品；而所謂的「人」指的是貴族，非「人」非奴者則是平民，上害下或平輩相害，其處罰輕於以下犯上的相同罪行。

方面，它卻有禁絕強凌弱的用心，此即是「以牙還牙、以眼還眼」的裁判原則；它不論犯行者蓄意與否，蓋以對等補償的標準，速審速決，希冀藉此防止機巧者脫罪以及強勢者猖狂無忌，使紛爭不起或迅速平息。以今日觀點而論，這個原則當然不符合公平正義，但若與原始社會弱肉強食的野蠻現象相較，則這個原則不僅是公正，而且文明。另外，這個原則其實彰顯了執法者或政權的崇高威嚴，它不由當事雙方分說，逕行以官方規定斷獄（好似「各打五十大板」），凸顯官民之間不同的尊卑地位。法典中表現類似精神的地方尚有關於最高售價與最低工資的規定，這也展現政府對民生的管制權威；它固然表達對一般人民的同情關照，但其最高的目的是要表明國家有權力決定民事商務，而不是要宣示政府對人民權利應負的責任，因此法典中對於消費者上當受害的買賣糾紛，採取不過問不仲裁的立場，而要人民謹慎行事、自求多福。這項不介入民間交易行為的原則與「以牙還牙」者相同，簡明的規定雖未必合理，但有防止紛爭的效用，它要兩造對衝突的後果了然於胸，自行收拾，不必多言。這顯示漢摩拉比法典的時代離原始生存競爭的亂世不遠，為減少爭執、安定社會，故政府採取如此冷酷的執法態度，避免人民投機興訟；同時，這又顯示文明初期的政府重視權力的伸張，而漠視責任的承擔。

當然，如前言，權力與責任不可能完全分隔或偏執其一，而且「恩（責任）威（權力）並濟」正是一個彰顯握權者權威的重要方式，故父長式的保護作風 (paternalism) 常是主政者強化其領導地位的柔性手法。此種作法強調上對下的愛護，但其行事風格專制獨裁而不民主，並不依照在下者之意處置，彷彿嚴父為子女擅做主張安排，雖出於關愛，卻乏尊重與體諒。漢摩拉比法典中（第 23 條）規定，若有人民被搶而官員未能破案，使犯行者受懲，則轄區政府須負賠償受害者損失之責。參酌前述其他的法典規定及其精神，即可知這個規定不是政府對人民單純的善意表現，也非現代的社會福利觀念或國家賠償法的民主概念，而是一種政府伸張威權時的連帶保證，此種父長式保護政策強調權力甚於責任。與此父長主義相輔相成的是法典中對孝道的主張，它規定子女犯上時，其受罪程度超過「以牙還牙」的平等報復基準[67]。這個道德規範轉化為法律規定所具有的政治性意義，在前文已經說明。

整體而言，漢摩拉比法典呈現的是一種人治的思想，而非法治的境界，正如漢摩拉比自詡為「正義之君」(King of Justice)，這是要表彰「聖人政治」對眾生的恩惠[68]，而所謂的「正義」其實只是人間的「秩序」(order)，不是天理；雖然在論法時巴比倫政府常企圖訴求神明旨意，以神聖化官方制訂的法令，然當時巴比倫的宗教仍停留於表現人間現實的多神信仰 (詳後)，尚無探究超越性真理的一神信仰，可見其時法律所展現的「人道」遠多於「天道」。不過，漢摩拉比法典也表現出掙脫「率獸食人」的蠻性而邁向文明的企圖，這當然不是輕易的事，因此該法典規範所透露的時代環境和立法精神，頗多緊張性與衝突性[69]。這套法律不

67. 漢摩拉比法典第 195 條規定：「為人子者攻擊父親，則削其手臂。」

68. Jean Bottéro (translated by Zainab Bahrani and Marc Van De Mieroop), *Mesopotamia: Writing, Reasoning, and the Gods* (Chicago: The University of Chicago Press, 1992), 183–84.

69. 兩河流域的法律規範在維護社會秩序的效力上似甚為有限，參見 Norman Yoffee, 'Law Courts and the Mediation of Social Conflict in Ancient Mesopotamia,' in Janet Richards and Mary Van Buren eds., *Order, Legitimacy, and Wealth in Ancient States* (Cambridge:

僅是為當權者的利益服務，它在合理化現狀的同時，也試圖體現道德標準和宗教信仰，使它能超越巴比倫領土，而具有普世通用的價值，這是漢摩拉比法律可以傳世的重要原因。當然，主政者立法的最高考量在於確保政權，這使法律的正義理想受到嚴重限制，以「法律為強者的意志」看兩河流域的法政和今日的司法，不幸同樣有效。

道德倫理與社會秩序

道德倫理是源於人的良心而出現的是非對錯判斷。人既有良心，道德感乃甚為一致，雖然各人對於某一行為的是非對錯認定程度不同，而各地對於某一惡行的懲處輕重有別，但在這種相對的技術性（或形式性）差異之外，凡人對於某事的好壞，大都有相同的絕對性（或本質性）判定。例如通姦行為是否應立法入罪，其刑責大小如何，各地各時皆有不同的規定，但是凡稟持良知而發論者，均認定這個行為為「不當」。其實，「好人」與「壞人」的道德標準並無不同，故而壞人犯錯時常為自己辯解，以求脫罪或減輕責罰，如此辯解正顯示其有良知，並知是非對錯之公理，而其辯詞也必合乎道德標準（方為有效）。既然凡人皆有道德良知，古今各民族的道德標準實際上乃大致相近（故下文討論並不特舉上古某一文明的事例，而是論述普遍的常情概況），改變不多，而道德倫理也就無所謂「進步」的問題[70]；而且，當道德倫理被掌權者利用為維持社會安定的政治工具時，也就不易被察覺或

Cambridge University Press, 2000), 59.

70. 故孔子說：「言忠信，行篤敬，雖蠻貊之邦行矣；言不忠信，行不篤敬，雖州里行乎哉。」見《論語》〈衛靈公第十五〉。

批判，因為他們表面所說都是良善的。如前舉當政者之提倡孝道，固然懷有「政治陰謀」，但是「孝」絕對有其本身的價值和真理性，吾人不能以執政者別有用心提倡孝道而「以人廢言」，認定孝順之說純粹是人為的設計，這個情形正是政客可以大言不慚地利用道德倫理玩弄權術的原因。

文明初期由於求生問題的重要，許多行為會特別被稱許和宣揚，這包括勤勞節儉、團結合作、冒險勇敢等，因為這些作為都有提高人類生存機會的功用；反過來說，奢侈浪費、孤僻不合群、多慮無為等態度，便被視為「不道德」。其實這些作法以當時的知識觀點（學術能力）而論仍無關乎是非對錯，並不是德行（道德乃是依據知識而來），卻因它們對於早期人類的求生有重大的利害作用，於是全被掌權者「道德化」。古人因衣食取得不易故重視勤儉，現代的資本主義社會則鼓勵消費（宣傳者當然不說此為浪費）；古時個人營生不易，故強調團結合作方能生存，今人則珍視個性創意，以為是文化多元的表現與文明進步的動力；先民亟須克服自然以圖生存，故肯定勇敢冒險的鬥爭精神與強壯體格，文明社會則思考天人和諧之道，講究知識智慧，故主張深謀遠慮、以柔克剛的智取，和尊重自然的謙遜（「仁者不憂」與「智者不惑」的價值超越「勇者不懼」）。由此可知，許多世俗所謂的德目其實是基於現實需求的人為創作，不具超越性與神聖性，故常因時因地而改易；這並不是說道德沒有絕對性和永恆性的意義，而是說許多人們所持的道德觀念，根本為不論是非對錯的問題（此可謂「泛道德化」），或是顛倒好壞的錯誤想法（例如「謙虛」）。

待文明臻於穩定、謀生困境大獲改善、而政權趨向鞏固統一之時，道德便往往被特權階級利用為安定現狀的工具，為此而「捏造」或特意強調某些道德項目的情形，就成為上古文明共有的現象。例如「犧牲小我完成大我」的集體主義觀點，因為有助於維護領導階級的權益，和鎮壓異議分子的挑戰，而被宣揚；忠孝的觀念因為有助於強化上下階層次序、維持社會安定，而被鼓吹；「善有善報、惡有惡報」的信念因為有助於合理化既得優勢者的成就，或撫慰疾惡如仇者的激情與不滿（乃說「不是不報，時機未到」），而被提倡。此外，愛的意義——而非仇恨與暴力（即鬥爭精神）——大獲肯定，殺生問題開始被反省，因為這有助於社會祥和安定，加強人的容忍心，和避免武力推翻的暴動；私有財產的神聖性被強調，掠奪與偷竊行為成為大惡，因為這有助於保障富者的權利；誠實守信的態度也大受嘉許，因為這有助於工商經濟的運作發展，且可提升執法者的形象為公正的裁判。甚至有關性關係的問題也被檢討，通姦、縱慾、亂倫、妻妾無序等行為皆被批判，因為這有助於維護社會規範，避免人民沈溺於聲色，荒廢產業。這種種新的道德倫理取向一方面展現社會的文明進化，另一方面則隱含既得利益者的私心；不過，這也說明道德倫理的主張愈來愈是「義利兩全」，這些道德項目固然有促進特權優勢的實用性，但其本身也有不容否認的神聖性（不消經由宗教教規加以神聖化）。只是，作為道德倫理倡導者的政府，其對政權安定的重視，顯然超過對正義天理的關心；因此，道德倫理總是一種在上位者要求在下位者遵守的政策，而不是用以自律自制或示範的準繩，「只許州官放火，不許百姓點燈」的雙重標準與偽善行為，乃是政治中常見的事。

宗教信仰與人間倫常

常人——尤其是非信徒——多以「宗教勸人為善」的觀點認知信仰，這其實是相當程度的扭曲，因為宗教信仰最高的關懷乃是真理；對信徒而言，合乎道德的行為即是合乎真理，但道德僅為第二義，而非第一義（「真、善、美」為上下之義，不能等量齊觀）。不過，「宗教勸人為善」這個觀念的流行，反映出宗教信仰確有強化一般人的道德意識之作用，或是說一般宗教團體確實以勸人為善作為宣教重點，而對超越性真理的探討則著力不足（或效果不佳），使人多有此誤解[71]。上古的宗教尤其富含倫理性，不論是兩河流域的猶太教、埃及宗教、印度婆羅門教、或波斯祆教皆然，宗教中對於抽象真理的領悟，是到後世才被強調的。宗教使道德神聖化，從此道德不單只是人間倫理，而為神意天命[72]；此事又使德行成為教規戒律（《舊約》〈申命記〉Deuteronomy 即為律法集），不可違抗，且有終極報應。秉持宗教信仰而行善的人，皆相信「善有善報，惡有惡報，不是不報，時機未到」的安排，故而此類信徒行善多能持久，不激切急躁而富有耐心（因不

71. 《聖經》所列「十誡」(The Ten Commandments or Decalogue) 從第五至第十全為道德戒律：第五為孝敬父母，第六為戒殺，第七為戒淫，第八為戒偷，第九為不作偽證，第十為不圖他人財色。而前四項方為信仰主張：第一為不信奉他神，第二為不崇拜偶像，第三為不妄稱主的名，第四為謹守安息日 (Sabbath) 規定。見〈申命記〉(Deuteronomy) 5:6–21。

72. 反過來說，一般人皆有道德感，不從善如流、見義勇為則有良心不安的困擾，這似乎說明道德確有神聖性，是人的經驗或理性不能解釋的，也是無法否認的（故有「天良」的說法）；這也就是說，道德觀念可能是神或真理存在對人所施予的一種暗示 (inspiration) 或啟示 (revelation)。或者，以另一觀點而言，人有道德意識，卻常乏道德勇氣，心有餘而力不足，或者行善不能止於至善，常有妥協苟且之處（聖人亦說「大德不逾閑，小德出入可也」），這使人特別需要藉助一種神聖的力量（即宗教），以激發自己行善的意志。

圖「現世報」)，不強求立即的效果影響或受惠者的感恩圖報，較能包容現實惡狀（因能以信仰觀點看待人間的不完美），不苛評主政者對世間悲苦罪惡所應承擔的責任。因此，這類默默付出而不求回報的行善者，最受當權者歡迎與表揚，於是政治界更圖引導宗教界朝此發展，使宗教團體愈為「世俗化」(secularization)，果真僅存「勸人為善」的價值而已。一方面由於宗教強化人「反求諸己」的道德思維，另一方面因為政治統治者利用宗教安撫人心，人民對社會不義原本所（應）持的政治意見便因此而變質，使政府應負的政治責任大減，而社會安定更易維持。此外，宗教信仰中的果報觀念常訴諸前世來生的因果演變，而使信徒對於今生現狀能認命接納，對於死後的改變則充滿期待，這給執政者與優勢者極佳的安全保障，免除下層叛亂或革命的威脅。故許多不相信神或真理存在的思想家，均認定宗教乃是既得利益者的愚民工具，馬克思更直指宗教為麻醉人民階級鬥爭意識的「鴉片」。其實，和道德問題一樣，宗教信仰雖也常被主政者利用為統治的工具，但這並不表示宗教信仰僅為人為的設計，不具真理價值；同樣地，當政權利用宗教信仰為己服務時，也不易被察覺和批判，因為在此官方表面所說又似無不當。不論如何，上古時代的宗教信仰層次仍不高（詳下），其服務現世的作用極大，宗教的道德觀對社會安定貢獻尤多，故當政者特喜假借宗教以利統治，然古代神權政治所以盛行不能率以「古人較今人迷信」解釋之。

希伯來人除外，古代兩河流域的宗教發展相較於其他上古文明，程度極低，因此宗教信仰對其社會安定維護的作用，也不如其他地區之大。如前述，兩河流域的文化頗悲觀，人民的道德勇氣低落，故而當地宗教信仰的重要課題正是要勉勵人們「善有善報」的積極信念。至巴比倫時代成形的神話吉格彌斯史詩，其所述的洪水故事與《舊約聖經》諾亞方舟相似，當中的道德主題即是善惡報應；它的說法是神造世界後，因人行為失當又決意毀滅之，而神所同情與搭救者，正是正直善良的人。行善而受惡報，這是自古以來即備受討論的道德問題，尤其是在文明發展初期求生不易而殘酷競爭盛行之時，這個問題特別困擾人心，造成社會不安；兩河流域的謀生困難甚於埃及，故而這個道德課題在西亞文化思想中的重要性也更高。化解這個千古難題最有力的方式，就是訴諸宗教信仰，希伯來人的猶太教對此提出了當時最深刻的答案（《舊約》〈約伯記〉），此類信仰力量使希伯來人在遭遇無數不幸苦難時，仍能臨危不亂，維持部族傳統。

埃及的死後世界觀著實強化其現世的人生觀[73]。法老宣稱其為神的化身且具有永生的力量，藉以集權斂財，並且「澤被四海」地將這個死後生命的觀念推廣至民間，不僅使人民甘受「剝削」而不自覺，且使人民對現世不能完滿所致的願望可以寄託於來生，不致轉成民怨變亂。如前述，埃及人的死後審判觀由人人皆可永生，轉變成善者可得救贖，再變為只要通過死後審判，不論在世為善為惡，率可得救，這個演變固然顯露埃及社會的道德淪喪（奧賽理斯神話所蘊含的正義標準與倫理精神至此已了無生氣）；但從另一角度看，這個改念可說是埃及宗教界——即統治者——用以安撫人民對現狀不滿的計謀，因為依此說善者當然可得永生，而惡者則可以投機欺騙之法獲救，它使人走向巫術迷信（執此業而獲利者正是祭司），關注個人拯救的身後事，而對事關天下的政經亂象不甚措意。伊克納唐所提倡的宗教改革，從現實的目的而論，

73. 埃及神權統治色彩高，其社會綱維多假借宗教；西亞文化世俗性強，其社會綱維多憑藉法律。

其實是要剷除祭司貴族（已成「神棍」）的割據勢力，以及重振道德倫理，以安定政權與社會；故而他在推動宗教改革的同時，也積極倡導政治、社會與文化方面的興革。伊克納唐的作法當然是謀求長治久安的辦法，而不是圖求急功和私利，但他與埃及其他領導者相同的是，利用宗教應付現實，這也正是他失敗的原因。

因果報應幾乎為古印度所有宗教的共同觀念，精密的因果輪迴說其實是一種極端的科學精神，而它對大眾勸善的效果也特別大。竊盜等一般道德問題不提，印度人對殺生特有不忍，此在上古文明中誠為異數，因為當時求生問題嚴重，為了食物，一般社會對於殺生的道德問題多含糊以對（孟子也只是「聞其聲，不忍食其肉」而已），而印度人對此事竟能絕對判別、勇於實踐，這應與其果報信仰有密切關係。古印度人的宗教信仰純粹性高，故當政者利用宗教以安定社會的野心動機實低於其他古文明，此在前文已經論及。不過印度宗教的果報說對於社會綱維的維繫，功效確是驚人，前舉種姓制度一事尤為明顯，這使印度社會的穩定性為其他古代地區所不及。以更寬廣的觀點來看，印度的宗教具有完整而環環相扣的宇宙秩序觀，人間秩序及因果報應皆是這個世界體系運作的表現，不可改變且有神聖性，這套規律說法自然對於安定社會民情功用甚大。再者，印度宗教信仰對於物質成就與功名權力特為厭惡，這個觀念對於轉移人民視聽，避免英雄主義與革命鬥爭挑戰當權者，也有相當效果。當然，這並不是說印度宗教的目的是確保社會秩序，事實上印度宗教的世俗性不強，但正因為它的出世性有安民愚民的巨大作用，反而成為世俗化最高的政經領袖用以維護社會安定的綱維。

作為第一帝國，波斯在文化上多是吸收模仿，少有發明，但其宗教——祆教——卻是自創，它由帝國政府宣揚推廣，其信眾且多為高官貴族（波斯朝廷寬容所有無害於政權統治的民間信仰），可見祆教的世俗性和實用性極高。事實上，祆教的特色即是道德倫理觀念，這正符合前述宗教信仰所以被得勢者引用為社會綱維的最重要因素。祆教的出現是為了革除民間的迷信亂象，作為一個提振世道人心的社會運動而言，祆教與回教的特性是類似的，因此在波斯帝國與回教帝國下，政教關係所以緊密的道理也相似。祆教的主要信念是善惡對立觀，其說不外是善惡對立一時未必是善者勝利，但最後惡勢力必定潰敗，善者將獲救贖，惡人則永墮地獄。這個想法實甚簡單，它作為社會綱維的適切性當然具備，但它撫慰人心的效果其實極有限。於是與古埃及在晚期時「宗教墮落」的情形相同，波斯後期時祆教信仰亦嚴重喪失其倫理性與正義觀，巫術迷信流行，祭司亂權，多神信仰（相對於祆教原始的二元論）又起，偶像崇拜興盛，祭祀犧牲奢華（淫祀）。這些現象表示社會綱維趨於崩解，道德民風淪落；同時也顯示宗教作為安定社會的力量，已經逐漸式微。

總而言之，古代宗教的倫理性與現實性強，故容易被當權者利用為維護社會秩序的工具，於是古代宗教的政治性也相對地高，政教關係密切或神權統治的存在即為此故。然正由於這個情形，宗教作為社會綱維的效力也不能持續不衰，因為失勢者與被統治者終能發覺主政者這項陰謀，而離心離德；即或不然，宗教因與社會勢力關係太密，其世俗化必漸增，逐步喪失其純淨超脫的形象，使人民厭棄，於是藉宗教圖治安的政策終必失敗。其結果是宗教信仰的瓦解或變質、社會人心的惡化、與政府權貴威信的衰落，幾為全盤皆輸的局面。這是說，正視宗教信仰價值者應堅持追求真理為第一義，不能以第二義的道德倫理取而代之，更不能將宗教信仰視為服務人生——不論是任一社會階級——的工具，才能保有宗教信仰的真精神與真力量，蓋宗教信仰的出現本為探究生命的意義，這是文明之所以為文明（不只是為了生活）的關鍵，而且這個探求是永無止境和不為現實事物所限制的。

五、生命意義的探求

若說一般人在面臨危難或生活困阨時，比較會思考生命的意義或宗教信仰的問題，則人類文明發展史上，多數人最可能有此宗教情懷的時候，即是上古時代，因為這是人類最須克服自然以營生的艱辛歲月。另外，當一個人生活於大自然中，或感受大自然偉大氣象的機會多時，也較會思索人在天地間的（渺小）角色和價值的問題，而較不耽溺於人際俗務；如此，生長在現代「都市叢林」（人為建構）而少受自然震撼與感動的人，似乎較無傾向去思考人在宇宙中的定位，或超越人生之類的真理問題。當然，古人對此事的認知或反省，並不比後世深刻，因為文明初期的人思考這個問題的知識憑藉無多，且易受物質生活條件的影響，而後人則有前代的文化遺產可茲參考，且較無謀生不易的困擾，可「不食人間煙火」地「高談闊論」。因此，表現初民社會對此問題所持觀感的神話 (mythology) 故事， 相較於後代的宗教 (religion) 信仰和哲學 (philosophy) 人生觀，層次雖顯得膚淺幼稚，這應不是因為古人「迷信」（今人迷信程度絕不低於古人，只是內容與形式不同於古代），而是因其「無知」。然而，對於生命的意義或神與真理是否存在的問題，絕非是現代文明提出的看法必定比古人的觀點更為真確，因為這個問題的解答是超越理性和經驗的，並不是更有知識就能掌握真相74。而且，文明初期人類對這個問題的探討，因為較無參考和憑藉的資訊與理論，反而更能多方自由地探問；而後世對此問題的態度，卻常因為宗教體系與歷史文化傳統已經鞏固，反而變得教條化 (dogmatic) 或以為凡事「理所當然」，不能追本溯源徹底地思索。

宗教信仰特徵的演進

由於宗教信仰的對錯本質問題不是人間知識可以完全判定，因此宗教史的學術討論只能處理信仰的形式特徵之演變，不能論斷信仰內涵（實質）的真假對錯。人類文明史上，宗教信仰的發展大致有三個脈絡，而這三大趨向演進在上古時代大略已經完成。可見古典時代以後，宗教信仰的探討課題重點是對唯一真理的辨析，而非關於信仰外部型態的看法（當然執著於此者仍所在多有）。

上述三大脈絡之一是先有守護群體（城邦或國家）、庇佑國泰民安風調雨順、「一對多」（神對眾生）的公共神，然後才出現「一

74. 若吾人相信事有真相真理，對此事就只有「對」或「錯」的認知，而不能認為關於此事有「比較正確」或「比較不對」的答案。一般人常謂某一觀念「不太正確」、「相當正確」、或「有些錯誤」等，這些說法其實僅能為表達上含蓄的用詞，或是傳達「接近真相真理」程度的個人觀感，在邏輯上則為不通。尤其是論究宗教信仰的看法，其所追問的乃是唯一的真理真相，為絕對的是非對錯，它在信徒間為毫無妥協之餘地，不得寬容些許差異以為共識，或以大約分別的方式決定對錯，因此上述這樣的「比較」觀點在教義而言尤其謬誤。故而文明歷史的發展並不使今人較古時「更接近真理」或「更正確地掌握真相」，因為理論上真理真相被了解前並無所謂「更了解」之事。當然，人類文明永不能掌握真理真相，但可以更加確定何者不是真理真相，於是說「更接近真理」或「更正確地掌握真相」，就歷史意義（相對的標準）而言，還是有道理有價值的。

對一」(神對個人)、可以祈求個人福祉的信仰對象，此即所謂「個人神祇」(personal deities)[75]。古代兩河流域與埃及文明的情況皆然，就文明歷史的發展意義而言，這個現象表示社會的集體主義漸次緩和，而個人主義精神逐步興起；或說求生問題的困難度降低時，集體安全的強調即變小，而個人成就便開始著重。蘇美時代的「神」均是城邦或國家的守護神，至巴比倫時代，才在此類「政治神」之外，出現「個人神」的信仰。埃及的太陽神 (Ra or Amon) 亦是群體性的政治神，祂並不賜福予個人；而尼羅河神奧賽理斯 (Osiris) 的信仰，經過長久演進才產生個人救贖的內涵。印度宗教中，後起的耆那教主張個別靈魂，反對婆羅門教梵天王（即婆羅摩 Brahma）為世界靈魂之說，這也可以公共神轉變為個人神的發展線索理解之。

另一宗教演進脈絡是由多神信仰 (polytheism) 走向單神信仰 (monolatry)、以至於一神信仰 (monotheism)。例如古代希伯來人最初 (–1250BC) 與其他兩河流域民族一樣信奉多神，摩西時代以後 (1250–750BC) 轉為單神信仰（十誡第一條「不信奉他神」'No other gods.' 顯示此時希伯來人並不否定其他神明的存在，只不過專事其中一神耶和華而已），至希伯來王國毀滅後 (750BC–) 經先知們的闡釋，希伯來人開始相信耶和華為宇宙唯一主宰，上帝而外並無他神存在，一神信仰至此確立，耶和華也由一個部落神轉成普世神（但猶太教因強調猶太人為上帝特別眷顧的「選民」而仍為部落性宗教，基督教講神愛世人才將這個一神信仰化為世界性宗教）。又如古埃及人早期亦信奉多神，待政權擴張而國家步向

75. 詳見 Bernhard Lang, *The Hebrew God: Portrait of an Ancient Deity* (New Haven, Conn.: Yale University Press, 2002), 111–14.

統一時，埃及的眾神信仰也出現「整合」的情形，地方守護神漸泯，而全國性大神興起；其後太陽神與河神成為最重要的信仰對象，二神被認為不斷競爭最高權威，而河神因主管死後世界（為地獄之神），關係凡人生命更深切，終於成為民眾祀奉的主要神明（太陽神則「天高上帝遠」，令人敬而遠之），使埃及信仰在實質上出現一神取向（單神信仰階段）；至伊克納唐時期，更直接推動一神（即「阿唐」Aton）信仰政策，這雖不成功，然埃及宗教由多神信仰走向單神信仰以至一神信仰的趨勢，已清晰可辨[76]。早期印度人亦崇拜多神，其後漸成敬奉少數主神的局面，至婆羅門教成熟時則獨尊梵天王，嚴格而言這仍為多神信仰，但其走向單神乃至一神信仰的趨勢甚為明顯[77]。波斯在祆教出現之前[78]，也

76. 伊克納唐原名阿門荷塔 (Amenhotep)，意為「太陽神安息」('Amon rests')，他改尊阿唐為唯一真神後，帝號也改為伊克納唐 (Ikhnaton)，意為「阿唐稱意」('Aton is satisfied')，其妻娜佛堤堤 (Nefertiti) 亦改名為娜佛娜魯阿唐 (Nefer-nefru-aton)，意為「至美阿唐」('Beautiful is the beauty of Aton')。伊克納唐的宗教改革困難重重，政府甚至被迫遷都 (El-Amarna) 以避舊勢力，他死後埃及的宗教行為又率由舊章，首都重回底比斯 (Thebes)，祭司權勢大振。他的繼承者圖塔卡門 (Tutankhamen) 以厚葬聞名於世，這是埃及傳統復活信仰、教儀繁文縟節與巫術迷信復興的表現（伊克納唐的一神信仰抽象而重精神層次，人事力求簡約），乃至其帝號中頌揚阿唐的部分也恢復為太陽神信仰（圖塔卡門原名圖塔阿唐 Tutankh*aton*，而 Tutankh*amen* 一詞中 amen 代表太陽神）。終埃及之世，超越性的上帝信仰始終未能出現。參見 Erik Hornung (translated by John Baines), *Conceptions of God in Ancient Egypt* (Ithaca, N.Y.: Cornell University Press, 1996), 194–95.

77. 印度宗教發展至佛教時，並不演成單神或一神信仰，而是跳躍至

是多神信仰的狀況，至索羅亞斯德時乃以二元論取代之；不過索羅亞斯德原以善神馬自達 (Ahura-Mazda) 為普天之下的正神（或主神 the supreme god）[79]，主導一切，惡神艾利曼 (Ahriman) 僅為副神 (counter-deity)，它只是一種對應的設計或一神概念的延伸（如同撒旦在基督教中角色），其後才被信徒強化而造成二神並立的教義，可見祆教的出現也顯示波斯宗教有由多神轉向一神的信仰趨勢。

神明信仰觀念發展的又一脈絡是自然宗教 (nature religion) 的「自然神」（nature deities 如山神、河神、穀神）重要性逐漸減少，代之而起的是人性化或人格化的「政治神」（political gods，即人事神如城市守護神、天庭之神、地獄之神），最終乃有超人格的最高主宰（如人間的統治次序）之神的出現。前舉古埃及河神（自然神）演變為地獄之神（政治神）[80]，而至伊克納唐時期出

「理為唯一」的無神信仰；但這個信仰本質未能為佛家弟子所普遍領悟，教徒難免將佛神格化，於是在歷史事實中，佛教常表現為多神信仰的型態。

78. 祆教出現的時代不易考訂，因為其建構者索羅亞斯德 (Zoroaster) 的生平不詳，連他的生存時代都有許多不同的說法，其中一說為西元前第七世紀。相關討論參見 Mary Boyce, *A History of Zoroastrianism* (Leiden: E. J. Brill, 1975), 181–85.

79. 故祆教 (Zoroastrianism) 也可簡稱為「馬自達教」(Mazdaism)。

80. 相對來說，埃及的河神為自然神，太陽神為政治神，故就此性質而論，尼羅河神的出現應早於太陽神。但另一方面，太陽神屬性是公共神，尼羅河神則為個人神，依這個脈絡而言，太陽神又早於尼羅河神而出現。如此矛盾的現象應是因為埃及的神明信仰演化極久，眾神的形象互動轉變、錯綜複雜，最後才出現天神與河神的對比性，因此以上文所述的三大演進脈絡，同時去檢視晚期（大約是中

現抽象的唯一真神阿唐，便是如此演進歷程的範例。這個演變在兩河流域文明早期，大約已經出現，安利爾 (Enlil) 在蘇美人的信仰中已是萬神之神，而馬杜克 (Marduk) 則是巴比倫時代的眾神之王。在印度，早期亞利安人亦崇拜表現自然力量的神祇（天神婆羅娜 Varuna 與雷雨神印陀羅 Indra 特受敬仰），其後則信仰對象逐漸轉化為代表宇宙統治秩序的神明，於是象徵事物「生、住、滅」三種過程的創造神梵天王、守護神毗濕奴 (Vishnu) 與破壞神濕婆 (Shiva) 成為新的信仰重心。自然神的信仰本質可能是信仰自然，而非信仰神；此種信仰其實把神（眾神）視為自然的一部分或化身，而不是將神視為自然的主宰或創造者（此為一神信仰的觀念）。自然神最早出現，其所透露的訊息應是，文明初期人們祈求天災不出而物產豐饒的心境。待「克服自然以營生」的難度減少，而「權力的追求」與「建立社會綱維以求安定」的需要提高時，自然神的信仰乃自然地讓步於政治神的觀念。

上述這三個脈絡並非互不相干分途發展，而是彼此調整共同演進，它的趨勢是朝向唯一性、超越性、與抽象性的真理觀；因其為唯一性、超越性、與抽象性的真理（上帝），故須賴個人體悟，而不是由集體去商定。在這個趨勢中，個人福祉在「上帝之前，人人平等」的信仰概念下，愈來愈受重視，逐步超越了集體與階級的優勢利益。古埃及的偉大建築，從古王國時代流行的君王個人大墓金字塔，至帝國時代一變而為人人可親近與祈福的神廟，正表露出此種精神。然而在神權統治下（如古代埃及與印

王國末期）定型的太陽神與尼羅河神性質，自然會出現這般倒錯的現象，若以單一神明的演變為考證範圍，則可見吻合上述論點的演進歷程。

度），政治利益結合了宗教教義，壓迫（或安撫）深受磨難的下層大眾，個人信仰事實上仍難發展。祭司階級 (priesthood)、教條 (dogma) 乃至國教 (official religion) 的出現，也令個人信仰觀點與立場無法見容於世，而動輒被斥為異端。政教關係的密切——不論是合作或對抗——對於個人信仰的發展，大抵是有害無益。於是可說，宗教型態演進的第四個脈絡應是由集體信仰轉變為個人信仰，而這個進化至今仍有待推展。

古代近東世界的宗教

猶太教除外，西亞與埃及的宗教觀在本質上其實甚為相近，其關注的問題是人生的苦樂，不是真理意義，而所圖解脫之道是靠神助（他救），不是自救。但這並不表示近東人民真的相信神的存在，而是表示他們對人的有限性感受深刻；事實上他們以人對世界的認知，仿造一個神的世界，為的不是要加以信仰，而是要自我表達[81]。尤其明顯的，人們感覺世間並無合理的善惡報應，於是便將神形容為暴躁無理；而當人們期望或相信「善有善報、惡有惡報」時，便將神刻畫為正義的力量。在貧困的時代，人們對於奉神的事卻毫不儉樸，反競事奢華，這反映人對大自然（難以克服）的敬畏，以及苦極縱性的心理；埃及的金字塔與神廟工程浩大，兩河流域的神壇建築 (ziggurat) 也不遑多讓，這在榮耀神的同時，是要自我暗示人類所能成就的偉大，儘管不能與天地相

81. 對天堂的觀念愈清晰者，愈為具體而寫實（以物質享受或生理上的舒適為天堂要件），它反映的其實是人們對現世生活的滿意，乃有將現實比天堂的傾向，古埃及便是一個典型例子。生活困苦者通常不如此描述天堂甚或是罕言天堂，因為其悲觀態度使其不奢望天堂（而願一死百了），兩河流域是一例證。

配，也可長久屹立於世，此為自卑之下的自大變態。總之，古代近東宗教的最高目標不是知識，而是快樂；它合理化現狀的企圖，超過理想化人間的期望；它的道德倫理成分，多於神思玄想；它的解釋範圍，極少有超越個別生存空間的領域；它對未來的觀念，只是現世的延伸；它對神性的描述，反映對人力的無奈（事實上凡夫信仰宗教是為需求而非追求）[82]。於是，古代的宗教信仰幾乎就是人生觀，生命的意義幾乎就是生活的安樂。如此現實、具體而功利的宗教極易庸俗化，墮落為巫術迷信[83]，成為斂財攬權的工具。換言之，信仰的抽象化與概念化，可使宗教的世俗化或腐化危機減低，但這並不是上古文明中一般大眾能領略的境界。埃及伊克納唐宗教改革的失敗，不僅因為祭司們為謀權利而反抗政令，更因為一般人民珍視舊教中具體可期的個人拯救（死後復活）希望，而不了解或接受抽象無實惠的一神信仰[84]。即便是數

82. 例如巴比倫神話吉格彌斯史詩 (Gilgamesh Epic) 的主角吉格彌斯原為一真實的蘇美賢君 (c.2600BC)，經後人加以神格化而定型 (c.1900BC)，他冒險患難，歷經各種戰役與浪漫愛情，遍嘗人間苦樂，成就非凡，然而他向一對避難於方舟而得救的老夫婦求問長生不死之道，終不能如願；這故事彰顯人神、生死、苦樂、有無、現實與理想等差別，而暗示人間的無奈與人的有限性。

83. 在《舊約聖經》中埃及已被稱為一個巫術之國（至今盛名不衰），古埃及人熱中巫術其實正因他們高度的現實精神，參見 Christian Jacq (translated by J. M. Davis), *Magic and Mystery in Ancient Egypt* (London: Souvenir Press, 1998), 170; and Erik Hornung (translated by David Lorton), *The Secret Lore of Egypt: Its Impact on the West* (Ithaca, N.Y.: Cornell University Press, 2001), 55–56.

84. 埃及人民死後永生的觀念寄託於對河神奧賽理斯的信仰，而伊克納唐的一神觀念是建立在不重人間俗事的太陽神崇拜上，這本已不符

百年後，波斯索羅亞斯德以眾人較可理解的善惡二元論去革除民間迷信，其效果雖比伊克納唐所為持久，但也終歸失敗。

由於上古的宗教是建立在人本的需求（而非追求）立場上，因此其信仰觀念中充滿了相對或二分的觀點（如中國的陰陽對應觀），這一方面是基於人對自然的觀察心得，另一方面是基於凡人由現實走向抽象、由個案走向通觀時，對於自然的推演和假設；此類觀點包括神對人、靈對魔、善對惡、生對死、樂對苦、天堂對地獄、來世對今生、精神對物質、一對多、有對無等等。即由於如此的性質，上古宗教極難發展成講求超越性、統一性、唯一性與絕對性真理的一神信仰85。

波斯的宗教與其先的埃及和兩河流域信仰性質上大致無異，但因它出現在後，有關信仰問題可資借鏡者頗多，故而能發展出較為完備的「原始宗教」體系，而為後世超越性宗教信仰（猶太

民心關注切身利害而不問真理的信仰取向。

85. 不善可謂惡，不生如同死，不樂即是苦，沒有等於無，非神乃是人；但反過來說，不惡不即是善（知恥「近乎」勇，知恥不是勇，沒犯錯不等於有功），不死不即是生（要死不活已是行屍走肉），不苦不即是樂（「沒消息就是好消息」之說顯示永遠擔憂的苦境），不無不即是有（一知半解不是知道），非人不即是神（正如君子的定義不是「非小人」此等低標準）。道為唯一，而非相對，它可涵蓋或解釋一切現象，故道的本質應為善、生、樂、有、神等正面與積極的精神。索羅亞斯德的一神理念是以善神馬自達為正神或主神，這是因為世間的惡可被解釋為善神安排或刻意忽略的結果，祂自有定見，且將於最後審判或世界末日時揭曉真相；但若反過來以惡神艾利曼為最高主宰，則人間的善將成為不可解釋之事，或為惡神能耐不足的徵兆，這立即顯示以惡神為上帝的觀念之錯誤。猶太教與基督教中撒旦之為惡也是上帝默許之事，其道理亦類此。

教與基督教）建構的重要參考。祆教的善惡對立觀念與一般人的想像無大差異，但祆教出現甚早，故有典範性的價值。另外，像神造世界 (genesis)、天堂與地獄 (heaven and hell)、復活 (resurrection) 與永生 (immortality or afterlife)、世界末日或末世觀念 (eschatology)、救世主 (Messiah)、最後審判 (last judgement)、乃至「聖經」等觀念[86]，即使不是波斯宗教的發明，也是經由波斯的發揚與傳遞，而遺留於後世，使猶太教與基督教得以超越這些表面的說法，發展出深刻的神學概念。

東方式宗教：印度的生命觀

印度宗教雖與近東信仰一樣，以尋求人生的快樂為尚，但印度人所以為的快樂不似近東人民那般重視感官享受，而是著眼於心靈的平靜。印度宗教表現東方式信仰強調自助自救的法門，為「非神示宗教」(nonrevealed religion) 的觀點。這個自助自救的解脫之道即在去除人的愚昧妄想，因為人生固然為苦海，但痛苦之處不僅為生存的艱辛與人體的孱弱，更在於庸人自作自受的困窘；因此，根本的快樂不是趨吉避凶或成功長壽，而是了解人的本質，以醒悟放心。印度宗教重求知、講領悟，然後乃可無入而不自得；此種境界結合「智者不惑、仁者不憂、勇者不懼」的修為，達到「從心所欲不逾矩」的無我自在。但印度信仰不是以「天人合一」為真理，因為印度人相信宇宙超然的存在，人僅為自然的一部分，人事僅為宇宙秩序之一環，人與天並非相對或一致的生命；人須反璞歸真，解脫物質世界與世道人心，回復宇宙原始精神或去我

86. 祆教的聖經《阿凡士德》(*Avesta*) 成書時代早於《新約》與《舊約》，被認為是猶太教與基督教集結聖經的概念先驅。

從天，方能圓滿，達成涅槃。印度宗教以去苦為出發點，這也反映出原始文明謀生之困苦，但深思之下卻發現苦樂僅為人性表象，而人心是苦樂的根源，乃知真理無涉人情，合理便無苦，於是印度宗教以人為起始，而以道為標的。這正說明「真善美」的意義：是真的，就是善的，就是美的；真理的價值與地位高於道德問題，高於情感問題，但合乎真理，也必是善，且令人歡喜。

如此，相對於兩河流域與埃及，印度宗教重視真理勝於重視快樂，重視個人勝於重視眾神，重視人格勝於重視神性，重視理想勝於重視現實，重視道理勝於重視道德，重視世界勝於重視國家，重視未來勝於重視現在。簡單說，印度宗教較近東宗教更像宗教，或說層次更高，它不是人的自我表述，而是自我超越。因此，藉由宗教信仰內容去了解或斷定一地的社會實情，這在古代近東地區較為有效，而在印度則較可能失誤。同樣地，因為印度宗教的抽象性或非現實性較近東宗教為高，故而印度宗教社會的腐化情形，亦不如兩河流域和埃及嚴重。造成上述差別現象的重要原因是，古代印度與近東世界相同，皆由多神信仰出發而朝向一神觀念發展，但是在上古時代近東世界並未達到純粹的一神信仰境界，因此宗教的現實性仍高，易於世俗化，造成許多社會亂象（見前文）；而印度雖也未曾到達一神信仰程度，但卻逐漸轉化為無神信仰的觀念[87]，而不躊躇於多神與一神之間，這個強調出世性與精神性的印度宗教，與現實利益糾纏的情形不若近東世界

87. 在名義上，許多印度人當然仍是多神信仰的教徒，但這是下層民間悟性不高的表現；就宗教信仰義理高層的探討來說，印度的宗教到佛教出現時已有無神觀念，而其他宗教對於人的精神層次之強調，也超過對神性天意的討論。

厲害，因此其所導致的人禍亦輕，而像伊克納唐為推動一神信仰所造成的衝突不安，在印度更無由得生。

上古時代的印度宗教最重要者為婆羅門教、耆那教與佛教，而這三者之間有其承接性。婆羅門教不是一時形成的，而是經歷由世俗到脫俗的漫長演進。婆羅門教原始的典籍是吠陀經，吠陀 (Veda) 一詞原意為「知識」或「智慧」，包羅各式宗教文獻[88]，其集結的時代大約是西元前 1000 年之後，原以口傳方式傳世，遲至西元一世紀方才成書。吠陀經本是某些特權家族的家傳，聽經者亦限於少數特殊人物，因此極富神秘色彩；然而吠陀經中的觀念終於流傳於印度社會中，成為民間信仰的根源。吠陀經出現的時代已是亞利安人入主印度五百年以後，它是亞利安宗教與各種印度本土信仰觀念交融的產物，不是神學家的發明；同時，吠陀經的內容雖主要是敬神禮拜的頌文與討論天理的經文，但也包含民俗記載、生活偏方與巫術符咒，這顯示印度人的生命觀或宗教觀原與生活需求關係密切，實用性高，而不是對天道直接的探討。然而吠陀經所呈現的婆羅門教深刻教義，主要是出自於吠陀經中解經論理的部分——奧義書 (Upanishads)， 而不是來自其中大部分關於神明與教儀的傳統紀述（作為宗教活動的準則）；這是說，

---

88. 吠陀經共有四集：Rig-Veda（rig 意為頌詩）為最早出現者，收有 1,028 首頌神聖詩；Sama-Veda（saman 意為吟唱）是頌神歌調，其詩文則採自前者；Yajur-Veda（yajus 意為祈禱）晚於 Rig-Veda 一、二百年而出，為祈神主祭者所念之祝文；Atharva-Veda（atharvan 意為符咒）集結最晚，為巫術咒文彙編。每一部吠陀經又包含幾個部分：Samhita 是祝禱詩，Brahmana 是有關婆羅摩與祭祀儀禮問題的說明，Aranyaka 是執行祭祀的冥想方法解說，Upanishad 則是神秘主義的哲理（神學）討論。

印度宗教的發展是源於生活問題，但歸結於生命問題，它是深思者對於民俗迷信的破解與轉化成果。

奧義書成形較晚（大約在西元前 800–500 年間），為詮釋之作，它探討宇宙真相與人在宇宙中的地位問題，充滿抽象玄思的神秘觀念，非一般教徒可解[89]。奧義書所表現的婆羅門教思想為一種「單元的理想主義」(monistic idealism)，抱持理為唯一的信念，講究精神與意志力，已有無神論傾向（信徒未必體會此道）。這個信仰觀是認為婆羅摩（或梵天王）為宇宙創造者及世界靈魂（universal soul，類似西方一神信仰的上帝），個別靈魂 (*atman* or the individual soul) 由此分出而化為世間的眾生，死後靈魂投胎轉世，即為輪迴 (*samsara* or transmigration)；唯有精神或靈魂為真實與永恆，物質世界的一切均為虛幻，而精神與物質糾纏便為惡運，人的痛苦不安皆由此出；解脫之道是使精神超越物質、人生免遭輪迴、而靈魂回歸源頭與婆羅摩複合為一 (*samadhi* or union with Brahma, fusion into oneness)，達成涅槃 (*nirvana* or extinction)。然圖此了結，絕不是靠否定生命（如自殺）或逃脫生活（如出家），而是正視生命、認真生活，因為生命雖不是價值的本身，但它是人的所有機會，非藉此不能超生。人於生存過程中不能一刻無為，因凡人所思所行皆造業 (*karma*: merits or demerits earned as a result of action)，業有善惡（善業惡業），而因果報應不爽，輪迴為人為畜端視其在世的表現，為人則更有修行的機會與條件（為畜則無可如何），志士仁人體會此道而能實踐，精神發揚而靈魂解脫，乃得歸真（今語「歸零」），此即涅槃。

---

89. 關於奧義書對印度信仰發展的影響，參見 Franklin Edgerton, *The Beginnings of Indian Philosophy* (London: George Allen & Unwin, 1965), 28–34.

此種觀念以人間為至苦，看似悲觀（情感上），其實樂觀（知識上），因為凡人皆有解脫的希望，而其法不需外求他救，自力更生即可，並且道理真相與行為標準清晰，毫不詭譎神秘，只要盡心盡力率可成功，不致落空。在這個積極的信仰下，絕無「知其不可為而為」的無奈或悲情，而有「有為者亦若是」的肯定與安心。然而一般的婆羅門教信徒不能有此領悟與意志，反而著重立即見效的福蔭，於是巫術迷信流行，祭祀犧牲浮靡，教儀形式講究而精神不存，忽視當下責任而一心追求來世福報，宗教中人藉機聚斂，種種怪象不一而足。這引發有識之士的憂心警告，吠陀經最晚出的說法與奧義書的釋義，對婆羅門教的世俗化現象皆開始批判，並配合著社會改革的運動，展開新信仰的塑造。吠陀時代的末期（西元前 500 年前後），乃有耆那教與佛教的出現[90]。此二者與婆羅門教的一大差異是它們並非是長久演化而成的宗教，而是倡導者一生的領悟心得；其教義取向是無神觀與精神性的強調，既然這是「非神示信仰」（相對於「神示信仰」revealed religion 認為真理超越人而存在，有賴神的啟示）的概念，講求自覺自救，人心的開悟就比天意的探討更為重要，因而二宗派的提倡者——本不是要建立宗教——往往被教徒奉為典範，甚至加以神格化，成為信眾亦步亦趨的教主。於是耆那教與佛教的教條化與社會化不久即形成，信徒又墮入宗教形式的窠臼，忽略個人的覺悟與修為，使二者原來的信仰啟蒙與精神革命意義漸失，重蹈婆羅門教的覆轍。這是凡人性格脆弱與才智不足所造成的結果，

90. 關於耆那教與佛教早期的關係，參見 G. C. Pande, *Studies in the Origins of Buddhism* (Delhi: Motilal Banarsidass Publishers, 1995), 541–42.

不可能以一場運動改造，故而印度宗教似乎永在「墮落中醒悟」與「堅信後失覺」的輪迴中，但從另一個觀點來說，這何嘗不是印度信仰基於不斷的生命反省而展現的無窮活力。

耆那教的創始者摩訶毗羅（Mahavira，意為「英雄」，c.540–468BC[91]）被信徒稱為「耆那」(Jina)，意指「征服輪迴者」(victor over samsara)，他提出個別靈魂取代宇宙靈魂之說，強調人的自主性，極富人本精神。而他的戒殺 (*ahimsa* or noninjury to living beings) 主張乃是建立在「眾生有靈」觀點——即個別靈魂說——之上的慈悲訴求；這是說道德（不殺生）不僅為道德，而是知識或真理（眾生有靈）的表現，或說有智慧即有道德，或「善為合理」。此說高度地神聖化善行，使人更有意志行善。這個不殺生的道德觀念與摩訶毗羅強調信仰的精神層面（以精神為真理），關係密切。他以靈魂的自由自在為解脫或極樂，而靈魂的不自由不自在乃因與物質（包含肉體）糾纏而受其束縛，這是因為人——靈魂寄託所在——受物慾牽引所致；人若「無欲則剛」，靈魂無牽掛，自然苦去樂來。使靈魂解脫物力拖累的方法即是禁慾苦修(asceticism)，過著遁世無爭的生活，待精神心靈再不會受累，靈魂就得自由自在，臻於涅槃。在此修道中，苦行其實僅為手段，不是目的的本身，而素食也只是過程，不是目標[92]；但信徒常本

91. 一般相信摩訶毗羅略長於釋迦牟尼，相關討論可見 Jack Jinegan, *The Archeology of World Religions* (Princeton, N.J.: Princeton University Press, 1965), 197–200.

92. 吃素並非不殺，而是一種為了維生不得不行的「小殺」(事實上素食未必較葷食更少殺生)。人若要絕對不殺，即須絕食，此為自殺；自殺者逃避了修行的功課，不能使靈魂因此消障，故非解脫的捷徑。這是說生命是機會，也是責任，不經生命歷練，不能完成修道

末倒置，執著於形式規範，而忘卻本旨真義，以此耆那教徒多有標新立異、舉措極端、不近人情者[93]。這呈現耆那教信仰力量的非凡，以及凡人不能真正非凡所致的求道偏鋒。

苦修求道之法的「錯誤」因子，在於自我意識的抱持，因為修行者須吃苦耐勞、忍受孤寂、清高自持，且永以最後的成功為念，故常抱「吃得苦中苦，方為人上人」的自勉心態，重視個人價值，警覺人我不同，因此不論其如何清心寡慾，總不能真正解脫比較心與成就自我的慾念，而達到慈悲大同與清靜無物的境界。佛教即是參透這層心障、領悟無我無為真諦的另類生命觀，釋迦牟尼（Sakymuni，原名 Siddhartha Gautama, 563–483BC）曾循耆那教式的苦行道，修練數年不果，終於悟出這番道理。釋迦牟尼不主張禁慾苦修，也不贊成恣意妄為，他要人面對真實的自我，

而獲自由。所以吃素僅是過程，不吃（不殺）才是境界——得道乃是超越人生、解脫人體，故可不食。如此看來，飲食成了凡人的「原罪」，吃素絕非功德，還須哀矜勿喜。同時可知，生命中充滿矛盾、困境與承擔；求道者不能以為有一光明大道直通真理，而要死守不放，因為真理蘊含於每一事（故聖人說「吾道一以貫之」），又不等於每一事，在對中反省，在錯裡思過，才能遠離歧途，接近真理，但即使如此也永遠不能確知真理內容（內容只是一種人為形式而非本質），執著於此，將更不能掌握真理。

93. 今日耆那教徒主要分佈於印度西南部，人數數百萬，為求「絕對」不殺生，出門戴口罩以免吸入微生物，走路先掃地以免踩死蟲蟻，已成司空見慣的怪事。前文已論及，耆那教徒為免殺生，不務農牧，多有轉營商業貿易（如金融借貸生意），反得致富而特享權力者；如此，一意解除物慾，反而多得物質享受，一意戒殺，反而操有生殺大權，一意圖求出世，反而深染紅塵。這又可以證明，求道者不能以為有一光明大道直通真理。

克服人性的弱點，了然事理後，依中道（中庸）而行[94]。因為凡人在堅苦卓絕的苦修過程中，最多只能勉力咬緊牙根，注意如何撐過難關，因此反而忽略修行是為了求道，不是為了吃苦自強而已，這使得信徒倒更不能深思義理，落得個分心轉念、「玩物喪志」；另外，尚且不論那些人窮就志短的小人，人們在艱苦的處境下往往只有墮落，更無生命的省思。苦修對於釋迦牟尼而言，其實是凡夫自欺欺人的解脫捷徑，他們以為苦行等於修道，而忘記隨時隨地——不論憂患或安樂時——思索真理，徹底洗心革面，才是正道。一般信徒因信心不足或信念不堅，多須從冒險患難中自我肯定、從受苦受難中自我暗示、從特立獨行中自我認同、從極端行為裡獲得方向感，如此才能產生高度的宗教情懷[95]，佛家「無為而無不為」的境界對他們而言確是困難的。苦修既然含有「自以為是」的思想，釋迦牟尼反對苦修，其根本與終極的主張乃是「去我」（不是「忘我」）；反過來說，因其主張無我，所以反對苦行明志。

反對苦修或主張去我，帶有一種道德意味，它的說服力有限；

---

94. 釋迦牟尼不講苦修，也不主縱性，他提倡的中庸之道是「八正道」：正見 (right understanding)、正思 (right thought)、正語 (right speech)、正行 (right action)、正命 (right livelihood)、正力 (right effort)、正念 (right mindfulness)、與正定 (right concentration)。依常情常理而修行其實最難，因為這不靠標新立異產生激情，或靠自苦自虐的矯情激發意志力，而是靠正視自我的勇氣與耐心提升人格。

95. 例如基督教發展史上信徒勇於殉道、苦修、朝聖、參與聖戰、遠洋傳教等，這些壯舉與信徒欲藉此化解自身信心危機的動機，關連深刻，此說雖乏明證（因少有能自我剖析而公開私情者），但以歷史常識判斷，應無謬誤。

釋迦牟尼提倡此道須有屬於本原性或知識性的論點，方能有力，而這便是他的宇宙觀和真理觀。釋迦牟尼被尊為「佛陀」(Buddha)，意為「大徹大悟者」('the enlightened or awakened one')，這不僅因為他的人格或佛性（道德）偉大，更因他了悟宇宙真相（知識）[96]。釋迦牟尼雖未立文字，然其說道極為清晰明確（絕不含糊神秘），他較摩訶毗羅更進一步，否定了靈魂的存在（不論宇宙靈魂或個別靈魂），他所持是一種唯物主義哲學(philosophical materialism)，為無神論觀點；他認為世界上只有物質而無靈魂，但他唾棄物質的價值，而強調精神的自在。他不重視宗教信仰的形式，全意直探事物本質與真相，由此使人心開意解，無恐懼、無憂慮、無妄想，獲致寧靜安和與滿足，是為涅槃。這個無神主張與去苦目的，有時使人誤以為佛教是一種不管方式、只論效果的實用主義。其實，佛陀並不以解脫苦難為最高宗旨，而是以發現真理為目的；而和摩訶毗羅相同的，釋迦牟尼認為知道真理便得到快樂，痛苦乃出於愚昧，合理即為喜樂。如此，摩訶毗羅與釋迦牟尼所講論的實非哲學、心理學、倫理、價值觀、或人生態度，而是宗教信仰，因為他們所探討的問題是真理，亦即超越性的真相，雖然其說失誤不少。

當然，人生的苦樂與是非問題仍是一般佛教徒最關心的部分。對此，釋迦牟尼提出一個最徹底的解決之道，它包含前述的兩個層面——內省與外觀。內省的功課即是要了解自我意識乃是一切判斷與感受的根源，而自我實為虛幻，不能永恆不朽，基於這個

96. 比較「佛陀」與「耆那」二詞的含意即知（原始）佛教較耆那教更強調求知求真與宇宙本原問題，而耆那教與婆羅門教較重視人生解脫的現實與技術問題。參見 N. Q. Pankaj, *State and Religion in Ancient India* (Allahabad, India: Chugh Publications, 1983), 68–73.

偏執的幻覺所產生的觀點與情感，使人墮入盲目而起伏不定的心緒。而慾望就是自我意識最強烈的作用或表現，它源於自我，但使人失去自我；慾望的滿足是自我的實現，但這卻扭曲自我，令人喪失本心，而致成就來到時一則驕傲二則空虛。所謂外觀便是要知道靈魂並不存在，而物質雖實在，卻永在變化中，這個「萬物變動不居」('The universe is becoming, never being.') 的特質，造成「無常」的世界，使因果報應準則亦不可期[97]。既然世上無永久不變的事物，因此也就沒有可以明白分別的個體，靈魂或自我等觀念乃為虛幻[98]。如此，若人不能結合此內省與外觀，使心念符合事理、內外一致、知行合一，則將陷於不斷的緊張、矛盾與得失痛苦中。出於自我意識的慾望既固執又具體，而外在世界——人的欲求對象——既多變又虛幻，慾望實現的過程即是個人心願與宇宙常理的呼應整合，這卻永如「以有涯逐無涯」，不得善果。微小的慾望代表低度的自我意識，其所以較能獲得滿足，正是因為愈無我心則愈合天理；然小慾望的滿足常致更大慾念的產生，這也就是強烈自我意識的出現，如此則與天理遠離，故所求多不能實現；而且慾望也是變動不居的，永遠不能滿足與安定，令人「七葷八素」，不能自己。慾望既然是自我意識的化身，最大的慾

97. 在人世間所有的事都只是偶然而然，不依據法則定律而運作。所謂「十年修得同船渡，百年修得共枕眠」，其實不合佛理。

98. 宇宙僅為物質，靈魂、因果報應、輪迴轉世皆不存在，如此以自殺為去我解脫之道當無不可。這暴露佛陀說法的缺陷，或其說不為完整的宗教信仰之弱點，此即是講究真理而未兼顧一切事物的起源與終極歸向問題，其實為無神論的宇宙觀，終究不能完全面對或化解生命的困惑。釋迦牟尼死後，佛教一出便逐漸滲入印度傳統宗教的因果輪迴等神話，這實在不足為奇。

望其實是企求個人的不朽，這就是一般人所謂的名譽聲望或歷史地位，或者是所謂的「成就」；此想在世俗性與現實性高的文化中，特受重視與肯定，如傳統中國所標榜的「三不朽」即然。在佛家眼中，「虎死留皮」乃是物理，且依理不能長存，而「人死留名」則是妄想，較諸虎皮更易毀滅[99]。總之，去我或無我便能無慾望，無慾望便得喜樂寧靜，這轉化只在個人一念之間，不須外求，而這個大智慧也不消建立在豐富的知識或經驗上，老弱皆能，「易如反掌」[100]。成佛乃靠自救，但自救絕非講求自我或自私。「慈悲」(compassion for all beings) 不僅為道德的表現，更是智慧的表現，因它合於天理；這是說，能慈悲者乃因能無我，能無我

99.「名」乃自我寄託所在，故人之好名是自戀表現，為學佛者之大忌。

100. 所謂「放下屠刀，立地成佛」，應是指拋卻人的惡劣心性即是向化成佛的開始，而不是改過遷善即為成佛的意思，因為道德反省僅是學佛的初步或外功，認知宇宙道理並修行去我，才能成佛，這是長久的功課，不是意念一轉就算成功。據佛理，一般人修行成佛須經歷「凡夫」、「羅漢」（聲聞）、「辟支佛」（緣覺）、「菩薩」、以至「佛」等漫長階段，絕非一蹴可幾。若以人文的觀點來看，佛教等東方式信仰強調人人皆有超凡入聖的本性本能，唯須努力克服人性的脆弱與邪惡，提升人格，方能改造生命，這樣的看法可說認為人不是「偉大」，但可以「高貴」；《論語》中充滿「君子」與「小人」的比較，以及如何可由「小人」長進為「君子」的教訓，這正說明「人非聖賢」（不偉大），但在「孰能無過」的缺失之餘，可以努力達成「不二過」的高貴性。反觀基督教等西方宗教信仰，以為人帶「原罪」而來，不論如何用功責善，均不可能臻至理想或除罪自救，生命的完滿乃靠上帝的救贖，而拯救是神秘且預定的恩典，非人可以了解與改變；這樣的看法相對於前述東方的人性觀，似乎認為人皆不「高貴」，但（某些人）可能（因得神恩而）為「偉大」。

故能民胞物與，善待蒼生。「平等」也不是佛家的政治性訴求，而是其天道觀點，因為無我便無比較心，無比較心便能一視同仁以看待眾生。至此可說，所謂「佛」就是「非己之大我」[101]。

印度的宗教革命到此已經消滅了宗教[102]，佛教的信仰不談「神」也不說「人」，它講的是一種「境界」——不是「心境」，因為無「我」無「人」，便無「心」可言；而這個境界又是空無（不是空虛）而圓滿，所以再無一切相對比較之事，生死、起滅、善惡、真假、有無、人我、心物、動靜、苦樂等種種現象至此皆已不存。佛陀所說令人動心羨慕，卻又不知所以，於是信徒對釋迦牟尼只能尊敬，難以效法，所有宗教形式（如剃髮、吃素、出家、立廟、拜佛、誦經）在其圓寂之後一一建構，只為嚮往者有所依據，不致落空，然其結果卻是佛教的建立與佛理的消沈。諷刺的是，眾人建立佛教以便追尋佛法，而佛理教人悟空破相，佛教與佛教教義乃長處於緊張關係中；再者，一般下愚教徒希冀有明確的教儀教規可循，方感安心實在，他們對於佛教的空無自在義理，不僅感到不安，而且不滿[103]，宗教需求強烈者如印度人民

101. 據說地藏王菩薩發心必待人人皆成佛之後始願成佛，此心明為無我境界，可見他不是「菩薩」，而是佛。

102. 印度人畢竟需要宗教甚殷，故佛教無法取代婆羅門教而盛行，反而在印度幾乎絕跡，而於宗教熱情較薄的東亞，以「準宗教」或「似宗教」的型態流行。

103. 例如關於吃素的問題佛陀並不嚴加規定，因為道德倫理只是真理的產物，不是真理的本身，求道者應先了解義理，然後自然能合理行事，因此不必先要求行為準則，而是先要開悟人心。這就是說，吃素與否端視信徒是否認知其為合乎佛義與個人信念，而非因為其為佛陀所主張或佛經所規定。依釋迦牟尼的觀念，素食當然是好的，

終於紛紛他求。因此，佛教在印度興盛幾百年後，逐漸銷聲匿跡，而印度傳統宗教（婆羅門教）稍作調整後，又得復興，繼續扮演它作為印度立國精神與生命態度的角色。

超越性信仰的出現：猶太教

希伯來人同為古代兩河流域民族（閃米族）之一支，其文化與宗教觀亦深受兩河流域主流文明的影響，但希伯來人最後卻發展出一個與眾不同且脫離古道的信仰[104]。猶太教與其他上古宗教不同，它是經歷長久演化 (c.1500–500BC) 而成形的（略見前文）[105]；在早期希伯來人的信仰與其他近東宗教相似，且受到許

因為它是去我之後的慈悲表現；但若人充滿自我意識，缺乏慈悲心，卻嚴守素食為戒律，以為因此可獲功德或免遭因果報應，這絕非佛陀所樂見。簡單說，應否吃素，其解答各在人心，不必求之權威；或說吃素只是表徵，慈悲卻是本意，而無我才是原理。關於佛家素食戒律，參見 K. T. S. Sarao, *The Origin and Nature of Ancient Indian Buddhism* (Delhi: Eastern Book Linkers, 1989), 51. 在東方式的信仰中，人為萬物之靈而其上無神，所以人類自當總攬關照一切生命的大責（故說「仁民而愛物」），於是乃有「聞其聲不忍食其肉」(《孟子》〈梁惠王〉上）的飲食顧慮，吃素之風顯然與這個道德觀關係匪淺；在西方一神教（上帝信仰）的觀念下，萬物乃神為人而造，故人可加以利用而不必承擔完全的責任，因而在其飲食態度中殺生的顧忌便較小，可見宇宙秩序是人決定其對萬物所採立場的依據。

104.《聖經》中最早的篇章常提及兩河流域人事，祆教對猶太教的影響與二者的異同頗受學者注意，但其關係如何仍難確定，然不論如何，猶太教的信仰層次絕對超越了祆教。參見 W. H. McNeill, *The Rise of the West* (Chicago: University of Chicago Press, 1966), 157–62.

多外來（包括兩河流域與埃及）觀念的影響，但在波斯時代定型後的猶太教並不是古代宗教的「集大成」（累積和綜合），而是突

105. 猶太教與婆羅門教皆是長久演化而成的宗教，它們並不是由某一人所創立，而是多人所建構的詮釋傳統；祆教、耆那教、佛教與基督教則形成較快，它們是由一人（索羅亞斯德、摩訶毗羅、釋迦牟尼、耶穌）所提示，而信徒隨即聚集，教義、經典與宗教組織隨後建立（未必合乎其精神領袖的原意）；回教則出現最速，它由穆罕默德所建立，主要教義、規範與宗教結構當其在世時已大致完成，世人甚至明確以西元 610 年為回教成立之時，而回教世界更以 622 年（穆罕默德由麥加 Mecca 轉進麥迪納 Medina，首建回教政權）為回曆紀元之始。以文化的觀點考察，一個宗教的成立歷時長久且成於數人之手，似乎說明宗教正是歷史發展的產物，為環境所制約，故可視為一社會組織 (social institution)；如此，這樣的宗教看來便不可能為「真理」或證明其所主張者為真實。一般學者皆以此種認知看待宗教信仰，而不相信其為「神意」或「天道」的表現；此看法亦適用於成立時間較快速的宗教，因為學者以理性和經驗法則解析宗教的出現，並不相信迅速出現或一人所建立的宗教，就更具有真實性或真理性。然而如果吾人以猶太教與婆羅門教為長時期演化而成的「文化傳統」，而不信其為「真理」（因為真理超越時空，不是歷史產物），則穆罕默德當世即提出的教義，依此理應較有真理性，因為它不是長期歷史所塑造的觀念，而是一時出現的說法──依穆罕默德所言，此為天使對其傳遞的神旨，他受教完後即時轉授世人。但事實上，學者雖以經由長久歷史演化而成的宗教為有力證據，說明宗教信仰不過是人造的神話，但這些不信超越性真理或上帝存在的知識分子，並不因此就認為短時間內出現的宗教較具真理性，因為他們相信宗教只是人為的建構物，不論短時或長期生成的皆然，只是以短時出現的宗教為例去證明這樣的學理，效果不如引用長期演生而成的宗教。由此可見，其實宗教信仰是否為人

破和推翻。因此，猶太教的成形代表的文明意義不是上古而是古典精神，而且其時代也在古典時期之初，不在上古期中；換言之，猶太教式的信仰之成熟，即是上古文明終結的時候（故而關於猶太教的信仰大義將於後文專章討論，不在此詳說）。這個新信仰追求的不是人間的生活條件、權力支配、或社會秩序，而是天道之下的生命終極意義。它不僅脫去上古文化特性（不反映當世現實需求），而有建立（西方）信仰典範的古典價值，更重要的是，它追求永恆性，將信仰問題推至最高層次，後世不能更有「進步」（宗教信仰問題也沒有「進步」可言），因此猶太教也具有現代性特質。它是一個「世界性宗教」(universal religion)，這不是因為猶太教由一個部落信仰推廣至舉世流行，而是因為它探討的是宇宙真理，不以民族或國家為思考對象。它又是一個「超越性」

類社會自創的文化產物（而不是天道神意真正的表現），其證明方法並不是學術理性，而是在於論者自身是否相信天理的存在；天理或真理乃超越經驗與理性，不是學術可以證明其為真或偽，學者常用此方式證明宗教所說的真假，這只是形式上或表面的公正客觀，其結果當然是證明宗教信仰乃是人造。可知，只要人以學理論說宗教，便知此人不信或不甚了解「超越性真理」(或「神」或「上帝」或「天道」或「天理」或…)。這就是說，一個宗教建立時間的長短，其實與這個宗教所具有的真理性多少，並無關係。若吾人各以其教義去考察，便知各宗教出現的時間都符合信徒所相信的神意或天道。例如猶太教經由長時期演化而成，這是「因為」依猶太教徒所信，神意的展現是透過歷史，故而猶太人須經歷長久的人事變遷，方能從這些事件去推論神意，而使猶太信仰定型確立。同樣地，回教徒相信上帝將其意透過天使轉告穆罕默德，此後且絕無再授意之時，故當這位「最後的先知」向世人宣達了神意的時候，回教信仰便已完整呈現，不待後人長久追尋方能確知。

(transcendental) 信仰，因為它不以理性或經驗為判斷神意或真理的（最高）依據，且認為人不能確知真相。(以理性標準而言，這個觀念表示人的有限性；但若以精神價值而論，這個觀念卻可成為文明進化的無限動能。）它也是一個「神示的信仰」，認為人須靠上帝的啟示 (revelation)，方能感知超越性的真理或天道。總之，猶太教已不是一個以人為本——而是以「上帝」為宗——的信仰體系，它固然也從人間的問題出發，但卻超越了現世的目的，直逼宇宙真相，不再計較人的處境和出路（就此而言，它比佛教更重求真)。當然，猶太教教義即便至《舊約》定型時（大約西元第二世紀)，也未必如此清晰和完整，而教徒更未必普遍有如此的認知，但是猶太教的最高義理確有如此取向，基督教的出現正是基於此念而不滿現狀的進一步革命。於此，衡量基督教所蘊含的文明意義，猶太教的古典性和現代性就更容易推斷了。

六、藝術與人生的關係

藝術的古代性表現就是藝術高度反映現實，而不單純為美感的呈現，更不為個人理念或反世俗意識的表達。換言之，古代藝術具有強烈的目的性，而無「為藝術而藝術」(art for art's sake) 的觀念；它含有生活性、政治性、道德性、宗教性、或經濟性種種功用，充分表現時代特性，而相對缺乏藝術家的獨特創意。雖然美感的追求是人的本能或高貴趨向，但一方面人須有相當啟蒙教化始能感受美（愈高層次的美愈是如此)，另外人須在物質上得到相當滿足或保障後始能講究美感，因此藝術中美感的呈現多少反映了人對生活問題的解決（窮困而孤僻的藝術家形象乃是現代文明的徵象)。如此，遠古時藝術創造者在其作品中所傳達的主觀意念極少，而所含生活狀況（環境因素）或社會集體觀點的成分則極為顯著。這樣的藝術是強烈的寫實主義，雖然創作者本身並不具備這個意識，而只是「自然而然」，並且其技法未必高明，因此常有不像實體或不夠真實的現象。另外，古代藝術又常有理想主義的色彩，這是當時人們在克服自然以營生的工作中常感力有不足，因而產生奇想，展現人對自然條件和美好生活的期望。這般的理想主義其實不出於反對現實、追求超越性的境界，而是反映人類求生的困境，和投射人的無奈，其概念乃在希求現世的成功勝利，故而仍是現實主義的精神。總之，古代的藝術表現與現實人生有密切的關係，它可以驗證前文所論的各項上古文明特質；具體來說，它表現當時的生活條件、統治意識、道德主張、與宗教信仰。

兩河流域的藝術主題：祀與戎

兩河流域有深厚的藝術傳統，蘇美文化型態對兩河流域的長期導引，也反映在蘇美藝術風格對西亞藝術的深遠影響[106]。兩河流域文化的緊張性表現在藝術上，其顯著特徵即是藝術主題常環繞宗教活動與征戰行為二者[107]，這正如中國古代國家大事不過祀與戎二項，而充分表現在古籍裡。蘇美遺跡以祭壇聞名，亞述雕刻以戰爭及狩獵為主題，加爾底亞建築以王宮與神廟為重點，這些都反映當時當地的文明特性。蘇美及兩河流域早期國家缺乏金

106. 然整體而言，兩河流域藝術的變化性仍高過埃及，見 Jacquetta Hawkes, *The First Great Civilizations: Life in Mesopotamia, the Indus Valley, and Egypt* (New York: A. A. Knopf, 1973), 250.

107. 詳見 A. L. Oppenheim, *Ancient Mesopotamia: Portrait of a Dead Civilization* (Chicago: The University of Chicago Press, 1977), 329–31.

屬、石材與木料做為藝術原料，而當地富產黏土，故其主要的藝術表現形式為磚造建築與陶器，而其藝術風格也深受這類材質所支配，這便是古代藝術與人生結合緊密的明證之一。蘇美人由於營生不易，對於宗教祭祀祈神活動頗為著重，這可見於出土甚多的相關遺物，其中以吉格彌斯為題材者尤多。阿卡德的薩爾恭崛起後，兩河流域的藝術也隨著政治勢力的強盛而活絡，此時的藝術風格富於展現權貴勢力的霸氣，雕刻作品尤為代表。尼尼微出土的知名薩爾恭青銅頭雕 (c.2300BC)，就是這類作品的典型[108]。發跡於小亞細亞的西臺人，其藝術遺跡中充滿著禽獸形體和宗教執禮景象，這與兩河流域中心地帶的藝術特徵相似，同樣表現文明初期的精神氣象。腓尼基人以商業立國，然其藝術也多有人獸搏鬥的景象，這可以佐證初民社會力圖克服自然以營生的一般境況。定居於地中海西岸的腓尼基人與亞拉米人 (Aramaean) 常為亞述建築的藝術工匠，他們本身的生活方式與兩河流域帝國有別，但是在服務權貴時所從事的藝術工作上，仍表現主流文明的傳統風格，而非邊緣地區的特殊風采。亞述時代的藝術風格與兩河流域前期較為不同，但這個不同主要是形式方面，不是創作的概念。亞述的藝術新形式是彩繪的磚石浮雕，而它的主題則仍是權力與統治的相關表現，例如宮廷威儀、狩獵與戰爭場面。其特色是動物的形體（多為獅與馬）雕繪極其精細華麗，相形之下人像則稍嫌刻板僵直，不過這些在戰役中的重要人物刻畫也非常細膩，以便凸顯其威武雄風。而作為鎮守大殿用的石雕動物，通常為獅子或人首（帶鬍）飛獸相，這也是強調威權氣勢的手法，不是藝術

108. 薩爾恭頭像的眼珠以寶石製成，故早為愛財者所覬覦而自頭像中被挖除，此事可以證明上古藝術現實性高而美學意義少的情形。

概念的創新。這些作法都為後起的加爾底亞帝國所沿襲和改進，其彩繪上釉的磚牆浮雕技術尤屬上乘，著名的巴比倫伊絮塔城門 (Ishatar Gate, built by Nebuchadnezzar, c.575BC) 即是典範；不過，這些藝術形式的改變只是用以強化原始的創作意念，即誇耀政權的威嚴與富強，而非為捕捉超俗之美。

埃及藝術特質所象徵的古代性

埃及的藝術表現形式與兩河流域不同，但就藝術的功用與創作精神而言，仍與兩河流域無多差異。與兩河流域或一般古代文明相同的，埃及藝術類門主要是建築、雕刻與繪畫，而雕刻與繪畫本質上是建築的附屬，不是獨立的藝術創作品，因此雕刻不是浮雕便是建物的連帶裝飾物（「圓雕」statuary in the round 人像則多為帝王領袖等權勢代表），而繪畫多是壁畫。如此，所謂古代藝術誇大言之就是建築了。作為大型藝術的建築物，非一般平民的財力可以支應，故古代的偉大藝術或建築大多為宮殿與神廟。換言之，古代的雕刻與繪畫附屬於建築，或者古代藝術主體為建築，此種現象其實就是貴族時代權力支配下的高層文化表現[109]，因為這是一個藝術為貴族所獨享、不是平民所共有的時代。

埃及的藝術表現了埃及文明的特質。首先，埃及的集體主義明顯反映於藝術題材，埃及的藝術多是描述國家群體生活，殊少表現個人——創作者或獨特人物——的思想和需求。另外，埃及的現實主義精神也表露於藝術創作中，這就是埃及藝術內容多為

109. 反過來說，當雕刻與繪畫脫離建築而成為獨立的藝術時，就是貴族時代式微而平民時代興起的階段，這在歐洲大約是文藝復興時期（十五世紀前後），在中國則是宋朝時期（十至十三世紀）。

具體的物質世界，絕少抽象思考或理想概念的表現。再者，埃及的集權主義支配著藝術風格，貴族統治者壟斷藝術創作活動。例如金字塔建築為法老陵墓，獅身人面像的人面多為帝王容貌，法老雕像的大小常與其權勢的強弱相符，而法老像一例面無表情和人味，這是要暗示法老並非凡人而為神的化身，以及象徵永恆、安定、威嚴、剛強、榮耀與祥和（「仁者無敵」）的統治力量。尤其是埃及與兩河流域不同，在建築藝術上除了磚土外多以石料為材，因此可以長久、巨大、而顯氣勢，更長權貴的威風[110]。又如加納神廟乃是不斷擴增的大建築，而其增建部分設計的一致性(美感)，常為追求規模的巨大（權力的表徵）而被犧牲，這也顯示埃及藝術的現實性。此外，埃及的建築風格長久保持傳統，幾不受外來文化的影響，此在埃及淪為外族統治的時期（亞述、波斯、希臘化時代）亦然，這又說明埃及藝術強固的保守性或權威性。事實上，埃及藝術風格在古王國初期定型後，一直持續至亡國後，其間改變並不多，建築尤其如此。

若以藝術的表現風格而論，埃及藝術由於創作技巧不夠純熟，又深受神權統治隱含強烈的政治性目的、以及埃及人似實而虛的宗教信仰觀點影響，其寫實主義 (realism) 與自然主義 (naturalism) 的表現不能徹底；相對地，埃及藝術因此呈現了一種形式主義 (formalism) 與象徵主義 (symbolism) 的格調[111]，雖然創作者不必

110. 追求永生的念頭是埃及藝術中一個明顯的呈現，詳見 Eugene Strouhal, *Life in Ancient Egypt* (Cambridge: Cambridge University Press, 1992), 157–67.

111. 許多埃及建築物上的裝飾主題，例如甲蟲、日晷與禿鷹，都具有個別的象徵意義，此種以實物暗示抽象觀點的作法，其實表示埃及文化的精神層次或靈性素質不高。

具備此藝術理念。以獅身人面像為例，人頭結合獸身顯非自然之物，但其人面為真實的法老相貌，而獅身為動物實體，如此又有寫實成分；人面雖取材自帝王實際長相，但表情一致、刻板、形式化、而富於象徵性意涵。甚至一般的人像也有共同表徵，其身體比例往往誇張不實（此所謂「體格扭曲」anatomical distortion），例如大腿極長、肩部寬平、手指齊長；側面像更不真實自然，頭側向而眼大正視前方、腿側面而身軀向前（此所謂「正面性」law of frontality）；立像則僵直無動態，手臂交叉於胸前，或平貼於雙脅與大腿，兩眼向前直視；而表情若非漠然，即是略帶微笑，有如沐春風的愉悅感；再者，在色彩應用、造型的順暢、與空間佈局的效果強調方面，亦多不著力（無直線透視觀 linear perspective 的嘗試）。這些如真似假的表現形式，其造成因素主要是出自埃及藝術的非藝術性目的，它們可能是為傳達世界的規律次序、人的靈性、生活的滿足感、宗教信仰的期望、政治的效忠度、或其他世俗觀點，而不是藝術觀念或感官知覺；埃及藝術重視對稱性（神聖性）而不重視動感（人間性），重視雕刻而不重視繪畫（因不能「永恆」），應與此有關[112]。

為服務現實而存在的埃及藝術，在古埃及政治社會結構不改的情況下，極難有變化風格或提升美感與純化為藝術的可能。這就是為何到帝國時代伊克納唐推動宗教改革的同時，也造就了埃及藝術風格丕變的原因。因為伊克納唐所倡導者為抽象的一神信仰，使得宗教與世俗人事的關係，較從前多神信仰下的神權政局

112. 埃及人相信死後的幸福永生乃是延續在世時的生活，因此藝術工匠創作的主題常為人間美事，而所用材料則力求長久不壞，以此繪畫常為雕刻的附屬品而已。

更為疏離，埃及藝術因而得以較為獨立，不再深受這個宗教社會的支配，於是藝術更能朝專業的趨向發展，而產生更為自然寫實且技法高明的作品。例如此時伊克納唐及其皇室人像雕刻，就較前時更為優美、細膩、真實而感人，享譽甚高的娜佛堤堤（Nefertiti，伊克納唐之妻）皇后人頭像正是如此的佳作。就創作理念而言，這是因為在這個一神觀念之下，眾生平等，人間即是人間（不談天國永生），即使法老仍宣稱其為神在人間的代理，但是他的神性絕不如傳統埃及的法老多，或者也不必像從前那般強調人間統治者的非凡（神格化）屬性，故而王室人員的人性表現轉強，不僅帝王的人像多了人味——表現內心情感與個人特質而不「裝神弄鬼」——而且王室的親民作風也遠勝前朝，這表示藝術創作者可以更自由地表現藝術，不必受制於政治與宗教考量[113]。同理，當伊克納唐改革失敗後，舊式神權政治與信仰社會恢復，於是埃及的藝術風格也跟著復舊，純藝術與人文精神的發展不久即消逝；當然，若以新王國時代相較於埃及前期，因為政治解放的程度終究較高，反映於藝術風格上，也使埃及後期藝術中的自然主義和生命動感表現多於前代，這是古代藝術與現實人生關係緊密的有力證據。更進一步言，埃及文化的榮枯常與其政治的興衰相隨[114]，這是因為在埃及的神權統治下，文化（信仰）與政治（權力）結合密切，而神權統治的本質其實是政權支配宗教，因此政治的盛衰總決定著這個信仰社會的文化興廢，埃及藝術的變

113. 關於娜佛堤堤頭像所表現的埃及藝術風格變化，參見 Joyce Tyldesley, *Nefertiti: Egypt's Sun Queen* (London: Penguin, 1998), 164–66.

114. 就長期大勢而言，古埃及的國力由盛轉衰，其文化活動亦因而逐步由興旺活潑與創意豐富，轉趨停滯無力與反復無奇。

化只是這個大連環機制運轉下的一個現象而已。

波斯藝術的政治性表現

如前言，波斯本身無先進的文化，帝國的文化政策與民族控制政策相同，此即是包容整合；這不是基於道德觀或價值觀的作為，而是政治性的考慮，因此波斯的藝術便充滿了世俗性表現。前舉波斯城宮殿建築融合了兩河流域、埃及與希臘風格，其主要目的即是呈現帝國一統的氣象，而非出自美感的觀點。波斯的建築並未採用兩河流域盛行的拱門與圓頂設計，可能就是為了展現一種折衷四方文化風格的新藝術形式，而不彰顯單一主流文明的特色。為了展現政權威勢，波斯的建築應和統治者好大喜功的心態，不僅規模巨大，且多有浮雕裝飾牆面以襯托恢弘氣勢和記錄功績。僅此一點就使得波斯建築成為一個特殊的藝術風格，有別於其所仿效的西亞、埃及與希臘文化。同樣為了表現控制力量，波斯建築的佈局整齊劃一，雕刻形式簡潔而有次序，圖像寫實但又形式化。善用亞述的彩釉石磚技術去裝飾建築，又是一項誇耀國家富強的方法；至於其他金銀寶石飾品的製作，其所具有的權勢象徵功用更不在話下。如此強烈的政治考量自然使波斯建築的世俗性表現非常鮮明，相對地其宗教性色彩則極少，與埃及建築形成強烈的對比。波斯建築主要為皇宮官府，而非神廟或信仰中心，它要榮耀的是帝國統治者；通常此類建築極為龐大，內部房間為數甚夥，除了辦公室以外，即是太監與後宮居所，一副人間勝國的景象。簡單言之，波斯藝術的原創性不高，但其富麗堂皇的程度則勝於從前，這是因為它的實用性與政治性目的顯著，配合著這個曠古未見的帝國強權之出現，自然使其藝術成為遠觀令人震懾、近思卻感索然無味的裝飾品，畢竟為政治服務的藝術較為宗教服務的藝術更少「美意」。

印度藝術所表現的宗教觀

西方的一神信仰對於上帝的看法，因為認定其為創造一切、綜合一切、控制一切的力量，故有「民無能名」之感，上帝乃為抽象、超越、無形、和神聖，不可以人的觀點去形容描繪，而聖經教義更明指不可崇尚偶像，因此在這個信仰下，藝術難以發揮，希伯來文化中藝術成就極低，即是這番道理的例證。反觀東方式信仰，因為認為神佛聖賢皆出自凡人，且超凡入聖關鍵乃在心智啟發，而非體格變化，因此得道成「仙」者均為信眾崇拜效法的對象，且其形體近似一般人物，並非不可捉摸或想像，故而此類信仰大有助於宗教藝術的興起，佛教傳入中國不僅造就所謂的「佛教藝術」，更激發傳統中國藝術的新意境發展，這不是一個特例。在藝術創作中，人像為主要的角色，若無人物刻畫的餘地，則藝術發展將受到嚴重的妨礙，這就是何以東西方宗教信仰對於人像的不同態度，會造成藝術活動與藝術風格的不同表現。

印度既是一個宗教信仰深濃的社會，印度藝術主要即是宗教藝術，而其傳統性或正統性極強，缺乏個性創意與活潑變化[115]；這個情形與古埃及類似，但程度則又過之。例如印度佛像的神情與埃及法老像頗有相似之處，這是因為二者雖都刻畫人形，但所欲傳達的精神皆不是人性，而是超越凡夫的氣宇。佛像所要展現

115. 古代印度 (c.1500–300BC) 所留下的遺跡極少，因當時建築主要為木造，難以持久。孔雀王朝 (Maurya Dynasty) 興起後，阿育王 (Asoka) 在北印度各處建立碑柱（高度常為 15 公尺，柱頭刻有荷葉，上立動物像），宣誓他對佛教的信奉，這類遺址現仍保存不少，這個現象也可說明前文所述古代藝術與政治勢力關係的密切。

的是無我、慈悲、愉悅、而圓滿的境界，這與法老像所要顯示的神格，在形象表現上極為一致。因此，與法老像相似的，佛像面容多有微笑之意、慈眉善目、臉型豐滿對稱、無個性情緒的表露、不似真人；尤其佛像因要暗示無我無相的境界，故更須表現「超人」的典型，長相理想化、標準化，不與任一真實人物相像。就此而言，佛教藝術更為刻板，缺乏創意與豐富性。

同樣地，印度藝術的寫實主義與自然主義也因為宗教信仰觀念的影響，而不能充分發揮（吠陀時代之前的印度藝術寫實風格甚強）。上述的佛像表徵已不甚寫實，而為了表現神佛的萬能，千手神像之類的創作猶如埃及獅身人面像一般，絕不符合自然現象。同時，印度藝術的象徵主義氣氛也如埃及藝術那般濃烈，其實則有過之而無不及。印度的神像和佛像造型，每一姿勢、手勢、和特徵都具有不同的象徵意義。例如婆羅門教中的主神雕刻常有多隻手臂，而每隻手臂皆代表不同的神力或神性；釋迦牟尼像的手部不同位置，是象徵他所處的不同悟道階段，而法輪、菩提樹等佛教故事典故的事物，也都成為定型定性的象徵。總之，印度藝術的特質與前述埃及藝術大概相同，惟有集權主義一項在印度並不強烈。

印度的宗教信仰固然對於藝術發展具有極大的影響力，但宗教本為出世的精神，不重人間感官知覺（「色即是空」），這對藝術的發展也造成相當的限制；尤其到佛教出現後，破除形相與美醜分別之心的教義，使藝術美感更無其本身存在的價值，而教徒即使知道「人要衣裝，佛要金裝」[116]，但他們在競事奢華禮佛之時，也無藝術的用心。於是，印度藝術因為宗教而興盛，但也因為宗

116. 佛其實絕不要金裝，人求衣裝以致牽連佛渾身金裝，這可說是「瀆神」之舉，或說是「以神事人」的假信仰行為。

教而僵化，這再度證實古代藝術與人生的緊密關係。

綜合前述六節可知，上古文明重視安全的價值顯然高於自由的價值，這是因為求生問題總是其優先考量，而求生問題在古代雖因各地自然條件不同而須以不同的技術解決之，但就問題本質而言這對各民族實無差別，因此它使古代文明的同質性甚高，而原始初建的文化傳統勢力甚強，後代難以突破。文明的一大價值（雖非終極價值）是文化的多元性，這在古代並不能建立；但文明更高的價值是觀念的超越性，這在古代因為人類不論東西皆面對一樣的挑戰，必須思考具有普遍意義的解答，因而更受重視。就是因為這個困境與面對困頓所需的氣度，在上古之後乃能開創出追求世界性典範理想的古典文明。

第三章

古典文明精神的提出：

希臘人文主義的表現

Victory Untying Her Sandal, from the parapet of the Temple of Athena Nike, Athens. c. 410BC.

希臘文明所以為「古典的」文明，不僅因其為西方文化的本源，更因其所追求者為跨民族的世界性文化理想，具有超越時空的現代性價值，因其有典範性意義，故能有永恆的歷史生命力。這當然不是說希臘文明是一個理想的文明，事實上希臘人的本土意識仍極強烈，而其庸俗勢利與妥協墮落的表現亦復不少；然希臘文明的缺失只是人性弱點與惡質不能因教化而盡除的現象，而希臘人絕少上古社會的蠻性，且其文明精神確是在尋求真善美的至理，僅此精神即可使希臘在人類文明史上永垂不朽，雖然這個美名俗念絕非希臘文明的目標。希臘人所以能發展出與古代不同的文明，並不是因為其民族性或自然環境的獨特，而是人為的努力，這也就是對人事深刻反省與超越現實的結果 *1* 。前述希臘文化中不盡理想的表現，即證明希臘文明與眾不同的優異性不是天成，而是君子上達的困學與勉力奮鬥，故有不能盡善盡美的缺失與錯誤；另外，希臘文明也不是一夕之間成就，而是經歷漫長艱辛的發展，在此之前邁諾亞文明 (Minoan Civilization, 1700–1400BC)、邁錫尼文明 (Mycenaean Civilization, 1400–1100BC) 與「黑暗時代」(Dark Ages, 1100–800BC) 皆是希臘古典文化創造之前的先驅，而它們的文化特質與上古近東文明相近 *2* ，可知希臘文明的偉大是因其所致的突破與進化，不是自然而然的文化差異。

---

1. 持唯物論與歷史決定論觀點的馬克思對於希臘文明從未深論，見 Padelis Lekas, *Marx on Classical Antiquity: Problems of Historical Methodology* (New York: St. Martin's Press, 1988), 86.
2. 關於希臘文明早期所受的東方影響，詳見 Walter Burkert, *The Orientalizing Revolution: Near Eastern Influence on Greek Culture in the Early Archaic Age* (Cambridge, Mass.: Harvard University Press, 1992), esp. 14–25.

事實上，黑暗時代前希臘與近東文明的接觸亦繁，希臘若無改弦易轍的文明開創，則希臘歷史極可能僅成為古代近東世界的一環，並無新意 3 ；然而希臘終究超越了古代，樹立一種新而高貴的文

3. 上古時代以兩河流域與埃及的文明開化程度最高，此時歐洲可謂落後地區，大約在西元前 1000 年近東文明開始傳入東南歐洲，使其逐漸同化為文明區，古代希臘文明多限於島嶼及海岸地帶，正說明歐洲最早的文明區其實是近東文化的拓殖地，而所謂的愛琴海文明乃是西亞與埃及文化的混合品。建立於克理特島 (Crete) 的邁諾亞文明（Minoan 一詞源於克理特島傳說中的建國者 Minos）平和的氣氛濃厚（其社會具有高度的平等性，其文化最突出的成就是藝術），它與腓尼基和埃及貿易往來密切，並在巴爾幹半島南端建立據點（可稱為 'shore stations'，如 Mycenae 與 Tiryns 等），將近東文明往歐陸傳播。興起於邁錫尼的邁錫尼文明則富好戰氣息（西元前 1400 年南向攻略克理特島，造成邁諾亞文明的衰亡；西元前 1200 年 Agamemnon 東向進攻小亞細亞的特洛城 Troy，此為希臘文學中知名的特洛戰爭 Trojan War），希臘與羅馬的英雄主義傳統可說源起於此時。邁諾亞人實非希臘人，希臘人乃是印歐族群之一，邁錫尼人是希臘民族最早出現者，他們原是從東歐南下的印歐族阿喀安人 (Achaeans)；至西元前十三世紀另一波印歐族群南向遷徙潮興起，多利安人 (Dorians)、愛奧尼安人 (Ionians) 與伊奧利安人 (Aeolians) 相繼南下，成為巴爾幹半島與愛琴海世界的新主人，邁錫尼文明於此覆亡，希臘進入了三百年的黑暗時代。（有以為希臘的黑暗時代歷經五百年 (1200–700BC)，見 Ian Morris, 'Archaeologies of Greece,' in Ian Morris ed., *Classical Greece: Ancient Histories and Modern Archaeologies* (Cambridge: Cambridge University Press, 1995), 14–15.）這些希臘部族各有其語言與風俗習慣，文明傳播與文化交流此時均陷於絕境。經長期的醞釀發展，新興的希臘文化成為異軍突起，展現高度的特質與自信，迥異於歷來

明精神，建立起一個「西方」世界以與「東方」相別，而當東西對立觀念初起時，這個東西差異即不僅為空間性，且為時代性——即「野蠻」(barbarism) 與「文明」(civilization) 的對比（關於這個問題後文將以專章討論）4。這就是何以希臘為「古典」(classical) 而近東為「上古」(ancient) 的道理，波斯帝國的時代與希臘相近，卻為上古文化而不能列為古典文明，原因在此。簡單言之，希臘與先前人類文明的不同，是在於它確立了文明所以為文明的價值與方向。

一、希臘文明的現代性表現

以歷史觀點而言，西方的現代化經歷了文藝復興（the Renaissance，十四至十七世紀）、民族國家 (nation-state) 建國運動

的古文明（見 Oswyn Murray, *Early Greece* (Brighton, Sussex: The Harvester Press, 1980), 99.）。這個多元的文化有其一致的認同傳統，希臘各部族因自視出於神系希倫 (Hellen) 之後，居於希臘 (Hellas) 之國，乃自稱為希臘人 (Hellenes)。大約在西元前第八世紀希臘人採用腓尼基文字母，再自創母音符號，造出一套更簡便而有特色的拼音文字（現代歐洲字母系統常被認為源於希臘文），希臘於是進入了歷史時代，更朝向與近東文明不同的領域去發展。

4. 詳見王世宗，〈東西對立觀念的發展：「西洋文化史」的地理界定之反省〉，臺灣大學《臺大歷史學報》25 期，235–36。關於古典時代「文明人」與「野蠻人」的分別意識，可參見 P. J. Geary, *The Myth of Nations: The Medieval Origins of Europe* (Princeton: Princeton University Press, 2002), 41–49. 關於希臘民族自我認同意識的建構，參見 Paul Cartledge, *The Greeks: A Portrait of Self and Others* (Oxford: Oxford University Press, 1993), 36–38.

（十五至十九世紀）、宗教改革（the Reformation，十六至十七世紀）、科學革命與啟蒙運動（the Scientific Revolution and the Enlightenment，十七至十八世紀）、工業革命（the Industrial Revolution，十八世紀以下）、法國大革命 (the French Revolution) 與民主化運動（十九世紀以下）等變革，並由此揭櫫人文主義 (humanism)、民族主義 (nationalism)、個人主義 (individualism)、理性主義 (rationalism)、資本主義 (capitalism)、與自由主義 (liberalism) 等理想以為文明進化目標，此即是現代性 (modernity)，而新帝國主義 (the New Imperialism) 在十九世紀末的興起，正是西方世界現代化成果的實力展現，以及以西化推動現代化的擴張運動。

若以上述這些準則去檢視希臘文明，將可發現古典希臘已具體而微表現出現代文明的特質。人文主義在希臘文化中處處可見，其宗教觀點尤其傳達著這個以人為本的概念（詳下）；希臘人的特殊自我認同及其文化優越意識在古代是猶太信仰之外，唯一可視為具有民族主義精神的表現 5；希臘的城邦 (*polis* or city-state) 分立社會確保多元文化特性，其文藝富有個人意識與關懷，同性戀情懷的表達也顯示時人對個性的重視 6，這些都是肯定個人主義

5. 希伯來人的猶太教信仰使其自信為上帝特別眷顧而可望得救的「選民」(the chosen people)，希臘人則對於其文明成就極感自負，而視其他族類為野蠻人 ('barbarians')，此種民族本位意識 (ethnocentrism) 雖與近代民族主義精神不盡相同，但確是十五世紀之前僅有的類似觀念。

6. 關於希臘文學中所表現的同性戀情結，參見 Peter Green, *Classical Bearings: Interpreting Ancient History and Culture* (Berkeley: University of California Press, 1998), 137–38.

的現象；希臘的科學態度或宇宙觀充滿理性求真的精神，不重現實利害，絕無迷信或訴諸超自然神靈以求安心的風尚，這是理性主義立場的呈現；希臘文明重鎮雅典的經濟型態為都市化的商業貿易，著重自由競爭的原則，具有近世資本主義精神；希臘的民主制度（直接民主）為史上最原始而理想化的群眾政治，希臘文中的「自由」一詞 (*eleutheria*) 為古代文明世界所僅有，這是自由主義最早的宣示 ；甚至在波希戰爭 (Persian War, 492–479BC) 之後，雅典也發展出帝國主義，開始擴張勢力與推展雅典體制，企圖同化希臘世界 7 ，此與近代歐洲列強推行西化類似。

這個今古比較當然不是要說希臘文明已充分現代化（若然則無今古之別，或表示歷史可能停滯乃至退化），而是要說明希臘文明已展現了終極文明的屬性 (即現代性)，及希臘所以為西方文化始祖的理由。文明終極價值雖在希臘時已被提出，但歷史發展仍須經歷對此批判、懷疑和否定的階段，方能臻至真正領悟與體現的境界。或說文明目的的達成必需經歷「見山是山、見山不是山、見山是山」的成長過程，然則希臘的古典文明階段乃屬第一階段的「見山是山」，絕不能等同於「見山是山」的最高層次。如此可知，希臘文明的貢獻乃是「開創」，不是「成功」。這樣「實而不華」的成績表現在二方面，一是希臘文明創見雖多，但制度上的建樹未必多而穩健（雅典民主政治的流弊及其轉化為帝國主義是一個明例)，顯見其仍處於起步或學步的顛簸狀況；其二是希臘文明精神中最為顯著、深刻與最可為綜合代表的一項乃是人文主義，

---

7. 雅典的統一與同化政策引發以斯巴達為首的保守陣營之反撲，而造成伯羅奔尼薩戰爭 (Peloponnesian War, 431–404BC)，這可比擬為近代的殖民戰爭與反帝國鬥爭。

而非其他理念，這顯示希臘文明仍非最上乘的文化，因為個人主義、理性主義、自由主義等思想乃須建立於成熟的人文主義之上，才能進一步完整建構 8 。人文主義是一個以人——而非神或物質世界——為中心的思想體系 (man-centered philosophy)，它強調人的價值與尊嚴，深信人為萬物之靈，肯定人的自由意志 (free will) 與善性，並主張人為衡量萬事萬物的基準。人文主義著重世俗性 (secularity) 與個性 (individuality) 的立場，是對上古文化的宗教迷信（宿命觀）與集體主義所做的討伐和破解，這是人類文明導向自主性發展的開端；受制於自然環境（物質條件）與追求生存安全和表現原始物慾的文化型態乃為野蠻，發揮人類心智與尊重個人自由的社會方是文明的溫床，因為只有眾神與大我的魔力被破除，人文精神與菁英思想方能成為文化發展的指引，初級文明才能因而提升為高度文明。如此，人文主義不只是強調人為萬物之靈的人本主義（即人類主義），它進一步的要求乃是強調人之所以為人的君子主義。這是希臘文明最大的挑戰和成就所在，因此吾人應以文化的「轉型」評論之，不能以「定型」標準責求之，而以為希臘文化已充分體現人文主義的理想。

以這樣的水準而言，希臘文化確是充滿朝氣活力與創意。繼承希臘文化傳統的羅馬人稱「希臘為人類被發明的地方」，這在用詞上固然誇張，但就其所欲表述的歷史轉捩點之重要性來看，尚可說允當。事實上，「歷史」(history)、「政治」(politics) 9 、「民

8. 參見王世宗，《現代世界的形成——文明終極意義的探求》（臺北：三民書局，2003 年），頁 259。

9. 英文 idiot（白癡）一詞源於希臘文 idiotes，其意以為將個人快樂置於公務之前者，必極為不智或無知。見 Charles Freeman, *Egypt, Greece and Rome: Civilizations of the Ancient Mediterranean* (Oxford:

主」(democracy)、「哲學」(philosophy)、「形上學」(metaphysics)、「悲劇」(tragedy) 等等，這些深具人文意涵與影響力的詞彙，皆是源出於希臘文，足可為希臘文明成就的指標。而希臘人不僅提出新的文明標準，並且能身體力行，表現新生活方式與新人生態度。整體來說，希臘是一個和平安詳、溫和節制、稱心喜悅、樂天積極、多元平等、與自信踏實的社會。希臘人不似古代部落，罕有暴力兇殘的犯行；其物質條件並不豐裕，但能以小康為喜，知足常樂[10]；他們不走極端，也不尋求刺激發洩情緒，能於單純的生活中感受情趣（奧林匹克式的運動僅為簡單的娛樂，競賽也不為大獎）。上古國家所共有的王室君權、官僚體系、宗教階層、常備軍隊、與賦稅制度等情形，於希臘的文明城邦中竟不存在，然其社會自有一套運作的機制與能力，依然行動無礙而發展順利。波斯帝國四方征戰無往不利，而希臘卻能抵禦東來的鐵騎，立於不敗之地，這不僅強化希臘的自信精神，也昭示雅典價值作為新文明標準乃富有其實力。這個以質制量的效能，就是希臘文明具有現代性的證據。

二、希臘的政治與權力意識

希臘的人文主義精神落實在制度上的表現即是民主政治。民主制度的基本假設或前提乃是人權和平等，而人權的概念和平等的價值乃是人文主義的社會主張，其重要性對人文主義者而言更

Oxford University Press, 1996), 217.

10. 希臘人的樂觀是來自於簞食瓢飲而知足常樂的修養，此不同於埃及人因物質環境優越舒適而造成的樂觀心態。

勝於個性和自由的追求、或對菁英特權的敬重；在政治上，希臘確實為了實踐人文主義而相當程度犧牲了個人主義和自由主義的價值[11]，但這是文明進化過程中無法避免的困境，因為如前言個人主義與自由主義的實現或發揚，須奠基於成熟的人文主義之上。

希臘民主政治的發展出於兩種因素，一是外在環境，二是人文主義價值觀；前者即是希臘的城邦生活型態，後者所指是希臘人對人權與平等的肯定。

希臘城邦自治體制的形成，一方面是因為巴爾幹半島地形崎嶇阻絕而島嶼羅布，以致部落零散分佈，難以交通整合；另一方面是因為希臘部族遷徙至此定居的時期不一，且其文化風俗各異，無法統一共治。在這個地方主義 (localism) 盛行的狀況下，逐漸造成各自為政的多元局面，全希臘的中央一統或集權既為不可能，各式政體並存，民主制度也在此中出現。這是說自然環境與文明性格的關連在古希臘也是顯而易見的，但希臘人終究超越了這個「古代性」表現（見前章論述），而創造出一個崇尚人本自由的高級文明，畢竟小國寡民這樣的外在（形式）條件未必能造就民主政治，民主制度的實施有賴高度的人文精神[12]；事實上，民主政

11. Cf. K. H. Kinzl, 'Athens: Between Tyranny and Democracy,' in K. H. Kinzl ed., *Greece and the Eastern Mediterranean in Ancient History and Prehistory* (Berlin: Walter de Gruyter, 1977), 222–23.

12. 希臘的土地多陡峭貧瘠，不適宜農耕，夏日能生長的唯有耐旱的果樹如葡萄與橄欖，而葡萄園又佔據最佳的農地，地理條件的限制使希臘人不能輕易維生，但希臘人卻能有樂觀知足的精神，這絕非環境使然，而是出於文化涵養；同時，希臘天氣經常晴朗，有利於農閒時的戶外聚會，但這也絕不保證民主政治的出現，民主的建立有賴人民的教化，不是聚眾便可。

治並未普遍出現於希臘諸城邦，文明程度最高的雅典才有希臘最成熟的民主政治，可見希臘的古典文明不是自然環境制約下的產物，而是突破這項束縛的成就。

希臘的「玻利斯」(*polis*) 原非「城邦」(city-state)，而是結合軍事防衛需要與農業生產條件所建立的屯田要塞，其居民則為親戚族群；後來此種據點乃逐漸發展成「國家」，具有政經社會的性質，其居民的親屬關係漸淡，而公民的概念漸強。不過，「玻利斯」雖是由農村蛻變成的政體，然許多仍保持農業經濟型態，而未「都市化」，故「城邦」之稱不應解為「城市之國」，而是「聚落國家」；另外，城邦居民的部落或親族屬性始終未完全消失，其政府不是純粹的公器，政治也非絕對的公事，其實希臘城邦常是一個特權組織 (privileged corporation)，居民未必為公民，「家天下」的原貌多少有跡可尋。希臘城邦體系的定型大約完成於西元前第六世紀[13]，其數達數百之眾，雅典 (Athens) 與斯巴達 (Sparta) 僅為其中聲名最著者，也是希臘文化價值系統中的兩極代表。希臘城邦在人口、面積、與文化各方面差異皆大，形成一個豐富多元、活潑而富競爭性的社群。各城邦體制的歧異乃反映不同的文明進化程度[14]，不是自然條件的差別；而城邦的對抗說明

---

13. 希臘的 *polis* 是由 *ethos*（部族社群 tribal community）所演變成，此種組織型態原為東方的希臘族群仿效腓尼基城邦而建立，其後則在希臘本土發展與流行。一個典型的希臘城邦，其中央多是天然的堅固防禦據點，並有一市場 (agora)，為社交與經濟活動中心，四周則為居民散佈的郊區 (asty)，這樣的面貌大約定型於西元前第七、與第六世紀之間。

14. 參見 Jean-Pierre Vernant, *The Origins of Greek Thought* (Ithaca, N.Y.: Cornell University Press, 1982), 49.

了文化的多元表現並非就是文明的終極價值15，先進文化與落後者的鬥爭乃是文明進化的必然過程，雅典的擴張可據此解釋，不應單以世俗的霸權野心看待之16。

具體而言，希臘城邦不同的開化程度表現在其所處的政治型態演進階段中。完整的希臘政治演化包括從王政體制（monarchy，希臘的原始政體）、寡頭政治（oligarchy，西元前第八世紀）、僭主專制（tyranny，西元前第七世紀）、以至民主政治（democracy，西元前第六、第五世紀）等歷程。希臘古典文明代表的雅典便經歷這所有階段，而為民主價值的擁護者17；象徵希臘古代性文化

15. 多元 (pluralism) 相對於單元 (monism)，只是形式、手段、過程、路徑、或方法的差異，不是目的或價值的本身。今人往往以多元本身為價值，實為謬誤，如此將致價值判斷的放棄（認為諸種意見各有其理）或價值混淆（無一貫與上下層次分明的價值體系），而無追求最高義理的企圖。這樣的態度用於歷史解釋，就產生文化相對主義，而不信文明發展有進化的意義。

16. 雅典的擴張與其同化他族的動機關係密切，見 J. V. A. Fine, *The Ancient Greeks: A Critical History* (Cambridge, Mass.: Harvard University Press, 1983), 373.

17. 雅典的寡頭政治在西元前第七世紀初已定型為九位執政官（Archons，由貴族議會 Areopagus 選出）共治的制度，第七世紀晚期執政官德拉科 (Draco) 所編撰的成文法（稱為 Draconian Code），反映出雅典貴族統治的嚴苛。第六世紀初梭倫 (Solon) 成為專權的執政官，進行政權開放的改革，以化解階級衝突和民怨，這是雅典的僭主專制時期。然梭倫其實作為謹慎保守，貴族氣甚重，他的改革成效不彰，貧民雖獲公民資格，但貴族仍享政治特權。其後至六世紀末克利舍尼斯 (Cleisthenes) 推翻希皮斯 (Hippias) 的僭主政權，在克氏主政下，貴族的部落（地方）勢力漸被剷除，民主制度成為

的斯巴達則在王政推翻後，一直維持著寡頭政治的體制，保有希臘黑暗時期的傳統[18]。雅典是希臘「文治」的典範，而斯巴達則固守希臘「武功」的精神，可知由強調武功轉至崇尚文治乃是文明進化的表徵。

當第八世紀巴爾幹半島城邦型態初現時，希臘的王國時代便同時消逝，故希臘城邦的原始政治格局——或說希臘有史以來（黑暗時代的希臘並無文字紀錄）最早的政治格局——即是一種貴族共和 (aristocratic republic) 性質的寡頭政治，其後再經改革演變[19]，所以說希臘城邦不同的開化程度表現在其所處的政治型態

新法，國民的觀念樹立，公民權開始伸張（所謂的流放法 Ostracism 若非克氏所創，亦是在其後不久被採行。詳見 K. J. Dover, *The Greeks and their Legacy* (Oxford: Basil Blackwell, 1988), 83–84.）。與大部分希臘城邦不同的是，雅典政治體制的變革過程中，少有流血暴力行為。參見 K. H. Kinzl, 'Athens: Between Tyranny and Democracy,' in K. H. Kinzl ed., *Greece and the Eastern Mediterranean in Ancient History and Prehistory* (New York: Walter de Gruyter, 1977), 222–23.

18. 斯巴達的寡頭政府由兩個虛位國王、二十八個貴族元老、以及五個政務委員（Ephors，真正的統治者，每年改選）所共同組成，另外有全國議會，由所有成年男性公民所組成。在斯巴達，政治決策過程秘密而施行嚴峻，無雅典公開議政的作法，且其為政目的常在維護國家傳統，不在改革應變。

19. 關於希臘早期的政治演變，參見 Oswyn Murray, 'Greek Forms of Government,' in Michael Grant and Rachel Kitzinger eds., *Civilization of the Ancient Mediterranean* (New York: Charles Scribner's Sons, 1988), vol. I, 441–43; and John Forsdyke, *Greece before Homer: Ancient Chronology and Mythology* (New York: W. W. Norton, 1964),

演進階段中。史前時代的政治體制雖無文獻可考，但根據原始人類社會組織乃至群居動物團體的領導型態推斷，一般相信應為單一指揮控制系統的君主專政。不過，王政體制可能因君王無能力（如年幼、體病或昏庸）主政，而使政權陷於危局，於是乃有少數權貴聯合統治的替代方案，此即是寡頭政治[20]。在希臘而言，由王政步向寡頭政體的演變，另有一項歷史因素是城邦（小國寡民）的防衛有賴公民全體的效力，而希臘方陣 (phalanx) 戰法著重士兵的團結合作，這促進了人民休戚與共的同胞愛和平等心，並且軍功封賞也助長農民與貴族的權勢，使王權相對地式微。寡頭政局常導致妥協平庸與作為不足，使得政績不彰，令人民失望，而主政團中特有才幹野心或享民望者在這個困局中多不能安於其位，於是在權力鬥爭下便有政治強人脫穎而出，形成非法的僭主專制。在希臘，這個政局改造更因城邦對外拓殖導致國內社會變遷（如新興工商富民的崛起）而加速發生。一人獨裁的政局須靠個人魅力與傑出治績維持，此非世世代代皆可期，且其名分不正，永有政敵謀反，再加上才德低劣者的獨裁必成暴政，危及城邦體制的存在[21]，為眾人所不能容，因而乃有人民的反撲與政治運作最後方案的提出，是為民主。民主政制雖未必清明而有效能，但既然決策基於多數民意，一方面政策易趨於溫和隨俗，不走理想極端，「官逼民反」之事不會全面出現，另一方面施政的成敗得失由大眾承擔，人人負責結果無人負責，民怨因而易於疏通，於是

31–32.

20. 西周厲王被外放十四年至死，朝政由二大臣代掌，這個「共和」(841–827BC) 取代王政的變化，可以此脈絡理解之。

21. 詳見 J. F. McGlew, *Tyranny and Political Culture in Ancient Greece* (Ithaca, N.Y.: Cornell University Press, 1993), 185.

民主成為一個最穩定長久的政局，非遭逢巨大變局（如國際戰爭）不能輕改[22]。

由此可見，政治體制的演變似有其合理性，但這並非歷史的必然性，因為如此的演化仍須人的意志與價值觀念為其動力方才可能。學者指出，希臘城邦不同的政治體制乃是因應人口增加而土地不足所採行的不同對策之結果，如雅典提倡工商貿易與海外移民以為解決辦法，這促成民主政治的發展，而斯巴達則以增加農業生產和征服鄰邦以為出路，這便造成保守專制的政風。姑不論這個因果說法是否過於簡化，但這仍不否認——甚至是在暗示——「事在人為」的自由意志和價值選擇，乃是決定文化體制的重要因素。總之，希臘城邦的不同政體反映其不同的民情和社會開化程度，而史上各國家的政治體制演進時程也各有不同，這也顯示其文明發展高下有別。希臘之後二千餘年世上始有新式的民主運動嘗試，這說明了希臘文明在古代的先進地位；而希臘實施民主的弊害，正如現代民主的缺失，這是人性弱點的共同呈現，不表示希臘文明的古代性。

當然，希臘的民主制度並非完備、而其民主素養未達極致，前言人權與平等乃是民主政治的根本信念，但實際上在希臘城邦中不論實施民主與否，多有公民權 (citizenship) 不開放普及而奴隸制度 (slavery) 流行的情形，這顯示某些人並不被視為「人」，而有些人比某些人「更平等」。在號稱希臘民主模範的雅典，父母中一方若非雅典人，子女即不被視為雅典人，因此多數的雅典居民其實都不是「雅典人」，不能享有參政之權；並且所謂的「人」常

---

22. 可知民主政治雖常號稱追求自由，其實是在保守安全。詳見王世宗，《現代世界的形成——文明終極意義的探求》（臺北：三民書局，2003 年），第八章第三節。

指男性，女人難與男人計較人權。此種情況在其他城邦皆然，而斯巴達只是一個「反面樣版」。斯巴達的階級制度為人熟知[23]，雅典雖較斯巴達講究人權平等，但在梭倫 (Solon, 638–559BC?) 主政時也以財產多寡區別全民為四大階級，給予差別待遇，這相較於斯巴達唯可以「五十步笑百步」的地方，只是不以血統出身論定貴賤，稍微肯定了個人成就（致富）的價值。至於奴隸制度的罪惡，及其與民主觀念的矛盾性，希臘社會的反省顯然是微不足道的[24]。不過，以現代標準檢視這些缺失，自然感覺希臘文明的野

---

23. 斯巴達社會分成三大階級，最上者為公民，居中者為自由民（Perioeci，意為 dwellers around，是協助斯巴達作戰有功的鄰鄉居民），最下者為奴僕 (Helots)。公民為戰力主體，即軍人，享有政治權力和政府授田與配奴；「居民」負納稅義務，不得參政，但可自由選擇職業；奴僕為人口之多數（據稱公民與奴僕之比為 1:10），為服務公民而存在。此種社會階級的劃分簡直是以戰力為考量，從征服者與被征服者的地位去界定人際關係。而為了保持這個軍事國家的統治次序，斯巴達的公民雖享有支配者的威權，但卻反不如自由民得以享受自由生活的樂趣，這反映斯巴達統治階級戒慎恐懼的心境。由於少數的公民不易控制全國，而階級制度又不容政府從其他階級拔擢人才，因而斯巴達常處於人力缺乏的窘境，政策的保守性與防禦性不能不強，成為文化創造的一大致命傷，工商貿易與國際交流亦無從興盛（於是中產階級缺乏又成為解釋斯巴達文化停滯不進的論據）。想像力缺乏、善於猜防、封閉固執、甚至安土重遷皆成為斯巴達的民族性表現，這在西元前第六世紀之後尤為強烈，嚴重妨礙國力的發展。
24. 詳見 M. H. Hansen (translated by J. A. Crook), *The Athenian Democracy in the Age of Demosthenes: Structure, Principles and Ideology* (Oxford: Blackwell, 1991), 317–18.

蠻，但若以上古文明為比較對象，則又顯示希臘文明的先進；以歷史進化的成就來看，這實是希臘文明「美中不足」的瑕疵而已。

希臘古代傳說英雄奧迪賽 (Odysseus) 即有「多數人的政府為不佳」的祖訓，但希臘人文主義原則的強調終究造成民主政治的出現。諷刺的是，民主政治的前提假設或基本精神是人人平等，這固然是尊重個性與特質的發揮，但另一方面，民主政治運作的原則不得不為「少數服從多數」（集體主義），這又必然造成對個性與特質的壓抑與迫害，尤其這些少數人多是具有特別性格與觀點的人，而且不幸的是，人才菁英正在這群社會少數人之中。這說明了人文主義原本有其特性和限制性，原來人文主義是要拋棄上古文化的蠻性，企圖解脫古人的神靈迷信與物慾獸性，做一個頂天立地的君子；因此，人文主義或人本精神所講究的「人」乃是相對於天地萬物的「人類」(humankind) 或「人性」(humanity)，而不是「個人」(individual) 或「個性」(individuality)。如此，人文主義的革命是「上古」進化為「古典」的關鍵一步，這是它的成就，也是它的侷限，因為它開始發揚做為萬物之靈的人的價值，對於領先群倫、與眾不同者的不凡理念則尚不能顧及而（須）任其犧牲。這是希臘文化價值觀中的緊張性，雅典民主的流弊只是這個困境的顯露而已。

就實際的狀況而論，希臘民主制是直接民主而非代議制，然鄉居農民因經濟能力較差、閒暇時間不多、與距離政治活動中心較遠等問題，實無法經常入城參與政事，乃使市區富裕居民成為政治主角，享有較高的支配力，形成一副寡頭政治的模樣[25]。打

25. 十九世紀中期英國的「憲政改革運動」(Chartism) 其中一項主張即是要求國會議員應改為有給職，這是著眼於政治向為富人的專利（其

破如此的政治現狀須靠新的參政生力軍，如雅典傳統武力為步兵，掌握軍權的既得勢力傾向於保守專制立場，待雅典開始建立艦隊，新的武力從民間下層徵調而來，於是海軍相對於陸軍成為一股支持民主改革的政治力量[26]。但希臘其他城邦並不能普遍有類似的發展，政治結構的定型僵化與權力資源分配不均的問題，乃為常見的現象。論者常以雅典為例申述民主政治造成希臘文明毀滅的惡果，而雅典民主的亂象弊害與今日對比，竟多雷同之處。希臘民主造成平庸、自滿、浪費的文化現象，善於煽動民眾情緒者多能得勢，政治領袖欲有作為卻動輒得咎，社會菁英不見容於世（選賢與能實非民主現象），在上者媚俗而在下者流俗，國家一片調和安平的假象[27]。因與主流意見不合而受害的雅典偉人舉其著者有，海軍建立者德米斯特克利斯 (Themistocles, c.525–460BC) 為得勢的政敵所迫流亡海外（最後定居於敵國波斯），軍隊將領兼政治領

大利所在不是職務本薪而是權力操縱所得），貧窮的工農汲汲營生僅能苟活，遑論偷閒與聞國事，若參政而能獲得薪俸，則較可能使下層百姓投身政治，以為民喉舌為職業，忠實反映大眾的心聲。

26. 此種情況類似十九世紀晚期德國建立海軍時所產生的政情變動效應，原來德國陸軍為保守貴族的大本營，新建海軍所吸收與聚合的勢力則是中產階級，於是海軍成為一股傾向民主改革與科技革新的新勢力。

27. 針對民主政治如此的危機，當時已有許多有識之士提出警告。見 Jon Hesk, *Deception and Democracy in Classical Athens* (Cambridge: Cambridge University Press, 2000), 163. 柏拉圖即嚴斥柏理克理斯等雅典領導人推展帝國擴張與物質建設，詳見 S. S. Monson, *Plato's Democratic Entanglements* (Princeton, N.J.: Princeton University Press, 2000), esp. 185.

袖亞理斯泰迪斯 (Aristides, d. c.468BC) 為反對海軍政策而被驅逐出境，領導雅典盛世三十載的政治家柏理克理斯 (Pericles, 490–429BC) 晚年也因不獲人心而去職，更有名的是蘇格拉底 (Socrates, 469–399BC) 為其「離經叛道」的求真行為而受死。此外，民主政治使立法機關權勢大增，而行政單位相形無能，政治制衡不存，政策易趨於激進聳動，缺乏謀慮，以致施政效能低落，政治危機迭起。雅典民主政治推行下竟發展出侵略擴張的帝國主義，引發希臘內戰，而斯巴達軍國主義的保守封閉反倒較能維護和平現狀，二者相較更形諷刺[28]。

不過，因為希臘民主經驗的借鏡，現代民主倡導者確能醒悟民主要義再不能是雅典時代天真的「民治」(rule by the people)，而須著重「民享」(rule for the people) 的精神，也就是政治領導的意義。人文主義理想欲令人人平等而有權，但落實為政策時弊端立見，這顯示在人文主義之上須更求個人主義乃至自由主義的價值，才能使政治更趨良善，於是在強調人人平等之餘也重視個人能力，成為民主政治修正的方向，「人民有權、政府有能」的專家政治 (meritocracy) 便是現代「為民而治」的新設計[29]。可知，若無希臘人文主義的政治觀為先驅，絕無可能出現今日的自由主義政治體制。政治不僅是「必要之惡」且為「必然之惡」，無法求其

---

28. 雅典中不乏認同斯巴達立場的知名人士，亞理斯泰迪斯即是其一。詳見 Peter Hunt, *Slave, Warfare, and Ideology in the Greek Historians* (Cambridge: Cambridge University Press, 1998), 76–77.

29. 詳見 Michael Freeman, 'Human Rights and the Corruption of Governments, 1789–1989,' in Peter Hulme and Ludmilla Jordanova eds., *The Enlightenment and Its Shadows* (London: Routledge, 1990), 171–83.

完美；希臘的政治制度固有其缺失，不必驚異，尤其其過乃屬理想初次實踐時的失計，不是出發點的錯誤，不能苛責，何況它終究為現代政權立下改革的根基。長遠來看，希臘政治與現代政治問題的相似，暗示希臘文明的現代性，和二者時代之間長時期的文化蕭條。

三、希臘文學

希臘文學常為現代西方文化思想典故的取材源泉，這證明了希臘文明所具有的古典性價值。傳統的文學與藝術同樣富有寫實主義色彩，因此高度反映著當代精神或時代性；尤其在現代專業化史學興起之前，「文史不分」的時代裡，文學作品的史料價值或史學功能極高，頗可用為歷史解釋的證據。人本精神濃郁的希臘，其文學更能顯示希臘人的現世觀念與文化性格。

希臘最早的文學型態為史詩 (epic)， 這個以詩傳史的文體正是文史不分的寫作性質，它的寫實度和史學性深厚，充分透露希臘早期的文明風貌[30]。具體地說，希臘最早的文學代表作品為荷

30. 史詩為文明初期的文體，乃合常情常理，因為人類社會在步入文明之初，文字若非尚未發明，即是尚未普及（識字率低且文書罕見），同時書寫工具（紙筆等）取得困難，不能浪費，因此透過語言或文字傳達事情，必力求內容精簡好記，詩正是這樣的語體和文學（如《詩經》為中國最早的文學）；而當時的文字主要功用既然是記事（抒情論理為其次），詩與歷史的結合或以詩敘史自然成為古文通例。現代人一般只會散文，不能作詩，這正顯示詩所代表的古代性。散文便於論理，且篇幅所需遠多於詩（相對地紙墨筆等書寫用具條件極高），這是文明較為發達之後才會出現的流行文體。

馬史詩 (Homeric Epics)[31]。荷馬史詩應非荷馬獨立創作，而是民間流傳的敘事詩歌經其蒐集潤飾而成，這個「集體創作性」和寫實性使得荷馬史詩並不代表其個人思想，而是一個時代文化的呈現；而所謂「荷馬時代」(Homeric Age) 只是指荷馬所處的時代，不是荷馬主導的時代。荷馬史詩大約完成於西元前第八世紀，它透露希臘黑暗時代的文化風貌[32]，而此作之出現則象徵希臘文明曙光之展露。荷馬史詩包括篇幅相當的兩部分，前者名為伊理亞德 (Iliad)，敘述西元前十三世紀邁錫尼領袖亞加曼農 (Agamemnon) 率軍進攻小亞細亞特洛城 (Troy) 的故事，其中特別描寫進犯者以木馬欺敵攻城的經過以及希臘英雄阿契理斯 (Achilles) 的勇敢事蹟；後者乃為奧迪賽 (Odyssey)，記述特洛戰爭結束後，希臘英雄奧迪賽（Odysseus，又名尤理西斯 Ulysses）在返鄉途中所經歷的各種艱難險阻與冒險奇遇。以故事的時間性而言，伊理亞德自然早於奧迪賽；以故事的主題精神而論，前者所重在於歌頌人的英勇無懼，而後者強調的是謀略智能。

從歷史文化的演進歷程來看，如此差異絕非偶然現象，蓋所謂「三達德」在文明發展進程中首先出現的應為「勇」，然後為「智」，最後為「仁」，而非「智、仁、勇」的次序[33]。從前章討論即可知，文明初期的主要課題是「克服自然以營生」，故其時的文化精神或價值必首重人的求生力量，此即是「勇」的表現；其後「權力的追求」所憑藉的不僅為武力，且須有謀略，政權的合

31. 荷馬 (Homer) 可能生長於小亞細亞，其生平學者幾一無所知，這證明荷馬史詩的歷史意義重於荷馬一人的歷史地位。

32. 荷馬史詩中的人事背景大約當銅器時代末期，參見 A. R. Burn, *The Lyric Age of Greece* (London: Edward Arnold, 1978), 8–10.

33. 故《論語》〈憲問〉有言：「仁者必有勇，勇者不必有仁。」

理化尤有賴智力，這也就是說「權力的追求」須具「勇」與「智」的條件；然後「建立社會綱維以求安定」的工作則更屬知識文化的事業，此為「智」的活動，而作為社會綱維的道德、法律與宗教戒律不只是領導者為維護紀律秩序而創建，其中也含有人的絕對是非對錯觀念或理想，這是「仁」的精神；最後，在「生命意義的探求」上，人在宇宙或天地之間的定位和價值是主要的思考問題，這是人文主義開始發達的階段，也是「仁」的意義成為文明指標的時代（「仁者人也」），此時暴力或「勇」的價值大為減少甚至被人揚棄（成為野蠻），而理性或「智」的功用已顯得不足。

荷馬史詩反映希臘黑暗時代的文化狀態，此就前述的分析來說，即是「勇」與「智」的文明層次；而希臘文明發展至黃金時代（西元前第五世紀），其文學主題精神已成為「仁」的概念，人性與生命意義的探討是古典希臘文學代表作戲劇（drama，尤其是悲劇）的問題意識（詳下）。簡言之，荷馬史詩表現的是希臘的英雄主義 (heroism)，它的中心思想是「俠義」或「義氣」，不是「正義」或「正氣」[34]；前者主張勇武，也講智謀，但求個人名譽和勝利，少有仁愛慈悲之心與對真理的感悟或追求，可知講「俠義」者必不重「正義」，而重「俠義」的時代必較講「正義」的時代為原始（野蠻）。荷馬史詩展現的是早期希臘人強調個人名節、重視榮譽勇氣的英雄時代，它對凡人或蒼生缺乏體諒與同情，故事中主要人物果決勇敢，力行積極，然少有反省力、自制力、自覺意識、良心、文化涵養、或藝術品味，對於道德問題思慮甚淺，更

34. 詳見 E. A. Havelock, *The Greek Concept of Justice: From Its Shadow in Homer to Its Substance in Plato* (Cambridge, Mass.: Harvard University Press, 1978), 131–33.

不知平等、人權與天理之義，他們所求不過在於建立與維護個人聲譽，避免受恥招辱，簡直是幼稚的巨人（故「二桃可殺三士」，《晏子春秋》〈諫〉下）。不過，這個英雄主義在蠻力或暴力之外，也逐漸看重智力、意志和精神的價值，不是完全的物質主義，這是人文主義興起的前兆。事實上，荷馬史詩在希臘宗教活動中例被吟詠，其情節與人物亦常為希臘悲劇所採用；詩中對神的塑造與刻畫，成為希臘神話與宗教觀念發展的基礎，而其故事所呈現的人生問題也成為希臘人文主義思考的依據與超越的對象。

希臘盛世的文學代表作是戲劇，它自然高度反映著代表希臘文化精神的人文主義；希臘戲劇是西方戲劇文學的始祖，正如希臘人文主義為西方人文主義傳統的源頭。人文主義並不是要強調人如何偉大，而是要展現人如何可以偉大，或是在了解人無論如何不能為偉大時，如何可以高貴；而如此的體會和超凡入聖的上進突破，須基於人洞悉並面對自己的弱點。希臘戲劇的偉大正是在於掌握並表現這個精神，而這也是為何悲劇 (tragedy) 的創造先於喜劇 (comedy) 且其成就高於喜劇的緣故[35]，因為悲劇是人直探生命本質與困境的自白，喜劇則是藉嘲諷現實社會所做的人生觀

35. 希臘悲劇根據傳統說法乃是德斯比斯 (Thespis) 所「發明」，他是西元前第六世紀的人物，其生平與著作後人並不能知，這顯示悲劇起源甚早，考證不易，或說悲劇的精神涉及全人類，而非出於個人私務。希臘悲劇的重要作家有伊士齊勒斯 (Aeschylus, 525–456BC)、梭福克理斯 (Sophocles, 495–406BC?) 、與佑理比底斯 (Euripides, 480–406BC?) 等，他們皆是西元前第五世紀以前的人物。希臘喜劇成形於亞理斯多芬尼斯 (Aristophanes, C.448–385BC?) 之手，他是西元前第五、第四世紀之交的文學家，其後喜劇還經過二百年的風格演變。一般學者公認，悲劇乃是希臘文學的最高成就表現。

暗示。表面上，悲劇的成功在於感人，而喜劇的效果在於娛人，然本質上二者所欲激發的並非情緒，而是對生命問題的領悟。就此而言，悲劇的思考深刻、直接而追本溯源，喜劇的觀點則為表象、間接而著眼目前，故希臘悲劇的文學價值尤較喜劇為高，而悲劇作品即便是拙劣者也不過是無病呻吟，但喜劇作品之低劣者卻是庸俗放蕩，於世道人心不僅無補，反為有害。

希臘戲劇源於酬神（尤其是酒神 Dionysus）的活動[36]，在此類的祝禱表演中通常包括三齣悲劇與一齣喜劇 ， 其情節和人物多採自希臘神話，而悲劇的結局例為英雄的悲劇。希臘悲劇的主題乃是人遭受命運的折磨和死難，這「人」是指一切的人，而苦難是「一視同仁」地降臨所有人，不是英雄才落難、紅顏才薄命。事實上，希臘悲劇的主角常為英雄，甚至取材自神話而暗示其為神，這乃凸顯即使為超人亦對命運的困阨無可如何，何況是凡夫俗子[37]；這其實是說，凡人皆一樣，並不因其權勢身分之不同或任何努力，而可擇脫作為一個人的生命限制。換言之，希臘悲劇試圖呈現一個殘酷的事實——人無論如何高貴，終究不能偉大；然希臘悲劇的人文精神又不亢不卑地宣示著，人雖不可能成就偉大，但可以表現高貴。此種知其不可為而為的精神既悲觀又

36. 酒神為收穫之神，象徵豐足，因為釀酒須以穀糧或果實為原料，這是人們飲食略可滿足之後方有的料理。若說希臘戲劇是酬神活動的產物，這表示人對生命意義的反省常在生活安定之餘，而不在無力營生之時。

37. 英國戲劇作家莎士比亞 (William Shakespeare, 1564–1616) 曾戲言「再偉大的哲學家也忍受不了牙痛的折磨」，這就悲劇的精神而言，即是在說明人的脆弱與無奈，故論人之偉大其實是論人之高貴，因凡人難以高貴，乃視高貴為偉大。

積極[38]。

如此悲慘的故事使人哀傷痛苦卻能不斷吸引人的目光，正因它表現人類共同的處境與抒發所有人的內心情感。依哲學家亞理斯多德 (Aristotle, 384–322BC) 的分析，悲劇動人之處在於其透過激發人的悲憫之情與恐懼憂慮而造成人心洗滌（catharsis，即淨化 purification or cleansing）的作用[39]。這是說世人皆有以生命為苦的感受（所謂「痛不欲生」雖非人生常情，但卻為苦難至極時的共同想法），以及溯本探原和逼視終極的心緒，「感同身受」因此成為個人悲劇具有普遍意義的原理（「個人性悲劇」乃為不當的說法或是悲劇性不足的私患）[40]，也是悲劇的戲劇張力得以發揮的理由，而所謂「悲劇性格」似乎就是人的本（善）性。於此，「幸災樂禍」便可見是一種人性的黑暗面（或獸性），或生存競爭下人性扭曲的表現，低俗的喜劇正呈現這樣的人心病態。

當然，喜劇的最高目的並非只是娛樂大眾，而是與悲劇一樣，欲發人深省。喜劇相對於悲劇，是生命觀點的反面述說，它的精神其實仍是人文主義。喜劇慣用譏嘲諷刺與誇張的手法批評人性與社會，嘻笑辱罵不僅在博君一粲，更求觀眾的會心一笑，也就是對創作理念的共鳴與同感[41]。希臘文化盛期的喜劇為學者稱為

---

38. 樂觀積極的人生態度實有無知之處，因為人不是自由的主宰，樂觀絕無道理。

39. 原文見 Aristotle, *Poetics*, VI ，轉引自 Robin Sowerby, *The Greeks* (London: Routledge, 1995), 94.

40. 詳見 David Cohen, 'The Theodicy of Aeschylus: Justice and Tyranny in the *Oresteia*,' in Ian McAuslan and Peter Walcot eds., *Greek Tragedy* (Oxford: Oxford University Press, 1993), 47–50.

41. 詳見 David Konstan, *Greek Comedy and Ideology* (Oxford: Oxford

「舊喜劇」 (Old Comedy)， 它以亞理斯多芬尼斯 (Aristophanes, c.448–385?BC) 的作品為代表，既有政治性與社會性的批判意識，又具上乘的文學表現藝術，雖然亞氏的文化立場其實甚為保守。在他之後，所謂的中期喜劇 (Middle Comedy) 興起，它的社會意識尤其強烈，文學性或藝術性相對減少，較乏活力和想像力。而西元前第四世紀中期以來逐漸發展的新喜劇 (New Comedy)， 則著重文學的柔性美感，譏評批判和政治性的色彩大減[42]。在這個演變中，希臘喜劇的文學性與藝術性漸增，其社會性與思辨性則漸減，人文主義精神也隨之式微，這與希臘文明或雅典國力的衰頹同時發展。此時的喜劇風格顯示作家與社會的疏離，或對現實人世的漠視，而觀眾藉戲劇尋樂解悶，不重生命省思，同是消沈表現。

希臘文學中單純的情感抒發之作是為抒情詩 (lyric)。抒情詩乃配合琴聲吟唱，感性與個性的表現遠多於理性，它雖不能充分展示希臘的人文主義，但頗能反映希臘的個人主義與自由精神。希臘的抒情詩早有獨吟與合唱之分，獨唱詩 (monody) 在西元前第六世紀時即由女詩人莎芙 (Sappho) 所發展出， 合唱詩 (choral lyric) 則在第五世紀間由品得 (Pindar, c.518–438BC) 所創。莎芙的詩作可謂典型的情詩，簡潔而充滿感情，讚美愛情也歌頌自然，品得的詩作則富有道德與宗教情操，頌揚個人成就，此類風格透

University Press, 1995), 165–68.

42. 參見 J. L. Lightfoot, 'Sophisticates and Solecisms: Greek Literature after the Classical Period,' in Oliver Taplin ed., *Literature in the Greek and Roman World* (Oxford: Oxford University Press, 2000), 223–24. 新喜劇代表作家為米楠德 (Menander, 342?–291?BC)， 其作品常以愛情為主題，風格幽雅細膩，少有戲謔譏諷的成分。

露著人文精神興起的氣氛。

希臘散文文學的開始流行首先出現在歷史的寫作，其代表人物是所謂「史學之父」的希羅多德 (Herodotus, c.484–425BC)。歷史學在成為一門學術專業之前，主要是文學形式的一種，「文史不分」的說法暗示的其實是史學作為文學附庸的地位。史學出現的時代晚於文學，這是文明進化過程的必然現象，蓋文明初期文字的使用目的中抒情總先於論理，並且人事必須達到相當複雜的程度時才有史學研究的需要，而人生在極單純幼稚的階段裡也有許多感懷必須抒發，故人人自小皆有文學取向 (雖非造詣)，但僅有少數成人能有史學意識；再者，若就書寫文體而言，文學的初始型態為詩，亦即韻文而非散文，因為早期社會的文化條件（物質與知識程度）要求行文用詞的簡潔易記[43]，如此文體必有損記事的精確度，更不必說為了文藝美感而犧牲事情的真實性（此所謂「因辭害意」)，故而詩不適合作為歷史語言，詩的時代乃不是史學發達的時代，必待散文體興起方為史學登場的階段，這不僅是文字適用性的問題，也是物質條件與文化發展成熟的問題。希臘文學早在西元前第八世紀即已出現 (荷馬史詩)，但希臘史學則遲至第五世紀方才誕生，這反映了希臘文明進化的狀態。

希羅多德紀錄波希戰爭歷史 (其書名為《歷史》，有如司馬遷之作稱為《史記》)，雖具理性求真的精神，表現人本觀點，欲將神話色彩泯除，但仍不經意地吐露了對天命神喻的信仰[44]，殘留

---

43. 參見前註中有關史詩時代性的討論。

44. 見 Herodotus, *The Persian War* (translated by George Rawlinson), in F. R. B. Godolphin ed., *The Greek Historians* (New York: Random House, 1942), vol. I, 208. Also cf. T. E. Duff, *The Greek and Roman Historians* (London: Bristol Classical Press, 2003), 24.

著古代史詩的意味，這正是文學時代轉向史學時代的過渡跡象。事實上，希羅多德之書長於描述文化風情，又常以人物對話強化文題旨趣，於軍事戰役的記載反不精彩完備，此種體例與文風實為希臘文學的特徵，而非現代史學專業的格局。但這也是歷史演進的現象，不是希氏個人學養短長的問題；以今日標準而言，希羅多德的「研究」仍未達史學水準，然希氏當時自亦無史學意識，而僅圖以不同於文學的表達方式展現人世觀念[45]。希羅多德史書的價值不在於其敘事之精確，而在於其識見的宏偉，他追論遠古，引述龐雜，企圖貫通人事，呈現一個知識分子的世界觀。這樣的人文主義史學精神在希氏之後，也隨著希臘文明的衰微而沒落；稍後的《伯羅奔尼薩戰爭史》(*History of the Peloponnesian War*) 作者修西提底斯 (Thucydides, c.460–400BC) 更具現代史學家的專業素養，但通古今之變的大義追求顯然已讓步於考證具體事物細節的學術知識。修氏的著作包含許多他個人參戰的經歷與觀感，其書幾為純粹的軍事史[46]，作者對於無關戰事發展的社會狀況與國家政策簡直一字不提，而他的歷史解釋全以人性和人事為根據，絕不以天命論說，並且嚴守「客觀公正」的敘事立場，精確具體典雅而不虛言[47]，書中所有觀點皆透過事件當事人發表，作者不

45. 今人有以希羅多德為傑出的文化史家立說，這實是以今窺古的詭論，忽略了其時文明演化的整體背景。

46. 修氏自言所以發憤記載此戰事乃因前代未有如此之盛事，見 Thucydides, *The Peloponnesian War* (translated by Benjamin Jowett), in F. R. B. Godolphin, op. cit., 567.

47. 詳見 Simon Hornblower, 'Narratology and Narrative Techniques in Thucydides,' in Simon Hornblower ed., *Greek Historiography* (Oxford: The Clarendon Press, 1994), 165.

另闢篇幅評論，這些都顯示修西提底斯是現實主義和經驗主義精神強烈的問學者，而非信仰真理或懷抱理想主義的博通求道之士。希臘的學術發展於此雖可見進步，但希臘的文明氣象卻開始顯露墮落疲態，這可以解釋何以希氏的著作一般評價高於修氏，而續修氏未竟之書的芝諾芬 (Xenophon, c.430–355BC) 其史學地位更低於前二者[48]。

四、希臘的宗教觀

人文主義或人本精神既為希臘文明的根本特質，它自然也表現在希臘人的宗教觀上，而以人為本位的信仰嚴格來說其實是一種無神觀，這也就是說希臘雖有宗教信仰的形式，但在本質上希臘精神是不帶宗教情懷的。以這點而論，希臘文化就不是「古典的」，因為西方文明始終是具有宗教信仰的取向，尤其是基督教成為西方的主流信仰之後，西方文明可以概稱為基督教文明，而希臘文明是「前基督教時代的」(pre-Christian)，甚至是反宗教的。將人文主義與基督教觀念結合一起的是現代初期的文藝復興，此時人文主義將人的價值與定位置於上帝創造的宇宙次序之中，因而產生一種新的人文觀，不同於希臘以人為中心的世界觀[49]。換

48. 修氏死時其書尚未完成而止於西元前 411 年的歷史，芝諾芬著《希臘》(*Hellenica*) 一書以為賡續，記錄西元前 411 至 362 年間事。其書相形於前者可謂拙劣，觀點偏頗，後世評價不高。參見 C. W. Fornara, *The Nature of History in Ancient Greece and Rome* (Berkeley: University of California Press, 1988), 97–98.

49. 關於希臘人文主義對於文藝復興思想的影響及二者之間的異同，詳見 Charles Trinkaus, *The Scope of Renaissance Humanism* (Ann

言之，現代的人文主義是基督教人文主義，不是無神信仰的人文主義。但是人文主義在史上首度出現的型態必為反原始宗教（多神信仰）的人本主張，而不可能為一神觀的人文主義，因此希臘的無神論人文主義有其重要的文明歷史地位，不能以今日觀點斥之為幼稚天真，何況希臘人文主義的反宗教立場既自然且必然，這是希臘人的「原罪」。

神話 (mythology) 雖是希臘文化的重要遺產，但這並非希臘人的宗教信仰表現，而是其假託神靈世界以表達人生觀點的手法[50]。簡單說，希臘雖具多神信仰的形式，其實則抱持無神信仰的立場[51]。希臘神話並不是一套宗教聖經，而是一部人間戲曲，它帶著一點（不多）道德教訓的意味，但絕無崇高神聖的威嚴。希臘人表面上與上古社會相同，認定世間萬事萬物皆有專責的神祇主宰，但眾神實際上不是希臘人信仰的對象，而是其教化人心的工具[52]。上古宗教的神明多純為自然界的控制者，如河神、山神、

Arbor, Mich.: University of Michigan Press, 1988), 169–86; also see L. S. Joy, 'Humanism and the Problem of Traditions in Seventeenth-Century Natural Philosophy,' in Patricia Cook ed., *Philosophical Imagination and Cultural Memory: Appropriating Historical Traditions* (Durham: Duke University Press, 1993), 140–41.

50. 故探討希臘神話的方式不應執著歷史學術考據，而應體會人所面臨的生命問題。參見 Walter Burkert, 'Oriental and Greek Mythology: The Meeting of Parallels,' in Jan Bremmer ed., *Interpretations of Greek Mythology* (London: Routledge, 1990), 30.

51. 參見 Walter Burkert (translated by John Raffan), *Greek Religion: Archaic and Classical* (Oxford: Basil Blackwell, 1992), 216.

52. 希臘人從未承認其神話為假，這是因為希臘人將其神話視為遠古的

天神等，希臘的神明則不僅掌控各類自然事物，且代表各項人文活動領域（兼有自然神與政治神的性質），如阿波羅 (Apollo) 為太陽神職掌文藝，宙斯 (Zeus) 為天神執掌善惡獎懲，波賽敦 (Poseidon) 為海神深具報復力量，戴奧尼瑟斯 (Dionysus) 為酒神象徵慶餘歡樂，愛緹禰思 (Artemis) 為月神與狩獵之神兼司貞操純情，另外雅典娜 (Athena) 為戰神掌管學問技藝，艾芙羅黛緹 (Aphrodite) 為愛與美之神，更純屬人事範疇。這個現象顯示希臘的宗教觀不是在解釋物理世界的奧秘，而是在表達人間價值觀。如此的宗教觀充滿著人本精神、現實（世）目的、與理性態度，這清楚表現在希臘人對神的認知上。

首先，希臘的神皆為人形，不具特殊「神態」。希臘神像是理想的人像，從藝術觀點而言，乃為自然主義和寫實主義的表現。因此，希臘神像其實是一種人像美術，不具神聖和超自然風格，與埃及法老造型及印度神佛形象大異其趣。不知情者觀看希臘神像常會誤以為是一般人像雕刻，此因人神同形 (anthropomorphism)，並無差別，且希臘人像藝術本有理想主義取向，以致人神形貌更難區分；同時，神像既然為人形，因此從神的長相常難以判斷其為何神，因為理想主義下的人像（即神像）個個相似，難分軒輊[53]。這是以人文主義的理想性和平等觀認知天國的

歷史，在精神上而言此種態度誠為可取。參見 Paul Veyne (translated by Paula Wissing), *Did the Greeks Believe in their Myths? An Essay on the Constitutive Imagination* (Chicago: The University of Chicago Press, 1988), 113; and Fritz Graf (translated by Thomas Marier), *Greek Mythology* (Baltimore: The Johns Hopkins University Press, 1993), 140–41.

53. 1920 年代時從海中撈起一個柏理克理斯時代的希臘青銅神像，立

結果，對比而言猶太人與基督徒相信神以其形象造人，希臘人則以其形象造神。再者，希臘的神皆具人性，祂們兼有善性與惡性、能耐與無奈，一如世間凡人的稟性與處境[54]。更徹底地說，希臘神明所有的「神性」其實只是「神力」或「超能力」，而不是不同於人性的靈性或神格，因此若說希臘的神只有人性而無神性，也不為過[55]。這點說明了希臘的宗教絕非是超越性信仰，也就不是西方文明的信仰觀念。希臘眾神的七情六慾和常人簡直一模一樣，如此的格調當然不可能為人所敬仰，而神明的法力儘管高超，但超自然力量其實不是希臘理性精神所相信的；這種神力僅為希臘神話的角色創造之設計，用以強化戲劇性效果，不是人們真正的信仰觀點。如此，希臘的眾神世界是在反映人間浮生相（眾神即眾生），而非世人崇拜的天界。

此外，希臘的神話故事和宗教概念中，所含道德意涵並不多。

即引起學界對其身分的劇烈爭議，某些專家指其為天神宙斯，另一些學者則認為是海神波賽敦。這個爭議正顯示，希臘人文主義宗教觀之下的眾神形象，因深具人性人味，以致缺乏神格特徵，不易區別人神差異，也不易分辨大神小神。

54. 美少年納西瑟斯 (Narcissus) 拒絕仙女 (Echo) 之愛而受神懲治，因自戀而亡（化為水仙），這個故事高度顯示世事的無可如何，連神仙都不能贏得凡夫的愛情，更可見人間無奈之甚。神若能使納西瑟斯愛上艾可，則為圓滿快樂的結局，但這顯然不是希臘神話創造者的一般見識。事實上，希臘神話故事中少有快樂結局者。見 Den Dowden, *The Uses of Greek Mythology* (London: Routledge, 1992), 170.

55. 詳見 Christiane Sourvinon-Inwood, *Reading Greek Culture: Texts and Images, Rituals and Myths* (Oxford: The Clarendon Press, 1991), 147–51.

善惡報應儘管也是希臘人的道德期望，但不是他們的宗教信條，這說明的是希臘文化類似中國儒家「殺身成仁、捨身取義」或「知其不可而為之」的人文主義精神，只問是非不計利害[56]。這個不假借宗教來維繫道德倫理的人本自主立場（希臘的宗教設計不力圖「勸人為善」），與上古政權利用信仰教義強化社會綱維的作法，相形之下，顯然是文明教化的更高層次。同樣地，人文主義的自我肯定與現世精神，也使得希臘人在生命問題上，抱持不假外力、反求諸己、和「未知生焉知死」、「盡人事而後聽天命」的信念，眾神的存在於此只是希臘人在人生挫折時，引為自我解嘲或安慰的幽默發明。所謂「神喻」(oracle)，其實不是天意神命，而是希臘人自我教訓的人生智慧，無怪乎希臘神喻的最高指示竟是「謹守中庸」、「自求多福」、「了解自己」一類的人文思想，而非神秘崇高的命令[57]。在這個倡導洞悉個人弱點與面對生命真相的信仰體系中，永生 (immortality) 的欲求及酬報自然沒有存在的餘地，天堂與地獄的生死判分也不具體或重要[58]。

56. 然而，「白天不做虧心事，半夜不怕鬼敲門」乃是一種建立在道德標準上的宗教觀念，這是中國式的民間信仰，與希臘宗教概念則又不同；既信鬼神依道德施法，卻又奉祀鬼神以祈求個人不合道德的奢望（如獲不義之財），可見此種信仰之為偽。

57. 希臘最著名的神喻聖殿是陀陀納 (Dodona) 的宙斯神廟及德爾菲 (Delphi) 的阿波羅神廟，據言希臘兩大人生座右銘「了解自己」(Know yourself) 與「凡事適可而止」(Nothing too much)，乃出於阿波羅神的提示，或是智者假託民間對阿波羅的信仰而造的醒世良言。

58. 詳見 M. P. O. Morford and R. J. Lenardon, *Classical Mythology* (Oxford: Oxford University Press, 2003), 333–34. 此種態度亦顯現於荷馬的史詩中，見 Albrecht Dihle (translated by Clare Krojzl), *A*

從外部或形式結構去看，希臘的宗教呈現一種功利主義與唯物觀點，這其實不是希臘的價值觀或道德觀，而是其藉以顯示神靈不可信的說法。希臘人並無原罪觀，其神廟不是信徒交心的教堂，而僅為神明的居所（誠如「人要衣裝、佛要金裝」的規矩），其祭祀犧牲的作法不為贖罪，而是用以利誘神明、祈求賜福的手段（有如中國民間對灶神的信仰）。然可被賄賂收買的神明當然不是（亦不可為）人們真正崇敬的信仰對象，如此的宗教觀念只是反映社會現實，如此的供奉行為只是世間餘興活動，不必認真對待，以為人心理當如此，或懼怕不酬神則必遭天譴。就實際的文化效應而言，這樣的宗教設計使得教士階層與教條儀式均無發展的機會，社會更可解脫怪力亂神的巫術迷信，而正本清源地去建構合理的制度倫常，世人也因此更須坦然面對自己的生命問題，不能求神問卜以為行為準則，這也是人本思想的宗教設計之反宗教與正人心作用。

同樣出於人文主義宗教觀的結果，是希臘宗教中的平等精神表現。希臘社會相對於當世其他文明，本有高度的平等性，這應與希臘生活條件不佳以致貧富差距不大的現象，關係甚密。即使不是為了反映希臘社會的平等性（希臘當然尚有許多社會不平等的問題），也是為了表現對平等理想的追求，希臘的宗教架構中處處有平等觀念的暗示。在希臘人眼中，天庭或神的世界裡並無嚴明的上下階層次序，沒有一個神特別高高在上而具有「上帝」的屬性，加上所有的神都有其弱點而非全能，形成彼此牽制、相互利用、與妥協共存的曖昧關係，更使其主從地位變得模糊。神雖

History of Greek Literature: From Homer to the Hellenistic Period (London: Routledge, 1994), 16.

有魔法，甚至法力無邊或權威崇高，但也不能萬事如意、自立自達，此種無奈因其為有能而更顯深重。在概念上，希臘眾神原也有尊卑階級，但各有弱點與欲求的情形使其關係變得錯綜複雜、上下失序。這似乎在表示作為一個人在世上，不論其社會身分與成就如何，根本上都是有求於他而一無所有的無助生物 (hapless creature)。這個對於人人相同的本質與人力的限制之體會，即是社會平等觀念興起的源頭。除了透過眾神關係的故事鋪陳來激發這番省思外，人神關係的引入，更是製造這個效果的一個巧妙手法。希臘神話中，人神關係極親近（如人神姻緣）[59]，二者互動性高，人求神之事固為常情，然神求人之時不乏其例（如神仙愛上凡人），而神靈落難靠人救助者亦可得見。如此的安排強化了有權有勢者未必得意的窘境，顯示一切力量皆有其極限，在面臨這個困頓的時刻，眾生都已無差別，慈悲平等的感懷便在「同是天涯淪落人」的驚覺中油然而生；同時，人神關係的平等性表現不僅透露著神話建構者的大同思想，它也在主張一種「見大人則藐之」的處世平常心。希臘城邦的強弱大小與先進落後各不相同，雖不免彼此歧視或對抗，但平等大同的人文精神反映在希臘宗教的，是希臘人並不各自建立其部落信仰，強調自我特殊的天命（如希伯來人的「選民」說），而是接受共同的信仰傳統，認定眾神的「世界性」角色——所有的神均為泛希臘世界的主宰，而非區域

---

59. 詳見 Mario Vegetti, 'The Greeks and their Gods,' in Jean-Pierre Vernant ed. (translated by Charles Lambert and T. L. Fagan), *The Greeks* (Chicago: University of Chicago Press, 1995), 263; and Robert Parker, 'Pleasing Thighs: Reciprocity in Greek Religion,' in Christopher Gill et al. eds., *Reciprocity in Ancient Greece* (Oxford: Oxford University Press, 1998), 122–25.

性守護神。這就是為何奧林匹亞慶典 (Olympic festival) 和德爾菲 (Delphi) 阿波羅神廟的神喻占卜[60]，是僅有的希臘全民文化活動，而對族群始祖 (Hellen) 由來的一致神話觀點，更造就了希臘人的國家（Hellas「希臘」）民族（Hellenes「希臘人」）意識[61]。

由上述可知，希臘的宗教若以神學思想來說，並不高深，因為它其實不是一個真正的宗教；因為它不是一個真正的宗教，它對移風易俗或規範民眾言行的作用，也不重大，事實上它從來沒有被希臘統治者引為立國精神，達到上古政權以宗教為治國工具的程度。希臘的宗教觀實在是一個上層文化創作，其人文主義精神根本否定了神的存在和必要，但是這套神話傳說和宗教形貌卻也滿足了下層大眾對宗教的需求，造就一個活潑、祥和而有想像力的社會[62]。可貴的是，希臘的宗教即使未能啟蒙民智，但決未造成階級壓迫剝削與民心腐化墮落，這相較於古代神權社會的亂象，實為一大解放。

---

60. 奧林匹亞 (Olympia) 為古希臘宙斯神殿之所在，因此為希臘的宗教活動中心。

61. 詳見 Catherine Morgan, 'The Origins of pan-Hellenism,' in Nanno Marinatos and Robin Idägg eds., *Greek Sanctuaries: New Approaches* (London: Routledge, 1993), 18–20. 當然，古希臘人未必對於前文所析論的希臘宗教精神有所體認，在柏拉圖的《理想國》(*The Republic*) 書中，蘇格拉底就駁斥了一般希臘人對於神的錯誤觀念。然而在宗教信仰上，一致的誤解和迷信也有造成共同思想與立場的效果，以政治目的來說（如建構一個立國精神），這是一樣有效而好用的。

62. 參見 N. G. L. Hammond, *A History of Greece to 322 B.C.* (Oxford: The Clarendon Press, 1984), 169.

五、希臘藝術

希臘藝術的風格理念同樣成為西方主流的藝術傳統，雖然這個傳統常以羅馬為名，然羅馬藝術的形式與精神事實上承繼希臘。傳統的藝術類門大略可分為建築、雕刻與繪畫三項，希臘藝術傳世的代表為建築與雕刻，這與作品保存的長久有密切關係，繪畫因畫面與色彩等保存不易，後世難以得見，故不能為今人賞評古代藝術的主要項目。但希臘藝術的根本創作理念仍為人文主義，此在希臘的繪畫亦理當如此，而不限於至今仍有據可判的建築與雕刻[63]。這也就是說，人文主義若是希臘文明的基本與主要精神，則人文主義必展現於希臘的政治、經濟、社會與文化各方面體制與作為，而不是偶然或特別表現在某些事物上。同理，若說一個文明（非指任一社會的文化）以某一項藝術見稱（如希臘化時代的藝術以雕刻聞名）， 這通常是因該項藝術作品的保存較多而完整，而非因其他藝術創作相形見絀或是藝術風格和理念與之迥異，以致不能相提並論。事實上，在文藝創作上「一以貫之」的力道甚為重要而明顯，因此文藝創作者多才多藝的天分乃為常有之事，使各項藝術均有發展活力，不會偏廢；即便不然，一個社會的文化取向必也能貫穿各種文藝活動，使其水準與風格相當一致，不會各自表現特殊的精神。簡單舉例而言，一個文明不會是繪畫成

63. 希臘重要的藝術創作雖多出於宗教名義，但前文已顯示希臘宗教觀其實為人本的世界觀，故吾人不能以為希臘藝術是一種宗教藝術。參見 Martin Robertson, 'Greek Art and Religion,' in P. E. Esterling and J. V. Muir eds., *Greek Religion and Society* (Cambridge: Cambridge University Press, 1985), 157.

就特高，而建築與雕刻的藝術價值卻無可觀之處，或是三者創作的精神理念歧異。希臘如此，現代也如此64。

人文主義作為希臘藝術的主流或代表精神，它表現在藝術品強調人的高貴和幽雅，這尤其是透過裸體人像所傳達的訊息65。希臘雕刻多裸像，裸像所示乃是一無憑藉或一無所有的人，它展現人的原貌與真實性，而如此的表現有其美感，可見人是一種「天生尤物」，且有天性；裸像的呈現則是人的「天生麗質難自棄」表示，它表現人的自信與自我肯定，至少亦是自我接納的坦然胸懷。前文已說明，人文主義並非要主張人為宇宙中最偉大的力量，而是要認知人在宇宙中的定位（人儘管是萬物之靈，但仍非全能），不亢不卑地表現和實踐人的價值，因此人文主義乃具有一種追求中庸之道的精神。這個精神呈現在希臘藝術即是節制、簡樸、平衡、對稱、比例諧和、氣氛幽雅等風格，在「越少越好」('Less is more.') 的領悟和「富而好禮」或「安貧樂道」的修養下，繁複誇張、富麗堂皇、激昂煽情、突兀對比、或新奇詭異的作法與效果，皆不採取。故而希臘雕刻不訴諸經驗與情緒以求共鳴，而是展現純粹的美感以為天姿；雅典主流建築不採用雕琢華麗的哥林多式 (Corinthian) 或裝飾較繁的愛奧尼亞式 (Ionic) 的列柱，而使用樸實無華的多利克式 (Doric) 風格，同時希臘建築不追高不立尖塔，而

64. 例如十九世紀後期現代藝術興起，此種活絡的情形與新藝術觀念的主張，在建築、雕刻、繪畫、乃至音樂各項皆相同。一個社會可能因為藝術創作材料的取得限制，甚至是政治控制的因素，而使各項藝術發展不均衡或創作精神不一致，這並不是文明歷史的常態，而如此的社會也不算是「文明社會」。

65. 詳見 Andrew Stewart, *Greek Sculpture: An Exploration* (New Haven, Conn.: Yale University Press, 1990), 311.

以橫向 (horizontal) 發展為原則，維持平衡對稱的人性化空間。這並非希臘藝術家藝術技巧不佳或能力不足，而是因為創作理念之故[66]。例如上古社會因宗教信仰已多致力於向上發展 (vertical) 的崇高建築之營造，希臘不圖此，不是因為技術或資源不足，而是以天人和諧為念（可知「人定勝天」或「以神為本」皆不是人文主義的主張）；又如希臘文化最盛的雅典，其代表城邦精神與富強國力的建築帕德嫩神殿（The Parthenon，建於西元前第五世紀後期），竟採最樸素含蓄的多利克形式，可見雅典人文主義的純真高貴精神。

就藝術形式而言，希臘的藝術表現自然主義 (naturalism) 與寫實主義 (realism) 的風格，而這就是藝術的古典主義 (classicism) 主要性質。僅就這樣的形式表現也可說希臘文明較上古為進化，因為自然主義表示人對超自然因素或宗教神魔已無迷信，而寫實主義表示人對真實世界認識已深而有能力將它精確重現。自然主義與寫實主義必（應）同時並進，蓋崇尚自然者必不扭曲真實，注重寫實者必反映自然真相，二者的同時發展是文明精神整體變化的現象。以藝術的技法來說，自然主義與寫實主義也是超越上古

---

66. 哥林多式柱頭多繁複的動植物雕琢造型，愛奧尼亞式柱頭為渦旋形雕刻，多利克式柱頭則無裝飾。希臘之後的西方藝術風格雖繼承希臘，然亞歷山大帝國時代（即希臘化時代）藝術走向誇張、繁複而煽情，羅馬帝國時代則富麗堂皇、一心求大，至中古時期人文精神大減，藝術多為敬神順天的表現，哥德式 (Gothic) 建築強調崇高性與神聖感（高塔與高廳的效果），平衡對稱之義已不復存。這些現象即是希臘人文精神沒落的證明，而至文藝復興重振人文主義，希臘的藝術風格才又出現。可知藝術創作不僅依靠材料與技法能力，而且本乎精神理念，想法不同則藝術表現自亦不同。

的較高文明才有的能力，這一方面是藝術家的創作技巧更為成熟的結果，另一方面則是藝術家所用的創作材料和工具進步的結果[67]，因此藝術品能展現真實自然而精確的物體形象。在上古時代，藝術題材常有「怪獸」（不合乎自然），且表現粗糙生硬（不夠寫實）；早期的希臘藝術其實與此相去不遠，這不只是因為希臘藝術受到近東（尤其埃及）藝術的影響，而且是因為當時的希臘文明本身尚不是極為開化，故同樣有藝術古代性的呈現。以人像雕刻為例，西元前第六世紀之前，希臘的人物雕像頗類似埃及法老像的僵直嚴肅（如直立者雙手平放於大腿兩側，一腳稍微前置，身體挺直，表情刻板），至第六世紀後期以後開始有動態活潑的肢體表現（如手部有提抬動作，表情較為自然），至第五世紀後則人物形態幽雅自然，精細柔美，彷如世間活人（如身體重心置於一側，有行動姿態，肌肉體格精確有真實感，表情傳神）[68]。這種藝術創作的自然精神與崇實態度，可謂人文主義的理性信念表現。

然而希臘藝術的自然主義與寫實主義不單是一個現實精神可以概括的，它更不是一種世俗化或庸俗化的態度；希臘藝術標舉「面對真實」的精神之外，也展露理想境界的追求意念。這個理想主義 (idealism) 表現在人像雕刻上的，是它近乎不可能——也就近乎不真實——的美好體格與容貌，這樣的「標準」模範其實不見於現實世界中，它令人睹之不禁有自歎弗如之慨，甚至有自慚形穢之感。當然，這個感慨並非藝術創作的目標，這種完美主

67. 例如文藝復興時期因油畫的發明，使作畫可以常時細膩反覆修改，故物像更為真實精確。

68. Karim Arafat and Catherine Morgan, 'Architecture and other Visual Arts,' in Paul Cartledge, *Ancient Greece* (Cambridge: Cambridge University Press, 1998), 280–82.

義的作品一方面是藝術家自我挑戰的傑作，另一方面則是要表現對絕對理想的追求，此乃出於人文主義的「完人」取向。例如一個藝術家從事一個運動員的人像雕像，其表現理想的方式不僅是靠全身一覽無遺的裸體去呈現，而且藝術家必以人的心目中最完美的體態為創作目標。這是說，希臘的藝術家其實沒有真正的「模特兒」，而只有「想像」對象，也就是「理想的模特兒」(well-modeled)；即使以真人為參考依據去創作，這也是要將凡夫俗骨化為玉體神韻，而不是稍加修改美化而已。這個理想主義使得希臘人像在西元前第四世紀中葉之前，都不是完全根據或要具體展示任一個真人特徵的創作，因此不能成為認識歷史人物真實長相的有效憑藉[69]；同時，這種表現具有「普遍性素質」（qualities of universality，不是普通格調）的人像，其完美度與理想性使得裸體雕刻竟無色情風味，不致引發人想入非非。色情與藝術於此絕無模糊界線，不似今人之卑下者動輒以色情為藝術自欺欺人，求取名利。於是，希臘藝術的理想化寫實主義 (idealized realism) 不僅使人不致玩物喪志，而且激勵人不斷追求上乘的心靈境界。由此可知，人文主義不是人本立場而已，事實上希臘藝術著力於美化人類而非自然萬物，這是人的自我要求表現，不是自鳴得意的表示。

---

69. 在希臘，以實體為標準而創作的人像至西元前第四世紀末期才興起，因此在此之前欲根據人像藝術去判定希臘歷史人物的長相，若非不可能，即是誤差嚴重。羅馬的人像藝術到共和末期（西元前第一世紀）也才走向絕對的寫實風格，其前期的情形與希臘相似；不過羅馬人像藝術的理想化極重要的一項原因是政治宣傳，這在講究人文主義精神的希臘是較無影響作用的，也就是說希臘藝術的創作自由程度較羅馬更高。

六、真理的追求：科學與哲學

希臘人的知識追求目標不只是真相，而是超越萬象的真理。這個精神反映在古希臘人對於問學求知概稱為 philosophia，其意為「樂智」(love of wisdom)，此誠為聖人所言「知之者不如好之者，好之者不如樂之者」的境界，因為「樂智」者當然「樂學」；而以後世學科分類標準而言，希臘人所謂的 philosophia 包括科學與哲學，這當然可解為希臘時代學術的專業化分工粗淺，但若掌握希臘人文主義的通才養成目標與追求貫通人事物道理的求知精神，便知 philosophia 的宗旨不是科學或哲學的專業學術研究，而是真相真理的探求[70]。為求一切事物的通貫道理，自然對物理世界與人文社會均企圖了解，因此科學與哲學皆在治學範圍，而不是後代專以「真理」為探討對象而有所謂的哲學專業。要問宇宙真理，對古人而言自然是先要探討物理世界的道理，而不是人文社會的道理，因為古人常「師法自然」或認為人為自然的一部分，並無不同於「天道」的「人道」，所以希臘的 philosophia 早先的性質較像科學研究，後來其內容才轉向哲學討論。然不論是科學或哲學，希臘學者的治學取向都是在探索通義真理，不是實用專門的知識技術；在科學上希臘知識分子所研討的是物理世界的基本構造物質與運作原理（此所謂「自然哲學」natural philosophy）[71]，在哲學上希臘人追究的主要是形上學

70. 柏拉圖在其學苑 (Academy) 中兼授數學與哲學，康德 (I. Kant) 為學亦兼涉科學與哲學，可知專家可以成為學者，但學者難以成為智者。

(metaphysics)、知識論 (epistemology) 等直探生命意義與真相的課題。可見希臘的學術精神不僅是理性主義的求真，更是要追尋超越個別事理與具體經驗的真理。現代學者固可以恥笑希臘學術發展程度粗陋而有奇想妄念，但希臘學者絕非眼高手低，不專注基本知識的學習而放言高論；事實是希臘學人在用功研究事物現象時，能推敲原理，探求大義，也因關懷終極真相，所以能使專業個案研究更具深度與活力。如此的氣魄與識見在今日的學術界中實不多見，而這不只因現代的知識訊息暴增，專業化分工過於精細（使人「弱水三千只取一瓢飲」），也因今人氣度胸懷狹隘，短視好利。

雖然上古文明對於宇宙的本質（科學）和人類社會倫理（哲學）等問題，已有許多探討，但均不及希臘學術的完整與系統性；尤其是後世的哲學研究一大部分即是針對希臘哲學的反省批判而出發，因此希臘人可說發明了哲學。希臘學術最大的貢獻是在於哲學而非科學，不過稟持一種求知求真的精神，希臘卻也奠定了現代自然科學的純學術研究基礎，使科學不再受宗教迷信與現實功利邪念等非科學因素所支配，而能「為識而知」。

希臘最早的學術重鎮是西元前第六世紀時小亞細亞的邁立特 (Miletus) 城邦，而希臘學術之父即是邁立特學派 (Milesian School) 的建立者泰利斯 (Thales, c.640–546BC)。泰利斯研究指出，構成宇宙萬物的基本元素為水，這個說法現在看來顯然無知

71. 於此希臘學者並不採取經驗主義的知識觀，見 Werner Jaeger (translated by Gilbert Highet), *Paideia: The Ideals of Greek Culture* (Oxford: Oxford University Press, 1986), vol. II: In Search of the Divine Centre, 32.

或為錯誤，然泰利斯的學術地位不由於他所提出的研究答案，而在於他提出的研究取向和態度，這也就是以理性知識的立場探討自然的問題[72]。在泰利斯之前，以宗教信仰觀點解釋物理世界的本質，乃是上古學術文化主流，因此泰利斯的說法不僅為一項知識革命，也是一場信仰革命。據稱泰利斯曾從加爾底亞人學得天文知識，且精準地預測了西元前 585 年的日蝕，但泰利斯對天文學的態度顯然無兩河流域學者欲藉此論說天命的動機，而純為求知目的，這便展示了古典與上古文明精神的一大差異。再者，泰利斯不只是對知識本身具有興趣，他對於知識的意義更為關心；簡單說，泰利斯的求知是為求真。他不僅學習具體實用的知識，並且致力於理論架構與冥思式概念的提出；他「發現」水為一切物質的基本元素，並由此進一步論斷宇宙的起因、原理及本質問題。即因為這樣的學術關懷，泰利斯被後人視為史上第一個「哲學家」，而不是第一個科學家。事實上，泰利斯是一個真正的學者，他並非意欲作為一個專業科學家或哲學家，而是要追問一切事物的真相，這正是希臘學術精神的典範。

出於泰利斯師門的亞納希曼德 (Anaximander, c.611–547BC) 是第一個企圖細部解釋一切自然現象的學者，他認為事物屬性眾多複雜，不應是起源於單純的物質如水，而是出於一種無法進一步分解、涵蓋對立性質的基本元素，名曰「無限」(the boundless or the indefinite)。「無限」與天地生成共存，無所不在，其不斷的運動造就各式相對的狀態，如冷熱、乾濕、快慢等；這些相對的力量彼此作用，形成宇宙萬象，而萬事萬物皆有起滅興衰，並終

72. W. K. C. Guthrie, *A History of Greek Philosophy* (Cambridge: Cambridge University Press, 1967), vol. I, 61–62.

歸於「無限」本體[73]。「無限」是宇宙構造的基本物質 (primary substance)，不是一個虛無的精神觀念，然亞納希曼德的研究也不只於「發現」這個物質，而是進一步推論宇宙的起源與運作原理，其「無限」的命名即顯示他企圖說明的不僅為物質而是物理。邁立特學派最後一個大師亞納希明尼斯（Anaximenes，西元前第六世紀）則與泰利斯一樣，認為宇宙萬象的形成是源於一基本物質，但他關心的與亞納希曼德相近，是找尋萬事萬物變化的原理。亞納希明尼斯認定宇宙基本物質是空氣，而事物變化的原理是氣體的濃稀變化，物質現象的不同乃因氣體密度不同所致。這種說法今日看來幼稚，但它卻是現代科學「量變造成質變」觀念的前驅，極富科學精神。

整體而言，早期的希臘科學研究因乏精密的儀器設備與具體的事例資訊累積為憑藉，學者多靠純粹的思考推理，因此其建立的學說與知識錯誤當然不少[74]。然而如前所述，希臘科學偉大之處在於求知的觀念與精神，不在於其所提出的研究答案。據此，希臘科學的貢獻是「純科學」或理論科學，而非應用科學；事實上，希臘文化不重物質享受，科學研究者也不重視物質的開發利用，若以科學為「克服自然以營生」的工具而論，希臘的科學其實無重大價值[75]，希臘化時代才是古代科學成就最高的時期。反

---

73. 這個關於「無限」元素及其運作的概念，衍生出後來科學界的物質不滅 (indestructibility of matter) 理論。另外，亞納希曼德也提出一套地球與天體關係的天文學說，頗有近代生物演化論 (theory of evolution) 的觀念。

74. F. M. Cornford, *From Religion to Philosophy: A Study in the Origins of Western Speculation* (Princeton, N.J.: Princeton University Press, 1991), 138.

過來說，以希臘時代的科技能力實不可能精確解析與證實宇宙的基本物質和運行原理，然希臘學者的心力竟多投注於此，這更顯示希臘科學的偉大精神。而這偉大的科學精神其實基於一種人文信念。希臘學者相信宇宙是有道理的、合乎理性的、可理解的、簡單的、永恆不滅的、進化的，或者說他們的宇宙觀是理性主義的、唯物主義的、和自然主義的，儘管說法抽象玄虛，但絕無神話迷信成分；而學者對物理世界的探討，目的實在於了解人在宇宙中的定位，不是要將人「物化」，或推行物質主義於社會。

這就是為何在西元前第六世紀後期，隨著波斯帝國攻佔小亞細亞後，希臘的宇宙觀念轉趨於神秘悲觀的緣故，因為希臘的科學探討本為了解人而不為控制物，所以人事的動盪變遷對於學術研究的取向會有如此的影響。在此之後，希臘的學術中心不再是邁立特，而是其他小亞細亞城邦，科學研究愈加具有形上學的氣息，構成宇宙的基本物質為何已非學者所重，宇宙的運作原理才是最高的學術旨趣。畢達哥拉斯 (Pythagoras, c.582–507BC) 率先提倡新說，造成畢達哥拉斯學派 (Pythagorean School)[76]，他們在數學、物理、天文乃至醫學方面的專精，並未使其傾向一個現實唯物的價值觀，反而抱持一個神秘抽象而帶有宗教意味的宇宙觀。畢氏學派指出一切事物的構成本質為「數目」(number)，所有的現象或關係（甚至是抽象的倫理觀念如正義）皆可以數目概念加以解析和表示[77]；至此，宇宙的本質並非物質，而是一個抽象的

75. 關於希臘科技後人幾無所悉，見 T. E. Rihll and J. V. Tucker, 'Greek Engineering: The Case of Eupalinos' Tunnel,' in Anton Powell ed., *The Greek World* (London: Routledge, 1995), 403.

76. 畢氏個人的生平與著作後世所知甚少，尤其畢氏門徒總將該派學說推尊為畢氏所創，因此欲確認畢氏個人的發明為何更無可能。

原理，心物二元論 (dualism) 的說法於是浮現。其實，在相當程度上所謂的畢達哥拉斯學派乃是一個宗教靈修團體，他們主張靈魂輪迴與天人和諧之說，努力修行只為解脫生命之苦，而所謂「哲學」(philosophy) 即是他們認知的最高淨化法門（傳說畢達哥拉斯乃是史上第一個使用哲學一詞者）。在此，知行合一的觀念清楚展現，求知乃為求真的表現就是即知即行，故畢氏學派同時為學者與修行者；而其信仰乃是理性知識，不是為了解脫生命苦難而主張去知反智，這與宗教迷信全然不同。

稍後的希拉克萊特 (Heraclitus, c.535–475BC) 更為「虛無」，他認為世上並無永恆不變的事物，「永恆」乃是人的感官錯覺，宇宙唯一不變的事即是「改變」一事。簡單說，他認為「萬物變動不居」。希拉克萊特指出，所有的事物均帶有與其本身對立的性質或力量，例如生蘊含死，死蘊含生；因此，變遷 (becoming) 才是不變，無常才是常 (being)。至此，構成宇宙的基本物質為何其實並不重要，因為宇宙運作的原理已明，而且萬事萬物不可掌握、不能持久。不過，希氏仍提出他對何為宇宙基本物質的看法，而這個看法無怪乎是介於物體與現象之間的多變之物——火。他主張一切物質與現象均是由火變化而來，生命與理性尤其是火的化身，而個人並無其本身的靈魂，所有人皆共有一個「宇宙靈火」(universal soul-fire)[78]。於是，希拉克萊特提出了關於「宇宙合一

---

77. 詳見 D. J. O'Meara, *Pythagoras Revived: Mathematics and Philosophy in Late Antiquity* (Oxford: The Clarendon Press, 1992), 79–81. 畢氏學派認為數目使得無限成為不可能，蓋數寄託於物而又不是物，數目既實且虛，在此說之下，哲學史上形式與本質的差異辯論，便成為無關緊要的課題。

78. 詳見 Gregory Vlastos, *Studies in Greek Philosophy* (Princeton, N.J.:

之道」(unifying principle of the world)——此即所謂 Logos——的學說，這個學說為強調神人合一觀念的一元論；它從對於物理世界的知識探討，推論至對於神靈本質的領悟，但這並非放棄科學而專研哲學，而依然是科學與哲學雙管齊下的求知求真行動。

西元前第五世紀時希臘的科學與哲學研究已在希臘本土蓬勃發展，德摩克利圖 (Democritus, c.460–370BC) 是巴爾幹半島東北部地區 (Abdera, Thrace) 的學者新秀。他的學術理論與前人的抽象玄虛與唯心傾向不同，極具機械論的色彩，在當時而言確為革命性的異說，且將科學與哲學的界線清楚劃分。德氏主張所有物質均由原子 (atom) 偶然組合而成，原子為不可進一步分割且不會毀滅的細微粒子，非人類的感官可察覺，原子的數量型態不同則物質現象不同，原子的不斷運動即是宇宙萬象變化（不具目的）的原理[79]，而人所認為的事物性質其實僅是特定的原子數量結構之表現，這是表象次性 (secondary quality) 而非真相本質。可見得自於感官知覺的知識甚不可靠，且迷惑人心，唯有專注思考才能掌握一切事物的本質 。這個原子論 (atomism) 開啟了思想史上唯物主義 (materialism) 與唯心主義 (idealism) 的爭端，原子論者相信所謂「靈魂」或「心靈」其實都是物質現象，宇宙只依物理法則運作，並無超自然力量的存在。雖然德氏的學說充滿科學的精神，但他非要拋棄哲學的觀念，或是提倡一個追求物質享受的人生觀。事實上，德氏的學說重點不在於「發現」原子為宇宙的基本物質，而在於指出原子的運動為宇宙運作的原理；這個概念雖為唯物主

Princeton University Press, 1996), 144–49.

79. C. C. W. Taylor, 'The Atomists,' in A. A. Long, *Early Greek Philosophy* (Cambridge: Cambridge University Press, 1999), 185–89.

義，但它不是要強調物質的價值，而是要用以驅除人的迷信與恐懼，建立一個理智清明的世界觀。因此，德氏在科學理論之外，又闡述哲學觀念，他的倫理學倡導一種追求快樂人生的中庸之道，其法則為內在寧靜的維持。這又是希臘學者不偏廢心（哲學）、物（科學）的治學精神表現。

希臘的科學發展至西元前第五世紀已逐漸與哲學分道揚鑣而涇渭分明，泰利斯以理性知識的立場看待天文，建立學術求真的觀點，至希帕克拉堤斯 (Hippocrates, c.460–370BC) 專治醫學，不僅排除迷信的醫病觀念，而且解脫生老病死的哲學性思考習慣，將醫學純化為一門科學學科，以嚴格的觀察和推理建立知識體系，並不從此作人文價值觀點的推論和聯想。他的「醫學之父」名號和泰利斯「哲學之父」的尊稱相較，其所暗示的學問博通恢弘程度其實不如，因為所謂「哲學」其意在泰利斯時代甚為廣泛，而醫學的定義在希帕克拉堤斯之時已甚精確；這也就是說，希臘學術發展至西元前第五世紀後期以下已相當專業化，科學與哲學的判分水到渠成，不得不然。就科學的標準而言，這是進步而且有利的；但就哲學或人文學追求通貫義理的目標而言，這是不幸而且有害的。不過這個學術變化是文明發展中不可也無須避免的過程，畢竟由龐雜到專精、再由專精到博通，才是一個完整的問學求道的啟蒙歷程。況且希臘的人文主義精神終究不會使學術的專業化分工導向知識零碎與唯利是圖的見識，所謂的「希帕克拉堤斯誓約」(Hippocratic Oath) 雖不是希氏本人的聲明，但它代表著希氏的理念與從醫者對於其職業的道德體認[80]，這是科學專家的

80.「希帕克拉堤斯誓約」至今仍是許多大學醫科學生畢業時宣誓信守的理念，其內容大約是強調正直誠信的工作精神，對病患悉心盡力

人文關懷表現，依然是希臘學者問學求道的精神。

當西元前第五世紀希臘的科學與哲學逐漸區分為兩個不同學術領域時，希臘哲學研究重點自然由討論宇宙原理的問題，轉為探究人生觀念的課題，這就是羅馬學者希賽羅 (Marcus Tullius Cicero, 106–43BC) 所稱雅典學者「將哲學從天堂帶到人間」的意思。這個轉變奠定了自然科學 (natural science) 與人文學 (humanities or liberal arts) 分途發展的歷史趨勢，以及理性知識與非理性信念二種求真範疇的劃分[81]，造就了所謂「物質文明」與

醫治，尊重生命價值與個人隱私，不利用職權與專業知識為惡圖利。諷刺的是，在人文精神不彰的現代，這個誓詞常不是從醫者明志的金科玉律，而反為患者控訴醫師不具「醫德」的證詞。其實「職業倫理」之說並不恰當，它雖然提醒各行各業的工作者須秉持道德行事，但道德乃是超越行業的普世行為準則，嚴守任一行規必然不是「好人做到底」，而是偏重某些好事同時忽視某些不義。

81. 非理性觀念範疇主要包括關於政治主張、道德倫理、藝術審美、價值判斷與宗教信仰等五項問題的看法，這些問題無法純以理性原則的推論或經驗的累積歸納，獲得一致而確定的答案，它們終究是一種個人的選擇決定或心得感受（雖然許多人思慮不深，或以為自己對這些問題的觀念是「合理的」，或根本只是人云亦云的盲從卻不自知）；當然在採取對這些問題的最終觀點之前，基於理性與經驗的探討仍是必須，且有助於人們確信其最後所持的想法是「對的」，所以所謂「非理性」不等於「反理性」，而是屬於理性無法論定的領域，易言之真理具有超越性，求道者須在理性與經驗之外兼具靈性與感覺，乃能領悟真相天道。再者，這五大課題雖不能單憑理性或經驗判定是非對錯的絕對標準，但在窮盡理性與經驗的探索之後，再訴諸人的良心、天性、神聖感、佛性、或神格，常能到達「英雄所見略同」的境地，這也就是孔子所謂「德不孤，必有鄰」

「精神文明」的對比，和世界觀 (worldview) 的兩種對立命題，影響後世甚鉅[82]。希臘學術取向改變的同時是希臘學術重鎮的轉移，愛奧尼亞（Ionia，小亞細亞西岸的希臘屬地）從西元前 700 年至 500 年間所執文化牛耳的地位，已拱手讓於雅典。這個學術地理與文化觀念的雙重改變，與波斯帝國征服小亞細亞的軍事勝利不無關連；一方面希臘人的文化活動中心因此不得不移轉他處，另一方面一個開化的文明竟屈降於無知的講武社會，這對於希臘講學的價值與方向自然造成深刻衝擊。表面上，希臘學術似乎由概念原理的追求改為具體實用問題的討論，樂觀理性的氣息也變成悲觀神秘的氣氛，然其實由科學研究轉為人文探討的學風轉變固有其內在理路（見前述），不必是外來挑戰的結果，而且希臘學術所重在於探求真理，在研究天文物理而不能滿足所求時，轉向探討世事人文以尋思大義，乃是自然之事。這個從天邊到人間的治

的體認。由此可見，以探討此類課題為主的人文學雖不是科學（而已），不能從學術研究上取得通則定律的結論，但人文學也不是因此就肯定各說各話的多元論調，而是要激發人學思並進，貫通物理與人道，然後感受天理，至少亦是引人上達，使學者不致玩物（物質）喪志（人心）或以事物表象為終極真相。

82. 亞理斯多德企圖整合科學與人文，兼採理性與非理性思想，但這個博通的學術格局並未改變二者自立門戶的文化趨勢。希臘化時代的兩個主流生命哲學觀為伊比鳩魯學派 (Epicureanism) 與斯多克學派 (Stoicism)，前者立論基礎為物質理性的觀點，後者所持則為精神信仰的取向。在羅馬帝國之後，斯多克主義興盛，西方宗教如猶太教、基督教與回教，均受影響而闡揚這個非理性文化。至文藝復興之後則理性主義逐漸強化，甚至轉為西方文化主力，理性與非理性觀念的對抗爭論變成常態，至今不息。

學領域轉移，難免使人以為希臘學術由重視理論變成講究應用，事實上其找尋真相真理的精神並未喪失，也絕無世俗（庸俗）化的態度；至於由樂觀轉為悲觀之說也非可信，蓋自然科學本有知識的確定性，即絕對是非對錯與通則定理可尋，但人文學則不然，常為藝術性、相對性、感受性的表現，故予人神秘消極之錯覺。這種錯覺誤解也就首先出現在一般人對於雅典新興學風的批評上，這個引領新文化潮流的知識團體就是「智士學派」（Sophists，意為「智者」wise men 或「傳智者」teachers of wisdom）。

智士學派的觀點可以此派宗師普羅達哥拉斯 (Protagoras, c.490–421BC) 所說的一句名言推演而得，此即是「人是衡量一切事物的基準」('Man is the measure of all things.')[83]。首先，此語是一種對知識有效性問題的判斷，也就是說這是一個知識論（或稱認識論）的見解，而這個見解主張感官知覺 (sense perception) 是建構知識或認識任何事物的唯一根源 (i.e. empiricism)，如此，要獲致一個客觀正確的知識其實為不可能；簡單說，在智士派學者看來，人根本不可能知道任何事，這個態度即是所謂的「不可知論」(agnosticism) 立場[84]。普氏不認為理性與感官知覺有何差別，因此也不承認有所謂超越性的真理。他強調每個人所認定的是非對錯或觀點，都只是個人標準下的產物，不是放諸四海皆準的觀念；這就是說，所謂的「事實」僅是相對於個人而存在，看法因人而異，世上絕無普遍永恆的道理。由此可說，智士派學說抱持

83. Plato, *Theaetetus*, 160d.

84. 普羅達哥拉斯原是希臘東北部阿布迪拉 (Abdera, Thrace) 一地的學者，曾講學於雅典，並在當地結識蘇格拉底，且與政治領袖柏理克理斯相從甚密，然因普氏公開聲明其對確立有效知識的否定態度，引發驚世駭俗的公憤，而被迫離開雅典。

個人主義 (individualism) 與相對主義 (relativism) 的文化觀[85]，於是對於傳統價值或現有體制與風俗習慣傾向於懷疑 (skepticism) 與批判 (criticism)，甚至淪為虛無主義 (nihilism) 的態度。

若以現實社會背景去考量，或以思想文化史（intellectual history，非哲學觀念的內在演進脈絡）角度去審視，這些學者可謂史上最早的職業哲學教師，他們在民主政治蓬勃而講求辯論權術的雅典，專授文法、修辭、邏輯、政治、與歷史等有助於表達自我與說服（或駁斥）他人的學問，使人可以得志得勢。就此而言，智士學派其實不是一個理論嚴謹或知識理念一致與系統化的哲學流派，不過，基於一致的知識論立場（見前文）去針砭時弊，卻也使得智士學派展現了一種問題意識明確、格調鮮明與脈絡分明的學風。同時，其不可知論與相對論的命題，使得智士派的評理論事可以滔滔不絕、左右逢源、不虞詞窮，彷彿有取之不盡的素材及無盡的生機活力。希臘的奴隸制度、種族主義政策、性別歧視問題、乃至軍國主義擴張行動等，皆為智士派學者所痛斥，個人自由與人權觀念則獲伸張，這是他們的文化貢獻；以學術發展而言，智士學派也拓展了希臘哲學的領域，使倫理學研究成為顯學，而政治學的討論亦更為深入。

但反過來說，智士學派長於批判檢討，卻不能提出具有取代性和建設性的新觀點，只落得否定、懷疑與消極的態度，成為破壞性十足的學術「風涼話」，這是其不可知論命題下論事的必然結果。更嚴重的是，智士學派辯論必求優勝，也能優勝，因為利用個人主義與相對主義作為理論依據時，他們在推翻通俗觀念上必

85. 詳見 W. K. C. Guthrie, *The Sophists* (Cambridge: Cambridge University Press, 1977), 173–74.

能立於不敗之地——至少是形式上；因此，智士派學說成為一個爭辯事理的有效利器，使論事淪為詭辯（詳下），而這正是一般人對於智士學派的刻板印象[86]。這樣的「伎倆」對於民主議事、社會倫常、法律威信、甚至民間信仰等，造成極大威脅，動搖了希臘城邦（尤其是雅典）的民心與國本（智士學派的政治主張直如無政府主義 anarchism）。其實智士學派如此的表現只是其末流頹風，或者是一種走火入魔的結果，而非其本性本意。在本質上，智士派學說是一個深刻的自我批判與文化反省，它並不是針對鬥爭或革命的目的而發，也不是為反對而反對；其所以淪為顛覆推翻的權術或混淆是非的詭計，乃因智士派學說內含的自我否定特性和虛無觀點，使得這個學說在啟蒙人心上有效性極為有限，當它破壞有餘而建樹不足的困境出現時，信仰者不能再以此自殘，於是便將它轉用於傳統社會的批判，而釀成個人信心危機之外的社會文化危機。

若以追求真理或人格發展的心路歷程而論，智士學派的世界觀可謂出於「見山不是山」的過渡階段。希臘前期的學術以探討自然宇宙為主題，這個以物理為真理的科學知識觀念，相較於智

86. sophism、sophistication 和 sophistry 三字現皆成為「詭辯」或「詭辯術」之意，而 sophisticated 意指世故老練而玩世不恭的人格。蘇格拉底極不同意智士學派的說法，但他以反覆詰問的方式，迫使人承認自己所持的通俗想法為謬誤，這個作法反而使人誤以為蘇格拉底為智士學派的一員，這是他受害蒙難（殉道）的重要原因。柏拉圖在知識觀念上非常反對智士派學說，再加上其師蘇格拉底受此牽連而遭處死，更使柏拉圖厭惡這個學派。後人對智士學派的認識多是憑藉柏拉圖的著述，因此智士學派的惡名實與柏拉圖對他們的惡感關係甚大。

士學派以人道為真理的求知觀點，所見所感顯然極為具體、客觀、直接、明確而肯定，這可說是「見山是山」的初步信念。智士學派雖以人文為考察對象，但其探求真理的層次其實不僅止於了解人事，而要達到貫通人道與物理的「天人合一」境界。這個目標的達成自然是無比困難的，尤其是當學者方才由研究科學轉而注意人文問題時，一方面其所得答案不能是通則定律般的確定，另一方面這類人文問題的答案又不能與自然科學的答案相配合或符合，因此貫通天人的真理彷彿更不可求，於是懷疑、否定、悲觀、消極、虛無、相對等種種負面感受盡出，「見山不是山」的窘狀立現。這個信心危機的到來實為心智成熟過程中不可避免之事，因此也是成長的（好）徵兆，可知智士派學說的發展就文明歷史而論，未嘗不可視為進化的現象[87]。

純就知識建構的理路來看，智士學派「墮落」為否定真理和玩弄是非的表現，乃是因為他們以理性的原則和立場去究論非理性課題所導致的錯誤；這些非理性課題主要是人文學所欲探究的幾個高層概念，包括政治主張、道德倫理、藝術審美、價值判斷與宗教信仰等。對於這五項問題看法的形成，當然與個人的經驗及知識有重要的關連，在相當大的程度內，也應以理性加以批判，才能獲致「較為正確」的看法。然而這些問題無法純以理性的推論或經驗的累積歸納，獲得最終一致的標準與合乎真理的答案，因為人人資質有別而神意天道具有超越性，缺乏靈性感受即難以領悟真理；個人對這些問題的看法，事實上是一種類似信仰的選

87. 關於智士學派在文化史中的地位，詳見 Werner Jaeger (translated by Gilbert Highet), *Paideia: The Ideals of Greek Culture* (Oxford: Oxford University Press, 1986), vol. I: Archaic Greece in the Mind of Athens, 286–98.

擇或感受，因此它們總成為見仁見智，意見不同者誰也不能說服誰。例如一個人支持左派（如社會主義）或右派（如保守主義）的政黨、認為誠實或孝順重不重要、喜不喜歡紅色或古典音樂、主張人生應不應以追求快樂為最高目標、相不相信上帝的存在或成佛的可能等等，這些看法人人不同，不可能一致，也不完全出自於個人的知識與經驗；它們不能僅以理性分析去決定誰是誰非，也不能以教育使人獲致共同的想法（此作法即所謂愚民政策）。若吾人純以理性原則去討論各個社會的政治取向、道德觀點、藝術風格、價值觀念與宗教信仰，便會發現這些看法的形成常是統治者或既得利益者宣傳教化的結果，它們成為所謂的文化特性，只有主流與異類之別，並無是非對錯之分，於是文化相對論 (cultural relativism) 的學說便自然出現。只以理性觀點解析這些問題的人，其實不相信有超越性（transcendent，超越理性和經驗）真理的存在，同時也不認為人具有良心天性（非理性稟賦）去判定這些問題的真相，或能因良心天性而達到對這些問題的共識；因此，持此見者必以物質因素（即現實利害）和環境制約的觀點（因為這才是可以理性分析的事物），去說明人對這些問題看法的成因。於是在智士學派眼中，所有社會的文化觀念都是因應當地個別的實際需求所造成的結果；以今日學術理論名之，這就是功能主義 (functionalism) 的文化觀。更糟的是，智士學派幾乎把人的理性 (reason) 視同為感官知覺 (sense)，因而他們更認定人的文化觀念根本就是建立在個人的主觀認知或利益之上。如此，政治、法律、道德、宗教種種規範，皆無神聖性，它們只是強者用以愚弄和控制民眾的聰明設計而已[88]，其最高的價值也不過是維持社

88. 例如雅典政治領袖兼學者克理秀斯 (Critias, 460–403BC) 說：神不

會的安定；而一般人缺乏深思反省，人云亦云，終竟共同造就了一個威嚴的文化傳統，即便自身淪為受害者，亦不知其所以然[89]。

以純理性觀點批判人文問題所導致的顛覆性亂象，一方面證明理性的價值，另一方面則證明理性價值的侷限。這個亂象顯示若人們不信超越性真理的存在，則人間依理性建構的秩序隨時皆可能崩潰；同時，這個「理性主義」的弱點暗示著追求真理不能單憑理性，窮盡理性能力之後，訴諸良心天性（如所謂的神格、佛性、良知、良能等）方能感知真理的方向與性質，雖然真理的具體內容非人所能知。例如殺人有罪，此乃凡人皆能感覺的大是大非標準，這屬於真理的方向或性質問題；至於殺人者應處以何等的刑罰（包括應否處以死刑）方為正義，各時各地皆有不同的看法與作法，這是屬於真理的具體內容問題，人永遠不能確定。然而吾人不應以殺人罪的處罰因時因地而異，就認定殺人是否有罪是無法確知的；顯然程度與技術的問題，不能成為否定原理或法則的理由，正如同不能因為娼妓取締不盡，就加以合法化。簡單說，真理是否存在，不應以人類社會實際的表現狀況去判定，這就是所謂「人能弘道，非道弘人」的道理[90]。況且，由前述可知，政治主張、道德標準、藝術美感、價值觀念與宗教信仰等問

過是聰明的人發明來阻止人們為所欲為的工具，此說即是十足的智士派諷詞。

89. 馬克思 (Karl Marx, 1818–83) 對這類問題的看法與智士派學說幾乎相同，這是因為他以「絕對的唯物主義」解釋文明歷史，同樣是依理性原則批判（認識）非理性的人文課題，其結論自然無殊。

90. 舉例來說，數學是否是一門有價值的學科，應以數學本身為對象去思考判斷，而不是因為數學老師教得好，就認為數學是一門「好的」科目或因此喜歡數學（愛屋及烏），反之亦然。

題，雖不能單憑理性取得終極答案或正確觀點，但是具有良心天性的志士仁人對這些問題的看法卻是「英雄所見略同」，可見這些問題並非真的無真理蘊含其中。政治的左右派立場理論上不能區別對錯，但有德有能者率主張菁英政治（慈悲為懷的賢能專制）；不誠實、不孝順在各地罪罰標準不一，但公意咸以此類行為為非；音樂繪畫的好壞美醜各人判斷不同，但造詣上乘者的品味多能一致（所以史上最佳作品未必能風行於當世，卻均能傳世不朽）；自由與安全何者為重、物質享受與心靈喜悅何者為貴，想法人人各異，不能同化，但文明偉人多有相同的取捨；多神信仰是一種宗教，一神信仰也是一種宗教，理性與經驗不能證實何者為真，然智慧高明者皆以萬神崇拜和執著教條儀式者為迷信。如此看來，真理為何不是因人而定，而是感受真理的能力因人而異；真正的智者皆信真理的存在，而其感知亦皆相近。這樣的領悟乃是超越「見山不是山」而進入「見山是山」的境界，也是破解智士學派詭辯之術的不二法門；蘇格拉底 (Socrates, 469–399BC)、柏拉圖 (Plato, 427–347BC)、以及亞理斯多德 (Aristotle, 384–322BC) 的哲學正是在引導世人認知真理的存在，破除虛無相對的感官假象，而不只是在捍衛希臘的城邦體制，或是維護社會秩序與行為準則而已。

蘇格拉底是雅典第一個本土哲學家[91]，他反對智士派學說及其明哲保身之道，但是他的知識觀同樣是關注人文課題而不重物理世界的研究，這個取向被後世稱為「蘇格拉底革命」(Socratic

---

91. 蘇格拉底並不著述，後人對他的認識主要是透過柏拉圖《對話錄》(*Dialogues*) 所記（其次為 Xenophon 的 *Memorabilia*），此與孔子所稱「述而不作」的精神類似。

revolution)[92]，然其實智士學派已開創在先。蘇格拉底的人文關懷焦點是倫理道德，這是他感覺智士派敗壞人心最嚴重的部分。蘇格拉底駁斥智士派學說的方式，是透過反覆辯證以歸納有效可信的知識（呈現於柏拉圖的「對話錄」中），這個所謂的「蘇格拉底方法」(Socratic method) 又與智士學派的論學方式相似，同樣是以漸進的批判推理去檢討一切流俗觀念[93]。然而蘇格拉底與智士學派不同，他重視追根究底的正本清源精神，直探真理的可能性；他常引導人重新定義與反省一般約定俗成的說法用語，以揭發眾口鑠金的荒謬，並說「一個沒省察過的生命是不值得活的」('The unexamined life is not worth living.')[94]，勸導人體會雅典古訓「了解自己」('Know yourself.') 的精義[95]。這不像智士派學者論事總以不可知論和相對主義的觀點出發，劃地自限，玩弄知識，只談人間實相，否定超越性真理的存在。這即是說，蘇格拉底推翻智士派學說的方式，乃是以不斷反問的方法去說明「真理是無法否

92. 羅馬學者希賽羅說蘇格拉底把哲學從天堂帶到人間，這個說法其實是讚美，不是紀實。

93. 這個透過不斷的辯證探討以歸結為知識見地 (induction through dialectical inquiries) 的「蘇格拉底方法」，至今仍為教育啟蒙的重要方法。詳見 T. H. Irwin, 'Common Sense and Socratic Method,' in Jyl Gentzler, *Method in Ancient Philosophy* (Oxford: The Clarendon Press, 1998), 62–64.

94. Plato, *Apology*, 38a.

95. 蘇格拉底相信神的存在，但他並不鼓勵人求神問卜，此即所謂「聖人不煩卜筮」（《左傳》 哀公十八年）。參見 Gregory Vlastos, *Socrates: Ironist and Moral Philosopher* (Cambridge: Cambridge University Press, 1992), 176.

認的」。當然，蘇格拉底不能直接證實真理的存在，但他的良心天性使其相信真理的存在；反觀智士學派也沒能證實真理不存在，只因其理性經驗的立場使他們主張不能證實者概不能信[96]。如此，真理存在與否似乎只是一個信仰問題，不能論定；但是蘇格拉底以反面探問的方式顯示，若不能證實者即不可信，則這樣的想法作法必導致社會亂象與文明墮落，可見真理應是存在的（應當的即是真確的）。正因如此，蘇格拉底結論倫理道德觀念時認為，真知者必有德[97]，為惡乃因無知；顯然此處所說的知識或他所追求

---

96. 不明就裡而只看表面形式者，必誤以為蘇格拉底與智士學派為同類；尤其因為蘇格拉底常以反問來回答他人的問題，更使人誤解他是一個智士派的詭辯家。在西元前第五世紀末期時，智士學派在雅典已為眾人所厭惡，蘇格拉底可說是這個怒潮下的一個犧牲品。蘇格拉底講學論道與伯羅奔尼薩戰爭 (431–404BC) 同時，當雅典處於戰敗劣勢時，對於批判傳統文化及社會共識者自然深懷敵意和猜疑，故而蘇格拉底與智士學派均在政府討伐之列。並且在政治觀念上，蘇格拉底反對群眾政治，批評雅典民主的腐化，而許多反雅典政府人士甚至通敵者（如 Alcibiades 與 Critias）曾從學於蘇格拉底，更使他成為當局必欲剷除的惡勢力。在伯羅奔尼薩戰爭結束後，雅典民主政權鞏固，情勢對蘇格拉底更為不利，最後他被以「腐化青年和捏造新神」的罪名判處死刑。這個罪名本身顯示了雅典人文主義與理性精神的沒落，不過蘇格拉底仍有逃免刑責的機會，這是雅典人道主義的寬容生路，但蘇格拉底尊重法治公權，更求自我負責（對天負責），於是從容就義。這個悲劇暗示著公理不等於正義，但一個追求真理者寧以犧牲自我、服從公義的行為，引導世人思考正義真理的問題；這不是為了成就個人的名節，而是為了實踐其所宣揚的義理。

97. 孔子說：「有德者必有言，有言者不必有德。」（《論語》〈憲問〉）

的知識，絕不只於感官經驗或理性判斷，而是憑藉心靈方可體會的事物道理。於此，蘇格拉底啟發了柏拉圖的觀念論(idealism) 98。

柏拉圖致力於闡揚蘇格拉底的觀念，其結果是更為深刻全面

此處所謂「有言」顯然不是指「有知」。真知者必有德的說法意謂「是真的必是善的」，然「是善的未必是真的」，「真、善、美」乃是由上而下的三個真理層次。

98. 不能領悟蘇格拉底問學求道的精神而崇拜其人者，必流為極端末學，所謂的「犬儒學派」(Cynics) 即是此例。犬儒學說大約在西元前 440 年間由蘇格拉底的弟子安提舍尼斯 (Antisthenes) 所創，犬儒派的稱呼可能是得自他們主張「像狗一樣」(dog-like，此為 cynics 的希臘文原意）的生活態度，或因為他們常聚會於雅典的 the Cynosarges 學堂。此派學者比蘇格拉底更重視道德，強調德行 (virtue) 不僅為最高之善，且為唯一之善；而所謂德行就是自給自足與清心寡慾的生活，有如狗一樣的簡單生命。犬儒派以清貧為高尚，競相展示自己的儉樸生活方式，於是竟至敵視喜樂情趣，對他人漠不關心，常為離經叛道之事以沽名釣譽。無怪乎柏拉圖稱犬儒派大師戴奧吉尼斯 (Diogenes, c.400–325 BC) 為「發瘋的蘇格拉底」。一般而論，犬儒派學說強調師法自然，主張自制自律與禁慾苦行，反對宗教形式，但以修行生活為真道，揚棄城邦觀念與傳統制度，宣揚世界公民的理念和頂天立地的獨立人格。犬儒學派直到西元第六世紀後方才消逝，他們對於希臘化時代的斯多克學派（重苦修禁慾）哲學頗有影響。犬儒學說本是蘇格拉底哲學的扭曲變態之作，加上其說之末流者一味特立獨行，毫無中庸持正的精神，以致更受外人誤解；後人常以犬儒主義 (cynicism) 或犬儒精神 (cynical) 表示「玩世不恭」與「消極譏諷」之意，這與犬儒學派反璞歸真的原始意境已經大異其趣。

與更具嚴密系統和抽象玄思的哲學理論，因此柏拉圖常被後世視為史上第一個真正的專業哲學家[99]，此見有肯定也有誤解。柏拉圖的學術使命是在繼蘇格拉底駁斥智士派學說，而他的方式較其師更進一步，不只說明真理之不可否認，且直接認定真理的存在，並闡述體會真理之道，這套學說即是觀念論。觀念論就是理想主義或唯心論，它相對於物質主義（或唯物論 materialism）與現實主義 (realism)，形式上是一種二元論 (dualism) 的辯證法，主張兩個相對世界或層次的存在。然若論內涵本質或追究真相真理，柏拉圖認為人世為虛而天道為實，也就是人在天之下而圖與天合一，故精神上柏拉圖的觀念論實在是一元論，這是一切真理信仰者必然的哲學立場（反觀亞理斯多德的學說則是形式上的一元論而實質為反真理的二元說）。柏拉圖認為宇宙包括物質世界與精神世界，前者為人的感官 (the senses) 所察覺的具相事物世界，後者是

---

99. 柏拉圖的哲學不僅探討人事也研究超現實的道理，他是第一個完整討論政治學理的學者，其所創立的學苑 (Academia) 成為希臘的學術中心達九百年之久 (387BC–529AD)，直到東羅馬帝國皇帝查士丁尼 (Justinian) 為了執行統一宗教信仰的政策，才將其關閉。柏拉圖的著作（主要為對話錄與書信集）可分為三期，早期作品 (*Apology*, *Meno*, *Gorgias*, *Euthyphro*, *Charmides*, *Laches*, *Crito*, *Protagoras*, *Lysis*, *Ion*, etc.) 闡揚蘇格拉底的觀念，尤其是道德與知識的一致性及道德與快樂的一致性，中期作品 (*Republic*, *Phaedo*, *Phaedrus*, *Timaeus*, *Philebus*, *Cratylus*, *Menexenus*, *Euthydemus*, *Symposium*, etc.) 建構其自身的哲學思想體系，論證靈魂、人世、與宇宙的理性關係，晚期作品 (*Theaetetus*, *Parmenides*, *Sophist*, *Laws*, *Statesman*, *Critias*, etc.) 則是哲學問題技術層面的深入探討，可見柏拉圖在其中年時已完成真理體系的備述，其晚年是「活多久做多久」的盡心事蹟。

要靠人的心靈 (the mind) 方能領會的理想或概念世界。由此，柏拉圖否認人的生活空間為真實或完全的世界。依其說，世間的事物均只是精神世界理想概念的不完美實現或複製，而精神世界為實，物質世界為虛，人在物質世界中不論如何努力，均不可能達到理想境界[100]。藉此，柏拉圖欲說明智士派學者的不可知論與相對主義看法，都只是以感官掌握的人間實相而已，絕非宇宙真相；人的認知不應為經驗所限，也不能因其心領神會的能力不足，而以為真理為虛幻。至此，柏拉圖已不像在與智士學派交鋒，而是在探索更高的知識領域，甚至是闡述一個宗教信仰。這個宗教信仰的成形，不只因為他區別心物、天地、理想與現實、概念與實體等差別，更因為柏拉圖的觀念論中含有層次性與目的論 (teleology) 意涵。他認為世間的事物在精神世界中皆存有一個相對的觀念，眾觀念如人間次序有上下主從的關係，它們形成一個類似金字塔的結構，最高的觀念支配一切，無以名之，名之曰「至善的觀念」（Idea of the Good，不是「善的觀念」Idea of Goodness）；同時，物質世界中的事物均有朝向其相對應的觀念（理想）標準去發展的傾向，這些理想化的動力將促進一切「止於至善」的發展。這個說法與各式宗教回歸本源或邁向終極的得救解脫理念相彷彿，而「至善的觀念」有如「上帝」一說，只是柏拉圖始終未如此明言[101]。不論如何，柏拉圖顯然直接認定了真

100. 詳見 Alexander Nehamas, 'Plato on the Imperfection of the Sensible World,' in Gail Fine ed., *Plato* (Oxford: Oxford University Press, 2000), 189–93. 依此理，柏拉圖說「學習其實是回憶」(Learning is no other than recollection.)(*Phaedo*)。

101. 參見 P. A. Brunt, *Studies in Greek History and Thought* (Oxford: The Clarendon Press, 1997), 252.

理的存在，而對真理的體會必須超越經驗理性，因此認定真理其實就是一種宗教信仰觀；事實上，柏拉圖哲學對後世眾人的影響就常是宗教性啟示[102]。在這個真理信仰取向之下，智士學派所討論的人文現象已變得膚淺、瑣碎而無關緊要了，同時希臘文明主流思潮的人文主義也顯得故步自封或欲振乏力。

同樣出於這套觀念論，柏拉圖比蘇格拉底更徹底聲明道德與知識的關連性 (identity of virtue and knowledge)，他認為明瞭這宇宙真相者，必有「君子上達」和「止於至善」的道德行為表現；何況心靈精神重於物質感官的說法，正指示著一種「存天理、去人欲」的修行生活，反對貪圖名利權位的墮落生命。當然，人的道德表現不能盡善盡美，而修行求道亦無止境，因為一方面人的德行表現要完全符合善良與正義的觀念（即理想）本不可能，另一方面物質世界的感官生活本就是使人迷惑和墮落的 (delusive and corruptible)。在這個道德問題的討論上，柏拉圖與蘇格拉底一樣，企圖展示道德倫理的正當性與神聖性，並由此教化人心，維繫世道倫常。他們顯然深覺即使一般人不能了解道德的深刻意義，也應持守行止而不宜放縱，免得失足而無法自拔，或導致民風敗壞，使意志不堅者亦受牽連。

在政治問題方面，柏拉圖明白反對民主制度，主張菁英統治。他的《共和國》(*The Republic*) 論述是強調全民分工與協調合作的政治安排，這個說法是在認定眾人的智愚不同之後，為所有人的職務與定位找到適切歸屬，使其可以各自安身立命，充分實現自

102. 在西元第三世紀興起於羅馬帝國的新柏拉圖主義 (Neoplatonism)，正是一個宗教信仰色彩濃厚的神秘哲學（其實頗有曲解柏拉圖思想之處），而它對當世宗教的發展也有重要影響。

我，然後社會可以共和安詳。在柏拉圖的理想國度中，特具智慧的學人應為統治者（此所謂 philosopher-king），具有英勇性格者應為戰士，而才德平庸者為自由民，他們應自我節制（無真正的自由）。這並不是一套階級剝削體制，而是適才適性的社會分化（各有天命），而在厚生共濟的精神下，私產與家庭制度均不必存在。這個「柏拉圖式的烏托邦主義」(Platonic utopianism) 其實也是出自於觀念論，它企圖建立一個天人呼應的最佳政體，因此它是一種根據人的天賦與天命設計的階級統治，而不是要講究平等的人權，也不接受世間的權力鬥爭原則；它較接近斯巴達的政權型態，而與雅典民主制度遠不相牟，也不是今人所認知的共和主義（republicanism，即民主政制）。這個理想的政治學說一方面肯定希臘城邦存在的合理性，駁斥政府和法律純為強者侵略弱者的工具之說法，另一方面它也批判人間政權的不當，暗示著無政府主義的終極理想。

亞理斯多德的時代裡雅典已無智士派邪說的勢力，因此他更能客觀自在地陳述其學術觀點，或進行統整融合的集大成工作，這使得亞理斯多德的學說呈現一種綜合、博通與中庸的精神；於是，相對於蘇格拉底學術的平易近人、與柏拉圖觀念的曲高和寡，亞理斯多德的學說顯得雅俗共賞，成為對後世——尤其是中古時代——影響最大的希臘學派。

就探討真理的問題而言，亞理斯多德較柏拉圖更進一步去證明（雖未必成功或有效）真理可以認識、掌握與實踐。在這點上，亞理斯多德與柏拉圖的對比，類似（但不等同）朱熹與陸九淵的差異；後者所重均在於心靈體會，而前者皆認為真理可以由學習探知。亞理斯多德的真理觀形式上是一種心物合一的一元論 (monism)，他認為精神與物質不能分離，觀念與實物或本質

(matter) 與形式 (form) 為一體的兩面（觀念為實物的反射，實物為觀念的體現），理想與現實亦相互寄託，不能各自存在[103]。在這個知識觀念前提之下，亞理斯多德的治學與人生觀乃取博通之途與中庸之道 (golden mean)，其法的可辨識性與可效法性遠較柏拉圖主義為高，因此更富有教育性價值（如同朱熹之學被頒為官學）。亞理斯多德的知識論兼重理性與經驗的根據，其形上學兼重心靈與感官之所察，其倫理學兼重精神與物質的要素，其政治學兼重理想與現實的成分[104]；同理，亞理斯多德的學術研究兼重人文與物理的探討[105]。在此，中庸之道的掌握乃與知識的廣博貫通

---

103. 參見 Theodore Scaltsas, *Substances and Universals in Aristotle's Metaphysics* (Ithaca, N.Y.: Cornell University Press, 1994), 28–29.

104. 亞理斯多德遠較柏拉圖務實，他對貴族菁英也較少同情，政治上他所圖並非最理想的烏托邦，而是最可能的善政，這既非民主也非寡頭專制，而是由中間階級主導的制衡政局，其所謂的「政體」(the polity) 其實就是一個運作良好的城邦 (the well-functioning polis)。亞理斯多德的名言「人是天生的政治動物」('Man is by nature a political animal.')，非指爭權奪利為人的本性，而是表示政府或政治的出現不是因為少數人的私慾，而是人類社會合理的事，文明且須在國家的格局中方能得到發展。

105. 亞理斯多德的研究遍及哲學各領域（形上學、知識論、邏輯、美學、倫理學）、以及政治學、心理學、數學、生物學、天文學、物理學等方面，為史上難得一見的博學之士。然亞理斯多德對後世最大的影響仍在於其形上學，它長期支配了基督教與回教世界的神學觀念。現存亞理斯多德著作主要是其門生對其論學所做的筆記，而於西元前一世紀時輯成，這包括 *Organum*（邏輯學）, *Physics*, *Metaphysics*, *De Anima*（靈魂論）, *Nicomachean Ethics*, *Eudemian Ethics*（亞氏行為學 *Discourse on Conduct* 的兩種版本）, *Politics*,

有密切關連，知識偏狹零碎而不能一以貫之者，必不能體悟中庸之理，正如博學 (general knowledge) 者未必有常識 (common sense)。亞理斯多德的博學不是出於興趣的廣泛，或為展現其智能的高超，而是基於一元論的知識觀與中庸之道的探求；簡單說，一元觀、中庸、與博通乃是同一概念，其共同對象或目標即是真理。至此，絕對的、超越性的、普遍性的真理不再是虛無縹緲，而是人人皆有相當能力探討的問題[106]，並且它部分蘊藏在現實的人事中，不必全然靠想像力向天問求，這使得在柏拉圖學說之下陷於困頓處境的希臘人文主義，又獲得舒展的生機[107]。

De Poetica（詩學）, *Rhetoric* 等。羅馬帝國衰亡後亞理斯多德的著作在西方亡軼，回教世界卻擁亞氏之說，並將之重新引進歐洲，成為中古後期西方經院學 (Scholasticism) 的根基。不過文藝復興以後亞理斯多德的學說漸為學者所超越而遺棄（柏拉圖思想則再被發掘與肯定），如今亞氏之學僅餘邏輯一門仍為學者研習和推崇，當然這是就求道者的情況而言。

106. 整體而言，亞理斯多德可謂為一個理性主義者 (rationalist)，或說他不是一個徹底的經驗主義者 (empiricist)，此說若有模稜兩可之情，這正是「亞理斯多德式的」。參見 Michael Frede and Gisela Striker eds., *Rationality in Greek Thought* (Oxford: The Clarendon Press, 1996), 173.

107. 當然，這個人道伸張的勢力，可能導致天道（真理）的蒙蔽。人文主義須經歷宗教觀念的批判，方能適切地重新發覺「天人之際」，而不妨礙對真理的正確認識；如此看來，文藝復興時期（基督教時代）的人文主義當然比古典希臘時期（無神信仰的文化）的人文主義，更為成熟深刻而合乎真理。

第四章

古典文明的傳播與轉變：

亞歷山大帝國

Victory, or Nike, of Samothrace. Marble. About 200BC.

歷史研究中所謂的「後見之明」應不是為了「以今非古」之用，或說明歷史解釋只不過是後人對其自身的觀點所做的合理化工作而已；後見之明的意義或價值應在於顯示，經過長期的歷史經驗，後人更容易掌握文明演進的脈絡，乃至於蘊含於人事中的真理線索。以這樣的後見之明去審查希臘化與羅馬時代的歷史，便可發覺它們的歷史定位或重大貢獻是在於傳遞希臘的古典文明精神。這當然不是說亞歷山大帝國和羅馬帝國無其本身的文化創作，或者說希臘文明因此二帝國的繼承和發揚而得以保存完整；事實上，亞歷山大帝國與羅馬帝國統治的地區主要並不是希臘文明所在地的巴爾幹半島，它們且自有特殊的文化傳統和新取向，因此它們即便採取希臘文明為立國精神，也不可能保持希臘文明的原貌。然而文明發展的目的本就不是要建立一個萬世不變的制度或形式，而是要追求使人類生命得以豐富且高貴的理念理想並實現之。如此，希臘化與羅馬時代是否繼承與發揚希臘古典文明精神，其判斷依據並不是此二社會的典章制度是否同於希臘，而是其文化取向是否符合希臘人文主義的精神。以這個觀點去檢視亞歷山大帝國與羅馬帝國，必然察覺此時古典文明精神已趨於妥協、扭曲和式微，但這實是一個高度文明推廣為普世標準時，難以避免的庸俗化現象，畢竟小國寡民的雅典可以發展出菁英文化並維持其水準，但廣土眾民的帝國欲推展一種脫俗的價值則甚無成功的可能。

一、東西融合的失敗：東西對立的繼續

前章已提到，在希臘時代文化意義上的東（波斯）西（希臘）對立之局已經成形，然就當世而言，此一情勢是否將成為歷史定

局仍屬未定之天。征服希臘的馬其頓 (Macedon) 國王腓力普二世 (Philip II, 382–336BC) 仍採希臘本位主義而敵視東方 *1* ，然至其子亞歷山大 (Alexander the Great or Alexander III, 356–323BC) 則在吞併波斯帝國之後，改行東西融合的政策。他以東方禮為波斯皇帝大流士三世 (Darius III, 336–330BC) 舉哀，以博取東方民心；此外，他承襲波斯帝國的民族融合政策，提倡世界性的文化 (cosmopolitanism)，推展東方青年的西化教育，促進東西商業交通，鼓勵東西人民聯姻（在西元前 324 年時安排所屬將士一萬員與波斯女子結婚），乃至選定東方城市巴比倫為首都，並建立許多新城——皆名為亞歷山大城 (Alexandria)——以為推行西化的基地 *2* 。然而這個破除東西對峙形勢的混同政策終歸失敗，東西世

---

1. 但其實腓力普只攻佔希臘土地而未能贏得希臘人心，見 Earl McQueen, 'Why Philip Won,' in Anton Powell ed., *The Greek World* (London: Routledge, 1995), 337. 而亞歷山大一開始也以武力鎮壓的手段維持其權威，為鞏固馬其頓政權，亞歷山大在位時頗致力於自我神化的工作，見 Erika Simon, 'Theban Mythology in the Time of Alexander the Great,' in G. R. Tsetskhladze et al. eds., *Periplous: Papers on Classical Art and Archaeology Presented to Sir John Boardman* (London: Thames & Hudson, 2000), 284; and G. L. Cawkwell, 'The Deification of Alexander the Great: a Note,' in Ian Worthington ed., *Ventures into Greek History* (Oxford: The Clarendon Press, 1994), 293. 一方面因宣傳美化，二方面因豐功偉業，亞歷山大在後世甚獲尊崇，凱撒即是其仰慕者之一，見 Andrew Erskine, *Troy between Greece and Rome: Local Tradition and Imperial Power* (Oxford: Oxford University Press, 2001), 250.
2. 亞歷山大所建不僅為諸多亞歷山大城，且包括許多新都市，見 A. B. Bosworth, *Conquest and Empire: The Reign of Alexander the Great*

界仍繼續其各自為政與文化分庭抗禮的傳統。亞歷山大死後，其帝國的分裂幾乎完全依循舊時近東世界中各文明區的疆界（如巴爾幹半島為馬其頓王國 Kingdom of Macedonia，兩河流域為希流克斯王國 Kingdom of the Seleucids，埃及為托勒密王國 Kingdom of the Ptolemies），同時亞歷山大的同化政策也多廢弛失效，東西文化對立的局勢由是更形確定 3，而希臘文明精神也因此得以在其發源地倖存延續，不致為大一統的文化政策犧牲殆盡。

二、「希臘化」('Hellenistic')：希臘精神的妥協與沒落

亞歷山大所建立的帝國其疆域與波斯帝國極為相近，最重要的差異是亞歷山大帝國據有希臘故土（巴爾幹半島南部）；雖然這個區域的面積與全帝國相比實微不足道，但它卻是當時近東世界中文明開化程度最高的地方。亞歷山大雖效法波斯帝國意欲推展和平融合的文化統一政策，然波斯帝國所為乃是均衡取材的整併調和事業，而亞歷山大帝國則企圖以西方先進文明教化東方世界，造成所謂的「希臘化」文明 (Hellenistic Civilization, 323–27BC)。這個同化政策因不是以強制高壓的手段推行，故非文化帝國主義之屬，但也透露著一種「教化使命」(civilizing mission) 的用心；

(Cambridge: Cambridge University Press, 1989), 245. 關於亞歷山大施政的動機史料難徵，學者尤須發揮其解釋文獻的功力，見 C. A. Robinson, *The History of Alexander the Great* (Providence, Rhode Island: Brown University Press, 1953), vol. I, vii.

3. 關於史上東西對立觀念的發展與東西世界對抗形勢的演進，將於後文以專篇深論。

不過它終究不能成功，正如任何上層文化推廣為大眾文化時的失敗，更何況眾多的東方民族對於現在偏處帝國西部一隅的希臘，不是不了解便是帶著敵意。更不幸的是，如此的推廣教育反而導致希臘文明精神本身的「稀釋」，以致所謂的「希臘化」(Hellenistic) 其實僅為「希臘似的」(Greek-like)，而非「希臘式的」，更不是「希臘的」[4]。從這個角度來看，希臘化文明乃是希臘文明的一種變體，甚至是墮落表現。這可由下列各項文化變遷趨勢清楚得知。

在政治上，雅典民主體制與希臘城邦自治體系至希臘化時代後已不得而見，亞歷山大帝國境內流行的是所謂的「東方式專制」('Oriental despotism')[5]。原來在西元前第四世紀以後，城邦體制

---

4. 不過，真正的「希臘化」(Hellenization) 一詞在古典與拜占庭時代其實並不存在，因為這是一個相當言之無物的說法，況且希臘的自覺意識在希臘化時代以後也逐漸式微，參見 G. W. Bowersock, *Hellenism in Late Antiquity* (Ann Arbor, Mich.: The University of Michigan Press, 1990), 7; and Arnaldo Momigliano, *Alien Wisdom: The Limits of Hellenization* (Cambridge: Cambridge University Press, 1991), 148–49.

5. 專制行為其實無分東西方，雖然在技術與形式上史上東西政權的專制有所不同，但此差異實不甚大，而且就專制的本質和精神而言兩者更無二致。然西方學術討論中常有所謂「東方式專制」的用語，這主要是一種人文（歷史）的觀點，而不是社會科學（政治學）式的分析理念；換言之，這個詞彙的使用表現或強調東西對立的文化觀念，而不是要說明反民主制度的政治思想可區分為「東方式專制」與「西方式專制」二種。事實上，民主思想與民主制度起源於西方，西方人頗引以為傲，「東方式專制」一說正是要暗示反民主的行為為野蠻落後，這是以「西方」為文明先進而「東方」為文化

已日漸衰微，王國乃至龐大的世界性帝國逐步興起，城邦 (city-state) 轉變成單純的地方市鎮 (municipal town)，其政治性與文化性的目的降低而經濟性功能增加，舊日城邦的公民 (citizen) 觀念與權力衰退，國民與臣民 (subject) 的身分和責任則被強調，超民族的世界文化取代城邦時代的地方主義精神 (localism)，民主政制也同時讓步於專制政權。在希臘化時代王國分立，除馬其頓（希臘本土）外，政治充滿了神權色彩 6，使極權統治更為鞏固，彷彿上古時期；至於希臘，雖非王國專政的局面，但也形成城邦聯盟與種族聯合陣營 7，集體主義強化而地方自治式微 8。古史上的民主政治就此消退，須待二千年餘後方可再見，而民主發源地的希臘在羅馬時代以來，逐漸轉為文化意義上的東方世界，更淪為異族統治與專制政權的領地，直到十九世紀方在西歐的協助下獲得解放，乃得以「禮失求諸野」的重生精神，透過「西化」振興希臘古典文明傳統。以這個寓有反諷味道的歷史滄桑變化為後見之明，更可看出希臘化時代對希臘文明的傷害。

在經濟方面，希臘時代農工商業規模小而形式簡單，在亞歷

原始的看法下自然的說法，也因此「西方式專制」一詞其實並不存在或被慣用。

6. 亞歷山大的眾繼承人多少都是篡位奪權者，故特須假借宗教以合理化和美化其政權，見 F. W. Walbank, *The Hellenistic World* (Brighton, Sussex: The Harvester Press, 1981), 210.
7. 如阿喀安人的阿喀安聯盟 (Achaean League) 與伊奥利安人的伊奥利安聯盟 (Aeolian League)。
8. 例如雅典在西元前 338 年後即實施徵兵制度，以強化國防，見 M. M. Austin, *The Hellenistic World from Alexander to the Roman Conquest* (Cambridge: Cambridge University Press, 1981), 201.

山大帝國時期則經濟活動繁盛複雜而規模龐大；同時昔日小康知足的儉樸生活態度不再，物慾追求成為世道民風，文明的精神大異。在文化方面，希臘時期的菁英文化再不能當令，希臘化時代已表現出今日「大眾文化」的風貌與取向，人文主義精神沒落，物質主義與非理性態度流行。例如在藝術上，繁複誇張與煽情的風格取代了希臘時期的中庸簡樸與含蓄的美感；在文學上，探討人性與歌頌人格的創作意念消沈，寄情於想像世界的烏托邦避世主義 (utopianism) 大行其道；在科學上，希臘人探求事物原理原則的問學精神至此亦不多見，希臘化時代的科學發展不重理論而重實用，功利態度明顯；在哲學上，宇宙真相真理及生命意義與價值的探討也失去動力，希臘化時代的哲學家致力的課題是如何解脫人生的苦惱。在這樣的人心趨向之下，無足為奇的是希臘化時代宗教氣息濃厚，且信仰取向神秘悲觀而消極，此與希臘人本主義的理性世界觀形成鮮明對照。可知希臘化時代的文化成就不僅不如希臘，更重要的是它的文化觀念已不同於前代。在此同時，西方文明重心也有所轉移。在希臘化時代，政治與經濟重地已經東移，社會菁英多往東方世界尋求前途，學術（尤其為科學）研究中心則轉至埃及的亞歷山大城，而希臘故土的文化卻開始沒落，不再是富於創造力的文明重鎮。

在希臘化時代裡，希臘文為國語正聲，對於希臘文化的傳播與學術商業等交流頗有促進，希臘的科學傳統為希臘化重大的科學成就奠定了基礎，希臘的邏輯與思想學說亦成為希臘化時代哲學觀念建構的根源；然而在政治、經濟、社會與文化性格上，希臘化時代與希臘時代實相去甚遠。希臘化時代雖富有文明教化的活力，但文化推廣的工作難免為了適應各方民情，而造成——主動或被迫——主流文化本身的簡化 (simplification) 與一致化

(unification) 9，使舊文化走樣而新文化奇異；如此，這個同化事業其實不是東方的西化，而是東西方的混同，或新舊今古的會合。事實上，「希臘化」(Hellenistic) 一詞乃是十九世紀西方學者的發明，它意指亞歷山大大帝以後三百年間希臘文化向西亞與埃及地區的推展；就當時而言，這只是來自於西方的征服者所推動的文化統一政策，而不是一項醞釀於民間的文化改革運動，何況被征服者接受統治者的號令本為古代常情，人民看待這個新局勢多出以政治觀點而非文化觀點，因此亞歷山大的同化政策其實並不甚成功。近東文化的特質終究未因「希臘化」運動而廢，亞歷山大之後帝國內各王國的對抗鬥爭使希臘人的政權迅速衰弱，而當羅馬帝國後期加諸於近東民族的西化武力逐漸衰微時，一個文化上的「東方反動」(Oriental reaction) 便躍然出現。不過，值得注意的是，經由希臘化時代對希臘文化的保存、傳播與通俗化，希臘文化更能獲得後人的了解（雖不免誤解）與接受，羅馬所繼承與發揚的正是這個「希臘化的希臘文化」；姑不論文化素質的好壞改變，希臘化時代的政治勢力使希臘文化得以傳世久遠，而不致陷於孤芳自賞的窘境，並且在向東推展無功之後，它使得希臘文化轉向成為一個「西方文化」，待近代西方勢力再起並向東挺進，終於使其成為一個「世界文化」。

三、物質文明的追求

希臘化時代是近代之前西方少見的物質文明昌榮的盛世，其

9. 例如為了推行希臘語為國語，希臘方言乃轉趨統一，而有「正音」的出現。

時商業的興盛使得商人及上層階級富裕非常，這反映在他們的宅第競事富麗堂皇的建築風格。雖然一般人民貧窮如故，但當時都市化趨勢旺盛（為工業革命之前所僅見）[10]，城市的公共設施先進完善，造福大眾不淺。希臘化時代經濟發達有其重要的人文因素，這包括貿易範圍的廣大（亞歷山大帝國幅員遼闊）、共通語文（希臘文）的流行、教育普及程度的提升、以及政府對工商業的倡導等[11]，乃至於亞歷山大征服波斯使大量金銀流入市場，導致物價上漲與投機投資機會的大增，也極有利於工商貿易的活絡。蓬勃的經濟助長了都市化的發展，同時專業化更為精進、區域經濟興起、大企業出現、土地集中、貧富差距擴大[12]，這些情勢在羅馬時代隨著西方帝國的東進而西傳，影響至為深遠。惟此時工商經濟雖繁榮，但僅有技術性的改良，而乏理念的創新，尚不足以稱為革命[13]。希臘化時代經濟的鼎盛與亞歷山大的開國規模與文化政策關係密切，而這個物質生活發達的社會反過來也改造了人們的價值觀與人生觀，希臘時代知足常樂的精神生活至此已顯得古怪[14]。

---

10. 當時大城林立，敘利亞的安提阿 (Antioch)、泰格里斯河上的希流夏（Seleucia，為希流克斯一世在西元前 312 年所建，位於今日巴格達下方）、與埃及的亞歷山大城為其中特著者。

11. 其最大特色是政府對於生產與消費的嚴格控制，這個作法使得埃及的托勒密王室成為當時最富有的統治者。

12. 因為貧富差距擴大，廉價勞工易尋，竟致奴隸制度在希臘化時代無由存在。

13. M. Rostovtzeff, *The Social and Economic History of the Hellenistic World* (Oxford: The Clarendon Press, 1953), vol. II, 1302.

14. 然希臘化時代的商業活動記錄奇少，這可能是因時人並不覺商業一同樣在追求物質生活的動機下，希臘化時代的科學成就非凡，但就學理知識的開拓而言卻又顯得貧乏，這是希臘化文化價值高下不定的另一例。在十七世紀科學革命之前，西方科學最發達的時期應屬希臘化時代；換言之，希臘化時代的科學支配了西方史上大部分時間的物質觀。然而這並不表示希臘化時代是一個偉大的科學知識開創期，事實上希臘化時代的科學成就只是一個「述而不作」的學究型 (scholarly) 成績，其蒐集分類與綜合整理的工夫超過創意發明的表現；它傳遞古代傳統科學知識至中古時期固然有功，但卻缺乏自身的特殊學術地位。同時，希臘化時代的科學昌明與其經濟發達的原因相似，一樣是政治力量的推動及追求物質享受的動機。繼承了古代兩河流域（加爾底亞）、埃及與希臘的科學知識技能，並得人君（如亞歷山大與托勒密王朝）的大力贊助，加上社會對於實用知識的重視，希臘化時代的科學特有發展的良機。其時科學與哲學已然分流[15]，科學研究趨於精確、具體、而實際，宇宙真相真理的探討絕非學者的關懷焦點[16]。許多希臘化時代的科學知識仍能流傳至今，顯示其高度的實用價值，而有關物理世界的普遍概念討論則後世少有所聞，這說明希臘化

事值得大書特書，若然則可知希臘古典文明至此仍精神不死，參見 William Tarn and G. T. Griffith, *Hellenistic Civilization* (London: Edward Arnold, 1966), 249.

15. A. C. Bowen, 'The Exact Sciences in Hellenistic Times: Texts and Issues,' in David Furley ed., *Routledge History of Philosophy*, vol. II: *From Aristotle to Augustine* (London: Routledge, 1999), 287.

16. 詳見 Jonathan Barnes, 'Hellenistic Philosophy and Science,' in John Boardman et al. eds., *The Oxford History of Greece and the Hellenistic World* (Oxford: Oxford University Press, 2001), 441–45.

時代科學的偏狹。在數理研究與發明上，歐幾里德 (Euclid, c.330–270BC?) 的幾何學及其他數學領域的研究（著 *Elements*），使其成為長期支配數理學界的權威；阿基米德 (Archimedes, 287–212BC) 的幾何學、物理學、機械學與流體力學等研究，以及數種實用器具的發明亦著稱於世，歷久不衰；希羅 (Heron of Alexandria or Hero) 對於機械與氣體的研究，以及利用水、蒸汽、與壓縮空氣等作用所作的相關發明，使這個生平不為人所知的學者享譽史上。在天文學方面，亞理斯塔克斯 (Aristarchus of Samos, c.310–230BC?) 據信是第一個提出太陽為宇宙中心理論 (heliocentric theory) 的學者[17]，他並推算太陽大於地球的倍數，以地球傾斜程度與運轉方式解釋日夜與四季變化的成因；艾拉托什尼 (Eratosthenes, c.275–195BC) 繪製了當時已知世界的地圖（許多方面較中古地圖更為精確）[18]，提出一套記年之法，計算出地球的圓周（出入不多）與傾斜度、以及日月與地球的距離；希帕克斯（Hipparchus，西元前第二世紀）發現歲差運動 (precession of the equinoxes)、太陽運行軌道的離心率、與月球運行的均差現象等，並繪製了最早的天象全圖（標示著近九百顆星的位置），他所持地球為宇宙中心的概念 (geocentric theory) 與天文觀察，被羅馬時代的科學家塔勒密 (Ptolemy) 進一步證明闡揚，長期影響西方的物理世界觀[19]。在醫學方面，希羅菲力斯 (Herophilus, fl. 300BC) 精於

---

17. 太陽為宇宙中心的觀點（即所謂 Copernican system）因為與一般人的「常識」背離，且與亞理斯多德的說法相違，加上時人關注實用技術而漠視理論原理的探討，故未曾流行。

18. 此時以大地為球體的「地球」觀念已甚普遍，經緯度的定位與測量系統也開始被使用。

19. 希帕克斯所提地球為宇宙中心的論點經由塔勒密發揚光大（故被稱

人體器官（特別是腦、眼、脊髓、消化道、生殖器與動靜脈）的結構與功能，被譽為解剖學之父；艾拉西斯特拉圖 (Erasistratus, fl. 300BC) 對於疾病成因、血液循環、神經組織等研究，主宰醫學觀念直至羅馬帝國末期而後已，他並發明了導尿管與熱量計等重要醫學器材。由這些成績看來，希臘化時代的科學研究仍集中於數學、天文、與醫學等三項自上古以來最重要的學科；這些學科所以為古代最重要的科學研究項目，本與人類克服自然以營生的現實需求關係緊密，而希臘化時代的科學研究又特重實用目的，更強化了功利取向的學術態度，這可由當時科學家頗著力於器具發明而有成的現象得知。於此，希臘時代透過科學探究真理的精神，已顯得天真而不著邊際。

四、哲學人生觀與信仰的轉變

希臘時代的哲學重視真相真理的探求，因此在形上學與知識論方面的研究特為著重，同時其尋求「天人合一」與「一以貫之」的精神，又使學者不因而偏廢其他哲學子題，故於倫理學、邏輯與美學也多有發明；希臘化時代的哲學家則首重現實人生問題的探討，以去苦求樂為要務，故強於倫理學的研究[20]，但對於其他

為 Ptolemaic system），成為十六世紀哥白尼 (Nicholas Copernicus, 1473–1543) 之前世人信奉的天文知識圭臬，一般人且多誤以為塔勒密為這項理論的發明者。古代的哲學家認為宇宙是由許多依同心圓軌道運行的星體所構成，有如一個複雜的時鐘，專業的天文學家雖不認為真有此物，但他們卻採用此種假說以為立論的基礎，以利其針對天體的運轉作精準的預測，塔勒密即是在闡揚這個傳統觀點。

20. 詳見 R. W. Sharples, *Stoics, Epicureans and Sceptics: An Introduction*

哲學課題則較忽略或乏成就。可見若說希臘時代學者思考的問題由天上轉至人間，則希臘化時代學者更將注意力由人間轉至社會，其現實性與世俗性尤強。

在哲學思想上，希臘化時代的學者充分利用前代研究遺產，但對舊問題卻未嘗提出新解。希臘化時代的哲學新說主要是斯多克主義 (Stoicism) 與伊比鳩魯主義 (Epicureanism)，二者立論觀點雖常相違，但其實終極關懷一致，此即是心靈平靜 (peace of mind) 的追求，或消極而言為人生苦難的解脫（無苦即是樂）。斯多克主義大約於西元前 300 年間由芝諾 (Zeno of Citium, c.334–262BC) 所創[21]，他生於賽普勒斯 (Cyprus)，至雅典從學於犬儒學

---

to Hellenistic Philosophy (London: Routledge, 1996), 82–84.

21. 斯多克學派 (Stoics) 一稱乃源於此派學者最初論學之處為雅典的 Stoa Poecile，其意為彩繪的會堂門廊 (painted porch)，此為芝諾講學所在。芝諾的學說經克理西普斯 (Chrysippus, c.280–207BC) 的整理與闡述而更系統化與嚴謹，但他也使斯多克學說更富非理性的神秘成分。潘納修斯 (Panaetius of Rhodes) 在西元前第二世紀時將斯多克主義引介至羅馬，他與其弟子波希登尼斯 (Posidonius, c.135–51BC) 為抵禦外界批判，又採用柏拉圖的心靈學說以辯解斯多克主義，使它的信仰性色彩更為深濃。羅馬著名的學者希賽羅出於波希登尼斯的門下，也宣揚斯多克主義，終使這個哲學人生觀成為羅馬時期最為流行的希臘學風；西尼加 (Lucius Annaeus Seneca, or Seneca the younger, c.3BC–65AD)、艾丕泰德斯 (Epictetus of Phrygia, c.50–138AD) 與羅馬皇帝奧理略 (Marcus Aurelius, 121–180AD) 均是此說的信仰者與傳道者，艾氏尤其對斯多克主義的倫理觀念有精闢的論述。關於斯多克主義在羅馬時期的復興與特質，參見 Giovanni Reale (translated by J. R. Catan), *A History of Ancient Philosophy*, vol. IV: *The Schools of the Imperial Age* (New York: State

派 (Cynics)，深受其說影響，對於蘇格拉底所講有關道德、忍耐與自制自足諸義頗多援引和「新」解。芝諾的思想主要是一個嚴格的倫理學說，採擇希臘學者希拉克萊特的物理世界理論 (科學) 與亞理斯多德的邏輯觀念（哲學）融會而成。他將哲學區分為邏輯學、物理學、與倫理學三科，並主張邏輯與物理的存在價值乃為闡發倫理觀念 (其實邏輯與物理不足以解釋道德的意義)。芝諾雖以希臘學者的人文觀點與科學知識為立說根據，但他論學的目標不是真理，而是培養一個善良的智者。他其實與智士學派一樣認定知識乃是基於感官知覺 (sense perception) 而建立，而宇宙僅是一個物質世界，並無永恆實體與超越性真理。在這個概念下，宇宙運作原則或「上帝」(God) 是一種物質力量，它（或祂）蘊含於一切事物且支配一切事物，人的理性和生物的靈魂即是如此的現象。在認知這個簡易的宇宙真相之後，斯多克學派強調道德為世間最高的善。這個為善的主張事實上不是根據前述的宇宙觀推理結論而來——相信宇宙為物質者極可能便認為善惡是非毫無辨別與堅持的必要——而是一個基本假設或信仰觀念，只不過利用一種「天人合一」的理論來強化其道德立場。以學術觀點而論，這就是說斯多克學派的哲學重視倫理學的程度，遠超過形上學和知識論；以人生觀來說，斯多克學派中人懷有強烈的宗教信仰傾向，以人間為苦海，以蒼生為難民，故視去苦重於求知[22]。

簡單說，斯多克主義認為人應「師法自然」('To live

University of New York Press, 1990), 53–55.

22. 經過後人的闡揚，斯多克學說愈來愈褪去唯物主義色彩而具有宗教信仰的性質，它主張人人皆有神性 (divinity)，而死後均將歸返永恆的神靈，這也就是說宇宙有其發展的目的與方向，不是自然而然而已。

consistently with nature.')，蓋上帝即是自然，而神意即為自然法則 (Law of Nature)[23]；唯有遵循自然法則、樂天知命，方能得道逍遙。也就是說，人應認命 (fatalism) 才能解脫，自由自在[24]。欲體現自然法則或天理，則須摒除個人私慾、激情、邪念、執著、偏見、癖好、與一切令其耽溺的事物[25]，以誠意正心實踐為人的義務與責任，方可獲得自由解放，作為真正的生命主宰。既然人的苦惱被認為是源於非理性情慾的心病，於是斯多克學派便主張禁慾修行（斯多克學說常被一般人概稱為禁慾主義 asceticism），以拋卻世俗功名和遠離物質誘惑與感官享受的方式，尋求內在的寧靜安詳以為真正的快樂。然而實際上斯多克學派並不主張避世自保與獨善其身，也不願以「眼不見為淨」自欺，這著實反映其說含有內在緊張性乃至矛盾，故信徒知行不一的表現反而使人稱許；他們強調公正平等的神聖性、責任與使命的天職觀、以及慈悲濟

23. 關於自然法則概念的起源與發展，詳見 Gerard Watson, 'The Natural Law and Stoicism,' in A. A. Long ed., *Problems in Stoicism* (London: The Athlone Press, 1996), 216–36; and Gisela Striker, *Essays on Hellenistic Epistemology and Ethics* (Cambridge: Cambridge University Press, 1996), 209–20.

24. 斯多克學派認為，獲得自由之道有二，一是認命，二是抗命；然不論如何，人永遠不能征服天命，故而實際上人只有認命一途方能解脫。參見 Susanne Bobzien, *Determinism and Freedom in Stoic Philosophy* (Oxford: The Clarendon Press, 1998), 56–58.

25. 斯多克學派將人的激情 (passions) 分為四類：恐懼 (fear)、慾望 (desire)、痛苦 (pain) 與歡樂 (pleasure)，必皆去之而後快，詳見 Brad Inwood and Pierluigi Donini, 'Stoic Ethics,' in Keimpe Algra et al. eds., *The Cambridge History of Hellenistic Philosophy* (Cambridge: Cambridge University Press, 1999), 699–705.

世的胸懷，常為社會下層的受難者（如奴隸與遭流放者）奔走請命，甚至積極參政，頗有民主改革的理想。然此派信徒講求克己容忍，不求名利權位，懷抱和平、人道與寬恕的精神，因此絕不從事激進革命與推翻當權的鬥爭運動，卻能默默耕耘、反求諸己、忍辱負重地行善淑世，且撫慰人心，安定社會，支持政府；故而斯多克學派頗能適應亞歷山大帝國建立後的變局，同時也為統治者所認可扶持。由於這個救世濟人的宗教情懷，斯多克主義對後世的思想、信仰、乃至法律政治影響深遠，羅馬的學術文化、基督教、與羅馬法均富有斯多克主義的概念。

伊比鳩魯主義由伊比鳩魯 (Epicurus, 341–270BC) 所創，他視哲學為創造幸福生活的藝術，以快樂 (pleasure) 為世上至高且唯一的善（其實快樂屬於「美」的層次而非「善」）；而在學術觀點上，他也將形上學看作倫理學的附庸，不重知識本身的價值，同時認為知識建構的基礎只是人的感官知覺[26]。伊比鳩魯學說的重要理論根源是希臘學者德摩克利圖的機械論宇宙觀（原子論），不過他稍加修改，排除其絕對的決定主義 (determinism)，而講自然與偶然的事物道理，以便強調人的自由意志（這其實會導致道德責任的加重）[27]。他認為盲目認命的態度較諸迷信鬼神，更有害於快樂的尋求；蓋人若相信鬼神，尚能奉神拜鬼以求安慰，但若相信萬事命定之說，便了無生機出路。伊比鳩魯雖未明白否定神的存

26. 詳見 Elizabeth Asmis, *Epicurus' Scientific Method* (Ithaca, N.Y.: Cornell University Press, 1984), 104–7.

27. 詳見 James Warren, *Epicurus and Democritean Ethics: An Archaeology of Ataraxia* (Cambridge: Cambridge University Press, 2002), 193–200; and Julia Annas, *Hellenistic Philosophy of Mind* (Berkeley, Calif.: The University of California Press, 1992), 124.

在，但他否認神對人間懷有任何興趣，也無超自然的魔力可以干預人事和自然世界，由此他破除過去宗教傳統對人心的桎梏，而成為實際的無神論者 (atheist)[28]。事實上，伊比鳩魯論述一個唯物主義的世界觀，是要說明人對死亡與靈異之事的恐懼為無稽與無謂，並暗示世間的富貴聲譽為虛幻短暫，不值得留戀，天堂地獄之說皆無足掛心。與斯多克學派不同，他不是一個目的論者，認為宇宙並無發展的終極目標，因此主張快樂為極致之善。

值得注意的是，對伊比鳩魯而言，所謂快樂絕非感官享受，而是心靈的平靜 (*ataraxia* or serenity)，或無苦無憂 (absence of pain and trouble)。這種快樂主義 (hedonism) 定義甚為保守消極，它的目標其實與斯多克主義所求相同，並且伊比鳩魯也如同芝諾一般，不主張縱慾沈溺的行為（一般人視伊比鳩魯學說為享樂主義實為扭曲誤解，雖然放蕩形骸確是後來其說的末流表現），強調心智上的喜悅（心開意解 intellectual pleasures）尤高於肉體上的快感 (bodily pleasures)[29]。伊比鳩魯學說與斯多克學說一樣重視理性啟蒙與掃除錯覺妄念，只是前者的人格典範為快樂的智者，而後者的君子形象是善良的智者。在人際關係的行為準則上，伊比鳩魯倡導誠實、謹慎、細心、和公義等德性，這是因為他認為唯此個人才能遠離是非，清靜安心，而非因為道德有其本身的價值（此乃「非道德的倫理學」）[30]。在此，伊比鳩魯主義與斯多克主

28. 參見 A. A. Long and D. N. Sedley, *The Hellenistic Philosophers* (Cambridge: Cambridge University Press, 1988), vol. I, 140.

29. 伊比鳩魯持強烈的唯物論宇宙觀，卻以精神性的「開心」為人生最高追求，其說的緊張性或矛盾與斯多克主義相似。

30. 詳見 Michael Erler and Malcolm Schofield, 'Epicurean Ethics,' in Keimpe Algra, op. cit., 666–69.

義的差異開始浮現，伊門中人多為自了漢，不重在世為人的責任義務，不主積極參與公務政事，甚至反對結婚生子，一派逍遙自在、自命清高的名士格調。伊比鳩魯學說因含有出世或反社會的思想（因此絕非縱慾恣情），不為當政者所喜，且其說頗有高談闊論的貴族氣（類似中國魏晉時代的清談），不能於民間流佈，此種消極處事的態度使其對當代或後世的影響不如斯多克主義之深遠[31]。

整體來說，斯多克主義與伊比鳩魯主義大同小異，尤其其理論基礎或出發點雖有不同，但其實殊途同歸，追求一致的目標，此即是快樂人生。此二派學說皆持個人主義立場，伊比鳩魯學派尤為明顯，斯多克學派雖懷慈悲濟世的精神，但此乃無法坐視社會亂象的見義勇為，在本心上他們總以出世為念；而且不論是快樂或心靈平靜根本上都是個人之事，不是靠集體合作或人際互動可以獲得[32]，何況二派學者其實均視當代為亂世，皆有避難自修的心意。從學理而論，希臘化時代的哲學首重倫理學，而道德倫理的建立基礎是個人自主，不是團體共識或社會協商，故斯多克學派與伊比鳩魯學派的思想本質皆是個人主義。再者，二派均持唯物主義的宇宙觀，認為所謂的神靈與靈魂只是物質（現象）而

---

31. 伊比鳩魯主義經由伊比鳩魯的門徒波立斯特拉圖 (Polystratus)、芝諾 (Zeno of Sidon)、與菲勒迪莫斯 (Philodemus of Gadara) 等人的宣揚而流行於世。羅馬時代的詩人盧克雷修斯 (Lucretius, c.99–55BC) 是伊比鳩魯學說最佳的詮釋者與傳人，其作《論事物本性》(*De rerum natura* or *On the Nature of Things*) 是此說的經典作品。

32. 凡人感到快樂的因素各自不同，但悲傷的理由卻甚為一致，故悲傷分擔的可能性（感同身受）實遠大於快樂分享的可能性，這也是悲劇所以具有高度的普世性意義之原由。

已，並無非物質世界的存在；因此，人不能有永生不朽的妄想，也不須有恐懼鬼神或死後下場的必要。於是，斯多克學說與伊比鳩魯學說都採取理性主義（相對於超越性信仰而非經驗主義）的人生觀[33]，強調只要理智清明便無憂苦，人常坐困愁城總因智慧不開，而智者不惑，故能常樂。就學術發展脈絡而言，斯多克主義與伊比鳩魯主義嚴格來說皆非創新的哲學理論，而只是借用希臘哲學思想去論說現實人事，它們是希臘知識傳統應用於希臘化時代變局的荒腔走板，其自悲劇精神中發展快樂主義的企圖，既不高貴也不成功，又無失敗的尊嚴。

除了上述二學說，希臘的智士學派與犬儒學派觀點在希臘化時代頗有傳人，造成一個反理性主義思潮。犬儒學說引導許多人走上禁慾苦修之路，以去知為去苦之法，以反文明為根除人禍之道；智士學說則造就希臘化時期更為嚴謹的懷疑論 (skepticism)，促成所謂的「懷疑論學派」(Skeptics)[34]，他們批判一切知識的真

33. 參見 G. R. Boys-Stones, *Post-Hellenistic Philosophy: A Study of Its Development from the Stoics to Origen* (Oxford: Oxford University Press, 2001), 38–42; and Phillip Mitsis, *Epicurus' Ethical Theory: The Pleasures of Invulnerability* (Ithaca, N.Y.: Cornell University Press, 1988), 132–36.

34. 所謂懷疑論是一種質疑知識真確性與有效性的哲學觀點，懷疑論者認為人認知外在事物的心智能力有其限制，或因認知對象本身難以捉摸的問題，使人不可能真正知道任何事物。一般說來，懷疑論只是一個質疑的態度，不是一個嚴格的學術理論，因為極端的懷疑論必宣稱建立知識為不可能，而這個說法的本身卻有自相矛盾的地方（即自毀性），因為若此說正確則此說便不可信。希臘學者德摩克利圖是最早的懷疑論者，他認為感官知覺並非掌握客觀真相的可靠憑藉 （參見 Leo Groarke, *Greek Scepticism: Anti-Realist Trends in*

確性與有效性。比羅 (Pyrrho, c.360–270BC) 常被視為懷疑論之父，他指出人根本不可能知道任何事，因為一件事的正反兩面觀點通常都可以有效成立，不能斷定孰是孰非[35]。阿瑟希雷斯 (Arcesilaus, c.316–241BC) 亦為不可知論者，他認為知識 (knowledge) 與觀感 (opinion) 實無法區別，所謂「確知」並不可能，人可能有的只是「可能的知識」(probable knowledge)；人的行為也只是基於觀念 (idea) 而非知識而出發的。阿氏為斯多克學說嚴厲的批判者，他的學說被卡尼迪斯 (Carneades, 213–129BC) 發揚光大[36]，使懷疑論更為「有用」而達於全盛（約西元前200年)。在這個理路中，超自然世界、超越性真理、生命的意義、甚至是是非對錯的道德問題，人皆無可能明瞭；於是，凡事不加以判斷才是人生快樂之道。希臘化時代的懷疑論者同樣不在乎知識

Ancient Thought (London: McGill-Queen's University Press, 1990), 52–53.)。智士學派則是最早的懷疑論學派，其不可知論觀點在前文已有說明。智士派學者高吉斯 (Gorgias, c.485–380BC) 認為根本沒有任何事物真正存在，即便不然，人也不可能知道（認識）它們，就算可以知道，也不可能將此知識傳達出去；既然客觀真相不可能掌握，只有智士派所圖的說服他人 (persuasion) 技能才是唯一值得從事的學術活動。懷疑論在希臘化時代盛極一時，成為一個特殊的文化現象。關於懷疑論在希臘時代的發展源頭，參見 Terence Irwin, *Classical Philosophy* (Oxford: Oxford University Press, 1999), 77–83.

35. 關於比羅學說的批判，參見 Benson Mates, *The Skeptic Way: Sextus Empiricus's Outlines of Pyrrhonism* (New York: Oxford University Press, 1996), 79–80.

36. 關於卡尼迪斯的學說，參見 R. J. Hankinson, *The Sceptics* (London: Routledge, 1995), 113–15.

真理的探求，他們的終極關懷與當世主流哲學家一樣是心靈平靜[37]，而其對政治社會問題的關心程度，甚至低於伊比鳩魯學派。前文已指出，蘇格拉底、柏拉圖、與亞理斯多德的哲學，意在破除智士學派否認真理存在的觀點，如今希臘化時代的懷疑論者卻又師承智士學派，再次企圖顛覆這個追求真理的希臘知識傳統，此誠為衰世之異象。

以學理思考尋求人世苦難的解脫之道，終究不能有大動人心的效果，或為社會大眾所接受，於是在哲學之外，宗教信仰成為另一股撫慰人心的重大力量。前文已說明希臘時代雖有宗教形式的存在，但希臘文明的精神其實為無神信仰的人文主義，如此，希臘化時代宗教信仰的流行現象，便已標誌著時代精神或文明性格的轉變；而且，希臘化時代的宗教信仰特徵正是反人本反理性的神秘主義風格。希臘化時代的哲學雖與希臘哲學觀念不同，但尚且是繼承希臘學術傳統而來，仍講究理性主義；然希臘化時代的宗教信仰絕少希臘神話觀點內含的人文主義，而充滿反理性色彩，且深受東方文化（西亞與埃及）的影響[38]。

希臘化時代的宗教信仰當然不是追求終極真理的表現，它的關懷與當時哲學思潮一樣是在尋求人生苦難的解脫；因此其避世態度 (escapism)、苦修精神、贖罪 (atonement) 心願、宿命觀念、與寄望來生的情懷極為濃厚，而其重視繁複儀禮 (ritualism) 與信

---

37. Julia Annas and Jonathan Barnes eds., *Sextus Empiricus, Outlines of Scepticism* (Cambridge: Cambridge University Press, 2000), xxx. 這個去知求樂的作法能否奏效甚受人質疑，見 Jonathan Barnes, *The Toils of Scepticism* (Cambridge: Cambridge University Press, 1994), 40.

38. Vit Bubenik, *Hellenistic and Roman Greece as a Sociolinguistic Area* (Amsterdam: John Benjamins Publishing Co., 1989), 58–60.

仰的神秘性也顯示反現實的精神。死後拯救、回歸神界或與神復合 (union with divinity) 的想法成為普遍的教義，極端激情的宗教行為常見，反物質的傾向尤為一大特色，與當時社會的經濟繁榮景象形成強烈對照。在各種神秘宗教中奧弗斯教 (Orphism) 特為流行[39]，它強調人性正邪兼具的特質，認為靈魂本有神性，但人須經歷重生方能去除惡性而達至善永生;此教著重道德倫理行為，以禁慾苦修（如吃素）淨化人心，發揚善性。在波斯故土，祆教更朝向絕對的二元觀念發展，善惡對立與精神物質對立的說法益為強化，苦行靈修以求永恆極樂的作法甚為激進。另外，發源於祆教的米士樂教（Mithraism，或太陽教）也在此時大為興盛[40]，並由東方往西方世界傳布。此教以善惡對決為基本教義，倫理性甚強，它以太陽象徵光明和善性，以十二月二十五日為聖日（此為後來「聖誕節」訂定的依據），因為此時大約為冬至，其後白日愈長而黑夜愈短，代表光明戰勝黑暗而善征服惡。米士樂教為典型的神秘宗教，非常講究儀禮法事（如聖餐與洗禮），重視禁慾苦修（如齋戒），具有濃厚的出世精神與贖罪得救的期望（米士樂神

---

39. 奧弗斯 (Orpheus) 是希臘神話中著名的樂師，為酒神戴奧尼瑟斯的虔誠信徒與傳道者；奧弗斯教是從戴奧尼瑟斯的死亡重生神話發展而成，它原為古希臘信仰，曾盛行於西元前第六世紀。此教以戴奧尼瑟斯象徵人的善性，而泰坦 (Titan) 代表人的惡性，其說與一般二元論宗教相近。

40. 米士樂教一名來自祆教中善神之下的一個小神明米士樂 (Mithras)，祂到西元前第五世紀後逐漸成為一個主神，象徵光明、智慧與善，並常以太陽為形象；米士樂所以受重視的原因是信徒相信米士樂曾生於世間而經歷萬般苦難，並對蒼生有極大恩澤。米士樂教與基督教相似處不少，它在西元第三世紀後期之後迅速式微。

可賜與信徒永生），在下層社會中特為流行，並歷久不衰，成為羅馬時期主要的民間信仰之一，並影響及基督教的形成。

由上可知，從斯多克主義與伊比鳩魯主義、經過懷疑論學派、再到奧弗斯教與米士樂教的發展，希臘化時代的文化精神正是從主張理性演變成反對理性、再走向宗教信仰的路子上。以整體文化思潮的發展而言，希臘時代哲學與科學為學合一，至希臘化時代則哲學與宗教目的一致，一個問學求真的精神逐漸消沈，而明哲保身的思慮則與日俱增，這一方面表示知識本身的價值漸被忽略，另一方面則顯示人本身的價值愈受疑問。

五、文藝新風情

從前述可見，希臘化時代的學術缺乏創意突破，而以整理考訂最為有功[41]，這可由當時各類工具書（如字典與文法書籍的編纂）見得，此種成就對於文化保存與傳遞當然貢獻匪淺，然終非偉大的文化成就。而且希臘化時期所以能有「集大成」或「述而不作」的功勞，其一大原因乃在於前人文化遺產的累積，而強大的政治勢力使得這個文化整理工作更得順利展開。因此，正如亞述帝國建立龐大的國家圖書館，並不代表亞述學術文化的發達或偉大，希臘化時代浩大的圖書蒐集與知識彙整成果，也不表示其文化地位的崇高。掌理亞歷山大城圖書館的亞理斯塔克斯 (Aristarchus of Samothrace, c.217–145BC) 著述廣博眾多，他首創

41. 著名思想家 A. N. Whitehead (1861–1947) 便指出，希臘與希臘化文明精神的差異乃是「冥思與學術」(speculation and scholarship) 之別，見 A. N. Whitehead, *Adventures of Ideas* (New York: Free Press, 1967), 108.

科學考證之法，其所校訂的荷馬史詩版本，學者沿用至今。知名的歷史學者波力比斯 (Polybius, c.203–120BC) 效法希臘史學家修西提底斯的治史方法，記述西元前 220 至 126 年間地中海世界的歷史大事，極盡詳細之能事，其繁複瑣碎的記載甚為學者所詬病。若說修氏的治學眼光已不如希羅多德「通古今之變」的格局，則沿襲修氏學術觀點的波力比斯更無創發性的成績。以希臘化時代的廣土眾民而值得稱述的學者卻遠不及希臘時代，其文化價值不高可想而知。

希臘化時代的文藝作品相對於希臘時代而言，量大而平庸，少傳世佳作，取向極端激情而流俗，頗有近世所謂的商業化氣息；若說希臘時代為古典時期文藝的「黃金階段」，則希臘化時期乃為「白銀階段」。就戲劇而言，希臘時代的戲劇主流或上乘之作為表現人文精神的悲劇，希臘化時代則流行譁眾取樂的喜劇。其時最佳的喜劇作家是米楠德 (Menander, 342–291BC?)，他屬於希臘後期興起的「新喜劇」(New Comedy) 派別，著重柔美細膩的文風，不重社會百態的批判，少有問題意識；他的作品常以愛情為主題，筆調高雅精緻，人物性格成熟深邃，然美則美矣，可惜缺乏思想深度[42]。在詩作方面，迪奧克利圖 (Theocritus，西元前第三世紀) 首創田園詩 (pastoral) 文體，並達到此類文學的登峰造極成就。田園詩主要是一種牧歌，歌詠鄉間野趣與寧靜恬淡的純樸生

---

42. 詳見 Albrecht Dihle (translated by Clare Krojzl), *A History of Greek Literature: From Homer to the Hellenistic Period* (London: Routledge, 1994), 250–51; and Richard Hunter, 'Acting Down: The Ideology of Hellenistic Performance,' in Pat Esterling and Edith Hall eds., *Greek and Roman Actors: Aspect of an Ancient Profession* (Cambridge: Cambridge University Press, 2002), 201–6.

活，以對比充滿權謀而腐化墮落的政治世界與都市生活[43]。迪氏的田園詩特別讚頌西西里島的美景與簡單生活（如友誼）[44]，他的文風在西元前第二世紀為拜恩 (Bion) 與摩斯克斯 (Moschus) 二人所發揚。田園詩與前述希臘化時代苦修禁慾的求道風氣相似，都與當時繁華勢利的社會背道而馳，富有避世的精神。同樣具有出世態度卻又更具改革思想的文學風尚是理想世界的描繪，此類烏托邦文學不重美感的呈現，而重概念的傳達，它的流行更顯示時人對於現實世界的不滿，即使沒有改造社會的功能，也有發洩情緒的作用。總之，希臘化時代的文學創作多由不滿現實而發，但大都不直接或具體地批判，而採反面間接的表述[45]，故內容愈不涉人世俗務者愈顯示其厭世之心，這一樣是人文精神沒落的表現[46]。

---

43. 詳見 K. J. Gutzwiller, *Poetic Garlands: Hellenistic Epigrams in Context* (Berkeley, Calif.: The University of California Press, 1998), 103–8.

44. J. B. Burton, *Theocritus's Urban Mimes: Mobility, Gender, and Patronage* (Berkeley, Calif.: The University of California Press, 1995), 159; and K. J. Gutzwiller, *Theocritus' Pastoral Analogies: The Formation of a Genre* (Madison, Wisconsin: The University of Wisconsin Press, 1991), 4–6.

45. G. O. Hutchinson, *Hellenistic Poetry* (Oxford: The Clarendon Press, 1990), 86.

46. 希臘政治領袖柏理克理斯在其悼念為雅典死難者的著名喪禮演說中說：「我們相信一個人應該同樣關注公務與私事，一個人如果遠離政治，這不僅是因為他沒有興趣，也必是因為他是個沒有大用的人。」此說與宋代范仲淹「先天下之憂而憂，後天下之樂而樂」的觀念相通。蘇格拉底、柏拉圖、與亞理斯多德雖不愛政治，然皆關在藝術方面，希臘化時代的風格更似今日大眾文化的庸俗品味[47]。由於王公貴族與富人的要求以及民間市場的需求，希臘化時代藝術迎合現實的程度甚高[48]，獨立創作的精神或純粹美感的追求遠不如希臘時代[49]。當時大量的藝術品大多表現誇張，極為濫情（甚至色情），失去平衡對稱感，缺乏含蓄中庸的幽雅氣質。因為藝術為有錢有勢者誇耀其富貴的工具，故建築與雕刻尤為當時藝術的主流，而它們的形式趨向富麗堂皇與繁複裝飾，矯情有餘而實用不足。此時注重華麗修飾的哥林多式建築風格，取代較為樸素的愛奧尼亞式與多利克式型式，這是時代精神轉變的一大徵象。由於過於誇張，寫實主義變得不真實（常為病態寫實）[50]，

心政治，因其懷有淑世的慈悲心，且有追求貫通天人之道的抱負；柏拉圖尤其憎恨雅典民主，但卻致力於理想政治的論述，此種胸懷在希臘化時代的學人中並不多見。

47. 這個發展趨勢在西元前第四世紀中期已經開始，見 R. M. Cook, *Greek Art: Its Development, Character and Influence* (Harmmondsworth, Middlesex: Penguin Books, 1984), 10–11.

48. 參見 Roger Ling, 'Hellenistic and Graeco-Roman Art,' in John Boardman, op. cit., 448–49; and Ann Kuttner, 'Hellenistic Images of Spectacles, from Alexander to Augustus,' in Bettina Bergmann and Christine Kondoleon eds., *The Art of Ancient Spectacle* (New Haven, Conn.: Yale University Press, 1999), 97–118.

49. 從另一方面而言，此時藝術創作與城邦生活已無關連，藝術品做為個人收藏的價值乃更高，見 Giovanni Becatti (translated by John Ross), *The Art of Ancient Greece and Rome* (Englewood Cliffs, N.J.: Prentice-Hall, 1967), 249.

50. Moses Hadas, *Hellenistic Culture: Fusion and Diffusion* (New York: W. W. Norton, 1972), 22.

而自然主義變得不自然；同時因為各方交通繁密，上層與下層文化差距拉近，於是藝術風格也趨向單元一致，缺少變化性和多樣性，當然也就少獨創性。這個豔麗貴氣的傾向一方面是希臘藝術傳統淪喪的現象，另一方面則是受到埃及與波斯文化影響的結果。今人所熟知的希臘化時期藝術品乃是萬中選一的經典傑作，絕不代表當時一般的創作風格。例如「垂死的高盧人」(The Dying Gaul, c.230BC)、「有翼的勝利女神」(The Winged Victory of Samothrace, c.200BC)、「市場老婦」(Old Market Woman, 2nd cent. BC)、「米羅的維納斯」(Venus of Milo，西元前第二至第一世紀間)、與「大蛇纏身像」(Laocoön, 1st cent. BC) 等作品，皆是罕見的精品，而其特質反與一般同時代作品不同，具有典雅含蓄之美；不過若與希臘時代的藝術相較，則仍令人感受明顯的煽情誇張之處。這些作品在人物的細膩刻畫上甚為成功，如表情的豐富、肌肉的拉扯、臉上的皺紋、衣服的縐摺、肢體的姿態等皆有逼真的表現，展示著作者高超的創作理念與技巧，而整體造型充滿動感、複雜誇張而感情洋溢，似乎以令觀者動容驚異為創作目的[51]。就

51.「垂死的高盧人」刻畫一個戰士在重傷臨死時，掙扎於承受肉體劇痛與維持尊嚴勇氣之間的肢體狀態與微妙情緒，此主題已感人至深，而雕像又以裸體呈現（打仗的戰士實不可能裸體），益增創作難度與動人力量。「有翼的勝利女神」身著薄紗，迎風前驅，體態輕盈，動感十足，身材美感撩人，整體刻畫極為靈巧細緻，令人難以想像其為石雕之作。「市場老婦」表現一個平凡婦人為謀生奔走的艱苦處境，老婦手提重物，彎腰傾身，面容辛勞，此景已令人不忍，而婦人身著薄衣，體型畢露而風韻猶存（不可能為老商販的真實打扮與體態），更增觀者複雜的情愫。「米羅的維納斯」體態雍容華貴，身材比例優美，上半身裸露，下半身衣衫掩飾（上下形成強

藝術技法而言，這類作品顯然超越希臘時代；但若就創作精神而論，希臘化時代的藝術家可見已不再抱持中庸節制與天人和諧的人文主義[52]。

六、希臘化文明的「現代性」表現

前文已顯示，以文明精神而論，希臘化文化乃是希臘文化的「墮落表現」。不過前文亦指出，如此的扭曲變態實為菁英文化推廣普及時，難以避免的現象；同時這也是希臘文化施用於一個龐大政權與經濟盛世中，應變與演變的結果。若不以希臘文明為標準去衡量，而單以希臘化文明本身為評估對象，則可發現它特殊的成就，這尤其是物質文明方面的「進步」，如都市建設、商業繁榮、與科技發展等；而有關學術思想與文藝創作上，此時雖乏開創性的成就，但它的取向與特色——對希臘古典文化的採擇與詮釋結果——卻在後世歷久不衰，成為主流文化；並且，這個貌似

烈對照），略有行動狀，頗有希臘雕刻的中庸典雅氣息，但仍較希臘雕刻更為富麗煽情。「大蛇纏身像」描繪善人無善報的受難下場，主題情節亦感人至深。據神話說法勞孔 (Laocoön) 識破希臘人詭計，警告特洛城人民勿碰觸木馬，此舉觸怒神明，勞孔及其二子為海神波賽敦遣派的二巨蛇所殺。此雕刻中的三人皆為裸體，為大蛇纏身，狀甚痛苦，肢體扭曲，氣氛緊張，生死掙扎之景教人怵目驚心。上述作品皆有二個特質，其一是非常的體態，故不易掌握與表現，其二是創作主題寓有內情，引人深思；二者結合乃特能激發觀者的感動之情，可見不是純粹美感的表現。

52. M. D. Fullerton, *Greek Art* (Cambridge: Cambridge University Press, 2000), 152.

希臘文化而非希臘文化的「希臘化文化」，也可被視為一種新文化，至少其規模或格局之大遠勝希臘時代，有量變造成質變的新氣象。這是說，希臘化時代有其本身的價值和時代性，不能只視為希臘文明的延伸。即便是將希臘化時代看做希臘與羅馬時代之間的過渡期，亦可發現它有文化保存與轉化的關鍵地位；羅馬人所知的希臘哲學與文學名著是得自希臘化時代的收藏，而羅馬的藝術與建築風格其實是沿襲自希臘化時代的古典變調，並非真正的希臘型式。若論史上西方文化的拓展方向，則後見之明更顯示希臘化時代是「西方」(文化) 所以為「西方」(地理) 的轉捩點，因為經過這次「東方西化」政策的失敗，希臘文化的發揚地乃由近東改為歐陸，且一路西進，直到十九世紀後期終於全面抵達東方[53]。

希臘化時代在許多方面展現了現代特性，或說希臘化文明表現了相當程度的現代性 (modernity)。嚴格來說，這其實只是似是而非的假象，或只是相似的表象，因為文明進化必使時代精神改變，現代不可能真正復舊，或今古同質同性。雖然許多人認為，文明發展並無目的，而現代性並無標準真相可言，亦不具終極與永恆的意義——也就是超越時空的價值——但即使如此，希臘化時代也自然不能與現代具有相同的時代性。然而若說文化風貌，希臘化時代確與現代有頗多類似之處。首先，亞歷山大帝國是一個世界性的世界[54]，波斯帝國的版圖雖與之相近而出現更早，但

53. 參見 José Ortega y Gasset (translated by Mildred Adams), *An Interpretation of Universal History* (New York: Norton, 1975), 36.

54. 'Cosmopolitan'（世界性的）一詞源自希臘文 *cosmopolis*，其意為 'universal city'（世界性城市），不過，這個「大同觀」(cosmopolitanism) 須至希臘化時代方才實現。

波斯政府採行寬容放任的統治政策，故不能創造一個「希臘化」時代那樣的「大同」世界。在希臘化時代，從希臘本土至印度西北部的廣大區域之中，希臘文通行無礙而文化思想亦能溝通或有共通之處；同時，儘管亞歷山大帝國的政權分裂，但希臘化世界中的知識分子並不抱持強烈的民族主義或地方主義，而有天下大同的想法，不論斯多克學派或伊比鳩魯學派——雖在雅典起家——均宣導此種「世界公民」的觀念。縱使這個世界大同觀 (cosmopolitanism) 在波斯帝國時期已經出現，希臘化時代將其發揚光大的影響更深，它塑造了後來羅馬帝國的立國格局。此外，希臘化時代的極權政治、物質文明的興隆與經濟景氣的起伏不定、宗教迷信與現實唯物精神的並存、以及社會文化的庸俗取向等等，與現代世界常見的現象幾無二致，這使希臘化時代成為史上最像現代的文明[55]。然而「像」即表「不同」，歷史不可能重演，文明發展不是循環，現代文明固然與希臘化時代的表現有類似之處，但就文化深度與文明觀點而言當然不同，否則文明歷史豈不白走一遭。現代的生命觀（人文精神與超越性信仰）、知識觀（理性主義及其批判）、政治觀（民主制度與官民緊密關連）、國際關係（民族主義與全球化的緊張性）、生活方式（永續的工業革命與資本主義社會）、乃至文明觀（文明終極目標及發展危機）等，均與古代有重大差異；如此的差異且出於演進，而非突變，故更顯示今古有別。總之，希臘化時代與現代的神似，最多只是第一階段「見山是山」與第三階段「見山是山」的表面雷同，就內涵與精神而論，其實遠不相牟[56]。

---

55. P. L. Ralph et al., *World Civilizations: Their History and Their Culture* (New York: W. W. Norton, 1997), 217.

56. 此僅為比喻，而非意味現代文明已經達到終極境界。

第五章 古典文明的傳播與轉變：羅馬帝國

Arch of Titus, Rome, AD81.

希臘文化由亞歷山大帝國向東傳輸成效並不大，羅馬帝國接受希臘化文化而將古典文明推展至西方，確定了希臘文化作為西方文化主流精神的傳統。然而，正如希臘化文化不是希臘文化的原貌，吸收希臘化文化的羅馬文化更非希臘文化的複製；羅馬發揚了希臘文化，但也高度改變了這個古典文化，它一方面使希臘文化更世俗化，另一方面則因採行基督教使得希臘人文主義受到宗教信仰的洗禮而改觀。這雖造成希臘精神的沒落，但卻是古典文明步入「見山不是山」的批判階段之關鍵，若無此則現代文明將無由創發。依此而論，羅馬時代是古典文明的終結期，也是西方文化的轉型期，它聯絡古典與現代，成為古代歷史的總代表，其明徵是構成西方文明的三大要素——希臘羅馬傳統、基督教信仰、與日耳曼文化——皆形成而備齊於此時。

一、東西對立形勢的確立與「西方」的出現

羅馬帝國時期西方政權所統治的東方地區雖減少，但西方的基地卻擴大了。如果希臘文化相對於西亞與埃及文化，是「西方式」的，則這個「西方」文化的鞏固壯大，及其地理上的西進運動是在羅馬時期確立的。亞歷山大推展希臘文化至東方的成就並不持久，而繼承希臘文化的羅馬卻確定了西方文化向西發展的方向（至近代才又東輸），同時，東西文明的地理界線亦以西移。早在希臘化時代，希臘本土已失其學術文化與政治中心的地位（埃及的亞歷山大城與兩河流域的巴比倫成為帝國的文化重鎮與政治重心），而羅馬帝國時代顯以義大利為中心，逐漸發展出重西輕東的政策。（羅馬征服地中海世界乃自西部開始，而其對東方本無永久佔領或統治之意，後因帝國安全故，為防東方民族之反側，乃

有併吞之舉。）至帝國後期則以亞德里亞海 (the Adriatic Sea) 為線，分裂為東西二部版圖。此後二者各自發展，交流漸少，至二十世紀初，西方人的東西觀念約略即是以此為界。

羅馬時期的東西對立發展有幾個重要的階段，首先是布尼克戰爭 (Punic Wars, 264–146BC)。此戰乃羅馬與腓尼基人 (Phoenicians) 在北非的殖民地迦太基 (Carthage) 之間的爭霸戰 *1*，從某一角度看，它類似波希之戰，是一個東（腓尼基）西（羅馬）對立的抗爭。第二次布尼克戰爭後 (201BC) 羅馬取得迦太基殖民地西班牙，更開啟了羅馬的西進政策。（羅馬的東進時期較晚，在西元前 146 年至 30 年間，幾乎所有東方希臘化世界均落入羅馬的控制中。）其次，第一次三雄同盟 (The First Triumvirate) 時，龐比 (Pompey) 與克拉蘇 (Crassus) 均致力於經營東方，而凱撒 (Caesar) 則獨具眼光，體認西北歐的重大潛力，而西征高盧 (Gaul)，其後他更讓高盧與西班牙人獲得公民權，提升了帝國西部的法權地位。第二次三雄同盟 (The Second Triumvirate) 時，屋大維 (Octavian) 領有帝國西部（義大利與西班牙），與統有東方省分的安東尼 (Mark Antony) 漸成對峙之局。為贏取羅馬人心（屋大維在義大利的公正執政本已獲得義大利人的相當支持），屋大維宣稱他為維護羅馬（希臘）傳統而對抗安東尼的東方式專制王權，再度掀起東西文化對抗的形勢。而屋大維的勝利（先前已自雷比達 Lepidus 手中取得高盧與北非，至此又取西亞與埃及）對羅馬人而言正象徵西方的價值觀戰勝東方的理念，希臘式的觀念與西方的生活方式得以延續；同時，重歐（西）輕亞（東）的政策亦於是形成，對後來西方文化的發展影響甚鉅。維斯巴西安

1. Punic 一詞乃拉丁文之 Phoenician。

(Vespasian, 69–79AD) 時期，占據不列顛島，強化羅馬的西進政策。圖拉真 (Trajan, 98–117AD) 出生於西班牙，而哈德良 (Hadrian, 117–138AD) 與奧理略 (Marcus Aurelius, 161–180AD) 是西班牙人，這顯示西部漸成帝國重鎮，義大利本身不能獨領風騷。當羅馬帝國擴張時，為統治之便，將義大利半島和海外領地，分設成許多自治區 (*civitates* or minicipalities)。在帝國東部，這些自治區多沿襲古代東方的城邦規模而置，故其自治傳統與地方認同和效忠仍得延續；而在帝國西部，因多新闢之蠻荒地，故其自治區之設置乃屬全新與相當人為的規劃設計，其法即是組織一些部落與聚落以為自治區，而建一新城為其首邑，這些新建的都城即是以羅馬城為模範來興築。至西元第二世紀時，羅馬帝國已形成城市聯盟規範，帝國西部城市組織結構劃一，而帝國東部的城市則因發展較早，各有傳統，差異較大。文化上羅馬帝國亦以亞德里亞海為界，分成兩個世界，東方是希臘化的 (Hellenistic)，西方是羅馬式的 (Roman)。（故羅馬文明遺產亦分成兩部，而非單一整體之文化。）至帝國後期，亂世中帝國東部逐漸取得自主權，解脫西方的控制，而與西方再成對立之勢。西元 212 年 (*Constitutio Antoniana*) 帝國內所有自由民皆獲公民權，它提升了東部省區的法權地位，與西部平等（西元第一、二世紀時西部省民已取得公民權）[2]。此時東方波斯對羅馬的威脅日漸嚴重，一個東方的反動正在醞釀中。

羅馬帝國後期皇帝戴奧克里先 (Diocletian, 284–305AD) 是出生於東部達馬西亞（Dalmatia，今 Split，位於亞德里亞海東岸）

2. 於是在羅馬後期時 'barbarian' 一詞已成為所有非羅馬公民的外族泛稱，參見 David Rohrbacher, *The Historians of Late Antiquity* (London: Routledge, 2002), 207.

的專制君王，其時帝國西部城市在百年軍人亂政 (180–284AD) 之後，已漸衰微，相對地，東部的經濟卻呈繁榮。戴奧克里先將帝國以亞德里亞海為界裂土分治，他長期駐守於尼可米底亞（Nicomedia，在小亞細亞境內），另選代理人（即 Maximian）駐米蘭，帝國在名義上雖仍統一，然實質上已經分裂，至少戴氏已為中古時期東西分裂埋下伏因。帝國政治重心東移之時，羅馬統治型態亦漸東方化。其東方式專制仿效波斯宮廷，神權風格日濃，羅馬帝國中的公民 (citizen) 概念與權利日削，人民只是臣民 (subject)，共和面貌漸失，地方自治減低，甚至羅馬城也失去國都的地位 *3*。羅馬帝國越來越少羅馬精神，而越來越多帝國氣息，這正是前述東方反動的一種表現。戴氏之後君士坦丁（Constantine, 306–37AD，出生於東部 Naissus，今 Nis，位於巴爾幹半島中部）建立東部新都君士坦丁堡 (Constantinople) 號稱「新羅馬」(New Rome)，與西部分庭抗禮。迪奧多西斯 (Theodosius, 379–95AD) 晚年雖統一了帝國東西二部，但死前卻又將帝國二分以傳子，東西羅馬帝國的分裂至此已成定局 *4*，而東西對立的形勢亦於焉確定。此後所謂的「西方」主要便是指「文化的歐洲」而非「地理的歐洲」，具體而言是指巴爾幹半島以西的歐洲；於是西羅馬帝國的範圍成為古典文化的正統所在，而東羅馬帝國無論如何強盛持久總不能取得西方的文化認同，同時羅馬 (Roman) 成為西方的代稱，而希臘 (Greek) 卻成為東方的別名 *5*。

---

3. 關於東西皇帝權威的差異，參見 A. H. M. Jones, *The Decline of the Ancient World* (London: Longman, 1990), 130–34.

4. 雖然，在理論上這種分割只為行政與統治上的便利，名義上羅馬帝國仍是單一的政權，它是統一的，只是由兩個平等的皇帝來治理，而且當時的人民也不認為他們的國家已經分裂為二國。

二、必要之惡與權力慾望：羅馬的政治經驗與技術

羅馬的文化創作較諸希臘並不偉大，然羅馬的政治經驗特為豐富，其統治觀念與技術（即 statecraft）在西方政治史上為重大的發明 6。正因羅馬帝國為古代政治的盛世，中古以下的政權常以羅馬的正統繼承者自居，甚至近代歐美霸權也以古代羅馬為比擬對象。漢唐帝國、蒙古帝國、回教帝國等盛況雖未必不及羅馬帝國，但在政治理念與歷史典範（和教訓）的意義上，均不如羅馬對近代帝國——西方列強——影響之深刻。現代政治當然不是效法羅馬制度，但羅馬顯然比史上任何的帝國都更具政治現代化的啟發性。

印歐族群大約在西元前 1700 年左右已遷入義大利半島中部定居，而在西元前第十至第五世紀期間，來自於地中海世界東部的民族也陸續進佔半島南北與鄰近島嶼，由小亞細亞西遷而深受希臘文化影響的伊特拉斯坎人 (Etruscans) 佔領了義大利中北部

5. 從羅馬後期以下，「希臘的」 (Hellenic) 一詞已成為 「異教的」 (pagan) 一詞的另一種說法而含有貶損之意，見 G. W. Gowersock, *Hellenism in Late Antiquity* (Ann Arbor, Mich.: The University of Michigan Press, 1990), 10. 關於史上東西對立觀念的發展與東西世界對抗形勢的演進，詳見後文專章討論。

6. 例如政治名分的正當性 (legitimacy) 問題就是希臘人未觸及而羅馬人特為深究的觀念，參見 Malcolm Schofield, *Saving the City: Philosopher-Kings and other Classical Paradigms* (London: Routledge, 1999), 180.

（西元前 800 年之前），希臘移民據有義大利南部與西西里島北部（合稱「大希臘」Magna Graecia），腓尼基人則在西西里島南部與北非沿岸殖民 7。義大利的山脈（占全境的四分之三）並不構成交通與國家統一的大障礙，而後世所謂的義大利人顯然是多民族混血的裔民。義大利的土地肥沃、農業資源豐富，但港灣條件不佳而礦藏貧乏，故早期義大利自然以農立國 8，而其社會階級主要便是地主與貧農的對立，這向來便是義大利史上主要的政治與社會問題。

西元前第五世紀之前的義大利歷史今人所知甚少，大略可知的是伊特拉斯坎文明成形於西元前第八與第七世紀，興盛於第六世紀，衰微於第五與第四世紀。伊特拉斯坎人的政權為鬆散的城邦聯盟，以一致的宗教信仰為政治的凝聚力，其國力的富強則頗賴鐵器的掌握。傳說西元前 509 年時義大利原住民之一的拉丁人（Latins，居於 Latium 沿岸，與 Sabines 同為羅馬人的祖宗）起而推翻伊特拉斯坎人的政權，建立羅馬等城邦 9，這是羅馬史的象徵開端，而此時正是希臘文明的盛期。

拉丁人所推翻的不僅是伊特拉斯坎人的政權，而且是傳統的

---

7. 義大利進入鐵器時代的初期狀況，參見 David Ridgway, *The First Western Greeks* (Cambridge: Cambridge University Press, 1992), 8–10.

8. 義大利開始工業化的時間晚於歐洲主要國家，直到第二次世界大戰時義大利的經濟仍以農業為主力，至 1950 年代後義大利的工業迅速發展，二十年間便側身世界工業強國之林。

9. 關於羅馬起源的傳說，參見 Catherine Edwards and Greg Woolf, 'Cosmopolis: Rome as World City,' in Catherine Edwards and Greg Woolf eds., *Rome the Cosmopolis* (Cambridge: Cambridge University Press, 2003), 7–9.

王政體制 (monarchy)，從此羅馬新建政制為共和 (republic) 政府。在這個新制度下並無國王專政，但它也不似近世的民主政治，而是一個保守性與妥協性十足的貴族政治，為貴族共和 (aristocratic republic) 之屬。它的行政與立法部門相互制衡，使政治激變與龐大的官僚體制皆成為不可能。最高行政長官為二名執政官 (Consul)，任期一年，重要政策須二人意見一致方能推行（各有否決權），以防其擅權專制；立法機關為元老院 (Senate)，由三百位貴族代表組成，這些元老為終身職，名義上僅具監督與顧問之責，但其實握有最高政治權力，為決策中心，執政官僅聽命行事（執政官期滿後例可改任元老，可見元老地位不低於執政官），二人若有爭執則遵從元老院的仲裁。遇國有急難而須專人全權處置時，執政官常任命一個「獨裁者」(dictator) 以為因應，不須人民或元老院的同意，他享有管制人民的大權，唯其任期不得超過半年，對國家財政不能任意支配，且須為其施政負完全責任（顯然羅馬時代獨裁者的權勢遠不如近代）[10]。羅馬共和之初即因如此專擅的政治結構而造成官民分化與社會階級對立，其政權與宗教組織完全操於貴族（patrician，意為父老）之手，平民（plebeian，意為凡人）絕無法權保障，而須依賴貴族的庇護。然其後在羅馬擴張的過程中，平民成為戰場的主力，其影響力隨之高漲，因而逐漸改變了羅馬的政治局勢。此期間貴族一步步退讓與政治改造使羅馬共和趨於解放與自由化，這個民主化演變大致上是一個漸進而和平的改革——雖然政治鬥爭難免——顯示羅馬人獨特的調適

---

10. 從西元前 501 年至西元前 44 年獨裁制廢止之間，羅馬共有 88 個獨裁者。蘇拉 (Lucius Cornelius Sulla, 138–78BC) 與凱撒 (Julius Caesar, 100–44BC) 將獨裁者的權限無限擴張，並不依法行政。在凱撒為此而遭殺害之後，羅馬便廢除此獨裁之制。

能力與守法精神。

西元前第六世紀之後，羅馬平民爭取政治平等權力的行動不斷。當西元前第五世紀初，平民要求政治改革的努力不獲回應時，民眾乃遷出羅馬而往不遠處的聖山 (Sacred Mount) 另建城邦以為抗議，此法在第五與第四世紀期間常為人民與貴族交涉的手段而屢屢奏效，此因平民已成羅馬軍防之所繫。由此，羅馬共和自由化的第一步重大突破是西元前第五世紀前期護民官 (tribune) 體制的確立，此法使平民與貴族的政治權力大幅拉近[11]。另一民主化大事是稍後「十二表法」(Law of the Twelve Tables) 的頒佈。十二表法大約在西元前 450 年或其後出現，其公布是貴族針對平民抗議司法審判不公而作的回應，蓋羅馬法律至此仍憑口傳維繫而未

---

11. 護民官大約於西元前 508 年間首先在軍隊中設置，他們是由眾人所選的高階軍官，握有治理要權（西元前 444 年更擴張至執政官職級），平民亦得擔任該職，軍中護民官之制在西元前 367 年廢止。民間護民官之制始設於西元前 493 年，由平民會議選舉，其職守重點在於保護人民免於官吏欺壓，其後更享有否決行政命令與制裁舞弊官員之權；護民官的原始數額不詳，但在西元前第五世紀中葉時定額為十名，通常須全體意見一致，所求方易見效。至西元前第三世紀時，護民官甚至取得參與及召集元老院會之權，可迫使貴族討論民權議案。如此，護民官其實愈來愈像是全國性公職，而非某一社會階級的代言人。西元前第二世紀晚期葛雷克兄弟 (the Gracchi) 掌權改革之時，護民官的職權更形擴張，但其後反改革的蘇拉執政，則將護民官權責大幅削減，龐比 (Pompey, 106–48BC) 掌政時又恢復護民官舊權，到屋大維 (Octavian or Octavius, 63BC–14AD) 統治而羅馬進入帝制之後，羅馬皇帝兼掌護民官之職，這一方面使皇權高張而護民官之義大失，另一方面則使護民官的精神與神聖性更高，成為政治中民主觀念的永恆象徵。

形諸於文字，司法官（例為貴族）常藉此欺民與袒護貴族。十二表法絕非一自由憲章，它其實只是將羅馬的習慣法文字化，其形式意義遠超過司法改革的實質價值，事實上司法官引用十二表法條文的情形亦極為罕見；然此法的頒佈宣示著羅馬的法治公開精神，而它也成為後代尊崇的法源，使政治改革更能依從制度法規而行，減少人情偏見與意氣之爭。此後羅馬階級壓迫之事果然遞減，在西元前 445 年平民與貴族的聯姻成為合法，西元前 421 年平民獲得任職財政官 (quaestor) 的權力、367 年獲得任職執政官的權力[12]、365 年獲得任職獨裁者的權力、351 年獲得任職調查官 (censor) 的權力、337 年獲得任職助理執政官 (praetor) 的權力，而在西元前 300 年更獲得任職祭司長 (pontificate) 與占卜官 (augur) 的權力；至西元前 287 年，由平民與貴族共同組成的全民議會 (*comitia tributa* or assembly of all the people) 獲得完全的立法權，其所通過的法律不論元老院同意與否，全民均受規範。由於平民任官者大量增加，他們與貴族乃形成一個新的統治家族與特權階級 (the nobiles)，與原先的社會階級有別。大致上到西元前第三世紀時，貴族與平民的法律地位已幾無差別，然而這些改革並不足以使羅馬成為民主國家，它最多只是一個自由化的寡頭政體，富人仍是權力的主掌者，而政治英雄尚大有可為之處。凱撒與奧古斯都時將平民與貴族的差異全然泯除，於是貴族 (patrician) 一稱僅為一個名譽頭銜，不再具有政治特權，而平民 (plebeian) 一詞也成為意謂社會大眾之尤低下者，不再是指一般人民。

12. 執政官期滿既可轉任元老院議員，平民乃因此獲得更上一層樓的機會，羅馬立法機構為貴族壟斷的局面終於打破。

羅馬的對外擴張 (338BC–117AD) 與國內的民權變化和政治權力鬥爭有密切的關係，因為外戰導致羅馬迅速的社會變遷（包含階級升降）與政情更迭。羅馬最初仿效希臘的方陣 (phalanx) 組訓軍隊，其後加以改良成為戰力更銳不可當的軍團 (legion)，這對於傳統的階級主從關係衝擊甚大，不僅平等合作的觀念興起，戰功獎賞之制也造成平民晉爵，權力結構因此重新調整。此種軍事與政治互動緊密的情形，實與義大利的地理條件關係匪淺，顯示早期義大利文明的性格頗受自然環境的制約。蓋義大利半島地形並不封閉穩固，其北方的阿爾卑斯山脈 (Alps) 難以構成險阻，而其海岸低平，不易防守，因此羅馬向須以強大軍力維持國防安全，尚武觀念與軍事價值一開始便成為羅馬的立國精神（自共和之初羅馬便執行徵兵制），這是羅馬文明的「原罪」與文化建樹平平的原因。因為建國守成不易而不安全感深重，羅馬的擴張在羅馬人眼中僅是一種防衛戰而非侵略行為，它不是依據一套長遠的開國計畫行事，只是為保現狀安定與避免地方叛亂而「不得不為」的征服工作，如此可說羅馬的霸氣或帝國主義精神正表現在它高度的國防安全標準。羅馬擴張的初步是併吞拉丁平原，使拉丁聯盟 (Latin League) 成為羅馬收服的國力（當地人民最早獲得羅馬的公民權），而至布尼克戰爭 (264–146BC) 之前，羅馬已將義大利半島統一為自由（鬆散）的聯邦 (Latin Allies)[13]。其後羅馬自然將地中海世界的穀倉西西里島視為海外擴張的第一目標，而這行動必然引發西地中海世界霸主迦太基的對抗，布尼克戰爭乃為不可避免，並進一步塑造了羅馬的帝國性格。此戰使羅馬開始營建海

13. 由於地方上享有頗高的自治權，因此這些盟邦並不在布尼克戰爭中藉機掙脫或反叛羅馬。

軍武力，藉此它佔領了西西里、薩丁尼亞 (Sardinia)、科西嘉 (Corsica)、西班牙、北非等「海外領地」(the Provinces)，一躍成為地中海霸權，其擴張的雄心更因而激發，羅馬或「西方」的西進政策也於焉形成。此戰期間羅馬國內社會激變，奴隸數量大增，小農（因此）處境惡化，城市貧民蜂聚，而資產階級（the equites 的新貌）卻也同時興起，民間富人競事奢華，羅馬也不再是單純的農業國家。在西方大敵已經潰敗之後，羅馬的武力隨即轉向東方。馬其頓、敘利亞、希臘與埃及相繼在西元前第二世紀間淪為羅馬的藩屬，而在西元前 146 至 30 年間希臘化世界一一成為羅馬的領土。在海外擴張行動中，羅馬均不是在一時一役之間消滅敵國，而是漸進控制與併吞，顯示羅馬原無帝國建造的野心和計畫，並且羅馬在其征服地中大多放任自治，僅在軍事與外交方面特加管理。

羅馬的迅速擴張終究引發國內嚴重的政治社會問題。元老院掌管海外屬地，使貴族權勢與財富大增，資產階級因經營帝國商業貿易而致富，進而要求更高的參政權力，平民則為經濟問題所苦而期望改革，階級衝突情勢緊張[14]。在布尼克戰爭期間平民權

14. 元老階級囿於傳統風習與法令，無法盡情從商，因此競務土地投資，而多為大地主，妨害農民生計甚烈。羅馬征服地的開闢使過剩的人力又投注於農耕上，而不轉營工商業，因此羅馬始終維持高度的農業經濟型態，地主與耕農的關係為首要的社會問題；羅馬擴張所得資源極少用於工商投資，而農民渴求土地又成為羅馬向外佔領的重要動力，如此相互為因，羅馬以農立國的本質竟不為帝國擴張而改。只是在義大利的農作上，因為貴族富人所需而使經濟作物（如橄欖與葡萄）取代穀物（義大利本土因地力耗竭，不宜種植，而改以西西里為糧區），成為農業新寵兒，這個變化更顯示社會貧

力的提升遭到重挫，元老院與貴族的權威則大獲增長，傳統專制復興。元老們掌控海外領地卻乏經驗也無心經營，往往將其視為剝削對象，尤其在西元前 167 年義大利境內的直接稅取消之後，海外領地負擔羅馬大部的財政支出，處境更為險惡，西西里兩度發生奴隸叛變 (c.134–132BC, c.104–101BC) 所發警訊不僅為階級對抗，且為民族對立。而義大利的羅馬盟邦也為爭取完全而平等的公民權，與中央處於對峙形勢，西元前一世紀初的「社會戰爭」(Social War, 90–88BC) 終於迫使羅馬政府於半島內普授公民權[15]。至於羅馬中央也為執政官選舉而展開各式的政治角力，此因帝國擴張使行政權力水漲船高，引發各界政客高度覬覦[16]。在這些亂象之下，英雄造時勢與時勢造英雄的現象交錯，政治改革的理想（義）與權力鬥爭的野心（利）合流，貴族與平民、國內與國外、商業與農業、行政與立法、文治與武功、乃至東方與西方等種種對立均在其中展開，而隨著此番百年革命 (133–27BC) 的進行，羅馬統治的原理逐步由貴族共和轉為皇帝專制，羅馬文明的特性也因之定型。這個變化不是基於特別的設計，而是出於人性的作用，故其經驗尤具歷史教訓的意味。

富差距的惡化。有關西元前第二世紀羅馬社會的精神危機，參見 Donald Earl, *The Moral and Political Tradition of Rome* (Ithaca, N.Y.: Cornell University Press, 1970), 17–18.

15. 關於羅馬帝國擴張對公民權觀念所造成的衝擊和改變，詳見 A. N. Sherwin-White, *The Roman Citizenship* (Oxford: The Clarendon Press, 1939), 130–48.

16. 關於統治階級因帝國擴張而形成的內部分裂，詳見 Michael Crawford, *The Roman Republic* (Hassocks, Sussex: The Harvester Press, 1978), 74–83.

西元前第二世紀羅馬激烈的黨爭是自葛雷克兄弟 (the Gracchi) 發動改革運動開始。有鑑於羅馬帝國境內土地兼併與貧富不均的情形嚴重，中產階級難以為生，提比留．葛雷克 (Tiberius Sempronius Gracchus, d.133BC) 在西元前 133 年以改革為號召競選護民官，他在當選就職後，立即推動公有地的重新放領與限田古法，並以挑動民意的非法手段排除政敵，便宜行事，最後在元老院的反撲下，提比留未能有所成就，並死於鬥爭暴亂中。其弟蓋斯 (Gaius Sepronius Gracchus, d.121BC) 秉承兄志，繼續改革大業。他在西元前 123 年當選護民官，就職後推動一連串的社會改革，企圖結合平民與中產階級的勢力以對抗元老院的權威。次年蓋斯又連任護民官，然其民望卻轉趨衰微，終至於不能再仕，其所推動的新政難以為繼，隨後蓋斯同樣死於政爭暴動中，其從眾受害死難者達三千人，平民黨 (Populares) 勢力為之大挫。此後十年之間，葛雷克兄弟所推行的新政在反動勢力的振興下一一廢止，羅馬社會的緊張衝突再度惡化，軍人的影響力在此時因雙方的援引而日漸坐大，羅馬共和體制則隨著非法政治手段的慣用而逐漸崩解。在此情形下崛起的羅馬政治強人成為握有武力的明星，其所施行者例為軍事獨裁 (military dictatorship)，此類梟雄常拉攏民眾以打擊貴族黨 (Optimates)，行政權常壓倒立法權，元老院權勢日趨衰弱。

在此政爭中，馬留斯 (Gaius Marius, 157–86BC) 成為第一個軍事元首，從此立下政治強人長期攬權的先例。馬留斯為平民出身，曾任護民官 (119BC)，七度擔任執政官 (107–86BC)，他的權勢全憑武力助長，而簡直無政治見識與改革規劃可言。馬留斯仇視元老貴族的立場甚獲民心，然論政治建樹則實乏善可陳。他改革羅馬軍團，徵調社會下階層人民入伍，造就一個強大的職業部隊，其效忠將領的程度尤勝於效忠政府，由是軍事強人的政治勢力大增，軍人干政之事此後乃屢見不鮮。馬留斯在職時元老院權勢大為削弱，但他死後貴族力量又再度復興。代表貴族黨勢力的是同為軍事強人的蘇拉 (Lucius Cornelius Sulla, 138–78BC)，他原在馬留斯的麾下，於西元前 88 年成為執政官，並在西元前 82 年自我任命為獨裁者，展開一系列消滅政敵的清算工作，其殘暴程度前所未見。在蘇拉的主政下，元老院的勢力大獲伸張，民權緊縮，軍人權力則繼續擴張。至此羅馬的法紀與蕩然無存相去不遠，政治鬥爭淪為冤冤相報，改革主張已不得而見。不過在西元前 79 年蘇拉去職後，他所造就的政局也迅速瓦解，只是不論如何，元老院在羅馬的政治中已成為無能的角色，真正的統治者恆為握有大軍的將領。

蘇拉之後崛起的領袖包括龐比 (Pompey, 106–48BC)、克拉蘇 (Marcus Licinius Crassus, d.53BC) 與凱撒 (Julius Caesar, 100–44BC) 等人。龐比原為蘇拉的部屬，於掃除馬留斯餘黨和鎮壓奴隸叛亂有功，他在西元前 70 年違法就職執政官，推動恢復護民官權力與削弱元老院勢力的政策，不過他的政治立場並不穩定，軍政兩方面的才幹也不甚佳。克拉蘇亦曾為蘇拉的部將，善於投資理財而資產雄厚，他在西元前 70 年時與龐比同為執政官，二人因而漸生敵意，克拉蘇與凱撒乃為相互利用而趨於合作。凱撒的出身在三人中最屬高貴，但他傾向平民黨立場，廢除許多蘇拉的政令，然其所憑藉的政治資源主要仍是軍力。西元前 60 年凱撒運作他與龐比、克拉蘇共治的第一次三雄同盟 (The First Triumvirate)，推展強人政治，排除元老院的影響力。其時龐比為羅馬的軍事首領，克拉蘇為羅馬最大的富翁，凱撒則為平民黨的領袖。次年凱撒當選執政官，推動有利於中下階級的土地與財稅政策，深得民心；並且在西元前 58 至 49 年間因征服高盧（Gaul，大致為日後的法國）與遠征不列顛 (55–54BC)，而英名遠播，深獲人心[17]。克拉蘇於西元前 53 年去世，三雄同盟因此瓦解，而凱撒與龐比（現又倒向貴族派）的矛盾日益惡化。第二年，龐比成為元老院支持的唯一執政官，凱撒則成為民眾擁護的領袖與軍人推崇的英雄。二大勢力對抗的內戰終於在西元前 49 年爆發，凱撒進軍羅馬，元老們與龐比皆逃亡他去，龐比最後被追殺於埃及（三雄同盟的建立與瓦解即是由寡頭政治轉化為僭主獨裁之局）。凱撒由埃及再往攻敘利亞，然後進取龐特斯（Pontus，小亞細亞東北部），此役之輕易使凱撒以「我來了，我看見了，我征服了」(*Veni, vidi, vici*. I came, I saw, I conquered.) 之豪語宣揚其功。返回羅馬後，凱撒成為護民官兼獨裁者，他大赦政敵，致力於民生經濟改革與帝國建設的擘畫（後為奧古斯都所施行）。西元前 44 年凱撒第五度當選執政官，同時成為無限期（終身）的獨裁者。為此凱撒激起政敵極度的不滿，然而最後他卻死在自己人的暗殺陰謀下[18]。

---

17. 凱撒發表《高盧戰記》以彰顯自己的武功，其大舉西征的行動與「西域」的苦心經營，顯示他是史上第一個體認到西歐深厚潛力的政治領袖，影響希臘羅馬文化西傳的趨勢甚鉅。
18. 跡象顯示凱撒似乎事先知曉身邊人的謀殺計畫，但他卻沒有採取防衛的措施。在西元前 44 年 3 月 15 日凱撒被刺於元老院，他抵抗無多，倒臥於龐比雕像之下而死。凱撒是一個極富爭議性的歷史人物，其評價常兩極化。他是一個多才多藝的領袖，文武雙全，善於政治折衝，又有政治見識，其所留著作（尤著者為《高盧戰記》*Commentaries on the Gallic Wars*，七冊）既有文采，且富真實性，絕非一般武夫之見或政客宣傳之作。

凱撒作風 (Caesarism) 是一種英雄主義，他嚴重破壞了羅馬共和體制，尤其是政治中的制衡關係，因此不斷給人攻擊的口實，不過凱撒尚可稱是開明的專制霸主，他的改革政策與征戰功勞使人民甚為愛戴而貴族不得不欽服 (既能以力服人也能以德服人)，因此凱撒式的領導在其死後仍因後繼有人而風行不墜，成為羅馬的政治新傳統[19]。在將近百年的紛擾後，凱撒統一國家、推翻寡頭政治、樹立個人領導、平息義大利與海外領地的動亂，使羅馬帝國得以持續發展。雖然羅馬未因凱撒而建立民主政治，但羅馬共和體制的自由化運動卻因他而確保，況且凱撒的個人獨裁並不比元老院的貴族統治更妨害人權；儘管羅馬共和的崩解和帝制的建立與凱撒關係甚大，但共和並非民主，帝國也未必反民主，羅馬的改革仍能有效進行著。

凱撒遺言將其一切所有交與姪孫兼養子屋大維 (Octavian or Octavius, 63BC–14AD)，其年方才十八[20]。自希臘返鄉的屋大維在西元前 43 年當選執政官，並與凱撒昔日愛將安東尼（Antony, 83–30BC，現任執政官）、及雷比達（Marcus Aemilius Lepidus, d.13BC，西元前 46 年與凱撒齊為執政官）結成第二次三雄同盟 (The Second Triumvirate)，大挫貴族派勢力 (希賽羅即死於此時)，操縱政權長達五年。三雄原先畫地分治帝國，屋大維據有義大利與西班牙、雷比達控管北非與高盧、安東尼掌理東方屬地。然雷比達勢力最弱，他在西元前 36 年時為屋大維所迫交出政權，而西

19. 關於「凱撒主義」的討論，詳見 Zwi Yavetz, *Julius Caesar and his Public Image* (London: Thames & Hudson, 1983), 14–20.

20. 凱撒早將屋大維視為接班人，並在其幼年時即悉心加以調教。凱撒被害後，屋大維自外地（Illyricum，在希臘）奔回羅馬復仇，方得知自己為凱撒的繼承人。

元前 31 年安東尼在埃及擴張勢力的政治野心亦為屋大維摧毀，於是羅馬帝國全境皆為屋大維一人所統治。他隨後即展開各項改革大業，掃除元老院中的惡勢力，重振羅馬的宗教與文化傳統，樹立個人領導權威。西元前 27 年元老院向屋大維呈獻「奧古斯都」（Augustus，意為神聖尊嚴）的封號，至此羅馬共和之名雖存，但事實上已經成為帝王專制。

屋大維雖大權獨攬，建立帝政，但他並不營造宮殿設立朝廷，也不公開自命為國家元首，而以共和國的第一公民自居。然元老院卻不斷進奉榮銜，西元前 29 年屋大維獲得「統帥」（*imperator* or commander，皇帝 emperor 一詞即由此衍生而來）頭銜，西元前 28 年他獲贈「第一公民」（*princeps* or leader，君主 prince 一詞由此轉化而成）的名譽，次年被尊稱「奧古斯都」，西元前 12 年榮登「大主教」（*pontifex maximus* or supreme pontiff，基督教的「教皇」概念與稱呼由此而來），他年年「當選」執政官（至西元前 23 年），並永保護民官的身分，元老院甚至以「奧古斯都」為月份名稱（即 August）表達敬意，而奧古斯都一稱也成為屋大維專用，彷彿其名字。屋大維在世時（西元前 2 年）已被尊封為「國父」(*Pater Patriae*)，待其死後被奉為神實不足為奇，而繼任的羅馬皇帝更因他「一人得道雞犬升天」，率皆神格化，英雄崇拜 (hero-worship) 終於轉化成一個以皇帝崇拜 (emperor-worship) 為道統的國教 (state cult)。屋大維以「統帥」之名掌握全國兵權，以「第一公民」之名為國家首領，以「執政官」之名總理行政事務，以「護民官」之名為大眾導師，以「大主教」之名主管文化政策，於是一切國事取決於他一人，與皇帝無異。然正因羅馬政體仍為共和，職權分屬，非一人獨裁，故屋大維須身兼數職，結合各種名義，方能成為國家最高的統治者，而行專制之實，這是羅馬政治名（共和）不符實（帝制）所呈現的尷尬異象。而屋大維在其各種身分與頭銜中特喜「第一公民」一項（羅馬帝國時代初期 (27BC–80AD) 乃被慣稱為 the Principate），顯示其治國的謙恭保守與當仁不讓兩種態度的矛盾，這或許是屋大維的改革政策謹慎漸進卻又影響深遠的緣故。事實上屋大維以「凱撒作風」行事，企圖強化中央集權，卻又自詡為共和的恢復者；他的統治常被稱為「雙頭政治」(diarchy)，由他與元老院共治，但實際上他是唯一的老闆[21]，元老院中多是「國王」的親信人馬，憲政程序雖重建而維持，卻不過是形式而已，絕不能妨礙「聖意」。然而值得注意的是，在屋大維執政期間，他的威信始終高昂，其政策幾乎都能獲得全民的歡迎與支持，百年來的政治鬥爭與社會動亂終於化解，軍人干政的惡風也成為過去。

屋大維執政時推動軍事、稅賦、與邊政改革，力求為政的效率與寬和，其交通與經濟的開發以及全國普查的工作也富有建國宏規。在國防上，為保帝國領地的安定，屋大維將軍隊派駐各地而不再集中於義大利（過去的戍邊乃是臨時調遣性質）[22]，同時他保守凱撒開闢的國境，不再進行對外征戰，揭櫫和平主義的立國政策，羅馬帝國的快速擴張乃就此停歇。在文化政策上，屋大維對文藝也贊助有加[23]，使帝國初期成為一個文學盛世。這個以

21. 例如屋大維分帝國海外領地為二類，其一為元老院直轄區 (senatorial provinces)，總督由元老院選派，任期一年；另一為皇帝直轄區 (imperial provinces)，總督向皇帝負全責，任期無限。

22. 有關羅馬軍隊的分佈狀況，參見 Harold Mattingly, *Roman Imperial Civilization* (London: Edward Arnold, 1967), 138–40.

23. 羅馬著名作家如維吉爾 (Virgil)、賀拉斯 (Horace)、奧維德 (Ovid) 與李維 (Livy) 等人，皆是屋大維扶持贊助的文學家。

文治維持武功的精神成為「羅馬和平」(*Pax Romana* or Roman Peace, 27BC–180AD) 的基本概念，塑造了羅馬帝國的開國氣象，對於中央政權的鞏固貢獻甚大。

由於屋大維所建立的政權基礎甚為強固，故後繼的幾個皇帝雖非特具幹才，然帝國的政治運作尚稱平順。屋大維收提比留 (Tiberius Julius Caesar Augustus, 42BC–37AD) 為養子並以為繼承人，西元前 14 年提比留順利在屋大維死時成為統治者，他的施政主要即是延續屋大維的政策。提比留之後，卡里古拉（Caligula，原名 Gaius Caesar Germanicus, 12–41AD）因軍隊的支持而成為皇帝，他行事荒誕粗暴，最後被刺身亡。繼任的克羅迪 (Claudius I, 10BC–54AD) 也因軍人支持而得權，他征服不列顛 (43AD) 並將之納入國土，武功顯赫，但他在內政上甚受政敵攻擊，亦不受元老院擁護。克羅迪的繼子兼繼承人尼祿 (Nero, 37–68AD) 熱愛文藝與希臘文化，卻暴虐無道[24]，以致叛離者眾，變亂大起，他自殺身亡後，凱撒世系的王朝（即 Julio-Claudian House）於是結束。尼祿死後，維斯巴西安 (Vespasian, 9–79AD) 擁兵奪權，成為皇帝，他政績宏偉，國家昇平而經濟繁榮。他死後其子泰德斯 (Titus, 39–81AD) 繼位，他早年隨父從征多時，武力雄厚，然其執政著重安撫協調之功與收服民心之策。泰德斯之後其弟多密先 (Domitian, 51–96AD) 繼任，他主政風格專斷，晚年甚至採行恐怖統治，終於死於非命。多密先其實治國有方，但因極權專制不為元老院所喜，連帶著皇位世襲的方式也開始受到嚴厲批判，他死後元老院推選從政聲譽卓著的尼爾瓦 (Marcus Cocceius Nerva,

---

24. 有關尼祿的「蠻行」頗有爭議餘地，參見 A. J. Woodman, *Tacitus Reviewed* (Oxford: The Clarendon Press, 1998), 171–79.

c.30–98AD) 為帝，並藉此推動維護憲政與鞏固元老院法權地位的政治革新，於是另一個以建立王朝為目標的皇位繼承制之嘗試再次失敗，維斯巴西安王朝 (Flavian Dynasty) 亦就此終結。

尼爾瓦施政溫和而能廣納各方意見，他改革土地與財稅政策，照顧貧民並寬容基督教，他有鑑於國家須有強人主政，因而選擇圖拉真 (Trajan, c.53–117AD) 為繼承者託以重任。此後養子繼承制建立，不僅使皇位繼承問題獲得解決，且因其選賢與能的用意而使國政維持良好，同時皇帝與元老院長久的對立衝突也於是消弭。圖拉真出生於西班牙，他是第一個非義大利人的羅馬皇帝，這一方面顯示養子繼承制的舉才價值，另一方面表示羅馬帝國不再完全以義大利為重鎮，西歐的地位漸形重要。圖拉真的對外政策極為強勢，帝國續有擴張，而內政建設亦富有效率，他死後由圖拉真一手拉拔而同樣出生於西班牙的哈德良 (Hadrian, 76–138AD) 繼任皇帝。哈德良的文才武略皆可觀，為政嚴明而積極，但羅馬長期對外擴張的趨勢在此時停止，帝國武力開始轉為守勢。他選擇的繼承人安東尼．庇護 (Antoninus Pius, 86–161AD) 同樣具有治才，對於羅馬海外領地的經濟狀況改善甚多。安東尼以奧理略 (Marcus Aurelius, 121–80) 為養子接掌國政，奧理略自幼好學，為斯多克主義的虔誠信徒，他勤政愛民，薄賦輕刑，提倡善良仁慈的社會風氣，然此時帝國邊境的變亂日漸惡化，羅馬政府疲於鎮壓，而他也為政治理由而採取迫害基督徒的政策。奧理略雖理智清明，卻不再維持養子繼承制而改以傳子方式轉移政權[25]，他的

---

25. Nerva, Trjan, Hadrian 與 Antoninus Pius 等人均無子嗣，這無疑是養子繼承制得以維持的重要原因，而 Aurelius 傳子不傳賢的作法乃為常情，不足為怪。

兒子康莫多 (Commodus, 161–92) 為昏庸荒淫之君， 致使國是日非，羅馬舊時醜惡的權力鬥爭隨之再起，康莫多最後死於政治暗殺，其後國運每況愈下，於是所謂的「羅馬和平」盛世在奧理略之後便以告終。

整體而論，羅馬和平是屋大維體制維持的時代，整個地中海世界全在一個政權的統治下，此種盛況可說空前絕後，而其「和平」時期亦為西方史上最長久者。自奧古斯都以來，法治漸上軌道而政治趨於安定，元老院、執政官、護民官等各個權力單位均能正常運作，而皇帝又能握有最高權力與軍力以控制全局，故施政效率奇佳。由於皇權與日俱增（能否決元老院的決議），終於形成羅馬的皇帝崇拜傳統，成為人民盡忠效命的對象，其他眾多的民間信仰因而趨於沒落。同時羅馬帝國的邊境國防體系（含工事）逐步完成，海外屬地大體臣服，總督多久任不替，頗富太平氣象。此外羅馬文官系統也開始發展，技術官僚成為統治主力；另一方面工商業興盛，文藝水準也達到高峰。穩定的政局使得羅馬人的土地投資與開發活動盛行，交通建設與城市建設尤其發達，為近代工業革命之前最高素質。然而羅馬和平其實是一個武裝和平，一個憑藉無數戰爭所維護的和平治世，它不僅為帝國擴張而戰、為保持勝利戰果而戰、也為壓制國內人民暴動而戰，在表面的繁華威嚴背後，嚴重的政治衝突與弊端正侵蝕著羅馬的國力。

兩百年的羅馬和平之後是百年的紛亂 (180–284AD)，而如同前述百年革命以集權帝制的出現為收場，百年紛亂的結局亦是強人政治的崛起。這百年亂局的核心是皇位繼承爭執中的軍人亂政 (military anarchy)。在羅馬名（共和）實（帝制）不符的政治局勢中，皇位繼承自然不易建成體制，這正是「名不正、言不順、事不成」的政治教訓。奧古斯都雖大權獨攬、貴如皇帝，但他名義上仍維持羅馬共和憲政，依法施政，而在理論上他的權力是由元老院與人民授與，自然不能私自轉授，也就是不能指定繼承人[26]。雖然奧古斯都的後繼者除去此種粉飾偽裝的作風，但皇位繼承辦法始終不能確立，在君主世襲制度無法建立的情形下，權力轉移充滿著變數與危機，造成軍人干政的機會，進而形成軍人擁立的惡習[27]。羅馬向來是「槍桿子出政權」，然屋大維之前羅馬帝國不斷擴張，戰役不停，政治領袖常憑武功問政得權，他們因為統軍有成而治國，不是單靠軍隊扶持而從政；至屋大維之後羅馬帝國版圖規模大定，外戰不如前時之多與大，「出將入相」的機會相對減少，皇帝固然仍靠掌握兵力而能主政，但他的軍威與對軍隊的控制力已非昔比，依賴軍人支持以鞏固皇權的程度則日增，於是武人亂政之事漸多，康莫多之後竟成禁衛軍 (Praetorians) 擅國的時代。第三世紀期間羅馬皇位交替異常頻仍，稱帝全靠軍中領袖的擁護，在西元 235 至 284 年間如此出身的「兵家皇帝」('barracks emperor') 竟有 26 個之多，大多不得善終。同時可見的是羅馬皇帝籍貫的「邊疆化」與身分品級的下降，義大利以外出生的平民皇帝漸多[28]，顯示羅馬與其海外臣屬之間的差別消減，

---

26. 羅馬皇帝其實無法以法律觀點加以定義，參見 Fergus Millar, *The Emperor in the Roman World* (Ithaca, N.Y.: Cornell University Press, 1977), 616–17.

27. 可見皇位世襲制度有損自由之義，卻能符合安全之需，在此情形下即使人君為阿斗之材，眾臣亦得極力扶持，政治秩序方可維持。唐朝宮廷政變頻繁，此與李世民發動玄武門之變創下扭轉皇位繼承體制的先例關係甚密，但在政治安定之局被顛覆時，也致使某些具有雄才大略的人物得以篡位而一展經國長才，造成一時盛世。就此而言，大唐帝國的政治經驗與羅馬帝國實無二致。

殖民地的意義漸失，而帝國愈來愈無羅馬的文化風格。在羅馬陷入軍人亂政的同時，北邊的日耳曼人 (Germans) 與東方的波斯則為患日重，迫使羅馬必須重振旗鼓，建立一個力足以維持國內秩序和抵禦外患的強勢政權，這便是戴奧克里先 (Diocletian or Gaius Aurelius Valerius Diocletianus, 245–313) 崛起的背景。

戴奧克里先出身寒微，以戰功起家，他在西元 284 年為士兵擁立為皇帝，此後至 305 年間成為羅馬獨裁的改革者。他收復不列顛，驅逐日耳曼人，征服波斯，制裁基督徒以伸張王權（303 年起，史稱「大迫害」Great Persecution），並發佈「戴奧克里先敕令」(Edict of Diocletian, 301) 整頓市場經濟（唯效果甚壞）。在羅馬史上戴奧克里先的一大壯舉（嚴格言並非創舉），即是正式以亞德里亞海 (the Adriatic Sea) 為界，將羅馬帝國劃定為東西二部分治[29]。他登基後次年 (285) 任命馬克西米安 (Maximian, d.310) 為「凱撒」(Caesar，即副皇帝 subemperor），再一年 (286) 即提拔他為「奧古斯都」(Augustus，即皇帝），令其治理西羅馬帝國，以米蘭（Milan，羅馬城現已敗壞混亂）為首都，就近防備日耳曼

28. 舉其著者，圖拉真出生於西班牙，哈德良與奧理略可謂西班牙人，賽維勒斯（Septimius Severus, 193–211 年間在位）生於非洲，戴奧克里先（Diocletian, 284–305 年間在位）生於巴爾幹地區（Dalmatia 一地）。羅馬帝國早期的皇帝均出身自貴族或富有的中產階級，非屬將領即是大官，而帝國後期的皇帝則多有從下層社會晉身者。

29. 戴奧克里先之前，羅馬帝國即由克瑞尼斯 (Carinus) 及其弟紐米利尼斯 (Numerianus) 兩個皇帝分治西東。紐米利尼斯死時，戴氏部下擁立其為東羅馬的皇帝，克瑞尼斯乃發兵討逆，與戴氏戰於沙場，正當勝利之際克瑞尼斯卻死於兵變，於是戴氏成為羅馬帝國的唯一皇帝。

蠻族的南侵；戴奧克里先則統治東羅馬帝國，常駐小亞細亞境內的尼可米底亞 (Nicomedia)，以對抗新興的波斯勢力。西元 293 年戴奧克里先又任命君士坦修斯一世（Constantius I，駐守 Trier，控制高盧與不列顛）與加雷理斯（Galerius，駐守 Sirmnium，控制巴爾幹地區）為凱撒，四人共治之局維持至 305 年戴氏退職為止。這個政權行政效率甚高，但頗為人民抱怨，因為它的官僚體系龐雜而稅賦嚴苛。戴奧克里先有意仿效「羅馬和平」期間的養子繼承制，設置皇位傳承辦法，其選任二位凱撒的目的便是在培養繼承人，接任東西羅馬皇帝。然而戴氏與馬克西米安同在 305 年退位後，君士坦修斯卻在次年去世，政局於是大亂，皇位爭奪戰再起，羅馬終究未能建立政權轉移的常規。

在戴奧克里先時期，羅馬帝國西部經濟蕭條，城市衰敗，而東部卻相形繁榮，加上戴奧克里先以東方為政治中心，並且採行「東方式專制」(Oriental despotism) 的統治風格，使羅馬愈來愈非羅馬而為「東化」(Orientalized) 的世界。戴奧克里先不再引用「第一公民」等名義治國，而直接了當以專制君王的面目為政，他頗採行波斯朝儀（如朝覲跪拜之禮），一副東方天子的姿態，富有神權統治色彩，羅馬共和的風貌至此盡去，元老院的地位淪為羅馬城的市議會，而公民 (citizen) 的意義已退為臣民 (subject) 的屬性；戴氏並推展中央集權政策，取消地方（城市）自治體制，同時進一步分割海外屬地（省分增加一倍），剝奪總督兵權，使軍政與民政分離（如此則造反不易）。在軍隊組成方面，戴奧克里先打破羅馬傳統的民兵制度，開始重用邊族傭兵，吸引了日耳曼人的和平歸化，這些為酬勞而入伍的軍人並無特殊的認同感或政治動機，而以政府（雇主）為效忠對象，因此使皇帝的兵力更盛，而元老院與舊式軍人的兵權相對衰微。在財政上，戴奧克里先的改革簡直就是武力解決辦法。為了應付龐大的費用，政府徵稅更富效率與強硬手段，以配額方式命令各地繳納一定金額予國庫，並責成地方官累世督辦，不得卸職，而為杜絕逃漏稅與鞏固稅源，規定一般人民不得任意轉業或遷居，如此限制導致了僵化的階級社會，並開啟了中古的農奴體制。在稅收不足時，政府更假改革幣制之名，以通貨膨脹和不足成色的手段聚斂；而為了穩定市場，又下令嚴格規範物價與工資，造成農業與工商的混亂與蕭條。不過整體而論，除了迫害基督徒與經濟改革政策二者失利之外[30]，戴奧克理先的新政大體可謂成功，它結束了百年來的軍人亂政，遏止了帝國的外患，二十年中興之局延續了羅馬的生命力，其政策並為加雷理斯與君士坦丁 (Constantine I or Constantine the Great, 288–337) 所奉行，一直持續至亡國而止。可見若以成敗論英雄，戴奧克里先無疑是復興羅馬的偉人。

西元 305 年君士坦修斯一世與加雷理斯成為皇帝，次年君士坦修斯死於英格蘭的約克 (York)，部屬乃擁護其子君士坦丁為帝，引發嚴重的政爭；在義大利，皇位的爭奪戰也同時展開。經歷一、二十年的對抗，君士坦丁終於成為帝國唯一的統治者，而開始致力於振興羅馬國勢[31]。西元 330 年君士坦丁遷都至拜占庭 (Byzantium)，並改稱君士坦丁堡 (Constantinople)，這同時顯示與

---

30. 戴奧克里先下令取締基督教時其實無意以暴力從事之，其後事態的惡化誠為意外，見 Simon Corcoran, *The Empire of the Tetrarchs: Imperial Pronouncement and Government, AD284–324* (Oxford: The Clarendon Press, 1996), 251.

31. 西元 313 年君士坦丁與萊西尼斯 (Licinius) 成為共同皇帝，分治帝國西東二部，這個政局維持至 324 年，此時君士坦丁消滅了萊西尼斯而成為羅馬唯一的皇帝。

促進羅馬帝國重心東移的大勢，並為後來的拜占庭帝國奠定基業。君士坦丁在西元 313 年時發佈「米蘭敕令」(Edict of Milan)，重申加雷理斯寬容基督教的舊令，而君士坦丁堡正是君士坦丁為建立基督教帝國所營造的新都，它特別崇奉聖母瑪麗，宣示著一個新的立國精神。同時，君士坦丁施行新政，將戴奧克里先以來的獨裁專制、中央集權、與軍民分離政策推展至極限；不過他的法政革新卻富有人道主義色彩，這可能是基督教信仰的影響所致。雖然君士坦丁在位時極力統一羅馬帝國江山，但在他死時（臨終受洗為基督徒）竟又分裂國土以傳諸子，而皇位的鬥爭仍舊不能免俗，殺戮慘劇照樣展開。

羅馬帝國在戴奧克里先之後國力其實已如日暮西山，君士坦丁並不能使之起死回生，到迪奧多西斯 (Theodosius I or Theodosius the Great, 346–395) 時日耳曼人的攻勢雖稍得緩和，然軍隊異族化的情形日趨惡化，士氣低落[32]，國家易主的徵兆已出，而政權與文化的區域化現象也逐漸明顯[33]。雖然迪奧多西斯在其晚年 (392–95) 身兼東西羅馬皇帝（379 年以來即任東羅馬皇帝），統一了整個帝國，但他死前已預先安排二子（Arcadius 與 Honorius）繼承東西政權，西元 395 年以後帝國二分乃成為永制，直到 476 年西羅馬帝國亡於日耳曼蠻族而止。然在理論上，羅馬帝國的分裂僅是為政治權宜安排，名義上國家仍是統一在兩個平

---

32. 詳見 A. H. M. Jones, *The Later Roman Empire, 284–602* (Norman, Oklahoma: The University of Oklahoma Press, 1964), vol. II, 1058–64.
33. 羅馬晚期女權亦出現擴張的現象，顯示社會秩序崩解的情形，參見 R. W. Mathisen, *People, Personal Expression, and Social Relations in Late Antiquity* (Ann Arbor, Mich.: The University of Michigan Press, 2003), vol. II, 144.

等合作的皇帝之下。西羅馬帝國在異族的侵襲下危機四起，其最後一個皇帝羅穆勒斯．奧古斯都拉 (Romulus Augustulus) 在位僅一年 (475–76) [34]，即為羅馬僱傭兵領袖奧德阿塞 (Odoacer or Odovacar, 435–93) 所罷黜，奧氏自立為義大利王，西元 476 年乃成為一般所認知的西羅馬滅亡之時，然這僅是一個象徵年代而已，因為西羅馬政權早已名存實亡，其末期皇帝久為日耳曼人所控制的傀儡。諷刺的是，西羅馬的滅亡在理論上卻標示著羅馬帝國的再度統一，它現在全歸僅存的東羅馬皇帝（即芝諾 Zeno, d.491）名下，而奧德阿塞在名義上也尊奉東羅馬皇帝為君主（芝諾為保其為西羅馬帝國繼承人的身分只得忍痛「招降」），使國家表面的統一更為名正言順。在另一方面，西羅馬的滅亡並不引發人民深痛的亡國之恨，因為帝國後期的暴政早已使人心大去，而羅馬已非羅馬的文化滄桑變遷也早已使人失去認同感，至此改朝換代也就無多意義，而羅馬帝國衰亡原因的討論同樣顯得無關緊要了。

羅馬前後將近千年的政治歷史雖情節曲折而內容豐富，但政治演變與文明進化實關係不大，一方面作為從政動機的權力慾望乃古今皆同的人性，不因環境不同而改，另一方面政治體制的變化僅為形式問題，它雖涉及行政效率和「平等」、「人權」、「自由」諸觀念，然政治體制或形式的改變未必就促進這些價值的提升，何況這些價值也未必即是文明的價值。即使羅馬政治發展是由專制轉向民主——事實又不然——這也不表示羅馬愈來愈文明，因為民主或專制只是一種政治手段、過程或形式，與和平、理性或正義的發揚沒有必然的關連，而這些主張才是政治改造的目的、或政治實質的意義與價值的本身[35]。簡單說，人類的政治歷史恐

34. 可笑的是，傳說中羅馬第一個國王的名字正是羅穆勒斯。

怕只是文化行為的演變而非文明價值的進化，此在羅馬歷史特為明顯；文明的理想不能「以成敗論英雄」，而羅馬歷史中英雄輩出，他們即便有創造時勢的力量，卻都因叱吒風雲一時的成功而留名青史，對於人心教化則影響無多且未能恆久，此所謂人亡政息是也。這也就是說，羅馬盛世並非文明的顛峰，而羅馬衰世也未必是文明的厄運。史上亂世之時反得見可歌可泣的高貴行止，而太平之時特多諂媚奸詐的小人行徑，即是這個道理。至於屋大維主政時羅馬文藝發展亦處於盛況，這和古埃及政治強盛時即為文化興隆期的道理相似，乃是政治勢力與文化活動結合緊密的現象，而這絕非文明發展的善相或良緣。政治發展歷史不符文明演進脈絡的情況，也表現在希臘與羅馬文明的關連性上，此即是羅馬文化高度傳承著希臘文化，但羅馬政治經驗卻不是接續希臘政治經驗而來。希臘與羅馬的政治歷史其實各自發展、干係不大，甚至是對抗的（羅馬帝國兼併希臘地區），而二者雖各有其政治發展歷程，本質與結果卻相彷彿，這就是因為在政治權力的追求上，總見「人同此心」的表現，以故作為相去不遠。可知政治行為其實不太需要學習，只要老成自然就會，而且常有「後生可畏」的表現。如此，希臘的政治經驗對羅馬貢獻（影響）無多，而羅馬在長久的政治歷史中所呈現的文明開化跡象也不多，然羅馬豐富的政治經驗卻幾乎涵蓋了人類所有的政治行為模式，故特別可為後世思量與借鏡，這是羅馬歷史的大價值。無奈的是，「歷史最

---

35. 著名的羅馬史專家 Edward Gibbon 對於羅馬共和政制的評價即隨著他年事漸長而由讚美轉為質疑，他對奧古斯都的評價則同時由否定改為肯定，參見 David Womersley, *The Transformation of the Decline and Fall of the Roman Empire* (Cambridge: Cambridge University Press, 1988), 67–69.

大的教訓就是人類永遠不接受歷史的教訓」，這又使得羅馬歷史的價值只落得個「參考的價值」，實用性（羅馬文明的主要特性）不高36。

三、王法與天理的交會：羅馬法

羅馬文明對後世最大的貢獻或羅馬文明最高的創作乃是法律，它標舉的法學精神是「逍遙法內」與「惡法非法」，企圖革除——當然未必能徹底成功——「逍遙法外」的邪念與「惡法亦法」的迷思。

羅馬法體系的完備及思慮的深刻與羅馬豐富而長久的政治經驗關係密切。羅馬由一個小城邦擴張為一個大帝國，統治的人民由拉丁人擴及海內外東西各族群，而羅馬社會體驗過王政體制、貴族共和、專政解放、民主改革、帝王專制、軍事政權等各式政局，其間且經歷數度外戰、內亂、權力鬥爭、異族邊患等事件，長期面對階級對抗、文武對立、官民對峙、種族仇視、農商矛盾、城鄉差別、稅收爭議、貧富差距、宗教信仰歧異等問題，尤苦於政治名實不符、行政勢力與立法權力衝突、中央與地方分歧、義大利與海外屬地抗衡、東西世界緊張關係、地方法權地位不一、人民權利不平等（即公民權授與問題）、以及皇位繼承制度無法建立等種種政治困境。如此複雜的歷史遭遇使羅馬法律發展過程中所受衝擊甚多，而思慮特為周詳；它（須）兼顧各方立場與意見，

36. 若說歷史會重演，這大概就是人的政治行為，蓋權力慾望是凡夫難移的本性；故若說歷史可以「鑒往知來」，這大概也只限於政治的歷史，難怪司馬光的《通鑑》是一部「資治」的政治史。

參考各地不同的民俗與制度，記取長期的經驗（如司法判例）與教訓，維護法律的尊嚴與傳統（尤其在政爭亂局中），發揚立國精神與文化理想，並培養國民守法 (law-abiding)、崇法 (legalistic)、愛法 (jurisprudent) 卻不好訟 (litigious) 的精神[37]。大致而言，羅馬法確有如此成效；一方面羅馬法成為後代西方法律（尤其是民法 civil law） 祖述的本源，另一方面羅馬因為尊法的傳統，而使其政局民情能維持相當穩固的基礎，國祚長久。羅馬政治與軍事變局看似不少，然若思量此為其千年歷史中所見，便不覺多；並且集體血腥屠殺之事在羅馬政爭中實不多見，故羅馬時代相對於其他古代政權尚可稱為太平盛世。更何況「人能弘道，非道弘人」，立法與執法乃為二事，不能以違法亂紀之事論斷法律本身的成敗良窳。

羅馬法是長期演化的結果，它從西元前 450 年十二表法頒行（見前文討論）以來，便不斷修改增訂，西元前 100 年之後新法叢出，執法與釋法也更具彈性[38]，至帝國初期大法規模略已建立完備， 而到第四世紀初期羅馬法各類法規與觀念皆臻於成熟定型[39]；此時羅馬法已由單純的法律形式發展為高度的法學義理（原先的宗教信仰色彩則掃除殆盡），其立法依據包括了元老院與平民

37. 例如羅馬因須處理許多涉及「非羅馬人」的事宜，故羅馬法學傳統中早有關於平等問題的討論（雖然其觀點主要是為補償而非人權），見 Peter Stein, *The Character and Influence of the Roman Civil Law: Historical Essays* (London: The Hambledon Press, 1988), 22.

38. 參見 Reinhard Zimmermann, *The Law of Obligations: Roman Foundations of the Civilian Tradition* (Boston: Kluwer, 1992), 627.

39. 參見 J. F. Matthews, *Laying Down the Law: A Study of the Theodosian Code* (New Haven, Conn.: Yale University Press, 2000), 176–77.

會議所通過的議案、歷代皇帝發佈的法令[40]、司法審判機關的判例、法務官員與法學專家的主張、以及斯多克主義等哲學思想。羅馬法大體可分為三類，首先是「公民法」(*jus civile* or Civil Law)，此部分是由十二表法演進而來的法律系統，其形式主要為政府法令，也包含未成文法的概念，它適用於具有公民權的羅馬人，主體是規範羅馬公民的人際關係。至西元前第三世紀後期，因國家的擴張，公民法已不敷使用，而須另立「民族法」(*jus gentium* or Law of Peoples) 以適用於非羅馬公民所在的新殖民地。民族法的位階低於公民法，但卻有補公民法之不足的功能，因為它採用了許多希臘與其他海外地區先進的商業法律條文，包含有關私有財產、買賣交易、合夥關係、契約保證、與奴隸制度等規定。這些法條頗能因應羅馬的擴張與經濟發展所需，終於成為帝國內普遍施行的準則，其實用性更高於公民法。比喻言之，公民法如家規，而民族法為國法，國法理當較家規為嚴密龐雜，然家規對家人而言自當先於國法而在，但若以天下為視野，則國法的效用當然大於家規。

羅馬法對後世最大的影響不是法條本身(不可能長久沿用)，而是法律觀點與原則，這便是所謂的「自然法」(Natural Law)。自然法的概念可溯及希臘化時期斯多克學派的哲學人生觀（不是羅馬人的創見)，此派學者認為一切國法的道德基礎皆可謂為自然法則；至羅馬時代則確實將這個概念轉化為法律原則[41]，具體施

40. 詳見 Fergus Millar, op. cit., 228–40.

41. 將自然法視為一個法律原則的先驅是羅馬學者兼政治家希賽羅 (Cicero, 106–43BC)，後經法律專家 Gaius (fl. 2nd cent.), Papinian (d. 212), Ulpian (d. 228), Paulus (fl. c.200) 與 Herennius Modestinus (fl. 250) 等人的闡發而蔚為法統。

行。羅馬法的一大長處是彈性大，能調適不同的環境與民俗，這正因其斷案審判是依從法律的精神，而不是固執條文。自然法是以正義作為法律原則 (justice as a legal principle) 的主張，它訴求「天道」，強調公理自在人心，其具體目標是要追論人人可憑理性發覺的法律原則[42]。自然法有其普遍性與永恆性，它相對於因人設政的王法（即制定法 man-made or positive law），是一種法學精神，故為不成文法 (unwritten law)；人間的律法隨政權更迭與文化差異而規定各異[43]，自然法則是體現「人同此心，心同此理」的良知標準，具有超越性價值。因此，自然法對於暴政威權形成一種挑戰和節制，成為保護人權的一道防線，能促使司法更合乎人道主義與公正精神，調和人治與法治[44]。在自然法精神之下，「惡

42. 十七世紀格魯秀斯 (Hugo Grotius, 1583–1645) 闡揚其國際公法時，即以自然法為理論（哲學）基礎，哲學家史賓諾沙 (Baruch Spinoza, 1632–77) 與萊布尼茲 (G. W. von Leibniz, 1646–1716) 等人也根據自然法分析倫理與道德觀念，盧梭 (J. J. Rousseau, 1712–78) 的學說與法國大革命更以自然法作為主張民主與平等原則的依據。

43. 傳統的政治智慧即認為法律不能改變文化，因為文化與政治相互依存，而且文化是政治行為的規範。見 Barbara Cruikshank, 'Cultural Politics: Political Theory and the Foundations of Democratic Order,' in Jodi Dean ed., *Cultural Studies and Political Theory* (Ithaca, N.Y.: Cornell University Press, 2000), 67.

44. 自然法既為一種抽象概念，其影響力在十九世紀時乃因實證主義 (positivism)、經驗主義 (empiricism) 與唯物主義 (materialism) 的流行而沒落。二十世紀德義法西斯極權統治雖然暴虐無道，但其得權乃依據憲政，並無違法，而其政策也依法推行，符合所謂的「程序正義」。因此，有志推翻此暴政者，竟無合法途徑可循，而須訴諸非法手段（如暗殺行動）。希特勒曾遇炸彈謀殺，但逃過劫難，事

法亦法」的弊端，終可除去。自然法乃是政治中仁義精神的呼籲與道德力量的發揮，尤其在基督教興起以後，自然法由「自然之法」(law of nature) 提升至「天道」乃至「神意」的境界，具有更高的神聖性。基督教神學家如阿奎納 (Thomas Aquinas, 1225–74) 等人將自然法的觀念推崇為一個具有超越性價值的真理，他們強調自然法可通用於全體人類社會（不論是否為基督教世界），它是聖經戒律——此為神示之法 (revealed law)——之外的行為準則45。十七世紀以下，國際法的逐步形成與人權民主的追求，均建立在自然法的觀念上46；於是自然法在促進世界一家的同時，也對不合情理的威權構成永恆的責難。這就是羅馬文明遺產中最高貴的價值47，雖然這項價值在羅馬時代未必發揮極高的作用。

後則又「依法」逮捕涉事者，大開殺戒。這是十九世紀以來，講究實證與嚴格引經據典的 (legalistic) 法律制度，所造成的悲劇，可見「惡法亦法」的原則為禍之大。事實上，依據不成文的自然法，吾人仍可對合乎世俗法規但不合道理的惡政進行批判。於是，自然法的價值在實證主義文化潮流式微後，再次受到現代人的重視，現代法國學者馬立丹 (Jacques Maritain, 1882–1973) 即認為自然法是批判極權主義的最佳理論。

45. 良知或良心——判斷是非對錯的能力——對上帝的信徒而言，即是人的「神性」表現。

46. 詳見 Peter Stein, *Roman Law in European History* (Cambridge: Cambridge University Press, 1999), 94–97. 近代「自然權」（'natural rights'，中文常誇大譯為「天賦人權」）的主張，乃是訴諸自然法則而來。

47. 在精神上羅馬法的價值無可置疑，但在實際上它對後世司法的影響仍極有限，見 H. Going, 'Roman Law and the National Legal Systems,' in R. R. Bolgar ed., *Classical Influences on Western*

四、古典文化的推廣與墮落：羅馬的文化狀況

羅馬的文化與政治彼此依存與互動的關係緊密，以致羅馬文化的極致時代是共和末年與帝國初期的政治盛世，如此現象顯示羅馬文化其實是政治勢力的附庸，缺乏自由發展的創意與活力。事實上，羅馬的成就主要是政治、軍事和法律方面，而不在於文藝與學術思想[48]。或因民族性、或因政治主導文化，羅馬文化呈現唯物、現實、虛榮（好大喜功）[49]、嚴整、與講究秩序等取向，它不富於抽象思考能力，少創造性。例如藝術對於羅馬人似無本身的價值，而以實用為目的，常為虛榮的工具。此外，羅馬為古

Thought, 1650–1870 (Cambridge: Cambridge University Press, 1979), 30–31.

48. 同理，羅馬文化讚揚陽剛雄風 (masculinity) 而鄙夷文弱秀氣，見 J. P. Toner, *Leisure and Ancient Rome* (Cambridge: The Polity Press, 2000), 75–76. 也因此，羅馬歷史為後世所知者多屬政治方面，其經濟狀況發展遲緩且後人所悉甚少，參見 Kevin Greene, *Archaeology of the Roman Economy* (Berkeley, Calif.: The University of California Press, 1990), 11–13; and Peter Garnsey and Richard Saller, *The Roman Empire: Economy, Society and Culture* (Berkeley, Calif.: The University of California Press, 1987), 43–46.

49. 例如羅馬政府的慶祝軍功盛典由來甚早且儀式隆重，形成一個特殊的政治文化傳統，見 Michael McCormick, *Eternal Victory: Triumphal Rulership in Late Antiquity, Byzantium, and the Early Medieval West* (Cambridge: Cambridge University Press, 1990), 11–13.

典文化的模仿者、宣揚者與傳遞者，它與希臘化時代一樣，於希臘文化的推廣——菁英文化的世俗化——促進甚多。不過，如前章所述，羅馬所學習的希臘文化乃是希臘化時代所保存與調整的希臘文化，而非希臘文化本色；但就文化精神而言，這種間接關係並不構成嚴重的認知障礙。羅馬的宗教觀一開始便受希臘的影響，羅馬諸神說法皆承襲自希臘神話，而羅馬哲學也大多沿襲希臘思想，在這些方面羅馬的希臘化 (hellenization) 或模仿特性，使它成為古典文明的結束，而非新文化的開端。然而羅馬畢竟歷史悠久，不可能固守希臘文化傳統而一成不變，在長期發展下，羅馬的文學、藝術與宗教信仰逐漸產生自有獨特的風格，尤其是基督教的興起更使羅馬以後的文化精神與希臘時代大異其趣，這是羅馬對於西方文化特質最大的塑造作用。另外，羅馬帝國內東西世界的差異，是討論羅馬文化時必須注意的狀況；而就羅馬文化作為希臘文化的繼承者、或作為「西方」文化的傳統而論時，吾人所描述的羅馬文化自然是屬於「西羅馬」的特徵，不是全體羅馬的表現。

羅馬早期的文學遺作甚少，帝國擴張的歷史對於羅馬文學的發展具有決定性作用，隨著羅馬征服東地中海世界，希臘文風開始影響羅馬知識分子。在第一次布尼克戰爭結束時 (c.240BC)，羅馬攻取義大利南部希臘城邦而擄獲希臘詩人李維斯．安卓尼克斯 (Livius Andronicus, fl. 3rd cent.)，因其引介，希臘文學開始傳入羅馬，他將荷馬史詩「奧迪賽」譯為拉丁文並引進希臘劇作，成為羅馬戲劇（兼有悲喜劇）的創始人。此後羅馬文人對希臘文化的興趣逐漸加深，鄉土作家雖起而反抗，但不敵大勢。在共和末期（西元前第一世紀）與帝國初期（西元第一世紀）時，羅馬文學史上成就最高的名家輩出，前期包括散文作家希賽羅 (Cicero,

106–43BC，著述遍及哲學、法政、宗教、道德等各種人生問題，為傳遞古代思想至中古及現代最有影響力的學者）與凱撒（其戰史評述行文優美精鍊而確實），詩人盧克理修斯（Lucretius, c.99–55BC，特別闡揚 Democritus 與 Epicurus 的思想）與卡屠勒斯（Catullus, c.84–54BC，抒情詩翹楚），歷史學家塞勒斯特（Sallust, 86–34BC，善於人物描寫而觀點偏執），博學大師費羅（Marcus Terentius Varro, 116–27BC，著作無所不包，但流傳至今者甚少）等人。這些文學家大多與羅馬政治結緣甚深[50]，其作品反映時代問題的程度極高，寫實風格強而能代表羅馬文化的現實精神。帝國初年時，羅馬文學臻於全盛，文風取向更表現積極、肯定、上進等人生態度，充滿著現實觀念、經驗主義、政治興味、愛國情緒、與社會教化等心織筆耕用意，在「健康寫實」的風格中，不乏歌功頌德之作。這個現象與奧古斯都的獎勵 (patronage) 關係密切，顯示羅馬文學極富世俗性，而不為純文學。維吉爾 (Vergil or Virgil, 70–19BC) 的作品即是這個文風的導師，他早期致力於田園詩的創作（著 *Eclogues* 與 *Georgics*），晚年則從事民族史詩的寫作（著 *Aeneid*），頌揚羅馬帝國的偉大，於羅馬的歷史傳統與英雄主義多所美化[51]，對鄉土情感、家庭親情、忠君愛國與堅貞信仰等意念尤其讚揚。此外，賀拉斯 (Horace, 65–8BC) 為抒情詩巨擘，他早年的作品頗有希臘文學的風格[52]，晚期則展

50. Ronald Syme (edited by E. Badian), *Roman Papers* (Oxford: The Clarendon Press, 1979), 401.

51. 參見 S. M. Goldberg, *Epic in Republican Rome* (Oxford: Oxford University Press, 1995), 154–56.

52. 賀拉斯的作品頗富有哲學意味，在這方面他綜合了斯多克主義與伊比鳩魯主義兩種觀念於一體，展現希臘學術的涵養。

現更恢弘的氣勢；賀拉斯的詩作深刻反映當代羅馬的社會情況，以及奧古斯都時期的豪邁文風，稍無做作矯飾之情。歐維德 (Ovid, 43BC–18AD) 擅長輓歌調詩作 (elegy)[53]，長於情趣（尤其男女之間）的捕捉，行文露骨黠慧，而無道德教化與知識啟蒙的味道。史學作品則以李維 (Livy, 59BC–17AD) 的《羅馬史》(*History of Rome*) 最富代表性，此書充滿愛國熱情，文筆流暢坦率，然敘事的真確性則令人質疑。上述這個文學盛世的豪放風格頗與羅馬的帝國氣派相稱，希臘的人文主義精神在羅馬文人之間已日趨沈淪。

在第一世紀晚期之後，羅馬的古典文學活力開始式微，懷念羅馬早年歲月的鄉愁 (nostalgia) 情緒逐漸成為文學中普見的筆調，此後的作品愈來愈有激情極端與悲觀消沈的氣氛，自信降低而放縱恣肆的態度愈強，文以載道的意義更少，娛樂性（慰藉與譏諷功用）與老謀深沈的暮氣隨著國運日衰而增加；就創作能力而言，富有創意的作家更為少見，拾人牙慧的模仿之作則更多。只不過到帝國後期（西元第三與第四世紀後），因為帝國的擴張與生命經驗的累積使羅馬文人的視野更廣，而出現一些紀錄異國情調與人間奇聞的新題材，或描寫自然景象與日常生活的新作，但這是屬於量的擴充，而非質的提升（顯然在文化問題上量變未必能造成質變）。這樣的文學創作以藝術價值而言，實在乏善可陳。在古典文化精神沒落之後，文學創作生氣亦如槁木死灰，此時基督教逐漸流行而導致「基督教文學」的興起，但宗教信仰本在追求真理而不為捕捉藝術美感而發，故所謂基督教文學就形式而言

53. 輓歌調詩作的名家尚有 Tibullus (c.48–19BC) 與 Sextus Propertius (c.50–16BC) 等人。

雖屬新猷，然此乃文學價值的低落而非振興；「道可道非常道」的道理已註定基督教文學所代表的，是基督教的成功與文學復興的失敗，故第四世紀的羅馬文學家普魯丹修斯 (Prudentius, b.348) 以古典文學形式建構基督教文學的企圖終歸失敗，而他最後也放棄宮廷高官，以專事宗教靈修與真理探究，可見基督教信仰實與人文主義有扞格之處。

在藝術上，講究現實精神與實用價值的文化觀念，使得羅馬藝術朝向「以大為美」和「以貴為高」的風格，它特別歌頌國家榮耀[54]，展示權威、力量、與成就，這也就是說藝術在羅馬人而言是政治的工具與財富的象徵，「為藝術而藝術」的思想不可多得。正因如此，最具權勢誇耀功用的建築乃成為羅馬藝術的代表作。而為達到這個世俗目的，羅馬人慣用凱旋門 (triumphal arch)[55]、人物雕像（含半身像 portrait bust 與坐騎像 equestrian statue，多因美化而不實）[56]、敘事性浮雕 (narrative relief) 以及列柱、拱門、圓頂（予人備受尊崇的感受）等藝術形式裝飾公共建築與空間，而大街、廣場、神殿、與政府大廈則是城市的基本設施，這些建設更因使用混凝土 (concrete) 技術（西元前第二世紀後）與磚石材料而能堅固巨大而持久，煥發著雄偉壯盛的氣象（這也是近代西方列強都市營造的風格）。羅馬最偉大的建築大

54. 詳見 E. S. Gruen, *Culture and National Identity in Republican Rome* (Ithaca, N.Y.: Cornell University Press, 1992), 144–50; and Jas Elsner, *Imperial Rome and Christian Triumph: The Art of the Roman Empire, AD100–450* (Oxford: Oxford University Press, 1998), 64.

55. 凱旋門可謂為羅馬帝國的象徵，詳見 Mortimer Wheeler, *Roman Art and Architecture* (London: Thames & Hudson, 1985), 152–58.

56. 例如現存奧古斯都雕像甚多，而無一不具理想主義的美化色彩。

多出現於西元前100年至西元300年之間，此與羅馬政治盛期大略相符，仍驗證著羅馬政治與文化的緊密關連[57]。羅馬著名的史蹟如萬神廟 (Pantheon)、競技場 (Colosseum)、輸水道 (aqueduct)、羅馬城廣場 (the Forum) 等，皆以大取勝，展露強盛的國威。羅馬萬神廟建於哈德良時代（第二世紀初期），至今保存完好，其圓頂設計巨大而完美，具有比例和諧的美感與宏偉的氣勢。競技場建於西元75至80年間（Vespasian 與 Titus 執政時），可容納五萬名觀眾，其人獸鬥戲碼上演至西元404年方休（據傳許多遭羅織入罪的基督徒被迫為場上鬥士 gladiator）；羅馬圓形競技場 (amphitheater) 所展現的尚武好鬥風氣，與希臘半圓形劇場 (theater) 所表現的人文慈悲精神，形成強烈對比。輸水道的建設最早可能始於上古兩河流域地區，然輸水道的工程技術是在羅馬時代達到顛峰，而有廣泛的建設（尤其在羅馬、高盧、與西班牙等地）；輸水道與澡堂 (bath) 建築同樣說明羅馬國力的強大，及其文化重視實用（生活享受）的特質。羅馬城廣場的設計整齊畫一而寬廣雄偉，這是便於閱兵遊行之用，也凸顯羅馬帝國政權的偉大威嚴；這個強調集體秩序的首都規劃，與雅典城邦講求個人自由而呈現的城市錯落景觀，風格截然不同。上述現象一方面證明羅馬物質文明的進步，但另一方面卻暗示著羅馬文明的蠻性不

57. 詳見 H. P. L'Orange, *Art Forms and Civic Life in the Late Roman Empire* (Princeton, N.J.: Princeton University Press, 1965), esp. 126. 羅馬建築的盛期從奧古斯都時開始，在圖拉真統治時 (98–117AD) 達到全盛（也在此時羅馬開始受到傳統東方——即埃及與西亞——藝術重大的影響，其具體表現是圖拉真石柱 Trajan's Column 的浮雕圖樣），而在此後逐漸式微，不過其建築設計的壯志雄圖仍持續一段長久時間。

因此而廢。觀乎雅典文明為希臘城邦中最先進者，卻具有一種節制物質生活與感官享受的莊嚴精神；羅馬為古典時代最富強者，然不能有此種自制力，可見其文明有一個無法「常處樂」的內在弱點。

在建築的藝術風格上，羅馬只是模仿希臘[58]，缺乏創意，但羅馬建築規模遠較希臘為大，而給人一種新的觀感；不過若從希臘人文主義的中庸節制精神與含蓄典雅美感來看，羅馬的建築藝術顯然有點失去控制而走火入魔了。羅馬的藝術不但模仿希臘，且複製品眾多[59]，競務華麗貴氣，用以展示主人的權勢地位，僅有少數佳作表現斯多克主義——尚非希臘人文主義之流——的簡樸節制風格；第二世紀以後近東（埃及與西亞）傳統藝術的影響漸大，更使羅馬藝術失去希臘風味，而增加雕琢裝飾的奢華性與庸俗性，此情愈近帝國末期愈熾。羅馬建築形式（尤其是會堂建築 basilica）完整保留於中古基督教教堂中，這又顯示羅馬式建築崇尚高貴權威的特徵。至於羅馬的繪畫至今保存者甚少，然其創作精神與風格的轉變大略與前述相近，而金銀寶石及陶瓷玻璃的製作等小型藝術 (minor arts)，其特色亦類此。

羅馬人可能因為對人事問題高度的興趣，而對自然物理相形的忽視——役使人的虛榮勝於利用物的興味——因此在科學研究

---

58. 早期羅馬是從南義大利與西西里島的希臘人殖民區模仿希臘的建築風格，其後則直接從希臘本土學習正統的建築形式。西元前 146 年羅馬征服希臘後，許多希臘藝術家移居羅馬，而從事希臘風格的藝術創作與複製，甚得市場好評。

59. 參見 Mivanda Marvin, ‘Copying in Roman Sculpture: The Replica Series,’ in Eve D’Ambra ed., *Roman Art in Context: An Anthology* (Englewood Cliffs, N.J.: Prentice Hall, 1993), 161.

上成績微不足道。考量羅馬國力之大（人口眾多、幅員遼闊、而歷史悠久），以及羅馬文化之宗師希臘化文明正是科學發展的盛世，更可見羅馬文化的偏失。羅馬的科學如同其文藝一樣講究實用目的，故特重科技應用，而不重視學理的探討；這個功利主義的取向較希臘化時代更有過之而無不及，以致史家嘗戲言羅馬文明的成就是在排水溝 (drains) 而不在智識 (brains)。羅馬時代罕有重要的科學發現，當時學者對於前代的科學觀點亦少有批判。在共和時期羅馬簡直無科學研究可言，而到帝國階段稍有成就，但也不是偉大的創見，而多是知識彙整之類的苦勞，且重要的科學家多非出生於羅馬。普里尼 (Pliny the Elder, c.23–79AD) 就是此中代表，他生於北義大利，為政界要人（Vespasian 的密友），他編有一套自然科學的百科全書 (*Historia Naturalis* or Natural History)，蒐羅資料極多，但大都為二手訊息，其科學價值其實甚低。其書雖曾流傳於中古時期，但現在看來唯一的用處僅是顯示普里尼時代的科學知識狀態。戈林 (Galen, c.130–200AD) 為出生於小亞細亞的希臘裔醫學專家，他因執業成功而聞名，曾為奧理略皇帝的御醫；他整理傳統醫學觀點，而有系統性的著述，特長於解剖學與生理機能知識。由於其論述甚具實用價值，他對後世醫療方法的影響歷久不衰，直到現代初期（十六世紀），甚至因此導致醫學新知探討的遲滯。塔勒密 (Ptolemy, fl. 2nd cent.) 同樣是出生於東方的科學家，專精於數學、天文、與地理，他雖然也有原創性的科學發現，但其主要的歷史地位是傳統科學知識的驗證者、解說者、與整理者，一個標準教科書的編撰者（其 *Almagest* 一書乃是希臘傳統數學與天文學知識的彙編），希臘化學者希帕克斯的地球中心說便因為塔勒密的闡述而傳世（後人常視此說為塔勒密理論 Ptolemaic System）。塔勒密的說法雖然失誤不少，但也因為其系統化整理與實用性質而能流傳久遠。綜上所論可知，羅馬的科學研究因著重現實功用，使其最多只有「承先」的成績，而乏「啟後」的貢獻，這是因為實用的科技知識永無失傳之虞，而可繼承與蒐集，但科學理論的創發則須有求真問道的精神，不能成於勢利之人。

羅馬文化的現實主義精神也使其哲學研究朝向重視人生問題討論的倫理學發展，探究真理的形上學與知識論不為所重，此種情形與希臘化時代的哲學相似；因此羅馬的哲學觀點順理成章地承襲希臘化時代的學者，這一方面表示羅馬與希臘化時代的哲學家關懷一致（問題一致），另一方面則又說明羅馬學術缺乏創意的弱點較希臘化時代更甚。前章已指出，希臘化時代的哲學不如希臘哲學的完整、深刻、與富創造力，而羅馬哲學則更不如希臘化時代，可謂每況愈下。羅馬的文學較能發展出不同於希臘的獨特性，而其哲學則不能，此因文學畢竟依託於語文而生，不同的語文必有不同的文風（世上並無單一的文學重鎮），故拉丁文學終能成就與希臘文學不同的格調；但哲學與科學之類的探討乃要追究普遍性真理，不因民族地域或時間而有不同的標準，故成敗比較可以明確絕對，在此羅馬文化創造性貧乏的事實中便暴露無遺。

希臘化時代的哲學主流為斯多克主義與伊比鳩魯主義，而羅馬學者所師法的悉為前者，此與斯多克學派較伊比鳩魯學派更具入世濟群的精神有關（詳見前章），這再度證明羅馬文化的現實性。本來斯多克主義學者就因慈悲為懷，能默默行善，與執政者安處，故深受當局所喜；羅馬文明的世俗性特強，其政府官員最愛斯多克主義學者的忍辱負重與積極淑世，因此加以大力獎掖，甚至視其說為羅馬法與政治理論的依據。羅馬知識分子多無形上冥想的興趣，而重視實際的道德問題，伊比鳩魯學派漠視道德義理與人生責任的態度，自然不為羅馬人所肯定。希臘化時代的斯多克主義學者在探討倫理學同時，也兼論邏輯與自然哲學等知識，但到羅馬時代則此派學者所討論的只是倫理學，這顯示羅馬哲學研究的偏狹傾向。潘納修斯 (Panaetius of Rhodes) 在西元前第二世紀時首先將斯多克主義引介至羅馬， 他與其弟子波希登尼斯 (Posidonius, c.135–51BC) 為抵禦外界批判，又採用柏拉圖的心靈學說以詮釋斯多克主義，使它的信仰性（神秘性）色彩更為深濃。羅馬著名的學者希賽羅出於波希登尼斯的門下，也宣揚斯多克主義（又特別駁斥伊比鳩魯主義）[60]，終使這個哲學人生觀成為羅馬時期最為流行的希臘學風[61]；西尼加（Lucius Annaeus Seneca, or Seneca the younger, c.3BC–65AD，其知行頗不合一）、艾丕泰德斯 (Epictetus of Phrygia, c.50–138AD) 與羅馬皇帝奧理略（Marcus Aurelius, 121–180AD，甚有慈悲容忍的斯多克主義精神[62]，著有

60. 希賽羅的哲學著作大多表現斯多克主義的思想，這包括 *De amicitia* (on friendship), *De officiis* (on duty), *De senectute* (on old age), *De finibus*（on ends 論善行）, *The Tusculan Disputations* 以及 *De natura deorum*（on the nature of the gods，此作批判各式哲學學說，尤其是伊比鳩魯主義）等。他對實踐斯多克主義的倫理學有一套具體的方案，參見 M. R. Wright, 'Cicero on Self-Love and Love of Humanity in *De Finibus* 3,' in J. G. F. Powell ed., *Cicero the Philosopher* (Oxford: The Clarendon Press, 1995), 172–73.

61. 斯多克主義也明顯表現於羅馬的詩作意境中， 見 Christopher Gill, 'Passion as Madness in Roman Poetry,' in S. M. Braund and Christopher Gill eds., *The Passions in Roman Thought and Literature* (Cambridge: Cambridge University Press, 1997), 232–34.

62. 奧理略頗富避世苦行的精神而對政治權威的鞏固不甚在意， 見 R. B. Rutherford, *The Meditations of Marcus Aurelius: A Study* (Oxford:

Meditations）均是此說的信仰者與傳道者，艾氏尤其對斯多克主義的倫理觀念有精闢的論述[63]，強調內心而非行為的善，以及博愛的意義。整體而論，羅馬的哲學研究只是個「述而不作」的斯多克學說，而斯多克主義的流行對於基督教的發展具有相當的助力，終於使這個哲學斷送在（自殺於）宗教的洪流中。

哲學思想終究是知識分子的信仰，不能符合大眾的精神需求，羅馬愈到國家喪亂時期，人民愈渴求一個蘊含希望的宗教，而這時來自於東方的民間信仰乃開始流行，最後則是基督教獲得普遍的重視。在共和時期，羅馬的宗教觀由於受到希臘的影響（西元前第三世紀後）而調整為相似的體系，同為聊表人生態度的神話設計。同時，斯多克主義與伊比鳩魯主義也對羅馬的宗教信仰產生重要作用，使其更無自身民族傳統的特色。不過羅馬宗教向有濃厚的政治性意涵，強調神明保國衛民的能力[64]，此為其不同於希臘宗教的特徵。帝國時期以後皇帝崇拜 (emperor worship) 興起，宗教服務政治的功用更為提高，羅馬依舊沒有真正的宗教信仰。然而正因羅馬宗教的世俗性目的，在不妨礙國家威權與社會次序的情形下，羅馬政府對於新神明與新信仰的流傳其實並不禁止，而人民也因不滿於理性與政治性（集體性）色彩過高的官方宗教，

The Clarendon Press, 1989), 116–21, 253; and Pierre Hadot (translated by Michael Chase), *The Inner Citadel: The Meditations of Marcus Aurelius* (Cambridge, Mass.: Harvard University Press, 2001), 290–96.

63. 艾丕泰德斯並無著作，然其觀念備載於其弟子 Arrian (fl. 2nd cent.) 所作 *Discourses of Epictetus* 與 *Encheiridion* 二書中。

64. 羅馬宗教因著重政治實效太甚，故而不重視人性的神格化問題，見 Enis Feeney, *Literature and Religion at Rome* (Cambridge: Cambridge University Press, 1998), 76–77.

祈求一個富於神秘感性的個人信仰 (由公共神轉向個人神的發展)。於是隨著帝國的擴張，東方的宗教 (如米士樂教與埃及河神信仰) 乃逐漸流行至羅馬民間[65]，期望永生的神秘信仰開始改變羅馬人的生命觀，祖先所敬奉的神祇現在已為人民所厭棄。

在羅馬，宗教信仰的興盛總與國勢的衰頹相伴隨。凱撒與提比留均不信神，提比留之後卡里古拉開始允許愛希斯 (Isis，埃及河神 Osiris 之妻，慈悲女神的典型) 的信仰，尼祿時期開放米士樂教，至奧理略時又容許祭祀太陽神的活動，顯然羅馬正在尋求一個宗教信仰。在第三世紀的亂世下，羅馬社會中渴望拯救與來生的出世精神愈來愈強，新柏拉圖主義 (Neoplatonism) 的興起便是這個時代氣氛的表現。新柏拉圖主義是一個神秘的哲學觀，它企圖解釋一切生命存在之理，其說以上帝 (God or the One) 為宇宙本源與唯一創造力，它經由「發展」(emanation)——而非「創造」(creation)——的過程產生神靈 (Divine Mind)，然後再化生世界靈魂 (World Soul)，從此又演生出物質世界[66]，而人——本屬神界而具神性——的終極理想便是要回歸宇宙本源 (union with the One)[67]，唯此可以解脫人間苦難。這套說法出於柏拉圖所說「至

65. 詳見 Michael Grant, *The Severans: The Changed Roman Empire* (London: Routledge, 1996), 74–84.

66. 根據新柏拉圖主義的說法，一次次的「發展」(或說「放射」) 使一個個新實體的神性 (divinity) 漸次減少，有如漣漪由中心向外延展時力道漸衰的現象，然此發展過程進行時一個追本溯源的回歸運動也在展開，上下交流 (如同多層次噴泉的運作) 永無止境。

67. 新柏拉圖主義者所稱的天人合一不是靠思想，而是靠靈魂擺脫肉體且感應到上帝時的神妙靈機，見 John Gregory, *The Neoplatonists: A Reader* (London: Routledge, 1999), 122–23. 不足為奇者，新柏拉圖主

善的觀念」(the Idea of the Good) 為至高無上之理而其他眾觀念乃從屬於此的論點，它企圖解釋一個絕對超越的上帝如何與一個有限而不完美的世界連結上[68]；其說將柏拉圖哲學的精神層面推向極端（由此陷入旁門左道），直如一個宗教（與婆羅門教神似），它唾棄一切物質，倡導禁慾靈修之法，以除物役，而求反璞歸真[69]。新柏拉圖主義的反現實與避世精神強烈，信徒處於衰世而無視社會亂象，以政治為無物，它流行於第三與第四世紀（直到第六世紀才沒落），幾乎取代斯多克主義思潮[70]，然而這個哲學對

義並無一套明確完整的知識觀，見 A. C. Lloyd, *The Anatomy of Neoplatonism* (Oxford: The Clarendon Press, 1998), 140–41.

68. 於是新柏拉圖主義作為一個神秘主義 (mysticism) 其實反不如一神信仰之神秘，因為它「說明」了反璞歸真的過程與路徑，而成為一個企圖「通天」的靈知論 (gnosticism)。可怪的是，新柏拉圖主義者卻又不屑與靈知論者為伍，且極力批駁其說。參見 G. R. Boys-Stones, *Post-Hellenistic Philosophy: A Study of its Development from the Stoics to Origen* (Oxford: Oxford University Press, 2001), 148.

69. 新柏拉圖主義由普羅提尼斯 (Plotinus, 3rd cent.) 所創，其後與近東宗教信仰合流，透過聖奧古斯丁 (St. Augustine) 等神學家的釋義，它對早期的基督教信仰產生重大的影響；雖然普氏本人反對基督教以及當時各式信仰，但他自己卻有深濃的信仰行為表現。參見 Émile Bréhier (translated by Wade Baskin), *The History of Philosophy: The Hellenistic and Roman Age* (Chicago: The University of Chicago Press, 1965), 197; and L. P. Gerson, *Plotinus* (London: Routledge, 1994), 203.

70. 新柏拉圖主義的提出本是要駁斥斯多克學派與懷疑論者對於柏拉圖哲學的「扭曲」，但其說與它們不同之處，卻是曲解柏拉圖思想的方式有所差別。

於大眾而言仍莫名其妙，人們尚須另謀一個宗教寄託，而這就是基督教興起的背景。

羅馬早期的迷信經希臘宗教觀的陶冶而改為人本理性的生命觀，其後隨著帝國政治勢力與物質文明的發展，羅馬宗教愈為世俗化，後來又因政治社會衰亂使人更求避世解脫之道，終於造成神秘宗教的大流行；從這個歷程看來，羅馬文化顯然有嚴重的缺失，使其宗教發展始終基於現世需求，隨世變起伏，而不能有超越性信仰的永恆追求，以解釋生命的不變意義並撫慰人心於變世。

第六章 超越性信仰的追求：猶太教與基督教的發展

Interior of the Pantheon, Giovanni Paolo Pannini, c.1750, Oil on canvas.

一、超越性宗教信仰的本質

「宗教信仰」不同於單純的「信仰」。信仰可為個人所堅執——不必為放諸四海皆準——的觀念或感受，故道德觀、價值觀、審美觀、政治觀等皆可為某人的信仰，而彼此信念不同；宗教信仰則是一套（不是零散的）對於宇宙真理與生命意義（二者合一而非各自存在）的看法，世上的宗教固然個個不同，但所有信徒皆在追求（或已確信）一個超越己見的天理真道。如此，信仰可以是個人的，但宗教則是人類的；或說有謂個人信仰，但絕無個人宗教——宗教信仰若為「個人的」(individual) 而非「普世的」(universal) 必然不是真理[1]。所有人均有信仰，(可見) 所有人都「需要」宗教（當事者未必有如此感知），但並非所有人都有真正的宗教信仰。這是因為人人皆有一種處世的人生態度，但絕大多數人——包含教徒——皆缺乏知識與智慧以領悟超越性真理，卻都自認已經掌握宇宙真相；而那些抱持真正宗教信仰的人就是具有知識與智慧足以體會超越性真理者，卻都知道自己不可能「真正知道」何為真理。蘇格拉底認為自己比他人聰明的理由是，他知道自己什麼都不知道，而一般人卻連自己的無知一點都不知道，這也就是孔子所謂「不知為不知，是知也」的道理，唯有先了解此義才可能探知宇宙真理。

1. 徐志摩說「愛情就是我的宗教」(Cf. 'Love is my religion－I could die for that.' John Keats to Fanny Brawne, 13 Oct. 1819.)，這乃是詩人抒情的文學妙筆，不是個人宗教的釋義。從上文論述可知，愛情最多可為個人信仰，絕不能為個人宗教。

宗教信仰是一套思想、感情與行動的總則，它使人產生歸屬感與虔敬心（神聖感）；同時，它是人的行為準則 (code of behavior)，使人可以判斷其處事作為的果報或終極價值；更重要的，宗教信仰是人對宇宙——不僅為物理世界而為一切——秩序與原理的認知，因此個人可以思索其在宇宙中的定位 (man's place in the universe)，而確認其生命意義[2]。簡單說，宗教信仰探究一切事物的起源（所謂的「第一因」the first cause）、貫通一切事物的道理、以及一切事物的終極歸向，而人既為「一切事物」之一部分，故「得救」、「解脫」或「得道」的途徑乃為「反璞歸真」（即 'union with the One/God/the Universal Soul/the Supreme Being'）。宗教信仰探究真理，真理所以為真理是因其具有永恆性 (eternity)、普遍性 (universality)、絕對性 (absoluteness)、一致性 (consistency)、與超越性 (transcendency) 等本質（不是「特」質）[3]，不因人、地、時、事、物各種因素的不同而改變。

特須注意的是，宗教信仰追求「真理」（或「道」），但真理不等於宗教信仰，信仰真理或求道並不是最高層次或完整的體認，因為真理即使可得，它也沒解釋一切事物的起源（如宇宙的創造）與終極歸向（如世界末日）問題，而這問題是具有神聖性的[4]。簡

---

2. 宗教的定義和宗教的概念乃起源於西方，經長久變遷與不斷調整，方至今日之定見，見 P. B. Clarke and Peter Byrne, *Religion Defined and Explained* (New York: St. Martin's Press, 1993), 3–16.

3. 若說真理的又一特質為中庸，此並無不可，然中庸之為道，並不是採取避免極端的「中間路線」（以外在標準為參考的妥協立場），而是符合「正確」的道理，故以中庸為真理本質之說所傳達的義理其實並不明確。

4. 儒家若要轉為儒教則須兼論宇宙起源與世界末日之類的問題，而事

言之，真理不是完全的信仰對象，追求真理可使人臻至「天人合一」、「從心所欲不逾矩」，感悟「自然而然」，卻仍有所不足；宗教信仰的最高對象乃是具有「神靈」的力量和生命，它使人卑微認命，上進求全，而無法且無須更有他想。一般所謂的（即狹義的）真理是前述「貫通一切事物的道理」（因此能「通古今之變」、「究天人之際」者不應只是「一家之言」）而已，掌握真理可使一切事物變得可理解 (intelligible)，但只有宗教信仰才使得一切事物不僅為可理解，而且有意義 (meaningful) 5。如此說來，以真理為信仰對象或求道目的的態度，可能成為探索宗教信仰（全知）的障礙；「求道」的態度之上應有宗教信仰取向才會有「修道」乃至「殉道」的精神，易言之真理之上尚有上帝，否則真理的存在也是沒道理的（雖然真理一詞常被用以指稱「包含」上帝角色的一切宇宙情事）。再者，「真、善、美」(Truth, Goodness, Beauty) 的上

實上此類「怪力亂神」之事並非正統或原始儒家問道的課題，可見儒家思想是對於真理的信仰，而不是宗教信仰。任何討論萬事萬物起源與終極歸向問題者，其說法必然模糊、粗略而超乎情理，也就是富有神話怪譚性質，這是因為此種問題絕非憑人類的經驗理性所可得知，故多傾向於想像與假設，不可理解，以致常被不信者斥為癡人囈語，基督教《聖經》首篇〈創世紀〉(Genesis) 即多為東方人視為「童話」。然在宗教信仰上，若因不可知而不論（存而不論），則其信仰所考量的問題之深度與完整性必因此產生重大缺失；正如一個人文學者若因不諳數理而在其世界觀的建構中排除此道，則其形成的觀念必有嚴重盲點。

5. 例如吾人應知善有善報為符合天理，然在人間善常無善報，於是可「知」天理不彰乃因上帝自有安排（別有用意），而非善惡觀念無其價值或真理性，這也就是說真理不等於（即低於）神意，殺身成仁捨生取義有其意義，雖然吾人可能永遠不能知曉其義。

下層次是宗教信仰的真理架構，其意涵為：凡是真的 (true)，就是善（對）的 (good)，也就是美的 (beautiful)；換言之，善不等於真，而美不等於善、更不等於真。吾人不能以善為真，或以為宗教不過是為了「勸人為善」而已；事實上宗教是為求真，不是止於行善（如佛教不是主張吃素的善業，而是主張可以不食的境界）。

哲學與宗教信仰不同 。哲學雖也探討終極的真實 (ultimate reality) 和事理，且其探討範疇不以人間的事實 (fact) 為限，或以理性經驗為建構認知的僅有依據，事實上哲學正是發源於宗教性問題的探討，而哲學探討事物本質，故探討宗教本質也是一種哲學探討；但畢竟哲學處理的是人的思考 (speculation) 問題，而非信仰 (faith) 問題，它最多探究真理為何（真理不是完全的信仰已如前述)，然對於不能分析和確認的部分，並不作憑空的假設，或建立一個信仰對象與一套信仰內容以為試探性的答案。這也就是說，哲學的極限是「不知為不知」，因此哲學不能取代宗教信仰，宗教信仰是要對不可知的問題認定一個答案，故為超越知識。換言之，哲學探討人怎麼思考，與存在的本質為何，但哲學終究是學術，不是要為所有人決定一套人生觀 (worldview)，或認知宇宙的創造力量（一切事物的原由)、生命的意義、和終極歸向為何。簡單說，哲學是要說「道理」，不是要問「天理」，它對真理以外的宗教課題並不提出信仰觀點。另外，哲學直接探索真理及真理的本質為何，因此忽略真理可能隱藏在人事（常不合理）的變遷脈絡中，況且神意（或天意）高於真理，應盡量從各種事物所提示的意義去體會方能領略；於此，歷史學因其無所不學的知識範圍和具有時間意識 (sense of time) 的知識觀，反可能提供一個更接近真相的真理解答 *6* ，猶太先知相信神意隱含在歷史中，就是這樣的求真觀點。這個「似是而非」的現象暗示一種「欲速則不達」

的道理，以真理為直接探討對象的學術（哲學），恐將因此「智識障」而不能使人真正獲致真理；無所不學而哲學知識基礎 (philosophical foundation) 薄弱（其實是廣泛）的史學，卻可能因其「眾緣和合」而為接近真理的途徑——當然，在現實的史學研究中，學者少有如此用心者。

一個真正的宗教信仰必為超越性 (transcendental) 信仰。所謂「超越性」乃是超越人的知識、理性與經驗範疇 (going beyond the limits of human knowledge, experience or reason)，故宗教信仰與人文（本）主義之間存有緊張性甚至矛盾性[7]。超越性為宗教信仰的本質，無超越性即非信仰，而為一種「假設」或「迷信」[8]。所謂迷信即試圖以理性或經驗合理化非理性和經驗可解之事，故迷信是一種無超越性的信仰態度。例如「算命」就是一種迷信，蓋「算」為理性推論，而「命」乃是非理性和經驗可解

6. 真理的特質之一是永恆性，而人對上帝有所感受和信仰也因人有時間感（參見 R. M. Adams, *The Virtue of Faith and Other Essays in Philosophical Theology* (Oxford: Oxford University Press, 1987), 230, 242.），故時間性是探究真理神意不可忽略的要素。

7. Michael Martin, *Atheism: A Philosophical Justification* (Philadelphia: Temple University Press, 1990), 472–73. 因此，人本精神或人文主義傳統強盛的地區（如古希臘、羅馬、中國）皆為宗教信仰淡薄的地區。

8. 以歷史觀點而言，基督教肯定了猶太教因而自我肯定，回教則肯定猶太教與基督教因而自我肯定，這不是說猶太教因為基督教與回教的雙重肯定而必為正信真知，而是說基督教與回教是以驗證「前人」觀念的方式，確認其自身為真知灼見（後見之明），猶太教反倒無賴以建立的前驅信仰（猶太教是改變而非累積前人的觀念而成），此種「無中生有」的發展過程顯示猶太教的超越性（先見之明）更高於基督教與回教。

之事，風水勘輿之學為迷信之說，其道理亦類此。如前文所述，宗教信仰在歷史上的演進脈絡有三，即由自然神（如河神，山神）到政治神（如地獄之神），由公共神（只能祈求「國泰民安」）到個人神（可祈求升官發財），由多神信仰、經單神信仰、到一神信仰，這三個演化趨向同時並進，於是最高層次與終極的宗教信仰對象乃為無形（多形）、抽象、無所不能（全知 omniscient、全能 omnipotent、無所不在 omnipresent）、超越一切的唯一上帝，因其「民無能名」(ineffable)，無以名之，名之曰「道」或「神」皆可（嚴格而言則皆不可）[9]。可知猶太教、基督教、與回教（皆一神信仰）三者皆信仰同一對象，雖然其稱呼不同。證諸史實，宗教信仰的超越性愈強，抽象性愈高，教會信徒愈不易「腐化」，因為它愈非迷信，而不易為人所利用。這顯示「真正」的宗教是一個不能驗證、不能理解的信仰觀，蓋可驗證與可理解者即不必訴諸信仰。多神信仰（如古代希臘與中國）其實是無神信仰，它是人間觀點的投射與延伸而已，其說法率可以理解或是符合人的經驗與道德觀（詳見希臘宗教一節）。同時，一個真正的宗教必為一個世界性宗教 (universal religion)，而非部落性信仰。所謂世界性

---

9. 可見宗教的起源與人的自然（求生）經驗息息相關（或說自然宗教 natural religion 為原始宗教，見 Peter Byrne, *Natural Religion and the Nature of Religion: The Legacy of Deism* (London: Routledge, 1989), 82–84.），然其目標則為超越性的宇宙法則，參見 J. S. Preus, *Explaining Religion: Criticism and Theory from Bodin to Freud* (New Haven, Conn.: Yale University Press, 1987), 44; and Friedrich Schleiermacher (translated by Richard Crouter), *On Religion: Speeches to Its Cultured Despisers* (Cambridge: Cambridge University Press, 1988), 116–19.

宗教不是指一個通行全世界的宗教，而是指以全世界（宇宙）為思考範疇而具有超越時空意義的信仰；因此一個超越性宗教必為一個世界性宗教，反之亦然。故猶太教乃是一個世界性宗教，因其所信仰之神不是猶太人的部落神，而是唯一真神（不管他人相信與否），其所說之法為天理，而非家法族規，雖然他們相信猶太人才是上帝中意的救贖對象（即「揀選之民」 the 'chosen people'）。

東西宗教信仰有別，東方宗教如印度教、佛教、道教、儒教等皆為「非啟示性」信仰 (nonrevealed or natural religion)，它認為真理真相乃「自然地」存在，不是天神上帝的創作安排，天道真理內含於人心，悟道是靠人的智慧領略，故「心即理」，不須他求，不待「天啟」(revelation，此不同於「靈感啟發」inspiration)，而解脫乃憑自救，不須神的恩典與拯救。所謂「明心見性，頓悟成佛」、「學苟知道，六經皆我註腳」等說，皆是東方式信仰的觀念。西方宗教則為「啟示性」信仰 (revealed religion)，它認定天理與上帝超越人而存在，人感知此超越性真理有賴神的啟示，不能單憑人的知識去掌握，而得救也靠天恩，不是自我實踐。猶太教中上帝對摩西授予「十誡」(The Ten Commandments)、基督教中天子 (God the Son) 耶穌化為凡人透露天機、回教中上帝派遣大天使加百利 (Gabriel) 傳達天意予穆罕默德，此皆信徒所獲有關真理神意的啟示，非此不能確知人應何所思何所為10。「原罪」(original sin) 的概念正表示人的知識與能力

10. 東方式宗教是各人求道的心得，故教派叢出而經典浩繁；西方式宗教是上帝啟示的神話，故教會崇高而經文簡要。如佛經的數量相對於聖經可謂汗牛充棟，其信仰上的意義是佛教徒以自問自答求道，

的有限性，「懺悔」和「贖罪」只是連帶的想法作法，「他救」（得救有賴神的恩典 God's grace）或「得救命定說」(predestination) 與「因信得救」(justification by faith) 皆是這個啟示性信仰的神學邏輯呈現。若說超越性信仰方為真正的信仰，則西方的啟示性宗教因其承認一個超越性真理與上帝的存在，乃較東方的非啟示性宗教更具有信仰素質。

真正的宗教既然為超越性信仰，則上帝（God，即「最高的真實」supreme reality）或真理的存在當然無法憑理性經驗加以確定，但吾人仍可以從許多「耐人尋味」的現象「推想」（不是推論）其存在[11]。所有「大哉問」的問題均非理性經驗可以獲致標準的答案，例如生命的意義為何？人為何有良知或道德感（反過來說，世間為何有惡）[12]？為何人會肯定「殺身成仁，捨生取義」

而基督徒以請示神意自誨。

11. 對於上帝的想法不僅出於理性知識上的推演，也來自於生命意義上的追求，詳見 Raffaele Pettazzoni, 'The Supreme Being: Phenomenological Structure and Historical Development,' in Mircea Eliade and J. M. Kitagawa eds., *The History of Religions: Essays in Methodology* (Chicago: The University of Chicago Press, 1974), 59–66. 因此，相信上帝並不是憑空的想像，而是建立在某種基本假設上，見 S. C. Goetz, 'Belief in God Is Not Properly Basic,' in R. D. Geivett and Brendan Sweetman eds., *Contemporary Perspectives on Religious Epistemology* (Oxford: Oxford University Press, 1992), 168.

12. 故宗教必有一套解釋惡的理論，詳見 M. C. Banner, *The Justification of Science and the Rationality of Religious Belief* (Oxford: The Clarendon Press, 1992), 167–77. 但許多人也因有鑑於世間的惡，而不相信一神（上帝）為真或改持多神信仰的態度，參見 K. E. Yandell, *Philosophy of Religion: A Contemporary Introduction*

此種反求生原則的高貴行為？這就是為何人有神聖性 ('the sacred' or 'the holy') 的感受或追求的問題[13]。為何世上會有「曲高和寡」、「高處不勝寒」或「知道愈多苦惱愈繁」的怪理？這是良能或理性為何存在的問題。其實，五大非理性觀念範疇（詳見希臘哲學一節）中價值觀、道德觀、政治觀、與審美觀等四項，均指向宗教信仰一項的真實性與必要性，因為前四項課題觀點的建立皆隱含著人的「靈性」，此即所謂「善性」、「聖賢之心」、「佛性」、「神性」等等，這似乎說明先天力量的存在。再者，凡人追求物質享受與世俗成就，最後皆淪為「虛榮」感，而不能停留於單純的物慾，可見人有朝向「永恆」(eternity) 的精神需求[14]。又人最多只能了解第二因以下的事物「現象」，最根本的原因或支配一切事物的「創造性力量」是否存在，令人深感困惑，可見「自然而然」一說無法使人安心。同理，一切事物的終極結果或目的為何，如此的因果討論皆不得不歸結至上帝[15]，以為「暫行的」解答。哲學研究的一大課題是討論上帝存在的問題，宇宙論（cosmology，探討宇宙整體之學）發現，既然世上並無必要或絕對（非相對性 non-relative）的存有，則欲解釋事物關係時，勢必先肯定一個超然存在的力量，此即是上帝；本體論（ontology，探討存在之學

(London: Routledge, 1999), 124–25.

13. 參見 Rudolf Otto (translated by J. W. Harvey), *The Idea of the Holy* (Oxford: Oxford University Press, 1958), esp. 50–59, 112–16, 136–42.

14. 對上帝的信仰方使永恆可成為真實，見 Stephen Happel, *Metaphors for God's Time in Science and Religion* (New York: Palgrave Macmillan, 2002), 133.

15. 參見 Ninian Smart, *Reflections in the Mirror of Religion* (London: Macmillan, 1997), 44–49.

the study of being）發現，既然人所可能產生的最高概念是上帝，而此概念必有其實質，故上帝的存在應不可疑；目的論 (teleology) 發現，綜觀世上萬事萬物皆依一個大計劃而展現，則萬事萬物的計畫者——即上帝——理當存在。柏拉圖的觀念論顯示，相對於世上萬事萬物所形成的金字塔型結構關係，觀念世界中亦有一個金字塔型結構的觀念系統，而最高的觀念為「至善的觀念」(the idea of the good)，此可視為上帝（正如新柏拉圖主義者所說之 God the One）。康德 (Immanuel Kant) 雖指出「存在」(existence) 實非人的觀念內涵之一部分，人只能知道事物現象 (phenomena)，不能知道不合乎人的理解架構之事物本質 (noumena or things-in-themselves)，這似乎可以駁斥上述有關上帝的推論，然而康德也不（能）否定上帝的存在，因為它是不可或缺的假設。事實上康德的倫理學指出，若不信上帝 (God)、永生 (immortality)、與自由（freedom，神意安排並不會妨礙或改變人的自由意志之實踐）諸義，則道德之事將無由得生。這顯示上帝的存在即便無法以理論證，但也是「必需」的[16]，而對人而言必需的等於是真實的。至於神學 (theology) 研究更皆指出，上帝的存在乃是信仰的前提，沒有上帝便無須信仰，有信仰則必肯定上帝，否則即為錯覺。

事實上，不論前述的討論是否「合理」，這些討論的出現與爭議，正顯示（或暗示）上帝與真理的存在對人的生命意義之重要，

16. 於是人「有意志去信」(the will to believe)、「有權力去信」(the right to believe)，總之是不得不信，參見 John Hick, *Interpretation of Religion: Human Responses to the Transcendent* (London: Macmillan, 1989), 227.

而且此種重要和需要並不是為了使人快樂或趨利避害——事實常是相反——可見上帝與真理的存在具有神聖性與「真理性」，絕非「庸人自擾」的無謂想像[17]。對於一切志士仁人與有識之士，若無上帝或真理的信仰，則其生命將陷於無奈與不圓滿的窘境，行善時無「天人合一」的法喜，卻有悲壯或淒美的矛盾情愫，可知人不是判斷一切事物的基準。宗教信仰乃基於人對萬事萬物的困惑不解，而以反證（而非正面驗證）方式建立的「可能答案」。正如中古神學大師阿奎納 (Thomas Aquinas, 1225–74) 所說 ：「我們不知道上帝是什麼 ， 但我們知道什麼不是上帝 。」 ('We cannot grasp what God is, but only what He is not, and how others things are related to Him.') 相信有飛碟者，基於人不能否定其存在，不相信有飛碟者，基於人不能證實其存在，其實此二推論的根據並無不同，此即是吾人不知飛碟是否存在，故信者自信，不信者堅不信。神是否存在，道理亦類似。神的存在無法靠推理而確定，信與不信不是楚河漢界的對立，而有似一張紙的兩面——無溝通與交會之途徑，故有謂「因信而知」而非「因知而信」，於是可知信仰的本質是一種神秘主義 (mysticism)[18]。

顯然，理性不能成為宗教信仰的對象（它是宗教信仰的憑藉力量）。啟蒙運動時的自然神論 (Deism) 與法國大革命時的「理性

17. 宗教信仰可為人的解脫（自由）之道，卻也可成為束縛（規範）的由來，見 C. D. Batson et al., *Religion and the Individual: a Social-Psychological Perspective* (Oxford: Oxford University Press, 1993), 193–97.

18. 愈深刻的信仰愈神秘 ， 見 R. E. Gimello, 'Mysticism in Its Contexts,' in S. T. Katz ed., *Mysticism and Religious Tradition* (Oxford: Oxford University Press, 1983), 63.

宗教」(Religion of Reason) 主張，皆為時不久即消滅，此為明證。理性的極限乃是信仰的開端，故愈不可信者，愈須以信仰觀點待之。不過，理性有助於人對信仰的了解（如中古經院哲學 Scholasticism 所稱），蓋信仰是非理性，而不必為反理性。又，以宗教信仰為研究對象的學術（如神學與宗教學），不是宗教信仰，也不能成為宗教信仰19。故佛教徒不必是佛學專家，佛學專家不必為佛教徒。另外，藝術不能取代宗教信仰。民國初年教育家蔡元培「以美育代宗教」的主張乃是知性的謬誤（雖可能為「政治性的正確」 politically right），因藝術審美本身並無探索真理——即宗教信仰對象——的目的性（「美」的真理性層次低於「真」已如前述），而真理乃是人的終極關懷。故「游於藝」在求真者眼中可能為「玩物喪志」20。再者，道德觀或價值觀也不能取代宗教

---

19. 有關當前宗教學的研究狀況及其批判，參見 Timothy Fitzgerald, *The Ideology of Religious Studies* (Oxford: Oxford University Press, 2000), 3–10. 神學（theology，主要為基督教神學）探討神性及上帝與人世的關係，它常是宗教信仰的一種自我表述；宗教學 (religious studies) 則是對各式宗教問題（如起源、教義、組織、變遷）及史上宗教表現的學術性研究，它是一個外部或結構的觀察，不是信仰本質的探究（德國社會學家韋伯在其《宗教社會學》中開宗明義即如是說 Max Weber (translated by Ephrain Fishoff), *The Sociology of Religion* (Boston: The Beacon Press, 1968), 1. 他顯然不認為有此警覺即是真知），而常帶不可知論 (agnosticism) 的立場（見 Anders Jeffner, 'Atheism and Agnosticism,' in Peter Clarke and Stewart Sutherland eds., *The Study of Religion, Traditional and New Religions* (London: Routledge, 1991), 52–59.）。關於神學與宗教學的差異，參見 W. H. Capps, *Religious Studies: The Making of a Discipline* (Minneapolis: The Fortress Press, 1995), 323–36.

信仰。以道德或價值觀為信仰者，對於為何要如此並不能加以回答（也就是對第一因不加探究，例如儒家解釋「義」為「正當」，此即是說不能再追問何以如此之理），而且道德觀與價值觀可能人人不同，缺乏絕對的超越性與普遍性。總之，宗教為超越人世觀感的信仰，不可概以理論。故不論多愛佛學佛理佛義，只要不信因果輪迴便不是佛教徒（弘一和尚所言）；不論多麼肯定聖經教義，只要不信耶穌復活便不是基督徒（奧古斯丁所強調）。這是說，吾人不能以學習「做人處世」的工具性觀點看待宗教信仰，故孔子針對祭祀問題說：「爾愛其羊，我愛其禮」，宗教信仰不能以世俗標準衡量之。

真理或上帝若存在，乃超越人而存在，不因人對它（祂）的扭曲、誤解或否定而改變或消滅，這就是「人能弘道，非道弘人」的道理。譬如數學老師教不好數學，是老師不好，不是數學不好；故吾人不能以史上教會佛寺荒誕邪惡之行為，去證明其所宣揚之道為虛假，這是一般人由於「以人廢言」而對宗教懷有偏見錯覺的普遍情況，也是凡人不能正視信仰問題而深刻思考生命本質的緣故。此外，所謂「未知生，焉知死」、「未能事人，焉能事鬼」的「存而不論」態度其實是無神信仰的立場，因為信仰之於信徒乃為人生觀的根本，它隨時隨地貫穿（引導）人的一切思想言行，不會暫時無用或消失，故孔子以「仁」為真理，則強調「君子無終食之間違仁，造次必於是，顛沛必於是。」可見所謂「敬鬼神而遠之」其實是不相信鬼神之存在，或為提醒人「盡人事然後聽

---

20. 例如柏拉圖《共和國》(*The Republic*) 卷十〈詩人的罪狀〉中，蘇格拉底有言：「詩人的作品對於真理沒有多大價值。」見朱光潛譯《柏拉圖文藝對話集》（臺北：蒲公英出版社，民國 72 年），頁 130。

天命」的用意。這也就是說，人對真理與上帝是否存在的問題，必須加以判斷並以其認定為生命觀念的基礎，不能號稱置身事外以為客觀，或以存疑方式敷衍之，或糊里糊塗差不多就好（例如中國人對「天」——半神格半自然——的模糊概念）21。事實上，所有人皆有其宗教觀，即使是無神信仰也是一種信仰觀點；這就如凡人均有其政治立場（包括無政府主義），不論其關心或參與政治與否，或者如所有人皆持有某種哲學觀念，唾棄一切哲學探討的態度本身就是一種哲學觀。同時可知，絕對的拜金主義其實是一種信仰，而不是渴求物質的行為而已；絕對的唯物主義，雖號稱無神信仰，其實也是一種信仰態度，馬克思主義對信徒而言其實與一般宗教無異。另外，自然主義（naturalism，如道家）雖為一種信仰，但不是完全的信仰，因為它對於超自然（神靈）問題若非不顧，即是以不知為不知，並不深究。因此，對於宗教信仰

---

21. 「託福」之說證明一般中國人沒有真正的信仰態度，蓋凡人既非神，自不能賜福與他人，故吾人不可能託他人之福而如何如何。這句俗話固然只是客套話，不必認真，但這正說明使用者對於福報之事多無深思。又如中文「神聖」一詞恐亦暗示一種無神信仰的觀點，因為真正信神則將不認為有聖（上帝之下眾生無別），而相信有聖則不會相信有神。中國儒家講聖賢與君子的修養，同時則對鬼神存而不論，道理在此；而佛家講自救修為，相信凡夫成佛須歷經許多階段，此亦類似君子上達、成賢成聖之說，故佛弟子亦不信神。一般人對於宗教信仰無深刻省思常是因為養兒育女的親情責任所致，蓋生育子女是一種能化小我為大我的要事，傳宗接代使生命趨於永恆，此種意義常使人產生某種信仰感受，它具有神聖性殆無疑義，而且它永無工作完滿之時，這又使人終生注力，幾乎無暇他顧，故反因而不能徹底面對自身與人類生命意義問題，忽略宗教信仰的重要性。

問題，一旦有「杯弓蛇影」的疑慮（如感受鬼神天道的存在），則必須查個水落石出才甘休，而不是以遠避苦惱危難為處置方式，如此方能臻於「掌握」真理的境地；非得如此不能建立真正的信仰，也就是超越性信仰，否則必淪為迷信，即半信仰半理性的處世態度。

認真思考宗教信仰問題者，未必可成為一個宗教信徒；一個教徒必須面對二層次問題，且均抱持肯定答案，此二問題為⑴上帝或天道真理是否存在？⑵神意或真理為何？對第一個問題肯定者乃能具有宗教情懷或為虔誠 (religious)，此可謂信徒；對第二個問題肯定者方能產生宗教信仰體系 (religious belief) 而為教徒（不只為信徒），當然此二問題的出現有先後之別，探問第二問題者必已肯定第一問題。儒家「知其不可而為之」的態度其實是一種無宗教信仰內容的宗教情懷表現 (being religious without religious belief)，它悲觀而積極，富有神聖的使命感，但無確信的終極意義，也就是說這是處於肯定第一問題而對第二問題存疑的狀態。事實上，關於前者較易感知（肯定上帝或真理的存在），信徒們殆無疑義；但關於後者——神意或真理的具體內容——人生在世卻永無確知的一日（因為 / 所以真正的信仰為超越性信仰）。於是絕大多數信徒皆以經典或權威解釋作為確定的神意與真理內容，故而可以安心，且表現「虔誠」順服的信仰態度。這恐不是「得道」的表徵，因為真理非人憑理性與經驗可以確知，經典多屬寓意 (allegory)，神意須靠信徒自身體會（即所謂「自為牧者」priesthood of all believers），這是永恆的探求與一生的不安，不質疑自己的信仰才是一種非信仰 (unreligious) 的表現。基督教改革者馬丁路德 (Martin Luther) 為能否得救而苦惱，他反對權威教條，在其背離天主教而建立新教之後，也不可能「從此過著幸福快樂的日子」。

大部分宗教團體皆以教義與真理探求路線的不同而分裂為基本教義派 (fundamentalists) 與傳統派 (traditionalists)，如猶太教有撒都該派 (Saducees) 與法利賽派 (Pharisees) 之別，回教有什葉派 (Shiites) 與素尼派 (Sunnites) 之分，而基督教有新教徒（Protestants，一般所謂的基督教徒） 與天主教徒 (Catholics) 之異。基本教義派堅持除原始經典外，其他詮釋之作概不採信，傳統派則在原始經典外兼採聖賢解經之說，形成一個詮釋傳統，如此現象即說明教徒對於神意或真理內容是無法確定的，因而有確認信仰依據的需求。其實，對於神意或真理內容無法確知的不安，並不至於造成信徒的懷憂喪志和退縮遲疑，因為一方面能有此困惑者皆已肯定上帝或真理的存在，這個信仰本身乃是一個無窮的信心力量，另一方面是人即使不能知道神意與真理為何，亦能知道什麼不是神意與真理（見前舉阿奎納語）而須有所不為，故其在現世中的行為準則甚明，並無所謂「道德困境」的迷惑；況且，探究神意與真理雖不可能獲致確定的答案，卻可以逐漸接近真相，「對」的感受愈加強烈，這予人無限的生機動力，絕無坐困愁城之事。這是說若以「方向」比喻神意與真理，則追求神意與真理雖不可能真正掌握「方向」而達到目標，但「方向感」卻可以愈來愈篤實。故探求神意與真理的最大障礙正是智識障，一味要求知道具體明確的知識內容，這樣的態度忘卻了「真正的信仰乃為超越性信仰」的真諦，必陷入有形無神的淺見、甚至是起步維艱的迷惘中。

神意與真理既為超越性，則天道與人道必有衝突之處，這反映在許多教徒對人事價值的不以為然態度上。例如大部分教徒皆不認為其信仰為一種「宗教」而是真理，因為宗教一詞已被不解者所濫用[22]，或將其解為一個「社會體制」(social institution)，並無超越性價值可言，基督徒不喜被稱為「基督教徒」，就是一個明顯的現象。同時，教徒大都不認為歷史（人的事蹟）有重要的價值，歷史對他們而言乃是「證道」之用，而且解脫得救之義乃在「不再受做人的苦」，歷史自然是教徒所要揮除的不快記憶。再者，教徒皆不喜「宗教史」之說，一則因上帝（非人）無傳[23]、真理（超時空）無史，二則因史上教徒多有毀道之舉，不足稱述。事實上，教徒多持「末世觀點」(eschatology)，認為歷史乃是人墮落的過程。在教徒眼中，生命與生活並無其本身的價值，生命乃是手段或工具（最多為造物者的贈禮），不是目的的本身，但人應藉此生修身求道（故生命不能虛擲，自殺尤為各宗教所斥），以圖解脫與永生。正因天道與人道的差距、或人的不完美，人不論如何都不能成就「偉大」，但可以作為「高貴」。

信仰就是信仰，不能要求其全然合理，這可由下列問題的討論得知 。「若行為完全合乎基督教義卻不信基督 (being Christian without belief in Christ)，這樣的人能否得救？」首先，以基督徒的認知而言，信耶穌為得永生之必要前提，且得救乃神之恩寵；行為符合基督精神，卻不信耶穌，這是不得上帝恩寵的徵象，也

22. 重新再造一詞以取代被濫用的「宗教」實為無謂，因為宗教一詞所以被濫用乃因一般人不解宗教的深刻意涵，新造取代之詞必因同樣原由再被誤解誤用，故正本清源之法即是教人正視與深思宗教信仰的大義。

23. 如「耶穌傳」之作、或以耶穌生日為「聖」誕節之說，嚴格而論皆有瀆神之嫌。不過，「釋迦牟尼傳」則無此問題，因為佛家不信神，而佛乃「超人」，紀述凡夫成佛的經歷而為其作傳，並無不當，且有振奮人心之功。

是信念 (faith) 不足的表現，而「因信得救」(justification by faith) 的觀點乃是基督徒信仰的表現，若沒有信念或信心不足，在基督徒的認知中當然是不會得救。相對於這個看法，另一種答案自然是肯定的。持這樣觀點的人必非基督徒，他們必然認為這樣的果報才「合理」，然「合理」才信就不是（宗教）信仰的表現，所以他必不是教徒。或者，持此觀點者可能相信神或真理的存在，但不相信耶穌為神或耶穌為真理;他的舉止符合基督精神是因為(認為）基督精神符合放諸四海皆準的道，而不是認為道等於基督。若說神既然不能以人的觀點加以理解或期望，因此行為合乎基督精神卻不信耶穌者亦「可能」得（耶穌之）救，這樣的說法雖具有宗教信仰取向（即相信神或真理的存在），但這表示他還沒有信仰的對象或者確信神或真理是什麼（關心得救是屬於這個層次的問題），不然他就信了耶穌，也不必辯說（自我肯定）如此亦可得救。當然就這個行為符合基督精神的當事人而言，他其實也不在意這個「得救」，否則他必然已經信奉了耶穌，何況他的行為既已符合了基督精神，要成為基督徒「只要」轉念改口即可。

就「理論」而言，說「神既然不能以人的觀點加以理解或期望，因此行為合乎基督精神卻不信耶穌者亦可能得救」，這是有可能的；但是「信仰」不是「理論」，而且「信仰」不是追求「可能性」，而是「絕對性」與「確定性」。因此這個富有宗教信仰情懷的人，不能以此「理論」自我安慰或自我暗示，以為自己已符合真理或發現了真相。可知這樣的人應是不接受基督教，但也未持有另一套信仰足以取代基督教。與上述道理相同，若因為猶太教的「猶太選民說」而否定猶太教為真理或排斥猶太教，這也是犯了以「合理」標準看待信仰的謬誤。而若問「一個非猶太人其行為完全符合猶太教義精神，甚至信仰猶太教，那麼他能否得救？」

這個問題的答案與前一個問題的答案類似，只不過此事又含有「何為猶太人」（猶太民族成員抑或猶太宗教信徒）的定義反省。其實，如此的反問與論辯都不能取代積極與直接去探索真理或信仰的必要，而且此類的反問與論辯都無法否定神秘與不合理的宗教信仰之真理性。總之，信仰就是信仰，不是合乎——而是超越——邏輯或道德觀的道理，神意或真理為永不可知；對此，吾人最多只能有「方向感」，而不能確知「方向」。

前已說明，任何人其實都有宗教信仰，不論當事者是否有此察覺或是承認與否，因此問題重點是在於他是否對其宗教信仰加以不斷的批判與深思。這個必要與重要是因為凡人無時無地不在以自己的信仰觀作為行事的依據，行為的改變須以觀念的改變為基礎，唯此而「江山可改，本性可移」；另外，因為神意或真理為永不可確知，故信仰乃是一個持續的省思過程，不是一個安身立命的不變決定，它須不停被檢視，批判與肯定反覆進行，以維持「現在仍相信」（即 so far so good）的狀態，如此才不致淪為執著成見、迷信、或教條化 (dogmatic)。例如在飲食問題上，一個人是否吃素必與其宗教信仰相關，而非簡單的好惡或外在條件問題，當事人且須不斷反省此為之意義，以免成為外表功德的追求。基督徒相信上帝使人為自然的主宰 (Humans are rulers of nature by divine mandate.)，故其所重在於人神關係，即希冀拯救，在這個「看上不看下」的世界觀之下，食肉不致不安之感，因他們確信神所造者皆為人之使用。佛教徒抱無神信仰，以去我去苦為念，他推己及物，懷眾生平等的大悲心，並相信因果報應，故以吃肉為大忌；不過吃菜亦為殺生，並非值得鼓勵，但生而為人不能不食，活著方可有為，有為方能修行，故吃素為不得已之事（可見惡有大小，而人生為不完滿的世界）。儒家為人本主義信徒，其宇宙秩序乃以人為本位而推展和建構，向外「親親而仁民，仁民而愛物」，向上則「天人合一」為最高境界；在此世界中人與人的關係乃是生命主題，而人與物（包含禽獸）的關係為「行有餘力則以學文」的延伸顧慮，不是基本重點，故慈悲為懷是人性優點，但吃肉不被看作為惡。「聞其聲不忍食其肉」固然暗示吃肉殺生的潛在不安，但儒者絕不視其為缺德罪惡；況且「大德不踰閑，小德出入可也」，人本主義已經接受人世的缺陷，而以濟人淑世為人生積極的價值，不自困於小節。總之，吃素與否涉及個人對於宇宙秩序所持的觀念，它是一種宗教行為，故無信仰而吃素者常難以為繼，或需以健康、美味、生態等現實好處自勵，而這其實也含有信仰性質。關心生命意義者必皆深思吃素食肉與自殺等道德問題，反覆自問其中天理，可知宗教信仰即是人的終極關懷，不是虛無飄渺的幻想。

歸結至文明歷史的價值評論，宗教信仰在此不僅為評判的對象，更是據以為評判的標準。這是說，若真理存在，文明發展理應朝向真理的追求；若上帝存在，歷史即使不是神意寄託所在，也是上帝在人間的計畫 (God's scheme on earth)，有其特殊意義。而不論何者為真，這都表示人類文化的演變當有其絕對的價值為追求目標，這也就是朝向「文明的進化」，而不只是「歷史的演變」或是隨波逐流的相對變化。即使真理與上帝皆不存在，文化的發展若無絕對價值為追求目標，則文化實無發展的價值可言，因為絕對的好壞對錯於此並不存在。

二、猶太教的演進及特質

猶太人與希伯來文化

猶太人 (Jews) 即是希伯來人 (Hebrews)，或說是古代希伯來人的後裔[24]。根據《聖經》記載，猶太歷史起源於亞伯拉罕 (Abraham)。亞伯拉罕原居於兩河流域，大約於西元前 1900 年移居於迦南（Canaan，即後來的巴勒斯坦 Palestine），在此他的子孫繁衍，形成了希伯來族；因此，亞伯拉罕、以撒（Isaac，亞氏之子）與雅各（Jacob，以撒之子，又名以色列 Israel）這些猶太先祖 (*patriarchs* or fathers) 都視迦南為家鄉。後來因飢荒所迫，猶太人轉而墾殖於埃及的東北部，在當地安居樂業甚久，但到了法老雷姆西斯二世 (Ramses II, d.1225BC) 執政時，遭到嚴重的迫害奴

---

24. 猶太人 (Jews) 一名源出於猶太 (Judah) 一詞，其意是猶太的後代。猶太是雅各 (Jacob) 與麗兒 (Leah) 的第四子之名，猶太又是古代以色列王國分裂後南部政權的國名（北部國家仍稱以色列 Israel，南部則稱猶太，其首都為耶路撒冷 Jerusalem，立國期間為西元前 931–586 年，其國民主要是猶太及其么弟班哲明 Benjamin 的族裔）。猶太人一詞原指猶太種族成員，後來通指猶太教信徒。希伯來文 (Hebrew) 原為以色列的國語，但很快地也成為所有猶太人的共通語文（在西元前 586 年加爾底亞人征服猶太人之後希伯來語開始快速式微），猶太人被慣稱為希伯來人 (Hebrews) 亦與此有關。全世界的猶太人在二次大戰之前大約共有一千六百萬，但大戰期間死於納粹屠殺者竟有六百萬之眾；二十世紀後期猶太人口續有回升，但仍在一、二千萬之譜。

役，最後在摩西（Moses，此名乃埃及文）的帶領下，大約於西元前 1250 年舉族離開埃及（此即《聖經》中所謂「出埃及記」Exodus）[25]，途經紅海北端半島的西奈山 (Mt. Sinai) 時，據信神透過摩西向猶太人宣達了「十誡」(Decalogue or the Ten Commandments)。再經過許久在荒漠中流徙的歲月，猶太人終於征服迦南，重歸故土[26]。

此時猶太人分屬十二個部落，不甚團結，而他們面臨勁敵非利士人（Philistines，居於巴勒斯坦南方）的挑戰，不能安然立足於迦南，這使猶太族群領袖（稱為士師 Judges）深感國家統一的重要，於是在西元前 1020 年左右乃有以色列王國 (Kingdom of Israel) 的建立，其首任國王為撒羅 (Saul)。在大衛（David, d.961BC，第二任國王）與索羅門（Solomon, d.922BC?，大衛之子）統治下，以色列王國達於政治盛世，版圖與國力均有增加；

25.〈出埃及記〉的歷史真實性問題甚大，它的內容是歷史性的，但其表現筆法卻具高度的神異性，見 C. A. Redmount, 'Bitter Lives: Israel in and out of Egypt,' in M. D. Coogan ed., *The Oxford History of the Biblical World* (Oxford: Oxford University Press, 1998), 85–86. 關於猶太人遷離埃及的經過，他族另有說法，見 E. S. Gruen, *Heritage and Hellenism: The Reinvention of Jewish Tradition* (Berkeley, Calif.: The University of California Press, 1998), 44–54.

26. 以迦南為神對猶太人特別「應許之地」('promised land') 的看法在《舊約》〈申命記〉(Deuteronomy 12:11) 中已經提及，然摩西在族人重返迦南之前便已過世，帶領猶太人回歸故鄉的是摩西的繼承者約書亞 (Joshua)，猶太人為重建在迦南的穩固政權，前後奮戰約有二百年之久。關於猶太人收復迦南的理論，參見 L. E. Stager, 'Forging an Identity: The Emergence of Ancient Israel,' in M. D. Coogan, op. cit., 128–34.

大衛從傑布賽人 (Jebusites) 手中攻取耶路撒冷 (Jerusalem)，並將之定為首都；而索羅門則在此興建了猶太人的第一個神殿 (Temple)，它成為猶太人的信仰中心與國家一統象徵。也就在此時，摩西所說的教義（向為口傳）開始被記載成書，這就是《舊約聖經》的前五書（即「摩西五書」5 Books of Moses, or the Torah），它成為猶太教 (Judaism) 的基本經典。在索羅門死後以色列王國紛亂日多，終至分裂為二國，北部仍稱以色列，南部則稱為猶太（Judah，以耶路撒冷為都）27，雖然兩國在政治上分立，但在宗教信仰上仍屬一致，而民族認同也無歧異。此時猶太教思想導師——即所謂先知 (*navi* or prophets)——開始提出許多重要的教義觀念 28，使猶太人的信仰與民族意識更加凝聚。

在以色列王國分裂後的二百年間 (c.922–722BC)，猶太人的國家不斷遭受強鄰壓境的威脅。西元前 722 年亞述 (Sargon II) 攻滅以色列，大部分以色列人皆被放逐，他們後來多與其他民族融合，這些「忘本」的猶太人成為所謂的「失落的部族」(the Lost Tribes)。猶太則歷經亞述與埃及的統治之後，於西元前 586 年為

---

27. 北部的以色列包含十個部落，它們統轄於索羅門的部屬傑若巴 (Jeroboam)；南部的猶太僅包括二部落，由索羅門的兒子李奧巴 (Rehoboam) 領導。猶太的勢力雖不如以色列，但較為團結，且為正統大衛家系所在；又根據《聖經》所述，它比以色列更虔誠奉神。

28. 這些先知中影響最大者包括以利亞 (Elijah)、阿摩司 (Amos)、以賽亞 (Isaiah)、耶利米 (Jeremiah) 等人，他們的事蹟與論述成為《聖經》的重要內容。先知的說法重點其實不在於解釋神性或人類結局，而是在於討論神命之下的人事變化，尤其是以色列眼前的命運，參見 I. M. Zeitlin, *Ancient Judaism: Biblical Criticism from Max Weber to the Present* (Cambridge: The Polity Press, 1984), 212–13.

加爾底亞（新巴比倫）所毀滅，猶太人也遭流放，飽受新政權的壓迫奴役，史稱「巴比倫俘虜」(Babylonian Captivity)，但他們仍堅守傳統的信仰與文化。直到西元前 539 年波斯征服加爾底亞，賽流士大帝 (Cyrus the Great) 在次年便容許猶太人重回故鄉，猶太教的香火終能一脈相傳。不過，有些猶太人並未返鄉而居留於巴比倫；此後猶太人開始散佈各地（此謂 *Diaspora*），不再集中，它是猶太歷史的另一新紀元開端。西元前 516 年猶太神殿重建完成，猶太人的宗教活力再次振興，但他們仍長期受異族統治[29]，直到西元前第二世紀猶太人才在馬卡比家族 (the Maccabees) 的領導下，掙脫敘利亞王朝（希臘化時代）的控制而取得政治獨立地位（新國仍稱為猶太 Judah，維持約一百年）[30]。其後猶太人卻因教義認知的差異而發生內爭（主要為基本教義派 Saducees、傳統派 Pharisees、與靈修派 Essenes），最後羅馬政權介入，並於西元前 63 年征服猶太（拉丁文稱之為 Judea），然後將其收編為海外轄區。羅馬人統治猶太甚為高壓，猶太人逃亡出境者甚眾。西元 66 年猶太人一度推翻當地羅馬政府，但西元 70 年大軍又至，耶路撒冷的神殿且被羅馬人毀壞（現在的「哭牆」 Wailing Wall

29. 在希臘化時代，亞歷山大帝國、埃及的托勒密王國、與敘利亞的希流克斯王國相繼控制猶太，不過它們皆容許猶太教自由活動。

30. 猶太人的一神教信仰使其始終無法融入大同觀流行的希臘化世界中，見 Harald Hegermann, 'The Diaspora in the Hellenistic Age,' in W. D. Davies ed., *The Cambridge History of Judaism* (Cambridge University Press, 1989), vol. II, 158. 關於猶太教特殊的排他性 (exclusivity)，參見 R. A. Cohen, *Elevations: The Height of the Good in Rosenzweig and Levinas* (Chicago: The University of Chicago Press, 1994), 22–28.

即是其僅存遺跡），許多猶太人被擄至羅馬。第二世紀時（起於132AD）猶太人曾有大舉反叛羅馬的行動，但終歸失敗，羅馬政府因此強制猶太人遷出耶路撒冷，巴勒斯坦北部及巴比倫等地乃成為猶太人的新生地。此後其政治獨立的動機逐漸消沈，精神信仰的探索則愈加虔誠，猶太教法師 (rabbi) 與學者成為族群新的領導人，同時會堂 (synagogue) 取代神殿成為猶太信仰的活動中心，法師們對於教規的詮釋後來被集結為「猶太法典」（Talmud，其信仰觀點可謂為 Rabbinic Judaism，盛行至 500AD）[31]，其神聖性僅次於《舊約聖經》。到羅馬帝國瓦解之後，猶太人開始遠離西亞故地，向西歐移植，而在經濟與文化活動領域中，發揮極其重要的影響力[32]。

---

31. 猶太法師講道極不重視個人的重要性，而強調猶太民族的特殊性，見 W. S. Green, 'Storytelling and Holy Man: The Case of Ancient Judaism,' in Jacob Neusner ed., *Take Judaism, for Example: Studies toward the Comparison of Religions* (Chicago: The University of Chicago Press, 1983), 34; and Robert Goldenberg, 'Law and Spirit in Talmudic Religion,' in Arthur Green ed., *Jewish Spirituality: From the Bible through the Middle Ages* (New York: Crossroad, 1989), 232–35.
32. 從第九到十二世紀期間，猶太人的學術文化發展盛極一時，特別是在西班牙一地（當時為回教國家）；但此後十字軍東征運動興起，基督徒的宗教狂熱爆發，猶太人開始受到迫害，一直至十八世紀，大勢方歇。西元 1290 年英國下令驅逐猶太人，1392 年在法國、1492 年在西班牙、1497 年在葡萄牙，猶太人也遭遇同樣的危難，同時日耳曼地區與波蘭亦皆執行反猶政策 (anti-Semitism)。由於流離失所，猶太人死亡者眾，許多人則往荷蘭、俄國與土耳其尋找庇護，東歐的猶太人口因此大增。有些西班牙的猶太人為免遭迫害，號稱皈依基督教，卻暗中信守猶太教規（此種人被稱為 Marrano，

希伯來文化缺乏科學與藝術方面的成就，而在法律、文學、與哲學方面則對西方文明貢獻卓著。這與猶太教信仰自然關係密切，蓋猶太教禁止偶像崇拜，使得藝術創作的題材與觀念大受限制，不能自由發揮，故希伯來藝術僅為宗教藝術，缺乏創意與豐富性；而猶太教關注來世拯救，現世精神與講究實用的態度不強，其對於物質生活的追求與物理知識的探討乃少有注意，故科學發展成績貧乏[33]。換言之，希伯來文化中法律、文學、與哲學方面

其意為豬)，西班牙政府乃設置宗教特別法庭 (Inquisition) 制裁未嚴格奉行基督教義者。在此期間，猶太人無法擁有土地，亦不得自由選擇職業或參加行會 (craft guild) ， 只能經營一些小買賣與借貸生意；猶太人由於不受社會大眾接納，逐漸群聚互保於城市的一角，而這也符合當權者的隔離政策主張，於是各地紛紛出現「猶太區」(ghetto)。同時，向以務農為主業的猶太人因此開始「都市化」，成為工商業者；但他們的宗教信仰卻更形固執，迎接彌賽亞的運動不時發生。十八世紀工業革命與資本主義興起後，猶太人的經濟處境大獲改善 ； 而美國獨立革命與法國大革命之後的民主自由改革運動，也使西方各國對於猶太人的政策大為解放。在此情勢下卻出現兩種不同的猶太認同運動，一主就地同化（由 Moses Mendelssohn 首倡於十八世紀後期，這是一種對於猶太教「選民」說的批判)，一主另建國家（此即 Zionism，由 Theodor Herzl 在十九世紀末年所發動)。十九世紀晚期以後雖有另一波反猶熱潮，但為禍尚不甚劇烈；二次大戰期間慘絕人寰的殘害猶太人事件發生後，終於導致猶太人在巴勒斯坦復國的壯舉。1948 年以色列建國 ，猶太人再次展開歸鄉回流的運動，而其與阿拉伯人的鬥爭只是史上猶太立國時必經的政治磨難又一章。

33. 希伯來文化中科學研究成績貧乏的狀況，可由現代希伯來文中科學詞彙多為外來語翻譯一情得見，當然此事絕不表示猶太民族中個人

的成就，其實便是猶太教教規、宗教經文、與神學討論的表現。例如古代的「希伯來文學」最主要的「創作」即是《舊約聖經》(*Old Testament*) 及其「經外書」(Apocrypha) 與「偽經」(Pseudepigrapha)，這些都是宗教性文章。猶太教成為基督教發展的歷史淵源，猶太教對於生命意義、神意天命、與行為準則的討論，自然對於後世西方的文化思想傳統，具有開創典型的價值。猶太人原屬古代兩河流域的閃米族群之一（希伯來文出於閃米語系）[34]，其歷史文化與宗教信仰深受古代近東世界大勢的影響，然而猶太人終究造就了一個與一般近東文明觀念極為不同的獨特文化，這與猶太教——本亦與上古宗教無異——發展為一個超越性信仰的趨向息息相關。發源於猶太教的基督教更進一步詮釋這個與眾不同的宗教觀，於是以基督教為中心思想的西方文明，乃愈加和東方文明分道揚鑣，形成兩個對比強烈的文化。

猶太教的演進

如前文（第二章）所述，古代希伯來人最初 (–1250BC) 與其他兩河流域民族一樣信奉多神，《聖經》中最早的篇章常提及兩河流域的歷史故事，顯示早期的猶太人經驗與想法大略與上古部族

的科學研究能力皆不足觀。

34. 希伯來文為古代猶太人的語文，《舊約聖經》大部分原來即是以希伯來文寫成，現存最早的希伯來文著作可溯及西元前第十一世紀。希伯來語文在加爾底亞統治時期逐漸式微，後來亞拉米語 (Aramaic) 取代了希伯來文成為猶太人的日常通用語文，不過希伯來文仍被保留為猶太人的宗教用語以及學術語文，至今依然如此。十九世紀後期猶太復國運動 (Zionism) 興起，連帶使希伯來文因為民族認同的需求而重新流行，1948 年以色列建國時更將它定為國文。

無殊。摩西時代以後 (1250–750BC) 猶太人開始轉向「單神信仰」(monolatry or henotheism)，即在眾神中獨尊其一；「十誡」第一條「不信奉他神」(‘No other gods.’) 顯示此時猶太人並不否定其他神明的存在，只不過專事耶和華 (*Yhwh* or Yahweh) 而已[35]。這時猶太人心中的耶和華乃是神人同形同性 (anthropomorphic) 的神格，祂不是全知全能，也非宇宙唯一主宰，而是猶太一族的守護神。但「十誡」被視為神人之間的聖約 (Covenant)，猶太人不能不因此自視為「上帝特別揀選的民族」(God’s chosen people)，這個特殊認同——因享有「恩遇」(‘chosenness’) 而負特殊使命——使猶太人開始感受其歷史遭遇為一種天命安排與神威展現[36]。至以色列王國毀滅後 (750–550BC)，猶太民族政治命運的乖舛與生活困頓，乃被視為猶太人違犯神意聖約（如偶像崇拜 idolatry）所受的教訓，使上述的信仰感受大為深刻化，再經由先知們的神學闡釋

35. 「十誡」可見於《聖經》〈出埃及記〉(Exodus) 20:2–17 和〈申命記〉(Deuteronomy) 5:6–21，其要點為：1. 不信奉他神 (Deuteronomy 5:7 ‘Thou shalt have none other gods before me.’)；2. 不崇拜偶像 (No graven image.)；3. 不妄稱上帝之名 (Thou shalt take the name of the Lord thy God in vain.)；4. 嚴守安息日 (Sabbath day) 作息（一週工作六日、一日奉神，安息日在猶太教為星期六，在基督教則為星期日——故稱禮拜天）；5. 孝敬父母；6. 戒殺；7. 戒淫；8. 戒偷；9. 不作偽證；10. 不覬覦他人財色。在這十個信條中，最具信仰意涵，也就是最為重要者正是前四項，其餘各條其實是古來一般的道德規範。

36. 參見 Jacob Neusner, *Judaism and Its Social Metaphors: Israel in the History of Jewish Thought* (Cambridge: Cambridge University Press, 1989), 145.

（故此時期可謂「先知革命」prophetic revolution 的時代），希伯來人開始相信耶和華為宇宙唯一主宰，上帝而外並無他神存在，一神信仰至此確立[37]，耶和華也由一個部落神轉成普世神（但猶太教因強調猶太人為上帝特別眷顧的「選民」而——至少在非猶太人眼中——仍富於部落性信仰的色彩，基督教講「神愛世人」才將這個一神信仰純化為世界性宗教）。到「巴比倫俘虜」結束後（550BC–，即「後流亡期」postexilic period），猶太教進入另一個階段，此時末世論（eschatology，有關世界末日的討論）逐漸流行，期望彌賽亞（Messiah，希伯來語，意為「受油祝聖者」anointed one）降臨以振興猶太國家的熱情興起；這是猶太先知的神喻解讀，他們相信彌賽亞是大衛、索羅門的後代英豪，這個政治的解放者 (political deliverer) 將為猶太民族帶來一個人間太平盛世，其後才有最後審判以結束人類歷史 (Isaiah 2:1–4)[38]。然而後來由於猶太人的獨立建國行動屢遭挫敗，政治盛世遲未出現，現世報似不可期，於是猶太教的來世思想愈加深濃，彌賽亞的說法逐漸轉為精神救贖者之義，這就是後來耶穌為基督徒所認知的屬性（即神格），以及傳統猶太教徒痛斥耶穌為神一說的原因。同樣在這「後流亡期」中，猶太教的經典彙整編輯趨於完備，摩西五書及其他十九書共同集結為《舊約聖經》，它大約在西元第二世紀時被正式定為聖典。

37.〈申命記〉的主題即是在強調絕對的一神信仰觀念，它顯示這個宇宙唯一主宰與祂所創造的生命絕非同類（見 Deuteronomy 6:4）。

38. 關於猶太人對彌賽亞的觀念，詳見 Samuel Sandmel, *Judaism and Christian Beginnings* (New York: Oxford University Press, 1978), 202–8.

猶太教的信仰特點

猶太人的政治經驗固然曲折悲慘，但其實這和其他古代弱小民族並無特別不同之處，致使猶太民族與眾不同者，是在於他們看待人事的態度，這也就是猶太教信仰。在成熟的猶太教觀念中，上帝雖是宇宙的創造者，但上帝不是自然，更非自然的一部分，而是超越自然，居於自然之外。因此吾人應以抽象（形上）思辨的方式體會神意，而不能以具體實際的物性標準去了解上帝。不過，人為萬物之靈或自然的主宰乃神意安排，人可以盡心利用物質以謀生建設，雖然不應為物質享受而忘卻人神關係的大義。而神既然不附身於自然界，神意當然不等於自然法則；神意的展現乃透過歷史，須靠人的反省回顧方能領悟，不能簡單以物理為天理[39]。猶太「先知」為特獲神意訊息的歷史解釋者，他們不是一群預言家或講經者，而是能鑒察歷史教訓以提出警示的先知先覺者（相對於神的全知僅為後知後覺者）。在這個認識下，猶太人當然不對自然現象加以神格化，或持「災異」之類的迷信觀念揣摩天意，僅此一點就使猶太人超越一般上古的社會，不致沈溺於巫術占卜或虛妄幻覺中；同時，猶太人也不因其多災多難的遭遇而懷憂喪志，反而能從歷史中記取教訓與體會天命，愈挫愈奮。再者，猶太教信仰的倫理性甚強，在古代宗教中無出其右者；猶太人認為神為聖潔凜然而具道德意識，故其子民亦當為莊敬正直（Exodus 19:6 與 Isaiah 43:10），上帝不要信徒繁文縟節的禮敬儀

39. Emmanuel Levinas (translated by Seán Hund), *Difficult Freedom: Essays on Judaism* (Baltimore: The Johns Hopkins University Press, 1990), 226–27. 猶太人應是世上最重視歷史與最能正視歷史意義的民族，故猶太人的使命感也非他族可比。

式（即 ritualism），而重視其善心德行 (Amos 5:21–24)。根據巴比倫神話傳說，神所以引發洪水消滅人類，乃因人們的吵雜干擾其睡眠；然依據《聖經》〈創世紀〉(Genesis) 的說法，神所以使河水氾濫消滅人類，乃因人的邪惡墮落，而上帝所以特別救護諾亞一家，乃因「諾亞為正直之人」('Noah was a just man.')，由此可見猶太信仰承襲上古宗教而又超越前人之處。不過，在猶太人心目中神雖然講求道德，但祂是令人「敬畏」(stand in awe of Him) 而非「敬愛」的上帝，這也就是說神不能以人的觀點去盼望與理解（故常難以捉摸而無所適從），超越性信仰的概念已經在此浮現。上述這些觀點大約在以色列王國毀滅 (722BC) 之前即已出現，顯示猶太人甚為早慧。

「巴比倫俘虜」(597–538BC) 的遭遇使猶太人的宗教信仰大受新局勢與新觀念的衝擊，而波斯解放猶太民族後猶太教也深受祆教觀點的影響，天使（如 Michael 與 Raphael）、撒旦（Satan，邪惡的化身 personification of evil）及死者復活 (resurrection of the dead) 之說，大概都在此時出現。亞歷山大帝國的統治又使猶太教受到新的啟發，靈魂永生 (immortality of the soul) 的觀念也開始成為猶太人的信仰。在猶太人的生活處境惡化之時，天啟神示的觀念（apocalyptic beliefs，找尋上帝對未來安排的暗示）也逐漸流行。以上這些觀點雖不是猶太人自己的發明，而是採擇自近東其他宗教，然一方面猶太人既然認為神意展現於歷史之中，這些新教義便被視為歷史所示之更深天道，它們是解釋神蹟所得，而非舊有信條的翻版或抄襲；另一方面猶太教本是長久演化的信仰，它的特出之處不在於神話的創造，而在於神話詮釋的深入與高超，因此這些信仰觀點經由猶太人的解說，頗有化腐朽為神奇之妙，不再是膚淺的教條[40]。

古代猶太教的定型觀念表現在《舊約聖經》(the Old Testament or the Hebrew Bible) 的編寫中[41]。《舊約聖經》包括三部分：律法 (Torah)、先知書 (Prophets)、與聖徒傳 (Hagiographa or the Writings)。律法為《舊約》前五書，首篇〈創世紀〉說明世界與人類的誕生（1–11，此為「史前時代」Prehistory）、神的特使亞伯拉罕的形跡 (12–24)、以撒的事蹟 (25–26)、以及雅各的經歷（27–50，止於其族人遷徙至埃及，至此為「初史時代」Protohistory），其中包含許多上古西亞與埃及的民間傳說。〈出埃及記〉紀錄摩西受神啟示引領族人從埃及出走之事（1–18，此下為「正史時代」History），以及「十誡」聖約的宣告 (19–40)；其中所示摩西律法 (Mosaic law) 與上古民族的法律頗多相似之處，但又更富人道精神。〈利未記〉(Leviticus) 明載祭祀犧牲儀禮之事 (1–16) 以及〈出埃及記〉所未論及的道德規範 (18–22)。〈民數記〉(Numbers) 記載猶太人從西奈至返回巴勒斯坦之前的旅程經過，其中包括兩個戶口調查紀錄（此為篇名由來）。〈申命記〉(Deuteronomy) 首先回顧離開埃及以來的歷程 (1–4)，然後是摩西對猶太族人的道德與教規訓示（5–30，包括十誡的重申），以及摩西其他的行誼 (31–34)，此書主旨是強調一神信仰。

先知書中〈約書亞書〉(Joshua) 敘述摩西的繼承人約書亞領

40. 關於古代近東神話與《舊約聖經》說法的對比，見 Dan Cohn-Sherbok, *The Jewish Heritage* (Oxford: Basil Blackwell, 1988), 4–6.

41. 關於《舊約聖經》的「確立」(canonization) 過程，參見 L. H. Schiffman, *From Text to Tradition: A History of Second Temple and Rabbinic Judaism* (Hoboken, N.J.: Ktav Publishing House, 1991), 56–59.

導族人重佔巴勒斯坦 (1–12) 及分配此「上帝應許之地」予各部落的事 (13–22)。〈士師記〉(Judges) 接續〈約書亞書〉記載猶太人在巴勒斯坦的事蹟，說明猶太人背神忘義的行為所受的天譴，此書主要內容是出於某些士師的敘述。〈撒母耳記〉(Samuel) 記述撒母耳（以色列最後一個士師與摩西以來第一個先知）、撒羅與大衛時期（大約西元前十一世紀）的希伯來歷史。〈列王記〉(Kings) 繼續〈撒母耳記〉紀錄大衛死後至猶太王國滅亡之間的歷史 (c.1000–560BC)，此書較〈撒母耳記〉更多對人事的褒貶評論，它一再強調猶太人的罪孽導致其現世的災難。〈以賽亞書〉(Isaiah) 是猶太王國先知以賽亞的預言集，它論及亞述的覆亡以及猶太國家的衰亂與重生。〈耶利米書〉(Jeremiah) 記載耶利米在耶路撒冷傳教的經歷 (c.628–586BC)，他特別呼籲猶太人提振道德，警示非此不能逃脫來日的苦難。〈以西結書〉(Ezekiel) 記載以西結對陷於巴比倫俘虜的猶太人所做的傳教工作 (592–570BC)，其主題是討論耶路撒冷在西元前 586 年的陷落原委；以西結特別強調祖先的罪惡不會報應在子孫身上，各人須為自己的行為負全部責任。〈何西阿書〉(Hosea) 與〈阿摩司書〉(Amos) 記載西元前第八世紀何西阿與阿摩司對以色列王國罪行後果的警告。〈哈巴谷書〉(Habakkuk) 說明神對善惡果報的安排，哈巴谷（可能為西元前第七世紀人）指出神將以加爾底亞人為工具執行其計畫。〈西番雅書〉(Zephaniah) 譴責猶太王國的偶像崇拜與追求財富罪行，並預言猶太人的劫後重生。〈哈該書〉(Haggai) 與〈撒迦利亞書〉(Zechariah) 的時代背景為西元前第六世紀初期，二者號召方從巴比倫俘虜解放歸來的猶太人重建其神殿。〈瑪拉基書〉(Malachi，其意為「我的使者」) 強調神對猶太人的厚愛，然後責斥他們的過錯，最後則預言末世審判日的到來 (2:17–4:6)。其餘〈約珥書〉

(Joel)、〈俄巴底亞書〉(Obadiah)、〈彌迦書〉(Micah) 與〈那鴻書〉(Nahum) 等文亦皆為先知警言，其理念相近。

在先知書中〈約拿書〉(Jonah) 的神學意涵甚為特別，它記載西元前第八世紀前期約拿在尼尼微傳教的事蹟，此書頗暗示猶太教的世界性精神。其故事說約拿違逆神旨，不欲聽命前往亞述首都尼尼微傳教，而搭船逃逸，然因遇上暴風雨，船員以其觸犯神威而招來災難，於是將他拋入海中；約拿為一「大魚」所吞，三日後被吐於岸上，於是約拿深知神命不可違抗，只得前往履行職務。由於約拿傳教效果甚佳，尼尼微人民頗能知錯悔過、揚棄腐化的生活，於是神便決定赦免其罪而撤銷約拿所預言的惡報。約拿為此甚感怏怏，乃離開該城觀望其下場，此時上帝造一樹讓約拿乘涼，第二天卻又使其生蟲致死，甚令約拿惋惜，藉此上帝使約拿發現自己愛物勝於愛人的不仁之心。這個故事在《聖經》中常被引用，它昭示著猶太教中「神愛世人」的慈悲精神或世界性宗教的意義，有意破解猶太人的「選民」信仰迷思（所謂猶太人乃指猶太教信徒而非猶太族人），頗富有基督教的慈父上帝之理念，而約拿從魚肚中重生的奇蹟，也常被基督徒引為耶穌復活的先期寓言。

聖徒傳中〈路得記〉(Ruth) 敘述寡婦路得對其婆婆的孝行，它是最受歡迎的《聖經》故事之一。〈歷代志〉(Chronicles) 紀錄以色列王國及其分裂後猶太王國的歷史，包括巴比倫俘虜一事，它與〈撒母耳記〉及〈列王記〉所述互補，然其立場顯然較傾向於大衛家系。〈以斯拉記〉(Ezra) 與〈尼希米記〉(Nehemiah) 敘述西元前 538 至 432 年間的猶太人歷史，也就是巴比倫俘虜結束後猶太人返回耶路撒冷重建信仰中心的經過。〈以斯帖記〉(Esther) 敘述猶太美人以斯帖（被波斯國王 Ahasuerus 選為王后）剷除奸臣、保全族人的事蹟，其真實性學者頗多質疑。〈詩篇〉(Psalms) 收集 150 首詩，主題與風格殊異，然多富有猶太教信仰觀念。〈箴言〉(Proverbs) 是道德格言集，其所論為普世性義理，絕無民族主義思想，它是「後流亡期」的希伯來新興文學代表，強調哲理智慧。〈傳道書〉(Ecclesiastes) 大約成書於西元前第三世紀，它是一篇哲學論述，充滿明哲保身和玩世不恭的悲觀消極態度，其說甚令猶太法師難以接受和解說。此書是一種探求真理與神意的反面論述，它一開始便指出萬般皆是空，人生當及時行樂；隨後又宣揚智慧與慈悲的重要，強調生命終有結束的一日；最後則又表示最後審判的可怕，然著墨不多。〈傳道書〉與〈箴言〉同為希伯來「智慧文學」(wisdom literature) 的代表作[42]，這可能是一種信仰的自我批判與挑戰；《舊約聖經》最後一卷〈瑪拉基書〉所強調的正統邪不勝正果報觀念，正說明〈傳道書〉只是信徒自我懷疑的偶發感言。〈雅歌〉(Song of Solomon or Song of Songs) 為情詩集，它被收入《聖經》不是因為其文學美感，而是因為其被喻為上帝對猶太人或敬愛上帝者的眷顧。〈哀歌〉(Lamentations) 為悲悼加爾底亞毀滅耶路撒冷的詩集，它應是西元 586 年之後不久的作品。〈但以理書〉(Daniel) 敘述西元前第六世紀加爾底亞宮廷中猶太人但以理的事蹟與識見，故事的真實性甚為可疑。

聖徒傳中最富超越性信仰意涵的思辨者當屬〈約伯記〉(Job)。〈約伯記〉的作者與成書時代不明（可能在西元前 500–300 年間），它的主題是善無善報乃至善有惡報的問題，這可能取材自上古兩河流域的民間故事，即便不然，這也是歷來古文明共同面

42. 同為智慧文學代表的尚有被猶太人歸為偽經的 Ecclesiasticus 一書，它也充滿著醒世智語，反對決定論，讚頌上帝創造自然的巧妙精美。

臨的道德困境，不是猶太人的特殊問題；然〈約伯記〉對此問題的探討深入道德意識的源頭，直逼真理與神意的內涵，其境界顯然超越一般人的認知水準。此書除了前言與結語，概以對話方式行文，極具辯論性與理念化效果。在前言中，撒旦獲得上帝的允許去測試神認為完美正直的約伯之情操[43]；然後約伯一切所有乃至健康皆一一被毀，約伯起初尚以傳統信仰觀點看待這些變故而禮讚神的安排[44]，然其後因苦難之加劇，終於無法忍受悲憤、痛苦與困惑，而開始質疑天理與神意，並求一死以解脫。隨後約伯的三個教友以正統的教義企圖安慰和開導約伯，並與他進行一連串的信仰辯論 (3–31)。他們皆強調人的原罪與約伯不可能為全然對（無辜）的「事實」（此為猶太教信仰觀）——包括約伯自以為並無過失一事——並申言人之苦難乃為罪罰，但這些（傳統）論點均不能引證於現實而迫使約伯衷心認錯。約伯並非狂妄無恥，而是因為無法發現自己任何過失而對所受的橫禍難以釋懷，事實上他極樂意被說服以便因了解而放心；雖然他也期望死後果報的正義安排，但現實人生的無情無理使他信心崩潰，無法以教義自慰。在約伯與三人論辯無效後，第四個論者 (Elihu) 加入辯局 (32–37)，這個少年首先強調對真理神意的認知不因年紀長經驗多而更

---

43. 上帝既然為全知（omniscient，不僅為無所不知），當然知道約伯將禁不起撒旦的考驗，正如亞當與夏娃在伊甸園中禁不起蛇的誘惑而「偷」食智慧果，此亦上帝意料中事（安排之事），如此則上帝到底是什麼意思或安什麼心，這是耐人尋味的故事外一章。

44. 約伯初聞其不幸時倒臥於地祝禱曰：「這一切我生不帶來，死不帶去，上帝給我又取回，何其偉大啊。」(Naked came I out of my mother's womb, and naked shall I return thither; the Lord gave and the Lord hath taken away; blessed be the name of the Lord. Job 1:21)

接近真相，他譴責約伯的無知與自以為是，但也不能具體說明何為天理。最後在約伯的絕望懇求下，上帝自颶風（偉大的自然力量）中向約伯顯靈，使其確知自己的無知無能，並斥責他對上帝的質疑 (38–41)，但上帝對何為真理並未明言；無論如何，在此震撼中約伯終於感受人的渺小，因而誠心悔過，自慚不已。在結語 (42) 中神更譴責約伯的三個朋友之誣愚，指其較約伯更為無識（教條化）[45]；然後約伯所有又失而復得，獲上帝更大的祝福。在這個故事中，道德倫理問題與神意真理的辯論一樣，未有明確解答——當然也不可能有明確解答，因為這正是超越性信仰的永恆困惑（但非迷惑）與真相追求的過程。行善而得惡報的道德困局似非〈約伯記〉作者所欲或所能破解的難題，其所圖批判者乃是惡有惡報的人道式見解；而善有善報的想法恐亦非此書原意，書末的歡喜結局 (happy ending) 應是虔誠教徒續貂之作[46]，即使如此，來世的善惡報應也未在其中提示。這似乎在暗示，得救不是靠善行功德，而是神的恩典，這卻是人所不能追求和明瞭之事。在此書中，上帝儘管申斥約伯的狂妄無知，但並未駁斥其「行善未必獲得救贖」的悲觀念頭；於此，人唯一的自我慰藉想法僅能是，上帝與宇宙之偉大與奧秘非人類所可知，而人絕不能以人間的標準與期望去要求或理解神的安排設計。總之，這一切的不合

---

45. 約伯的表現是「見山不是山」的懷疑批判階段（為「虔誠的叛逆者」faithful rebel，見 Harold Bloom ed., *Modern Critical Interpretations: The Book of Job* (New York: Chelsea House Publishers, 1988), 4.），而其友人的層次則只是「見山是山」的初級階段，故約伯的宗教情操與信仰認知顯然高於其友人。

46. 學者已指出，〈約伯記〉本文散失錯置與後人「加油添醋」之處頗不少。

情理與「曖昧不明」，其實正是猶太信仰的超越性表現，不能全以道德或理性加以評斷。

觀乎整部《舊約聖經》，它以形式題材而言，包括了神學、歷史、哲學、文學、法律、與宗教見證等，構成古代希伯來文明的思想主體；然若以信仰精神而論，這種種不同的表述方式，其實皆在討論同一課題，此即是真理與神意為何，而以猶太人的觀點來看，《聖經》的價值與本質正是在此，絕不能以一部希伯來文明的百科全書視之。這正是說，對於宗教信徒，真理與神意隱含於一切的事物中，人須從各方面探索一貫的義理，不應止於「就事論事」的表面功夫；而「橫看成嶺側成峰，遠近高低總不同」的印象，乃是不信真理者的眼光，因為縱有不同角度視野所見的山形——由上而下俯瞰也非全貌的掌握——但此山的存在終為事實而有其真相，永不因人的感官知覺障礙而有所改變或減損。

猶太教的殊途發展

如前述，宗教中所謂的基本教義派 (fundamentalists) 堅持除了原始經典外，其他詮釋之作概不接受；傳統派 (traditionalists) 則因相信神意經由長久歷史而逐步展示，主張除了原始經典之外，歷來詮釋基本教義有創獲者——由此形成一個解經傳統——亦應採納。猶太教為長期演化成的信仰，故更有傳統派與基本教義派的爭議。古代猶太教的基本教義派為撒都該派 (Sadducees)，他們只尊奉《舊約聖經》前五書（Torah，原意為「智慧」）47，也就

47. 「猶太教」(Judaism) 一詞乃是現在用語，《聖經》中並無此用法，它僅曾偶然出現於中古時代的文獻中，而 Torah 一詞在古代則常為所謂猶太教的代稱。現在 Torah 一詞多指「神意啟示」（廣義的 Torah 可以包括一切猶太教義與經典），而 Judaism 則意指神意啟示

是「成文律法」(Written Law)，且解經態度嚴謹，不多作詮釋引伸，教規嚴格；此派大約形成於西元前 200 年，其信徒多為城居中上階層的保守人士，為少數派。猶太教的傳統派稱為法利賽派(Pharisees)，他們比基本教義派更強調「神意展現於歷史中」的猶太教義理，除了前舉經典外此派也接受「猶太法典」(Talmud，原意為「知識」)為神聖教義，也就是採納「口傳律法」(Oral Law)，這包含傳統的智慧格言、風俗習慣、傳說典故、與經文註解等[48]，因此其教義與教條大量增加；此派興起於西元前第二世紀，有民主風格與平和精神，能將宗教與生活結合，使信仰深入民間，故其倫理性特強[49]。具體而言，法利賽派相信而撒都該派

以及信徒對此的解釋與奉行態度。Torah 又稱為 Pentateuch（希臘文，原意為「五經」)，根據傳說這些經文是摩西以神的啟示為基礎寫成，故又稱「摩西五書」(Five Books of Moses or the Torah of Moses)。此經典在「後流亡期」重要性更增，因為此時它所代表的人神約定意義與所具有的人神溝通角色益為彰顯，見 Michael Fishbane, *The Garments of Torah: Essays in Biblical Hermeneutics* (Bloonington: Indiana University Press, 1989), 70.

48. 「猶太法典」並不在《舊約》之中，它的收集、編撰與解釋大約成形於西元第二至六世紀之間，對猶太法典的註解工作則一直持續至第十一世紀為止，此時西亞的猶太人受到嚴重迫害，猶太學術活動重心已轉移至西班牙。這個「口傳律法」其實不僅為經典的註解，更被信徒視為另一個神意啟示的源泉，見 Emmanuel Levinas (translated by G. D. Mole), *Beyond the Verse: Talmudic Readings and Lectures* (London: The Athlone Press, 1994), 135.

49. 正因法利賽派強調倫理規範，不能符合此標準者乃多，他們成為此派的「敗類」('sore spots' or 'plagues of the Pharisaic party')；如此，基督徒尤其指法利賽人為「偽君子」(hypocrites) 或「奸佞之徒」

排斥的信仰觀點包括永生（即死後生命 life after death）、死者復活、天使與魔鬼的存在、彌賽亞的來臨 (messianism)、天啟觀 (apocalypticism)、末日審判、乃至絕對的一神信仰諸說；整體來說，法利賽派較為「認命」，對於命運與上帝的作用更為重視，而撒都該派則強調人的自由意志與個人責任，或說他們所認定的天啟內容較少。法利賽派本較為開明寬容，普受猶太大眾的支持；至西元 70 年耶路撒冷神殿為羅馬毀滅之後，撒都該派大失依靠，更使法利賽派成為猶太教的主流與正統[50]。這個接受神意解讀傳統的猶太教派，自然可能為基督教發展的源頭，因為耶穌講道與猶太前賢不同，理當非撒都該派之屬，故而被歸類為傳統派的新說（聖保羅 St. Paul 原亦屬於法利賽派信徒）；然信仰講究絕對性，愈相近則愈相斥，耶穌傳教並不以法利賽主義 (Pharisaism) 為相近之流而認同之，當基督教興起以後，基督徒更與法利賽派斷絕關係，甚至斥之為邪門歪道，然法利賽派眼中的基督徒也是喪心病狂[51]。這表示信仰就是信仰，一點差別都不得馬虎，不能以

('offspring of the vipers')，這種評語普見於《新約聖經》中，「福音書」便常指法利賽派為一群強調飲食禁忌的教條主義（假正經）者，且為耶穌的主要反對者。

50. 猶太教尚有一派受到東方宗教影響而主張禁慾苦修的避世者，稱為埃森派 (Essenes)，他們也興起於西元前第二世紀（而消失於西元第二世紀），恪遵摩西律法，重視儀禮的純正性，主張集體共產的農耕生活，反對奴隸制度、商業貿易、與殺生祭祀行為；此派為法利賽主義的極端派，相信洗禮淨化與靈魂永生的可能，但不信肉體復活之說。西元 1947 年發現的「死海經卷」(Dead Sea Scrolls) 據信即是此派靈修活動的紀錄。

51. 詳見 Jacob Neusner, *From Testament to Torah: An Introduction to*

固執相責，也不能以包容相許。

三、基督教的成立與超越性信仰的普遍化

耶穌的「生平」與教義

「耶穌」(Jesus) 一名乃是希臘文的「約書亞」(Joshua)，而約書亞為希伯來文「救世主」(Savior) 之意；「基督」(Christ) 一詞則是希伯來文「彌賽亞」(Messiah) 的希臘文譯名 (*christos*)，它是信徒給耶穌的封號，故「耶穌基督」(Jesus Christ) 乃是「耶穌救世主」(Jesus the Messiah) 的意思，全稱簡單說就是「救主」。有關耶穌的生平，後世所憑藉的資料主要來自於《新約聖經》的四大福音書 (Gospels)，其次為使徒書（Epistles，僅有小補），而由此類宗教經文所傳達的訊息常非歷史事實，因為它們並非一手資料而是間接傳述[52]，更重要的原因是這些基督徒作家並不將耶穌視

Judaism in Its Formative Age (Englewood Cliffs, N.J.: Prentice Hall, 1988), 115–18; and the same author, *The Way of Torah: An Introduction to Judaism* (New York: Wadsworth, 1997), 39. 基督徒與猶太教徒最大的差異應在於人能否得救 (salvation) 的觀點上，基督徒強調信耶穌得永生，猶太教徒則自信為天之驕子，顯然基督徒是比較擔心得救問題的。

52. 依據基督教會傳統的說法，〈馬太福音〉(Matthew) 與〈約翰福音〉(John) 是耶穌的門徒馬太與約翰所作，而〈馬可福音〉(Mark) 與〈路加福音〉(Luke) 則是耶穌死後新皈依的信徒所著；但今日學者多認為福音書的作者恐無一人在耶穌生時曾與之相識，而且這些作品的真實作者為何也無法確認。

為一個普通的「歷史人物」去記錄[53]。西元第六世紀時，基督教世界開始以耶穌誕生 (the Nativity) 為紀元元年，然其推算有誤，據考證耶穌當是生於西元前四年或稍早[54]。據福音書所述，耶穌誕生時有許多異象出現（如天使 Gabriel 向聖母 Mary 的報喜 the Annunciation[55]），不過耶穌早年的生活大致上與一般的猶太少年無異，不展現或強調天縱英明之資。

耶穌所處的時代是猶太教史上的「關鍵時刻」，當時羅馬在猶太 (Judea) 的統治暴虐而腐化，猶太教會也與當政者妥協勾結，猶太教徒在此困境下多企望彌賽亞的來臨以改造時勢。苦行派傳教士施洗者約翰 (John the Baptist) 在此時呼籲信徒懺悔修身以迎彌賽亞，獲得了許多迴響，其表弟耶穌即是受洗者之一（時年約三十，約翰自稱遠不如耶穌）。隨後耶穌開始四處傳教，有如一個猶太法師，伴行的門徒數人，靠民眾的佈施維生。據說耶穌以神力治癒一些病患，喜與貧弱無依者為伍，對於教會當局與法利賽主義的錯誤極力批判，且嚴格要求其信徒奉行所示，其所作所為甚

53. 福音書中最早出者為〈馬可福音〉，它的成書時代也已是耶穌死後三十載之後。有關耶穌的生平研究長期以來（至十九世紀末）成果不彰，其原因是基督徒對祂的存在毫無質疑，而其他人則視福音書為神話，不願以它為學術根據探討耶穌的歷史。由此可見，信仰觀念上並無中間路線或妥協立場。

54. 耶穌誕生的月日則不詳，「聖誕節」（Christmas，此譯名實有大問題，蓋耶穌對信徒而言絕非「聖」人）的慶祝在史上是極晚的事——大約在第四世紀初年。另外，依基督教觀念，凡人帶罪而來，何足慶生；須待蓋棺乃能論定人的功過善惡，也才有慶祝或紀念（如殉道者）可言（如此則冥日絕非忌日）。

55. 見《新約聖經》〈馬太福音〉1:18–25 與〈路加福音〉1:26–56。

得人心。在巴勒斯坦北部（Galilee，耶穌成長地拿撒勒 Nazareth 即在此區）傳教三年後，耶穌及其門徒轉往耶路撒冷，在當地受到歡迎彌賽亞似的熱情接待，使當權者備感威脅。在門徒猶大 (Judas Iscariot) 的密告與指認（以親吻為信）下[56]，耶穌被羅馬當局逮捕。耶穌默示其為彌賽亞與上帝之子，使他被控以瀆神罪名，此依猶太法律刑可至死；最後，耶穌以自命為猶太王 (King of the Jews) 的叛國罪定讞[57]。當時猶太省總督彼拉多 (Pontius Pilate) 本欲減輕其罰，然在猶太教會方面的要求下[58]，終於處以死刑（釘死於十字架 crucifixion 乃是羅馬常用的極刑）。據說耶穌在死後三日復活 (the Resurrection)，與門徒和信眾論道依舊，又四十天之後更在門徒的注視下升天 (the Ascension)。

耶穌傳教重點是在於宣示「上帝王國」(Kingdom of God) 的來臨，這意謂著人間變局的產生，他表示自己為眾所期待的彌賽亞，然彌賽亞並非振興猶太國家的政治領袖，而是精神的救贖者。據福音書，耶穌並施展許多奇蹟以顯示其所言不虛。除了世界末日最後審判的迫近與天國（kingdom of heaven，相對於人間王國

---

56. 猶大所以背叛耶穌可能是因為他發現耶穌並非其所期待的政治解放者（彌賽亞的原意），以致深感失望與氣憤。猶大此為部分是受當權者的誘惑所致，他因舉發耶穌而獲得白銀三十塊，卻在事後懊悔而上吊自殺，可見他良心甚強而絕非無恥。

57. 此處的 'King' 並非人間國王之意，否則耶穌默認自己為 'King of the Jews' 豈不表示他正是猶太教徒所謂的彌賽亞——復興猶太王國的政治領袖——而非一個精神救贖者或天國的引導者。

58. 猶太教會方面固然不滿耶穌破壞某些教規（如安息日的規範），但他們更擔心的是耶穌可能引發人民反叛羅馬政府，而這將導致羅馬毀滅猶太族群。

earthly kingdom）建立的必然，耶穌特別強調上帝的父慈性 (fatherhood of God) 與世人彼此友愛的重要性。他暗示自己為神的化身，此生在世的受苦與死難乃為人類贖罪；於是「神愛世人」之義昭明，上帝不再是令（猶太）人「敬畏」的全能力量，而是讓人「敬愛」的救主。同時，上帝既有好生之德，人豈能無憐憫之心。耶穌宣揚的「金科玉律」(Golden Rule) 是「無論何事，你希望他人怎麼待你，你就得那麼待人。」（或「己所欲，施於人。」馬太 7:12）59；又說「別人若打你的右臉，你就把左臉奉上。」（馬太 5:39）60，這就是要人原諒並愛他的敵人，「以德報怨」(repayment of evil with good)。如此超高標準的道德觀實非常理常情可達，而須基植於宗教信仰的「大愛」方為可能，聖人如孔子也只能講求「己所不欲，勿施於人」和「以直報怨」，可見耶穌所說乃要人克制「人性」(humanity) 而發揮「神性」(divinity)61，這不只是「克己復禮」的功夫而已（耶穌也談自制

59. Matthew 7:12: 'Therefore all things whatsoever ye would that men should do to you, do ye even so to them: for this is the law and the prophets.' 這是要人自問什麼是對的，然後推己及人。這個標準其實高於反問他人什麼是對的，然後依此外在標準行事（如定義「自由」為「不以侵犯他人的自由為自由」）。這個「己所欲，施於人」的觀念強調人的自主性與良心良知，它尤勝於「己所不欲，勿施於人」的境界，因為後者注意的是一般人的劣根性和不自我負責的通病。

60. Matthew 5:39: 'Whosoever shall smite thee on thy right cheek, turn to him the other also.'

61. 誠如英國詩人 Alexander Pope (1688–1744) 所說：「犯錯乃是人性表現，而寬恕則是神性取向。」(To err is human, to forgive is divine.) 基督徒相信人人皆有神性，正如儒家講人人皆有聖賢之心，或佛家

self-denial)。此外，耶穌嚴厲批判虛偽與貪婪，反對暴力（故無聖戰之說）、禁慾苦行（不主避世修道）、與拘泥儀禮(ceremonialism)的宗教行為，主張和平中庸的人道精神。在倫理道德上，耶穌所說大致不出《舊約聖經》的規範（其實古今中外的道德觀念皆相通，不能有獨創發明）[62]。

基督教的建立

除了上述有關天國之義外，耶穌所傳教義其實並不特殊；他的道德情操固然動人，但這不足以使其「被神格化」，而且他的倫理觀也非自創。事實上，基督教 (Christianity) 不是耶穌所建立，而是耶穌的信徒 (Christians) 在其死後基於他的身教與言教所推展出。基督教的成立與耶穌「死後復活的神蹟」有密切關係，蓋復活一事乃是耶穌的神格與教義之有力證明，非此則無「信耶穌得永生」的新宗教觀。耶穌死後復活且與門徒相會的奇蹟不斷被信徒傳誦，正是基督教得以形成的關鍵因素；耶穌的復活使許多人開始相信其為「天子」(Son of God)，「耶穌彌賽亞」(Jesus the

講人人皆有佛性。然而「以德報怨」的觀念應來自道家而非儒家，這源於老子的宗教情操強於孔子，或說道家較儒家更像宗教，因此道教早出而儒教之說爭議始終極大。

62. 耶穌所言所行不是極其神奇即是極其平常，此就信仰觀點而言乃是耶穌的神格與人格二性表現；至於深奧的神學義理本身並非耶穌所欲說明者（若然則耶穌將被「降格」為秀才），此乃世間的人中之龍如保羅所具才能與所負使命，故保羅為人所敬佩師法，而耶穌為人所信仰崇拜。關於耶穌所以被人信服的原因考察，見 B. J. Malina, *The Social World of Jesus and the Gospels* (London: Routledge, 1996), 139–40.

Messiah)——即「耶穌基督」(Jesus Christ)——的稱呼也從此出現，同時信徒（凡夫）永生的可能因為耶穌（曾同為凡夫）的復活而獲強化。反過來說，人死不能復活乃是常識，耶穌復活之說違反理性與經驗法則，這是基督教作為超越性信仰的關鍵性觀點，信者為此人心大振，不信者因此更嗤之以鼻，使基督教團體益形獨特而明確。耶穌所選十二門徒（即使徒 Apostles）在他死後繼續宣傳福音，他們和其他信徒在耶穌殉難後五十日宣稱聖靈 (Holy Spirit) 附著其身，給予他們外語能力，使其得以將基督信仰推廣於異地。這是基督徒所公認的基督教會建立之始，也是「聖靈降臨節」(Pentecost or Whitsunday) 的由來。由此，基督教開始在猶太社會之外為異邦人 (gentiles) 所信奉。

耶穌及其信徒乃是巴勒斯坦的猶太人，耶穌的信徒又視祂為猶太先知所預期的彌賽亞，且耶穌所講教義與猶太教相近，因此基督教一開始便很難獨立門戶，使人耳目一新。基督教方成立時，其一大難題正是如何防止他人將它視為猶太教傳統下的異端新說，或將其歸類為現有的教派；起初羅馬政府即將基督教認定為一個合法的猶太教系，甚令基督徒哭笑不得。為向世人宣告基督教的出現，教會組織的建構成為耶穌死後信徒的要務，而在這方面居於十二使徒之首的彼得 (St. Peter) 功勞最鉅[63]。彼得在巴勒斯坦建立基督教會，又據傳說他也是安提阿與羅馬教會的第一任主教[64]。除了教會組織之外，教儀教規的設定也是一個促進信仰認

63. 彼得原名為西蒙 (Simon)，耶穌給他新名彼得 (Peter)，此字在希臘文中原意為「磐石」(rock)。

64. 關於基督教早期教會的情形，參見 John Muddiman, 'The First-Century Crisis: Christian Origins,' in Leslie Houlden ed., *Judaism and Christianity* (London: Routledge, 1991), 38–43.

同的重要手段。早期基督教的儀式與猶太教大同，唯增洗禮 (Baptism) 與聖餐 (Eucharist or the Lord's Supper) 二者，並將安息日由星期六調為星期天（禮拜天），這類形式上的差別並非基督徒拘泥教儀的表現，而是為了強化自我的信仰表述以及與猶太教劃清界線所採取的作法65。在教義上保羅 (St. Paul) 尤強調透過洗禮與聖餐，凡人可分享耶穌的生命（力量）。不論如何，凡是一神信仰其所信對象皆同，同為一神信仰的猶太教與基督教本質上實無殊異，而基督教可視為猶太教傳統派的延伸，二者對於局外人乃無細分之必要；然基督教若要自立，自然要申明其為基督之教，也就是強調耶穌的神格，如此，以耶穌在世的行誼作為教儀設定的根據乃為必需，這就是為何聖餐——出自耶穌與門徒「最後的晚餐」(the Last Supper) 之內涵——在基督教禮拜儀式中特為重要的緣故（洗禮由來已久，並非基督徒所發明）。

除了耶穌復活之事與彼得組織教會的功效外，保羅對於基督

65. 基督教所謂的「聖禮」(sacrament) 自十六世紀宗教改革之後，在新教（基督教）而言僅指洗禮與聖餐，在舊教（天主教）而言則指洗禮、聖餐、懺悔 (Penance)、堅振 (Confirmation)、婚配 (Matrimony)、神品 (Holy Orders)、與臨終塗油 (Extreme Unction) 等七聖事；另就狹義而言，Sacrament 一詞可專指聖餐一事，由此可見聖餐與洗禮在基督教信仰中的重要性。在基督教二千年歷史中，教會常為派別分化所苦，而其決裂之因不僅為教義的差異，也為組織與儀禮的不同，若吾人體會早年基督教著力於儀式的規範以與猶太教相別之意義，便可了解其後基督教教派爭議儀式的情狀，並非形式主義一詞可以評斷。何況對信徒而言，知行合一為信仰表徵，毫無妥協餘地，教義不同自然化為不同的教儀，局外者不能以競事表面功夫相識。

教義的詮釋與傳教工作的推進，是基督教得以興起的又一關鍵因素。保羅可謂史上第一個神學家（所謂神學經常是專指基督教義的詮釋），他雖不是十二使徒之一，然其在基督教中的地位若非更勝使徒，即是與其同等[66]。彼得對於是否接納外邦人的入教頗感遲疑，彼得有時被稱為「猶太人的使徒」(Apostle to the Jews)，可見其「排外」立場；而保羅傳教的對象主要就是在巴勒斯坦以外的非猶太人，故他被稱為「異邦人的使徒」(Apostle to the Gentiles)，其宣教成就是基督教「世界化」的重要起步。保羅的神學著作（即保羅書信 Pauline Epistles）洋溢著精神熱力，並不以系統性分析見長；他認為人性本惡，欲令其懺悔問道本非易事，然信仰耶穌可使這一切改觀。保羅的講道大膽獨到，常引人爭議、惹人不快，故常受到誤會、虐待、乃至監禁；但他的堅貞熱情與言行著述又特能振奮受到排擠迫害的基督徒，使他們有所遵循依歸，彷如耶穌再世。

保羅的教義闡述特別強調猶太教與猶太歷史作為基督教先驅的關連[67]，但他認為基督信仰（其所謂 'life in Christ'）乃是全新

---

66. 十二使徒包括：Peter, Andrew, James the Greater, John, Thomas, James the Less, Jude, Philip, Bartholomew, Matthew, Simon 與 Matthias 等人。保羅原為力反基督徒的猶太信徒，其猶太名為撒羅 (Saul)，其父為羅馬公民（保羅本身亦然），富有權勢；保羅在前往大馬士革 (Damascus) 協助鎮壓基督教的途中，因見耶穌顯靈神蹟而立即改信基督教，然後以十三年時間研究基督信仰，並從此致力於傳教的工作。保羅是基督教神學的宗師，保羅書信 (Pauline Epistles) 是《新約聖經》所收文集中最早者，他的論點成為後世基督教各種觀念的源頭，羅馬公教在教義的解釋上即言必稱保羅。

67. 參見 L. H. Feldman, *Jew and Gentile in the Ancient World: Attitudes*

的概念（續集才是結局與真相）。他指出耶穌即為基督（彼得在耶穌生時對此並不篤定），其犧牲乃是為世人贖罪，其復活乃表示凡人永生的可能性，而教會則為基督的靈體化身；這樣的人神關係已不再是猶太教中神對某些人教諭和優遇的天命安排，而是上帝以耶穌為賜賞 (gift) 調整人神關係， 使所有人皆可能稱旨獲救（justification，本來人絕無此資格）。然他又表示信仰耶穌未必能得永生， 行善亦不足以獲拯救， 因為人之得救乃是上帝的恩典 (God's grace)，這是神的意志問題，凡人不可能知曉和改變；這也就是說信徒必需以「信心」(faith) 強化其信仰 (belief)，如此方合神意，而「可為」——仍未必為——得救者，這個「不合理」或「神秘」的看法又是基督教的超越性觀念所在[68]。此外，保羅又強調每一個基督徒均是一個福音宣傳者 (evangelist)，賦有啟發人心的使命；這就是要每個信徒成為一個傳教士，藉此一方面使所有信徒反省與深入了解自己所信為何（有如十六世紀新教改革者要求信徒「自為牧師」(priesthood of all believers) 的意義），另一方面則使基督教成為一個人人可傳與人人可親的世界性宗教。本來猶太教雖已發展至認知宇宙唯一主宰的一神信仰觀念，而有世界性宗教的本質（所有的一神信仰皆是世界性宗教，因其所企圖解釋者乃是宇宙真理），然因其猶太民族特受恩遇的說法，使其

---

and Interactions from Alexander to Justinian (Princeton, N.J.: Princeton University Press, 1996), 196–97.

68. 這個「得救命定觀」在後世悉被忽略，中古時期教會反而主張功德 (merits) 之說，直到十六世紀宗教改革後，得救為上帝恩惠 (mercy) 的看法才又重新為信徒所認識，馬丁路德 (Martin Luther) 的「因信得救」(justification by faith alone) 說即是從保羅的〈致羅馬人書〉(Epistle to the Romans) 得到啟發。

信仰難以超越部落而廣傳天下，前述〈約拿書〉故事即顯示猶太人並無傳教的想法；相對地，基督教掃除猶太教的種族性，以全體人類與唯一上帝的關係為信仰主題，涵蓋所有人的生命意義問題，於是基督教乃最先成為真正的普世性 (universal) 與傳道性 (missionary) 宗教，傳教事業的活絡至此已非基督教的特徵而是本質，因為它是必要而自然的。事實上基督教一建立即開始向各地傳播，它經由小亞細亞往埃及、希臘、與羅馬等地流佈，而其傳教工作至今仍無止息。

從迫害到保護

前章已指出，羅馬文化根本上並無宗教信仰，而羅馬政府對於不妨礙政治權威與社會次序的宗教信仰，大體上採取寬容的態度；同時，在羅馬帝國向外擴張時，來自東方的民間信仰也開始往西方傳播，基督教一開始僅被視為這些宗教潮流之一，並不受到特別看待。尤其基督教興起於帝國邊疆，早期的基督徒且多出身貧寒，這給當局一種不能有所作為的印象。更何況基督教的發展面臨障礙尚多，這包括現有的宗教勢力 (如猶太教)、羅馬的官方信仰要求、民間的迷信、以及上層知識分子的哲學流派等等。然而基督教興盛的時代也正是羅馬帝國由盛轉衰的階段，羅馬政府不能不對基督徒潛在的危險加以戒備。基督教受到官方的抵制主要原因是政治性的，即便在基督教勢力尚極微弱之時，基督徒也常因其獨特的社會行為激起不少反感。在羅馬當局眼中，基督教的惡正如耶穌的罪，是在於叛國；至於其勢力大小乃是另一事，勢力大固不見容於主政者，勢力小則取締容易且不能姑息，因為這涉及國家威信的問題。當耶穌在世時便對於猶太教會嚴厲批判，甚招統治階層忌恨，羅馬當局亦視耶穌為危險的革命分子；其後基督徒的言行不免效法耶穌，更使人相信基督教為叛逆勢力。羅馬既以皇帝崇拜為國教，它是檢測人民效忠度的寒暑表，自不容許人民忽視；而基督徒與猶太人一樣奉行十誡，視偶像崇拜為禁忌，更不能接受膜拜皇帝的要求，這便使基督徒陷於危境。不僅此，基督徒反對整個講究權力秩序與現實精神的羅馬文明，他們厭惡公民的角色與義務，拒絕服兵役與從事公職[69]，予人反政府、背棄社會、或禁慾厭世的感覺[70]。再加上其他宗教（如猶太教）對於基督徒的控告攻訐，更使羅馬政府敵視基督教團體[71]。西元第三世紀之後羅馬政局愈亂，而上層人士加入基督教者卻大增，更引發當權者的疑慮；尤其是基督徒常秘密集會，其教會形同半神秘組織，甚令外人猜防，在政府懲治變亂時常受牽連。面對這種種不利的情勢，基督徒頗懷就義的膽識，勇於赴難，這又加深官方的成見，雙方激盪愈烈。

西元 64 年羅馬發生大火，全城毀滅一半，皇帝尼祿將此禍歸咎於基督徒，大加迫害，據傳彼得與保羅皆在此時罹難。此後二百五十年間，許多羅馬皇帝皆下令制裁基督徒。西元 111 年圖拉真命令海外各省總督懲治公開信奉基督教者，但各地執行狀況不一，缺乏組織性或制度化的取締效果。奧理略也視基督徒為帝國的「天敵」，而下迫害命令，不過他畢竟是個斯多克學派的人道主

69. 至今仍有基於宗教信仰或道德良知而拒絕服兵役者，號稱「良心犯」(conscientious objector，簡稱 C.O.)。

70. 參見 R. A. Markus, *The End of Ancient Christianity* (Cambridge: Cambridge University Press, 1990), 38.

71. 其他教徒舉發基督徒之事固有，然其程度可能被羅馬官方所誇張，這是因為其後基督教被政府奉為國教，為粉飾從前迫害基督徒的難堪往事，乃將此過失大力歸咎於民間衝突。

義者，其對基督徒的傷害並不大。西元250年迪修斯 (Decius, 201–51) 為了振興羅馬國教而大力鎮壓基督教，然其政策執行一年後他便死於外戰，基督徒又得生機。其後基督教或受迫害或受寬容，全視主政者的意向，但不論如何基督教組織始終未遭大創，其勢力反逐漸壯大，而愈來愈對官方不服從，於是乃有戴奧克里先最後徹底的撲滅行動。同樣為了提振國家權威，戴氏於其執政末年 (303AD) 發起反基督教的運動，此為所謂「大迫害」(Great Persecution)；但他於兩年後即引退，繼承者又改弦更張，同樣對基督教未造成致命的傷害。整體而言，此類迫害政策非但未能削弱基督教，反而助長了它的聲勢。一方面政府的取締對於尚在推廣中的基督教造成了意想不到的宣傳效果，使它更為各方所周知；另外這樣的迫害使怯懦者遠去，而信仰者益增其認同感與勇氣，使基督徒更形團結。尤其政府的鎮壓給予基督徒一個強化信心與明志惕勵的機會，其極致表現即是殉道 (martyrdom)，此成仁取義之舉對外人感動至深，於基督教形象的提升貢獻甚大，也使基督徒更具與眾不同的特殊自覺意識，視死如歸——回歸神界[72]。

初時基督教信徒多出於社會下層，貴族對其疑懼與鄙夷兼而有之；第二世紀間基督徒續有增加，且漸有中等階級皈依者；到第三世紀時政治社會動盪厲害，許多強調來世拯救的宗教皆有發展，而基督教擴張更速，上層階級信奉者所在多有。至此，基督教已不是政令所可消滅者，羅馬政府反過來又以政治考量開始包容乃至支持基督教。加雷理斯掌政時極力迫害基督徒，然在其臨終前 (309AD) 又發佈敕令寬容基督教。君士坦丁大帝在西元313

---

72. 參見 Peter Brown, *The Rise of Western Christendom: Triumph and Diversity AD200–1000* (Oxford: Blackwell, 2003), 65–68.

年頒行米蘭敕令 (Edict of Milan)，確定宗教寬容的原則，使基督教正式合法化；其後他更推行保護與鞏固基督教的政策（雖然他也包容異教且提倡國神信仰），西元 314 年他集會統合西方基督教會組織，更於西元 325 年主導奈西亞宗教會議（Council of Nicaea，基督教宗教會議 ecumenical council 的開端）的召開，斥逐基督教異端。西元 330 年君士坦丁遷都君士坦丁堡，將其建為一個基督教重鎮，並奉獻給聖母瑪麗；他倡導基督教為新的立國精神，乃至為此推展寬刑厚道的司法改革。君士坦丁在位時對基督教會的補償與餽贈甚豐（包括羅馬城中大批產業），營建教堂極多，更在臨死前於病床上受洗為基督徒，成為第一個基督徒羅馬皇帝（東正教教會甚至封他為聖徒）。君士坦丁之後，羅馬皇帝大都信奉基督教，且採取偏袒基督徒的政策，基督教形同羅馬國教。至朱立安 (Julian the Apostate) 執政時 (361–63) 揚棄基督教信仰，他雖發佈宗教寬容政令，但其實試圖復興異教，一時使教會局面大亂；然他在位時間短暫，終究不能扭轉乾坤。迪奧多西斯掌政時 (379–95) 基督教勢力達於全盛，他自己於西元 380 年受洗為基督徒，隨後下令掃除異端與異教，維護基督教的正統信仰，甚至為用武鎮壓民變而向教會告罪請求寬恕，顯見此時基督教勢力已不可同日而語。當然，羅馬政府獨尊基督教乃是一種鞏固政權的策略，這與羅馬向來的宗教政策並無二致；在這個講求權力的務實文化中，光憑主政者的扶持，基督教便有制勝的條件，因為在上位者皈依，在下位者例必跟從，於是基督教在君士坦丁執政之後很快便成為官方信仰，至西元 392 年時基督教已經成為羅馬的國教。隨之而生的即是政教合一 (caesaro-papism) 的結構，這個互助互利的關係，使基督教世俗化的情形日趨嚴重，引發某些教徒的不滿，於是乃有清修運動 (monasticism) 的興起，再度提倡一個反政治與反社會的避世信仰。可知宗教的政治性成就即是信仰的墮落，而政治的宗教性主張即為信仰的扭曲，宗教信仰顯與世俗價值存有永恆的緊張關係。

基督教在羅馬時代的崛起在信徒眼中不外是「神蹟」，然從歷史人事的脈絡省察之，自可見另一番道理。首先，在第三世紀以後的亂世裡，民眾渴求宗教出路，哲學思想（如斯多克主義與新柏拉圖主義）不能滿足人心，各式教派與迷信羅列，在病急亂投醫的信仰熱潮中，基督教的受歡迎度也因之水漲船高，而它卻更有特別的吸引力。從宗教發展歷程來看[73]，基督教乃是演化程度最高的信仰體系，它是融通個人神、政治神、與一神信仰的世界性宗教，包容多種傳統宗教的觀點（基督教本為猶太教傳統主義的後續發展），對於一般人而言這正是一個最佳的綜合信仰(syncretism)，可以滿足多方需求（雖然基督徒必強調其信仰的純粹性與真理性）。其善惡對立、天堂地獄、末世審判、復活永生、與救主贖罪諸說皆亂世蒼生所喜聞，而這些觀念雖未必為基督教的發明，然其整合與詮釋卻屬新猷，能給人一種新生力和新希望；且基督教嚴格要求信徒的忠貞（即排他性 exclusiveness），以及處在官方迫害的危機中特需的堅毅（戰鬥精神），又使信徒產生一種特殊的認同與自信，在茫茫塵世中別有篤實的方向感。同時，基督教眾生平等的主張與接納各階層人士的立場，使它極具社會號召力；而基督教興盛之前地中海世界的統一已在羅馬帝國擴張下完成，這也為這個世界性宗教的廣泛傳播鋪好了去路。另外，基督教特重傳教事業、人君的提倡造成臣民的風從、官方的迫害導致宣傳奇效、以及斯多克哲學（羅馬時代的斯多克主義尤富於宗

73. 詳見第二章第五節與本章第一節。

教色彩）的流行有助於基督教為知識界接納等，皆是前文已論及的基督教成功因素。再者，基督教的另一「優點」是教會組織的嚴密（勝於當時各式教派），這便是下文討論的課題74。

基督教的階層體制與經典的成立

基督教成立之初，各式信仰領袖（男女均有）並出，教會缺乏統一的事權指揮力，一直到第一世紀末才發展出神職人員 (clergy) 體制，以與一般信眾 (laity) 區隔。此時主教 (bishop) 為各教區最高的領導，他被視為教義解釋上的權威。至第二世紀時教會的階層體制 (hierarchy) 初步建立，主教之下為神父 (priest)，其次為輔祭 (deacon)；第三世紀以後在這些上等品級 (major orders) 的神職之下，又發展出許多下等品級 (minor orders) 的助理人員，其制度至中古時代臻於完備。在第四世紀基督教成為羅馬國教之後，基督教會的階層體制大致上與羅馬政府的官僚系統平行架構、相互整合搭配，而使政教關係更為密切；事實上，基督教教會組織乃高度仿效羅馬政府組織（含地方）而形成，它的務實性甚強。在羅馬帝國晚期，基督教會所獲政治特權（如稅務與法務）與民間捐獻極多，相對於政府的軍事、政治與經濟統轄權，教會逐漸成為民間精神生活與文化風俗的支配者，主教在其教區 (bishopric) 之內簡直如同地方君侯，其下屬則如地方僚吏。在這個政教合一 (caesaro-papism) 的體制中，政權當然仍高於教權，然

74. 有關基督教得以成功的原因討論，參見 E. G. Hinson, *The Church Triumphant: A History of Christianity up to 1300* (Macon, Georgia: Mercer University Press, 1995), 77–79. 這麼多解釋基督教得以成功的原因，正說明它們不足以解釋基督教何以能興起，故就信徒而言其實僅「神蹟」一詞便可說明一切。

而羅馬後期政局動盪，政府的控制力逐漸衰弱，教會的權勢卻相形提高。西羅馬帝國滅亡之後，政教平等與合作關係的理論便已產生，顯示基督教世俗化與勢力的擴張由來已久；而在中古時代以後更形成以教領政的局面，展示著長期以來政教關係的反常變化。另外，基督教教堂建築也在第三世紀晚期之後開始出現，在此之前由於政府對基督教的迫害，基督徒僅能在私下秘密進行其禮拜儀式[75]。在第四世紀初期基督教合法化以後，教堂興築大舉開始，其建築型式便是當時主流建築的翻版，故此時羅馬政府會堂 (basilica) 的型式成為西歐教堂建築的主要風格，其豪華氣派與基督教會的強勢相互輝映。

在基督教會世俗權力建立的同時，基督教的信仰權威也透過「聖經」(Holy Scripture) 和正統教義的頒訂而確立。基督教的《聖經》（Bible，其意為書）包含《舊約》與《新約》，這說明基督教為猶太教的傳統派延伸；而基督徒往往重視《新約》勝於《舊約》，這又表示基督徒視猶太信仰為天命的先期展現，基督教方是完備的真理神意佈達。這個認同猶太教價值卻又不加以完全肯定的態度，使二教信徒非但不能親近，反而相互排斥，此正因宗教信仰追求絕對性，而不能允許「差不多」的概念。《新約聖經》包括四大部分（福音書、使徒行傳、書信集、啟示錄），共有二十七書，原以希臘文寫就。福音書 (Gospels[76]) 為「耶穌傳記」（或信徒眼中的神蹟），有馬太 (Matthew)、馬可 (Mark)、路加 (Luke) 與約翰 (John) 福音四部；使徒行傳 (Acts of the Apostles) 為使徒傳教

75. 早期基督徒常在殉道者的地下墓穴 (catacomb) 進行其禮拜活動，這可算是最早的教堂。

76. gospel 一詞源於古英文字 godspell，其意為 good news（好消息）。

事蹟的紀錄；書信集 (Epistles) 收錄二十一封使徒時期的書函[77]；啟示錄 (Revelation or Apocalypse) 為預言書，在全經之末。《新約聖經》各篇成書的年代與地點各異，內容形式有別，且作者身分難以確認；但對信徒而言，《聖經》乃「神靈啟發」(divinely inspired) 之作，不能以學術考據標準批判[78]。《新約》二十七書其實僅是眾多基督教發展早期的文獻之一部分[79]，其他不少福音書、

77.「書信集」中各篇是以受信人或作者命名，然其真實性頗有商榷的餘地。

78. 然 inspiration（啟發）與 revelation（啟示）不同，前者為察覺神意真理的靈感觸發，後者為「天機洩漏」的得知，故得「啟發」者尚須加以解讀體會方能掌握真道，而獲「啟示」者則須直接接納與實踐，不能質疑批判，方不致扭曲自誤；《聖經》對於信徒而言縱有不可以人間觀點解釋的「啟示」部分，但其大部分實仍屬「啟發」，有待讀者體悟領略，不能以字面解，否則即有陷入教條化之危機，這正是現代神學家多有以《聖經》為寓言 (allegory) 的緣故。也因此基督教《聖經》固然在某些信徒眼中是不能也不應加以翻譯的（見 David Norton, *A History of the Bible as Literature* (Cambridge: Cambridge University Press, 1993), vol. I, 239.），但此種態度畢竟不如回教徒強調《可蘭經》不可翻譯之強烈程度，因為後者將其聖經視為神意啟示的本身。有關《聖經》翻譯的理念問題討論，見 Graham Ogden, 'Biblical Studies and Bible Translation,' in Timothy Wilt ed., *Bible Translation: Frames of Reference* (Manchester: St. Jerome Publishing, 2003), 153–68.

79. 基督教經典編寫眾多的情形在古代為一特例，見 C. S. C. Williams, 'The History of the Text and Canon of the New Testament to Jerome,' in G. W. H. Lampe ed., *The Cambridge History of the Bible* (Cambridge: Cambridge University Press, 1987), vol. II, 28.

書信、預言、與記事不被納入「正典」(Canon) 而被歸為「偽經」(Pseudepigrapha)，此乃是教會經過長時的「判斷」——無寧說是「感覺」——才認定的（即所謂 canonization）[80]，其分別所在正是這些著作中不可以理性計較的「神聖性」問題。現今《新約聖經》大體內容的確立是在第二世紀末年，而其定版是在第四世紀後期。如此，基督教的信念既定，教條教義已明，異議與異端便形狀顯著而遭排斥，於是基督教更得廓清，使徒時代鬆懈的教會乃一轉而為嚴密的結構，信條主義 (creed) 顯與階層組織 (hierarchy) 相互為用而壯大了基督教勢力。

四大福音書皆記載耶穌身為救世主的降臨、宣教、受難 (the Passion) 與復活，但無一完整記錄耶穌的一生，它們是不同地區的信徒對耶穌教義的輯錄與信仰表述，都成書於第一世紀末期。〈馬太福音〉提及《舊約》之處特多[81]，可見是為改信基督教的

80. 《聖經》的確認過程常是「無意識的」(unconscious)，至今學者仍無法知曉《聖經》許多篇章的決選經過，見 J. B. Gabel et al., *The Bible as Literature* (New York: Oxford University Press, 1996), 192–93. 關於正統《新約聖經》取材確認上的困難問題，參見 Judith Herrin, *The Formation of Christendom* (Princeton, N.J.: Princeton University Press, 1987), 93–95. 書信與預言的正典認定問題特大，〈希伯來書〉、〈雅各書〉、〈彼得後書〉、〈約翰二・三書〉、〈猶大書〉、與〈啟示錄〉等七書在爭議許久之後才被收入《新約聖經》，而安提阿主教與殉道者伊格納修斯 (St. Ignatius of Antioch, d. 107?) 及羅馬主教與殉道者克雷蒙 (St. Clemet I, d. 97?) 之說與荷馬斯預言集 (Shepherd of Hermas) 則經考慮再三後終被摒除在正典之外。十六世紀宗教改革時期馬丁路德等神學家對於《新約聖經》的正典性也曾質疑（特別是〈雅各書〉，因其違背因信得救的信念），然大致上基督教各派皆沿用古來同一的《新約聖經》而不改。

猶太人而寫，其主旨是在證明耶穌即是《舊約》所預期的彌賽亞，並申明耶穌為神意最後的呈現者和天國的起造者，而天國乃世間一切人民所可期望，上帝並不獨厚猶太人。〈馬可福音〉為福音書中最早出（西元 70 年前後）與最簡略者，其內容為〈馬太福音〉與〈路加福音〉大量援引[82]，它的中心思想是所謂的「彌賽亞秘密」(messianic secret)[83]，強調耶穌乃非凡人，不能以常理認識而須信仰。〈路加福音〉敘述的重點在於耶穌就義之前的行誼，展現其為救世主的情操；此書頗表現保羅的信仰觀念（保羅為路加之友），尤其是有關蒼生平等與人人皆有得救可能的看法，就主題觀點而言〈使徒行傳〉可謂為〈路加福音〉的續集。〈約翰福音〉所述耶穌事蹟的看法與前三書（因其觀點相似而合稱「對觀福音書」Synoptic Gospels）差異頗大[84]，其宗旨在強調耶穌為世界的主宰，而其化身為人——即為天子 (Son of God)——乃為向人們啟示神

81. 關於《新約》引用《舊約》經文的情形，詳見 C. K. Barrett, 'The Interpretation of the Old Testament in the New,' in P. R. Ackroyd and C. F. Evans eds., *The Cambridge History of the Bible* (Cambridge: Cambridge University Press, 1987), vol. I, 395–403.《新約》作者大約把《舊約》視為預言 (prophesy) 而加以採用 (410)。

82. 〈馬太福音〉幾乎包含〈馬可福音〉全文，而〈路加福音〉則收錄了半部〈馬可福音〉。

83. 〈馬可福音〉暗示耶穌的神性有兩個手法，其一是說耶穌常教他人不得洩漏他們對「祂」的了解，其二是說耶穌對門徒多有指示，但他們總無法領會「祂」的意思，這類筆法即在透露耶穌為彌賽亞的秘密。

84. 例如〈約翰福音〉記載耶穌生前傳教時往來加利理 (Galilee) 與耶路撒冷兩地數次，而其他三福音書皆說耶穌一直在加利理傳教，最後才往耶路撒冷就死。

意和救世；此書極富神學哲理意涵（以哲學論述開場，將耶穌比為「道」the Word or Logos），其探討人神關係的論點影響後世基督教信仰甚深，三位一體 (Trinity)、耶穌化身 (Incarnation) 與為世人贖罪 (Atonement) 等觀念皆首見於〈約翰福音〉。《新約》的第五書為〈使徒行傳〉，這是有關基督教早期發展歷史僅有的當代紀錄，它完成於西元 80 年前後，為接續〈路加福音〉之作，其作者據稱就是路加。〈使徒行傳〉前半部敘述彼得在巴勒斯坦教會的功業，後半部則記載保羅對異邦人的傳教事業及其牢獄之災。

書信集中首篇〈羅馬人書〉(Romans) 為保羅對羅馬教會信徒的開示，其中心理念為「因信得救」之義；此書是保羅的教義大全，極為信徒與神學家所尊崇，其後新舊教派對於得救的不同看法率皆根據〈羅馬人書〉發揮。〈哥林多書〉（前．後 First and Second Corinthians）為保羅對哥林斯（Corinth，在希臘南部）教會信徒的訓示，〈哥林多前書〉除了教義的釋疑外，討論許多具體的行為準則，它與〈羅馬人書〉一樣是篇幅最多與最重要的保羅書信之一；〈哥林多後書〉篇幅較短，它是保羅的身分（即真正的使徒地位 apostleship）自白與使命宣達。〈加拉太書〉(Galatians) 是保羅對小亞細亞加拉太地區信徒的教誨，其主旨與〈羅馬人書〉相同（但其成書時代更早，c.48AD），它企圖駁斥不合「因信得救」說的猶太教觀點（加拉太的基督徒頗有猶太遺風），指出基督徒不必固守摩西律法。〈以弗所書〉(Ephesians) 據說是保羅被囚禁於羅馬時寫給小亞細亞以弗所 (Ephesus) 一地基督徒的信函，然其實此書乃是一篇昭告世人的深奧論文，它並不特別討論某一課題，但通篇強調基督徒團體的神聖性（即基督靈體說 doctrine of the mystical body of Christ）。〈腓立比書〉（Philippians，Philippi 在馬其頓）是保羅對其在歐洲地區最先收服的信徒所做的勸勉，它充滿友誼溫情，最像一封私人信函，對於基督徒的心思感受描繪逼真，此書亦告誡信徒不應保守猶太教律。〈歌羅西書〉(Colossians) 同樣是保羅的囚中之作，筆調與〈以弗所書〉類似，它批判將基督教哲學化的作法（即靈知論 gnostic doctrine），強調信仰耶穌即為正道，不必更求其他。〈帖撒羅尼迦人書〉（前．後 First and Second Thessalonians） 是保羅對希臘的帖撒羅尼迦 (Thessalonica) 教會所發，為現存基督教最早的文獻（第一世紀前期），它特別糾正信徒對於「耶穌再臨」(the Second Coming of Christ) 說法的誤解，說明此非指日可待之事。〈提摩太書〉（前．後 First and Second Timothy） 與〈提多書〉(Titus) 合稱「牧會書簡」(Pastoral Epistles)，傳為保羅所作，其重點在討論教會的管理與信徒的教養問題，頗能顯示早期基督教組織的狀況。〈腓利門書〉(Philemon) 為保羅書信中最短者，它是保羅為腓利門的逃奴 (Onesimus) 求情之作，表現一種慈悲為懷的心念。

〈希伯來書〉(Hebrews) 據傳統說法亦是保羅所作，然學者少有如是觀者；又從篇名判斷，它向被認為是處於羅馬政府迫害的威脅下（大概在多密先執政時），為鼓勵改信基督教的猶太人堅持信仰而寫作的，但這點也不為現代學者所採信。一般學者認為〈希伯來書〉乃是針對一些失去信仰熱誠的基督徒而作，其危機顯較重拾舊信仰（猶太教）的行為更為嚴重。此書前文強調耶穌的崇高地位，然後申論耶穌宣教與犧牲的價值，最後則指出堅持信仰的可貴；它論證基督教優於猶太教之處，以耶穌為例證明「吃得苦中苦，方為人上人」的意義，並警告信徒放棄信仰的可怕下場。此作雖名為書信，然其實是一篇宗教論文，其教義闡述在基督教神學史中具有極高的地位。〈雅各書〉(James) 傳說為耶穌兄弟雅各 (St. James) 所作，它是《新約》各書中較遲被收錄者。此書以所有信徒為對象發言（此稱 General Epistles），內容並不嚴謹，處處是叮嚀訓誡，難免重複說教。它特別著重「知行合一」的信仰行為實踐，而其「臨終塗油」的說法 (5:14–15) 後來成為基督教傳統的聖禮之一。〈雅各書〉特為新教改革者馬丁路德所排斥，因其說法似在反對因信得救的概念 。〈彼得書〉（前 · 後 First and Second Peter）號稱為彼得之作，但學者多不以為然。〈彼得前書〉據信是彼得在羅馬向小亞細亞基督徒所發的號召，勸勉其忍受當局的壓迫、堅持信念；書中指出服從政府乃基督徒之職責 (2:11–17)，如同奴隸對主人和妻子對丈夫皆有效忠的義務，進一步言，所有人對他人皆應抱持情義 (2:18–25)。此書文辭優美，常被學人引用，它是最早被奉為基督教正典的文獻之一。〈彼得後書〉的真實性與神聖性遠不及前者，它應是第二世紀中葉之作，為《新約》收錄最晚的文獻之一（可能為最晚者），其中許多詞句似採自〈猶大書〉。此書讚頌道德，撻伐邪說歪道，以提示耶穌再臨的教義為結論，駁斥當時懷疑此說之流言。〈約翰書〉（一 · 二 · 三 First, Second and Third John）是否為耶穌門徒約翰所作，亦久經質疑。此書顯然針對特定對象說道，〈約翰一書〉乃是一篇為老信眾而作的神學論文，它強調上帝正直慈悲的本質以及人間善行事功 (good works) 的重要性；〈約翰二書〉僅有十三節 (verse)，為《新約》最短的一書，它批駁否定耶穌史實性（historicity of Jesus，即耶穌確為人身）的言論；〈約翰三書〉也僅十四節，它與前書皆純為信函性質，作者同樣自稱為長老 (presbyter)，此書論及基督徒的互愛與迎客之義。〈猶大書〉(Jude) 在學者眼中也非使徒猶大所作，它是一篇批判教中異說的短文，引述猶太經文處不少。

〈啟示錄〉是《新約》的最後一書，作者名為約翰（應非使徒約翰），它大約寫成於西元 95 年，正當羅馬皇帝多密先迫害基督徒之時，而此際作者本身正流亡於愛琴海的巴特摩斯 (Patmos) 島上，其寫作對象應是西亞的基督教社群，但它卻以整體人類前途為念，故有普世的吸引力[85]。〈啟示錄〉是一部神秘的預言書，處處展現邪惡覆滅而正道（上帝與殉道者）全勝的遠景；其文結構精密，常以七為數，充滿象徵性語言，富有寓言意涵。除前言與結語外，書中描述了勸誡小亞細亞七個教會的書信、上帝手中經卷上七個封印的開啟（其中四個化出四騎士，即 Four Horsemen of the Apocalypse）、天使立於上帝之前吹奏七支喇叭、大天使米迦勒 (Michael) 與七頭惡龍（代表撒旦）在天上的戰鬥等七個奇景、七場瘟疫、名為巴比倫的七頭魔女（代表羅馬帝國）、天堂的景象、撒旦的覆亡、最後審判、與新巴勒斯坦的建立等情節。〈啟示錄〉提及《舊約》（特別是〈以賽亞書〉、〈以西結書〉與〈但以理書〉[86]）預言之處極多，更增其神聖與神秘色彩。若以歷史觀點而論，〈啟示錄〉乃是為了鼓舞面對官方迫害威脅的基督徒士氣而作，正如一般的預言書皆是患難勵志之作，而其法即是強調世界末日的迫近（表示「真相大白」之日不遠），故對於當時讀者而言書中訊息甚為清晰；然若以信仰觀點探討、或對後世讀者而言，則其中深意為何常任憑信徒衍繹，莫衷一是，甚至作者是否意味其預言行將實現也未可知，無怪乎歷代基督徒均對〈啟示錄〉各有新奇的解說。〈啟示錄〉的神秘主義與天命觀自然也是基督教信仰的超越性表現重點，但其內涵實在不深。

---

85. L. L. Thompson, *The Book of Revelation: Apocalypse and Empire* (New York: Oxford University Press, 1990), 195–96.

86. 《聖經》之中僅有舊約的〈但以理書〉與新約的〈啟示錄〉二書為預言集，它們是所謂的「啟示文獻」(apocalyptic literature)。

《新約》的篇幅僅及《舊約》的三分之一，但它的重要性對基督徒而言遠勝於其他，這說明基督教即是基督之教，有關耶穌教義的記載當然重於神命的先期暗示與探討。猶太人相信神意展現於歷史中，其長時探索與解釋天命，自然造成敘事性高而分量多的經文；基督徒相信耶穌化身為人的表現即為最後而完備的神意啟示，故其信仰觀念與宗教經典也就能於短時之內——相對於猶太教長久歷史——成立，其經文的直接簡潔與論理性和結論性也較為明顯，此種差異本質上是因信仰的不同，不是技術或經驗的問題。

異端的出現

第四世紀之後基督教既成為國教，且其組織與經典已經確立，反對主流或正統教義 (orthodoxy) 的觀點乃成為領導當局所欲壓制的對象，其嚴重者即是所謂「異端」(heresy)。反過來說，當基督教國教化之時，羅馬已步入衰世，宗教的政治化手段上行下效，帝國境內各地的特殊本土認同自然導致不同的信仰立場，以為其伸張地方自治（割據）的地位，故教義的衝突亦可視為政治的鬥爭。然基督教的信仰紛爭本有其內在因素，早自第三世紀晚期以來東方教會已苦於教義的爭議，這個現象乃源於信徒對於耶穌屬性的不同認知，既然基督教即是基督之教，耶穌為何的問題自然是基督徒信仰的出發點與分歧關鍵。簡單說，基督教各式異說爭論的焦點即是「耶穌與神」及「耶穌與人」的關係為何的問題；這個問題也就是在追究耶穌的神格與人格本質（即耶穌在世的真實性 historicity of Jesus），或說在辯論「三位一體」的觀念。基督教的三位一體說認定天父　(God the Father　，具創造性)、天子（God the Son　，即耶穌　，具人性)、聖靈　(God the Holy Spirit

(Ghost)，具神聖性）三者（三位 Three Divine Persons）乃為平等、共存、合一（不可分）、相同、而永恆，或說耶穌基督既為真神亦為真人 (true God and true man)[87]，他（祂）本兼有神性與人性（二性 two natures）於一身，表現出宇宙神靈本質（三位一體），而此一體即是上帝 (the one God or God the one)[88]。三位一體說出現甚早，它是依據《新約聖經》中不同處的經文引伸而來，無法以理性推論而得，為高度的神秘主義與「啟示性真理」(truth of revelation)；它若被否定，則神化身為人的意義，如耶穌以一生行誼向人示範正道與啟示神意、上帝對世人的赦罪救贖、與上帝的父慈性諸信念，都將崩潰，所謂的「基督教」便無法成立。尤其重要者，信徒最為關心的得救永生希望正是奠基於此[89]，蓋耶穌

87. 關於耶穌人神雙性的歷史性討論，詳見 C. S. Evans, *The Historical Christ and the Jesus of Faith: The Incarnational Narrative as History* (Oxford: Oxford University Press, 1996), 118–20, 129–32.

88. 參見 Karl Rahner (translated by W. V. Dych), *Foundations of Christian Faith: An Introduction to the Idea of Christianity* (New York: Crossroad, 1990), 133–37. 三位一體的問題顯然是由信仰耶穌為神所致，換言之三位之中首先出現的是天子，然而依理子由父出，故天父成為三位之中最尊者，而聖靈是其義精神化的必要（必然）說法，可見三位一體是辯解上帝化身為人的牽強論調。基督教當局雖強調父子靈三位等同，但這實在不合理而難以解說，故「人性化」的論述在教會方面也無法避免。東方教會的思路是「父生子而子生靈」，西方教會的思路則為「父生子而父子共生靈」，二者儘管有優劣之別，但這並不重要，因為證實子虛烏有的事是迷惘之舉。

89. 參見 Peter van Inwagen, 'And Yet They Are Not Three gods But One God,' in T. V. Morris ed., *Philosophy and the Christian Faith* (Notre Dome, Indiana: The University of Notre Dome Press, 1988), 241–42.

化身為人，具有完全的人性且有絕對的神性，其在世表現與死後復活便在展示人性昇華為神性的可能；這也就是說，正因耶穌「被」造化為真正的人，故而吾人可以真正超凡「入神」(Christ was made man, that we might be made divine.)[90]。三位一體說的顛覆即是基督教的推翻，因此基督教教會與推行基督教為國教的羅馬政府當然大力維護這個教義，討伐一切異議；事實上三位一體說雖出現甚早，但它的鞏固與完備是經由基督教教會與羅馬政府的推動——也就是透過政教合作的宗教會議 (ecumenical council)——所造成的。

基督教世界中早期反對三位一體說最著者為阿萊亞斯教派 (Arianism)。此派為第四世紀初期埃及亞歷山大城教士阿萊亞斯 (Arius, c.256–336) 所創，它是基督教史上流行最廣而分支最多的異端。阿萊亞斯認為天子既為天父所生，自不與天父或上帝同格（相等），耶穌乃為半神半人 (demigod) 的超自然體，是上帝用以救贖人類的創造；同時，天父與天子的層次乃高於聖靈[91]。阿萊

---

90. 此想正如「舜何？人也。予何？人也。有為者亦若是！」的超凡入聖之說，不過基督徒不信人可以轉化為神，此處所謂「入神」是指符合神意或發揮神性。回教信仰中並無原罪觀且穆罕默德不具神格，故無類似三位一體說的爭論。「孔子是否為聖人？」若依孔子自身的理想標準而論，答案恐非肯定，至少在其「七十而從心所欲不逾矩」之前，孔子絕非「完全的」聖人；然而若依儒家傳統思想及歷代朝廷官方說法，則孔子當然是「不折不扣的」聖人（孔廟的存在即是明證），因為沒有如此觀點則無學習的典範或效法的權威，也自無儒家「傳統」與官學道統建立的可能，這是不相信神超越人而存在的東方式信仰所造就的神格化——超凡成神——傳說。

91. 阿萊亞斯的觀點顯然是強調人得救贖的能力與自我提升的可能，故

亞斯的觀點為亞歷山大城主教秘書（後為當地主教）阿他那修斯 (Athanasius, 297–373) 所批判，他被迫去職而轉往西亞傳教，卻頗有成就，這使政教當局皆備感威脅。君士坦丁大帝乃於西元 325 年號召教士在小亞細亞舉行奈西亞會議（Council of Nicaea，史上第一次宗教會議），申明三位一體教義的正當性，將阿萊亞斯主張判為異端（然會中強調天父與天子「同質」*homoousios* or consubstantial 的說法未能使各方完全釋疑），稍後君士坦丁堡會議（Council of Constantinople, 381，第二次宗教會議）更重申三位一體的正統觀念。阿萊亞斯教派經此挫折幾在羅馬帝國境內絕跡，到第四世紀末期時大部分基督教教會均遵守「中央」指示的教義，回歸信仰傳統，基督教的正統 (orthodoxy) 已然建立，其後的以弗所會議 (Council of Ephesus, 431) 與開耳西頓會議 (Council of Chalcedon, 451) 皆在捍衛這個權威觀點[92]。不過，阿萊亞斯教派雖在羅馬帝國發展受阻，卻在北歐日耳曼人之間開始流行，而隨著這些「蠻族」的南下佔領，阿萊亞斯教派又重回地中海世界傳布，直到第七世紀日耳曼人全部皈依正統基督教之後，其風方戢。

不論如何，耶穌的神性或耶穌是否為上帝的問題（此所謂「基督論」Christology），此後一直成為信徒爭論的重點，這本是基督教信仰的原點（起點與終點）。第五世紀時興起的尼斯多利斯教派（Nestorianism，中國古稱景教，君士坦丁堡主教 Nestorius 所倡）

說「我們可以像耶穌一樣成為上帝之子」(Indeed we can become sons of God, like Christ.)，見 R. L. Fox, *Pagan and Christians* (New York: Alfred A. Knopf, 1987), 602.

92. 不過其後東西教會對於聖靈如何由天父和天子轉化而來，持有不同的看法。東方教會認為天子由天父所生，而聖靈是天父透過天子所生；西方教會則認為聖靈是由天父與天子所共生。

是阿萊亞斯教派延伸的產物，此派認為耶穌的神性與人性分別存在，只是緊密結合，他們並不承認瑪麗為聖母（瑪麗所生僅為神的使者，不是神本身）。流行於第五、第六世紀的一性論 (Monophysitism)，是針對尼斯多利斯教派的反動主張，它認為耶穌僅具有神性而無人性。此二教派皆被教會斥為異端而鎮壓，不能長存。第七世紀出現的一意論 (Monotheletism) 則是調和正統基督教信仰與一性論的新說，它強調耶穌雖有神人二性，但其表現乃出於同一意向 (one will)。這個妥協之作具有極高的政治價值，它一提出 (622AD) 即為拜占庭皇帝 (Heraclius I) 所接納，以為安撫宗教衝突的策略，而教會方面也以現實考量支持此法，甚至羅馬教宗 (Honorius I) 一時也同意此說。然宗教信仰終非中間路線的選擇，而是絕對真理的追求，羅馬教廷終究扮演了掃除異端的信仰戰士角色，隨即開始駁斥一意論，而為此與政教合一的東方帝國對峙。一意論終於成為基督論的最後一場論戰，它在第七世紀末期之後逐漸銷聲匿跡，三位一體說的正統基督教信仰從此屹立不搖，而羅馬教廷的精神領導地位也於焉鞏固。可見基督教所以為基督教，正是「耶穌基督即為上帝」這個人所不可能理解和證明的觀點成為眾人信仰的態度；反對三位一體說的異端其實是基督教中的理性主義取向，這種以理性去合理化非理性信仰的企圖，一方面因衝擊了教會權威而不見容，另一方面則因其墮入迷信（參見首節對迷信的解析）而為衛道者所排斥，乃理所當然成為異端。這就是說，若不神秘或無超越性，宗教信仰即不可能存在；非此而有宗教，那只是一種迷信，至多為一種信仰，絕不是真正的宗教信仰。

第七章

中古時代的文化狀態：

拜占庭帝國

Triumph of an emperor (Justinian?). Detail of the Barberini ivory. Early 6th century.

「中古時代」(Medieval) 一詞乃是十七世紀歐洲人所發明，用以指稱古典 (Classical) 希臘羅馬文明與他們自身所處的「現代」(Modern) 之間的一段中輟時期 (period of interruption)，其斷限約為西元 500 至 1500 年，也就是西羅馬滅亡以迄文藝復興運動興起之際。這是說中古在文明進化的歷程中常被視為一個過渡轉折，缺乏本身的價值或貢獻，故中古這個用語本帶有輕蔑之意。今日學者雖普遍使用此詞，但多強調不含貶抑的意思（故常以較無價值判斷色彩的 Middle Ages 一詞取代 Medieval [1]），或強調中古時代有其重要的歷史文化成就。其所以如此有數端原因，而這些都與二十世紀後期以來的文化風尚有關。首先是現代學術界講究多元價值，反對單一價值觀，或說其排斥一切價值判斷，強調任何人事物均有其本身價值（相對價值觀），不應加以比較、統合或一致化（絕對價值觀），於是以古典和現代文化價值為一貫標準而滋生的「中古」一說，乃被認為偏執而應唾棄。同理，現代文化觀不喜「歐洲本位」(Euro-centric) 立場，而重視民族主義或世界一體觀點，起於歐洲（尤其是西歐）和本於西方文明觀的現代化 (Modernization) 說法，自然被視為帝國主義的侵略伎倆；「中古」的看法就是歐洲本位立場的時間觀產物，不能吻合東方民族的感受，在基督教世界處於文明衰世的中古，正當回教帝國興起的盛期（回曆紀元的開端是西元的 622 年）與中國的隋唐盛世（因襲西方歷史斷期法而出現的中國「中古」說法不是年代出入甚大即是「缺乏」衰世運兆），而以西羅馬帝國滅亡為開端的「中古」定義顯亦漠視拜占庭帝國（東羅馬）的生命力與成就，可見「中古」不是同時或舉世發生的。同時，「反現代」(anti-modern) 或「後現

1. Medieval 一詞源出拉丁文 *medium* (middle) 與 *aevum* (age) 二字。

代」(post-modern) 的觀點皆厭惡人本、理性、物質、主流、上層、大同等主張，以及以這些主張論定「中古」為文明退化或落後的說法，因此這些現代文明的異議分子常以重新發現中古意義為貴，強調宗教、感性、精神、個體、下層、歧異等價值，展示中古的「超現代」地位。又以歷史研究而言，傳統史學以政治與文化（武功與文治）為主要課題，現代學者則以治經濟社會史為新潮，其所謂文化史研究概為生活史討論（不特重上層文化 high culture），而這正是現代的中古史研究特色所在，以及中古史研究成為熱門的緣故，因為一千年的中古時代中文化創建成就雖不高，但總有龐雜豐富的人生百態事蹟可供研討。其實，若不以「中古」為西洋歷史專有名詞，而視之為文明發展（如人格智慧的成長）過程中「見山不是山」的懷疑否定階段，則所有的文明皆須或皆有這個頹敗喪志的經歷，才（能）達到真正的開化地步。「中古」儘管是西方歷史所特有的，但中古現象所顯示的文明價值體系初建（「見山是山」的初階）後不能持續的退卻反應，必有其發人深省的意義；而若西方式的文明——非指歐洲文明本身——乃是人類文明發展的典範，則西方中古時代的文化更是人人皆應探討的「歷史停滯」現象，這也顯示所有文明皆不能迴避一個中古「黑暗時代」的摸索階段。

中古時代西方世界主要的文明單元有三：拜占庭帝國、回教帝國、與西歐基督教世界。拜占庭帝國為羅馬帝國的殘部，回教帝國為第七世紀以後新興的一神信仰宗教政權，西歐則是基督教教會統轄的羅馬文明原生地，因此這三者之間其實存有密切的關連，其對立爭衡的緊張態勢正說明其原本的親密關係。拜占庭與西歐社會為羅馬帝國的遺緒，它們在政治上角逐正統繼承者的威望，在宗教信仰上則競爭基督教道統傳承的地位；

而拜占庭與西歐俱為基督教世界，其宗教與回教世界同為一神信仰（且皆為政教合一的體制），精神追求相似而教義有所出入，故彼此同而不合，因對比而對抗，常相互激盪。中古西歐本長期受到西班牙與西亞的回教文化以及東歐的拜占庭文化之影響，至中古後期十字軍東征運動屢興，西歐與拜占庭聯合討伐回教政權，三大文明的互動合流更盛，於此現代單一世界的形成前兆已出。

若論三者勢力的強弱，拜占庭先盛後衰，回教帝國異軍突起，而西歐始終敬陪末座；中古時代常被稱為「黑暗時代」(Dark Ages) 便說明著這個事實，因為如上述「中古」是一個以歐洲為本位的觀念詞。然中古時代卻是現代歐洲的孕育期，此時西歐開始發展出一個與拜占庭和回教世界迥異的文化圈，它成為現代文明之母 [2]。在這個「以成敗論英雄」的標準及後見之明下，拜占庭與回教帝國僅成為中古論述中，對照西歐的文明元素和影響現代世界興起的因素。於此，拜占庭較諸回教帝國似更無歷史價值，因其文明與西歐相近而乏衝擊與挑戰西歐的作用；當西歐在現代崛起、獲得中古戰場的最後勝利時，拜占庭傳承羅馬文化的地位早已消失無蹤，而回教世界在不能招架西化勢力之餘，尚以精神的反對者維持其傳統尊嚴 [3]。

---

2. 一般史書討論中古文明時，常以最多篇幅描述勢力最弱的西歐，於拜占庭與回教帝國反著墨不多，這除了與學者的歐洲本位立場有關外，也是出於西歐文化為現代文明源流的後見之明。

3. 二十世紀末期共產集團崩解之後，回教文化更成為西式文明唯一的對立體系。Alan Macfarlane, *The Making of the Modern World: Visions from the West and East* (New York: Palgrave, 2002), 260.

一、經濟興盛：東羅馬帝國長存的原因

數百年來日耳曼人逐步進逼羅馬帝國北界，但一直被阻止於萊茵河 (Rhine) 與多瑙河 (Danube) 一線以北；至第四世紀時，蠻族突破此道防線，開始大舉南下。西元 476 年日耳曼人滅亡西羅馬帝國，然此事實非一個劃時代的變化，而是一個漸進發展的結果。日耳曼人南遷的本意乃為營生，而非破壞，他們志不在取代羅馬政權，即便建國也常以羅馬名位自居，並尋求東羅馬皇帝的認可（故西羅馬的滅亡在名義上反成為羅馬帝國的再度統一）。而且，日耳曼人的武力其實不大，羅馬覆亡的主因是羅馬軍力的頹敗、經濟的衰微、與民心的背離。不過，歷史人事的因果討論絕非科學性的有效論證，上述的說法只是為彰顯西羅馬滅亡而東羅馬續存的相同緣故。如此，東羅馬得以保全的理由是軍力尚存、經濟繁榮、而民心擁護；一言以蔽之，東羅馬的富有使國家臨危不亂。因為經濟富裕，東羅馬可以維持一個職業軍隊保家衛國、可以納貢滿足蠻族之需而使其不進逼、可以使人民珍惜現有生活而共體時艱抵禦外患。在第五世紀時，西羅馬的城市活力衰退，人口與空間均縮減至舊時的小規模，而國家經濟也退化至以農業維生；東羅馬的城市生活則因工商業興旺而繼續擴展，國家財稅收入富厚 *4* 。東羅馬的經濟得以長期繁榮的重要原因，是其所據

---

4. 故中古時期拜占庭與西歐的互動交流主要是在政治與文化方面，至於經濟往來則屬次要 ， 見 Michael McCormick, 'Byzantium and the West, 700–900,' in Rosamond McKitterick, *The New Cambridge Medieval History*, vol. II (Cambridge: Cambridge University Press, 2002), 379. 關於第五世紀時東西羅馬國力的比較 ， 參見 J. H. M.

有的長途貿易交通孔道地位，君士坦丁堡不僅地處要衝（位於博斯普魯斯海峽 Bosporus）、具有良好港口條件，且正當歐、亞、非三洲商業往來的匯聚點，使它財源廣進，這個盛況在第九與第十世紀時達於顛峰，其勢延續至十一世紀 5 。其實早從第六世紀養蠶被引進以來，絲織品即成為拜占庭的重要產業，與象牙雕刻、琺瑯、玻璃製品、及銅門同為出口大宗。拜占庭從中國進口絲綢、香料、及各式奢侈品，而從西歐進口毛皮、奴隸與木材，可見其商業規模之大。當西歐正處於封建莊園與宗教社會的保守環境時，東羅馬卻貨幣經濟盛行，維持一套龐大的雇傭制文官系統與軍事組織，以故儘管其宮廷逆謀與兵變之事屢生 6 ，政府仍能穩固不墜。而且，在拜占庭歷史中地主與農民之間的鬥爭不斷，歷代皇帝卻多袒護農民的立場，故政府頗獲大眾支持。拜占庭經濟的欣榮也促進其科學、建築、乃至哲學的發達，查士丁尼 (Justinian I) 主政時 (527–65) 拜占庭國力達到鼎盛，此時貿易興隆而文藝成就

Jones, *The Later Roman Empire 284–602: A Social, Economic and Administrative Survey* (Norman, Okla.: The University of Oklahoma Press, 1964), vol. II, 1064–68.

5. 於是十一世紀時乃有中產階級的出現，打破了拜占庭傳統貴族與貧民二分的社會結構，參見 Michael Angold, *Church and Society in Byzantium under the Comneni, 1081–1261* (Cambridge: Cambridge University Press, 1995), 385–86.

6. 拜占庭的宮廷政治亂象叢生，此與其缺乏一套皇位繼承法制關係密切，猶如古羅馬時代一般；拜占庭王朝統緒的觀念確立極晚，於事已無大補。見 Charles Diehl (translated by Naomi Walford), *Byzantium: Greatness and Decline* (New Brunswick, N.J.: Rutgers University Press, 1957), 127–29.

亦高；這個物質文明與精神文明息息相關的情形、或政治盛世即為文化盛世的現象，與古羅馬時代極其類似（但拜占庭絕不如古羅馬那麼偏重物質與現實價值）。

同理，拜占庭帝國的沒落也與其經濟實力的衰退有關。首先，拜占庭的國富因查士丁尼的雄圖壯舉而耗盡，當其過世時國家幾已破產，拜占庭的經濟雖在後世又有復興，但國力再不能強盛如昔。再者，來自回教世界與義大利的商業競爭對手一直覬覦拜占庭的貿易利益，這是回教徒西攻與第四次十字軍轉而攻打君士坦丁堡 (1204) 的重要原因。回教帝國興起後，其工商業隨之發展，盛況直至十四世紀不衰，回教商人自然成為拜占庭在近東貿易圈的勁敵；而十一世紀威尼斯控制了亞德里亞海後，義大利也嚴重威脅著拜占庭在東方的商業地位。另外，東西貿易形勢因交通與近東政局的變化，也使拜占庭原來所居的交通要道優勢逐漸降低，國家經濟處境日益艱困。再經拜占庭與西歐的交惡以及回教帝國軍事攻勢的進犯，拜占庭的衰亡趨勢在十一世紀之後已明白可見。

二、正統之爭：東羅馬的東方化與東西對立趨勢的繼續

中古以後東西對立表現在日耳曼王國（西歐）與拜占庭帝國的對峙、和基督教世界與回教世界的對抗上，而中國誠屬「遠東」，幾與西方無涉。拜占庭雖自命繼承羅馬正統（拜占庭人自稱羅馬人直至亡國），但其文化富於東方特徵（拜占庭文化源自東方希臘化文化），拉丁文雖訂為官方語文，然民間則流行希臘文，宮廷朝儀中東方風格多於羅馬型式，其皇帝為波斯式元首，而宗教亦深染異教色彩。拜占庭之稱呼正顯示西方學者並不肯定其謀求

正統之努力，史家不稱其為東羅馬帝國，而改稱之為拜占庭帝國（Byzantine Empire，君士坦丁堡建於古代希臘的拜占庭 Byzantium 上），表示西方人認為它不夠「羅馬」(Roman) 或「西方」(Western)。相對於此，或相對於古典時代，「希臘的」(Greek) 至此已被視為「東方式的」(Eastern)（而有所謂「希東式」'Hellenistic-Oriental' 的說法）。

儘管如此，拜占庭歷史的一大課題正是羅馬正統傳承的強調與爭取，尤其是查士丁尼大帝在位時 7。為此，查士丁尼令編法典，以強調其繼承羅馬法統；為此，查士丁尼西征，光復羅馬故土；為此，拜占庭的文化政策與體制作風守舊保守，並極力保存和研究古典（希臘羅馬）學術文化，以強調其繼承羅馬道統；為此，拜占庭敵視強調繼承羅馬正統的西方政權（如查理曼帝國與神聖羅馬帝國）；為此，拜占庭（政教合一而信仰上講究聖經權威）與西方教會對立，反對羅馬教皇體制，並推行破除偶像崇拜運動（iconoclasm，由 Leo III (717–41) 發起，其子 Constantine V (741–75) 強力推動），以爭信仰正統 8。查士丁尼以「一神、一

7. 查士丁尼的好大喜功與自我神化若從「復興羅馬」的脈絡考察，則可知其富有政治性意涵，不必以道德批判苛責之，參見 Michael McCormick, *Eternal Victory: Triumphal Rulership in Late Antiquity, Byzantium, and the Early Medieval West* (Cambridge: Cambridge University Press, 1990), 67–68. 查士丁尼之後拜占庭社會的封閉性與排他性漸增，這與其正統的訴求應有密切關係，參見 J. F. Haldon, *Byzantium in the Seventh Century: The Transformation of a Culture* (Cambridge: Cambridge University Press, 1990), 348.

8. 第八世紀以前羅馬教廷與東方教會關係尚好，而偶像破除運動使教皇與君士坦丁堡決裂，轉與西歐法蘭克王國結盟，以與東正教抗爭。

國、一教」(One God, One Empire, One Religion) 為目標，推展其復國大業[9]。為此，他採東守西攻政策，不惜代價與波斯講和，全力向西發展，自蠻族手中收復北非（消滅汪達爾王國 Vandal Kingdom）、義大利（消滅東哥德王國 Ostrogothic Kingdom）、與西班牙南部（擊敗西哥德王國 Visigothic Kingdom）等地，使地中海又成羅馬內湖。當其在位之年，東羅馬武功顯赫，然實過度耗費國力，令人民不堪負荷。為了維持西征軍力，查士丁尼政府大量提高國內賦稅，甚至被「解放」的義大利、北非等地，亦課以重稅。此外，為向四方宣揚和誇耀其為羅馬帝國皇帝之尊貴威嚴，所費亦不貲。查士丁尼去世後，帝國從此日漸衰微，西征所得更逐一放棄，實無力固守故也。且由於專注西方，疏於東顧，波斯為患日亟，終使拜占庭後繼皇帝必須放棄西方，專力對付東方威脅。此一局面正說明東（拜占庭）西（廣義的西歐）的對立分治與各自發展，已是無可回天的趨勢。正如史家佛格森 (W. K. Ferguson) 所評，拜占庭之西征乃是一個「錯誤」，「如果查士丁尼致力於鞏固帝國在東方的威勢，則他的歷史評價當更高[10]。」

另一方面，日耳曼王國亦圖宣示其繼承西羅馬帝國的正統，以合理化其政權，並與東方拜占庭爭霸。除了所謂「卡洛琳文藝復興」(Carolingian Renaissance) 代表文化道統的追求外，政治上，

---

9. 查士丁尼在其法典中昭示世人他是「在上帝權威之下統治世界」(Governing under the authority of God)，故他的經世大業不僅是要恢復羅馬帝國版圖，而且致力於掃除異端以統一基督教，見 Solomon Katz, *The Decline of Rome and the Rise of Medieval Europe* (Ithaca, N.Y.: Cornell University Press, 1977), 115–17.

10. W. K. Ferguson and Geoffrey Bruun, *A Survey of European Civilization* (New York: Houghton Mifflin, 1969), 117.

依卡洛琳王朝的說法，西元 476 年西羅馬帝國皇帝羅穆勒斯．奧古斯都拉 (Romulus Augustulus, 475–76) 的遜位，是表示羅馬帝國政權的中斷，而非滅亡[11]，以此查理曼政府便可宣稱其繼承羅馬政治統緒的合法性。拜占庭政府視查理曼在西元 800 年的加冕稱帝為僭越，對於主持（乃至說策畫）加冕禮的羅馬教皇李奧三世 (Leo III) 自亦痛恨有加。查理曼的稱帝固象徵西歐自信與獨立自主地位的提升，然在查理曼餘年裡，他一直努力尋求拜占庭政府的認同，這顯示中古前期東方在文化與政治地位上的優越性。查理曼加冕前，拜占庭能藐視之為西方的一個小國君，其後則不得不承認其具有西方帝國之尊榮地位。緣於查理曼之加冕，其在西羅馬故土的統治權取得合法性的效力，但同時，查理曼政府亦不得不於此放棄其繼續擴張、吞併東方的宏圖。拜占庭與西歐正統之爭總算止息，經過數年的擾攘紛爭與談判，西元 812 年拜占庭皇帝邁可一世 (Michael I, 811–813) 終於承認查理曼帝國的政權地位，而另一方面查理曼則被迫拋棄其對威尼斯 (Venice)，愛思翠 (Istria) 與達馬西亞 (Dalmatia) 等地的主權。這也注定了其後的神聖羅馬帝國 (Holy Roman Empire, est. 962) 充其量僅得為一僻處歐洲西部的帝國，而不能發展至古羅馬帝國的規模。東西的分裂分治於此再次確定，西元 1054 年東西教會的分裂（其近因是該年羅馬教廷堅稱對東方教會具有領導權），是大局已定之下的一個必然發展。

---

11. 此種說法並非無稽之談，蓋日耳曼將領奧德阿塞 (Odoacer or Odovacar, 435–93) 罷黜羅穆勒斯後，即握有義大利統治權，但令皇位懸虛，而名義上則承認東羅馬皇帝之至上權威，故理論上羅馬帝國又再度統一在一個皇帝之下。

至十一世紀以後，西歐日漸復興，而拜占庭則日見疲態，西歐人反成東方之外患，「西方的興起」成為此下歷史研究的重要問題意識。來自南義大利的諾曼人（Normans，1071 年佔領了拜占庭在南義大利最後的據點），來自西歐的十字軍（1204 年十字軍劫掠君士坦丁堡，嚴重惡化東西關係），與來自義大利城市的商利投機客，皆成拜占庭之害，甚至羅馬教會對東方教會的政策與神學教義立場，亦開始嚴厲攻擊。拜占庭人與西歐人彼此的厭惡與反感一直存在，尤其在十一世紀後期十字軍東來之後，雙方普遍的仇意更形惡化，十二世紀末起武力的衝突即不斷出現，1204 年西歐人之掠奪君士坦丁堡只是其尤著者。1204 年至 1261 年之間，為了消除西歐人囂張跋扈的勢力，拜占庭政府甚至不得不遷都以為對策。此法雖頗奏效，但西方人對拜占庭的影響力，對君士坦丁堡政府而言，仍是揮之不去的夢魘。東西對立的情勢，至此已成西強東弱之局。十字軍的運動代表東西聯合在羅馬教廷（西方）的領導下，共同打擊亞洲（更東方）的異端。由於西歐在軍力與經濟實力上的優勢，拜占庭皇帝為保國家的生存，在 1274 年與 1439 年二度與羅馬教廷達成了聯盟的協議，但皆因國內大眾的反對而不得不作罷。拜占庭帝國在亡國前三、四百年間的命運，簡直是操控在西歐人手中，故美國著名史家布林頓 (Crane Brinton, 1898–1968) 慨言：東羅馬之亡，與其說是亡於土耳其人，無寧說是亡於西歐人，此乃兄弟鬩牆之禍也[12]。

然拜占庭終究不是亡於西方，而是亡於更「東方」的回教帝國。西元 1453 年拜占庭被土耳其人攻滅後，深受拜占庭影響的俄

12. Crane Brinton et al., *A History of Civilization* (Englewood Cliffs, N.J.: Prentice-Hall, 1962), vol. I, 362.

羅斯[13]，慨然負起接續東羅馬命脈的使命。於此莫斯科以「第三羅馬」(the Third Rome) 自居，儼然成為希臘正教的信仰中心，而俄國元首「沙」皇（Czar，源自 Caesar 一詞）稱號之引用（伊凡四世 Ivan IV or Ivan the Terrible, 1530–84，是第一個正式採用此銜的俄皇），也明白宣示俄羅斯為羅馬傳人的身分，這對後來俄羅斯帝國主義 (Russian imperialism) 在東歐地區爭霸與擴張的傳統，影響至深。而在另一方面，土耳其人滅亡拜占庭後，入主君士坦丁堡，以它為帝國新都，其蘇丹仿效拜占庭皇帝的權威與風格統治，大量採用拜占庭的政治制度，穆罕默德二世 (Mohammed II, 1451–81) 更自稱為基督徒的保護者，頒佈寬容法令，鄂圖曼帝國似乎成了拜占庭帝國的繼承者（回教帝國本來即深受拜占庭文化的影響）。三代以後土耳其人與希臘人的混同，更提高鄂圖曼帝國對這個傳承的訴求力量，而東正教徒也大致接受了土耳其蘇丹為拜占庭政權的繼承人。如此，兩個「東方」傳統於是出現，俄羅斯帝國與鄂圖曼帝國二者在東歐黑海地區長久的對抗，不僅是為帝國利益，亦可解為文化道統之爭。

三、東西交會的國際政治：拜占庭帝國的興亡

「拜占庭」何時開始是一個爭議性甚高的歷史問題，蓋東西羅馬分裂以來東羅馬在政治上並未出現巨大變局，而是持續發展，

13. 俄國的歷史文化表現與西歐甚不相同，最相似的乃是古典文化，然俄國承繼自拜占庭的古典文化與西歐承繼自羅馬的古典文化，實大不相同。

因此難以斷限。有一說以西元 610 年希拉克來斯 (Heraclius, 575–641) 即位時為拜占庭的開端，因其時拜占庭的文化特色始趨明顯。不過，若籠統言之，從西元 395 年東西羅馬永久分裂後（亦有以西元 330 年君士坦丁遷都為開端）至 1453 年土耳其人攻滅君士坦丁堡政權為止，均可視為拜占庭帝國時代。終其立國期間，拜占庭帝國的版圖並不穩定而常有變遷，然巴爾幹半島及小亞細亞是其主要的核心地區。第四世紀末至第六世紀初，東羅馬一直處於外患的威脅下，西哥德人 (Visigoths)、匈奴人 (Huns)、柔然人 (Avars)、斯拉夫人 (Slavs)、保加利亞人 (Bulgars) 與波斯人等異族先後來犯，不過東羅馬尚能支撐不墜。當西羅馬為蠻族所滅時，義大利、高盧、西班牙與北非等地名義上便成為東羅馬領土，但實際上這些地區皆處於日耳曼人的統治下，而此時東羅馬不僅無力介入，且因宗教衝突與政治鬥爭而內亂不休[14]。至查士丁尼統治期間 (527–65) 東羅馬帝國氣象復興，東方波斯外患已遭遏止，國內政爭已經平息，國土更擴張至義大利與北非等西羅馬舊地，羅馬法傳統也經由官方的法律編修工作而重振；同時，古典希臘文學活力再現，藝術與建築的發展也步入全盛時期。然在查士丁尼死後，東羅馬國勢又衰[15]。倫巴人 (Lombards) 征服了義大利大部，波斯西侵的攻勢大有斬獲，柔然人與斯拉夫人也再度為患，而後起之秀回教徒更來勢洶洶，佔領了敘利亞、巴勒斯坦、

14. 故當查士丁尼有能力重申東羅馬對西羅馬故土的主權時，就法理與精神感受而言，他的西征都能獲得廣泛的支持，見 Hugh Trevor-Roper, *The Rise of Christian Europe* (London: Thames & Hudson, 1989), 69.

15. 關於查士丁尼死時拜占庭帝國的國勢與處境，詳見 A. H. M. Jones, *The Decline of the Ancient World* (London: Longman, 1990), 114–16.

埃及、北非與西西里等地，使東羅馬帝國元氣大傷；同時，東羅馬國內的信仰衝突又起，更削弱其抗外的力量。第七世紀時東羅馬的東方化特色已極顯著，而政府對地方民政的軍事化改革一方面強化了統治與國防力量（君士坦丁堡得免於阿拉伯人的襲擊），另一方面則使東羅馬的立國精神與文化風格更異於從前。這個逐漸希臘化 (Hellenization) 的羅馬政權 （皇帝開始採用希臘式封號），至此已不足以代表西方文明，乃為後世學者改稱為拜占庭帝國。在東地中海世界中，「東方式專制」(Oriental despotism) 的色彩在古羅馬時代已甚明顯，只是如今程度更進一步，其所以如此應與政教結合的局勢有關（所有古代極權專制的國家均為神權政體）。拜占庭的政治控制極其專斷嚴格，皇帝為獨裁者兼立法者，而其政府組織龐大細密，人民的日常生活皆在其監督之下，百姓所承擔的稅賦甚重，工商生產與交易均受國家管制，宗教活動當然也由官方統轄。

第七世紀末至第八世紀初，拜占庭的外患又熾，此時預期阿拉伯人將消滅拜占庭的說法甚囂塵上[16]，然在李奧三世（Leo III，在位 717–41）與君士坦丁五世（Constantine V，在位 741–75）的整軍經武下，小亞細亞光復而回教徒的攻勢受阻；但拜占庭帝國版圖已非昔比，僅據有巴爾幹半島沿岸、希臘島嶼、小亞細亞、義大利南端與西西里島等地。再者，自李奧三世發動破除偶像崇拜運動 (Iconoclasm) 後，東西教會關係惡化，拜占庭終於失去羅馬的控制權 ； 而西元 800 年查理曼 (Charlemagne, 742–814) 在羅馬被教皇加冕為「羅馬皇帝」後，拜占庭對西歐的主權名義也從

16. Michael McCormick, 'Byzantium and the West, 700–900,' in Rosamond McKitterick, op. cit., 352.

此消失。但至第九世紀時拜占庭又有所擴張，在許多邊區阿拉伯人的陣地均被逼退，尤其巴索一世 (Basil I) 執政 (867–86) 後國力大振；這個反攻復國的氣勢持續至十一世紀前期 (867–1025)，不僅國土擴張（東界擴至幼發拉底河），商業貿易亦以興盛，甚至俄國因為皈依基督教而成為拜占庭文化圈的前哨。巴索並重修新法，至繼任者李奧六世 (Leo VI) 在位時 (886–912) 大功告成，同時文藝學術活動也因政府長期提倡而昌盛，頗有查士丁尼時代的中興氣象。

然而十一世紀中期以後，拜占庭帝國即開始步向衰亡。西元 1054 年東西教會分裂，1071 年諾曼人 (Normans) 已攻取義大利南部並進犯巴爾幹地區，同年賽爾柱土耳其人 (Seljuk Turks) 在曼茲克特 (Manzikert) 戰役後佔領小亞細亞[17]，又攻略聖地耶路撒冷；同時，來自義大利的商業競爭威脅日趨嚴重[18]，而斯拉夫人（保加利亞人與賽爾維亞人 Serbs）則為獨立而叛亂。十一世紀末期亞力克西斯一世 (Alexius I) 主政時 (1081–1118)，拜占庭政府開始向西歐求援協防回教徒的進攻，由是發展出為時二百年的十字軍東征運動 (the Crusades)[19]。第一次十字軍東征 (1096–99) 成功佔領

---

17. 關於小亞細亞的喪失對拜占庭嚴重的衝擊，詳見 Speros Vryonis, Jr., *The Decline* of Medieval Hellenism in Asia Minor and the Process of Islamization from the Eleventh through the Fifteenth Century (Berkeley, Calif.: The University of California Press, 1971), 403–8.

18. 拜占庭與威尼斯的對抗尤其嚴重，詳見 D. M. Nicol, *Byzantium and Venice: A Study in Diplomatic and Cultural Relations* (Cambridge: Cambridge University Press, 1988), 84–103.

19. 雖然拜占庭史上征戰不休，但拜占庭其實並非一個好戰之國，它經常訴諸外交手段以保衛國家安全，十字軍東征運動的發展乃是拜占

地中海東岸，拜占庭外患大減，並藉此收復小亞細亞某些失土，國威稍振；但其後的十字軍卻惡化拜占庭與西方基督教國家的緊張關係[20]，1204 年第四次十字軍攻佔君士坦丁堡的行動即是其極端表現。此舉之後義大利商人與十字軍在這個東方首都另建新政權（Latin Empire of Constantinople，佔有希臘、馬其頓與色雷斯），同時導致拜占庭帝國其餘領土的分崩離析與各自獨立，而拜占庭的流亡朝廷則在小亞細亞重組政府 (Empire of Nicaea)，並於 1261 年奪回君士坦丁堡，恢復國統（即 the Palaeologus Dynasty, 1261–1453）。但這個重建的國家立刻陷入四面楚歌的危局，鄂圖曼土耳其人又進逼小亞細亞，斯拉夫人也步步進佔巴爾幹地區，威尼斯與那不勒斯亦發兵來犯，而此時拜占庭卻處於各式內戰中，無暇兼顧邊患。雖然在十四世紀期間拜占庭的經濟、社會、與文化各方面仍展現相當強的活力，但政治的困境使這些發展成就有限，難以改造時勢[21]。到十四世紀晚期，拜占庭所轄領土僅餘君士坦丁堡與希臘部分地區，帝國簡直退縮為城邦，其後它對西歐

庭始料未及之事，也是不樂見之事，見 W. Ensslin, 'The Government and Administration of the Byzantine Empire,' in J. M. Hussey ed., *The Cambridge Medieval History*, vol. IV: *The Byzantine Empire*, Part II (Cambridge: Cambridge University Press, 1978), 50.

20. 十二世紀末，東西歐的合作關係明顯改變為對抗立場，見 Ralph-Johannes Lilie (translated by J. C. Morris and J. E. Ridings), *Byzantium and the Crusader States, 1096–1204* (Oxford: The Clarendon Press, 1993), 224–27, 243–45.

21. A. E. Laiou, 'The Byzantine Empire in the Fourteenth Century,' in Michael Jones ed., *The New Cambridge Medieval History*, vol. IV (Cambridge: Cambridge University Press, 2000), 795.

的呼救也不再奏效。西元 1453 年時土耳其帝國奪取君士坦丁堡，推翻了拜占庭政權，其最後一任皇帝君士坦丁十一世 (Constantine XI) 也於此役中殉國。這一年成為許多史家認定的「現代」開端。此後土耳其帝國西侵之路大開，而俄國則開始宣稱其繼承羅馬正統的地位[22]。

四、古典文化的護法：拜占庭帝國的歷史地位與文化風格

拜占庭的文化特性

拜占庭的人民為數種族群的後代，邊疆民族不論，君士坦丁堡一地的居民就包括希臘人、保加利亞人、亞美尼亞人 (Armenians)、諾曼人、乃至後來的土耳其人等，然拜占庭人皆以希臘文為共通語文。在文化上，拜占庭也是一個多元體，不過它也具有一種不東不西的獨特取向。君士坦丁大帝將政府東遷以來，東羅馬的東方化特徵開始出現，然而同時君士坦丁卻也引進基督教這個西方式的信仰。整體而言，拜占庭文明結合了羅馬政治傳統、希臘文化、與基督教信仰三大要素；它也堪稱為一個基督教世界，拜占庭的藝術、音樂與建築尤其展現高度的基督教文化色彩。以世界史觀點來看，這是一個西方式的文化，而當世的拜占庭政權也如此宣示；但以西方歷史傳統而論，它卻是一個妾身未明的角色，令人觀感矛盾；然若以中古時代衡量之，則拜占庭實

22. 此時俄國的皇帝伊凡三世 (Ivan III) 乃是君士坦丁十一世的女婿，他的政治號召兼有文化傳統與親緣關係的感情。

為當仁不讓的古典文化保育區[23]。即便在拜占庭失去其羅馬帝國正統繼承者的名位時，君士坦丁堡——號稱「新羅馬」(New Rome) 或「第二羅馬」(Second Rome)——無疑仍是中古時期希臘羅馬文化傳統的重鎮，而西歐相形之下確是一個粗野落後的社會（雖然它常較拜占庭更富有活力與創造性）。由此可知，拜占庭帝國是西方古典與現代文明之間的連繫者，然同時這也表示它沒有偉大的文化創作[24]。另外，部分由於正統地位的強調，拜占庭文化（政策）的保守性甚強，外來文化對其影響並不深刻，而在千年的歷史中它的文化特質也改變不多。

西方的護法

拜占庭在第七至十一世紀期間抵禦了波斯人、阿拉伯人、與土耳其人的西侵攻勢，對於處在衰微而混亂的西歐起了重大的保衛作用，否則中古西歐的「黑暗時代」當更為黑暗。尤其為了爭取羅馬正統繼承者的地位，拜占庭刻意以發揚古典文化傳統為號召，因而對於希臘羅馬學術遺產的保存貢獻甚大[25]，這影響了拜

23. 詳見 F. B. Artz, *The Mind of the Middle Ages* (Chicago: The University of Chicago Press, 1980), 95–99; and D. M. Nicol, *Church and Society in the Last Centuries of Byzantium* (Cambridge: Cambridge University Press, 1979), 74–75.

24. 正因拜占庭對古典學保存完好而豐富，知識分子浸淫其中因不感古文化的消逝，乃不覺有必要加以重振，故拜占庭不像西歐發展出所謂的文藝復興運動，見 Peter Brown, *The World of Late Antiquity AD150–750* (New York: W. W. Norton, 1989), 177.

25. 拜占庭人因自命為文明的衛士而對「野蠻人」有特別的看法與嫌惡，此與古代希臘人羅馬人相同，詳見 A. P. Kazhdan and A. W.

占庭的皇權觀念[26]，且無意間成為西歐文藝復興時期古典學研究的參考憑藉。而且，拜占庭對於古典文化的保存與研究並不像西歐僅限於教會或修道院所為，而是普及社會菁英，因此在拜占庭，教士以外的中上階層（即所謂俗人階級 laity）亦為知識分子[27]，政府官員且多通曉古希臘文，這對學術的自由化和世俗化具有相當的幫助，不似西歐文化界的宗教化和僵化（尤其在大學興起之前）。並且，若非如此廣泛的教育，則荷馬、柏拉圖、與亞理斯多德等人的著述與思想，恐將失傳或遭偏執扭曲（如中古西歐獨好以亞理斯多德哲學詮釋基督教教義），羅馬法及羅馬政治傳統的保存情況亦類此。

法　律

法統的訴求是強調正統地位的利器，這是拜占庭沿用與數度編修羅馬法的動機，羅馬政治傳統在拜占庭帝國最清楚的呈現也在此。西元 438 年東羅馬皇帝迪奧多西斯二世 (Theodosius II) 頒佈新法，將君士坦丁以來的複雜法令加以簡化和系統化；這套「迪奧多西斯法典」(Theodosian Code) 立即為當時的西羅馬皇帝瓦倫提尼亞三世 (Valentinian III) 所採用 ， 成為帝國全境的通行的公

Epstein, *Change in Byzantine Culture in the Eleventh and Twelfth Centuries* (Berkeley, Calif.: The University of California Press, 1985), 167–70.

26. 參見 Alexander Kazhdan, *Studies on Byzantine Literature of the Eleventh and Twelfth Centuries* (Cambridge: Cambridge University Press, 1984), 24–25.

27. 關於拜占庭教育知識普及的情形，詳見 J. M. Hussey, *The Byzantine World* (London: Hutchinson, 1970), 134–37.

法，它顯示當時東羅馬統治地位的崇高。這部法典是後來查士丁尼法典 (Justinian Code) 編修的重要參考依據。西元 527 年查士丁尼即位，隨即下令修法（以法學家 Tribonian 為首腦）[28]，以解決長期以來法條的紛亂和不合時宜問題[29]，兩年後 (529) 新法告成，是為「查士丁尼法典」或稱「民法大全」(*Corpus Juris Civilis* or Body of Civil Law)，它整飭了第二世紀哈德良以來的羅馬法律，輯成 4652 條法規。西元 532 年政府又頒訂「法學摘要」(Digest or Pandects)，它彙集重要的司法判例、法律文獻、與法學名著選粹，提供律師執業與法官執法之參考，對後世了解拜占庭的法律觀念特具價值。同時另有「法學原理」(Institutes) 的印行，它綜合「法典」與「摘要」的題綱，概述羅馬法整體內容，為法律教科書和法學導論之屬。此外，查士丁尼最後三十年執政時 (535–65) 所頒佈的詔令，為後世（非官方）編輯成「新法」(Novels)，有補遺與建議的用意，它與前三者共同構成廣義的「查士丁尼法典」。整體來看，查士丁尼法典不僅輯錄古代羅馬法條，闡明法律原則，且以實際案例為證釋法，並說明新法立意，與指示未來立法方向，富有法學理念和政治意涵。這套法典不僅彰顯查士丁尼的政權為羅馬政治統緒所繫之地位，亦展現皇帝為法律創設與督

28. 查士丁尼法典的修撰工作是高度的法學研究，不是政治動作的表演，見 H. J. Scheltema, 'Byzantine Law,' in J. M. Hussey ed., *The Cambridge Medieval History*, vol. IV: *The Byzantine Empire*, Part II (Cambridge: Cambridge University Press, 1978), 55.

29. 查士丁尼下令編修法典當然富有鞏固政權的動機，他說：「國家安全所賴主要在於軍力與法律。」(The greatest security of the state comes from two sources, arms and the law.) 引文見 Robert Browning, *Justinian and Theodora* (London: Thames & Hudson, 1987), 64.

導者的身分，於皇權的伸張極具象徵意義[30]。然而相對於中古西歐的封建與宗教社會，查士丁尼法典不以國家為君主的私產或上帝的創建，而以國家為天下公器，重視民事政務，因此也較具有現代憲政的概念，可為民主訴求之資。查士丁尼法典是羅馬法最完備的整理巨作，而且它在拜占庭時期印行數版，國家喪亂後全書仍完整保留而得傳世，故影響力特為持久。它的編修對於中古後期羅馬法的復興貢獻甚大，因此也間接對於民族國家（講求王權）的興起有所助長[31]；並且它是現代歐洲法律——特別是民法 (civil law)——的根基（除英國自有其習慣法 common law 系統外），中古的教會法 (canon law) 與十九世紀初的拿破崙法典 (Napoleonic Code) 皆師法查士丁尼法典，這是拜占庭對西歐和現代文明最顯著的影響所在[32]，此種貢獻正如古羅馬文明的最高成就是在於法律。

宗　教

拜占庭可說是一個宗教國家，它採行政教合一體制[33]，以君

30. 東羅馬皇帝既為上帝在世間的代理人，自須負責法紀的設計與維持，查士丁尼法典的立法精神是「凡人主所喜者即具法律效力」('What pleases the prince has the force of law.')，這正是中國天子「朕即是法」的權威主張。

31. 十一世紀以後學者對於羅馬法興趣大增（尤其在義大利波隆納 Bologna 大學），查士丁尼法典的研究與註解乃成為顯學；受此教養者又成為歐洲各國法律的制訂者，因而使查士丁尼法典決定了現代法政的革新方針。

32. 李奧六世繼續其父巴索一世的修法工作而在第九世紀末頒佈「巴西里加」(Basilica) 法典，將查士丁尼法和教會法加以更新。

士坦丁堡為領導中心的教會在公共事務中扮演著極重要的角色，皇帝與修士同為教義的闡述者，而人民也富有信仰情操甚至是宗教狂熱，教義辯論幾為全民運動。因此拜占庭的政治與上古神權社會的政局類似，反政府者常藉宗教問題起事，而執政者也利用宗教遂願，以故拜占庭國家的分合與國力的強弱，常與全民宗教意見的異同息息相關。當然，這仍表示政權高於教權的權力關係，事實上，君士坦丁堡的大主教 (patriarch) 地位雖如羅馬教皇在西歐教會中的身分，但他仍受拜占庭皇帝的督導[34]，絕無西歐政教對抗的情事。而且，拜占庭教會並不像西歐那般專制獨裁，頗具有「民主」集議的精神[35]，拜占庭人好論教義與此應大有關係。另外，拜占庭的學者喜引希臘哲學詮釋基督教教義，開啟了西方神學（宗教理論）先河；拜占庭的神學研究極其細膩深邃且著作

---

33. 例如拜占庭皇帝李奧三世即曾對羅馬教皇說：「我是皇帝兼教士，如同聖保羅一樣受上帝之命統領其子民。」引文見 Steven Runciman, *Byzantine Civilization* (New York: Meridian Books, 1956), 55. 在拜占庭時代，希臘文中並無「基督教世界」(Christendom) 一詞，拜占庭人的替代性用詞常為「帝國」，這是其政教合一的另一例證，見 D. M. Nicol, op. cit., 3–4.
34. 傳統東正教有四個大主教，君士坦丁堡大主教（稱為 ecumenical patriarch）的地位高於亞歷山大城、安提阿、與耶路撒冷三地的大主教，但也只能督導自己的教區而已；君士坦丁堡大主教一職在君士坦丁遷都於此時便已設置，當時它的權威性略低於羅馬主教，但東西羅馬分裂乃至西羅馬滅亡之後，拜占庭教會當然不再屈居下風。不過，自從查士丁尼大帝以後，皇帝對君士坦丁堡大主教的控制即已達到全面的地步。
35. Ernest Barker, *Social and Political Thought in Byzantium* (Oxford: The Clarendon Press, 1961), 40.

豐盛，神學家在教會中的地位極為崇高36。由於宗教的影響力無所不在，拜占庭的文學與藝術幾乎可謂為宗教文藝（如宗教詩的寫作）。拜占庭又是東方基督教世界的核心力量，它的傳教士將基督教推廣至帝國全境，並改變了俄國與其他斯拉夫民族的宗教信仰；尤其在東西教會分裂後，君士坦丁堡成為相對於羅馬的東方教廷，東正教 (Eastern Orthodox Church) 與羅馬公教 (Roman Catholic Church) 對峙為基督教正統傳承的角逐者，雖然二者教義其實相差甚少37。

君士坦丁將基督教推展至東羅馬帝國之後，到迪奧多西斯時 (379–95) 正統的基督教信仰已經確立，異端如阿萊亞斯教派 (Arianism) 悉遭壓制，然宗教爭執始終困擾著這個政教合一的東方式政權。第五世紀初的尼斯多利斯教派 (Nestorianism) 在以弗所宗教會議 (Council of Ephesus, 431) 之後被排斥，二十年間即已在

---

36. 以哲學解釋宗教信仰的傳統不僅拜占庭有之，西歐與回教世界亦然，這使西方文化思想的抽象性與超越性愈高；而中國以史證經的傳統，則使中國文化思想的世俗性與現實性表現愈強。學術與信仰當然無法追究因果先後的關係，而宗教也不是建立於理性之上，但從一般文化現象來看，二者常有性質一致的情形。

37. 東正教與羅馬公教最大的差異其實是在於接受教皇權威與否（東正教不信任何人可以為「無過」infallible，而無過卻是教皇人格被公認的特質），其次為教儀教規，至於信仰觀點並無大差別；東歐基督徒中亦有服從羅馬教廷者（稱為 Eastern Catholics 或 Uniates），他們除了這點之外在信仰行為上與東正教徒無異，而東西教會其實也都以 Catholic（大全）和 Orthodox（正統）二詞自稱，不以自己為偏鋒或視對方為異端邪說。十七世紀時結合東正教與新教 (Protestantism) 的嘗試也終歸失敗，可見東正教與天主教的相似性。

拜占庭帝國中消失。第七世紀時，希拉克來斯企圖以倡導一意論 (Monotheletism) 為調和正統基督教信仰與一性論 (Monophysitism) 異端的安撫策略，其結果卻只有更增爭端[38]。在紛擾稍定後，第八世紀與第九世紀初期，拜占庭皇帝發動破除偶像崇拜運動，企圖消滅人們對耶穌及聖徒形象膜拜的習慣[39]，此舉又引發國內亂局及東西教會的衝突，並延伸及政治上的對抗。破除偶像崇拜運動的神學依據甚為明確，十誡第二條即直指膜拜偶像為非。況且信仰超越性的一神教者必認為凡人所造之物（如聖徒像）皆非神聖，不當崇拜；而耶穌乃為神，自亦不可以形象表現和領會。故將偶像神化而加以敬拜，輕則為玩物喪志，重則為邪門歪道，自誤誤人。此外，回教與基督教同為一神信仰，而回教徒嚴守禁絕偶像的教義[40]，且其西討攻勢——武力兼思想——來勢洶洶，對於拜占庭造成強大威脅，於是李奧三世不僅

38. 一性論提出之後拜占庭的信仰認同愈為東方化，其與羅馬的分裂惡化甚多，詳見 Garth Fowden, *Empire to Commonwealth: Consequences of Monotheism in Late Antiquity* (Princeton, N.J.: Princeton University Press, 1993), 127–37.

39. 早期基督教教會即有禮敬象徵信仰觀念的圖像與雕像之習慣，而反對三位一體說的基督教異端常有否定耶穌人性的說法，更使耶穌人像與受難像的推廣成為教會破除異說的宣傳手段，於是形象的使用浸以成風，論者以為這將導致偶像崇拜 (idolatry) 的迷信惡習，倡議及早根除，在第四世紀初便有教會決議禁絕此道。第五世紀後偶像膜拜風氣更盛，使得破除偶像的呼聲更高，最後乃有拜占庭的毀像政策。

40. 《可蘭經》(Koran) 第五章第九十節 (Surah V. 90) 有言：「烈酒、賭博、偶像、占卜都是撒旦奸巧之作，遠離這些事物才有成功的希望。」

以軍事才略捍衛君士坦丁堡，也圖以偶像破除運動強化基督徒的信仰力量，拒斥回教的精神號召。再者，皇帝發起這樣激進的宗教運動，本有藉以剷除異議分子和整頓教會的作用；同時在這個政治目的之外，也能透過打擊修道院這些正在壯大中的偶像崇拜聖地，而達到搜刮教會財富的目標。

破除偶像崇拜運動在十一世紀終於失敗，其道理甚明，蓋人心需求引導，提倡宗教冥思者常憑藉神像聖像以營造氣氛，引人入勝，非此則信徒的神聖感不易產生，無從定心（正如音樂教室須佈置以偉大音樂家的雕像圖像才易感召學生)。故支持形象使用者強調只要吾人不迷信神像本身的法力，並不須視之為洪水猛獸，而大可從中找尋精神啟發。西元 787 年，君士坦丁六世 (Constantine VI) 的母后兼攝政艾琳 (Irene) 推動第二次奈西亞會議，恢復偶像崇拜，同時便強調不可以敬拜上帝的態度敬拜神像[41]。另外，教徒常以建造富麗精緻的教堂或神像展現其虔誠信仰（所謂「佛要金裝」乃是信徒而非佛的想法)，而信眾也常以捐獻表達其心意，於是更助長此勢，這種以物質形式表現精神信念的作法乃人之常情——因其無其他方法明志——因此教會廟宇常是聚財之地，不能純以神棍斂財批評之（即便如此也是「一個願打一個願挨」)，也不可能以政策革除之。故偶像破除令發佈期間，

41. 因此可知偶像破除運動絕非白費功夫一無所成，因為經歷這番爭議之後，偶像在信仰中的意義更加釐清；信徒在此後雖又回到繼續使用偶像的舊習，但在思想批判上，相對於過去無多反省乃至麻木地膜拜偶像的情形，如今看待偶像的態度已達「見山是山」的高層次（當然這不意謂一般拜占庭人皆有如此的境界提升），參見 J. M. Hussey, *The Orthodox Church in the Byzantine* Empire (Oxford: The Clarendon Press, 1990), 65–68.

拜占庭的教會與民間皆反應不一，並未全面配合，許多修士與民眾仍堅持舊習，不為所動。至西元 843 年，政教最後協議終於達成，規定圖像可不受限制使用，而完整的人物雕像則不可出現。這個妥協決議其實是主張偶像者的勝利，因為它只是偶像表現方法的技術性調整而已[42]。

拜占庭的偶像破除運動未能成功實無驚人之處，但它卻導致一些意外的結果。其一是藝術的浩劫，尤其拜占庭的藝術幾為「宗教藝術」，而人像又是藝術的主題，破除偶像的政策簡直是在消滅全國藝術，以致現存第八世紀之前的拜占庭宗教藝術作品，大多來自偶像破除政令所不及之地，如義大利與巴勒斯坦。其二是東西教會（乃至東西世界）的衝突，這是因為西歐對於所謂偶像崇拜定義本較嚴格，耶穌像與聖徒像皆在容許之內，而拜占庭的政策正在掃除此風，如同公開討伐西方教會；並且羅馬教皇所以成立的重要神學理論是「彼得傳承」(Petrine succession) 之說（彼得為羅馬第一任主教而得上帝特別託付，繼承彼得的羅馬主教神聖性乃特高），而偶像破除運動正在打擊聖徒崇拜的行為，間接批判了教皇體制的合理性。因為這個衝突，向來與拜占庭友善的羅馬教廷開始敵視東方，而轉與西歐封建王國結盟，東西關係隨之惡化。其三是拜占庭文化保守性的強化，這是因為排斥偶像雖是基督教的正規教義，但向來解釋寬鬆，故拜占庭的破除偶像崇拜政策反成為推翻傳統的革新試驗，而它的失敗就如史上改革運動的

42. 第八與第九世紀期間，拜占庭的偶像膜拜之風仍熾，似不受破除偶像運動的影響，見 Leslie Brubaker, *Vision and Meaning in Ninth-Century Byzantium* (Cambridge: Cambridge University Press, 1999), 27; and George Ostrogorsky, *History of the Byzantine State* (New Brunswick, N.J.: Rutgers University Press, 1957), 156–62.

失敗，隨即引發復古守舊的反動風潮；這股勢力持續至拜占庭亡國為止，它終結了拜占庭內部長久的宗教紛爭，凝聚與強化了人民的信仰（第九與第十世紀信徒頗有增加），但同時它也促成拜占庭學術思想的僵化與民風的保守[43]。其四是東正教神秘性與靈修取向的加劇，此因反對廢除偶像者主張偶像有助於消解人的凡心俗念、激發神思靈感，而這個看法的勝利促進了冥想悟道的解脫觀念，與西歐基督徒重視功德修為的救贖路徑愈為二分[44]。本來拜占庭學者喜以柏拉圖哲學或新柏拉圖主義解釋基督教信仰，西歐學者則喜用亞理斯多德哲學作為神學素材，故東正教取向神秘，強調清靜沈思，追求徹悟和與神重合的境界，而西歐基督教則較著重知識理性與事功善行，期望上帝的賜恩拯救。拜占庭這個信仰趨勢在偶像破除運動失敗後，因宗教傳統的復興而更強盛，其與西方文化取向的差異也就更大。

藝　術

藝術是拜占庭文化領域中較具特色與較受學者注意者[45]。在立國千年之間，拜占庭的藝術風格始終保守不化，一直堅持古典的標準[46]；只有在破除偶像崇拜運動推行期間 (726–843)，藝術傳

43. 後來，iconoclast（希臘文 *eikon-klastes*，意為 image-breaker）一詞的意思也由「偶像的破除者」延伸為「傳統信仰的破除者」。

44. P. L. Ralph et al., *World Civilizations: Their History and Their Culture* (New York: W. W. Norton, 1997), vol. I, 370–72.

45. 關於拜占庭藝術的研究狀況討論，見 Lyn Rodley, *Byzantine Art and Architecture* (Cambridge: Cambridge University Press, 1994), 342–46.

46. 關於拜占庭藝術風格形成的源頭，見 D. T. Rice, *Byzantine Art* (London: Penguin Books, 1954), 43–55.

統才有劇烈變動，此時人像創作悉遭毀滅禁絕，藝術表現也變得較為樸素無華，連十字架的使用都受限制。十三世紀初第四次十字軍對君士坦丁堡的劫掠，打擊拜占庭藝術活動的程度更是前所未見；不過在拜占庭政權恢復之後，其藝術發展也有驚人的盛況[47]。拜占庭的藝術籠統而言即是宗教藝術，其人像藝術大都展示聖徒神性，而非凡夫人性，神像與聖像或聖經故事的圖畫是一大特色，它無所不在——不論是官府、教會、或民間——這個風格對於中古歐洲（尤其是俄國）的藝術影響極深。有趣的是，偶像破除運動的爭議更激使拜占庭的藝術家尋求宗教啟示以為創作靈感，而不圖自然主義的寫實表現。在此種藝術傳統之下，藝術家所能發揮的個人特色其實甚少，因為宗教藝術的表現方式常固定一致（東正教對此有嚴格規範），不容獨創；具體而言，拜占庭的藝術多平面圖像設計，少立體圓雕（此與前述偶像崇拜爭執的最後協議有關），神人面像大多向前，背景鮮明，空間感與真實性不強，抽象的教義概念濃厚[48]，嚴肅而正經，極少呈現生活與自然的情趣。此種風格概括言之，即是抽象的形式主義 (abstract formalism)[49]。拜占庭藝術的另一主要功能或特性即是為政治服

---

47. 參見 D. T. Rice, *Art of the Byzantine Era* (New York: Oxford University Press, 1981), 219–23.
48. 參見 Otto Demus, 'The Role of Byzantine Art in Europe,' in The Department of Antiquities and Archaeological Restoration, Greece, *Byzantine Art* (Athens, 1964), 100. 此種形象與理念緊密結合的藝術創作特質，成為支持使用偶像者在偶像破除運動中申辯其立場的一大論據，參見 Henry Maguire, *Art and Eloquence in Byzantium* (Princeton, N.J.: Princeton University Press, 1981), 11.
49. 參見 Philip Sherrard, *Byzantium* (Nederland: Time-Life International,

務，它彰顯國威與統治者的權位，其情形一如古羅馬時代；而由於拜占庭政教合一的統治設計，主政者被神格化，因此這樣的藝術仍為宗教藝術。拜占庭的藝術風格傳播甚廣，巴爾幹地區而外，敘利亞、俄國等東方國家以及義大利（尤其威尼斯、拉威納Ravenna、西西里）、西班牙與日耳曼等西方國家，均深受拜占庭藝術的影響[50]，著名的威尼斯聖馬可教堂即是模仿拜占庭建築的成名作。

拜占庭的建築風格與技術承襲羅馬，創新不多；現存最早的君士坦丁堡教堂為建於第五世紀的聖約翰教堂，其巴西里加（basilica，長方形會堂）結構充分顯示羅馬建築的流風。君士坦丁堡的都市設計一開始就是定位為一個基督之城，它一方面和羅馬相互輝映，另一方面則繼承和對比羅馬這個原非基督教世界的首都。然而因為長期與近東希臘世界密切接觸，東方式風格也逐漸滲入拜占庭的建築中，於是拜占庭的建築特色便成為結合羅馬式長方形會堂與波斯式圓頂 (dome) 的新格局[51]。拜占庭藝術的代表作殆為建築，而既然它是一個「宗教國家」，其主流建築自然是教堂，在此拜占庭特精於圓頂教堂的建造；而拜占庭藝術創作中成就最高的項目是馬賽克 (mosaic) 鑲嵌拼圖，它就是大量使用於教堂建築內部的裝飾設計。一般而言，拜占庭的教堂外部樸拙而

1967), 141–44.

50. 詳見 W. D. Wixom, ‘Byzantine Art and the Latin West,’ in H. C. Evans and W. D. Wixom eds., *The Glory of Byzantium: Art and Culture of the Middle Byzantine Era AD843–1261* (New York: The Metropolitan Museum of Art, 1997), 435–49.

51. 此正如中國秦朝以下貨幣的「天圓地方」形制，方形代表人間世俗性權威，而圓形代表宇宙神聖天性，二者的結合即象徵天人合一。

內部華麗，這是象徵日常生活的平淡與精神世界的精彩，或人間與天堂的對照。依例教堂中心圓頂內部即為耶穌坐鎮宇宙的馬賽克圖像（東端側室 apse 上部為聖母像），教堂牆面與石柱描繪耶穌一生各階段，其下則為聖徒要人依高低地位而分層羅列[52]，全景正是在展現天堂風貌；這個莊嚴氣象又因各式富有象徵意涵的「人物」姿態眼神之襯托，以及金光閃閃的背景配置，而顯得更為神聖偉大、富麗堂皇[53]。由於君士坦丁堡的兵禍毀損，今日可見的此類大作常留存於外地，如小亞細亞的奈西亞和北義大利的拉威納。然拜占庭最偉大的建築仍屬君士坦丁堡的聖智堂 (*Hagia Sohphia* or *Santa Sophia*, or Holy Wisdom)。聖智堂乃查士丁尼所督造（由 Anthemius of Tralles 與 Isidorus of Miletus 所設計），於西元 532 至 537 年間建成，其長方形會堂長 265 英尺、寬 102 英尺，圓頂直徑 102 英尺、高 184 英尺，不僅造型優美、裝飾華麗，且為工程設計上累積前代經驗所致的一大創新，營造出寬廣無礙的室內空間[54]。聖智堂的核心結構此後成為拜占庭教堂設計

52. 關於拜占庭藝術中耶穌與聖徒形象的傳統表現方式，見 H. C. Kessler, 'Medieval Art as Argument,' in Brendan Cassidy ed., *Iconography at the Crossroads* (Princeton, N.J.: Princeton University Press, 1993), 60–70; and Henry Maguire, 'Disembodiment and Corporality in Byzantine Images of the Saints,' ibid., 75–83.

53. 詳見 T. F. Mathews, 'Religious Organization and Church Architecture,' in H. C. Evans and W. D. Wixom, op. cit., 27–34; and Cyril Mango, *Byzantine Architecture* (New York: Rizzoli, 1985), 96–97.

54. 十五世紀中期土耳其人推翻拜占庭帝國後，將聖智堂改為回教清真寺，圓頂上的十字架被更換為彎月，內牆的馬賽克圖像被灰泥所掩

的典範，影響深遠；因此君士坦丁堡雖有許多重要建築今皆不存，但透過拜占庭帝國其他地區（如西西里、保加利亞、亞美尼亞、俄國）所保留的古蹟，仍可推想這些巨廈的設計形式。

在小型藝術方面，精緻聖像 (icon) 及經書插畫 (illumination) 是拜占庭享譽甚廣的美術，而其琺瑯、象牙與貴重金屬的工藝品也遠近馳名，連西歐教會都喜珍藏；這類作品也多與宗教相關，不是一般的商品俗物。另外，絲織品也是拜占庭藝術的特產，它是國營項目，為高級物品（奢侈品），其世俗性強於其他藝術之作。至於雕刻，拜占庭人視之為粗野而加以排斥，這和他們的宗教信仰有關，因為它帶有偶像崇拜的味道，而且為基督教興起之前的希臘羅馬藝術特徵。由此可見，拜占庭人深知「真、善、美」之間的關係——是真的，就是善的，也就是美的，真理最美，而美未必為真。

蓋，改為幾何圖形式樣（回教嚴格禁絕偶像崇拜），而建築四周則在不同時期增建了四支回教寺院代表造型的尖塔 (minaret)。現在，這個建築成為土耳其吸引觀光客的重大財源，而它也被改為一座美術館，更展現其普世的價值。關於聖智堂的建築特點與宗教上的重要性，參見 T. F. Mathews, *The Early Churches of Constantinople: Archaeology and Liturgy* (London: The Pennsylvania State University Press, 1980), 11–19.

第八章 西方文明的對應主張：回教文化

Court of the Lions, The Alhambra, c. 1354–91, Granada, Spain.

一、阿拉伯政權與閃米族的復興

閃米族 (Semites) 為古老的民族，起源不明，其原鄉殆為阿拉伯半島；而早在西元前 2500 年閃米族便開始從阿拉伯半島向外遷徙至兩河流域、地中海東岸、與尼羅河下游等地區，至西元前 1000 年他們又在北非、西西里島與西班牙建立殖民地。上古兩河流域的阿卡德、巴比倫、亞述、與加爾底亞等政權皆為閃米族所建，閃米族除了古代兩河流域的開闢者之外，尚包括邊緣的小部族如迦南人（Canaanites，腓尼基人為其屬）、亞拉米人（Aramaeans，希伯來人為其屬）、阿拉伯人 (Arabs)、與部分伊索匹亞人等（西元前十八世紀入侵埃及的西克索人亦可能是來自阿拉伯半島的閃米族），他們通稱為閃米族乃因歸屬於一共同語系——閃米語 (Semitic) *1* 。閃米族對人類文明的偉大貢獻有二：拼音字母與一神信仰觀。亞拉米人與腓尼基人對於現代西方拼音文字系統的建立功勞最大，而希伯來人首創絕對的一神教（事實上世上三大一神教——猶太教、基督教、與回教——皆興起於閃米人的社會）。然而自波斯帝國統一兩河流域之後，它與繼起的希臘化與羅馬帝國皆是印歐族 (Indo-Europeans) 的政權，閃米族人從此長期淪為被統治者，古代兩河流域盛世對他們而言終至成為

1. 可見現代以「反閃」(anti-Semitism) 一詞表示反對猶太人的用法其實並不正確，因為並非所有的猶太人皆為閃米族人民，而閃米族也包括許多非猶太族群；尤其是阿拉伯人雖也為閃米族之一支，卻對猶太人極具敵意，而阿拉伯人總不致以「反閃」為其口號。由此亦可知「反閃」一詞乃是歐洲本位觀點的說法，它表現的是西方人對於西方世界中猶太居民之反感。

古老的先祖傳說。

在近東閃米族為異族征服時，居於故鄉的阿拉伯人因阿拉伯沙漠的阻隔，外敵既難入侵且乏兼併興趣，故而得以保持獨立自主的地位。古代帝國從無試圖攻襲當地者，羅馬曾於西元前 24 年佔據阿拉伯北部，但不多時即自行撤退 *2* ，這一方面使阿拉伯世界得以保全自立，另一方面卻更使其文化封閉保守。阿拉伯人與其他閃米族一樣部落分立，但因通用阿拉伯語 (Arabic) 而形成族群認同，這個民族意識且因貿易市集與詩歌會賽等經常性活動而更凝聚 *3*。在考古發現上，阿拉伯文明在西元前 3000 年已出現於阿拉伯半島，而古代希伯來人、波斯人、希臘人、和羅馬人的文獻中皆有關於阿拉伯人的記載。在西元前十世紀左右（現今所知最早的阿拉伯史料年代），阿拉伯半島西南端（今葉門 Yemen）王國林立，這些國家以農立國，其與非洲東北部的貿易興起亦早。不過在西元 300 至 500 年間，早期的阿拉伯王國紛紛衰亡，其原因至今不明。在這些農業社會式微之後，橫行半島的主宰成為游牧部落。在西元 570 年波斯人曾在阿拉伯半島建立霸權，但為時甚短即去。阿拉伯社會這種分裂散漫的情形至第七世紀回教出現後旋即改觀，阿拉伯世界的內鬥於此快速終止 *4*，統一隨後形成，

---

2. 關於古代希臘人與羅馬人對於阿拉伯人的看法以及雙方的關係，參見 P. K. Hitti, *History of the Arabs* (London: Macmillan, 1991), 44–48.
3. 關於古代阿拉伯族群的形成及其定義，見 Jan Retsö, *The Arabs in Antiquity: Their History from the Assyrians to the Umayyads* (London: Routledge, 2004), 105–12.
4. 關於回教建立之前阿拉伯地區的發展趨勢，見 Irfan Shahîd, 'Pre-Islamic Arabia,' in P. M. Holt et al. eds., *The Cambridge History of Islam*, vol. 1A (Cambridge: Cambridge University Press, 1980), 25–29.

對外擴張也跟著展開，百年之間橫跨歐亞非三洲的回教帝國即已建立。這個新興的政治勢力從歷史觀點來看，可謂為閃米族的復興，雖然阿拉伯人本身起初未必有此動機與認知 5，但隨著國際鬥爭情勢的發展，閃米族對抗印歐族、回教世界對抗基督教世界、或東西對立的意識氣象顯然漸形強烈，而成為國際政治的主要分析架構與課題（難題），至今不衰。

二、穆罕默德與回教信仰

穆罕默德與回教的建立

回教的創建者穆罕默德 (Mohammed or Muhammad or Mahomet [阿拉伯文意為受讚美者], 570?–632) 出生於麥加 (Mecca)，一般相信他因曾從事往來阿拉伯與敘利亞的商旅工作，並在麥加投身於市集活動與各式集會，而接觸到不同的宗教觀念（尤其基督教與猶太教）。他在四十歲時 (c.610) 感應自己為上帝所任命的阿拉伯先知（先前阿拉伯人並無先知），負有啟迪人心的使命。據說他在麥加北部的西拉山 (Mt. Hira) 巖洞中冥思真理時，異象降臨要他領受神命向世人宣教，此後至其過世為止穆罕默德屢受天使加百利 (Gabriel) 轉告神意，令其傳達上帝最後完整的經世意旨。穆罕默德所傳教義大略為：宇宙僅有一神阿拉 (Allah) 6，而上帝要求人完全服從祂（回教 Islam 一詞原意即是

5. 阿拉伯人的「歷史感」本極貧乏，見 A. A. Duri (edited and translated by L. I. Conrad), *The Rise of Historical Writing among the Arabs* (Princeton: Princeton University Press, 1983), 19–20.

6. 「阿拉」一稱為阿拉伯文的「上帝」，此稱在回教建立之前當阿拉

服從 submission)，世上的國家多因未能聽從轉達神意的先知而遭天譴，天堂與地獄的報應已從此開始，世界末日即將到來，而最後審判也將隨之展開。在教規方面，穆罕默德指出不斷的祈禱乃是上帝子民的神聖功課（定制為每日至少五次），佈施濟貧為信徒的義務，而偶像崇拜乃為禁忌，同時他禁止放高利貸與殺（女）嬰的行為，並且對於一夫多妻與離婚的風習加以限制規範；至於不飲烈酒、不食豬犬（前二者乃取自猶太人的飲食戒律）、不偷竊、不姦淫、不念舊惡（不復仇）等行為紀律與倫理準則實為一般標準，並無新意，且整體而言要求不苛，方法簡單明瞭。穆罕默德的一生因回教信徒對他的崇敬而傳奇性大增，雖然他的私生活未必完滿（結婚數次，妻妾不諧），但教徒皆堅信其為聖潔無罪 7。不過回教徒視穆罕默德為先知或上帝的最後一個人間使者，而不認之為神，故信徒敬仰他卻非崇拜 (worship) 他。

一開始十年穆罕默德傳教並不順利，皈依者甚少，而樹敵卻多 8。從西元 620 年之後，穆罕默德在麥加傳教的處境愈加險惡，

伯仍為多神信仰社會時即為阿拉伯人所慣用，甚至信奉基督教的阿拉伯人也以阿拉稱呼上帝。穆罕默德只是強調阿拉不是眾神之神，而是唯一上帝（如同猶太先知對於「耶和華」意涵的解釋改變），他並不是在宣傳一神教時發明了阿拉一名。

7. 詳見 R. A. Nicholson, *Studies in Islamic Mysticism* (London: The Curzon Press, 1994), 104–21.

8. 史上第一個回教徒殆為穆罕默德的原配柯蒂雅 (Khadija)，據說穆罕默德初遇天使顯靈之後，頗懷疑所見為神蹟，而他的妻子聞後疾言確實如此，並成為他的第一個信徒以為勸進。穆罕默德初時僅在親友間密語，當他開始公開傳教時，大多數人皆嗤之以鼻，相信者極少。

因為他批判多神迷信的說法如同攻擊阿拉伯人傳統的信仰行為，包括卡巴 (Kaaba) 黑石的膜拜活動，而這朝聖生意卻是宗教當局乃至麥加地區的致富之道。穆罕默德的宣教成果在家鄉與外地皆不佳，唯於亞斯理布 (Yathrib) 稍有進展。西元 622 年夏，穆罕默德獲悉麥加當局加害他的謀殺計畫後，連夜逃亡至亞斯理布，此事——回教史上稱之為「大轉進」(Hegira，原意為斷絕關係)——後來成為回教紀元的開端（西元 622 年 7 月 16 日）。穆罕默德從此定居於亞斯理布，將其改稱為麥迪納 (Medina)，意為先知之城 (City of the Prophet) [9]；於此他建立一個配合其宗教信仰的神權社會，並由此發號施令統轄其迅速擴張的回教帝國，穆罕默德在麥迪納的統治設計其後也成為回教的共同戒規（反過來說，穆罕默德將教義化為法律）。回教的精神在「大轉進」之後顯有激進化的轉變，它的戰鬥性與權威性大增，開始成為一股挑戰舊勢力的鬥爭力量。麥迪納位於麥加北方（320 公里）商旅交通線上，而穆罕默德竟容許甚至領導其人民劫掠麥加的商隊，這個作法一方面可能是報仇之舉（政治行為）與生財之道（經濟手段），另一方面則意味著穆罕默德暗示信徒現世福利的追求無妨永生天堂的獲得（宗教信念），這對於吸引教徒作用頗大。麥迪納與麥加的衝突終於演成戰爭，而麥迪納以寡擊眾的勝利使得回教的聲望大為高漲。不久阿拉伯人紛紛改信回教，而穆罕默德的宣教使者更遠至拜占庭帝國、波斯與東非伊索匹亞等地積極傳教。在穆罕默德聲望日

---

9. 穆罕默德所以往奔麥迪納主要是應當地人民的邀請，而非他自己事前的積極安排，這使得穆罕默德及其信徒頗視此事 (Hegira) 為天佑神命，乃更增其宣教的信念，參見 H. A. G. Gibb, *Mohammedanism: A Historical Survey* (London: Oxford University Press, 1964), 27–28.

隆時，他於西元 629 年往麥加朝聖而未遭遇任何阻撓，此行中許多阿拉伯重要領袖向他歸服求道。次年，穆罕默德不戰而屈人之兵，成功進佔麥加。他將麥加樹立為回教聖城，悉毀當地神像，獨留卡巴黑石以為天賜之物，仍為信眾朝聖的神蹟遺址（有利於吸收回教徒與國家收入），同時建立清真寺 (mosque) 為禮拜堂，禁絕偶像崇拜。此後人民大多皈依回教，不久阿拉伯已成回教世界。

穆罕默德傳教時的阿拉伯是一個漫無法紀的粗野社會，部落戰爭時有所聞，女人、貧民與奴隸的處境甚為悽慘，巫術迷信流行。穆罕默德以回教改造了阿拉伯民風與生活方式[10]，其平等慈悲的主張使阿拉伯人的民族認同感大增而階級仇恨緩和。回曆九月禁食 (Ramadan) 的規定要求信徒日間不得進食和縱性玩樂，即寓有禁慾守節與大同博愛的精神；《可蘭經》雖未完全禁止奴隸制度，但也呼籲解放下人的義舉，它肯定部族中的上下階層次序，但也號召公平仁慈的治理態度；男人雖可多妻（至多為四），貴為一家之主，但婦女有權自保，免於淩虐[11]。同時穆罕默德禁止出於自衛與信仰理由之外的戰爭與暴力行為，致力於抒解內亂與社會暴戾之氣，而引導阿拉伯人向外發展，強化回教社群的特殊自覺。在回教社會中，偷竊與通姦等「小罪」懲罰極重，但穆罕默德對於「以牙還牙、以眼還眼」的傳統報復原則則力求寬弛，他

---

10. 詳見 Charles Lindholm, *The Islamic Middle East: Tradition and Change* (Oxford: Blackwell, 2002), 73–78.

11. 回教信徒對於社會正義特有「本土性」的主張，見 Ozay Mehmet, *Islamic Identity and Development: Studies of the Islamic Periphery* (London: Routledge, 1990), 55; and Lawrence Rosen, *The Anthropology of Justice: Law as Culture in Islamic Society* (Cambridge: Cambridge University Press, 1989), 45, 74–75.

鼓吹「血債錢還」（此稱「血錢」blood money）和饒恕的精神；而穆罕默德倡導破除多神迷信和偶像崇拜，可能是為化解阿拉伯社會的分裂對立之局，其主張絕對的一神信仰則可能是為統一族群部落。總之，回教的推行就現實而言，顯為阿拉伯社會的一個新生活運動，對於道德的提升、經濟問題的改善、階級與部落對抗的泯除、知識教育的推廣（基於讀經要求）、民族意識的培養、國家的統一、乃至國際文化交流，促進良多。

回教的特質

回教作為一個綜合性信仰 (syncretism) 其程度又高過基督教，這一方面是因「技術上」回教信仰觀念乃是汲取猶太教、基督教、與阿拉伯文化傳統等要素而合成，其可（所）採取的材料當然多於數百年前建立的基督教；另一方面是因本質上回教與猶太教和基督教同為一神信仰而出現最後，它所要探索的生命課題及其問題意識與前人相同而現成的參考答案豐富，自然可進一步融會與結論真理（是否成功則為另一事）[12]。事實上，回教教義大量襲用古代宗教理論如天堂地獄、天使魔鬼、最後審判、世界末日等等，造成了回教及回教文化的高度「包容性」，這項「特色」其實是出於其為綜合性信仰的「本質」。另外，回教作為一個啟示性宗教 (revealed religion) 的表現是在於信徒相信穆罕默德所傳教義乃是天使加百利轉達的神意，此即是天命啟示 (revelation) 而非靈感啟發 (inspiration)；回教嚴格要求信徒遵從神旨、或回教徒奉行教

---

12. 依此脈絡可知，回教的出現主要是一神信仰傳統內部爭辯的結果，而不是一神信仰與多神崇拜對抗的產物，參見 G. R. Hawting, *The Idea of Idolatry and the Emergence of Islam* (Cambridge: Cambridge University Press, 1999), 150.

義無疑的表現，正與這個觀點關係密切。事實上，回教和猶太教與基督教同為啟示性宗教，然就宗教理論或信徒感受而論，回教教義所含的神意啟示成分尤多於其他二者，因為十誡與耶穌的化身形跡在信徒眼中固皆為上帝的「天機洩漏」，但這些部分在猶太人與基督徒的信仰系統中所佔成分仍屬有限，且須加以解釋方能領會神命，然回教教義據信並非穆罕默德個人所研發或詮釋，而是天意的轉述，故全為神旨，世人不能另加演繹而應遵行不二13。回教原名「伊斯蘭」(Islam) 其意為「服從天命」，回教徒原稱「穆思靈」 (Moslem or Muslim) 其意為 「服從者」，回教聖經 《可蘭經》編排怪異、亂無章法，然（為了謹守天啟原狀）不容讀者改編亦不許翻譯14，這些都是回教被信徒奉為神示大全的表現。

---

13. 關於回教的啟示觀與基督教和猶太教所見的差異 ， 參見 Yaqub Zaki, 'The Qur'an and Revelation,' in Dan Cohn-Sherbok, *Islam in a World of Diverse Faiths* (London: Macmillan, 1991), 51.

14. 穆罕默德並非知識分子（雖然他敬重知識分子），而為文盲，這與他的講道系統不整可能有關，也可能為《可蘭經》亂無章法的原因；當然在信徒心中，這個現象不是穆罕默德的缺點所致，因為《可蘭經》不是他的道學，而是他所轉述的神意啟示，神意啟示如此，世人豈可以學術理性批判之。《可蘭經》的翻譯向被回教當局視為禁忌，然至現代此事概有不得不然之勢，不論其動機的善惡，自二十世紀初期以後《可蘭經》乃開始被譯為各國文字。首部由皈依回教的英人所翻譯的英文版《可蘭經》為 Marmaduke Pickthall 於 1930 年所發表的 *The Meaning of the Glorious Koran* （New York: Alfred A. Knopf, 1930，今由 Everyman's Library 於 1992 年重印），這個版本在二次大戰後由「回教世界聯盟」(Muslim World League) 推廣為正規的英譯本。其他譯本常將章節次序調整，使合理路，以利於一般讀者了解 （例如 N. J. Dawood trans., *The Koran*

回教教義不容高度推演申論的另一原因是其信仰觀點本極簡明，並不費解（見前）。原來回教立教迅速而明確，禁止偶像崇拜，無教士階層，神學淺顯具體，教義的解釋餘地本就不大，加上回教的道德倫理性特強（抽象玄思性相對甚低）*15*，重視思想的實踐，要求信仰與生活合一（回教徒一般不辨「信念」faith 與「事功」works 之別），政教合一或神權統治也成為回教社會的必然架構（政治領袖必為精神領袖，反之亦然）*16*，因而在教義上更無論道辨惑的可能和需要，於是回教的世俗性表現明顯，而回教徒的行為表徵亦然。如此情狀則又導致回教文化高度的一致性。回教徒的團體意識及統一世界的使命感甚為強烈，簡單明確的信仰造就一致的生活方式，而替天行道的聖戰 (jihad) 觀促成回教帝國的擴張，麥加朝聖（Hajji，規定盡可能一生至少一次，每年時間特定）的活動（大部分回教徒又兼赴麥迪納往朝穆罕默德聖跡）又促進回教徒的相互認同與觀摩*17*，這些都使回教世界的同質性不斷強化，在世界大同實現之前已先為一個獨特的大同世界*18*。

(Harmondsworth, Middlesex: Penguin Books, 1970.)），這對於回教徒而言誠為褻瀆之舉。同理，不懂阿拉伯文的回教徒常以不能直接閱讀《可蘭經》原文為憾，而多立志學習這個神聖的語文。

15. 例如回教徒的天堂觀甚為現實具體，他們想像天堂為一處充滿自然美景、錦衣玉食、生活便利、與聖潔美人的園地。

16. 回教國家政教合一的表現包括信徒的佈施捐獻（年收入的 2.5%）概由政府收集，以及非回教徒居民不得享有公民權。

17. F. E. Peters, *The Hajj: The Muslim Pilgrimage to Mecca and the Holy Places* (Princeton, N.J.: Princeton University Press, 1994), 58–59.

18. 至今雖然回教國家分立，政治立場各不相同，但回教世界的特殊群體意識仍舊濃烈，這由舉世以穆罕默德為名者竟多達二億人的盛況事實上，「伊斯蘭」一詞作為「回教世界」解時，其在世界歷史或國際政治論述中的使用頻率與有效性，顯然高過分殊性甚大的「基督教世界」(Christendom) 一詞。

回教不同於猶太教、基督教、與佛教的長時醞釀，它是短時之內成立的；以歷史觀點——即不信者的觀點——而言，它是世上唯一「教主」尚在世時即已建立的主要宗教。基督教為耶穌死後門徒所建，佛教為釋迦牟尼死後信徒所建，猶太教更是千百年追尋神意的信仰演進結果，相對地回教是一個速成的信仰；它可說出現於西元 610 年穆罕默德首獲天啟之時，回教紀元開始的西元 622 年為穆罕默德政權初建之時，回教經典《可蘭經》在穆罕默德逝世後二十年 (c.652) 即已定版，而且回教教義完全出於穆罕默德所傳述，故回教誠如西方人所慣稱的是「穆罕默德主義」(Muhammedanism)[19]，為一人一世之作。當然，一個宗教信仰是

可見一斑，參見 J. A. Hall, *International Orders* (Cambridge: The Polity Press, 1996), 57; and C. Snouck Hurgronje, *Islam: Origin, Religious and Political Growth and Its Present State* (Delhi: Mittal Publications, 1989), 1. 當阿拉伯帝國政治分裂之時，回教文化卻開始步入盛世（參見 Hugh Kennedy, *The Prophet and the Age of the Caliphates: The Islamic Near East from the Sixth to the Eleventh Century* (London: Longman, 1989), 201.），而當阿拉伯人政權衰微之時，阿拉伯文卻逐漸興盛而成為回教徒的共通語文（見 G. E. von Grunebaum, 'The Sources of Islamic Civilization,' in P. M. Holt et al. eds., *The Cambridge History of Islam*, vol. 2B (Cambridge: Cambridge University Press, 1980), 476, 497.），顯然回教世界的同化並非政治力使然。

19. 回教徒則曾被西方人慣稱為「穆罕默德信徒」(Muhammedans)，此稱與「穆罕默德主義」皆為回教徒所不喜，因為它們似在暗示回教

否接近真理真相與它的建立時間長短無關，反而是信徒眼中真理真相如何可得或其本質為何，才是造成這個宗教信仰建立時間長短的關鍵因素。猶太教徒認為神意隱含於歷史中，因此須長時觀察體會，這是猶太教費時極久才成熟的緣故；相對地，回教徒相信穆罕默德為神意天命最後的傳達者，因此在他的使命與生命終了之時回教即已告成，是為理所當然。

可蘭經的義理

《可蘭經》（*The Koran*，原意為「經書」，與 *The Bible* 意同[20]）在信徒眼中即為神語天書（《可蘭經》為副本，正本存於天堂中），故須絕對信守，不必以理強解，不須教士居中媒介解讀，而須親自拜讀銘記（眾多回教徒皆能默背全書）。《可蘭經》由穆罕默德的門徒撰寫和集結而成，共分 114 章 (*surah* or chapter)，都 77 萬言，除了首章（*Al-Fatihah*，禮拜中必讀）為頌神讚詞外，概以各章篇幅多寡為序（長者為先）[21]，而不根據文旨編輯，因

徒將穆罕默德神格化而加以崇拜。

20. 論者有以為若譯 The Koran 為《可蘭經》，則 The Bible 應譯為《拜布經》方為公允信實，今譯 The Bible 為《聖經》而 The Koran 為《可蘭經》，顯有偏頗失當之處。此言不虛，惟《聖經》之譯並不使非基督徒更為敬重基督教，而《可蘭經》一稱也不使非回教徒更輕視回教（就如稱呼「美國」未必指其為美，稱呼「德國」不必指其有德），看官心中各自有底，學者不必斤斤計較此正名問題。

21. 《可蘭經》這種以篇幅多寡為序的編排方式，使人無從得知這些啟示發生的時間先後，不過一般而言，書中較短的篇章顯然較富於激情和震撼感，它們應是穆罕默德所得較早的啟示，反之文字較多的篇章——皆為穆氏在麥迪納所獲啟示——則應為後期之作。

此矛盾重複之處所在多有，不易學習或掌握要點（但信徒並不質疑或抱怨）。《可蘭經》有些部分與《聖經》、「經外書」(Apocrypha) 和「猶太法典」(Talmud) 相似，尤其《舊約聖經》中所述的先知故事亦可見於《可蘭經》，而《新約聖經》中的耶穌故事也在此出現（耶穌在《可蘭經》中被稱為「神語」Word of God）。《可蘭經》其實不能展現回教的信仰系統觀點，不過其中所包含的教規儀禮和戒律則甚為完備而一致。《可蘭經》的文字精鍊典雅，對於阿拉伯文提升為阿拉伯人的國文雅韻具有重大貢獻。《可蘭經》之外，另有信徒在第九世紀間集結穆罕默德個人的行誼教訓而成《素納經》(*The Sunna*)，用以強化回教教義。然此二者的觀點難免有衝突矛盾之處，於此回教徒則引穆罕默德的名言「我的人民絕不可能對於一個錯誤產生共識」以為解決之道。這個辨識對錯的法則（稱為 Ijma）使得回教徒堅信，凡為絕大多數信徒長久奉行的信念與作法必為正確無誤者。這使得回教世界的信仰觀點趨於一致，傳統與現代之間得以聯繫（互動）緊密，而其文化富有彈性與變通適應的能力。

回教與基督教及猶太教的關係

如前述，回教融合基督教、猶太教、與阿拉伯文化而成，它不是要改革一神教的傳統，而是古代信仰的集大成嘗試。例如回教徒心中的上帝形象結合了猶太教徒與基督徒的觀點，一方面為超越一切、萬能全知、威嚴可畏而不可測（猶太教觀點），另一方面又是慈悲善良、正義公平（基督教觀點）；回教徒一方面相信且祈求先知與聖徒可為人與神之間的調解者（基督教觀點），另一方面則又認為人神分際是永不可能逾越的（猶太教觀點）（回教徒的禱告多為感恩與讚頌之詞，極少祈求上帝恩惠）。回教徒、基督徒、和猶太人同為上帝的信仰者和「聖經信眾」('People of the Book')，其他非一神教信徒乃為「異教徒」(heathen or pagan)；基督徒和猶太人未必對回教徒有此認同感，然以局外觀察者看來，他們確為一個類同的群體。基於此種認識，回教國家內的基督徒與猶太人其實頗獲包容。回教徒對基督徒與猶太人的態度原較基督徒與猶太人對回教徒為友善，穆罕默德及其信徒亦視《聖經》為「神喻之作」(divinely inspired books)，為《可蘭經》的先驅，可以參考（《聖經》與《可蘭經》相違之處常被回教徒解為猶太人與基督徒扭曲神意所致）[22]；同時在回教徒相信穆罕默德為神所派遣的最後先知時，他們也認為亞當、諾亞、亞伯拉罕、摩西、乃至耶穌等人俱為古代先知，同樣負有宣傳天意的使命[23]，只是穆罕默德所傳為最後完整的神旨（若人再不受教，世界將隨之毀滅)。不過，回教無基督教與猶太教的原罪觀，故回教較少贖罪之想；而穆罕默德亦非神的化身，故回教無類似基督教三位一體說的爭議。另外，回教徒嚴守其宗教戒律，這和猶太人遵行其教規律法一樣；就這個民法與宗教法合一的現象而言，回教顯然較接近猶太教而異於基督教[24]。至於教士階級的存在與否問題，僅是

---

22. 詳見 Andrew Rippin, 'Interpreting the Bible through the Qur'an,' in G. R. Hawting and Abdul-Kader A. Shareef eds., *Approaches to the Qur'an* (London: Routledge, 1993), 249–57.

23. 回教徒認為，亞伯拉罕是史上第一個回教徒 (Father of the Faithful)，耶穌在世則施展過許多神蹟，但實未被釘死於十字架上，而是被上帝所帶走，將於末世重返人間討伐妖孽。關於《可蘭經》中所述的先知故事及其意義，見 Roberto Tottoli, *Biblical Prophets in the Qur'an and Muslim Literature* (London: The Curzon Press, 2002), 3–13.

回教與基督教之間的一個小差異，因為回教固無教士階級，但其宗教與法律事務方面的官員權威並不亞於基督教的神職人員[25]。

在回教擴張的同時，回教徒與基督徒和猶太人的關係也日漸惡化，這是因為此三者皆信奉一神教，追求同一真理，而彼此觀點有別，自然易於因相近而相斥，互相視為誤入歧途的歪道。正如基督教由猶太教結論而成而深為猶太教徒厭惡，回教繼承猶太教與基督教傳統而來乃深受猶太人與基督徒痛恨；此二關係中的後者皆強調其奠基於前者所見而獲致真相大白的最後答案，故特為前者所不屑。穆罕默德原先對於基督徒與猶太人頗採親善態度（如穆罕默德最初要求信徒禱告時必面向耶路撒冷，一如猶太教

---

24. 回教所採猶太教教義的分量顯然多於其所接受的基督教教義，回教與基督教的緊張性也遠高於回教與猶太教的對立。就基督徒的觀點而言，《舊約聖經》中先知所預言的彌賽亞已經由耶穌的降臨得到驗證，因此乃無先知再世之必要或可能，這就是表示基督徒對穆罕默德絕無信賴；另一方面，回教徒僅視耶穌為先知，他們對基督教的基本教義如三位一體、上帝化身為人、耶穌受難救贖世人等說，也斥為荒誕不經（見 H. A. Wolfson, *The Philosophy of Kalam* (Cambridge, Mass.: Harvard University Press, 1976), 312–13.），僅此已足以使基督徒與回教徒水火不容。關於《可蘭經》對基督教的看法，參見 W. M. Watt, *Muslim-Christian Encounters: Perceptions and Misperceptions* (London: Routledge, 1991), 14–24.《可蘭經》在十二世紀之後才出現拉丁文譯本，即使如此一般的基督徒也不可能閱覽，此種了解上的隔閡只有更增西方人對回教徒的猜疑，見 Albert Hourani, *Islam in European Thought* (Cambridge: Cambridge University Press, 1991), 8–9.

25. 回教徒上清真寺祈禱的時間為星期五（中午），此又類似猶太人以星期六、基督徒以星期日為安息日的慣例。

徒所為)，希冀其先知身分能獲得普遍認同，然結果甚令其失望。麥迪納的居民中頗多猶太人，他們是該城的資產階級，卻對於穆罕默德宣導的教義毫不認同，甚至與麥加通敵，企圖推翻回教政權；在經過長期的衝突之後，穆罕默德竟以驅逐猶太人出境和沒收其財產為鎮壓手段，同時他講道的觀點愈來愈反猶太信仰（禱告時改面對麥加)，使麥迪納更純化為一個回教社會。穆罕默德對於基督徒雖不致如此憎恨，但其對基督徒傳教的失利，也逐漸使他排斥基督教。然而整體而論，近代以前回教徒對於基督徒與猶太人堪稱包容，此二方的嚴重敵對乃是歷史衝突積怨的結果，不是本於信仰初衷[26]。

三、回教帝國的建立

穆罕默德在佔領麥加後控制了阿拉伯大部分地區，但他於西元 632 年過世後地方叛變即出，在穆罕默德的岳父阿布巴卡 (Abu Bakr, 573–634) 被選為哈里發（caliph[27]，原意為繼承者）後[28]，

---

26. 此種歷史積怨對許多學者而言即是西方資本主義擴張的結果，詳見 Samir Amin, 'Culture and Ideology in the Contemporary Arab World,' in Henry Schwarz and Richard Dienst eds., *Reading the Shape of the World: Toward an International Cultural Studies* (Oxford: Westview Press, 1996), 96.

27. 哈里發的理論不是回教的原始教義，而是一個「後見之明」，也就是一個事後合理化的說法 ；哈里發的角色和性質並非西方教皇之屬，見 George Stewart, 'Is the Caliph a Pope?' in J. Stewart-Robinson, *The Traditional Near East* (Englewood Cliffs, N.J.: Prentice-Hall, 1966), 136–46.

他征服叛部，重新統一國家；然後他及後繼者鎮壓反對意見，極力鼓吹聖戰，向外拓展回教勢力。回教聖戰觀念認為凡為信仰殉難者可進天堂，這當然是阿拉伯人投入外戰的重要動機；然回教徒從事聖戰並非為了傳教，事實上回教自創立至今從無大規模或組織性的傳教事業（惟受回教政權統治的地區，人民多紛紛主動改信回教，尤其是第八世紀中期之後）。就阿拉伯人本身的物質環境去論究回教帝國的擴張可知，阿拉伯半島生活條件困苦，人口過剩，向外移民的趨勢早已存在，如今人民為爭取生存空間與物資而投入外戰更得政府鼓勵，誠有何樂而不為的盛氣；再者，長期陷於內鬥的阿拉伯人本已能戰甚至好戰，對外發展正可疏導他們的鬥志精力，組訓工作與心理建設不消費力從事，而生活方式亦無須大改，即可出發。若從外在形勢來看，回教徒設為攻佔目標的拜占庭、敘利亞、波斯與埃及等地，在此時皆有內憂，其人民因宗教與政治問題離心離德，國力不固，易於推翻；尤其拜占庭與波斯行高壓統治，人民積怨甚深，且二國交戰已久，兩敗俱傷，使回教徒的進佔更為便利。此外，回教政權其實寬大包容，它對於基督徒與猶太人的同情禮遇不表，即使對所謂的異教徒也不強迫皈依[29]，而且其賦稅尤輕於前朝，在政府的更換之外採行

28. 關於阿布巴卡膺選的背景及理由，見 Washington Irving, *Mahomet and His Successors* (Madison: The University of Wisconsin Press, 1970), 225–28.

29. 阿拉伯人的宗教寬容政策與拜占庭的基督徒政治手段形成強烈對比，回教帝國擴張時為圖傳教與統治之便，教徒一手持寶劍一手持《可蘭經》的脅從之說，應為仇回者所捏造。以強制手段迫人皈依者並非沒有，但其例極少，絕大部分入教者皆出於自願，參見 I. M. Lapidus, *A History of Islamic Societies* (Cambridge: Cambridge

放任自由的統治原則與選賢舉能的任官方案（此為文化後進者統治文明先進區不得不然的作法），頗令被征服者有解放的慶幸之感，這也使回教帝國的擴張更為順利。

回教帝國的擴張甚為迅速，西元636年攻佔敘利亞，641年佔領埃及，651年據有波斯，655–661年間阿拉伯因爭奪王位的內戰以致對外擴張暫緩，其後第二波攻勢展開，698年征服北非迦太基（原汪達爾王國，回教徒經歷長久時間才佔據北非全部）[30]，711年佔據西班牙（西哥德王國）[31]，724年進取印度。回教徒在西歐的擴張至西元732年方為法蘭克人 (Charles Martel) 所阻擋（Battle of Tours，論者以為此役為基督教文化得以保存的關鍵），其在東歐的攻勢則至西元750年左右才被拜占庭帝國所阻止（然其國土已喪失過半）。至此，阿拉伯帝國將古代近東文明區再度統一，而其廣大的征服地中僅地中海小島與西班牙在其後為基督徒所收復，其他大多在回教帝國長期的控制下，至二十世紀鄂圖曼帝國瓦解後方得獨立。可怪的是，在回教帝國迅速擴張的同時，其統治中心也由麥迪納北移至大馬士革 (Damascus)，於是阿拉伯地區又因缺乏控制勢力而陷入地方割據的亂局，為時數百年，即便鄂圖曼帝國政權也無法嚴格控管。

回教帝國顧名思義即可知為一個政教合一的政權，其政治變化與宗教信仰問題息息相關，國家的分裂乃與教派對立為同義[32]。

University Press, 2002), 197–201.

30. 詳見 Abdulwahid Dhanun Taha, *The Muslim Conquest and Settlement of North Africa and Spain* (London: Routledge, 1989), 55–76.

31. 詳見 Roger Collins, *The Arab Conquest of Spain 710–797* (Oxford: Basil Blackwell, 1989), 36–51.

32. 然政教合一的結果若不是兩敗俱傷，也絕不是宗教信仰因政權的推阿拉伯本為部落分立的社會，人民既不知有中央一統，亦不習於王位繼承制度。穆罕默德生前並未安排繼承人——其為最後先知的身分使其不可能圖此——當其逝世時政治危機即刻便出。此時阿布巴卡以其身為最資深的回教徒而膺選先知代理人的權位，其後烏瑪 (Umar, 581–644)、烏斯曼 (Uthman, 574–656)、阿里 (Ali, c.600–61) 相繼主政，這四個哈里發被視為回教正統政權的傳人，異議不多。但在阿里任哈里發時 (656–61)，回教領導中心已分裂為什葉派 (Shiites) 與素尼派 (Sunnites)，為政權轉移問題展開惡鬥（此二派的對立可溯及穆罕默德過世之時）。就政治立場而言，什葉派主張哈里發應由穆罕默德的後嗣（即先知家系）繼承[33]，而素尼派則反對世襲制，主張哈里發應從穆罕默德的部落 (the Quraysh tribe) 中選舉而出；顯然前者講求專制權威，後者則較有民主精神[34]。若以信仰觀點而論，什葉派可說是回教的基本教義派 (fundamentalists)，他們以《可蘭經》為正義道統，排斥其他一

展而得以貫徹，參見 H. A. R. Gibb, *Studies on the Civilization of Islam* (Princeton, N.J.: Princeton University Press, 1982), 38–39.

33. 穆罕默德的子女中唯女兒法蒂瑪 (Fatima) 有子嗣，法蒂瑪嫁與阿里，故所謂先知家系即是法蒂瑪與阿里的後代（即 the Fatimids）；事實上，什葉派認為阿里才應該是第一個哈里發（故有 Mohammed Ali 之稱）。

34. 詳見 Patrick Bannerman, *Islam in Perspective: A Guide to Islamic Society, Politics and Law* (London: Routledge, 1988), 63–67; Yann Richard (translated by Antonia Nevill), *Shi'ite Islam: Polity, Ideology, and Creed* (Oxford: Blackwell, 1995), 5–11; and Andrew Rippin, *Muslims: Their Religious Beliefs and Practices* (London: Routledge, 1990), 103–16.

切信仰論述；而素尼派則為回教的傳統派 (traditionalists)，他們除了《可蘭經》之外，也採信補充與註解《可蘭經》的相關說法，如《素納經》（所錄穆罕默德的言行訓示被回教徒稱為「傳統」Traditions）。什葉派遠較素尼派為激進與排外，是政治與宗教立場上的少數派，他們非常不能容忍異教徒，一般皆認為什葉派已經偏離回教原來教義甚遠，而以素尼派為回教正統信徒 (orthodox Muslims)。溫和寬厚的素尼派為回教社會的主流，他們的包容性使回教統合力甚高，而什葉派的固執態度則使回教派系進一步滋生[35]。然而此二派在教規與律法上並無重大歧異，教義上相違處亦少[36]，可見相對於其他宗教的分裂對抗情形，回教信仰的派系對立其實微不足道，這說明其衝突主要是為世俗的權力（為此引發的仇殺當然未必輕於西方的宗教戰爭）。

西元 661 年時，曾任穆罕默德的秘書及敘利亞總督的穆阿威亞 (Muawiya, d.680) 推翻什葉派領袖阿里的政權（阿里死後其子 Hasan 繼位）而成為哈里發，他定都於大馬士革，施政寬容開明，致力於維護阿拉伯部族自治的傳統，將長久分裂的阿拉伯南北部落整合為一，強化了回教帝國的統一。穆阿威亞雖屬素尼派，卻廢除哈里發的推選辦法，改採世襲制度（未必嚴格執行），建立了回教政權的第一個王朝（烏瑪亞王朝 Umayyad Dynasty or

35. 整體而言，現代的回教徒確較過去更為激進，但這是基督教世界與回教世界相互激盪的結果。什葉派現在分佈的地區主要是伊朗（為國中多數），其次為伊拉克，他們仍是回教徒中的少數；素尼派占了今日回教徒總數的 85%，土耳其、中東、阿富汗與非洲地區的回教徒大都屬於此派。

36. 回教不論何種派別都使用相同內容的《可蘭經》，此有別於基督教的情形，更與佛教流派分殊的情況形成鮮明對比。

Caliphate of the Umayyads, 660–750)，這使素尼派與什葉派的鬥爭更為惡化。而且此時皈依回教而進入軍政體系的非阿拉伯人漸多，使得政治鬥爭的局面更為複雜。西元 749 年什葉派領袖阿布·阿巴斯 (Abu al-Abbas) 自立為哈里發，次年 (750) 推翻烏瑪亞政權（屠殺甚烈），建立阿巴斯王朝（Abbasid Dynasty or Caliphate of the Abbasids 黑衣大食，750–1258），立都於巴格達（Baghdad，意為神賜之城）37；烏瑪亞王室遺族 (Abd Ar-Rahman I) 輾轉遠徙至西班牙，於西元 756 年重建烏瑪亞王朝（756–1031，白衣大食），定都於哥多華 (Cordova or Cordoba)，與阿巴斯政權長久敵對 38。阿巴斯王朝建立後，回教文化深受拜占庭影響的時代成為過去，這個巴格達政權愈來愈沾染波斯文化色彩，因其東方化程度漸高而西拓心力漸少，使得歐洲所受回教帝國擴張的威脅大減；同時，建國百年之後，由於開國精神漸失而武功轉弱，回教政權逐步旁落於掌握軍權的土耳其人（Turks，由中亞西遷而皈依回教的異族）。西元 1055 年賽爾柱土耳其人 (Seljuk Turks) 終於控制了巴格達政權，哈里發僅為政治傀儡，阿拉伯人從此又長期淪為被統治者（直至二十世紀）。西元 1258 年旭烈兀 (Hulagu Khan) 率領的蒙古軍攻取巴格達，阿巴斯王族逃亡至埃及，權勢盡失。另一方面，在第十世紀時北非的回教徒又擁立阿里之後 (Said ibn Husayn or Ubaidallah) 獨立建國，是為法蒂瑪王朝（Fatimid

37. 關於巴格達建都與初期政治狀況，見 Carl Brockelmann (translated by Joel Carmichael and Moshe Perlmann), *History of the Islamic Peoples* (London: Routledge & Kegan Paul, 1982), 109–11.

38. 詳見 D. J. Wasserstein, *The Caliphate in the West: An Islamic Political Institution in the Iberian Peninsula* (Oxford: The Clarendon Press, 1993), 750–60.

Dynasty or the Caliphate of the Fatimids 綠衣大食，909–1171），它控有埃及（969 年佔領，973 年定都開羅）、北非、地中海島嶼、與巴勒斯坦等地。於是回教帝國一分為三，競爭正統，相互仇視，而其他割據一方的王國也在波斯、敘利亞及東方省區紛紛出現，阿拉伯政權的盛世隨之消逝。十四世紀時鄂圖曼土耳其人 (Ottoman Turks) 在安那托利亞（Anatolia，今土耳其）建立政權，十六世紀初期鄂圖曼土耳其帝國將阿拉伯地區悉入版圖，阿拉伯人的時代已成為歷史陳跡。

四、回教文化特性

回教世界的一統性

前文已指出，回教世界不論在政治上如何分裂，其信仰與文化仍維持高度的一致性；而且，不論回教徒的政治立場、種族、語言、和地域如何歧異，回教徒的團體感或社群意識 (sense of community) 和統一天下的使命感卻無比強烈，尤其是面對其他族群時[39]。論究回教世界一統性的成因，除了與回教信仰的嚴謹、簡明、具體、道德性與實踐性高強等特質（故而信仰與生活合一）關係密切外，也與阿拉伯世界的歷史和生活環境有關。回教帝國長時處於東西貿易交通的中心，其都市化程度甚高，且麥加朝聖

39. 參見 S. K. Farsoun and Lisa Hajjar, 'The Contemporary Sociology of the Middle East: An Assessment,' in Hisham Sharabi ed., *Theory, Politics and the Arab World* (New York: Routledge, 1990), 163–64; and Halim Barakat, *The Arab World: Society, Culture, and State* (Berkeley, Calif.: The University of California Press, 1993), 137–43.

活動絡繹不絕，這些狀況對於回教世界人民的往來互動、訊息流通和彼此學習，極有促進之功。穆罕默德本身原來便是一個城市居民與貿易商，他接觸各方文化而有通識，也鼓勵其信徒追求知識與尊重智者，這對於回教社會的開放性和世界性之提升影響匪淺。回教組織中無教士階級，任何德高望重的信徒在集體禱告時均可出任領導，這是其尊賢精神與平等觀念的具體表現；事實上，回教世界的社會流動性 (social mobility) 極高——相較於中古西歐社會尤然——這自然易於造成上層與下層及國際文化的交流融合與一致化，這個情形更因回教信仰講求包容的態度而強化。此外，《可蘭經》既被信徒視為神意啟示的紀錄，其神聖性無可置疑，故經文不容轉述與翻譯，所有信徒均應親自研讀，因此回教世界中阿拉伯文通行，信徒間的溝通無礙，且認知與關懷一致，極可能同化。雖然回教文化因帝國的擴張而使其原始的阿拉伯文化風格減少而異族（尤其波斯與土耳其）文化色彩增加，但阿拉伯本為落後地區，其文化傳統勢力不盛，易於調整改造且強於吸收學習[40]，這使回教世界得以維持交流而不對抗的文化發展。

文明的保存者與傳遞者

正如希臘化世界，回教帝國在西方文化式微時保存並傳遞這個知識傳統；在西歐的中古時期，回教世界與拜占庭同為希臘古典文化的維護者（十五世紀中葉回教帝國消滅拜占庭之後更自視為文明道統的唯一傳承者），十二世紀之後西西里與西班牙的回教徒以及拜占庭的希臘人將古典學呈現予西方，對於中古後期西歐

40. Charles Issawi, *The Arab World's Legacy* (Princeton, N.J.: The Darwin Press, 1981), 50–51.

學術的復興（如大學教育）貢獻厥偉[41]。古希臘重要的科學著作及亞理斯多德論著多被回教徒翻譯為阿拉伯文，其後這些譯作又被轉譯為拉丁文，在十字軍東征時代重新傳入西方，這是回教世界對西方現代化的一大助力[42]。由於對外擴張，阿拉伯人開始接觸希臘的科學與哲學以及波斯的文學與歷史，阿拉伯人在嫻熟這些領域之後，乃發展出自己的科學與文學傳統[43]。這是說，回教徒一方面積極學習與保存古典學術，另一方面則由此創造回教文化的風格，能以復古為革新且兩全其美。同時，因為四處征討拓展，回教徒也成為世界文化交流的媒介，將各國文化傳播推廣，中國的造紙術與火藥以及印度的計數系統（所謂「阿拉伯數字」）的西傳（阿拉伯人是中國文化西傳最大的功臣），只是當中影響最深遠的幾項。

回教文化的特徵

回教文化是一個富有活力、適應力、彈性、折衷性、世界性、多元性、平等性[44]、包容性、與世俗性的文化。原來阿拉伯

41. 詳見 Norman Daniel, *The Arabs and Medieval Europe* (London: Longman, 1975), 274–82.

42. 諷刺的是，東征成功而進入聖地耶路撒冷的西方人幾無願意學習阿拉伯文與觀摩回教文明者，基督徒與回教徒文化交流最盛之處乃在位於西歐的回教帝國領土西西里與西班牙，回教徒所保存的古典學術主要便是經此西傳，而西班牙在此事中的重要地位尤高於西西里。

43. 這就是說在回教政權建立的初期回教文化尚極貧乏，參見 A. A. Duri (translated by L. I. Conrad), *The Historical Formation of the Arab Nation: A Study in Identity and Consciousness* (London: Croom Helm, 1987), 85.

人自身的文化本極為貧乏，在文化——尤其是高級文化（即文明）——立場上其排外性不大而吸收力強，以此因皈依回教者帶來他們多樣而優越的文化，乃能造就回教世界的燦爛文明。阿拉伯人傳統的科學與藝術成就甚低，但經由模仿與學習，卻能達成極高的科學水準與塑造獨特的藝術格調，這是特能引人注目的變化。回教文化能有兼容並蓄的精神，與穆罕默德的訓示及回教徒的信仰觀關係密切。穆罕默德說「我的人民若意見不一，此乃神恩的表現」[45]，這是回教社會不致於封閉獨斷的觀念源頭；回教強調平等，重視教育[46]，主張以才能為取材晉升的標準，這些

---

44. 詳見 Majid Kadduri, 'Equity and Islamic Law,' in G. N. Atiyeh and I. M. Oweiss eds., *Arab Civilization: Challenges and Responses* (New York: The State University of New York Press, 1988), 82–86. 回教社會對於女人的態度為其平等觀的獨特例外，但回教徒頗不以為然，因其相信這個男女關係乃是基於回教信仰所設的定位，即便女信徒也不自以為受害者。關於回教中的兩性關係理念，見 A. M. Imam, 'The Muslim Religious Right and Sexuality,' in P. B. Jung et al. eds., *Good Sex: Feminist Perspectives from the World's Religions* (New Brunswick, N.J.: Rutgers University Press, 2002), 15, 18–21.

45. 穆罕默德此語推崇了個人高明獨特的見解，但他又說「我的人民絕不可能對於一個錯誤產生共識」，這似乎表示觀念可以不同但不必過於計較，如此竟可造成一個雅俗共存的社會。

46. 由於個人讀經的必要，回教社會極重視教育，清真寺附設學校乃為常制（第八世紀以來即然，見 George Makadisi, 'On the Origin and Development of the College in Islam and the West,' in Derek Hopwood ed., *Studies in Arab History* (London: Macmillan, 1990), 5.），而政府辦學與富人興學的風氣亦盛；另外，第八世紀後阿拉伯人引進中國的造紙術，無疑對於知識的傳播助益極大。其卓越成績是，據估計

都是促成回教社會開明公平的因素。尤其回教如同猶太教不設教士，無媒介的神職階級，但回教的知識分子（即宗教學者，ulama）可評議政教事務，學者地位極高（甚至稱「學者的墨水較殉道者的血液更為神聖」），自然有助於學術文化的提倡及理性精神的提高。而回教帝國據有拜占庭與波斯舊地，這兩個古老的文明傳統成為阿拉伯人師法的寶庫，使回教文化如同古波斯可以透過多方學習，迅速超越自身本來的落後原始狀況，而進入文明開發之境。同時，又與古波斯相同的，回教帝國雖以模仿和綜合其他先進國家的文化為建國手段，然此種廣納各方觀點的作法終須有調和融會的見識方能成功（也就是採取 adopt 之後須得調整 adapt 才為可行），於是竟能發展出一種特別的文化風格，而成為獨有特色，造成自我認同（即為 identifiable）。回教文化的素材與內容雖複雜多樣，少有自創，但綜觀其全面，則又能發現其文化格調的一致性，而為一個可「驗明正身」的與可辨識的 (recognizable) 文化。上述有關回教文化的寬容理性種種說法，是對比中古西歐情形（相形為刻板固執、封閉保守、單元獨斷、階級嚴明、而理性不彰）時更為彰顯的事實；而這些看法恐非現代人——尤其是歐美人民——的一般印象，此乃因基督教世界與回教世界近數百年的鬥爭，一方面造成雙方的敵意偏見，另一方面確實改變了回教世界當初的自由平和精神。而在這個過程中，回教世界眾採博議的傳統若非大功告成即是趨於斷絕，於是回教文化乃定型定性，更展現出它不同於其他文明的特質，至於其文化要素原非獨創而是來自多方採樣的事實，至此早已為世人所忘。

在西元 1000 年時，回教世界中 20% 的男性皆能識字。

回教世界的科學

回教文化中，成就最高者當屬科學，回教文化盛期常是科學發展最活絡之時。回教徒認為除了《可蘭經》的註解工作外，其他一切學問皆是科學[47]；甚至回教徒中的理性主義學派（即 Mutazilites，活躍於第十與十一世紀）也以《可蘭經》為時空下的創作，因而主張以科學精神加以研究。回教文化盛世時的名君瑪姆 (al-Mamun, 786–833, 7th Abbasid caliph, 813–33) 就是一個理性主義信徒，他因此不獲正統回教徒的支持而致政治危機重重，但這時卻是回教史上科學發展的黃金時代。他於西元 830 年設立巴格達「智識院」(House of Wisdom)，專門從事希臘著作的翻譯工作[48]，於科學研究的獎勵促進功效甚大。回教世界的科學研究著重數學、天文學、與醫學三科，此與古代科學的重點相同，顯示回教文化的原始性與實用性。阿拉伯人結合希臘與印度的數學知識，「創造」了「阿拉伯數字」及其運算法，並於代數 (algebra) 與三角幾何學 (trigonometry) 方面多有發明。回教徒在各地廣建天文臺，從事天文學研究改良曆法之餘，也為人生實用而探討占星術 (astrology)。至於醫學方面，回教世界的學者不僅對各種疾病與醫療方法了解深刻，而且在醫院的組織與醫學教育的體制上建構更為完備。除了前述三項學科外，光學與化學也是回

47. 詳見 Franz Rosenthal (translated by Emile & Jenny Marmorstein), *The Classical Heritage in Islam* (Berkeley, Calif.: The University of California Press, 1975), 63–70.

48. 詳見 Dimitri Gutas, *Greek Thought, Arabic Culture: The Graeco-Arabic Translation Movement in Baghdad and Early Abbasid Society* (London: Routledge, 1998), 107–20.

教世界科學研究成績卓著的項目，而這些仍是偏向應用目的，不是純理論探討。回教徒在科學方面的成就不僅與其改善現世生活的動機關係密切，也與其宗教信仰觀並行不悖，蓋回教徒相信宇宙為理性運作的自然世界，且不抱基督教式的創世觀念，故對其而言科學研究決無妨於崇敬上帝或追求神意，類似西方哥白尼革命所致宗教信仰與科學知識的緊張衝突，乃不發生於回教社會。

回教神學與哲學

回教思想包含理性主義 (rationalism)、神秘主義 (mysticism) 與律法主義 (legalism) 三大潮流，而三者相互牽制以致皆不能順利（充分）發展，且因回教經典與教義簡明的特質，學術思想在此之下更無自由發揮的餘地。簡單說，回教世界所以為回教世界正因其是以回教信仰為中心思想所建立的社會，而宗教信仰本為非理性的神秘主義，教徒且須嚴守行為規範——即律法——故回教思想可說即是回教信仰；如此，回教文化中的理性精神與法治主張皆難以獨立伸張[49]，同時回教信仰觀念的簡要則使回教的神秘主義深度有限，於是理性、法律、與玄思無一可充分拓展。回教社會的精神領袖有二類，一為「烏勒瑪」(ulama，原意為智者)，即宗教學者，他們類似教士，為回教徒生活的導師，代表理性價值；另一為「蘇非」(Sufis)，他們是神秘主義者，類似修士僧侶（但不獨身也不出家），為回教徒的精神典範，象徵靈性力量。此二者因為回教信仰的半理性半神秘取向而各有立足之地，

49. 於是回教思想終極來說其實是科學與哲學發展的障礙，參見 Ernest Renan, 'Islamism and Science,' in B. S. Turner ed., *Orientalism: Early Sources* (London: Routledge, 2000), 208–9.

但又皆不能獨具優勢，這就是回教思想的通俗性或「中庸」表現。事實上，回教神學家常又是哲學家乃至科學家（如 al-Kindi 與 Avicenna），這說明回教思想家有「吾道一以貫之」的觀念，但其信仰與學術可以相互發明的功用，顯示回教的超越性內涵並不高。

回教神學討論的主要課題不外是人是否具有自由意志 (free will)、得救乃單憑信念 (faith) 或須兼具信念和事功 (works)、以及《可蘭經》如何產生等問題，這些問題在本質上與基督教神學相同。回教神學的興起原是針對異端邪說與外來批判所做的回應，它為正統信條辯護的成分遠多於闡釋教義，後來才逐漸成為純粹的研究[50]。回教神學家的主要功課是如何調和希臘哲學與回教信仰，或說如何藉希臘哲學詮釋回教義理，這個作法應是受到拜占庭神學傳統的影響[51]，而非回教徒新創。在宗教理論上，回教學者精研柏拉圖、亞理斯多德、與新柏拉圖主義的說法，他們少有創見，但在整合學術與信仰上確有其功。與中古的西方學術思想一樣，回教的神學與哲學並不能嚴格分別。然而回教神學的教條化與神秘主義立場使得哲學在教義界定上簡直無插足餘地[52]，回教哲學家（如 al-Frabi, al-Kindi, Averroës, Avicenna 等人）對於回教信仰的影響其實不及對於歐洲哲學的影響[53]；不過，回教哲學

---

50. Aziz Al-Azmeh, *Arabic Thought and Islamic Societies* (London: Croom Helm, 1986), 177.

51. 第六世紀查士丁尼大帝下令關閉雅典的哲學學院時，希臘哲學家多有東遷者，這個學風對於後來回教思想的發展極有引導作用。

52. Seyyed Hossein Nasr, 'The Meaning and Concept of Philosophy in Islam,' in Seyyed Hossein Nasr and Oliver Leaman eds., *History of Islamic Philosophy* (London: Routledge, 1996), vol. I, pt. I, 21–25.

53. 參見 Kenelm Foster, 'Avicenna and Western Thought in the Thirteenth

終究與神學關係緊密，在宗教信仰的提攜下（水漲船高），哲學研究仍被視為人間最高貴而重要的學術，這顯示回教神學與哲學之間的調和性與緊張性。

回教思想的理性主義可說是亞理斯多德主義 (Aristotelianism)，而其神秘主義則取柏拉圖學說路線，而為新柏拉圖主義，然回教學者多非絕對（純粹）的理性主義者或神秘主義者，而為中間派。金迪 (al-Kindi, 9th cent.) 是回教哲學的先驅（被尊稱為「阿拉伯哲學家」'philosopher of the Arabs'），他是亞理斯多德學說的專家，擁護理性主義與科學精神（反對煉金術），但他也企圖證明柏拉圖與亞理斯多德觀念的一致性，而展現出某些新柏拉圖主義的色彩。在神學上，他認為阿拉為上帝，由祂生化出世界靈魂 (World Soul or Logos)，再由此發展出各人（個別）靈魂，而反璞歸真之道或解放永生之途是以理性知識訓練和提升自己的靈魂[54]。金迪強調上帝的正義與統一性，並認為神以預言啟示人乃是可理解的真理 (reasonable truth) 與最高層次的知識，而一般迷信神蹟的態度則是他力圖破除者。與金迪同時的法拉比 (al-Farabi or Alfarabius, d. 950) 也是治亞理斯多德的專家，他在調和亞理斯多德哲學與回教信仰上方法獨到，並且深受新柏拉圖主義的影響，終至成為一個蘇非派的神秘主義者[55]。十一世紀初期

Century,' in G. M. Wickens ed., *Avicenna: Scientist and Philosopher* (London: Luzac & Co., 1952), 108–22.

54. 詳見 H. A. Davidson, *Proofs for Eternity, Creation and the Existence of God in Medieval Islamic and Jewish Philosophy* (Oxford: Oxford University Press, 1987), 106–15; and Kelix Klein-Franke, 'Al-Kindi,' in Seyyed Hossein Nasr and Oliver Leaman, op. cit., 173.

55. 法拉比對於理性的看法幾經改變，顯示他對理性主義的不確定感，

的阿費希納 (Avicenna or Ibn Sina, 980–1037) 為醫學家（其代表作《醫藥大典》*Canon of Medicine* 通行六百年之久）兼哲學家，他對於亞理斯多德學說及上帝創世的解釋頗採新柏拉圖主義的觀點，認為上帝「產生」宇宙乃是經歷一連串身、心、靈 (body, mind, soul) 三方互動的過程，這個過程最後終結於亞理斯多德所謂的「動態理智」(active intellect)，它支配著一切世間領域，並引導所有事物的發展方向，而人的靈魂也是由此而生，故得以不朽[56]。阿費希納固也兼採理性與非理性之說，但他高度的新柏拉圖主義色彩，使其常被歸為回教思想中神秘主義的代表[57]。

正是在此時——第十世紀末至十一世紀初——回教的蘇非主義 (Sufism) 從什葉派中興起，它採取新柏拉圖主義觀點詮釋教義，並受到佛教與基督教神學的影響，表現出神秘主義的信仰立場，強調冥思感應的力量，熱切追求個人靈魂與上帝的復合[58]。

參見 H. A. Davidson, *Alfarabi, Avicenna, and Averroes, on Intellect* (Oxford: Oxford University Press, 1992), 73.

56. 阿費希納並非一個絕對的泛神論者 (pantheist)，因為他相信物質是獨立於上帝之外而存在著。然他以追究一切事物最初成因的方法證實上帝的存在與無所不在，他以阿拉為解釋宇宙萬事萬物存在的第一因 (the first cause)，指出所有現存事物即為第一因或上帝所造成的現象。

57. 參見 L. E. Goodman, *Avicenna* (London: Routledge, 1992), 165–67; and Henry Corbin (translated by W. R. Trask), *Avicenna and the Visionary Recital* (New York: Pantheon Books, 1960), 239–40, 243.

58. 詳見 Abu Baker Siraj Ed-Din, 'The Nature and Origin of Sufism,' in Seyyed Hossein Nasr, *Islamic Spirituality* (New York: Crossroad, 1987), 223–37.

這個潮流在回教的神學、哲學、文學各方面均有深刻作用，半出世型的修行運動也隨之而起，極端者幾成泛神論 (pantheism) 信徒而忘卻回教教義。蘇非主義盛行於波斯（阿費希納即為波斯裔回教徒），它是回教得以深入印度與非洲人心的原動力，而加薩力 (al-Ghazali or Algazel, 1058–1111) 則是此派最著名的學者。加薩力為波斯裔學者，他的神秘主義觀點與正統回教教義極為相近（調和神秘主義與正統回教教義是其最高的治學使命），常被視為回教世界最偉大的神學家。加薩力 33 歲時即被任命為巴格達教授，在四年之後卻因其自身的精神危機而放棄此高位，自我放逐十年，潛心於神秘主義的修為，再度復出時加薩力講學內容已是其所深信的真理觀。加薩力認為以哲學方法探討形上學問題，僅能在不抵觸回教正統教義的前提下進行，否則必陷入謬誤或困境（見其 *The Destruction of the Philosophers*）。此說影響後來回教思想的發展甚鉅。加薩力的代表作是《宗教科學的復興》(*The Revival of the Religious Sciences*)，此書建構一套完整而正統的神學體系，強調神恩啟示而非理性知識對於悟道的重要（故凡夫俗子開悟的可能不低於知識分子）[59]，且教人與神復合的神秘方法。由此，加薩力樹立了回教神秘主義的主流。

在神秘主義洪流衝擊下，回教的理性主義漸趨式微[60]。十二世紀的阿非若一 (Averroës or Ibn Rushd, 1126–98) 常被視為回教

---

59. 加薩力認為信仰認知是上帝恩賜人的靈機，既無跡可尋也不能強求，有時可能因一場睡夢而開悟，全無法以理解釋。見 Bernard Lewis trans. and ed., *Islam from the Prophet Muhammad to the Capture of Constantinople* (New York: Walker, 1974), vol. II, 21.
60. 詳見 Majid Fakhry, *A History of Islamic Philosophy* (New York: Columbia University Press, 1970), 228–35.

最後一個哲學家，這正是因為理性主義思潮在他之後逐漸為蘇非主義所淹沒，或為回教正統教義所箝制而難以活動。回教的理性主義潮流（最富盛名的學派為 Mutazilites）盛行於蘇非主義興起的第十與十一世紀期間，此派駁斥得救命定（預定）說 (predestination)，認為其「不合理性」甚有害於宗教熱情與道德力量。然回教畢竟具有一神信仰的超越性特質，不以合理為信仰，故正統教義終於取代了這個理性觀。阿非若一就是這個抵抗非理性信仰大勢的最後力量。阿非若一是西班牙的回教學者，他的理性主義學說不在阿拉伯地區流行，而在西歐受到重視，這說明了回教主流信仰趨於神秘主義的現象，以及東西文明觀念上的對比性差異。阿非若一也是一個亞理斯多德主義者 (Aristotelian)，其名著《無關中的無關》(*Incoherence of the Incoherence*) 力斥信仰與理性之分野，強調二者並無調和之必要，因為它們根本不會衝突矛盾，而是互容共存的；他指出真理為唯一，可以哲學（理性）和寓言（信仰）的方式分別表達。於是，當《可蘭經》中出現主張非理性的信仰觀點時，阿非若一便以寓言的方式解釋其意涵，以化解如此文句所呈現的理性與信仰不一的困局[61]。阿非若一私下為一個絕對的理性主義者，在公開場合中卻為一個尊奉正統回教信仰的信徒（任職思想檢查官），事實上他仍力求調和——在他而言則為貫通——理性與信仰，只是在這個作法上他顯以理性為準則[62]。他認為哲學是最高層次的求道，而其根源是理性，不是

61. 詳見 Oliver Leaman, *Averroës and his Philosophy* (Oxford: The Clarendon Press, 1988), 163–78.

62. 詳見 Dominique Urvoy (translated by Olivia Stewart), *Ibn Rushd* (*Averroës*) (London: Routledge, 1991), 92–99.

信仰（此說為基督教神學家阿奎納所排斥）；這並不是說理性知識的價值高於宗教信仰，或主張真理的雙重標準 (double standard of truth)，而是在當時宗教當令的環境中，企圖提倡學術思想的自由與理性知識的尊嚴。這個「阿非若一主義」(Averroism) 對於回教信仰傳統影響不大，反倒對於西歐文化思想（基督教與猶太教觀點）啟迪甚多，十三世紀阿奎納 (Thomas Aquinas, 1225–74) 的神學論點與中古後期的經院學 (Scholasticism) 均受此啟發[63]，其說甚至在文藝復興時期仍為學者所重視。

回教藝術

阿拉伯人的藝術傳統本極貧乏，回教帝國迅速的擴張乃使得回教徒廣泛採擇各方文明的藝術風格。回教文化的折衷性與綜合性於藝術上表現至為明顯——其缺乏創意的情狀亦莫此為甚——在此阿拉伯人所仿效的對象主要是拜占庭與波斯藝術。回教建築的結構形式，如圓頂、列柱、與拱門，皆師法拜占庭所為[64]；回教建築內部細緻華麗的裝飾方式（回教建築裝飾重於室內而輕於室外，此作風與拜占庭相同），以及其他各類藝術創作的造型調色，則採樣自波斯的作品；而與拜占庭及波斯相同的，回教藝術重視色彩的程度遠勝於形式設計。又與古代許多文明一樣，回教藝術以建築為代表，繪畫與雕刻僅為建築的陪襯或次要的創作，尤其偶像崇拜的宗教禁令使得繪畫與雕刻更難有發揮的餘地。不

63. 阿非若一強調物質為永恆而個人永生為不可得，這個看法被羅馬教會斥為邪說，阿非若一曾為當局流放，據信即是因為此類異端思想。

64. 正因如此，原由拜占庭人所建的基督教教堂聖智堂在被回教徒改裝為清真寺之後，仍狀甚協調自然，令人渾然不覺其本非回教建築。

過值得注意的是，回教藝術並非純為宗教藝術，阿拉伯文化的世俗性與現實性精神，使得回教世界在清真寺之外，也充滿著宮殿（西班牙南部的阿爾漢柏拉宮 Alhambra 為其著者）、政府機關、學校、醫院、市場、私人豪宅、陵墓（印度的泰姬瑪哈陵 Taj Mahal 為其著者）等實用建築物，這相對於中古西歐更顯見其人本立場。

就藝術的表現要素而言，回教藝術慣用球根狀圓頂、馬蹄形拱門、繩索式石柱、圓柱尖塔 (minaret)、花格窗飾等建築單元，而以黑白相間的線條、繁複的幾何圖樣[65]、阿拉伯經文（乃為書法藝術 calligraphy）、花鳥樹木與怪獸（高度形式化的 highly stylized 動物造型）等為裝飾[66]，馬賽克的拼圖則是常見的施工法。由於《可蘭經》禁止人物乃至動物的藝術形象，因此回教藝術的表現不僅創意空間有限（於是匠氣相對增加），且趨於抽象不寫實——即象徵性 (symbolic)——和「非自然性」(nonnaturalistic)、「非表現性」(nonrepresentational)，給人一種「現代藝術」的錯覺。其實，藝術並非回教徒所珍視，宗教才是其所尊崇者（天堂是回教藝術的表現主題）[67]，而其宗教藝術的重點

---

65. 詳見 S. J. Abas and A. S. Salman, *Symmetries of Islamic Geometrical Patterns* (London: World Scientific, 1995), 14–27.

66. 關於回教的裝飾藝術，參見 Richard Ettinghausen and Oleg Grabar, *The Art and Architecture of Islam, 650–1250* (New Haven, Conn.: Yale University Press, 1987), 328–31.

67. M. B. Piotrovsky, *Earthly Beauty, Heavenly Art: The Art of Islam* (Amsterdam: Lund Humphries Publishers, 2000), 62–64. 同理，哈里發成為回教藝術首要的贊助者 (patron)，見 Oleg Grabar, 'Patronage in Islamic Art,' in Esin Atil ed., *Islamic Art and Patronage* (New York:

僅在於純粹的視覺美感，不具深意或暗示，絕非現代藝術的用意。至於小型藝術，回教世界的地毯、掛毯、皮雕、絲綢、簾布、珐瑯、陶瓷、玻璃製品、金銀飾品、象牙雕刻、與書籍插畫等皆享有盛名，這些作品展現回教社會的富貴與現世精神。

五、回教文明對西方的挑戰與世界秩序的重整

中東地區素來被學者視為一個與西方世界迥異的歷史、文化、和地理單元[68]。尤其第七世紀後回教帝國的建立與擴張，以及十五世紀中葉時兼併拜占庭帝國，更使得這個與西歐對峙的東方世界，形成一個大規模而單一的政治體與文化圈，它包含東歐巴爾幹地區、小亞細亞、北非、伊朗、與阿拉伯半島，整個古代近東文明區至此再度被統一起來。這將東西對立的地理範圍擴大，使東西文化的對比性加深，東西對抗的緊張性亦以此加劇，這乃是回教文化的傳布以及回教世界與西方世界之間的緩衝國拜占庭消滅的結果。當 1453 年回教帝國攻滅拜占庭時，鄂圖曼蘇丹穆罕默德二世 (Mohammed II, 1451–81) 為宣示東歐基督教政權時代的終結，將查士丁尼所建的著名大教堂聖智堂 (Santa Sophia) 改裝為回教清真寺。同時，許多東正教信徒為不淪為土耳其臣民，乃往西遷徙至義大利，他們攜帶最珍貴的希臘文獻西去，傳揚古典學術於西歐。此外，羅馬教廷在拜占庭滅亡後亦不斷地呼籲西歐君主

Rizzoli, 1990), 31–32.

68. 詳見 Bernard Tewis, *The Middle East and the West* (New York: Hamper & Row, 1966), 9–27.

再組十字軍東征，然因為各國忙於內爭互鬥，無暇東顧，他們雖不吝於聲討「東賊」，但終無實際行動。凡此皆顯示回教世界與基督教世界的東西對抗情勢，將較昔日拜占庭與西歐的東西對立關係，更為冷峻。回教帝國建立的初期歷史與西向擴張事蹟，學者研究甚為深入而詳細，其間所涉及的宗教信仰衝突問題，尤為人所重視；反觀有關基督教的建立與傳布之研究，則不若前者之精詳，君士坦丁大帝皈依基督教之後基督教發展的情況，後人的研究仍嫌粗略，其中宗教信仰衝突問題，常為人所忽視[69]。這個現象的產生除了因為學術研究本身的偏失之外，它反映的事實是在回教的建立與傳布過程中，東西對立衝突的嚴重性甚高於第四世紀後基督教勢力擴張的時代。由於回教與基督教在信仰對象上一致，而在神意與禮法教規的認知上則甚歧異，以致「正信」之爭尤烈，其摩擦較南轅北轍的不同宗教之間的情況，嚴重甚多。正如史上猶太教徒（東）與基督教徒（西）之對立，以及希臘正教（東）與羅馬公教（西）之對立，回教世界與基督教世界的緊張關係，亦可解釋為西方信仰傳統中的東西對立表現。

雖然回教徒對於基督徒與猶太教徒大體上仍能寬容，但在其所征服的領土上，他們畢竟大力推動回教徒的信仰與文化，對非回教徒構成不小壓力。為了維持其信仰與文化的純淨，阿拉伯政府禁止回教徒與外人通婚(《可蘭經》教義已明白規範回教徒不得與非信徒或異教徒結婚)，對於文化交流亦不鼓勵；反之，對於皈依回教的人，則以稅賦優待為獎勵。歐洲在其東界（東歐）、西界

---

69. 參見 Fred Dallmayr, *Beyond Orientalism: Essays on Cross-Cultural Encounter* (New York: The State University of New York Press, 1996), 10.

（西班牙）、與地中海世界（從第七世紀末至十一世紀中地中海直如回教帝國之內海），處處為回教徒所侵襲，因此歐洲人對回教徒戒慎恐懼之心特為深重。而回教帝國向西擴張之時，正當歐洲步入中古衰退之期，這使得西方的困頓更雪上加霜，幾陷於封閉孤立的絕境。然也正由於此種困阨的環境，使得西歐的改造與復興，被賦與一種自力更生與絕地逢生的新契機，而能在中古後期發展出一個與傳統和東方迥異的文化[70]。這個文化是融合日耳曼與希臘羅馬傳統、以及基督教西方教會觀點的新生命，它與東方拜占庭文明差異甚大，與南歐地中海世界所傳遞的東方文化亦不相似[71]。中古歐洲從「黑暗時代」浴火重生的經驗，與古代希臘在其「黑暗時代」之後的新生（見前），如出一轍。由是東西的對立性 (opposition) 更加升高，東西的對比性 (contrast) 更為加深，這恐不是當時的回教政府所預料或樂見的事。

回教帝國愈往後期發展，其與西歐在文化上的差異與對立愈深，換言之，回教世界愈來愈「東方化」。早期阿拉伯世界深受拜占庭文化影響，然第八世紀中葉阿巴斯王朝建立後，回教文化獨受拜占庭影響的時代已成過去，此後巴格達政權持續吸收和引進東方的波斯文化；同時阿拉伯人的政治盛期隨著第十世紀而逝去，其政權逐漸落入來自更東方的土耳其人手中，回教世界愈來愈多

70. 西歐何時形成一個一致、自主，而獨特的文化圈，學者各有不同觀點，西元 1000 年是一個常見的答案，無疑地它只是一個便利和概略的說法，西元 1050 年是美國史家 E. M. Burns 進一步探討後所提出的觀點。見 E. M. Burns et al., *Western Civilizations* (New York: Norton, 1980), 285–86.

71. A. M. Craig et al., *The Heritage of World Civilizations* (New York: Macmillan, 1994), 394.

東方性成分。1055 年土耳其人取得巴格達政權，此後直到 1258 年蒙古人入主當地為止，其哈里發僅為土耳其人之傀儡。其後鄂圖曼帝國的發展趨向，也只有更加深回教世界的東方色彩與對西方的敵視，早期回教徒——尤其是「傳統主義者」的素尼派——在文化政策上的包容性此後也逐漸減少。

第七世紀哈里發烏瑪 (Umar) 奪下耶路撒冷後，對西來的朝聖者並不妨礙，自十一世紀初哈里發哈金 (Hakim) 則開始迫害聖地中的基督徒；至 1071 年賽爾柱土耳其人自埃及王朝手中奪下耶路撒冷後，其政策愈加仇外，十字軍東征 (1096–1291) 乃是此種東西關係惡化的發展結果。十字軍運動的同時，西歐基督徒亦加強其對西班牙回教勢力的反攻，以及對東歐與東北歐斯拉夫人的攻擊，而「清理」出一個單純且更廣大的基督教世界 (Christendom)。而在十字軍東征的時期中，回教世界也在擴張，其方向是往阿富汗、印度等地發展。雖然攻佔聖地的十字軍久留之後，大多因對回教徒了解漸深而變得寬容許多，但一波波新到東方的十字軍仍是又激情又凶殘。第一次十字軍在地中海東岸的佔領區，被西人依歐洲當時盛行的封建制度建立起一個拉丁王國（主要包含四區：The Latin Kingdom of Jerusalem, County of Tripoli, Principality of Antioch, County of Edessa），其統治者一副殖民官的姿態，與當地回教信徒極不能融洽相處，顯見東西對立的緊張性。其時回教徒將所有東來的西方人皆一概指為法蘭克人 (Franks)，這說明東西雙方相互認識之淺薄。東西的相斥性亦可由十字軍時期文化交流的問題探知。當時佔領聖地的西方人極少有人願意入境問俗和就地取材，學習阿拉伯文或回教文化，而回教徒亦少有人藉此研究西學。雙方交流成果最豐的地區，反而是位於歐洲邊緣——或說文化意義上的東西世界中間地帶——的西班牙與西西里。十四、十五世紀時，西方對抗鄂圖曼帝國的行動，往往假託十字軍之名以為號召，而土耳其人也加強其對拜占庭殘存國土的攻擊，可見雙方敵意在十字軍時代之後仍持續不減。

此外，第八世紀後回教帝國的分裂，其各自領土亦依傳統文明區的疆界而劃定，在阿拉伯地區、西班牙、與北非埃及分立三大國 (Caliphate of the Abbasids, 750–1258; Caliphate of Cordoba, 756–1031; Caliphate of the Fatimids, 969–1171)，而其它敵對的回教小王朝也在波斯、敘利亞及東方舊有政權故土上出現。此情此景令人聯想到亞歷山大帝國之分裂，它再次說明東西整合的困難。（雖然在政治以外的文化、宗教、社會與經濟各方面，回教世界呈現出相當高的調合性和統一性，這在對比於基督教世界時尤其明顯[72]。）從某一角度看來，回教帝國政治上之分裂乃因非阿拉伯人的信徒（如波斯人、土耳其人、北非人等）之增加，以及異族文化的摻入，這可視為更廣義的東西對立之表現。第八至第九世紀回教帝國盛世時期所控制的地區，其中除了地中海中的島嶼及西班牙 (1492) 在往後幾個世紀間被基督徒收復之外（阿拉伯帝國衰微的原因之一是西方人在十一、十二世紀後控制了地中海），近東與北非世界即長期（至十九、二十世紀）在回教政權統治之下。此種局面表現出羅馬帝國後期以來傳統的東西對立形勢（不論是文化的或地理的意義），尤其是十四至十六世紀間鄂圖曼帝國兼併小亞細亞、巴爾幹半島與東南歐地區後，其勢更明。諷刺的是，正如希臘化時代的東方政權與拜占庭帝國，回教帝國在歐洲文化衰頹時，大舉保存並發揚相當多西方古典文化傳統；因此，

72. 前文已指出，回教世界 (Islam) 一詞在使用頻率上，以及在文化意義的精確性與有效性方面，顯較基督教世界 (Christendom) 一詞為高。

在十二世紀以後，經由西西里島與西班牙的回教徒以及東方的希臘人，古典西方學問乃得以又呈現於西歐知識界。在回教帝國興盛時，古代希臘重要的科學著作大都被譯為阿拉伯文（昌明的回教醫學其實正是建立在古希臘的醫學成就上發展起來的），中古時期以後它們又被轉譯為拉丁文，而傳布於西方。此外，藉用希臘哲學所建構的回教神學，對於基督教神學的影響，亦是眾所周知的事。甚至原流行於拜占庭與鄂圖曼帝國的專制政體，在中世紀晚期以後（相當程度透過十字軍的引介），也開始在中西歐（除英國與波蘭外）建立，而被視為最自然的政府型態。至於十四世紀以後西歐文藝復興學者所憑藉的古典學術著作，正是拜拜占庭與回教學者的保存、翻譯與研究工作之賜，此已無庸贅述。由上述可見，回教文明在打擊西方時，也無意間幫助了西方的復興。

總之，回教帝國對東西對立情勢的激化影響甚鉅，它在武力上是西方的一大勁敵，它在文化與信仰上是西方的一大刺激（如果不是啟示的話）。先前的拜占庭帝國因武力不夠強盛，且其文化和信仰與西歐的淵源甚深，故不能造成對西方的重大挑戰或衝擊。以此，西方人常鄙視拜占庭人，但對回教徒卻帶著敬畏之心[73]。回教帝國的壯大造成對拜占庭的嚴重威脅，尤其是

73. P. L. Ralph et al., op. cit., vol. I, 392. 中古西歐人對東方拜占庭和回教帝國不同程度的反感，由十四世紀義大利名詩人佩脫拉克 (Petrarch, 1304–74) 下列的文字可見一斑，他說：「到底失去耶路撒冷或佔有拜占庭那一件事比較不好，我實在不知道。在耶路撒冷，耶穌基督並不被人所接受，而在拜占庭基督雖被禮拜，但實不為人們所重視。土耳其人固然是我們（西歐人）的敵人，但另立門戶的希臘（拜占庭）信徒比敵人更壞。土耳其人公然攻擊我們的帝國（西歐），而希臘人（拜占庭人）認羅馬教會為母，自言是孝子，

1071 年曼茲克特 (Manzikert) 之役以後，君士坦丁堡陷於岌岌不保的困境，這使得拜占庭與西歐的對立關係緩和，乃至促成二者的合作（十字軍與廣義的十字軍）而一致對抗回教徒，東西對立的分界線因此由西（亞德里亞海）往東（黑海海峽）移。然十字軍的失敗與拜占庭的滅亡，只有更惡化東西對立的情勢，於此東西對峙的界線又西移至傳統的地帶——亞德里亞海。鄂圖曼帝國在十四至十七世紀間，一直維持西向攻勢，嚴重威脅著哈布士堡帝國 (Hapsburg Empire) 的生存，只是此時西歐國家耽於內政事務，對東方這個威脅不甚措意。同時，鄂圖曼帝國國力也在諸多內部問題困擾下，逐漸衰微。十七世紀以後，歐洲反攻勢力首先由哈布士堡帝國發動，然後俄國亦跟進，二者至 1856 年前恆聯手反制鄂圖曼勢力。土耳其與西方的長期戰爭在 1699 年卡洛維茲條約 (Treaty of Karlowitz) 簽訂後告一段落，此約使鄂圖曼帝國喪失匈牙利，從此帝國領土一再被列強侵奪，而且整體回教世界的版圖同時也在退縮，它代表自中古以來東方長久凌駕西方的威勢之告終。此後，東西對立關係的課題已轉變成西方帝國主義發展史。西元 1798 年，法軍登陸東地中海岸，此乃十三世紀以後西歐武力首度進攻近東[74]。1800 年以前

但卻不聽羅馬教皇的指令。土耳其人比較不恨我們，因為他們比較不怕我們；而希臘人則不僅恨我們，也怕我們。」引文見 Crane Brinton, op. cit., vol. I, 362. 相對於西歐這種態度，拜占庭的教士在十五世紀時亦曾慨言：寧願在君士坦丁堡看到土耳其人，也不願在此看到一個羅馬公教的紅衣主教。

74. 詳見 M. S. Anderson, *The Eastern Question, 1774–1923: A Study in International Relations* (London: Macmillan, 1991), 26–27. 此事亦代表鄂圖曼帝國與歐洲關係全面的惡化，蓋前此法國與鄂圖曼帝國基

歐洲人最多只能據有小型的回教國家為殖民地，但其後回教大國所在的非洲、印度與東南亞，紛紛淪落為西方人的殖民地，至十九世紀中葉時，西強東弱與歐洲獨霸全球的局面已明顯出現[75]。西人所謂的「東方問題」(The Eastern Question, 1774–1923) 成了歐洲列強外交的主題之一，它的討論焦點是在於如何瓜分土耳其帝國，特別是東歐巴爾幹地區（即 Turkey-in-Europe）的政治安排問題[76]。西歐壯大後，它自然也企圖「光復」東歐基督教世界之故土，因此西方人所定義或掌控的「西方世界」自然也就含蓋了東歐巴爾幹地區，儘管在文化認同意識上，西方人仍雅不欲視東歐人（含俄人）為其同類[77]。在克里米亞戰爭 (Crimean War, 1854–56) 中英法聯合擊敗俄國，它昭示世人西歐——尤其是法國而非東方的俄國——才是鄂圖曼帝國治下東正教信徒的保護者，其意表示西方東拓並非欲認同或整

於外交利益的考量，在十八世紀裡恆維持友好的邦交。（參見 F. M. Gocek, *East Encounters West: France and the Ottoman Empire in the Eighteenth Century* (New York: Oxford University Press, 1987), 4–5, 7–9.）然十九世紀以後，西歐的英法雖不致像俄奧一樣與土耳其正面對抗，但俱採反土耳其的政策，儘管西歐可能因為抵制俄國的需要而支持土耳其抗俄。

75. W. H. McNeill, *The Rise of the West* (Chicago: the University of Chicago Press, 1966), 726–28.

76. 關於「東方問題」的定義和問題本質的討論，參見 A. L. Macfie, *The Eastern Question, 1774–1923* (London: Longman, 1991), 1–3.

77. 政治統一或文化一致的歐洲並非歷史事實，故歐洲權傾一時的政治領袖如十九世紀的俾斯麥 (Otto von Bismarck, 1815–98) 與二十世紀的戴高樂 (Charles de Gaulle, 1890–1970) 均曾表示歐洲並不存在。

合俄國。由於西方列強對於瓜分土耳其帝國的方式與領土安排難有協議，以致這個十五世紀以來的東西對立局面，直至第一次世界大戰後因土耳其帝國的瓦解，才終於破解。無怪乎十九世紀前期奧國外相梅特涅 (Klemens von Metternich, 1809–48) 大歎：亞洲始於維也納 (Vienna) 的東郊[78]。在「東方問題」中，土耳其與歐洲列強的關係、以及俄國與西歐的關係均告惡化[79]，東西對立的緊張性難以舒緩。

回顧二十世紀之前的回教世界興衰史，回教發展受創最嚴重的地方其實是西班牙，而這是西歐基督教世界的重要屬地，自不容回教徒長期盤據，此乃綜觀東西對立發展史即知的情勢。不論回教國家的國力在近代如何衰微，它們的群體認同意識似有增無減[80]，而回教信仰作為挑戰西方思想的立場始終不退縮；在非洲唯一能傳教成功的外來信仰即是回教，而在歐洲與美洲回教則幾無立足之地[81]，這個現象暗示著回教世界與基督教世

78. David Thomson, op. cit ., 65.

79. 詳見 J. C. K. Daly, *Russian Seapower and 'The Eastern Question,' 1827–41* (London: Macmillan, 1991), 191–92.

80. 參見 J. M. Landau, *The Politics of Pan-Islam: Ideology and Organization* (Oxford: The Clarendon Press, 1990), 51–54; and Fahmi Jadaane, 'Notions of the State in Contemporary Arab-Islamic Writings,' in Giacomo Luciani ed., *The Arab State* (London: Routledge, 1990), 254–63.

81. 關於回教在歐美地區發展的限制，詳見 Gilles Kepel (translated by Susan Milner), *Allah in the West: Islamic Movements in America and Europe* (Stanford, Calif.: Stanford University Press, 1997), esp. 234–38. 關於今日回教徒在世上的分佈狀況，見 D. F. Eickelman and

界永恆的衝突，以及回教文明作為西方價值體系反對者的歷史意義[82]。

James Piscatori, *Muslim Politics* (Princeton: Princeton University Press, 1996), 6. 中東地區雖號稱是回教世界的中心，但其實東南亞地區的信徒數量已佔有全球回教徒之半。回教對東方文化的改造作用顯然遠多於對西方文化的影響，見 M. G. S. Hodgson, *The Venture of Islam: Conscience and History in a World Civilization* (Chicago: The University of Chicago Press, 1984), 362–68.

82. 關於現代回教世界與西方溝通交流的困難，參見 Nur Kirabaev, 'Islamic Civilization and the West: Problems of Dialogue,' in Nur Kirabaev and Yuriy Pochta eds., *Values in Islamic Culture and the Experience of History* (Washington: The Council for Research in Values and Philosophy, 2002), 41–47.

第九章

中古時代的文化狀態：西歐地區

St Sernin, Toulouse, 1080–96.

中古時代是現代歐洲的醞釀期[1]，在此期間西歐的文明程度雖落後於拜占庭與回教世界，且退化為一個封閉、分裂、停滯、刻板、蕭條的社會，但正是這個困境的挑戰逼使西歐在絕地中求生，乃能有自力更生的轉機，同時因其與東方先進文明關係的斷絕或對立，乃能使西歐發展出一個獨特的文化體系，在「黑暗時代」過後重新出發而氣象一新，令人刮目相看。這個絕境逢生的轉化正如古代希臘經歷三百年 (1100–800BC) 的黑暗時期後，創造出與眾不同的古典西方文明，具有積極的破壞意義。在經歷此番「見山不是山」的批判與沈潛階段後，新興的歐洲文明乃能到達「見山是山」的最終境界，探求文化的絕對價值或永恆不易的現代性 (modernity)[2]。從十一世紀以下，歐洲的農業革命、商業革命（含都市化）、工業革命、及政治革命（以法國大革命為代表）依序出現，象徵著農、商、工、士四類階級與價值觀的逐一興起，這與古代文明發展歷程（見首章）的程序相仿，但這絕非表示文明發展為循環活動，而是說明現代文明的確立（如人格的成長定型）須經肯定、否定、與再肯定的過程，方為真實篤定。

中古歐洲的文化要素或現代歐洲的文化源頭有三：希臘羅馬精神、日耳曼傳統、及基督教信仰[3]。這三大要素中，起初日耳

1. 參見 R. C. Dales, *The Intellectual Life of Western Europe in the Middle Ages* (Leiden: E. J. Brill, 1992), 304–5.
2. 歐洲人對中古的觀感自中古以來即不斷改變，並非總覺其為黑暗時代，見 R. E. Sullivan, 'The Middle Ages in the Western Tradition: Some Reconsiderations,' in B. K. Lackner and K. R. Philp eds., *Essays on Medieval Civilization* (Austin: The University of Texas Press, 1980), 6–9.
3. 在西歐中古時期，科學研究或物質文明的創作幾無地位和成就。詳

曼傳統最盛，隨後基督教勢力崛起，而在中古後期則希臘羅馬精神重振，乃有文藝復興 (Renaissance) 運動的發展，開啟了歐洲現代化 (modernization) 的進程。

日耳曼人大舉南侵之前，久與羅馬文明接觸，早非簡單的野蠻民族（例如他們在第四世紀後已逐漸成為基督徒，雖然其所信乃是羅馬政教當局判為異端的阿萊亞斯教派 Arianism），然相對於羅馬上流先進的社會，日耳曼人誠為蠻族，而羅馬人也如是稱之[4]。日耳曼民族中首先入侵羅馬者為西哥德人 (Visigoths)，他們在西元 410 年攻略羅馬城，此事為某些史家視為羅馬帝國滅亡的一役；稍後西哥德人在西班牙建立西哥德王國 (Visigothic Kingdom)，至第八世紀初為回教徒所推翻。隨西哥德人之後而活動者為汪達爾人 (Vandals)，他們在西班牙流竄十餘年後，於西元 439 年在北非古迦太基一地建立王國 (Vandal Kingdom)，455 年更越海洗劫羅馬城，再次重創羅馬帝國；至第六世紀汪達爾王國為查士丁尼的軍隊所消滅，其部族為東羅馬吸收融合而消失。第五世紀中期橫掃歐洲的匈奴帝國瓦解[5]，長期受制於匈奴人 (Huns)

見 Alexander Murray, *Reason and Society in the Middle Ages* (Oxford: Clarendon Press, 1990), 111–16.

4. 蠻人一詞在羅馬時代原為政治性用語，至中古以後逐漸轉變成宗教性詞彙，意指淪入邪門歪道者，見 Arno Borst, *Medieval Worlds: Barbarians, Heretics and Artists in the Middle Ages* (Cambridge: The Polity Press, 1991), 6.

5. 匈奴人自東方大舉而來，卻未將東方文明傳播至西方。匈奴王阿提拉 (Attila) 功業彪炳，但從未將其領土組織為一個統治嚴格的國家，匈奴人也未能將其文化深植於佔領區，除了促使羅馬帝國的毀滅外，匈奴在歐洲並未留下深遠的影響。

的日耳曼人得到解放，再度開始四處竄擾，導致西羅馬帝國的徹底滅亡 (476)，以及東哥德人 (Ostrogoths) 進取義大利建立政權。東哥德王國 (Ostrogothic Kingdom) 在西羅馬滅亡後雖維持著不錯的和平秩序，但在其開國君主 (Theodoric the Great, c.454–526) 死後，東羅馬的軍隊立即到來，東哥德戰敗後其殘部被驅逐至阿爾卑斯山以北，從此埋沒無聞 *6*。另外，第五世紀間日耳曼民族中的盎格魯撒克遜人 (Anglo-Saxons) 入主不列顛，法蘭克人 (Franks) 在高盧建立法蘭克王國 (Frankish Kingdom)，而第六世紀間倫巴人 (Lombards) 在義大利北部建立王國，這些移民與建國運動對當地固然有所破壞，但其建設貢獻——尤以後見之明來看——可能更大。由上述可見，日耳曼人南侵對於西歐古典文化的衝擊並不巨大。事實上，日耳曼民族運動所為乃在於更佳的生活條件（享樂），其志不在推翻羅馬帝國（日耳曼人所建政權常以羅馬名位自居，並尋求東羅馬皇帝的認可），更非為破壞而來，故中古西歐文明的退化決非純因蠻族的入侵，而有其內在發展的脈絡。第八世紀之後另一波日耳曼民族南侵運動興起，自北歐南下的諾曼人 (Normans or Norsemen) 在俄羅斯、英國、法國、義大利南部（推翻阿拉伯人政權）、乃至冰島與北美等地建立據點，他們促進衰亂中的卡洛琳王朝（Carolingian Dynasty，即查理曼帝國）之覆亡，從而新建許多延續至近代的國家，同時促成英國的統一建國；並且諾曼人注入西歐富有活力的新血，他們迅速吸收先進文明並對其有所增益 *7*，諾曼人對於貿易的高度興趣即促使西歐

---

6. 關於哥德人建立政權的情形，見 Peter Heather, *The Goths* (Oxford: Blackwell, 1997), 194–98.

7. 例如諾曼人（被西歐人稱為維京人 Vikings）在第九世紀間不斷侵

地區商業與城市生活在中古後期的復興。如此看來，後期的日耳曼民族運動對西歐文明發展又功勝於過。

整體而論，西歐事實上未因蠻族入侵而淪為蠻荒之地，日耳曼人固然在軍事上威風八面，但羅馬文化並未被摧毀[8]；除了不列顛與高盧北部之外，羅馬傳統的語文、政治與法律仍能與日耳曼體制習俗並存，而唯有汪達爾人與盎格魯撒克遜人拒絕向君士坦丁堡的羅馬皇帝作名義上的稱臣，一般日耳曼政權仍對東羅馬表示敬意與善意。而且，哥德人與汪達爾人南侵之前其實已經皈依基督教，第七世紀時日耳曼人更悉數改信正統基督教，使日耳曼民族不再是西歐宗教社會中的異類。由是，日耳曼傳統與羅馬文化不斷融合，而日耳曼人羅馬化 (Germans Romanized) 的程度顯然高過羅馬人日耳曼化 (Romans Germanized) 的程度[9]，拉丁文、羅馬法、與基督教在中古時代都得到最後的勝利，成為西歐文化主流。若以基督教為羅馬文化的一個要素，則羅馬文化戰勝日耳曼傳統的第一個徵兆即是基督教勢力的崛起；然基督教的發展絕非要重建羅馬帝國或塑造羅馬公民，而是要建立一個通達天

襲法國西北部，而在西元 911 年正式從法王查理三世 (Charles III) 手中獲得該地主權，此即是諾曼地 (Normandy) 一稱的由來，諾曼人酋長羅樂 (Rollo) 也成為第一任諾曼地公爵 (Duke of Normandy)；在第十世紀末，當地的諾曼人即已接受了法國人的宗教(基督教)、語文、和文化，同化的過程迅速而順利。羅樂的子孫開疆拓土，威廉公爵 (Duke William) 於 1066 年更進佔英國，成為英王威廉一世。

8. Jacques Le Goff (translated by Julia Barrow), *Medieval Civilization 400–1500* (Oxford: Blackwell, 1992), 117.

9. 參見 P. J. Geary, *The Myth of Nations: The Medieval Origins of Europe* (Princeton, N.J.: Princeton University Press, 2002), 82–89.

國的人間王國，它的目標是普世性與永恆性的，但它的結果卻是區域性與現世性的，這是基督教教會的成功與失敗所在。

一、宗教權威：教皇體制與清修運動的興起

教皇體制的建立

第四世紀之前的基督教歷史因史料難徵——多宗教性文獻而無檔案實錄——以故模糊不清，有關教會階層組織、教儀規範、與教皇體制 (Papacy) 的形成等問題，學者尤缺了解。教皇的出現可說是教會階層體制建構的最後與完成階段，其理論與制度發展的細節至今難以究詰。從歷史觀點而言，政教關係的原型是政教合作而其實為政權先於教權，神權統治 (theocracy) 或國教 (state religion) 之說即表示宗教僅為政治的工具而非建國目標。在羅馬後期基督教雖立為國教，但在政教合一 (caesaro-papism) 之制下，皇帝兼領教務，即兼任教宗，故教會並無專屬的最高領導人，而以主教數人分治全國教區，此在東西羅馬帝國皆然。待西羅馬滅亡後，東羅馬的政教指揮體系依舊，而西歐則因帝國政府的消失，教會階層組織在取代官僚統治結構的同時，也就需要一個有如中央政府的領導中心，此即是教廷 (Curia)，而其首長即為教皇 (Pope)，這個發展在羅馬晚期當教會組織與政府組織平行架構時，似已埋下伏筆。

依基督教理論，教皇乃是所有基督徒的牧養者 (shepherd of all Christians) 及耶穌基督在人間的代表（representative of Christ，自稱為「上帝之僕」 servant of the servants of God），由是教會強調上帝不會使教皇在信仰與道德重大問題上的認定發生錯誤，此

即所謂「教皇無誤說」(Papal Infallibility)[10]。而教皇既然為人間天國的領導者，自不能屈居於任何世俗國君之下，或具有國民的身分而須服從政府，以致有礙其為精神領袖的至高地位，故教皇乃須統治一方，自為君主，完全獨立自主（教皇能辭職但不能被罷黜），不受國際政治勢力的牽制，此即是教皇國 (Papal States, 756–1870) 產生的背景，也是教會步上世俗化的不歸路之始（由此也可知身處教皇國之外的神職人員必將陷入政教衝突的困局中）。

教皇的職位原是羅馬城主教，羅馬城主教固然在尊榮上勝於其他地區的主教，但其位階並不高於其他主教，且轄區各自管理，本不能越權；然羅馬城主教終究成為主教之上的主教，統領整個西方教會（東正教並不認可教皇），其理由有數端。首先，就神學教義而論，〈馬太福音〉中有言耶穌對彼得——傳說中的羅馬城第一任主教——說將把教會建立在他這塊磐石（彼得 Peter 一名原意為磐石 rock）上 (16:18)，並說將天國的鑰匙交付給他，凡彼得在地上所裁判者，在天上皆將報應不爽 (16:19)。這個說法使彼得貴為十二使徒之首 (Prince of the Apostles) 的地位為眾所深信不疑，而繼承彼得（如同彼得化身）擔任羅馬城主教者的神聖性也因此傲視群倫[11]。這個「彼得傳承說」(Petrine Succession) 因保羅殉道於羅馬的傳說，而錦上添花，使羅馬城主教更具崇高性。其次，在政治因素方面，羅馬城為羅馬帝國首都，當基督教被頒為國教後，羅馬城主教自然享有高於其他地區主教的政治地位。事實上，

10. 羅馬教宗的尊稱乃為 'His Infallibility' 或 'Your Holiness'。

11. T. G. Jalland, *The Church and the Papacy: An Historical Study* (London: Society for Promoting Christian Knowledge, 1946), 269–71.

當第五世紀中期羅馬城主教李奧一世（Leo I，終身力戰異端與掃除教會的分裂內鬥）與高盧主教 (Hilary of Arles) 衝突時，西羅馬皇帝 (Valentinian III) 於西元 445 年下詔規定境內教士須遵從羅馬城主教的領導，首次以政令確定羅馬教廷 (Holy See) 的至尊資格。西元 451 年的開耳西頓會議 (Council of Chalcedon) 奉李奧一世的三位一體說為正統教義，將其推行於基督教世界全境，由此肯定了羅馬城主教在信仰問題上的權威性，君士坦丁堡主教 (Patriarch of Constantinople) 雖在此會被尊為東方教會的唯一領袖（此為羅馬教廷所否認），也不能與之爭議。然而以皇帝的命令規定羅馬城主教的特權，這仍顯示政權高於教權的事實；而以宗教會議（亦由官方主導）尊奉羅馬城主教的權威，則又說明其神聖性不是天命神授，難以服眾，故教皇頭銜自始便為東方教會所漠視而無法通行天下。以歷史背景考察，羅馬城主教在蠻族侵略西歐地區時拯救生靈的偉大事蹟（如李奧一世在西元 452 年勸退阿提拉、455 年勸阻汪達爾人在劫掠羅馬時屠城），也有助於提升其在民間的聲望[12]；然而這也只是個人的功業德行，未足以使羅馬城主教的地位從此神聖化。此外，羅馬城常是基督教教義爭議的

---

12. Julius I, Innocent I, Leo I, Gregory I 與 Martin I 等羅馬城主教在勸阻蠻族橫行及與霸君交涉上均甚有功，其所表現的勇氣與信念極得世人敬佩，這與教皇體制的形成亦有密切關連。尤其 Gregory I（在位 590–604）對於保衛義大利免於蠻族的攻擊貢獻非凡。他將義大利的教會領地組織整合，以稅收濟民養兵，與侵逼羅馬的倫巴人和談，解除危機，由此 Gregory I 建立起教皇的世間威權，深受擁戴。同時，當他在位時，英國人開始皈依基督教，西班牙、法國與義大利北部（倫巴王國）的教會力量亦大為強化。此時教皇制度因他的建樹大略已經確立，深得人心。

裁決中心與正信的定義所，它是耶穌信仰的淨土，極少為異教與異端所侵擾，在信徒心目中佔有聖地般的地位；尤其從羅馬派出的傳教士在西歐各地廣建新教會時，教徒更視羅馬為精神首都，並競相對其奉獻。同時，在羅馬帝國的政治中心東遷君士坦丁堡而西羅馬帝國首都北移（為鎮邊之便，如 Honorius 於 402 年遷都於 Ravenna）以後，羅馬城教會更逐漸擺脫世俗權力的控制，而強化其獨立自主地位與精神領導角色。雖然，上述多項支撐羅馬教廷成立的論據，反而顯示教皇體制存在的理由實甚脆弱，無一為全面有效或足以取信各方者；故基督徒固常追溯教皇世系至第一世紀時，然教皇制度其實乃經長時運作而晚至第六世紀時才成立，其權勢則至第八世紀中期教皇國建立時方可稱穩固。此後歷代教皇仍不斷重申其至尊地位（所謂 Papal Supremacy），顯示其權位一再遭受質疑與挑戰；至今非天主教徒（新教徒與東正教徒）仍只承認教宗有高於其他主教的榮譽 (honor)，而不接受其所號稱的信仰權威 (authority)，可見教皇體制的爭議性從未消失。

不論教皇體制何以建立，它在中古初期的出現完成了基督教教會的階層組織系統，使教會勢力更形壯大，直如一個人間政權，終至成為中古西歐最大的地主。教會的世俗化 (secularization) 對於基督教信仰的提升未必有利，但對於西歐社會的安定則貢獻良多。教會定賦收稅與執行司法裁判雖可能為惡，但卻是取代政府而為的必要之惡，無可厚非；教堂本身成為收容病患的醫院與提供遠遊者住宿的旅館，濟人救世之功更勝於自利之圖；而教會與修道院更是知識教育中心與古典學術的保存地，為中古前期（大學興起前）的高等學校與興學主力。中古教皇常被不認同者諷喻為國君，而教會被指為政府，然考量西羅馬滅亡後社會已成一片亂局，即可知若無教皇領導教會的類政府機制，則中古西歐將真正陷入無政府狀態；政治為必要之惡，教會若「不入地獄」承擔這個義務，則世間之惡必增。這種清高自持與兼善天下無法兩全的困境，說明「大隱隱於市」方為最高的修行境界，以及人間不能責求圓滿的真相——人間無論如何不能為天上。兼具智仁勇而能處世有為不惑者自然極少，潔身自愛、不願招同流合污之譏而遠離紅塵者，為數則較多，於是在教皇體制發展而教會快速世俗化的同時，乃有避世修道之風的興起。入世的教會中，墮落沈淪者固不在少數，但有真正得道濟世的高人；出世的修道院中，品行見識在中人之上者所在多有，但乏真正解脫悟道的聖賢，因為了悟大道者不可能無情旁觀而不淑世。

清修運動的興起

史上一般發展成熟的宗教信仰大約都衍生出基本教義派、傳統派與苦修派三分支，而苦行求道之法通常不為「宗教家」所倡導，如釋迦牟尼、耶穌、穆罕默德、乃至孔子皆不如此號召，而是主張中庸之道的精神生活13。古代埃及宗教、祆教、猶太教、

13. 孔子雖說「君子食無求飽，居無求安」(《論語》〈學而篇〉)，但此乃因「君子謀道不謀食…憂道不憂貧」(〈衛靈公篇〉)，他並未鼓勵自命清高以致自討苦吃的變態生活；又說「不仁者不可以久處約，不可以長處樂」(〈里仁篇〉)，此即說唯君子可以久處約長處樂，而小人不可以久處約常處樂，因為「君子固窮，小人窮斯濫矣」(〈衛靈公篇〉)，可見君子求道不必以苦行自虐的方式為之，蓋其境界早已超越此道。苦修之法乃為針對小人，然小人常「人窮志短」，無法「安貧樂道」，故苦修方法實為中等之材的求道途徑，這就是一般人總以「吃得苦中苦，方為人上人」自勉的道理。關於釋迦牟尼反對苦修的觀點，見第二章第五節。關於《聖經》與原始基督教反

近東的民間信仰、耆那教與佛教等均有苦修之風（後起的回教亦然），這固然可能啟發了基督徒走向此道，或者其制度作法可能為基督徒所仿效，但各種宗教中皆有部分信徒特別（過度）著重精神與心靈而輕視物質與肉體，他們強調禁慾修為與身體力行的信仰表現，或追求一種純粹的宗教生活，這是教徒反現實的自然傾向之一，基督徒亦非例外，實不必經由向其他宗教學習模仿才能有此路數。基督教的修行風氣興起於第四世紀，除了前述的信仰理路外，這個現象有其時代背景與特殊的宗教倫理觀。由於基督教被羅馬政府頒為國教，備受禮遇，而西羅馬滅亡後基督教教會又成為掌控統治權柄的機構，涉世益深，不免腐化，針對此種世俗化趨勢，教中乃有提倡出世靈修的反動作為。此外，在日耳曼蠻族侵擾的亂世中，意圖規避社會與家庭責任者、尋求保全性命與安定生活者、以及懷有「邦無道則隱」之念而另圖安身立命者，皆相繼以遁世應變，藏身於遺世獨立的修道院 (monastery) 中。若就信仰的內涵而論，原罪觀與贖罪懺悔之必要是基督徒念茲在茲之事，尤其耶穌為人受難消障的形象常使信徒有追隨效法之志，且得救預定說與神命恩典說的神秘性使一般信徒長處於信心危機中，無所適從，故特須以超乎常人所能的作為來自我肯定或自我暗示——此為「吃得苦中苦，方為人上人」的心念——以確信個人為合乎神意而可望得救者。如此，當基督教受羅馬政府迫害時，勇於捨身取義的殉道者前仆後繼，壯而不悲，美而不淒，求仁得仁，並無遺憾。而當第四世紀基督教被尊奉為國教時，一切死有重於泰山的偉大時機已成過去，不甘養尊處優以致死有輕於鴻毛

對苦行之法，參見 Giles Constable, *Culture and Spirituality in Medieval Europe* (Aldershot, Hampshire: Variorum, 1996), 316–26.

的堅貞信徒，乃另謀懺悔贖罪之道，於是而有出世苦行的清修運動 (monasticism) [14]，後代的朝聖 (pilgrimage)、十字軍東征 (Crusades)、海外傳教 (missionaries) 等風潮、乃至二十世紀苦修運動的復興，皆可據此理解。

中古基督教清修運動的興起頗受第三、第四世紀時埃及苦行風尚的影響[15]，當地隱士 (anchorite) 以極端禁慾的生活為尚，其表率為聖安東尼（St. Anthony, c.251–350，號稱修行之父，修行清規 'rule' 的創始者）[16]，他們鎮日執禮祈禱，生活簡單，而不重求知教化。基督教的清修運動一開始便模仿此道，最初的修行者皆如聖安東尼為離群索居的個別隱士，其後才有群居的修行團體，此類修行者則遵循聖帕可彌斯 (St. Pachomius, c.290–346) 所設定的規範。而清修運動發展的結果，隱士型（獨居型）的修行 (hermit monasticism or the eremitic) 逐漸沒落，群居型的集體修行 (communal monasticism or the cenobitic) 則成主流[17]。聖帕可彌斯

14. Monasticism 一詞源於希臘文 *monos*，其意為「單獨」(alone)，而修行者 monastic 一詞原意為「獨居者」。可見清修運動原出於隱居行為，它初始為個別行動，其後才成為集體活動。

15. B. B. Price, *Medieval Thought* (Oxford: Blackwell, 1992), 58–59.

16. 曾任亞歷山大城主教的聖阿他那修斯 (St. Athanasius, c.297–373) 為力討阿萊亞斯教派而五度被迫流亡，在此期間他避難於埃及沙漠中而結識苦行者並深受感動；他所寫的《安東尼傳》(*Life of Anthony*, c.357) 啟發了西方基督徒的修行風氣，故他常被視為將東方清修運動西傳的第一人。

17. 自聖安東尼以來，基督徒出家修行者以男信徒（即 monk）居先，然女修士（即 nun）隨後出現，故男性修道院 (monastery) 成立之後，女性修道院 (convent) 不久便跟著設立。其實因男女性格有別，

的修行規範後為聖巴索 (St. Basil, c.330–79) 所承襲與修訂[18]，他將清修運動推展至希臘世界，其清規也成為東方基督徒修行的通用準則（此派修行者可稱為 Basilians）；另一方面，聖帕可彌斯的修行規範在西元 404 年被聖潔若 (St. Jerome, c.347–420) 譯為拉丁文而傳入西方，影響西歐修道院體制甚大，聖本篤 (St. Benedict, 480–547?) 所設計的修道院規範即是以它和深受它影響的聖巴索清規為典範[19]。這些守則基本上都是為集體修行所設計，有勸導團體而非個人入山之效，它們且一步步趨於合乎情理而不嚴酷，使得清修運動更為盛行。

聖本篤清規（Rule of St. Benedict，此派修行者可稱為 Benedictines）為西歐修道院的普遍規範（第九世紀之後尤然），它富有「常識精神」(spirit of common sense) 或人道主義，中庸寬和而不標新立異（可免走火入魔），規定簡單且有彈性，故能廣受歡迎，乃進一步助長了清修運動。極具威望的教皇格里高里一世 (Gregory I, c.540–604) 原為早期的本篤派修士，在他推動下，聖本篤清規更成為西方修道者的共同準則。聖本篤清規發揚傳統的修行精神，然化繁為簡，標舉「貞潔、清貧、服從」('Chastity, Poverty, Obedience') 三大戒律，此即所謂「道義」(evangelical

---

男性修道院與女性修道院的修行價值和意義甚為不同，所謂修行其要點既在克制欲求（尤其是性慾），可見修道院主要是為男眾而設，女人進入修道院相對之下反而頗有圖求清靜和尋求保護的味道。

18. 聖巴索倡導集體式修行，他的修行規範強調勞力工作及服從領導，力圖矯正早期清修運動走向偏鋒極端的行為。

19. 詳見 C. H. Lawrence, *Medieval Monasticism: Forms of Religious Life in Western Europe in the Middle Ages* (London: Longman, 1989), 22–25.

counsels)；貞潔之道在於單身不婚（celibacy，自當無男女之歡，此為後世教徒最為反對或最感困難的戒條），清貧之義在於揚棄私產（甚至私物，蓋安貧乃能樂道），服從之理在於維護階層領導與集體秩序。修道院在野外與城中皆有，但不論何者都以與世隔絕為設計，故不可能「隱於市」。修道院中的生活主要是勞動、禱告、與冥思（是為「天職」work of God），作息規律而安排精確，修士絕非自由自在[20]；知識的學習與經義的研究非其所重，雖然修道院對於學術遺產的保存貢獻甚大。基督教教會得力於修道院之處極多，修士的虔誠服務、默默行善、與清高自持的形象，於基督教信仰的傳布及人民對教會的肯定助益匪淺[21]，這是中古基督教勢力得以鞏固的重大原因。中古前期歐洲的清修運動盛行，修道院有數千個之多，不過到十三世紀之後，固定的修道院逐漸為遊走四方的修士團體所取代，清修運動的盛況再不如前時[22]。

修道院的流行使基督教教會分化為入世教士 (Secular Clergy) 與出世教士（即清規教士，Regular Clergy[23]）二派，前者即是屬於教會階層統治體系的社會性神職人員，後者即是遵從各修道院

20. 詳見 John Binns, *An Introduction to the Christian Orthodox Churches* (Cambridge: Cambridge University Press, 2002), 107–34.

21. 參見 R. W. Southern, *The Making of the Middle Ages* (New Haven, Conn.: Yale University Press, 1992), 156–60.

22. 清修運動在十六世紀宗教改革之後，於新教地區內迅速消失，然至十九世紀前期英國國教中力圖復舊（天主教色彩）的牛津運動 (Oxford Movement) 興起，靈修組織再次流行，二次大戰後修行之風又盛，新教的修道院在法國開始建立。

23. rule（清規）一詞的拉丁文為 *regula*，故有 regular clergy（清規教士）之稱。

規範而獨立於各處的出家人。此二者雖皆尊奉教皇為最高領導，但雙方對立敵視的氣氛難免發生（一般信眾對於修士的偏愛不無影響），造成教會內部的緊張性與運作問題的複雜化[24]，這個困局直到中古後期才化解。在此過程中，二者關係逐漸轉化為互補與合作。入世教士在西羅馬帝國滅亡後取代了原有政府官員的角色，而修道院則變成入世教士的教養所，修士轉任主教、神父等職漸漸成為司空見慣之事，甚至在十二世紀中期之前，教皇人選通常出於修士之流（其後則轉為深涉世俗教務的教會法專家）。由此，修道院的清規也成為入世的神職人員所持守的行為準則，故而教士不婚乃成慣例習俗。

第六、第七世紀時教會與大環境一般極為敗壞，然出世的修士積極從事社會救濟與傳教墾荒工作，終於扭轉局面，樹立基督教的權威。第八世紀時基督教文化已隱然成形，羅馬傳統與日耳曼體制皆成為附屬的文化單元而寄託其下。

二、政治宏圖：查理曼帝國與神聖羅馬帝國

查理曼帝國 (Carolingian Empire or Charlemagne's Empire) 與神聖羅馬帝國 (Holy Roman Empire) 的建立是日耳曼蠻族的羅馬化與基督教權威樹立的象徵，這也是中古西歐「黑暗時代」主要的政治史。

法蘭克人於第五世紀中進佔高盧，西元 486 年在克洛維 (Clovis I, c.466–511) 的領導下，他們推翻了羅馬人在當地的政權。

---

24. Margaret Deanesly, *A History of the Medieval Church, 590–1500* (London: Routledge, 1991), 29–31.

克洛維統一法蘭克族群（主要為 Salian Franks 與 Ripuarian Franks 二支)，建立梅洛文王朝 (Merovingian Dynasty, c.500–751)，奠定了法蘭克王國的基礎。克洛維在西元 496 年皈依基督教，這不僅造成法蘭克人的風從改信，也建構起羅馬教廷與世俗政權的第一次大聯盟。此時其他日耳曼人仍為基督教異端阿萊亞斯教派的信徒，克洛維——第一個改信正統基督教的日耳曼君主——因而成了正信的鬥士，及西歐人民寄望的解放者，這是法蘭克王國得以壯大的重要因素。克洛維死時法蘭克人在高盧的地位已屹立不搖，故此後高盧乃開始被稱為法蘭西 (France)。至第六世紀中葉，法蘭克王國已成為日耳曼政權中勢力最強大者，也是唯一能久存不墜者。法蘭克人的政權在第六至第九世紀間不斷擴張，然其繼承方式為國王諸子分割（無長子繼承制 primogeniture)，以致內戰屢出，政治極不安定。

梅洛文王室在第七世紀初期以後逐漸大權旁落，貴族以「宮相」(Mayor of the Palace，類似首相）之名獨攬政務，而為真正的統治者，國王被稱為「無為君主」(*rois fainéants* or idle kings)。西元 751 年宮相丕平 (Pepin the Short, c.714–68[25]) 罷黜梅洛文王朝最後一個國王 (Childeric III)，法蘭克王國乃進入卡洛琳王朝 (751–987) 的時代。丕平為了發展政治勢力特別與基督教教會建立密切的合作關係，聖巴尼費斯 (St. Boniface, c.675–754) 所推動的教務改革（掃除法蘭克教會的腐化）與傳教工作（促成日耳曼地

25. 矮子丕平為查理馬泰爾（Charles Martel，意為 Charles the Hammer）之子，查理馬泰爾具雄才大略、能征善戰，他在西元 732 年都爾 (Tours) 一役中擊敗回教徒大軍，保衛了法蘭克王國的安全，遏止了回教帝國西進的攻勢，論者以為這是中古西歐文化的生死關鍵。

區人民的皈依）即受其大力支持，而丕平的加冕祝頌禮 (751) 也是聖巴尼費斯代表教皇 (St. Zacharias) 所為。西元 754 年教皇更親自為丕平及其子查理曼 (Charlemagne) 與卡洛曼 (Carloman) 塗油祝福，使卡洛琳政權不僅合法化，更為神聖化[26]。此後「君權神授」或王權的樹立須透過教廷的認可乃成定制[27]，同時此事象徵教皇在教會中至尊的地位已獲得世人承認，它拉近了政教關係，也埋下政教衝突的遠因。應教皇之請，西元 756 年丕平率兵南下攻擊義大利北部的倫巴王國，並從拜占庭帝國手中奪取羅馬附近地區的控制權，他將所得（Ravenna 與 Pentapolis）呈獻給教皇 (Stephen II)，是為「丕平的獻納」(Donation of Pepin)[28]，教皇國

---

26. 詳見 D. H. Miller, 'Sacral Kingship, Biblical Kingship, and the Elevation of Pepin the Short,' in T. F. X. Noble and J. J. Contreni eds., *Religion, Culture and Society in the Early Middle Ages* (Michigan: Medieval Institute Publications, 1987), 131–39.

27. 卡洛琳王朝統治者因此成為所謂「神恩特許的君王」('Kings by the grace of God')。

28. 為了強化教皇國成立的理由，羅馬教廷捏造了一份文獻，宣稱丕平所贈只是進一步實踐第四世紀時君士坦丁大帝的囑託而已；這個「君士坦丁的獻納」(Donation of Constantine) 是說君士坦丁將首都東遷之時，指定當時羅馬主教 (Pope Sylvester) 為其繼承人統治西方（並承認其為基督教世界的精神領袖——即「教皇」——之地位）。這個第八世紀所假造的第四世紀文獻，在中古時期未為西歐基督徒所質疑，直到十五世紀方為文藝復興學者瓦樂 (Lorenzo Valla) 以現代考據之法揭穿其偽。這不僅說明中古時期民智不開的情形，也顯示當時人們信仰之虔誠——以致相信君士坦丁此舉乃為理所當然。關於教皇國的起源，參見 Geoffrey Barraclough, *The Medieval Papacy* (London: Thames & Hudson, 1992), 39–42.

由是成立；羅馬教廷從此得獨立於世俗政權（倫巴王國）之外，成為一個自治體，但它的世俗化與政治化也因此大為提高，且開始轉而受制於它的保護者——法蘭克王國。然因法蘭克人此時致力於西歐的經營，無暇顧及義大利，且因其擴張時樹敵甚多也亟須教廷的聲援，故一時雙方之間合作甚為愉快而無不便。

西元768年丕平過世，依慣例國土由其子平分，然771年卡洛曼死，查理曼 (Charlemagne or Charles the Great, 742–814) 奪其領土，又將國家統一。774年查理曼攻滅倫巴王國，並往見教皇 (Adrian I)，重申其父的獻納義舉，加強雙方的聯盟關係。此後查理曼領兵攻打撒克遜人（Saxons，居於易北河 Elbe 南岸），同時強制推展基督教信仰於其地 (Saxony)，經三十年 (772–804) 始竟其功；布來梅主教區 (Bishopric of Bremen) 的設立 (781) 不僅代表查理曼開疆拓土的武功，也代表基督教傳播的成果（撒克遜人終於皈依基督教）。這個成就的象徵意義是日耳曼蠻族南侵的長久攻勢從此逆轉，羅馬（化）勢力開始反攻；另一方面，這又是史上日耳曼（德國）「東進運動」(*Drang nach Osten*) 的開端。第八世紀末，查理曼在東歐與柔然人及斯拉夫人交戰，收服了當地國家。查理曼東征西討唯一失利的地方是在西班牙[29]，他一生終究未能重挫回教徒，但卻也攻取了西班牙東北角巴塞隆納 (Barcelona) 一地，設為西班牙馬克 (Spanish Mark)[30]，它成為後來基督徒反攻復

29. 西元778年查理曼趁西班牙回教政權內亂時進攻該國，卻失利而返，在回程中由查理曼部下羅蘭 (Roland) 率領的殿後部隊為山民巴斯克人 (Basques) 所襲擊，全軍覆沒。這個事件後來成為著名史詩「羅蘭之歌」(Song of Roland) 的主題，流行於中古後期，不過詩中的突襲者被改成摩爾人 (Moors)（西班牙的回教徒統治者），顯示基督徒對回教徒的敵意。

國的基地。經其長時征戰，查理曼建立起一個西歐帝國，它包括大部分西羅馬帝國舊地——除了不列顛、西班牙、南義大利、與北非地區外——使羅馬滅亡三百年後西方的帝國觀念重現，並自此長存於後世，神聖羅馬帝國建立的理論基礎即源出於此。

西元 799 年，新任教皇李奧三世 (Leo III) 為羅馬人反抗而求助於查理曼，查理曼奔赴羅馬保護教皇。西元 800 年聖誕節，李奧三世突於彌撒禮中為查理曼加冕，呼之為「羅馬人的皇帝」[31]。此舉非出於查理曼的設計或本意，後來他更否認此事或刻意忽略之，蓋查理曼雅不欲從教皇手中接受皇冠，使其王位屈居於教廷之下，故當其在世時查理曼已親自為其子 (Louis the Pious) 加冕，以伸張世俗王權至高的地位。依當時查理曼帝國的權勢來看，義大利乃在其控制之下，而教皇僅為查理曼的傀儡，教廷對法蘭克政權所求遠多於法蘭克政權對於教廷所期，故查理曼加冕一事可謂教會對查理曼帝國的攀附。李奧三世與查理曼雖皆因此各有所獲，然雙方都未因此事而直接或立即取得重大權利。但就整體局勢或歷史意義而言，此事是西歐獨立自主的表徵，它宣告了羅馬帝國滅亡以來西歐再度的統一，以及查理曼帝國繼承羅馬帝國的正統地位，這嚴重惡化了拜占庭與西歐的關係。依卡洛琳王朝的理論，當西元 476 年最後一個西羅馬皇帝遜位時，羅馬政權僅是中斷而非滅絕，故查理曼的稱帝乃是這個法統的繼續，不是新創或僭越之舉。自命為羅馬正統的拜占庭帝國在此之前僅視法蘭克

---

30. 馬克 (mark or march) 乃是查理曼帝國的邊疆特區名稱。

31. 關於查理曼加冕的討論，詳見 Michel Rouche, 'Barbarian Kingdoms, Christian Empire or Independent Principalities?' in Robert Fossier ed., *The Cambridge History of the Middle Ages* (Cambridge: Cambridge University Press, 1989), vol. I, 388–91.

王國為蠻族政權，而此後則不得不正視其受基督教教會認可的政治地位，這只有加劇東西政府與東西教會的對立性。在查理曼的餘年裡，他力求拜占庭政府對其政權的承認，同時其向東擴張的雄圖亦不得不拋棄。經過數年的衝突與協商，查理曼終於在西元 812 年獲得東羅馬皇帝邁可一世的承認，而代價是查理曼帝國放棄對威尼斯、愛思翠 (Istria) 與達馬西亞 (Dalmatia) 等地的主權；傳統東西世界的分裂分治於此再獲確定，這是查理曼帝國的後繼者神聖羅馬帝國一樣不能東擴的政治性因素。另外，查理曼的加冕再次確立政教合作的關係，此後世俗君王由教會認可加封乃成慣例，直至十四世紀而後已，這個緊密的關係正是日後政教衝突的背景。

查理曼與教會的合作不僅基於政治動機，也含有文化企圖。他讓教會表面上擁有獨立自治的地位，然其實自以為教主而嚴密加以監控；他利用教士——當時唯一的知識分子——為其統治效勞，以此維持社會安定與上下次序嚴整的官僚體系。同時，查理曼倡導文治，對於教育、法治、與古典學術的推展用力甚多，希冀斷絕凡事以武較量的蠻風亂象。雖然查理曼本人未受良好教養，讀書寫字皆有困難，但他對知識教育極為關注；他在宮廷中設立學校，廣招賢能博學之士（如 Alcuin, Paul the Deacon, Peter of Pisa, Einhard 等人），並在地方上廣設教會學校。由此，抄寫重要的拉丁作品、訂定標準的書寫字體 (Carolingian miniscule)、推行啟蒙教育、提倡學術活動，這些便是所謂「卡洛琳文藝復興」(Carolingian Renaissance) 的主要成就。其實此時教育對象仍限於教士，教育內容僅為基本與實用的知識，教育目的乃為提升行政素質，文藝創作尚屬奢談[32]。不過這總是日耳曼人開化（羅馬化）的起步，它對保存古典學術貢獻不少，拉丁文所以成為西歐共通語文直至近代，也是查理曼的文化政策結果[33]。即因查理曼的武功文治兼備，他在死後成為各方美化的傳奇人物，教會封他為聖徒，文人（文藝復興與浪漫運動的學者如雨果 V. Hugo）歌頌他的偉大事蹟，軍事統治者（如拿破崙）效法他的政策風格。於是，查理曼帝國竟成了中古西歐文明復興的象徵。

查理曼死後，其帝國由獨子路易繼承。此後因路易諸子爭奪領土，父子反目，內亂不斷；同時，教會腐敗分裂，糾紛複雜。西元 840 年路易逝世，長子洛塔爾 (Lothair I, 795–855) 繼位，領有帝國東部，西部（法國）則歸其同父異母弟查理 (Charles the Bald) 所有，然內戰隨即展開。至 843 年凡爾登條約 (Treaty of Verdun) 簽訂，紛爭底定，查理曼帝國三分。洛塔爾保有皇帝頭銜，據有帝國中部地帶（後稱 Lotharingia，約當今日德法之間的國家）及義大利北部；查理佔有帝國西部（約當現在的法國），後為西法蘭克王國 (Western Frankish Kingdom)；他們的兄弟路易 (Louis the German) 領有帝國東部（約當現在的德國），後為東法蘭克王國 (Eastern Frankish Kingdom)[34]。事後卡洛琳政權紛亂又

---

32. Jacques Le Goff (translated by T. L. Fagan), *Intellectuals in the Middle Ages* (Oxford: Blackwell, 1993), 7–9.

33. 關於卡洛琳文藝復興較長久的成就，見 Rosamond McKitterick, 'The Legacy of the Carolingians,' in Rosamond McKitterick ed., *Carolingian Culture: Emulation and Innovation* (Cambridge: Cambridge University Press, 1994), 320–21; and J. J. Contreni, 'The Carolingian Renaissance: Education and Literary Culture,' in Rosamond McKitterick ed., *The New Cambridge Medieval History* (Cambridge: Cambridge University Press, 2002), vol. II, 756–57.

34. 關於三國領地，參見 Angus MacKay and David Ditchburn eds., *Atlas*

起，東西法蘭克競爭洛塔爾的領土（演成後來長久的德法國界糾紛），戰事不休；同時這些王國各自讓渡大權予貴族，以換取臣屬的效忠，王已不王，地方割據勢力日強。隨後馬札兒人（Magyars，即匈牙利人 Hungarians）、回教徒、與維京人（Vikings，諾曼人之一支）也相繼來襲，各有所獲，在第九世紀末期卡洛琳帝國已經滅亡。查理曼帝國消失後，直到西元 1519 年西班牙查理五世 (Charles V) 在位時，西歐才又見足以與此相提並論的大國。卡洛琳帝國的造成其實是因查理曼個人的傑出能力，當時國家從未建立中央一統的統治制度，英雄崇拜與宗教信仰是凝聚法蘭克民心的兩個力量，而裂土傳子的繼承方式則是帝國衰亂的主因，可見這個中古西歐盛世的出現僅是英才所造的時勢，不是文明全面持續進展的表現，這也是為何查理曼帝國瓦解後，歐洲隨後產生保守僵化的封建制度之緣故。

東法蘭克王國為日耳曼民族的故鄉，日耳曼人一詞的定義乃逐漸縮小為專指日耳曼地區 (Germany) 的居民，即後來的德國人。然在此地中部落分立，貴族割據對峙，國王僅為共主，不能集權專制。卡洛琳王室既無力控制眾「部落公國」(tribal duchies)，又無能抵禦外患，孺子路易 (Louis the Child) 於西元 911 年過世後，王統斷絕（卡洛琳王朝在法蘭西維持較久），教會與貴族乃改以推舉方式決定國王人選，康雷一世（Conrad I, d.918，原為 Duke of Franconia）成為選舉制下的第一個東法蘭克國王。康雷一世在位七年建樹無多，死時推薦其勁敵撒克遜公爵為王，是為亨利一世 (Henry I, c.876–936)。亨利拒絕教會為其加冕，以堅持其政權的獨立地位，不過後來他也逐漸與教會合作，以利其施政。他伸張王

of Medieval Europe (London: Routledge, 1997), 20–21.

權，遏止馬札兒人的入侵，開疆拓土（佔領布蘭登堡 Brandenburg），並取得貴族同意其子繼位，是為奧圖一世 (Otto I, 912–73)。此舉重建了過去帝國政治的傳統，以致當其在世時，亨利一世已被視為新日耳曼王國的建立者。

奧圖一世進一步強化王權，他擊敗諸公國的叛變，改派親信族人治理地方，並沒收部分土地交予教會管理，且任命高級教士為官，促進政教聯盟。這個作法其實原出自查理曼，此後一世紀間則為東法蘭克王國的一貫政策（可謂 Ottonian system），這些教會貴族 (ecclesiastical princes) 成為國王忠實而有力的支持者，對於鞏固王權極為有功。亨利一世在位時僅能統治他自己的公國 (Saxony)，奧圖一世則企圖統治所有日耳曼地區而頗有成效。另外，奧圖一世繼續其父的國土擴張事業，在東歐橫行半世紀的馬札兒人從此敗退 (955)，波蘭人 (Poles) 與波希米亞人 (Bohemians) 也成為他的臣民；奧圖將東進所得建為「東馬克」(Ostmark)，此即是後來奧地利 (Austria) 的起源。奧圖的戰功是中古中期基督教世界與蠻族關係的轉捩點，此後二百年間西方文明乃得傳播至東歐與北歐，斯拉夫人、馬札兒人、與諾曼人皆被同化為「歐洲人」。另一方面，奧圖一世和查理曼一樣對義大利饒有興趣，他在西元 951 年佔領北義大利，逕自稱王，十年之後 (961) 又入義平亂[35]。西元 962 年，他至羅馬，接受教皇約翰十二世 (John XII) 的加冕，繼承查理曼的頭銜而成為羅馬皇帝與西歐共主[36]，東法蘭

35. 不過後來奧圖在義大利南部的擴張行動 (966–72) 始終未能成功。

36. 從西元 899 年最後一個卡洛琳君王 (Arnulf) 死後至 962 年奧圖加冕期間，雖有許多統治者（如 Louis III, King of Provence 及 Berengar I, King of Italy）號稱擁有這個帝國頭銜，但無一能真正具有統治力。

克王國也因此變成羅馬帝國及卡洛琳王朝統緒的傳承者與發揚者（同時使日耳曼與義大利的結合關係更為緊密）[37]，雖然神聖羅馬帝國一稱是在奧圖死後數百年才開始出現的。不過，也與查理曼時代相同，奧圖加冕時，教皇的權勢其實遠不如受封者，這是西歐政教一體 (caesaro-papism) 的盛期， 教會僅為世俗政權的工具，教士只是政府的助理[38]。從奧圖一世至十一世紀後期，神聖羅馬帝國的國力乃是來自英明有為的統治者對地方貴族的有效控制，以及政府與教會的密切合作，由教皇為皇帝加冕的作法從西元 962 年至 1530 年之間成為不變的通例， 如此日耳曼國王才能正式成為神聖羅馬帝國皇帝[39]。

---

37. 早期神聖羅馬帝國皇帝加冕時，也兼取倫巴國王的金冠，而受封為義大利國王，可見日耳曼地區與義大利淵源甚深。
38. 教皇約翰十二世後來秘密與奧圖的政敵互通，企圖顛覆其政權，事為奧圖所悉，他於西元 963 年趕赴羅馬，罷黜約翰而扶持李奧八世 (Leo VIII) 為新教皇。羅馬人不滿奧圖的專權，於次年起事重推約翰上臺，然約翰在當年過世，奧圖又得擁立李奧為教皇。見 Eamon Duffy, *Saints and Sinners: A History of the Popes* (New Haven, Conn.: Yale University Press, 1997), 83–84.
39. 西元 1045 年之後，凡已成為日耳曼國王而尚未經教皇加冕為神聖羅馬帝國皇帝者概稱為「羅馬人的國王」(King of the Romans)，這個頭銜即是「準皇帝」，也足以使他開始運用皇權。不過並非所有日耳曼國王皆能成為神聖羅馬帝國的皇帝，因為教皇得以日耳曼國王選舉紛爭為由，強調皇帝人選的決定為其權力。1338 年時某些日耳曼諸侯已宣稱他們有權選舉皇帝，教廷不能干涉；1356 年查理四世發佈的「黃金敕書」(Golden Bull) 即申明此義，並清楚設定選務規則。不過教皇加冕之制一直施行至查理五世登基之時（1530，查理五世為查理曼以來勢力最強大的歐洲帝國統治者），神聖羅馬帝國的建構充分顯示日耳曼傳統、基督教信仰、與羅馬文化三者的結合，也顯示三者本質的流失。當此帝國成立時，歐洲封建制度已臻於成熟，諸侯割據，國家散漫，帝國政權的維護乃是憑個人聯盟 (personal union) 之效，常有人亡政息的危機；同時帝國無法建立穩固的皇位世襲制度[40]，皇帝由諸侯選舉產生，糾紛屢傳而鬥爭嚴重（甚至引發內戰），角逐者與當選者皆須出讓權利與貴族，中央朝廷愈為空虛無力[41]。並且神聖羅馬帝國皇帝號稱為基督教世界的最高統治者，然其實權卻甚低，他固有類似

此後皇帝加冕禮改在法蘭克福 (Frankfurt) 舉行，教廷已不能與聞。

40. 直到 1438 年以後，哈布士堡 (Hapsburg) 家族囊括神聖羅馬帝國的皇位 (1438–1740, 1745–1806)，才使皇位繼承制依稀可見，許多帝國的政治體制（包括議會、司法與兵制）便是在哈布士堡皇室統治初期定型的。

41. 神聖羅馬帝國皇帝本身不像法王一樣據有王畿領地 (Île de France)，卻一再徒然以家產為代價換取諸侯的支持與效忠。有鑑於此，為免國家進一步分裂衝突，查理四世 (Charles IV) 於西元 1356 年發佈「黃金敕書」(Golden Bull)，直接訴諸皇帝選舉人，尋求他們的協調合作以避免皇位選舉所造成的動亂。此書詳細規定皇帝選舉辦法，確定選舉團的人選（Mainz, Cologne 與 Trier 等三地的大主教加上 Count Palatine of the Rhine, Margrave of Brandenburg, Duke of Saxony 與 King of Bohemia 等四位君侯），並明載選舉人的權益；這些公侯在內政上享有完全自主的權力，其領土不得再分割，且以長子繼承的原則轉移政權。黃金敕書是神聖羅馬帝國建國以來第一個類似成文憲法之作，它成功防止此後為皇帝選舉所致的內戰，也使長子繼承制成為帝國內流行的權力轉移法，遏止了大國領土進一步分割的亂局，但同時帝國中的諸侯國也因此變成獨立的政權，使帝國成為一個國家聯盟而非中央集權的政治體。

外交禮遇之特權，但其對法蘭西、丹麥、波蘭、匈牙利與義大利南部早無主權，而英格蘭、瑞典與西班牙更從不受節制，至於日耳曼與北義大利也常不聽皇帝使喚。此外，帝國政府與羅馬教廷合作的關係後來演成政教鬥爭，兩敗俱傷之時，教皇卻比神聖羅馬帝國皇帝實力更強，使帝國面臨瓦解威脅。再者，神聖羅馬帝國統有日耳曼與義大利兩地（這個傳統始自查理曼而奧圖一世繼之不疑），而歷史發展趨勢是促使二者分離的民族主義，帝國兼領二地的結果是兩皆不治，而內亂滋生。以後見之明而論，德國與義大利的統一建國皆完成於 1871 年，落後西歐民族國家的形成甚久，可知神聖羅馬帝國對兩國危害之大；尤其神聖羅馬帝國是日耳曼人以日耳曼地區為建國基地發展而成——以今日觀點來說即是德國統治義大利——但後來卻為維持帝國榮銜而屢將心力投注於義大利，反使祖國大受忽略甚至荒廢，誠屬得不償失[42]。十六世紀宗教改革使得神聖羅馬帝國在原有積弊與紛亂之外，又分裂為新舊教兩陣營，三十年戰爭 (Thirty Years' War, 1618–48) 結束後威斯發里亞條約 (Peace of Westphalia) 承認帝國內所有國家的主權，除了皇帝名號與帝國名稱外，神聖羅馬帝國已形同毀滅。總之，神聖羅馬帝國立國八百餘年 (962–1806)，成事不足，敗事有餘，徒有政治美名，缺乏實質價值，故十八世紀法國學者伏爾泰 (Voltaire, 1694–1778) 譏之曰「既不神聖、又非羅馬、更無帝國可言」(neither holy, nor Roman, nor an empire)[43]，這可說是中古文

42. 這就是奧圖一世被現代史家批評最甚者，見 Christopher Brooke, *Europe in the Central Middle Ages, 962–1154* (London: Longman, 1990), 214.

43. 西元 1806 年法國打敗奧地利之後，哈布士堡皇帝法蘭西斯二世 (Francis II) 乃宣布神聖羅馬帝國正式結束。

化的形式主義所致弊害之一。

三、社會狀況：封建制度與莊園體系

封建制度

歐洲封建制度 (feudalism) 興起於第九世紀，而於十五世紀中古時代結束後逐漸消失（西歐先而東歐較後）44；以歷史大勢觀之，封建制度出現的時期是維京人南侵而查理曼帝國瓦解之時，其沒落則在專制王國 (absolute monarchy) 或現代民族國家 (nation-state) 崛起之時。可見歐洲封建制度的興起反映政治上帝國一統觀念猶在而力有未逮的窘境，故須裂土而治，維持政治名分與統治次序；而封建制度的衰微則表示一統帝國的觀念已被放棄，民族建國的主張成為新猷45。歐洲封建制度最早成形的地方是法蘭西北部，其後則流行至歐洲各地，乃至推行至十字軍東征所佔的近東領土內，惟在英法地區其制完整穩固，德義地區則較

---

44. 封建制度在十八世紀英國工業革命興起前殆已消失，在法國則至法國大革命爆發 (1789) 後才消滅，在德國則至 1848 年革命後取消，在俄國則至 1917 年共產革命後始推翻。

45. 中國在周朝與漢初的封建道理亦類此，但秦國統一天下終結了封建制度傳統，這是因為政府既有一統帝國的觀念，也有中央集權的實力。這個情形基本上持續至民國時代，可知中國封建制度的消滅不是因為民族主義，而是帝國主義。但另一方面封建制度的保守性與權威性卻長存於中國文化中，以致某些學者總（誤）以封建制度概稱中國傳統社會模式；其實，中國傳統文化可能是「封建式的」(feudalistic)，但中國傳統社會絕非是「封建的」(feudal)。

鬆散，而北歐國家僅選擇性採行。類似歐洲中古封建制度的政治社會體制也可見於許多其他文明中，如先秦時代 (c.1100–221BC) 的中國、明治維新前 (c.900–1868) 的日本、以及印度、阿拉伯帝國與鄂圖曼帝國等（為時較短），皆曾出現相似的封建制度[46]，然而許多學者均以為中古西歐的封建制度若非封建制度的標準型態，即是人類歷史上的獨特現象，無可類比；其他學者——尤其是左派知識分子——則認為封建制度是文明演進中必經的階段，它是一個階級統治的農業社會，為工業革命與中產階級興起之前的貴族壟斷世界 (aristocracy)。

封建制度一詞 feudalism 乃源自拉丁文 *feodum*，其意為采邑或封地 (fief)，可見政治名位的分封與領地的授與是封建制度建立的關鍵[47]。封建制度的產生背景簡言之即是「在上位者需要兵役武力，而在下位者需求庇蔭保護」，雙方結合乃成領主 (lord) 與附庸 (vassal) 的共生關係[48]。這個現象的出現不是出於精心的設計，

46. 關於史上封建制度的類別，參見 Rushton Coulborn, 'A Comparative Study of Feudalism,' in Rushton Coulborn ed., *Feudalism in History* (Princeton, N.J.: Princeton University Press, 1956), 185–87.

47. Feudalism 一詞最早在十七、十八世紀之間開始使用，其定義重點即在此，參見 J. R. Strayer, 'The Two Levels of Feudalism,' in R. S. Hoyt ed., *Life and Thought in the Early Middle Ages* (Minneapolis: The University of Minnesota Press, 1967), 51–53. 關於采邑的觀念，詳見 Susan Reynolds, *Fiefs and Vassals: The Medieval Evidence Reinterpreted* (Oxford: The Clarendon Press, 1996), 48–52.

48. 最古老的封建契約文獻中即常以「效勞與保護」(to serve and to protect) 一語表明領主與附庸的相互義務，見 Marc Bloch (translated by L. A. Manyon), *Feudal Society* (London: Routledge, 1989), vol. I,

而是不安定的時代中形勢推移的產物，為亂世中求生的權宜之計[49]。正因如此，實際上歐洲封建制度各地差異甚多，難以一概而論，或全面定義；不過綜觀其表現，仍可歸納出某些普遍性質與要素。整體而言，封建制度具有三項特徵，其一是社會階級的嚴密劃分，這在中古西歐即為貴族 (nobility)、教士（clergy，教會亦持有采邑而為封建制度的一環）與農奴 (peasantry) 三大身分的區隔，在中古後期則有市民階級或中產階級 (bourgeoisie or middle class) 的出現，而為農奴之上的自由民與改革要求者；其二為司法權的下放與讓渡，因此乃有因地制宜與地方自治的「私法」體系 (private jurisdiction)，中央不能以國法干預，或根本無國法可干預；其三為土地的分割與授與，此即是采邑的分封，它是封建制度中政治關係賴以建立和維持的經濟條件，故時諺曰「每塊土地皆有領主，每個領主皆有土地」（'No land without a lord, and no lord without a land.'）。封建制度主要的維繫根據是貴族之間的契約（平民在其中絕無地位）[50]，此種契約原多以口說為憑（以致常引發糾紛），其後才有形諸於文字者（最有名者為西元 1215 年英國的「大憲章」Magna Carta），而成為近代法治和憲政發展的基礎。封建體系是由層層的分封與再分封 (subinfeudation) 所架構，它維持的是一個私人性（而非公共性）與地方性（而非全國

219.

49. 封建制度究竟源於羅馬遺風或是日耳曼作風，學者至今未有定論共識，一般推想大概二者皆有。這是說封建制度內含永世定制的精神與亂世應變的觀點。

50. 本來封建的契約關係須在雙方中有一者死亡時重新續訂，但後來因世襲之風與長子繼承制的流行（十二世紀前已然），續約作法成為慣例，采邑也代代相傳，不再轉手。

性）的農業（而非工商業）社會，其生活型態或經濟單元是莊園體制 (manorialism)。

封建制度是亂世之作，在這個亂中求序的體系中，特權重於人權而武力勝於文德[51]，故貴族為社會主宰而貴族即為戰士，以力服人是江湖公道[52]。在封建制度下完整的貴族等級從國王 (king) 以下包括公 (duke)、侯 (marquis)、伯 (earl or count)、子 (viscount)、男 (baron) 等爵位，他們本是軍事將校，各為領主的從征者（附庸 vassal 一詞原意即為侍從武官）和部屬，對其附庸則為指揮官和長官（封建制度中的成員通常皆兼具領主與附庸雙重角色）；而在貴族與平民之間則有半貴族的騎士 (knight) 階級及其隨從 (squire)[53]，他們是軍隊的主體，也常獲領主贈與采邑而為附庸，然他們多圖建立戰功以求晉身[54]。這個結構顯示中古文明退化至草莽時代的情況，然隨著社會穩定的發展與教化程度的提升，

51. 在概念上，封建制度下領主與附庸原為上下互保的關係，權利與義務相當；然實際上，領主常佔優勢上風，附庸無可奈何。這就當事人而言，自是「一個願打，一個願挨」，但提倡平等的社會主義當然反對這個剝削壓迫的「結構」。

52. 參見 J. H. Mundy, *Europe in the High Middle Ages, 1150–1309* (London: Longman, 1991), 189–95.

53. 在英國，侯、伯、子、男四等貴族可通稱為勳爵 (lord)，而擁有騎士銜方可稱為爵士（Sir，若冠此尊稱則通常加名不加姓）。例如 Evelyn Baring (1841–1917) 為十九世紀晚期英國駐埃代表，他原被稱為 Sir Evelyn，其後他被加封為 Earl of Cromer，一般乃通稱他為 Lord Cromer。

54. 關於中古騎士規範的體制化，見 Georges Duby (translated by Arthur Goldhammer), *The Three Orders: Feudal Society Imagined* (Chicago: The University of Chicago Press, 1982), 293–301.

中古後期的國家又由強調武功轉為重視文治，官僚化 (bureaucratization) 取代英雄領導，文士凌駕武夫，勞務兵役變成貢金賦稅，貴族家務轉為政府公事，稱臣效忠 (homage) 改為保民愛國 (patriotism)，甚至商業超越農業成為經濟主力，現代化進展與古典文化的復興同時出現。

封建制度常為學者視為文明退化落後的表徵，或保守專制的風格，但這種批評頗缺乏歷史意識，而富有社會科學的概念化與通則化理念，以及政治革命的動機。其實，封建制度反可能是歷史「進步」與現代化的動力，或至少為遏止時代「倒退」的力量[55]。以現象而言，在中古時期的西歐，封建制度建構最穩固的地區是英國與法國，在義大利與日耳曼地區則封建體制較為鬆散；而英法卻是率先脫離中古衰亂的國家，義大利與日耳曼則是建國較晚、經濟發展較遲的地區。追究封建制度的內情可發現，封建制度其實彈性大而調適力強，因為它並不是一個「人為」的設計，而是一個順應時勢需求與自然衍生的風習，故地方領主可便宜行事，隨機應變，對於來日的發展趨勢不會造成嚴重的阻礙。另外，在封建制度下參與政務的人數與上下（官民）互動的程度其實較過去更高，因為封建制度是一種結合分層統治與區域自治的政治體，在這個體制中權利與義務規範明確，而領主與附庸接觸密切，且二者身分隨時變換，人際網絡聯繫廣泛；換言之，人民（非指大眾）直接參政，接近統治者，乃易產生認同感與歸屬感，沒有帝國時代「天高皇帝遠」的疏離感，故效忠度亦較高。再者，封

55. 參見 David Levine, *At the Dawn of Modernity: Biology, Culture, and Material Life in Europe after the Year 1000* (Berkeley, Calif.: The University of California Press, 2001), 24–25.

建制度是以封建契約 (feudal contract) 建構的法治社群，附庸須定期赴領主官邸庭院 (court) 宣誓忠誠 ('pay court')、參與審判、或協議公務，有似臣子 (courtier) 上朝，這是現代政府組織（如議會與內閣部門）與憲政體制發展的源頭。同時，封建制度雖非中央一統的大政體，各據勢力範圍的金字塔型階級統治結構，使王權施展範圍極為有限而地方割據權勢難破，但理論上從分封過程中，附庸所獲僅是采邑的保有權或使用權，而非所有權，且階級次序終究還在，國家名義尚存，當時機來臨而在上者有能力伸張其法權時，封建制度反可以成為統治者貫徹國法的理論依據，導引全國統一團結。而且，一般以為封建制度是一股分崩離析 (decentralization) 的作用力，然在羅馬政府曾經統治的地區內，封建制度的興起固然代表中央一統秩序的崩潰；但在羅馬政權未曾控制的區域內，封建制度的興起則是政治控制與社會組織的促進力而非破壞力。總之，封建制度其實是一個救亡圖存的應急辦法，它是亂世的產物，卻也是亂局繼續發展的阻力；易言之，封建制度是一個「有組織性的無政府狀態」(organized anarchy)，這個亂中有序、盜亦有道的衰相總比無法無天的亂象要強得多[56]。

莊園制度

莊園制度雖與封建制度為二事，不能混為一談，但莊園制度與封建制度關係密切，也不能不相提並論；簡單說，莊園制度是

56. 參見 P. L. Ralph et al., *World Civilizations: Their History and Their Culture* (New York: W. W. Norton, 1997), 432–33. 事實上，封建體制下最受法令規範者正是貴族階級中人，因此社會秩序不致由上而下崩解，見 A. J. Gurevich (translated by G. L. Campbell), *Categories of Medieval Culture* (London: Routledge & Kegan Paul, 1985), 201.

封建制度的經濟面，而封建制度是莊園制度的政治面。通常封建制度中授受的采邑即是莊園 (manor)， 故僅有貴族與教會能持有（租得）——而非擁有——莊園，平民在莊園體系中僅為耕作的勞力，這個農奴的身分在封建制度中為被統治者，與貴族政治無涉；不過莊園與采邑不同，它並不具有軍事的功用與政治的意涵，這是說莊園制度不是「封建的」(feudal)。在莊園制度下土地的使用權與糧食生產皆有規範，賦稅徵收與民事調解也是常務，所以它是一個經濟社會體制，相對地封建制度為一個政治社會體制，故此二者的相同點或交集點為社會性，而其最大差異為軍事性。如同史上封建制度在西歐以外其他文明區亦曾出現，類似中古西歐的莊園也可見於他國，如印度、日本乃至中國。在歐洲，莊園制度的出現與封建制度同時同地，莊園首見於卡洛琳王朝時代，查理曼帝國瓦解與維京人（及馬札兒人）入侵時發展特速，至十三世紀時莊園已成為西歐社會經濟組織的基本型態，而它最密集的地區也是法蘭克人的所在地，即法蘭西北部，並從此流傳至歐洲各地；莊園制度與封建制度一樣興盛於中古後期，而自十五世紀之後開始式微，其消失時間也是各國不一。關於莊園制度的源頭也與封建制度一樣，學者爭論不定，而持中之見亦以為它與羅馬傳統（晚期的大產業制 *latifundia* or great estates）和日耳曼習俗（馬克 mark 聚落的土地所有制） 皆有關係。同樣地，莊園的規制也與封建制度一般，各地不同，難以論定標準。

莊園是一個自給自足的經濟單元，一般莊園均有五個組成地目，即領主地 (demesne or lord's land)、耕地 (arable，農奴持有)、草地或公地 (meadow or the common，成員共享)、林地（woodland，領主專有）及荒地 (waste)。與封建制度中領主與附庸的不平等關係一樣，莊園制度本為一個上下互利的設計，但結果地主與農奴的付出及收穫卻不成比例，貴族豪強佔盡便宜優勢，農奴耕作自己的土地外尚須兼顧領主田業，其對領主的勞役、稅賦與義務也異常繁重；然而在下者非此幾無以維生，故只得忍耐，且代代依從，不能自立，悉皆老死於一地，未得遷居，如同地主的私產，可謂「綁在地上」(bound to the soil)[57]。如此貧困的處境加上當時疾病侵身厲害而醫藥不多，對一般人而言生命誠為苦海。據估計，中古時期人民的平均壽命約為三十歲，而僅有百分之二十的人離鄉十英里以外去謀生。此種慘狀在中古後期封建制度與莊園制度開始動搖後始見改觀，此時追求自治的自由城市 (commune) 興起，新的生活方式開始出現，然控制當時經濟政策的行會 (guilds) 卻仍固守基督教信仰、強調集體權益、反對放任競爭、和限制圖利行為，因而保障了中上階級的既得權益，必待十九世紀封建觀念徹底剷除時，中古遺風才真正消滅，而大眾才有解放的生機。

四、人間天國的假象：政教衝突

在黑暗時代初期西歐各地不僅政府紛紛瓦解，教會亦然，教皇成為蠻族權貴鬥爭的工具與獎品，他常無法控制教務，指揮教會。其後隨著情勢逐漸穩定，而日耳曼民族一一改信正統基督教，其君主與貴族便如君士坦丁及後代羅馬皇帝一樣對教會多所餽

57. 詳見 Giovanni Cherubini, 'The Peasant and Agriculture,' in Jacques Le Goff ed. (translated by L. G. Cochrane), *Medieval Callings* (Chicago: The University of Chicago Press, 1990), 124–35. 莊園易主時，農奴也隨之易手；農奴 (peasant) 與一般奴隸 (slave) 不同，主人不可以將他們與土地分開出售。

贈，土地的贈與即是當中的要目，使教會早成大地主。在封建制度興起的時期，世俗王侯也將采邑授與教會及教士，致其成為附庸而須面對封建義務的問題;教會方面一為管理如此廣大的土地，二為解決（轉移）從征等封建義務問題，乃以再分封之法又將其領地作為采邑授與低級貴族，而自為領主，於是教會——尤其上層教士（如主教與大主教 archbishop）——成為封建體系中的一環，無法獨立自主，其與世俗政權的關係糾結難分。本來教會組織雖非封建的，但其階層體系與封建制度下的階級體系甚為相當乃至相通，因此更增教會與政權的聯繫性和呼應性。此種複雜的關係對於教會而言乃是一個尷尬矛盾的處境，它表現為神職人員的雙重屬性 (dual character of clergy) 問題，因為既然教士不僅為教會中人，亦為封建制度中的成員而具政治身分，故其效忠對象不只是以教皇為首的教會階層體系，也包括世俗政權的王公貴族領袖，而教會與政權固可能和諧，也可能衝突，在此情形下教士何依何從便成為一個「天人交戰」的問題[58]。前文已指出，教皇體制的建立與「彼得傳承」關係密切，而彼得卻曾指示信眾，基督徒服從政府與君主乃為天職（1 Peter 2:13–17，正如其後文所說僕人應順從主人而妻子應順從丈夫），這使政教關係 (church and state) 的緊張性成為一個不可能處置圓滿的人間困境（本來宗教信仰觀並不是要將人間變成天堂）。

58. 這個問題如同猶太人雖在各國歸化為公民，然其忠於猶太信仰或猶太民族的心與效忠國家擁護同胞的情，將以何者為重，始終令人質疑也令其自身深感矛盾，這是猶太人極力爭取建立猶太國家——即以色列——的緣故，這也是教皇體制興起時，教皇國必須同時建立的理由。然教皇國之設置使教皇免於成為一個國民，這正表示一般教士必因具國民的身分而面臨某種政治困境。

具體而言，中古歐洲的政教衝突主要即是神聖羅馬帝國及法國與羅馬教廷之間為爭奪統治權展開的對抗[59]，而其導火點則是神職人員（尤其是主教）的授職禮（investiture，亦可指封建制度中領主授與附庸采邑之禮)。原來神職人員的任命經由教會的祝聖禮 (consecration) 便已告成，然因中古神職人員的政治重要性，君王又以象徵宗教權威的權戒與權杖 (ring and staff) 授與教士，以正式表示神職人員在其教區內開始具有執行教務——常屬民事——的權力，是為世俗授職禮（lay investiture，然只有皇權派的極端者才會有「神權君授」之說）[60]。如此，祝聖禮僅使教士取得神職「身分」，而授職禮才使其取得「實權」，未蒙君主授職則神職人員事實上無法「就職」。世俗政權所以企圖掌握神職人員的任用資格與人選，乃因政府的運作極度依賴教士這批當時唯一的知識群體，這關乎政府的財政與司法運作甚鉅，實為政權的基石，不能輕忽（故十一世紀後當神聖羅馬帝國政府難以取得教士的服從時，乃轉而另闢蹊徑，開始培養與提拔直屬皇帝的政府官員 *ministeriales*）。簡單說，授職禮的意義對政府而言直如今日的文官任用法。再者，歷來政權皆高於教權，神職自然亦為君王所欲控制者，它在當時尤可作為酬庸功臣之用，這在封建制度流行的時代特為重要。此種情勢其實代表教會的世俗化與墮落，主張排除政權干預神職人員任用事務的人，不僅意在伸張教權，也是企

59. 中古教皇與歐洲王國的一般關係，見 M. W. Baldwin, *The Medieval Church* (Ithaca, N.Y.: Cornell University Press, 1965), 81–84.

60. 關於授職禮的起源發展，詳見 Uta-Renate Blumenthal, *The Investiture Controversy: Church and Monarchy from the Ninth to the Twelfth Century* (Philadelphia: The University of Pennsylvania Press, 1988), 35–36.

圖推動教會的改革與自清運動，因為只有教會當局有全權決定神職人員的任用，教會的腐化才可能革除。諷刺的是，日耳曼君王（如奧圖一世與亨利三世）正是教會改革運動的大力支持者與推動者，這反倒造成教會對政府的挑戰。不過，這也說明中古以來，政權仍高於教權，教會對政府的挑戰誠屬新局。

由授職禮所引發的政教衝突爆發於十一世紀後期，其主戲是教皇格里高里七世 (Gregory VII) 與神聖羅馬帝國皇帝亨利四世 (Henry IV) 的惡鬥。西元 1075 年格里高里七世下令禁止君主對教士的授職禮[61]，引起高度倚賴教士行政的亨利四世之激烈抗爭。在多次神職人員任命的衝突之後，亨利四世召集主教會議 (1076)，宣布罷黜教皇（依教皇理論教皇不能被罷黜），格里高里則開除亨利的教籍，並解除臣民對其效忠的義務[62]。由於日耳曼貴族支持

---

61. 西元 950 至 1130 年間克魯尼改革運動 (Cluniac Reform Movement) 興起，它是以法國東部克魯尼 (Cluny) 本篤派修道院（910 年 St. Berno 所創）為領導中心的宗教改革運動，它倡導恢復聖本篤清規的精神，反對教會的世俗化與政教糾合趨勢，主張強化教會的中央管制和階層統領。這是中古第一波大規模的宗教改革運動，它啟發了中古盛期 (High Middle Ages) 各國的教務革新風潮（見 Steven Ozment, *The Age of Reform 1250–1550: An Intellectual and Religious History of Late Medieval and Reformation Europe* (New Haven, Conn.: Yale University Press, 1980), 108–14.）。格里高里（原名 Hilderbrand）即是本篤派修士，為當世基督教教會中的改革派領袖，他在禁止君王的授職禮之前，已下令禁止神職人員娶妻蓄妾和出賣神職 (simony) 之舉，引發抗爭無數。見 Christopher Brooke, *Medieval Church and Society* (New York: New York University Press, 1972), 73–77.

62. 格里高里此為確屬革命性之舉，過去的教皇絕無如是的作為，反倒

教廷，亨利被迫於 1077 年對格里高里投降請罪63，迫使教皇收回成命赦免其罪（依基督教慈愛寬恕的精神不得不然），也使日耳曼貴族失去反叛的口實。事後二人衝突又起，1080 年時教皇再度開除亨利教籍，並罷免其皇位，此為空前的驚人之舉，令許多世俗權貴頓生反感64；同年，亨利也召集主教會議另舉新教皇 (Clemet III) 以相抗，他並於 1081 年進軍義大利，而在 1084 年於羅馬正式將其所立教皇扶持上臺，然後受其加冕65。格里高里雖

是此前百年之間 (955–1057) 日耳曼君王「任命」了半數的教皇，並曾逼迫五人下臺。

63. 據說亨利四世於雪中赤足站立三天後乃得跪於教皇跟前領恩，此舉同樣令時人大為驚訝，因為日耳曼君王對教會從未如此卑躬屈膝。

64. 見 I. S. Robinson, *The Papacy 1073–1198: Continuity and Innovation* (Cambridge: Cambridge University Press, 1990), 296. 關於格里高里對其政策的辯護，見 Brian Tierney, *The Crisis of Church and State 1050–1300* (Toronto: The University of Toronto Press, 1992), 66–73.

65. 這顯示禮儀不僅為權力的表徵設計，也可能增加權力。前文已指出，查理曼在接受教皇加冕之後否認此事，且親自為其子執行加冕禮；奧圖一世加冕之後與教皇反目，迫其去位；日耳曼國王經教廷加冕之後始得擁有神聖羅馬帝國皇帝的頭銜與權力，卻由此更與羅馬教廷爭鋒相對；十九世紀拿破崙稱帝時藉教會加冕以美化和合理化其權位，而在典禮中竟出手搶戴皇冠並為其后加冕。凡此皆表示禮儀可以增加權力，雖然在君王一方頗不願因此屈居教會之下，故在其名位確立而權勢更增之後，往往反過來展現其無可挑戰的政治實力和宣示其至高無上的地位。在中國，禮儀僅能為權位的錦上添花裝飾，而不能增加權力；封禪之禮常是成者為王之後所導演的醜戲，不是即位執政的先決條件。此因中國不似西方有君權神授的觀念或說法，故禮儀只能裝飾王權，而不是據以建立王權。

死於流亡中 (1085)，其繼承人又持續奮力反擊（第三度開除亨利教籍），使教會改革大業確立茁壯，並為其後政教衝突時教廷所應堅持的立場樹下典範。在格里高里在世時輿論多以教皇為尊，而他對教皇至高地位的堅持與亨利請罪求饒之舉，同屬史所未見的表現，對於政教關係的改變產生重大的作用，只是在格里高里身後皇權派再度得勢，在亨利四世死後 (1106) 二者對立關係乃趨於緩和並圖和解。教皇巴斯可二世（Paschal II，在位 1099–1118）雖繼續批判授職禮之不當，但也投入政教協商議和的嘗試；同時亨利五世則伸張父志，繼續推行授職禮，與巴斯可和戰不定。

西元 1122 年亨利五世與教皇克理斯特二世 (Calixtus II) 終於簽訂沃姆斯協定 (Concordat of Worms)，正式界定政教權力關係[66]，這個妥協之作其實是教會的勝利——雖非壓倒性勝利。它規定君王不再以象徵教權之物 (ring and staff) 授與神職人員，但可以象徵政權的信物 (ragalia) 為贈，且此授職禮必先於教會的祝聖禮而舉行（義大利與 Burgundy 地區除外），這是為求確保教士對君王的效忠，以及承認皇帝為政界民間的最高領袖，而神職人員亦有其俗世官吏的身分。另外又規定，教會得自由選舉教士，然日耳曼地區的神職選舉須於皇帝或其代表面前舉行；政府監選之意也是為保障王權，然其效果未可保障。此約顯示神聖羅馬帝國皇帝力保其控制日耳曼教會的企圖，然它終究是教皇的勝利，蓋皇帝因此喪失了向來被認可的神職人選決定權，而教皇僅損失了

66. 參見 Colin Morris, *The Papal Monarchy: The Western Church from 1050 to 1250* (Oxford: The Clarendon Press, 1991), 162–64. 西元 1107 年在英國即有政教妥協辦法的提出，它規定主教與修道院道長 (abbot) 由教會當局授職，但他們必須向君王宣誓效忠。

一點理論上的權力。這個協約為日後的政教關係帶來一段和平期，並且成為其後眾多政教協議的標準和基礎。

除了前述事件之外，教皇英諾森三世（Innocent III，在位1198–1216）對抗神聖羅馬帝國皇帝腓特烈二世 (Frederick II) 及法王菲利普二世 (Philip II)，以及教皇巴尼費斯八世（Boniface VIII，在位 1294–1303）對抗法王菲利普四世 (Philip IV) 等皆是嚴重的政教衝突事件，而中古後期在日耳曼與義大利政界中興起的教皇派 (Guelphs) 與皇帝派 (Ghibellines) 鬥爭，其起源與上述政教衝突關係緊密，其本身也有政教衝突的意味。英諾森三世是一個極端主張以教領政的教皇，他對政治事務介入極深，與國君的合作和衝突亦多；巴尼費斯八世則是格里高里八世與英諾森三世的服膺者，他發佈敕書 (*Unam Sanctam*, 1302) 宣稱教皇有權兼理民政與教務，這個「雙劍理論」(Doctrine of Two Swords) 也表現教權凌駕政權的立場，即使其說引發爭議對立[67]，至少也說明中古教會盛氣凌人的世俗權威，這些表現在西方歷史中實為中古時期特有的現象。

中古時代政教衝突而教會常勝[68]，其理由若不從神蹟尋思，應從當時的文化狀態著想，這便顯示教會之常勝不是因教會本身

---

67. 巴尼費斯的論點激怒法國國王菲利普四世，他在西元 1309 年脅迫巴尼費斯的後繼者教皇克雷蒙五世 (Clement V) 將教廷遷至法國南部的亞威農 (Avignon)，七十年之間法國政府控制著教廷人事 (1309–77)，此事被譏嘲為另一次「巴比倫俘虜」，它是引發其後基督教「大分裂」(Great Schism) 的重要原因。

68. 其現象之一是十一世紀後期至十三世紀之間教會快速的擴張，參見 Martin Scott, *Medieval Europe* (New York: The Dorset Press, 1986), 199–203.

的長處，而是世俗政權的弱點[69]。首先，中古前期以來君王由教會加冕登基的慣例，造成教皇至尊與君權神授的觀念，不論這個「神話」是否為真實可信，民間對此之印象與貴族對此之感受，使得教廷果真在世俗政治鬥爭與階級矛盾中，擁有其特殊的地位和優越的角色，教會可能因此在此局中被利用（中古前期），但也可以反過來利用此道以自壯（中古後期）。另外，在教皇與君王對抗時，因為戰場是一個虔誠或保守的宗教社會，故教會方面掌握一種殺傷力驚人的「精神武器」('spiritual weapons')，此即是開除教籍 (excommunication) 與停止教務 (interdict)。一個君侯若遭開除教籍後必遭社會排斥，若他仍不歸服，則教會在其領地內停止教務便是更進一步的懲罰，此時境內所有的教堂將被關閉，人民生活與權益大受影響，民怨四起之下統治者終必屈服，亨利四世對抗教皇的失敗正與此大有關係。除此之外，教會又有「世俗武力」('secular arms') 可為後盾。在義大利，教皇擁有僱傭兵為自衛力量，它在十三世紀之後尤其成為教廷維持國際勢力均衡的有效武器；而主教——特別是日耳曼地區者——也常控有個別的小軍力，可為教會安全效命；同時各地的君侯亦常響應教會號召，而以軍隊赴援。為更求保障，西元 1059 年教皇國與南義大利的諾曼人新建政權以封建契約方式建立聯盟，共抗日耳曼人，使教廷兵力大增。反觀神聖羅馬帝國，地方割據分裂的情形嚴重，皇帝與諸侯處處矛盾[70]，中央僅成諸侯國之一，在內憂與外患交逼之下

69. 關於亨利四世統治的困局，參見 Malcolm Barber, *The Two Cities: Medieval Europe, 1050–1320* (London: Routledge, 1992), 197–200.

70. 日耳曼諸侯貴族常協助教會於其地推展克魯尼改革運動，這即是有利於教會統合而不利於神聖羅馬帝國統治的作為。

常一籌莫展。亨利四世與教皇正面衝突之後，日耳曼地區貴族反叛者眾，且受教廷鼓勵，於是數年間戰事紛擾不止，大挫帝國對外鬥爭的實力。可見透過這些世俗關係的連絡，教會方面的武力未必低於神聖羅馬帝國皇帝所能動員者，只不過教會訴諸武力常招同流合污之譏，但這又不是勇於追求人間天國而力求宰制世俗政權的教皇所畏懼者。在政教衝突中，政權勢力常有分裂，但教會方面卻益為團結，且西元 1059 年之後教皇選舉改由樞機主教團 (College of Cardinals) 執掌，羅馬地區的權貴與日耳曼君王對此影響力大減，而樞機主教中大多數皆反對政權干預教務，從此更使教會成為獨立的權力機構，外人不易分化，這是政治勢力不敵教廷力量的又一因素。

上古以來政教關係最明顯的表現是在神權政治，表面上統治者依據神意治國，宗教精神（即立國精神）高於世俗價值觀，但實際上乃是政權操縱或利用教會以便利其施政；故所謂政教合一 (caesaro-papism) 其實為皇帝兼教宗——而非教宗兼皇帝——政權高於教權。羅馬時代基督徒因反政府而遭受迫害，即顯示政治高於宗教的勢力。君士坦丁使基督教合法化，當時教會因政府的寬容而能維持相當自主的地位，這依然表示政權高於教權的事實，此在拜占庭尤其顯著。其後皇帝干預教務的程度愈來愈深，這只是以政領教（即後人所謂的 Erastianism）事實的公開而已。簡單說，古代並無政教衝突之事，乃因政府控制了教會。中古以後因為西羅馬帝國的崩解，政權控制教會的勢力大減，而教皇體制的興起則使教會統整勢力大增。第五世紀末期的羅馬主教（教皇）吉拉修斯 (Gelasius I，在位 492–96) 力主教皇至上地位 (papal supremacy)，與東羅馬皇帝 (Anastasius) 爭執甚烈，據信他是第一個提出政教平等理論的人，這顯示教會勢力相對於政權勢力乃在提升當中。中古盛期時西歐的政教對立使傳統的政教關係逆轉，教廷對抗政府而常能制勝，教權高於政權的氣勢一再展現。從宗教信仰觀點來看，政教對抗是教會的世俗化，不論教會的勝敗，這終是宗教墮落的現象；但若從現實社會的立場而言，政教衝突不論教會的輸贏，都代表教權的高張，因為這是前所未見的政教關係。十二世紀以後在教廷的主導下教會法 (canon law) 逐漸成形而推廣[71]，這就說明政教對抗中基督教的世俗化與教會勢力的壯大。教會法不僅規範教務，也管理婚姻、繼承、財產所有、民權（如寡婦與孤兒的權益）等民事，教權政權兼具，它使教皇國因而更有制度與秩序，教皇作為西歐基督教世界的共主與最高權威乃成民間常識。於是，十二世紀中期以後教皇人選也從過去的修士道長，一變而為法學（教會法）專家和重法派鬥士。中古後期（尤其十四、十五世紀）歐洲陷入普遍的衰亂[72]，戰爭、黑死病 (Black Death) 與經濟蕭條不斷，這種艱困情勢和悲觀氣氛更使宗教信仰流行而教會勢力擴增。在蠻族侵擾停息之後，西歐貴族與騎士間的私戰 (private wars) 卻大量出現，國王多無力制止（英國情況稍好而法國情況最糟），在此情形下，教會推動「神命治安」（'Peace of God'，禁止對非戰鬥人員的攻擊）與「神命休兵」

71. 參見 Kenneth Pennington, 'Medieval Law,' in J. M. Powell ed., *Medieval Studies* (New York: Syracuse University Press, 1992), 345; and H. O. Taylor, *Medieval Mind: A History of the Development of Thought and Emotion in the Middle Ages* (Cambridge, Mass.: Harvard University Press, 1951), vol. II, 306–7.

72. 1050 至 1250 年之間西歐社會有不斷興盛的發展，但 1250 年——尤其是 1300 年——之後則普遍衰退，詳見 Hugh Trevor-Roper, *The Rise of Christian Europe* (London: Thames & Hudson, 1989), 161–70.

（'Truce of God'，禁止宗教節日時的戰鬥行為）維持了一定的社會秩序，這顯示教權化為政權的效力匪淺。乃至騎士封爵禮 (accolade) 在中古後期也改由教士主持，教會武力及其政治勢力的強盛於此已不言而喻，十字軍東征的發起就是其明證與結果。

西歐政教衝突情勢至十五世紀後逐漸化解，政教和平共處的協議在各地一一建立，但其關係仍充滿緊張性，雖經十六世紀宗教改革的衝擊變化也不能消除，顯示這是一個永遠不能解決的文明問題。就積極的現世意義而言，政教對抗使西歐免於陷入政教合一下神權結合極權的專制獨裁之局，這對於西方社會的多元化及自由、人權、法治等發展，極有助益；同時它也使帝國的實力與觀念難以繼續成長，而民族主義與地方主義得以滋生（在教廷與帝國鬥爭下地方君侯頗得漁翁之利），羅馬帝國的真正消滅與近代民族國家的興起——也就是國際政治的出現——與此關係密切。可見中古西歐的政教衝突在人類歷史上不論如何醜惡，這個「病態」或特例卻造就世上唯一的自由主義與個人主義政治文化運動，這證明中古時代的「見山不是山」屬性與反傳統反古典特質，反而是文明進化的驅策力量，因為自我否定與自我批判乃是生命境界提升的必要過程。

五、東西接觸與單一世界的初現：十字軍東征

西元 1054 年東西教會的正式分裂其實是由來已久的對立所造成的結果，因此它對基督教世界內部情勢的變化衝擊並不大，只是助長東西對抗的文化傳統趨勢。本來東西羅馬分裂 (395) 便是對於東西文明統一失敗的承認，而這個分裂自然更進一步促進

二者間的歧異發展。東西教會的分裂顯示東西世界的對立已達無可挽回的地步，因為宗教信仰究竟與政治立場不同，它關懷的是絕對真理，並不以世俗人欲的表現為意，更何況基督教為一神信仰，又強調神愛世人的普遍永恆意義，東西政權的對抗理應對於信徒及教會衝擊有限——事實上東西教會在東西羅馬分裂時乃至西羅馬消滅後甚久，仍維持極友好的關係，然而最後東西教會終於決裂，這說明東西世界的對立已由政治立場延伸及信仰觀點，雙方統合再無可能[73]。這與回教帝國政治分裂與宗教分裂同時發生的情形有別，基督教世界的宗教分裂發生於政治分裂之後，這顯示其政教合一程度不若回教世界之高，且其教義的超越性或非現實性也較回教教義為高；而當基督教世界的宗教分裂隨政治分裂之後而發生時，則表示其內部分裂已至無可彌補的田地，但回教世界在政治上雖分裂嚴重，然在信仰與文化上則一致性仍高，各方合作的可能性極大。

在長久的殊途發展中，使用希臘文的東方希臘世界與使用拉丁文的西方羅馬世界早已成為兩個不同的文化圈，人民的世界觀與認同感差異甚大。同時，蠻族遷徙運動造就西歐成為一個羅馬與日耳曼社群，而東歐則成為希臘與斯拉夫社群，使東西文化的差別更加複雜。拜占庭的政教合一體制呈現皇權干預教務的絕對權威，西歐政教對抗的局面則表現教皇至上與教權控制政權的立場，這使東西世界皆以對方行為為僭越與腐化之舉。再者，前述拜占庭與西歐的正統之爭更刺激這個對立性，如教皇體制與羅馬

---

73. 波蘭政府於十五世紀初曾試圖在其宗教政策中整合兩者，但並不成功。參見 I. M. Diakonoff, *The Paths of History* (Cambridge: Cambridge University Press, 1999), 127.

教廷的建立打破東西教會的平等地位，拜占庭所推動的偶像破除運動則伸張君士坦丁堡的宗教領導權與正信資格，此皆惡化東西教會的關係，雙方爭奪義大利與巴爾幹地區的教會管轄權只是正統之爭的另一戰局而已。另外，在教義與信仰行為上自第五世紀以後雙方的差別漸出，東方信徒較重視聖經權威，而西方信徒對於聖徒與學者的教義詮釋甚為推崇，東方神學強調冥思悟道與憑信心得救的概念，西方神學則宣揚德行事功與冀望神恩拯救的觀點，這個類似神秘主義與理性主義的相反趨勢固然未如涇渭分明般發展，也未造成基督教教義的重大分歧，但終究也使東西教會自覺不同於對方。在十一世紀之後西歐社會漸有復興而東歐卻逐步衰敗，西方開始對拜占庭在信仰觀點與政治軍事上反攻，終至於東西基督教教會也淪為參戰者而勢不兩立。東西教會在 1054 年的正式決裂是因三位一體說的教義爭議而起，雙方對於聖靈如何（由天父和天子）產生的問題爭執不下，終於導致羅馬教皇 (Leo IX) 與君士坦丁堡大主教 (Michael Cerularius) 互相開除對方教籍，基督教世界一分為二，東正教與羅馬公教從此各分東西[74]。從東西教會分裂的緣故看來，其主因實非信仰觀念的差別，而是政治文化的衝突，這與回教分裂為什葉派與素尼派的背景相近，同為世俗目的，一樣是「人能弘道，非道弘人」的人性化演出。正因

---

74. 西元 1965 年羅馬教宗保祿六世 (Paul VI) 與伊斯坦堡（Istanbul，原君士坦丁堡）大主教安佐納哥拉斯一世 (Athenagoras I) 會談，同意取消雙方的破門律，互相承認，於是東西教會經歷九百餘年後又再度統合；然此舉在真理信念微弱而多元主義大行其道的世情下，其實意義不大，它甚至代表基督教更進一步的世俗化，以及現今宗教信仰的混濁與妥協情狀，於此「道不同不相為謀」的信仰氣節已不可多見。

此，當回教徒威脅基督教國度時，東西教會乃能迅速團結合作一致抗外，這便是十字軍東征 (Crusades) 發起的形勢。

西元 1054 年東西基督教教會正式分裂，1055 年賽爾柱土耳其人控制了巴格達的回教政權，1066 年法國諾曼地大公威廉入主英國（而為 William the Conqueror），1076 年神聖羅馬帝國皇帝亨利四世與羅馬教皇格里高里七世的政教對抗惡戰開始，這些事件的發展一方面促進東西世界（廣義與狹義）政治勢力的強化與擴張，另一方面提升宗教勢力在政局中的地位，更造成西歐、拜占庭、與回教帝國三者間的緊張形勢，這是十字軍運動的前奏。

自第三世紀以來，朝聖 (pilgrimage) 已成為基督徒的苦行贖罪之法，至第十世紀時信徒更以為朝聖可獲赦罪，因而從事者數量大增，到耶路撒冷朝聖成為最普遍的修行之旅。在另一方面，自第七世紀回教哈里發烏瑪從拜占庭手中奪取耶路撒冷以來，回教政權對於東來朝聖的基督徒或猶太人並不加妨礙，這個情形至第十世紀埃及的法蒂瑪回教政權佔領耶路撒冷後開始轉變；十一世紀初埃及哈里發哈金（Hakim，在位 996–1021）開始迫害朝聖者並破壞耶路撒冷的耶穌聖墓 (Holy Sepulchre)，並自稱為上帝的化身，哈金遇刺身亡後，國力大衰，迫害朝聖者的政策才大為緩和。然至 1071 年賽爾柱土耳其人在曼茲克特 (Manzikert) 大敗拜占庭，佔領小亞細亞，並於同年從法蒂瑪王朝手中奪下耶路撒冷，此後回教徒迫害東來朝聖客的情況與拜占庭國運一起惡化，引起西歐極大關切。簡單說，朝聖的盛行、拜占庭的衰微、與回教政權的激進化（土耳其化），是造成十字軍東征的三大外在原因。在西班牙基督徒反攻回教政權 (756–1031) 的抗戰經驗已為十字軍運動樹立典範先例，東征不是全新的概念。同時，當十字軍東征於十一世紀晚期興起之時，回教勢力也在東擴，它在阿富汗與印度等地皆有進展。如此可見，十字軍運動並不是西盛東衰的形勢所造成，它是東西興盛而東西中界（拜占庭）衰微所造成的角逐戰，故為西歐、拜占庭、與回教帝國三大中古文明交織為單一世界的歷史開端[75]。

十字軍運動的出現起於拜占庭皇帝亞力克西斯一世（Alexius I，在位 1081–1118）為求收復小亞細亞與保衛國家安全而向西歐求援之舉，然其結果誠如「要五毛給一塊」，甚令拜占庭驚異，因為其所求僅為援兵，而非尖刀上帶著思想的十字軍。熱情回應拜占庭之請的羅馬教皇烏爾班二世 (Urban II) 是格里高里派的教會領袖，他致力於教皇權威的樹立，對於基督教世界的分裂無法忍受，故東西教會統一在教廷的領導下反擊回教異類，正是他對於十字軍東征所抱持的理想模式。在動員十字軍同時，教皇欲藉此鞏固其在西歐政教對抗戰局中的優勢，故烏爾班在發動第一次十字軍時特別號召日耳曼以外的法蘭克人與諾曼人赴戰，而不訴諸神聖羅馬帝國政府，以凸顯其「反基督」(un-Christian) 角色，並展示教皇的政治實力[76]。十字軍運動得以興起正反映此時（十一世紀末至十三世紀末）歐洲的宗教狂熱與教皇權威處於極盛的狀態[77]，但它也如回教帝國的擴張一樣含有許多社會因素，如藉

75. 參見 P. M. Holt, *The Age of the Crusades: The Near East from the Eleventh Century to 1517* (London: Longman, 1990), 203.

76. Christopher Tyerman, 'Holy War, Roman Popes, and Christian Soldiers: Some Early Modern Views on Medieval Christendom,' in Peter Biller and Barrie Dobson eds., *The Medieval Church: Universities, Heresy, and the Religious Life* (New York: The Boydell Press, 1999), 299.

77. 關於烏爾班二世的號召所獲得的熱烈回應，詳見 Jonathan Riley-

攘外以安內（平息私戰）的考量、義大利城市的商業野心、教士對基督聖蹟的熱愛、從征者追求自由解放（宗教大赦 plenary indulgence 及債務延緩等）、財富地位、冒險經歷、乃至移民出路的動機等。第一次十字軍東征之前興起的迫害猶太人熱潮 (anti-Semitism) 及「農民十字軍運動」(Peasants' Crusade)，皆顯示歐洲社會的激情無序狀況，這是一種反封建傳統定制的求變騷動，象徵西歐復甦的動力。在這個突破現狀的要求下，宗教理由常為藉口，「上帝所欲」(God wills it!) 成了十字軍乃至亂民行動的合理化通說。其實在基督教義中即使為捍衛信仰而使用暴力仍為不可，「聖戰」概念決非原始基督教精神所主張者[78]，早期神學家（如 St. Augustine 與 St. Gregory）雖曾探討信徒用武的合理性問題，但直到十一世紀政教衝突以後教皇權威擁護者才將聖戰之說化為行動，於是征討西班牙的回教徒、義大利的希臘人、與日耳曼境內的斯拉夫人，皆成為基督教教會祝福的義舉；至此基督徒與回教徒一樣都懷抱著一個特有的世界觀與使命觀，而成為暴力分子，故十字軍所為已非保衛基督教國度的守備，而是進攻異邦的犯行[79]。

第一次十字軍東征 (1095–99) 於西元 1097 年攻入小亞細亞，

Smith, *The Crusades* (London: The Athlone Press, 1992), 10–17.

78. 曾為都爾 (Tours) 主教的聖馬丁 (St. Martin, c.316–97) 出身戰士之家，當他皈依基督教時即宣誓：「我是一個基督戰士，我絕不打鬥。」(I am a Christ's soldier; I cannot fight.) 他一生堅決反對基督徒討伐異端的戰爭行為。

79. 歐洲內部批評十字軍的言論自第一次十字軍東征結束以後即已興起，見 H. E. Mayer (translated by John Gillingham), *The Crusades* (Oxford: Oxford University Press, 1990), 105–6.

因回教政府陷於統治權爭奪的內戰而能順利推進；1099 年十字軍攻佔耶路撒冷，建立起西歐式的封建王國 (Latin Kingdom of Jerusalem)，一副殖民者姿態，論者常謂此為近代歐洲帝國主義的源頭。因回教徒的反攻，其後的十字軍運動多是為維持第一次十字軍戰果而繼續發動者，建樹不多。第二次十字軍東征 (1147–49) 響應者不如首次之熱烈，但開始有君王（神聖羅馬帝國皇帝 Conrad III 與法國國王 Louis VII）參與，惟西歐與拜占庭的關係也因為利害衝突漸多而趨於惡化，此行動結果為慘敗。第三次十字軍東征 (1189–92) 規模浩大，但戰力不高，以協議告終。第四次十字軍東征 (1202–4) 為中古勢力最盛的教皇英諾森三世所發動，但在利益所驅與威尼斯的主導下轉而攻打君士坦丁堡，這是拜占庭帝國致命的挫傷，教皇為此憤而開除與戰者教籍。至此，十字軍精神顯已墮落，軍事上的失利、東征行動的變質（世俗化）、聖地中基督徒的分裂、基督徒與回教徒的和解、西歐政教對抗的繼續、以及歐陸內討伐異端（如法國南部的 Albigenses）行動亦可獲得赦罪等情形，皆使十字軍運動不再普受支持。在此背景下乃有訴諸赤子之心以為戰力的「兒童十字軍」(Children's Crusade, 1212)，而其結果更為荒謬悲慘。第五次十字軍東征 (1217–21) 矛頭指向埃及的回教勢力，但無功而返。第六次十字軍東征 (1228–29) 的領袖為神聖羅馬帝國皇帝腓特烈二世 (Frederick II)，他以外交協商手段取得聖地，使耶路撒冷中立化，基督教與回教得共生並存。這個作法使基督徒與回教徒皆感不滿，腓特烈甚至因此遭教皇處以破門律，此又顯示教皇對收復聖地的關心程度猶不如他與帝王鬥爭的得失，更使基督徒寒心。1244 年回教徒將割讓的土地再度收回後，耶路撒冷從此至 1917 年皆掌握於其手中。第七次十字軍東征 (1248–54) 再度攻打埃及，仍無所獲。第八次十字軍東征 (1270) 因領導人（法王 Louis IX）中途身亡而放棄。第九次十字軍東征 (1271–72) 以休兵為終，基督徒所控之地（Tripoli 與 Acre）隨後一一陷落，1291 年成為十字軍運動終結的象徵年代。西元 1300 年教皇巴尼費斯八世為慶佳節，對於赴羅馬朝聖者均賜與大赦，這暗示此後基督徒不必再千里跋涉至耶路撒冷（聖地 Holy Land），而可就近往羅馬（永恆之城 Eternal City）一親上帝恩澤，十字軍東征的意義至此已蕩然無存。十四、十五世紀時西歐對抗土耳其帝國的軍事行動也常以十字軍為號召，但其本質皆不同以往[80]，且聲勢甚弱。不過基督徒東征的失敗，因為西班牙反攻的勝利也算獲得補償，十三世紀末時回教徒在西班牙的據點僅餘格拉納達 (Granada) 一隅；而且即便十字軍沒有持久的戰果，但它卻長期遏止土耳其人的西進攻勢，東西勢力均衡於此已隱然出現。

十字軍運動的直接目的可說落空，十字軍東征的影響則難以評估，許多新情勢未必是軍事與宗教對抗的結果，而是東西接觸與交流的產物，或是間接與意外的發展；若將十字軍東征視為一個時代 (1095–1291)，則這二百年的影響更為無遠弗屆，可謂現代化的源頭，當然此種看法絕對是誇張的。歐洲內部的安定（私戰減少）、文化的交流（如騎士精神）、封建的動搖、王權的伸張（如直接徵稅）、行政的改進（動員經驗）、教皇聲威的式微、與教會的墮落（如贖罪券的販售）等，皆與十字軍運動有關，但其程度

80. 關於十字軍的界定，見 Jonathan Riley-Smith, 'The Crusading Movement and Historians,' in J. Riley-Smith ed., *The Oxford History of the Crusades* (Oxford: Oxford University Press, 1995), 8–10; and Norman Housley, *The Later Crusades, 1274–1580* (Oxford: Oxford University Press, 1992), 118–19.

如何難以確定。因為東西接觸交流而導致的現象則包括貿易交通的開展、商業技術的改進（如銀行業）、民族思想的萌發（雙方敵視反而減低）、國際文化交流（其效在聖地反不如西班牙與西西里）、歐洲自信的提升、與世界政治的興起等，但其作用的好壞大小也難查究竟，這正是單一世界中國家高度互動而世事息息相關的表現。至於拜占庭的衰亡及反猶風潮的激進化，當然與十字軍運動也有關連，然此亦難有持平之論[81]。十字軍運動之後西歐擴張的目光開始轉向「西方」，新航路新大陸的發現造成另一次基督教世界的動員與遷徙潮流，而歐洲國家雖非對回教帝國從此不再介意，但聖城的爭奪已不是西方的大志所在。總之，十字軍運動是一個中古現象和中古效應，它不能單以理性之由論究其成因，也不能以具體實效看待其結果，惟現代化絕不是憑中古式的神思靈感來推動，而是靠文明全面的批判與反省以促成，在這當中十字軍運動所造成的東西接觸經驗自有它重要的啟示。

81. 參見 D. M. Nicol, *Byzantium and Venice: A Study in Diplomatic and Cultural Relations* (Cambridge: Cambridge University Press, 1988), 406, 410.

第十章

結論：古代文明的發展趨勢與現代世界的興起

Temple of the Olympian Zeus, Athens, ca. 170BC.

文明不同於文化，文化僅為「生活方式」而文明為「高級的文化」，故每一人與每一國皆有文化，但非所有的人與國皆為文明。而且文明為一種「境界」，有高下之別，並非進入文明之域即可停止修養與探索，而自視為全然開化。這是說文明發展乃為「止於至善」，而至善追求實無止境，故「真正的」文明絕無停滯之虞，而有無限長進的動能與發展的方向或目的，不是隨機變化或為滿足現實需求而已。易言之，文化有如生活而文明誠如生命，人人皆有生活，但非人人皆富生命，行屍走肉苟活偷生者處處可見，能知人生不僅為求溫飽且能發揚生命價值者乃為少數。文明的發展正如生命的成長，有其欲追求與實踐的意義，絕不只於豐衣足食與長壽健康之想，何況豐衣足食與長壽健康也無止境，汲汲於此而忘懷其他終是玩物喪志，仍將為生命的落空。文明的發展絕對有其方向，不是隨波逐流，只是這方向雖使吾人嚮往目標，目標卻永不能達到，然正因目標明確而永不可達，故追求乃為無限，不因目的之抵達而再無生命動力或活下去的理由。

簡單說，文明的發展與生命的成長一樣，目標為真理。文明的真理可視為「現代性」，而生命的真理在一般信徒口中即為神意或天道，若吾人不欲人云亦云則稱之為真理即可，異名稱之也無妨。這就是說，文明的發展和生命的成長都是為了「求道」。若不然，則文明與生命所為何來？名譽乎？利益乎？權力乎？或所謂「為下一代著想」乎？這些答案都是迷思與逃避性的說法。或有「成就」之說，這是能警覺生命不是為了生活，但仍為糊里糊塗、說不清究竟的一種看法，一樣是「說了許多但沒說什麼」(Saying many things without saying much.) 的答案。常人必要質問：若你不能證實「真理」的存在，則真理必不存在，也不應將之舉為文明與生命的目的。對此，吾將反問：若不能證實者即不存在，則人生中可證實之事物幾何，名譽、利益、權力、子孫等「成就」無一可證實為真或永恆，奈何凡人渴求至此？真理不能被證實，正如道德與美的價值不能被證實，若說其可被證實，此乃以現實功用所立之論，因現實功用而存在的倫理與藝術僅為人的工具（社會性價值），實為偽善與虛美，豈能視其為善與美。吾人不能證實道德與美為真，然而吾人仍期望這個世界為善與美，可見最高層次的知識或道理無法以理性和經驗直接加以證實。若文明發展實無目標而生命成長實無意義，則一切價值判斷皆不需要也不可能，一切悲歡喜怒的感受俱為可笑無謂；果真如此，文明可以毀滅而人可以自殺，何必不忍！何必無奈！由此可知，真理不能直接驗證，只能反面追論。這是說，我們不知道真理是什麼，但我們知道什麼不是真理。一個號稱「不知真理為何」故而作惡者，就是小人，因為他彷彿宣示：「你不能證實良知存在，我又何必憑良心做事？」

追求真理或求道有如登一座不能抵達頂峰的巨山，其路線（如各式專業學科）極多，但最高目標（真理）一致；吾人不論如何努力均不可能到達山峰，然「君子上達，小人下達」，不懷憂喪志者總以真道為念，當其拼命上進而接近山頂時，其所見的天下景色已與山峰上所見相去無幾，故真理雖不能揭曉和掌握，但可以接近和領會。正因如此，君子可以無限上達，而不會自困，也不會以不能止於至善而放棄求道。這就是文明的表現。至於不信此道而主張文化相對主義之說者，即是在山下遊走的眾生，他們認為「橫看成嶺側成峰，遠近高低總不同」，真理真相並不存在，何必登峰瞎捉摸，故此輩多譏諷追尋真理者是「在黑暗的屋子裡抓一隻不存在的黑貓」。或以為真理像是拼圖，匯集各種專業知識即可組合成真相全貌，而為真理；這是將真「理」視為真「相」，以量為質，依然不解聖人所謂「吾道一以貫之」的意涵。

在現代學術專業化取向之下，歷史因其「無所不學」的知識範圍與「以時間觀看待一切事物」的知識本質，故對宇宙事理（可）能專精、廣博、貫通兼達，而特有利於文明發展脈絡與真理的探查。可惜，這其實不是今日歷史學界的情況，不論中外。科學研究的專業化結果是「尖端」的知識，文藝的專業化結果是「深邃」的悟性，史學專業化的結果卻普遍為「瑣碎」的觀點，且其結論多不超越常識層次，或是誤將現象當常態、而常態當真理。這顯示歷史學知識屬性的模糊——難以歸類為人文學或社會科學——因此若學者不能深思事物表象之上或之內的意義，歷史研究的專業化只有落得單純的「說故事」，而因歷史故事多至不可勝數，且各人所說故事不同，於是歷史學界便成為一個各說各話、敝帚自珍、互覺無趣的奇怪社群。這樣的學者對於人類文明的見解似乎不比其他學者高明。雖然如此，歷史學還是一門最有可能揭示文明意義的學科，只要歷史的學習者知道他的目的是在此。

以文明發展的歷程而言，四萬年前已出現生理與心理條件與今人相同的現代人，但文明的出現則遲至六、七千年前方才開始，可見文明不僅是萬物之靈的創作，而且必須極度發揚人獸之間的些微差異方可成就。從火的使用之後，石器的製作、畜牧業、農業、陶業、城市聚落、文字、銅器、鐵器、帝國、與宗教世界觀依序出現，這個發展序列在舉世各文明中皆然，顯示其為自然甚至是必然的人類開化過程。它說明早期文明深受物質條件的制約，人的自主自發程度有限，各文明的相似處乃較多；但愈為高度或晚近的文明，人為創造的成分愈多，因此各文明表現的差異也就更大，先進與落後的差距亦然。這個現象證明文明創作的產生，部分來自於回應外在環境的挑戰，部分來自於人心內在的主動追求，而後者分量愈多愈為高度的文明表現。同理，世界各文明的形成是由先進文明向外傳播的結果、或是各自獨力發展的結果，二者皆有可能，但愈是高度的文明愈有獨創性，而非學習模仿而得。而即便世界文明的形成是由某一先進文明四處傳播的結果，這也說明文明的真正源頭仍是獨立創作，也就是「無中生有」(終極的解釋是上帝安排)，故文明所以偉大乃是靠創造發明，不是消極應變。又文明各自創作的結果，仍有許多相似之處，這是「英雄所見略同」的現象，它暗示著文明的發展有其同一方向與目的，不是自然而然，且文明發展的目標是放諸四海皆準的普遍價值，不是個別民族的文化特色。

文明的發展歷程大約經歷上古、古典、中古、以至現代各階段，而各階段有其時代性。上古時期文明的主題是求生，古典時期則追求文明長久的價值，中古時期為對此價值懷疑否定的階段，現代則重新肯定古典文明價值並賦予永恆性，至此文明方向確立而追求完美與理想的境界，然因至善為不可能故文明為無限追求，於是文明不會停滯不前。可知，文明乃是歷史進化的表現，不是文化的變化而已。

上古文明以求生為首務，其特色乃為：一、文明性格取向深受自然環境的支配，二、克服自然以營生成為文明「進步」的原動力，三、政治歷史因權力追求的動機而定型，四、法律、道德倫理、與宗教信仰為維護社會綱維而成形，五、宗教信仰與哲學人生觀為解除生命疑惑與苦難而出現，六、藝術為人生實況的反映而非純粹美感的追求。而文明進化的表現和趨勢則為：一、文明性格與自然環境的關係逐漸脫離，二、謀生的問題逐漸獲得解決或重要性降低，三、權力追求的規則逐漸確立且暴力作用愈少而德能愈受強調，四、社會綱維逐漸減少愚民政策成分而趨於合理合情，五、宗教人生觀逐漸超越經驗理性與現實目的而富有抽象性與真理性，六、藝術表現逐漸褪去生活寫實色彩而朝向「為藝術而藝術」的美感意境捕捉與「傳道」的作法。

上古時期文明性格受自然環境影響最顯著的例子，可見於兩河流域與埃及民風的對比。兩河流域的自然條件較尼羅河谷險惡甚多，因而西亞文明性格乃較埃及遠為陰鬱、激進、與悲觀；反過來說，古埃及文化的平和樂觀、集體主義傾向、與現實精神也不被視為「天性」，而是環境使然。文化性格逐漸與環境脫節乃是文明進化的徵象，這在為時二千餘年而少受其他民族干擾的埃及歷史中可清楚得見。古埃及文化的樂觀態度、和平精神、集體主義、神權色彩、與現世實際觀念愈到後期程度愈低，悲觀態度、軍國主義、個人價值、民生要求、與玄思想像則相對增加，這表示文化與人生觀不必為環境制約的產物。古印度的印度河文明中物質主義與現實精神濃厚，其後在同一空間卻發展出出世精神濃厚而反物質態度強烈的吠陀文明，這是前說的又一例證。波斯帝國立國於兩河流域、埃及、與印度等地，它以吸收整合先進文明規制的辦法塑造出一個「新」文化，有別於先前各文明，這也顯示人文與地理的關係由深到淺的變化。於是學者以物質環境因素解釋上古文明特性的論證理路，在討論古典及其後文明時乃漸不適用。

上古文明首重求生，這可由古時各地多洪水相關的神話傳說見得，蓋水為古人生計榮衰之所繫。大致言之，歷史學中所謂的上古文明主要是指陶業發明以至鐵器出現之間的時代。在兩河流域，蘇美人已有陶業、城邦、文字與銅器的創作，至西臺人崛起時引進鐵器，亞述乃得以此建立帝國，克服自然以營生的難題初步化解。前述從農牧業以至帝國的所有發展歷程乃是一個文明成就偉大所必須全面經歷者，腓尼基人特以經商謀生而不重其他創作，雖仍得以維生立國，但其格局不能廣大，僅勉強自立自保；希伯來人發展受困，獨以生命觀的改變面對求生的艱難，這雖一樣可以為生，但其歷史成就極為侷限，宗教信仰而外幾無其他文化貢獻；亞述人雖建立帝國，但卻專以武力役使被征服者代勞一切，不自營生開發，故其文明不能持久，且文化保守單調，成就極微。亞述之後加爾底亞重回文明發展的常規，文治武功兼重，全面觀照人生，不特以某一方式營生，故其文明集兩河流域之大成，具有古代文明的代表性與豐富性。

上古文明既以克服自然以營生為要務，故其文化的現實性甚強，而經驗的累積常為文明進步的主因。埃及文明稍晚於兩河流域，且兩地接近，故埃及文明發展可能受惠於前人經驗而較輕易（如文字與冶金），並得更進一步創發（如草紙）。如同兩河流域文明由蘇美奠定基礎一樣，埃及文明的發展也從早期（古王國）確立之後穩定成長，這是因為古代文明以求生為重，「不聽老人言吃虧在眼前」的經驗傳承為珍貴教訓。波斯帝國由文化落後的蠻族所建，然波斯文明承襲與整合兩河流域、埃及、和希臘文化，乃能迅速步入開化之域，免去文化創作發展的艱辛歷程，而營生更為輕鬆。

因為以謀生為首要，上古文明顯為「物質文明」而少精神追求，這反映在古代的「超人」觀與科學觀上甚為顯著。亞述的飛牛人頭像與埃及的獅身人面像所表現的古代超人觀念，強調體格與智力結合的征服制勝優勢，這是講求「勇」與「智」兼具（先勇而後智）的「獸人」優點，不似現代文明讚美「智」與「仁」雙全（以仁為高）的超人境界，缺乏真正認知或意圖發揚「人之所以為人」的價值與「萬物之靈」的格調。同理，古代科學主要為克服自然的求生知識，其所重當然是實用而非理論，是厚生功能而非物理本質，故天文、數學、與醫學因人對農業耕作、財物建築計量、與疾病治療的迫切需求，而成為最早興盛的顯學，此在古代的兩河流域、埃及、印度、中國、乃至初起時的回教文明皆然。此種物質文明因其實用價值而無失傳之虞或退化現象，同時其重要發明最早應用之處常為軍事（如應用輪子以為戰車、使用銅鐵以為兵器），藉先進武器克服自然與征服他人以利營生乃為常理，可見古代文明多暴戾之氣與當時求生的困難關係密切。

上古文明的主要課題既為克服自然以營生，故所有古文明皆為依水而生的大河文明，而人類步入文明的初步即是發展農牧業以穩定食物來源；同時，水及其他生活物資乃為各方爭奪的目標，故古代歷史便多衝突爭戰之事。然隨著文明進化，人類營生的方法愈來愈非直接利用自然，而是朝向物力的提升與人力的支配發展；換言之，工商業與政治在營生行為中的重要性逐漸增加，同時克服自然以營生的活動性質由物質文明轉化為精神文明，體力的價值也讓步於智能，於是暴力掠奪漸為和平智取所取代。可知人類早期靠「食物採集」維生，其後朝向以「食物生產」求生，至文明高度發展時則憑「生產力」營生。如此，當自然被視為生產力無窮的大地而人人皆有謀生的餘地時，古代族群間的對立性乃降低，而安全感增加，私有財產制漸受重視，而共產公有的分食觀念則漸泯。當然這個演進歷程絕非迅速，或有明確的階段性目標和完成時期（現代文明亦不能說已經達成克服自然以營生的目標），但觀乎上古文明即可知這個發展趨勢已成定局，後世社會——尤其是一般大眾——不過是繼續這個永無止境的求生工作。然而吾人應知，文明的發展並不是為無止境地提升人的生活品質或壽命，因為這「無止境」是不可能的，生活的享受與人的壽命都有其極限，這是人所必須接受的「自然」，不論科技如何發達。故而孔子所說「不患寡而患不均」一語，若不以「量」的觀點解釋「寡」與「不均」，而以「寡」為「量」、「不均」為「質」的觀點思量之，則可知聖人當以為生命的價值不在於壽命之長久，而是繫於生命如何使用。

權力的慾望與人同壽，文明發展至今只能使「君子愛權取之有道」，而不能消滅人的權力慾望。權力追求的行為即是政治，它在上古時代最明顯的表現為城邦以至帝國的政局推進。所有文明初期的政治體皆為城邦制，然後為城邦聯盟，乃有大國的規模，其後則經兼併演成帝國，此時民族國家 (nation-state) 的觀念與事實並不曾出現。兩河流域最早的蘇美文明即是城邦分立之局，在蘇美盛世時僅為城邦聯盟；其後阿卡德兼併統合數邦，已具有「國」的雛形和「大王」的觀念。巴比倫時中央集權更進一步，法律（漢摩拉比法典）的頒佈及首都（巴比倫）的營造與工商國有、強制兵役、和厲行稅制一同進行，此皆建國的必要（必然）措施。鐵器時代導致帝國時代，亞述成為兩河流域的第一個帝國並非偶然或無理可尋。而亞述興建大都（尼尼微）與全國交通警備道路，並以集體移民和軍事鎮壓方式控制人民，這也是帝國初建時不得不然的政治手段；這些作法所以為「暴虐」乃因其為前所未見，且與舊時城邦自由自主之風大異，然此後歷代政權多效法此類治國鐵腕，可見「暴虐」乃是帝國政治的必然性。加爾底亞在文化上號稱力圖革除亞述尚武風氣，但在政治上卻持續其軍國主義的統治政策，這個「新巴比倫」所復興者其實是巴比倫的法政權威而非古代的自由民風，它最為後世熟知之事則是「巴比倫俘虜」（集體移民）與巴比倫城的營建等政績。上述這些帝國統治手段至波斯成為古代近東世界的第一帝國時更完備地呈現，宏偉首都的建設、地方制度（省縣）的設計、帝國交通大道的修築、國防武力（海軍）的組訓、國幣的推行、以及立國精神（祆教）的提出等皆為不一而足的「必要之惡」，此與秦朝統一中國之後所採措施大同，不能單以暴政評述之。

古埃及的政局和平持久，然這不表示埃及人的權力慾望不同於外族。埃及的神權政治不過為貴族的愚民政策，國家雖因此少見民亂，但統治階層的權力鬥爭不斷發生。金字塔的建築乃由志願的民眾為之，這表現埃及政治的和平主義精神，但金字塔（及其他以法老為名的工程）規模愈大者，實際上其所屬法老的統治權勢愈高，這又說明埃及的神權社會中宗教實為政治的工具，政權絲毫未因教義而折損。而在此種神權社會裡，政治的動盪主要來自於同為宗教領袖的貴族祭司之奪權行動，不然即是外族（西克索人）的入犯；前者導致埃及專制政權的逐漸解放，後者則激發埃及人的政治本能與權力野心，故有新王國時期埃及帝國的建立與伊克納唐伸張王權的新教運動。與埃及情形相似者，印度吠陀文明雖有高度的出世精神，但宗教究竟成為權力建構的工具而助長政治統治的效力。婆羅門教信仰塑造了一個牢不可破的社會階級制度，其保護既得利益者的作用較諸武力或法律更為強大，因為它將宇宙次序與政治次序合而為一。於是與埃及一樣，印度的政治改革也須藉由宗教改革從事之，耆那教與佛教的提出雖未必有政治目的，但皆有重要的政治實效，此非偶然。耆那教的個別靈魂說在政治意義上成為反對印度社會的集體主義與階級統治之革命性主張，釋迦牟尼否定靈魂與去我無私的觀念，在現實世界中具有提倡平等自由與無政府主義的傾向；然耆那教徒為免殺生而棄農從商，反成為社會中的顯達權貴，而佛弟子將佛陀神格化而佛義形式化，佛教成為一個龐大的權威組織，乃至為政府用作國教，輔助統治階級。可見宗教的壯大即為世俗化，而世俗化的宗教必為政權的用具。凡此都說明權力追求是文明教化難以改變的人性趨向，而政治權力是社會行為中最高的欲求與支配原則，故傳統歷史即為政治史，上古文明的終點與目標即是帝國的建立。惟帝國政治的壓迫性引發有識者重建社會關係與人生觀，於是而有古典文明價值的提出，成為改變現狀的新動力。

征服者在建立政權之後，例須合理化其奪權行為並鞏固其權勢，故有社會綱維的建立。自古以來社會綱維的構成要素不外道德、宗教、與法律三者，而其內涵常視統治者的利益所在而定，故論者——尤其左派學者——多以為道德、宗教、與法律僅是政權的工具，並無本身絕對的價值。上古文明的社會綱維相當高程度確為霸道的裝飾物，無可諱言。在道德倫理方面，上古文明常將有助於求生的行為（如勤儉、團結、勇敢）「道德化」，並特別提倡某些有利於統治秩序的「德目」，如捨己為群、忠孝（先忠後孝）、善惡報應、友愛、誠信、乃至私產的神聖性等。在宗教信仰方面，為維護社會現有次序，古代政權所倡導的宗教多強調「善有善報，惡有惡報，不是不報，時機未到」的觀念；這即是說，古代宗教（尤其是婆羅門教與祆教）倫理性特強，以便驅使人民安分守己、接受現狀。而且宗教戒律在規範人的行為上，效力尤勝於國家法律，故為政者常樂於以宗教信仰為立國精神，以政教合一手段鞏固社會綱維。在法律典章方面，上古政權的法治著重階級差別，主張對等報復（「以牙還牙」）原則，伸張長者權威（人治色彩濃厚），且執法嚴苛迅速，重視社會秩序維護的效果，正義公理的追求僅為次要。當然，道德具有絕對的標準，宗教探索永恆的意義，法律體現真理的精神，它們皆有超然的價值，故統治者將其引為社會綱維的依據時，大眾常渾然不覺其中陰謀，而相當肯定在上位者所倡言。只有當道德、宗教、與法律的內涵被以理性批判，而破除其中的政治性神話色彩時，社會才能真正開化而向善，這便是古典時代偉大學者之所圖。

上古時代宗教的出現固然是因統治者為壯大其權威而設計，但在深思生命意義的人而言，宗教信仰是其解釋萬事萬物道理的答案，不能因野心家的利用而唾棄。上古是宗教建構的時代，也是人心中宗教情懷特為濃烈的時代，此乃因其時人們生活困頓而對大自然力量感受尤深，故人生意義或「人在宇宙中的地位」的問題特能發人深省；況且這本是人的心智啟蒙時尤為好奇的問題，其解答也不因知識經驗或科學理性發達後便可確定，故世上主要宗教的源頭皆發生於上古時期，而經歷數千年文明之後宗教信仰內容也無重大改變。古人對宇宙真理或神是否存在的問題認知不比今人深刻，古時神話與迷信流行的情形即顯示初民社會的無知；然而今人對於這個問題的看法也未必比古代更為真確，現代的神話與迷信其可笑程度較古時實不多讓。這是因為真理神命的領會須超越理性經驗，知識的累積未必使人更能接近真相。但文明歷史的發展仍有助於人「從錯誤中學習」，亦即經由批判假道學以就正道；只是這個過程進展甚為緩慢，而且能「站在巨人肩膀上」看得更遠的有識之士終究極少，故觀乎社會大體，今日流行的宗教信仰觀似乎不比古代高明多少。

惟就「外部批判」或信仰的形式特徵而論，史上宗教還是有「進化」的表現。人類文明史上，宗教信仰的發展有三大脈絡，此即是從公共神變為個人神、自然神變為政治神、多神信仰變為單神信仰以至一神信仰，而這三大趨勢的演進在上古時代大略已經完成。古典時代以後宗教信仰的探索重點是對唯一真理的辨析，而不在於信仰外部形式的討論。此三大脈絡的發展並非各自進行互不相干，而是彼此調整共同演進，其最終趨勢是朝向唯一性、抽象性、與超越性的信仰觀念；在此情形下乃有第四個宗教演進脈絡的出現，此即是由集體信仰變為個人信仰，這是說真理神意的探求不是以正統教義或群體共識為尚，而是憑個人思考體悟求道，即便「英雄所見略同」也不致造成教條化與權威性的「正信」模式。另外，古代的宗教與政治關係緊密，神權統治或國教普見於各文明，其實則政權凌駕教權、政府操縱宗教以為愚民政策，因此統治者即為宗教領袖，政治鬥爭常以宗教運動從事，故而可說宗教演進的第五個脈絡為政教關係的疏離。不過，前述最後兩個發展脈絡的進行速度並不快，至今尚無法完成，尤其是政教分離一事恐為現實世界中永遠無法達成者，因為政治既為必要之惡，它對宗教的控制程度只能降低，不能完全放手。

上古近東世界的宗教關懷與古印度一樣，重視人生的苦樂而非真理天道，故其信仰觀點常在表述人們對現實世界的感受，而不是解釋宇宙永恆一貫的運作道理或神意。簡單說，上古宗教是一個企圖合理化現狀的人生觀，具體、現實、而富功利色彩，故易流為巫術迷信。埃及的伊克納唐與波斯的索羅亞斯德所推展的抽象化和概念化宗教觀終不能成功，此與大眾信仰的實用取向關係甚大。並且，古人基於觀察自然所得的二分相對看法（如生死、男女、天地、陰陽等），極有礙於超越性、唯一性、統一性、與絕對性真理的思索，這也是古代一神信仰不易產生的緣故。在此發展狀況下，較晚出的祆教可說是整合上古近東信仰觀點而出現的原始宗教集大成，它成為後來猶太教、基督教等超越性一神信仰發展的基礎與借鏡。

古印度宗教原與近東宗教一樣，以追求快樂——而非知識——為目標，但印度人所求的最高快樂非感官享受，而是心靈平靜，於是印度終於發展出與西方不同的宇宙觀。這個東方式宗教為「非啟示性」信仰，它強調自立自救的法門，以去除愚昧妄想為解脫之道，最後終於成為一個無神觀。相對於近東世界，印度的宗教重視人格、知識、理想、天道、與自我超越，它的抽象性與出世性較高而墮落腐化的情形較輕。婆羅門教的靈魂、因果、輪迴、涅槃諸說看似悲觀，其實在知識與信念上甚為樂觀，因為其義清晰明確，並不神秘，且據此所有人皆有解脫蛻變的希望，不須外求他救，只要自力更生，盡心盡力修道即可成功，此種精神在耆那教與佛教亦然，成為印度宗教的特質。耆那教與佛教的出現可說是針對婆羅門教信仰精神淪落的反動與革命，但它們後來也墮入同樣的困境，而引發繼續不斷的批判，這是印度宗教驚人的生命力。耆那教強調自主、戒殺、與苦行，這被釋迦牟尼視為心靈的誤導，他以無我為無苦之法，由是否定靈魂與永恆的存在，使宗教與其他一切皆成為可有可無，文明發展亦失其必要。依據佛義，人心一開悟宇宙便成空，歷史的終極即在眼前；然佛陀一死，佛教便出，信徒又爭相追尋去苦求樂的秘訣，執著法相，於是印度的宗教發展再度進入另一番生死的輪迴。

深受近東文明影響而另闢信仰蹊徑的猶太人，在西元前第六世紀終於建構了一個脫離原始世界觀的新宗教。猶太教的成熟已在古典時期，而猶太教的觀念代表的是古典文明精神，其信仰已褪去上古文化屬性，不反映當世的現實需求，而具有追求超越性真理的遠大目標；它將宗教信仰問題推至最高層次，後世不能更有進步，只能與之不同。猶太教探討永恆普世真相的義理，使其成為史上第一個世界性宗教，它的超越性觀念與「啟示性」說法使它不可能被推翻，只能被反對。就形式而言，猶太教的成形已達宗教演進的終極階段，故已非上古宗教之屬，而它又「啟發」了基督教，因此更可視為古典文明的表現。

在藝術方面，上古時代的藝術高度反映現實人生，其表現形式不外寫實主義與自然主義，然因政治目的與宗教考量，其中常雜有理想主義與象徵主義的色彩，而致形象不能全然寫實與自然。若論創作主題，則上古藝術主要描繪宗教與戰爭二事；創作材料的進步只是使此類藝術表現更為華麗，對於藝術概念的改變並無作用。兩河流域與波斯文明的世俗性極高，故其藝術主題以戰鬥及政治活動為多；而印度文明的宗教性甚強，故其藝術主題以信仰觀念為重。埃及藝術也具體反映其文化特質，集體主義與極權統治於此一覽無遺，而其宗教信仰導致藝術風格的不自然不寫實也是有目共睹（故伊克納唐的宗教改革也造成藝術風格的丕變）。由於上古藝術與現實人生關係密切，政治與文藝興衰同時的現象乃為普遍之事。如此的藝術當然不多創意與個人思想，藝術僅為手段工具而非目的的本身，這顯示上古時代營生困難，單純的審美活動尚屬奢談。

整體而言，上古文明重視安全的價值顯然甚高於自由的價值，此因求生為當時主要的關懷，也因此上古文明皆富現實精神，而同質性甚高，獨特性不多，多元性乃不可求。這個同質性非指普遍性或普世性 (universality)，而是類同的現象；當一個社會能提出放諸四海皆準的價值體系時，古典文明便已出現，而多元與個性皆能於其間發展，競逐更高層次的普世價值。

希臘文明所以為「古典的」文明不僅因其為西方文化的本源，更因其所追求與樹立者為跨民族的世界性文化理想，具有超時空的現代性價值。希臘文明所以能偉大不是因為其民族性或自然環境的獨特，而是人為的努力，於此，上古時代文明性格與自然環境二者關係緊密的現象已成過去。另外，希臘文明也非一夕之間成就，而是經歷漫長的進化發展；古典希臘出現之前的邁諾亞與邁錫尼文明，與近東文明交流不絕且特質相似，然經三百年黑暗時代之後重生的新希臘文明則超越了古代，建立起一個與「東方」相對的「西方」世界，成為文明教化的指標。文藝復興以下的「現代化」運動所標舉的人文主義、民族主義、個人主義、理性主義、資本主義、與自由主義等精神和體制，在希臘時代均已具體而微地呈現；甚至近代西方推展西化的帝國主義行動，亦可見於古代雅典。惟以後見之明來看，希臘文明的現代性表現乃屬「見山是山」的第一階段，故其代表性精神為人文主義，而非層次較高的自由主義；也因此，希臘文明處處充滿朝氣活力與創意，但仍缺乏超越人本觀念的深刻信仰體系，而有失於「過度」理性樂觀的情況。這與其說是希臘文明的缺失，不如說是希臘文明的特質，因為人文主義本與超越性信仰在本質上難以相容，而且超越性信仰的出現應在人文主義成熟之後方為真實可貴，希臘文明的偉大正是確認人的價值與極限，不亢不卑地宣誓人為萬物之靈的地位，並接受其義務與負擔。其後基督教出現，它彌補或超越了希臘的文化觀點，但並不能取而代之，而是與之共同成為西方文明的塑造力量，這說明了希臘文明的弱點與優點。

希臘的人文主義落實在制度上的表現即是民主政治。人文主義所主張的人權與平等正是民主制度的基本假設或前提，人權與平等的價值對於人文主義者而言尤勝於個性與自由，故雅典為實踐人文主義的政治制度（民主），以致相當程度上犧牲了個人主義與自由主義的要求；此現象實為文明演進過程中無法避免的困境，因為人文主義為個人主義與自由主義發展的先驅與基礎，個人主義與自由主義的實現或發揚必須奠基於成熟的人文主義之上。民主政治講求人人平等，這本寓有尊重個性與自由的理想，但「少數服從多數」的運作原則使「多數尊重少數」的精神，成為惠而不費的空洞口號，造成對個性與自由的實質壓迫。這說明了人文主義本質中的限制性或弱點，雅典民主政治的流弊須由此了解，不必一味苛責；何況正因雅典民主經驗的借鏡，現代民主乃能在權力之外重視能力問題，企圖救濟形式平等所造成的庸俗化之失。另外，民主制度是希臘最高程度的政治進化表現，並非所有城邦皆能到達此境，雅典在民主政治下國家的擴張是一種同化鄰邦的政策，它代表的不僅是霸權優勢，也是文明發展的動力和先進者的使命。

希臘文學從荷馬史詩至戲劇的發展，其所反映的文明精神是「勇」（《伊理亞德》）、「智」（《奧迪賽》）、「仁」（悲劇）的演進脈絡，這與上古文明從「克服自然以營生」（以「勇」為尚）、經「權力的追求」（須「勇」「智」兼備）、「建立社會綱維以求安定」（「智」「仁」兩全方為策）、以至「生命意義的探求」（以「仁」為高）等進化過程所表現的精神演變趨向，若合符節。而希臘盛世的文學代表是戲劇，尤其是悲劇，這就表示希臘文明的上乘思想是「仁」，也就是人文主義。這個人文主義文學並非要強調人如何偉大，而是要展現人如何可以偉大，或是在了解人無論如何不能為偉大時，如何可以高貴；而如此的體會和超凡入聖的改造突破，須基於人洞悉並面對自己的弱點。希臘戲劇的偉大正是在於掌握並表現這個精神，這也是為何悲劇的創造先於喜劇且其成就高於喜劇的緣故。相對於此，希臘的抒情詩因其為單純的情感抒發之作，故文學價值不如戲劇；同理，追求史學專業知識成就的修西提底斯，其作品地位也不如企圖通古今之變的希羅多德之史著。

希臘的人文主義宗教觀自然為無神信仰，它相較於文藝復興時期結合基督教與人文主義的世界觀，誠屬天真幼稚。現代西方成熟的人文主義是基督教人文主義，不是無神信仰的人文主義。然人文主義在史上首度出現的型態必為反對原始多神教的人本主張，而不可能為一神觀的人文主義，故希臘的無神論人文主義有其重要的歷史意義。希臘神話常假託神靈世界以表述人生觀點，這個手法與上古近東社會相似，但一方面希臘人對於其所造諸神的信仰程度顯然遠低於上古民族的虔誠度，另一方面希臘人藉此所表達者更是與古人想法大異其趣的人文主義，故希臘神話的進化地步遠高於上古神話。希臘的宗教觀充滿著人本精神、現實目的、現世態度、與理性觀念，這清楚表現於希臘人對神的認知（設計）上，此即是眾神皆為人形而不具非凡的「神態」，且神性有如人性，兼有善惡與長短。希臘神話故事中所含道德意涵不多，此非表示希臘人不期望善惡果報，而是因其不欲假借宗教迷信以維繫社會倫理，此為高度的人文精神表現，顯較上古為高貴。希臘人文主義的生命觀與儒家同為「盡人事而後聽天命」，此無求於神的立場使希臘宗教在形式結構上呈現一種功利與唯物的風貌，以暗示神靈為不可敬與不可信——即不存在。再者，希臘的神話設計中具有高度的平等性，這個眾神平等觀其實是要表示眾生平等的人文關懷，也是另一個否定神明存在的表達方式。正因希臘宗教不是真正的宗教，故它從未被希臘統治者引為立國精神或設為國教；它只是一個上層知識階級的文化創作，可以滿足下層大眾的宗教需求，卻未造成階級壓迫剝削與巫術迷信，此較諸上古神權社會誠為一大解放。

人文主義的藝術表現自然強調人的高貴與幽雅，希臘藝術品多裸體人像與簡樸和諧的中庸之道，正是如此的手法。就藝術的形式而言，希臘藝術仍為寫實主義與自然主義，與上古相同，但其程度更高且不受政治與宗教考量影響而變質。藝術的寫實主義表示人對真實世界認識已深且有能力將它精確重現，藝術的自然主義表示人對超自然力量或宗教神靈已無迷信而能「順其自然」。不過希臘藝術也非絕對的寫實主義與自然主義，除卻創作技巧與材料工具的問題不論，這是因為希臘人文主義的盡善盡美追求，使其藝術表現理想主義色彩而不能為真正寫實與自然。希臘人像雕刻不訴諸人的經驗與情緒以求共鳴，而是展現人體純粹的美感以顯天性，這就是其「理想化寫實主義」的一個風格。此種完美主義其實反映出希臘無神信仰的人文主義之「完人」觀念，這固然是一個使人追求至善的動力（在藝術上表現為理想主義），但也是至善永不能達而令人無法自得的壓力（在文學中表現為悲劇情愫），其淒美悲壯的矛盾性與中國儒家的聖賢英烈人格相同。

希臘的學術取向也是人文主義關懷，這不僅是求知，而且是追求真理。希臘學術早期偏向科學研究，其後則轉向哲學探討，這是因為學者從物理中不能獲得有關真理的大哉問解答之後，乃企圖從人文討論中求取真理。不論如何，希臘的學術研究完整而有系統，學者的治學目的是在探索萬事萬物的通義大理，而非有利於現實生計的專業技術知識。以此，在科學上，希臘人所研討的是宇宙的基本構造物質與運作原理；在哲學上，希臘人著重的是形上學與知識論等直探生命意義與世界真相的課題。

邁立特學派所代表的早期希臘科學學風是一個單純求知的精神，此時學者追究的問題是構成宇宙的基本物質為何，他們相信宇宙為合理、簡單、永恆、且進化的，此種探討與現實人生並無密切關係，其所欲了解者是人在宇宙中的定位，這其實是宗教關懷。西元前第六世紀晚期之後，希臘人的宇宙觀轉趨神秘悲觀，科學研究愈有形上學氣息，學術旨趣成為探討宇宙運作的原理，philosophia 一詞開始轉變為今意的哲學。西元前第五世紀德摩克利圖一出，科學與哲學的分野已明，其原子論開啟史上唯物主義與唯心主義的爭端。同時，希臘學術重點也由宇宙原理的討論轉變為正確人生觀的析辨，這個轉變奠定了自然科學與人文學分途發展的歷史趨勢，以及理性知識與非理性信念二種求真範疇的劃分，造成了所謂「物質文明」與「精神文明」的對比，和世界觀兩種對立命題，其影響至今不衰。

智士學派的興起代表的是人文學的出現，然這個新興的世界觀立刻陷入相對主義的迷境，給人一種虛無消極的印象。若以追求真理或以人格發展的心路歷程而論，智士學派的世界觀可謂出於「見山不是山」的過渡階段，既非幼稚無知也非智慧圓融；若就知識建構的理路來看，智士學派墮落為否定真理和玩弄是非的狀況，乃是因為他們以理性的原則和立場去論究非理性課題——包括政治主張、道德倫理、藝術審美、價值判斷、與宗教信仰——所導致的錯誤。以純理性觀點批判人文問題所造成的顛覆性亂象，一方面證明理性的價值，另一方面則證明理性價值的侷限。這個亂象顯示若人們不信超越性真理的存在，則人間依理性所建構的秩序隨時皆可能崩潰；並且這個理性主義的危機暗示著追求真理不能單憑理性，窮盡理性能力之後，訴諸良心天性方可能感知真理的方向與性質，雖然真理的內容非人所能知。如此，真理為何不是因人而定，而是感受真理的能力因人而異；真正的智者皆信真理的存在，而其感知亦皆相近，此所謂「英雄所見略同」。這樣的領悟乃是超越「見山不是山」而進入「見山是山」的境界，也是破除智士學派詭辯之術的不二法門；蘇格拉底、柏拉圖、與亞理斯多德的哲學正是在引導世人認知真理的存在，掃除虛無相對的感官假象，而不只是在捍衛希臘的城邦體制，或是維護社會秩序與行為準則而已。

蘇格拉底推翻智士派學說的方式，是以不斷反問的方法去說明「真理是無法否認的」；柏拉圖駁斥智士派學說的方式更進一步，他不僅強調真理之不可否認，且直接認定真理的存在，並闡述體會真理之道，此即是觀念論；亞理斯多德的學說呈現一種綜合、博通、與中庸的精神，他較柏拉圖「進一步」去證明真理可以認識、掌握與實踐，於此他與其師的對比有如中國的朱陸異同。柏拉圖的觀念論主張真理為超越理性經驗而存在，須以心靈體會，這其實已指出人文主義為鄙陋不足；亞理斯多德則以為真理部分蘊藏在現實人事中，不必全然靠想像力向天間求，人人可經由學習得知真理，此說使得在柏拉圖之下陷於困境的希臘人文主義傳統又得舒展的生機。

以後見之明審查希臘化與羅馬時代的歷史，便知其歷史定位與價值是在傳遞希臘的古典文明精神，然同時希臘的古典文明精神至此時也趨於妥協、扭曲和式微，但這實是一個高度文明推廣為普世標準時，難以避免的庸俗化現象，畢竟小國寡民的雅典可以發展出菁英文化並維持其水準，而廣土眾民的帝國欲推展脫俗的價值恐無甚成功的可能。

亞歷山大帝國企圖以西方先進文明教化東方世界，造就了希臘化文明，然如此的推廣政策反而導致希臘文明精神本身的稀釋，致使所謂的「希臘化」其實僅為「希臘似的」而非「希臘的」。從這個角度來看，希臘化文明乃是希臘文明的一種變體，甚至是墮落表現。這表現在許多方面。在政治上，雅典民主體制與希臘城邦自治體系至希臘化時代以後已不得而見，亞歷山大帝國境內流行的是「東方式專制」；在經濟方面，希臘時代農工商業規模小而形式簡單，至希臘化時代經濟活動繁盛而規模龐大，同時小康知足的儉樸生活態度已為追求物慾的世道民風所取代；在文化方面，希臘時代的菁英文化逐漸沒落，希臘化時代已表現出今日大眾文化的風貌與取向，人文主義精神式微，物質主義與非理性觀念流行。此由細部而言，希臘化時代的學術缺乏創意突破，而以整理考訂（如工具書的編輯）為主要成績，值得稱述的學者遠不如希臘時代；藝術上，此時繁複誇張與煽情流俗的風格，取代了希臘時期的中庸簡樸與含蓄美感，作品量大然多平庸，乏傳世佳作；文學上，探討人性與歌頌人格的創作意念消沈，寄情於想像世界的烏托邦避世主義大行其道，喜劇與田園詩成為創作主流，人文精神頹喪；科學研究上，希臘人探求事物原理的問學精神至此亦不多見，希臘化時代的科學發展不重理論而重實用，功利態度明顯；哲學研究上，宇宙真相真理及生命意義與價值的探討至此也失去動力，希臘化時代的哲學家致力的課題是如何解脫人生的苦惱，故其對形上學與知識論的興趣遠不及倫理學，雖然他們立說的依據常是希臘哲學家的知識觀。在這樣的人心趨向之下，無足為怪的是希臘化時代宗教氣息濃厚，且信仰取向神秘而消極，與希臘人本主義的理性世界觀形成鮮明對照。值得注意的是，希臘化時代的哲學雖與希臘哲學觀念不同，但尚且是繼承希臘學術傳統而來，仍講究理性主義；然希臘化時代的宗教信仰絕少希臘神話觀點內含的人文主義，而充滿反理性思想，且深受東方文化的影響。從斯多克主義與伊比鳩魯主義、經過懷疑論學派、再到奧弗斯教與米士樂教的發展，希臘化時代的文化精神正是從主張理性演變成反對理性、再走向宗教信仰的路子上。以整體文化思潮的發展而言，希臘時代哲學與科學為學合一，至希臘化時代則哲學與宗教目的一致，一個問學求真的精神逐漸消沈，而明哲保身的思慮則與日俱增；這一方面表示知識本身的價值漸被忽略，另一方面則顯示人本身的價值愈受疑問。總之，希臘化時代的文化成就不僅不如希臘，更重要的是它的文化觀已不同於前代。

簡單說，希臘文化在希臘化時代因主政者的推廣而造成簡化與一致化的情形，而這個同化東方的政策也未成功。不過，經由希臘化時代對希臘文化的保存、傳播、與通俗化，希臘文化乃更能獲得後人的了解與接受，羅馬所繼承與發揚的正是這個「希臘化的希臘文化」;羅馬人所知的希臘哲學與文學名著是得自希臘化時代的收藏，而羅馬的藝術與建築風格其實是沿襲自希臘化時代的古典變調，並非真正的希臘型式。姑不論文化素質的好壞改變，希臘化時代的政治勢力使希臘文化得以傳世久遠，而不致陷於孤芳自賞的窘境。並且若論史上西方文化的拓展方向，則後見之明更顯示希臘化時代是「西方」（文化）所以為「西方」（地理）的轉捩點，因為經過這次「東方西化」政策的失敗，希臘文化的發揚地乃由近東改為歐陸，且一路西進，直到十九世紀後期終於全面抵達東方而成為一個「世界文化」。

希臘文化由亞歷山大帝國向東傳輸成效並不大，羅馬帝國接受希臘化文化而將古典文明推展至西方，確定了希臘文化作為西方文化主流精神的傳統。然而，正如希臘化文化不是希臘文化的原貌，吸收希臘化文化的羅馬文化更非希臘文化的複製；羅馬發揚了希臘文化，但也高度改變了這個古典文化，它一方面使希臘文化更世俗化，另一方面則因採行基督教使得希臘人文主義受到宗教信仰的洗禮而改觀。這雖造成希臘精神的沒落，但卻是古典文明步入「見山不是山」的批判階段之關鍵，若無此則現代文明將無由創發。依此而論，羅馬時代是古典文明的終結期，也是西方文化的轉型期，它聯絡古典與現代，成為古代歷史的總代表。

羅馬的文化創作較諸希臘並不偉大，然羅馬的政治經驗特為豐富，其統治觀念與技術在西方政治史上為重大的發明。正因羅馬帝國為古代政治的盛世，中古以下的政權常以羅馬的正統繼承者自居，甚至近代歐美霸權也以古代羅馬為比擬對象。漢唐帝國、蒙古帝國、回教帝國等盛況雖未必不及羅馬帝國，但在政治理念與歷史典範（和教訓）的意義上，均不如羅馬對近代帝國——西方列強——影響之深刻。現代政治當然不是效法羅馬制度，但羅馬顯然比史上任何的帝國都更具政治現代化的啟發性。

不過，羅馬前後將近千年的政治歷史儘管情節曲折而內容豐富，但政治演變與文明進化實關係不大，一方面作為從政動機的權力慾望乃古今皆同的人性，不因環境不同而改，另一方面政治體制的變化僅為形式問題，它雖涉及行政效率和「平等」、「人權」、「自由」諸觀念，然政治體制或形式的改變未必就促進這些價值的提升，何況這些價值也未必即是文明的價值。即使羅馬政治發展是由專制轉向民主——事實又不然——這也不表示羅馬愈來愈文明，因為民主或專制只是一種政治手段、過程、或形式，與和平、理性、和正義的發揚沒有必然的關連，而這些主張才是政治改造的目的、或政治實質的意義與價值的本身。簡單說，人類的政治歷史恐怕只是文化行為的演變而非文明價值的進化，此在羅馬歷史特為明顯；文明的理想不能「以成敗論英雄」，而羅馬歷史中英雄輩出，他們即便有創造時勢的力量，卻都因叱吒風雲一時的成功而留名青史，對於人心教化則影響無多且未能恆久。這也就是說，羅馬盛世並非文明的顛峰，而羅馬衰世也未必是文明的厄運。史上亂世之時反得見可歌可泣的高貴行止，而太平之時特多諂媚奸詐的小人行徑，即是這個道理。至於屋大維主政時羅馬文藝發展亦處於盛況，這和古埃及政治強盛時即為文化興隆期的道理相似，乃是政治勢力與文化活動結合緊密的現象，而這絕非文明發展的善相或良緣。政治發展歷史不符文明演進脈絡的情況，也表現在希臘與羅馬文明的關連性上，此即是羅馬文化高度傳承著希臘文化，但羅馬政治經驗卻不是接續希臘政治經驗而來。希臘與羅馬的政治歷史其實各自發展、干係不大，甚至是對抗的（羅馬帝國兼併希臘地區），而二者雖各有其政治發展歷程，本質與結果卻相彷彿，這就是因為在政治權力的追求上，總見「人同此心」的表現，以故作為相去不遠。可知政治行為其實不太需要學習，只要老成自然就會，而且常有「後生可畏」的表現。如此，希臘的政治經驗對羅馬貢獻（影響）無多，而羅馬在長久的政治歷史中所呈現的文明開化跡象也不多，然羅馬豐富的政治經驗卻幾乎涵蓋了人類所有的政治行為模式，故特別可為後世思量與借鏡，這是羅馬歷史的大價值。無奈的是，「歷史最大的教訓就是人類永遠不接受歷史的教訓」，這又使得羅馬歷史的價值只落得個「參考的價值」，實用性（羅馬文明的主要特性）不高。

羅馬文明對後世最大的貢獻或羅馬文明最高的創作乃是法律，它標舉的法學精神是「逍遙法內」與「惡法非法」，企圖革除——當然未必能徹底成功——「逍遙法外」的邪念與「惡法亦法」的迷思。羅馬法體系的完備及思慮的深刻，與羅馬豐富而長久的政治經驗關係密切，這點又說明羅馬政治歷史仍有其文明價值。羅馬法對後世最大的影響不是法條本身（不可能長久沿用），而是法律觀點與原則，此即是所謂的「自然法」。自然法以正義作為法律原則的主張強調公理自在人心，體現「人同此心，心同此理」的良知標準，具有永恆性與普遍性。在自然法精神之下，「惡法亦法」的弊端，終可除去。自然法乃是政治中仁義精神的呼籲與道德力量的發揮，尤其在基督教興起以後，自然法由「自然之法」提升至「天道」乃至「神意」的境界，具有更高的神聖性。基督教神學家將自然法的觀念推崇為一個具有超越性價值的真理，可通用於全體人類社會（不論是否為基督教世界）。十七世紀以下，國際法的逐步形成與人權民主的追求，均建立在自然法的觀念上；於是自然法在促進世界一家的同時，也對不合情理的威權構成永恆的責難。這就是羅馬文明遺產中最高貴的價值，雖然這項價值在羅馬時代未必發揮極高的作用。

羅馬的文化與政治彼此依存與互動的關係緊密，以致羅馬文化的黃金階段是共和末年與帝國初期的政治盛世，如此現象顯示羅馬文化其實是政治勢力的附庸，缺乏自由發展的創意與活力。事實上，羅馬的成就主要是政治、軍事、和法律方面，而不在於文藝與學術思想。或因民族性、或因政治主導文化，羅馬文化呈現唯物、現實、虛榮（好大喜功）、嚴整、與講究秩序等取向，它不富於抽象思考能力，少創造性。此外，羅馬為古典文化的模仿者、宣揚者與傳遞者，它與希臘化時代一樣，於希臘文化的推廣——菁英文化的世俗化——促進甚多。不過，羅馬所學習的希臘文化乃是希臘化時代所保存與調整的希臘文化，而非希臘文化本色；但就文化精神而言，這種間接關係並不構成嚴重的認知障礙，然同時羅馬文化與希臘化文化一樣，其精神表現誠為希臘文化的變形與墮落。羅馬的宗教觀一開始便受希臘的影響，羅馬諸神說法皆承襲自希臘神話，而羅馬哲學也大多沿襲希臘思想，在這些方面羅馬的希臘化表現或模仿特性，使它成為古典文明的結束，而非新文化的開端。然而羅馬畢竟歷史悠久，不可能固守希臘文化傳統而一成不變，在長期發展下，羅馬的文學、藝術、與宗教信仰逐漸產生自有獨特的風格，尤其是基督教的興起更使羅馬以後的文化精神與希臘時代大異其趣，這是羅馬對於西方文化特質最大的塑造作用。

羅馬的文學早受希臘文風影響，然其描述主題始終偏向現實人生，少純文學精神。羅馬盛世的文學家多與政治結緣甚深，其作品充滿著現實觀念、經驗主義、政治興味、愛國情緒、與社會教化等色彩；待國家衰亂後則鄉愁式的悲情筆調普見，紀錄奇聞異象的玩物喪志作品亦多，顯示羅馬文學為環境產物，缺乏思想深度。羅馬藝術風格也只是模仿希臘，但羅馬流行「以大為美」和「以貴為高」的審美觀，它特別歌頌國家榮耀，展示權威、力量與成就，這也就是說藝術在羅馬人而言是政治的工具與財富的象徵，「為藝術而藝術」的態度不可多得。正因如此，最具權勢誇耀功用的建築乃成為羅馬藝術的代表作，而羅馬建築的特色就是「大」，其次為華麗，這樣的盛況在國力衰微後自然也難以維持。在科學研究上羅馬的成就微不足道，此因羅馬人對人事權力的興趣遠多於自然物理。考量羅馬國力之大，以及羅馬文化之宗師希臘化文明正是科學發展的盛世，更可見羅馬文化的偏失。羅馬的科學一樣講究實用目的，故特重科技應用，而不重視學理探討，這個功利主義的取向較希臘化時代更有過之而無不及。羅馬時代罕有重要的科學發現，當時學者對於前代的科學觀點亦少有批判。在共和時期羅馬簡直無科學研究可言，而到帝國階段稍有成就，但也不是偉大的創見，而多是知識彙整之類的苦勞，且重要的科學家多非出生於羅馬。羅馬的科學研究因著重現實功用，使其最多只有「承先」的成績，而乏「啟後」的貢獻，這是因為實用的科技知識永無失傳之虞，而可繼承與蒐集，但科學理論的創發則須有求真問道的精神，不能成於勢利之人。

羅馬文化的現實主義精神也使其哲學研究朝向重視人生問題

討論的倫理學發展，探究真理的形上學與知識論不為所重，此種情形與希臘化時代的哲學相似；因此羅馬的哲學觀點順理成章地承襲希臘化時代的學者，這一方面表示羅馬與希臘化時代的哲學家關懷一致（問題一致），另一方面則又說明羅馬學術缺乏創意的弱點較希臘化時代更甚。希臘化時代的哲學不如希臘哲學的完整、深刻、與富創造力，而羅馬哲學則更不如希臘化時代，可謂每況愈下。羅馬的文學較能發展出不同於希臘的獨特性，而其哲學則不能，此因文學畢竟依託於語文而生，不同的語文必有不同的文風（世上並無單一的文學重鎮），故拉丁文學終能成就與希臘文學不同的格調；但哲學與科學之類的探討乃要追究普遍性真理，不因民族地域或時間而有不同的標準，故成敗比較可以明確絕對，在此羅馬文化創造性貧乏的事實便暴露無遺。希臘化時代的哲學主流為斯多克主義與伊比鳩魯主義，而羅馬學者所師法的悉為前者，此與斯多克學派較伊比鳩魯學派更具入世濟群的精神有關，這再度證明羅馬文化的現實性。羅馬知識分子多無形上冥想的興趣，而重視實際的道德問題，伊比鳩魯學派漠視道德義理與人生責任的態度，自然不為羅馬人所肯定。希臘化時代的斯多克主義學者在探討倫理學同時，也兼論邏輯與自然哲學等知識，但到羅馬時代則此派學者所討論的只是倫理學，這顯示羅馬哲學研究的偏狹傾向。總之，羅馬的哲學研究只是個「述而不作」的斯多克學說，而斯多克主義的流行對於基督教的發展具有相當的助力，終於使這個哲學斷送在宗教的洪流中。

羅馬早期的宗教觀由於受到希臘的影響而調整為相似的體系，同為聊表人生態度的神話設計；不過羅馬宗教向有濃厚的政治性意涵，強調神明保國衛民的能力，此為其不同於希臘宗教的特徵。帝國時期以後皇帝崇拜興起，宗教服務政治的功用更為提高，羅馬依舊沒有真正的宗教信仰。然而正因羅馬宗教的世俗性目的，在不妨礙國家威權與社會秩序的情形下，羅馬政府對於新神明與新信仰的流傳並不禁止，而人民也因不滿於理性與政治性（集體性）色彩過高的官方宗教，祈求一個富於神秘感性的個人信仰。於是隨著帝國的擴張，東方的宗教乃逐漸流行至羅馬民間，期望永生的反現實信仰開始改變羅馬人的生命觀。在第三世紀的亂世下，羅馬社會中渴望拯救與來生的出世精神愈來愈強，新柏拉圖主義的興起便是這個時代氣氛的表現。這套說法將柏拉圖哲學的精神層面推向極端，直如一個宗教（與婆羅門教神似），它強烈的反理性與避世精神使信徒處於衰世卻無視社會亂象，然而這個玄學對於大眾而言仍莫名其妙，人們尚須另謀一個真正的宗教出路，而這就是基督教興起的背景。整體而言，宗教信仰的興盛總與羅馬國勢的衰頹相伴隨。羅馬早期迷信經希臘宗教觀的洗禮而改為人本理性的生命觀，其後隨著帝國政治勢力與物質文明的發展，羅馬宗教愈為世俗化，後來又因政治社會衰亂使人更求避世解脫之道，終於乃有神秘宗教的大流行；從這個歷程看來，羅馬文化顯然有嚴重的缺失，使其宗教發展始終基於現世需求，隨世變起伏，而不能有超越性信仰的永恆追求，以解釋生命的不變意義並撫慰人心於變世。

從文明發展的觀點來看，基督教的興起代表羅馬文明的失敗；羅馬高度的現實主義在帝國末期迅速為反現實的超越性一神信仰所取代，這說明人本觀念作為文明精神有其嚴重弱點。希臘無神信仰的人文主義追求君子完人的崇高理想，此經希臘化以至羅馬時代逐漸墮落為追求現實功名利祿的「人本」主張，自尊變成自利而自信變成自大；然當世運不濟時，此種態度便無法維持，於是自利又變為自憐而自大變為自絕，基督教一出一切的人皆成為罪人，文明歷史也「成為」人類墮落的過程。其實基督教作為超越性信仰，其對真理神意的探索是要超越理性經驗，不是要反對理性經驗，是要從文明歷史尋思天道，不是要唾棄人生現實為空虛；然基督教一流行，羅馬人「立功、立德、立言」的氣概卻全盤崩潰，這固然可能是基督徒誤解真理神意的結果，但更表示希臘羅馬的文明價值觀有其內在失誤。只是這個問題須至文藝復興時期方被覺悟，故而中古便成為一個反人文、反理性、反經驗、反現實、反古典的黑暗時期。

基督教源出於猶太教，而猶太教原為「東方」的宗教，但這個信仰脈絡終於獨樹一格，成為一個超越凡間觀點的宗教。猶太人原屬古代兩河流域的閃米族群之一，其歷史文化與宗教信仰深受古代近東世界大勢的影響，然而猶太人終究造就了一個與一般近東文明觀念極為不同的獨特文化，這與猶太教——本亦與上古宗教無異——發展為一個超越性信仰的趨向息息相關。發源於猶太教的基督教更進一步詮釋這個與眾不同的宗教觀，於是以基督教為中心思想的西方文明，乃愈加和東方文明分道揚鑣，形成兩個對比強烈的文化。

猶太教教義的發展與猶太人的歷史遭遇環環相扣。在西元前十三世紀之前猶太人與近東民族一樣信奉多神，摩西時代以後改為單神信仰觀，以色列王國毀滅後則轉趨一神教，至巴比倫流亡期以後猶太教的末世與來世思想大為增加。猶太人相信上帝為超越自然，人為萬物之靈乃神意的安排，而神意的展現是透過歷史，但其神秘權威難以理解，不能以物理或人倫標準加以解釋和期望。猶太教的許多觀點雖不是猶太人自己的發明，而是採擇自近東其他宗教，然一方面猶太人既然認為神意展現於歷史之中，這些教義便被視為其歷史經驗所得的神意新解，而非舊有教條的翻版抄襲；另一方面猶太教本是長久演化的信仰，它的特出之處不在於神話的創造，而在於神話詮釋的深入與高超，因此這些信仰觀點經由猶太人的解讀，頗有化腐朽為神奇之妙，不再是膚淺的教條。觀乎整部《舊約聖經》，它以形式題材而言，包括了神學、歷史、哲學、文學、法律、與宗教見證等，構成古代希伯來文明的思想主體；然若以信仰精神而論，這種種不同的表述方式，其實皆在討論同一課題，此即是真理與神意為何，而以猶太人的觀點來看，《聖經》的價值與本質正是在此，絕不能以一部希伯來文明的百科全書視之。這正是說，對於宗教信徒，真理與神意隱含於一切的事物中，人須從各方面探索一貫的義理，不應止於「就事論事」的表面功夫；而「橫看成嶺側成峰，遠近高低總不同」的印象，乃是不信真理者的眼光，因為縱有不同角度視野所見的山形——由上而下俯瞰也非全貌的掌握——但此山的存在終為事實而有其真相，永不因人的感官知覺限制而有所改變或減損。

歷來的宗教信仰或學術流派皆有基本教義派與傳統派之分，猶太教為長久演化而成的信仰，故更富基本教義派與傳統派的爭議。古代猶太教的基本教義派為撒都該派，持傳統主義者為法利賽派。具體而言，法利賽派相信而撒都該派排斥的信仰觀點包括永生、死者復活、天使與魔鬼的存在、彌賽亞的來臨、天啟觀、末日審判、乃至絕對的一神信仰諸說；整體來說，法利賽派較為「認命」，對於命運與上帝的作用更為重視，而撒都該派則強調人的自由意志與個人責任。法利賽派本較為開明寬容，普受猶太大眾的支持；至耶路撒冷神殿為羅馬毀滅之後，撒都該派大失依靠，更使法利賽派乃成為猶太教的主流與正統。這個接受神意解讀傳統的猶太教派，自然可能為基督教發展的源頭，因為耶穌講道與猶太前賢不同，理當非撒都該派之屬，故而被歸類為傳統派的新說（聖保羅原亦屬於法利賽派信徒）；然信仰講究絕對性，耶穌傳教並不以法利賽主義為相近之流而認同之，當基督教興起以後，基督徒更與法利賽派斷絕關係，甚至斥之為邪門歪道。這表示信仰就是信仰，一點差別都不得馬虎，相近反而相斥，不能以固執相責，也不能以包容相許。

就信仰觀點而言，基督教的成立是在肯定猶太教並「補充」其不足。耶穌傳教的重點是在於宣示天國的來臨、強調上帝的慈悲、與暗示人間變局的產生，而在倫理道德上他所說大致不出《舊約聖經》的規範。除了有關天國之義外，耶穌所傳教義其實並不特殊；他的道德情操固然動人，但這不足以使其「被神格化」，而且他的倫理觀也非獨創。事實上，基督教不是耶穌所建立，而是耶穌的信徒在其死後基於他的身教與言教所推展出，而這又與耶穌的復活、教會的組織、與保羅的傳教等三事關係最大。凡是一神信仰其所信對象皆同，同為一神信仰的猶太教與基督教本質上實無殊異，而基督教可視為猶太教傳統派的延伸，二者對於局外人乃無細分之必要；然基督教若要自立，自然要申明其為基督之教，也就是強調耶穌的神格。復活一事乃是耶穌的神格及其教義之有力證明，非此則無「信耶穌得永生」的新宗教觀；耶穌復活之說違反理性與經驗法則，這是基督教作為超越性信仰的關鍵性觀點，信者為此人心大振，不信者因此更嗤之以鼻，使基督教團體益形獨特而明確。教會組織與教儀教規的設定是基督徒為了強化自我的信仰表述以及與猶太教劃清界線所採取的作法，在此教會尤強調透過洗禮與聖餐，凡人可分享耶穌的生命。保羅的教義闡述特別強調猶太教與猶太歷史作為基督教先驅的重要性，但他認為基督信仰乃是全新的概念，尤其是有關人神關係的變化（親近）。本來猶太教雖已發展至認知宇宙唯一主宰的一神信仰觀念，而有世界性宗教的本質（所有的一神信仰皆是世界性宗教，因其所企圖解釋者乃是宇宙真理），然因其猶太民族特受恩遇的說法，使其信仰難以超越部落而廣傳於世；相對地，基督教掃除猶太教的種族性，以全體人類與唯一上帝的關係為信仰主題，涵蓋所有人的生命意義問題，於是基督教乃最先成為真正的普世性與傳道性宗教，傳教事業的活絡至此已非基督教的特徵而是本質，因為它是必要而自然的。

在基督教會世俗權力建立的同時，基督教的信仰權威也透過「聖經」和正統教義的頒訂而確立。基督教的《聖經》包含《舊約》與《新約》，這說明基督教為猶太教的傳統派延伸；而基督徒往往重視《新約》勝於《舊約》，這又表示基督徒視猶太信仰為天命的先期展現，基督教方是完備的真理神意。這個認同猶太教價值卻又不加以完全肯定的態度，使二教信徒非但不能親近，反而相互排斥，此正因宗教信仰追求絕對性，而不能允許「差不多」的概念。《新約》的篇幅僅及《舊約》的三分之一，但它的重要性對基督徒而言遠勝於其他，這說明基督教即是基督之教，有關耶穌教義的記載當然重於神命的先期暗示與探討。猶太人相信神意展現於歷史中，其長時探索與解釋天命，自然造成敘事性高而分量多的經文；基督徒相信耶穌化身為人的表現即為最後而完備的神意啟示，故其信仰觀念與宗教經典也就能於短時之內——相對於猶太教長久歷史——成立，其經文的直接簡潔與論理性和結論性也較為明顯，此種差異本質上是因信仰的不同，不是技術或經驗的問題。現今《新約聖經》大體內容的確立是在第二世紀末年，而其定版是在第四世紀後期。如此，基督教的信念既定，教條教義已明，異議與異端便形狀顯著而遭排斥，於是基督教更得廓清，使徒時代鬆懈的教會乃一轉而為嚴密的結構，信條主義顯與階層組織相互為用而壯大了基督教勢力。

第四世紀之後基督教既成為國教，且其組織與經典已經確立，反對主流或正統教義的觀點乃成為領導當局所欲壓制的對象，其嚴重者即是所謂「異端」。反過來說，當基督教國教化之時，羅馬已步入衰世，宗教的政治化手段上行下效，帝國境內各地的特殊本土認同自然導致不同的信仰立場，以為其伸張地方自治（割據）的地位，故教義的衝突亦可視為政治的鬥爭。然基督教的信仰紛爭本有其內在因素，早自第三世紀晚期以來東方教會已苦於教義的爭議，這個現象乃源於信徒對於耶穌屬性的不同認知，既然基督教即是基督之教，耶穌為何的問題自然是基督徒信仰的出發點與分歧關鍵。簡單說，基督教各式異說爭論的焦點即是「耶穌與神」及「耶穌與人」的關係為何的問題；這個問題也就是在追究耶穌的神格與人格本質，或說在辯論「三位一體」的觀念。三位一體說無法以理性推論而得，為高度的神秘主義與「啟示性真理」；它若被否定，則神化身為人的意義，如耶穌以一生行誼向人示範正道與啟示神意、上帝對世人的赦罪救贖、與上帝的父慈性諸信念，都將崩潰，如此所謂的「基督教」便無法成立。尤其信徒最為關心的得救永生希望正是奠基於此，蓋耶穌化身為人，具有完全的人性且有絕對的神性，其在世表現與死後復活便在展示人性昇華為神性的可能；這也就是說，正因耶穌「被」造化為真正的人，故而吾人可以真正「超凡入神」。耶穌的神性或耶穌是否為上帝的問題（此所謂「基督論」），一直是異端爭論的重點，因為這本是基督教信仰的原點——起點與終點。三位一體說的顛覆即是基督教的推翻，因此基督教教會與推行基督教為國教的羅馬政府當然大力維護這個教義，討伐一切異議；事實上三位一體說雖出現甚早，但它的鞏固與完備是經由基督教教會與羅馬政府的推動——也就是透過政教合作的宗教會議——所造成的。可見基督教所以為基督教，正是「耶穌基督即為上帝」這個人所不可能理解和證明的觀點成為眾人信仰的態度。這就是說，若不神秘或無超越性，宗教信仰即不可能存在；非此而有宗教，那只是一種迷信，至多為一種信仰，絕不是真正的宗教信仰。

基督教信仰遠較猶太教為具體，但它的現實性遠不如當世的羅馬文明，故當基督教盛行時即表示羅馬文明「出了問題」；而當羅馬政府因政治考量從迫害基督徒改為提倡基督教時，基督教的世俗化乃與其勢力一齊增長，終於導致羅馬帝國滅亡後「基督教文明」的興起。這是一個「人間天國」的嘗試，其結果卻是人道與天理的雙重失落，是為古典與現代文明之間青黃不接的中古時代。

「中古」一詞乃是十七世紀歐洲人所發明，用以指稱古典希臘羅馬文明與他們自身所處的「現代」之間的一段中輟時期，也就是西羅馬滅亡以迄文藝復興運動興起之際。這是說中古在文明進化的歷程中常被視為一個過渡轉折，缺乏其本身的價值或貢獻，故中古這個用語本帶有輕蔑之意。今日學者雖普遍使用此詞，但多強調不含貶抑的意思，或強調中古時代有其重要的歷史文化成就，其所以如此與二十世紀後期以來的文化風尚關係密切。首先，現代學術界講究多元價值，反對單一價值觀，或說其排斥一切價值判斷，強調任何人事物均有其本身價值（相對價值觀），不應加以比較、統合、或一致化（絕對價值觀），於是以古典和現代文化價值為一貫標準而滋生的「中古」一說，乃被認為偏執而應唾棄。同理，現代文化觀不喜「歐洲本位」立場，而重視民族主義或世界一體觀點，起於歐洲（尤其是西歐）和本於西方文明觀的現代化說法，自然被視為帝國主義的侵略伎倆；「中古」的看法就是歐洲本位立場的時間觀產物，不能吻合東方民族的感受，在基督教世界處於文明衰世的中古，正當回教帝國興起的盛期與中國的隋唐盛世，而以西羅馬帝國滅亡為開端的「中古」定義顯亦漠視拜占庭帝國（東羅馬）的生命力與成就，可見「中古」不是同時或舉世發生的。再者，「反現代」或「後現代」的觀點皆厭惡人本、理性、物質、主流、上層、大同等主張，以及以這些主張論定「中古」為文明退化或落後的說法，因此這些現代文明的異議分子常以重新發現中古意義為貴，強調宗教、感性、精神、個體、下層、歧異等價值，展示中古的「超現代」地位。又以歷史研究而言，傳統史學以政治與文化（武功與文治）為主要課題，現代學者則以治經濟社會史為新潮，其所謂文化史研究概為生活史討論（不重上層文化），而這正是現代的中古史研究特色所在，以及中古史研究成為熱門的緣故，因為一千年的中古時代中文化創建成就雖不高，但總有龐雜豐富的人生百態事蹟可供研討。其實，若不以「中古」為西洋歷史專有名詞，而視之為文明發展（如人格智慧的成長）中「見山不是山」的懷疑否定階段，則所有的文明皆須或皆有這個頹敗喪志的經歷，才（能）達到真正的開化地步。「中古」儘管是西方歷史所特有的，但中古現象所顯示的文明價值體系初建（「見山是山」的初階）後，不能持續進化反而退卻的狀況，必有其發人深省的意義；而若西方式的文明——非指歐洲文明本身——乃是人類文明發展的典範，則西方中古時代的文化更是人人皆應探討的「歷史停滯」現象，這也顯示所有文明皆不能迴避一個中古黑暗時代的摸索階段。

中古時代西方世界主要的文明單元有三：拜占庭帝國、回教帝國、與西歐基督教世界。拜占庭帝國為羅馬帝國的殘部，回教帝國為第七世紀以後新興的一神信仰宗教政權，西歐則是基督教教會統轄的羅馬文明原生地，因此這三者之間其實存有密切的關連，其對立爭衡的緊張態勢正說明其原本的親密關係。拜占庭與西歐社會為羅馬帝國的遺緒，它們在政治上角逐正統繼承者的威望，在宗教信仰上則競爭基督教道統傳承的地位；而拜占庭與西歐俱為基督教世界，其宗教與回教世界同為一神信仰（且皆為政教合一的體制），精神追求相似而教義有所出入，故彼此同而不合，因對比而對抗，常相互激盪。中古西歐本長期受到西班牙與西亞的回教文化以及東歐的拜占庭文化之影響，至中古後期十字軍東征運動屢興，西歐與拜占庭聯合討伐回教政權，三大文明的互動合流更盛，現代單一世界的創造前兆已出。

若論三者勢力的強弱，拜占庭先盛後衰，回教帝國異軍突起，而西歐始終敬陪末座；中古時代常被稱為「黑暗時代」便說明著這個事實，因為如上述「中古」是一個以歐洲為本位的觀念詞。然中古時代卻是現代歐洲的孕育期，此時西歐開始發展出一個與拜占庭和回教世界迥異的文化圈，它成為現代文明之母。在這個「以成敗論英雄」的標準及後見之明下，拜占庭與回教帝國僅成為中古論述中，對照西歐的文明元素和影響現代世界興起的因素。於此，拜占庭較諸回教帝國似更無歷史價值，因其文明與西歐相近而缺乏衝擊與挑戰西歐的作用；當西歐在現代崛起、獲得中古戰場的最後勝利時，拜占庭傳承羅馬文化的地位早已消失無蹤，而回教世界在不能招架西化勢力之餘，尚以精神的反對者維持其傳統尊嚴。

拜占庭雖自命繼承羅馬正統，但其文化富於東方特徵而不得西方認同。拜占庭歷史的一大課題正是羅馬正統傳承的強調與爭取，尤其是查士丁尼大帝在位時。為此，查士丁尼令編法典，以強調其繼承羅馬法統；為此，查士丁尼西征，光復羅馬故土；為此，拜占庭的文化政策與體制作風守舊保守，並極力保存和研究古典希臘羅馬的學術文化，以強調其繼承羅馬道統；為此，拜占庭敵視強調繼承羅馬正統的西方政權，如查理曼帝國與神聖羅馬帝國；為此，拜占庭（政教合一而信仰上講究聖經權威）與西方教會對立，反對羅馬教皇體制，並推行破除偶像崇拜運動，以爭信仰正統。另一方面，日耳曼王國亦圖宣示其繼承西羅馬帝國的正統，以合理化其政權，並與東方拜占庭爭霸。至十一世紀以後，西歐日漸復興，而拜占庭則日見疲態，西歐人反成東方之外患，「西方的興起」成為此下歷史研究的重要問題意識。然拜占庭終究不是亡於西方，而是亡於更「東方」的回教帝國。拜占庭被土耳其人攻滅後，深受拜占庭影響的俄羅斯，慨然負起接續東羅馬命脈的使命。另一方面，土耳其人滅亡拜占庭後，入主君士坦丁堡，大量採用拜占庭的政治制度，且頒佈寬容基督徒的法令，鄂圖曼帝國儼然成了拜占庭帝國的繼承者。三代以後土耳其人與希臘人的混同，更提高鄂圖曼帝國對這個傳承的訴求力量，而東正教徒也大致接受了土耳其蘇丹為拜占庭政權的繼承人。以故兩個「東方」傳統於此出現——俄羅斯帝國與鄂圖曼帝國——它們之間在東歐黑海地區長久的對抗，不僅是為帝國利益，至此亦可解為文化道統之爭。

拜占庭的人民為數種族群的後代，在文化上，拜占庭也是一個多元體，不過它也具有一種不東不西的獨特取向。君士坦丁大帝將政府東遷以來，東羅馬的東方化特徵開始出現，然而同時君士坦丁卻也引進基督教這個西方式的信仰。整體而言，拜占庭文明結合了羅馬政治傳統、希臘文化、與基督教信仰三大要素；它也堪稱為一個基督教世界，拜占庭的藝術、音樂、與建築尤其展現高度的基督教文化色彩，歷久不改。以世界史觀點來看，這是一個西方式的文化，而當世的拜占庭政權也如此宣示；但以西方歷史傳統而論，它卻是一個妾身未明的角色，令人觀感矛盾；然若以中古時代衡量之，則拜占庭實為當仁不讓的古典文化保育區。即便在拜占庭失去其羅馬帝國正統繼承者的名位時，君士坦丁堡──號稱「新羅馬」或「第二羅馬」──無疑仍是中古時期希臘羅馬文化傳統的重鎮，西歐相形之下確是一個粗野落後的社會（雖然它常較拜占庭更富有活力與創造性）。由此可知，拜占庭帝國是西方古典與現代文明之間的連繫者，但同時這也說明它沒有偉大的文化創作。然拜占庭在第七至十一世紀期間抵禦了波斯人、阿拉伯人、與土耳其人的西侵攻勢，對於處在衰微混亂的西歐起了重大的保衛作用，否則中古西歐的「黑暗時代」當更為黑暗；尤其拜占庭對於希臘羅馬學術遺產的保存與羅馬法律的整理著力甚多，成為西方文藝復興的憑藉與現代法律建構的依據，這個「護法」的地位與貢獻是不容忽視的。

回教是一個短時之內成立的綜合性宗教，它的啟示性成分就理論而言較猶太教與基督教更高，但它的信仰觀念簡明，倫理性甚強，而世俗性表現明顯，以致不論回教世界在政治上如何分裂，其文化仍有高度的一致性。回教的推行就現實而言，顯為阿拉伯社會的一個新生活運動，對於道德的提升、經濟問題的改善、階級與部落對抗的泯除、知識教育的推廣、民族意識的培養、國家的統一、乃至國際文化交流，促進良多。回教的出現在教義或信念上對於猶太教與基督教影響不大，但在政治上它對基督教世界衝擊甚鉅。從歷史觀點來看，回教帝國自第七世紀出現，可謂為閃米族的復興，雖然阿拉伯人本身初時未必有此動機與認知，但隨著國際鬥爭情勢的發展，閃米族對抗印歐族、回教世界對抗基督教世界、或東西對立的意識型態顯然逐漸強烈，而成為國際政治的主要分析架構與課題（難題），至今不衰。

回教融合基督教、猶太教、與阿拉伯文化而成，它不是要改革一神教的傳統，而是古代信仰的集大成嘗試，但這個嘗試未必成功或更接近真理。回教信仰中對於上帝與人神關係的看法顯然「結合」了猶太教與基督教的觀點，因而造成回教教義的某種衝突與矛盾性和模稜兩可狀況，同時又致使猶太人與基督徒對回教的嫌惡。在回教世界擴張時，回教徒與基督徒和猶太人的關係也日漸惡化，蓋此三者皆信奉一神教，追求同一真理，而彼此觀點有別，自然易於因相近而相斥，互相視為誤入歧途的歪道。正如基督教由猶太教結論而成而深為猶太教徒厭惡，回教繼承猶太教與基督教傳統而來乃深受猶太人與基督徒痛恨；此二關係中的後者皆強調其奠基於前者所見而獲致真相大白的最後答案，故特為前者所不屑。穆罕默德原先對於基督徒與猶太人頗採親善態度，希冀其先知身分能獲得普遍認同，但結果甚令其失望。然而整體而論，近代以前回教徒對於基督徒與猶太人堪稱包容，此二方的嚴重敵對乃是歷史衝突積怨的結果，不是本於信仰初衷。

正如希臘化世界，回教帝國在西方文化式微時保存並傳遞這個知識傳統；在西歐的中古時期，回教世界與拜占庭同為希臘古典文化的維護者，十二世紀之後西西里與西班牙的回教徒以及拜占庭的希臘人將古典學呈現予西方，對於中古後期西歐學術的復興（如大學教育）貢獻厥偉。古希臘重要的科學著作及亞理斯多德論著多被回教徒翻譯為阿拉伯文，其後這些譯作又被轉譯為拉丁文，在十字軍東征時代重新傳入西方，這是回教世界對西方現代化的一大助力。由於對外擴張，阿拉伯人開始接觸希臘的科學與哲學以及波斯的文學與歷史，阿拉伯人在嫻熟這些領域之後，乃發展出自己的科學與文學傳統。這是說，回教徒一方面積極學習與保存古典學術，另一方面則由此創造回教文化的風格，能以復古為革新且兩全其美。同時，因為四處征討拓展，回教徒也成為世界文化交流的媒介，將各國文化傳播推廣，中國的造紙術與火藥以及印度的計數系統的西傳，只是當中影響最深遠的幾項。

回教文化是一個富有活力、適應力、彈性、折衷性、世界性、多元性、平等性、包容性、與世俗性的文化。原來阿拉伯人自身的文化本極為貧乏，在文化——尤其是高級文化（即文明）——立場上其排外性不大而吸收力強，以此因皈依回教者帶來他們多樣而優越的文化，乃能造就回教世界的燦爛文明。阿拉伯人傳統的科學與藝術成就甚低，但經由模仿與學習，卻能達成極高的科學水準與塑造獨特的藝術格調，這是特能引人注目的變化。而回教帝國據有拜占庭與波斯舊地，這兩個古老的文明傳統成為阿拉伯人師法的寶庫，使回教文化如同古波斯可以透過多方學習，迅速超越自身本來的落後原始狀況，而進入文明開發之境。同時，又與古波斯相同的，回教帝國雖以模仿和綜合其他先進國家的文化為建國手段，然此種廣納各方觀點的作法終須有調和融會的見識方能成功，於是竟能發展出一種特別的文化風格，而成為獨有特色，造成自我認同。回教文化的素材與內容雖複雜多樣，少有自創，但綜觀其全面，則又能發現其文化格調的一致性，而為一個可「驗明正身」的與可辨識的文化。

回教文化中，成就最高者當屬科學，回教文化盛期常是科學發展最活絡之時。回教世界的科學研究著重數學、天文學、與醫學三科，此與古代科學的重點相同，顯示回教文化的原始性與實用性。回教思想包含理性主義、神秘主義、與律法主義三大潮流，而三者相互牽制以致皆不能充分發展，且因回教經典與教義簡明的特質，學術思想在此之下更無自由發揮的空間。回教神學家常又是哲學家乃至科學家，這說明回教思想家有「吾道一以貫之」的觀念，但其信仰與學術可以相互發明的功用，顯示回教的超越性內涵並不高。回教學者多非絕對（純粹）的理性主義者或神秘主義者，而為綜合亞理斯多德與柏拉圖學說的中間派，這也表示回教思想缺乏識見及深度。回教藝術亦幾無創意，而僅為拜占庭與波斯藝術的結合體，且深受教義規範而發揮餘地極為有限。綜上所言，回教文化其實不甚高明，但相對於中古西歐的衰微情勢，它的實力與勢力卻不得不令西方折服。

事實上，回教帝國的建立與擴張使得傳統東西對立的地理範圍擴大、東西文化的對比性加深、而東西對抗的緊張性加劇，尤其是在東西世界之間的緩衝國拜占庭消滅以後。回教帝國愈往後期發展愈為「東方化」，其與歐西文化上的差異與對立乃愈深；阿拉伯世界先受拜占庭文化影響，後來則吸收波斯文化，蒙古統治以至土耳其人控制回教政權時東方主義更為高張，包容性大減。十字軍東征正反映此種東西關係惡化的現象。總之，回教帝國對東西對立的分明與激進化影響甚大。它在武力上是西方的一大勁敵，它在文化與信仰上是西方的一大刺激——如果不是啟示的話。先前的拜占庭帝國武力不夠強盛，且其文化信仰與西歐的淵源甚深而性質接近，故不能對西方造成重大挑戰或衝擊，以此西方人常鄙視拜占庭人，但對回教徒卻帶著敬畏之心。回顧二十世紀之前的回教世界興衰史，回教發展受創最嚴重的地方其實是西班牙，而這是西歐基督教世界的重要屬地，自不容回教徒長期盤據，此乃綜觀東西對立發展史即知的情勢。不論回教國家的國力在近代如何衰弱，回教信仰作為挑戰西方思想的立場始終不退縮；在非洲唯一能傳教成功的外來信仰即是回教，而在歐美回教則幾無立足之地，這個現象暗示著回教世界與基督教世界永恆的衝突，以及回教文明作為西方價值體系反對者的歷史意義。

中古時代是現代歐洲的醞釀期，在此期間西歐的文明程度雖落後於拜占庭與回教世界，而退化為一個封閉、分裂、停滯、刻板、蕭條的社會，但正是這個困境的挑戰逼使西歐在絕地中求生乃能有自力更生的轉機，同時因其與東方先進文明關係的斷絕或對立，乃能使西歐發展出一個獨特的文化體系，在「黑暗時代」後重新出發而氣象一新，令人刮目相看。這個絕境逢生的轉化正如古代希臘經歷三百年 (1100–800BC) 的黑暗時期後，創造出與眾不同的古典西方文明，具有積極的破壞意義。在經歷此番「見山不是山」的批判與沈潛階段後，新興的歐洲文明乃能到達「見山是山」的境界，探求文化的絕對價值或永恆不易的現代性。從十一世紀以下，歐洲的農業革命、商業革命（含都市化）、工業革命、及政治革命（以法國大革命為代表）依序出現，象徵著農、商、工、士四類階級與價值觀的逐一興起，這與古代文明發展歷程的程序相仿，但這絕非表示文明發展為循環活動，而是說明現代文明的確立（如人格的成長定型）須經肯定、否定、與再肯定的過程，方為真實。

中古歐洲的文化要素或現代歐洲的文化源頭有三：希臘羅馬精神、日耳曼傳統、及基督教信仰。這三大要素中，起初日耳曼傳統最盛，隨後基督教勢力崛起，而在中古後期則希臘羅馬精神重振，乃有文藝復興運動的發展，開啟了歐洲現代化的進程。整體而論，西歐事實上未因蠻族入侵而淪為蠻荒之地，日耳曼人固然在軍事上威風八面，但羅馬文化並未被摧毀；日耳曼傳統與羅馬文化不斷融合，而日耳曼人羅馬化的程度顯然高過羅馬人日耳曼化的程度，拉丁文、羅馬法、與基督教在中古時代都得到最後的勝利，成為西歐文化主流。若以基督教為羅馬文化的一個要素，則羅馬文化戰勝日耳曼傳統的第一個徵兆即是基督教勢力的崛起；然基督教的發展絕非要重建羅馬帝國或塑造羅馬公民，而是要建立一個通達天國的人間王國，它的目標是普世性與永恆性的，但它的結果卻是區域性與現世性的，這是基督教教會的成功與失敗所在。

教皇的出現是教會階層體制建構的最後與完成階段，其理論與制度發展的細節至今難以究詰。多項支撐羅馬教廷成立的論據，反而顯示教皇體制存在的理由實甚脆弱，無一為全面有效或足以取信各方者；故基督徒固常追溯教皇世系至第一世紀時，然教皇制度其實乃經長時運作而晚至第六世紀時才成立，其權勢則至第八世紀中期教皇國建立時方可稱穩固。此後歷代教皇仍不斷重申其至尊地位，顯示其權位一再遭受質疑與挑戰。不論教皇體制何以建立，它在中古初期的出現完成了基督教教會的階層組織系統，使教會勢力更形壯大，直如一個人間政權，終至成為中古西歐最大的地主。教會的世俗化對於基督教信仰的提升未必有利，但對於西歐社會的安定則貢獻良多。中古教皇常被不認同者諷喻為國君，而教會被指為政府，然考量西羅馬滅亡後社會已成一片亂局，即可知若無教皇領導教會的類政府機制，則中古西歐將真正陷入無政府狀態。這種清高自持與兼善天下無法兩全的困境，說明「大隱隱於市」 方為最高的修行境界， 以及人間不能責求圓滿的真相——人間無論如何不能為天上。兼具智仁勇而能處世有為不惑者自然極少，潔身自愛、不願招同流合污之譏而遠離紅塵者，為數則較多，於是在教皇體制發展而教會快速世俗化的同時，乃有避世修道之風的興起。第六、第七世紀時教會與大環境一般極為敗壞，然出世的修士積極從事社會救濟與傳教墾荒工作，終於扭轉局面，樹立基督教的權威。第八世紀時基督教文化已隱然成形，羅馬傳統與日耳曼體制皆成為附屬的文化單元而寄託其下。

查理曼帝國與神聖羅馬帝國的建立是日耳曼蠻族的羅馬化與基督教權威樹立的象徵，這也是中古西歐「黑暗時代」主要的政治史。查理曼經長時征戰建立起一個西歐帝國，它包括大部分西羅馬帝國舊地，使羅馬滅亡三百年後西方的帝國觀念重現，並自此長存於後世，神聖羅馬帝國建立的理論基礎即源出於此。查理曼帝國消失後，直到西元 1519 年西班牙查理五世在位時，西歐才又見足以與此相提並論的大國。卡洛琳帝國的造成其實是因查理曼個人的傑出能力，國家從未建立中央一統的統治制度，英雄崇拜與宗教信仰是凝聚法蘭克民心的兩個力量，而裂土傳子的繼承方式則是帝國衰亂的主因，可見這個中古西歐盛世的出現僅是英才所造的時勢，不是文明全面持續進展的表現，這也是為何查理曼帝國瓦解後，歐洲隨後產生保守僵化的封建制度之緣故。同樣地，神聖羅馬帝國的建構充分顯示日耳曼傳統、基督教信仰、與羅馬文化三者的結合，也顯示三者本質的流失。當此帝國成立時，歐洲封建制度已臻於成熟，諸侯割據，國家散漫，帝國政權的維護乃是個人聯盟之效，常有人亡政息的危機。此外，帝國政府與羅馬教廷合作的關係後來演成政教鬥爭，兩敗俱傷之時，教皇卻比神聖羅馬帝國皇帝實力更強，使帝國面臨瓦解威脅。再者，神聖羅馬帝國統有日耳曼與義大利兩地，而歷史發展趨勢是促使二者分離的民族主義，帝國兼領二地的結果是兩皆不治，而內亂滋生。以後見之明而論，德國與義大利的統一建國皆完成於 1871 年，落後西歐民族國家的形成甚久，可知神聖羅馬帝國對兩國危害之大。神聖羅馬帝國立國八百餘年 (962–1806)，成事不足，敗事有餘，徒有政治美名，缺乏實質價值，這可說是中古文化的形式主義所致之弊害。

歐洲封建制度興起於第九世紀，而於十五世紀中古時代結束後逐漸消失（西歐先而東歐較後）；以歷史大勢觀之，封建制度出現的時期是維京人南侵而查理曼帝國瓦解之時，其沒落則在專制王國或現代民族國家崛起之時。可見歐洲封建制度的興起反映政治上帝國一統觀念猶在而力有未逮的窘境，故須裂土而治，維持政治名分與統治次序；而封建制度的衰微則表示一統帝國的觀念已被放棄，民族建國的主張成為新猷。類似歐洲中古封建制度的政治社會體制也可見於許多其他文明中，然而中古西歐的封建制度若非封建制度的標準型態，即是人類歷史上的獨特現象，無可類比。左派學者以封建制度為文明演進中必經的階段，認為它是一個階級統治的農業社會，為工業革命與中產階級興起之前的貴族壟斷世界，這個說法顯為科學性「理論」，難免有誇張簡化之失。封建制度常為此類學者視為文明退化落後的表徵，或保守專制的風格，但這種批評頗缺乏歷史意識，而富有社會科學的概念化與通則化理念，乃至政治革命的動機。其實，封建制度反可能是歷史「進步」與現代化的動力，或至少為遏止時代「倒退」的力量。封建體系是由層層的分封所架構，它維持的是一個私人性（而非公共性）與地方性（而非全國性）的農業（而非工商業）社會，其生活型態或經濟單元是莊園體制。這是一個亂世中的權宜之計，在這個亂中求序的體系裡，特權重於人權而武力勝於文德，故貴族為社會主宰而貴族即為戰士，以力服人是江湖公道。在封建制度下貴族本是軍事將校，各為領主的從征者和部屬，對其附庸則為指揮官和長官，這個結構顯示中古文明退化至草莽時代的情況，但盛世的印象與王法的結構猶存。隨著社會穩定的發展與教化程度的提升，中古後期的國家又由強調武功轉為重視文治，官僚化取代英雄領導，文士凌駕武夫，勞務兵役變成貢金賦稅，貴族家務轉為政府公事，稱臣效忠改為保民愛國，甚至商業超越農業成為經濟主力，現代化進展與古典文化的復興同時出現。

上古以來政教關係最明顯的表現是在神權政治，表面上統治者依據神意治國，宗教精神（即立國精神）高於世俗價值觀，但實際上乃是政權操縱或利用教會以便利其施政；故所謂政教合一其實為皇帝兼教宗，政權高於教權。如此，古代並無政教衝突之事乃因政府控制了教會。中古以後因為西羅馬帝國的崩解，政權控制教會的勢力大減，而教皇體制的興起則使教會統整勢力大增。中古盛期時西歐的政教對立使傳統的政教關係逆轉，教廷對抗政府而常能致勝，教權高於政權的氣勢一再展現。從宗教信仰觀點來看，政教對抗是教會的世俗化，不論教會的勝敗，這終是宗教墮落的現象；但若從現實社會的立場而言，政教衝突不論教會的輸贏，都代表教權的高張，因為這是前所未見的政教關係。西歐政教衝突情勢至十五世紀後逐漸化解，政教和平共處的協議在各地一一建立，但其關係仍充滿緊張性，雖經十六世紀宗教改革的衝擊變化也不能消除，顯示這是一個永遠不能解決的文明問題。就積極的現世意義而言，政教對抗使西歐免於陷入政教合一下神權結合極權的專制獨裁之局，這對於西方社會的多元化及自由、人權、法治等發展，極有助益；同時它也使帝國的實力與觀念難以繼續成長，而民族主義與地方主義得以滋生（在教廷與帝國鬥爭下地方君侯頗收漁翁之利），羅馬帝國的真正消滅與近代民族國家的興起——也就是國際政治的出現——與此關係密切。可見中古西歐的政教衝突在人類歷史上不論如何醜惡，這個「病態」或特例卻造就世上唯一的自由主義與個人主義政治文化運動，這證明中古時代的「見山不是山」屬性與反傳統反古典特質，反而是文明進化的驅策力量，因為自我否定與自我批判乃是生命境界提升的必要過程。

西元 1054 年東西教會的正式分裂其實是由來已久的對立所造成的結果，因此它對基督教世界內部情勢的變化衝擊並不大，只是助長東西對抗的文化傳統趨勢。本來東西羅馬分裂 (395) 便是對於東西文明統一失敗的承認，而這個分裂自然更進一步促進二者間的歧異發展。東西教會的分裂顯示東西世界的對立已達無可挽回的地步，因為宗教信仰究竟與政治立場不同，它關懷的是絕對真理，並不以世俗人欲的表現為意，更何況基督教為一神信仰，又強調神愛世人的普遍永恆意義，東西政權的對抗理應對於信徒及教會衝擊有限——事實上東西教會在東西羅馬分裂時乃至西羅馬消滅後甚久，仍維持極友好的關係——然最後東西教會終於決裂，這說明東西世界的對立已由政治立場延伸及信仰觀點，雙方統合再無可能。這與回教帝國政治分裂與宗教分裂同時發生的情形有別，基督教世界的宗教分裂發生於政治分裂之後，這顯示其政教合一程度不若回教世界之高，且其教義的超越性或非現實性也較回教教義為高；而當基督教世界的宗教分裂隨政治分裂之後而發生時，則表示其內部分裂已至無可彌補的田地，但回教世界在政治上雖分裂嚴重，然在信仰與文化上則一致性仍高，各方合作的可能性極大。在十一世紀之後西歐社會漸有復興而東歐卻逐步衰微，西方開始對拜占庭在信仰觀點與政治軍事上反攻，終至於東西基督教教會也淪為參戰者而勢不兩立。不過，從東西教會分裂的緣故看來，其主因實非信仰觀念的差別，而是政治文化的衝突，這與回教分裂為什葉派與素尼派的背景相近，同為世俗目的，一樣是「人能弘道，非道弘人」的人性化演出。正因此，當回教徒威脅基督教國度時，東西教會乃能迅速團結合作一致抗外，這便是十字軍東征發起的形勢。

西元 1054 年東西基督教教會正式分裂，1055 年賽爾柱土耳其人控制了巴格達的回教政權，1066 年法國諾曼地大公威廉入主英國，1071 年土耳其人佔領小亞細亞與耶路撒冷，1076 年神聖羅馬帝國皇帝亨利四世與羅馬教皇格里高里七世的政教對抗惡戰開始，這些事件的發展一方面促進東西世界（廣義與狹義）政治勢力的強化與擴張，另一方面提升宗教勢力在政局中的地位，更造成西歐、拜占庭、與回教帝國三者間的緊張性，這是十字軍運動的前奏。簡單說，朝聖的盛行、拜占庭的衰微、與回教政權的激進化（土耳其化），是造成十字軍東征的三大外在原因。當十字軍東征於十一世紀晚期興起之時，回教勢力也在東擴，它在阿富汗與印度等地皆有進展。由此可見，十字軍運動並不是西盛東衰的形勢所造成，它是東西興盛而東西中界（拜占庭）衰微所造成的角逐戰，故為西歐、拜占庭、與回教帝國三大中古文明交織為單一世界的歷史開端。而十字軍雖無持久的戰果，但它卻長期遏止土耳其人的西進攻勢，東西勢力均衡於此已隱然出現。

十字軍運動的直接目的可說落空，十字軍東征的影響則難以評估，許多新情勢未必是軍事與宗教對抗的結果，而是東西接觸與交流的產物，或是間接與意外的發展；若將十字軍東征視為一個時代 (1095–1291)，則這二百年的影響更為無遠弗屆，可謂現代化的源頭，當然此種看法絕對是誇張的。歐洲內部的安定、文化的交流、封建的動搖、王權的伸張、行政的改進、教皇聲威的式微、與教會的墮落等，皆與十字軍運動有關，但其程度如何難以確定。因為東西接觸交流而導致的現象則包括貿易交通的開展、商業技術的改進、民族思想的萌發（雙方敵視反而減低）、國際文化交流、歐洲自信的提升、與世界政治的興起等，但其作用的好壞大小也難查究竟，這正是單一世界中國家高度互動而世事息息相關的表現。至於拜占庭的衰亡及反猶風潮的激化，當然與十字軍運動也有關連，然此亦難有持平之論。十字軍運動之後西歐擴張的目光開始轉向「西方」，新航路新大陸的發現造成另一次基督教世界的動員與遷徙潮流，而歐洲國家雖非對回教帝國從此不再介意，但聖城的爭奪已不是西方的大志所在。總之，十字軍運動是一個中古現象和中古效應，它不能單以理性論究其成因，也不能以具體實效看待其結果，惟現代化絕不是憑中古式的神思靈感來推動，而是靠文明全面的批判與反省以促成，在這當中十字軍運動所造就的東西接觸經驗自有它重要的啟示。

十五世紀後「歐洲」一詞逐漸流行，西方學者開始為文論歐洲事務，而其時「歐洲」大致被視同「基督教世界」。十五世紀至十九世紀諸多重大運動造成現代歐洲的興起，如文藝復興、民族國家建國運動、宗教改革、科學革命與啟蒙運動、工業革命、法國大革命等，它們分別倡導人文主義、民族主義、個人主義、理性主義、資本主義、與自由主義，使成為現代文明的標竿，亦即「現代性」(modernity)。這些重大的變革大致言之在西歐發展的時間較早、程度較高、且成就較大，愈往東歐則情況愈為不如，至於俄國與土耳其治下的東歐地區，更是「春風不度玉門關」的化外景象。由於這些運動對於塑造現代的歐洲有決定性的影響，因而至十九世紀時，「兩個歐洲」已隱然若現。同時在另一方面，地理大發現、工業革命、與帝國主義的殖民擴張運動，均在推展「歐化」，它使得「西方」的範圍擴大且實力增加，而「東方」的範圍相對縮小且實力減少，但這並不意味東西的對立必然惡化。在近代「西方」的範圍由傳統的西歐（包括中歐），擴展至包含東歐、美洲、澳洲、紐西蘭，乃至高度西化的地區，如日本。籠統言之，它雖仍可稱為地理上的西方（由現代的科學知識可知，劃分地球為東西南北方位顯然是相對而不正確的人為之見），但精確地說它是高度文化意義的西方。待全球西化高至「世界一家」的程度時，傳統的東西對立概念自然已需加以修正。於是，相對於「東方」的西方文明屬性乃由「歐洲的」(European)，轉為「西方的」(Western)，再進而被說成「現代的」(Modern)；而西方所推展的「文明教化」(civilizing mission) 工作，也由「歐化」(Europeanization) 轉為「西化」(Westernization)，再進而被喻為「現代化」(Modernization)。這是說，現代世界的出現其實是全球歐化的結果。

共產主義政權的興起造就了一個「西方」與「非西方」對立的新國際情勢。共產主義追求的新社會關係與新生活方式或文明型態，乃是非西方式的 (non-Western) 或反西方式的 (anti-Western)；它欲以新式的 (new) 文明或——依馬克思觀點——「高度的」(advanced) 文明，取代舊有東西對立的格局。共產世界的興起激使西方世界更加「西化」，同時它也「創造」（促成）了一個「第三世界」，使反西方勢力更盛。然而 1970 年代中期冷戰消解以後，東西之間的緊張性立即再現，1980 年代末期以來共產政權及其集團的崩解，更明白顯示世界文明中東西對立的本質以及「現代化即為西化」的歷史真相。雖然現代的「全球化」趨勢給人一種「美國化」而非「歐化」的印象，但不論何者，此皆為「西化」表現。而且其實「美國化」常為「大眾化」而已，其在思想上的同化力或影響力並不如一般想像之大；若論文明精神或上層文化脈絡，則可知美國文化仍屬歐式文化，故「美國化」仍可謂為「歐化」。這也就是說，「現代化」其實是「歐化」，現代世界的興起是現代歐洲或歐式文明發展的結果。

「現代」(modern) 一詞不同於「當代」(contemporary)，它不僅指時間上的晚近，並且含有價值色彩，指陳有別於古代（尤其是中古）的文明觀念與體制，因此帶著進步觀的意向。正如「中古」一詞帶有價值觀上的輕貶之意（因而有「中古性」'medievalism' 的說法)，「現代」不僅指時間上的當代而已，而且意味著文明高度發展的水準，因而有「現代性」的說法。因此就內涵而言，「當代」較接近不帶價值批判說法的「近代」，而「現代」一說則暗示文明歷史發展有其終極的方向和崇高的目標，或說文化應有其絕對價值而非相對的存在目的。以歷史觀點而論，「現代」是在復興「古典」價值並賦予永恆的意義和動能，故「現代」不是另一種文明型態的試驗，而是文明性格的最後確定。

在許多方面，「西方」代表「現代」，而「東方」代表「傳統」。換言之，東方之所以為「落後」，乃因近代的東方特質可見於傳統的西方，而現代西方的特質則不見於或不成熟於東方；因此必由西化的過程，才能使得東方現代化。這種看法在東在西均極為常見，雖然在東方提倡此見者多不承認東方象徵傳統，而西方代表現代。在西方，尤其是十九世紀後期至一次大戰之前，持此看法者則常明白表現出其文化優越感，雖然他們也不承認此為文化本位立場。不論如何，至少就思想文化歷史的角度來看，新（現代）舊（傳統）衝突、現代化是否等同於西化的爭論、以及東西對立的情勢，三者之間緊密糾結且高度互動，實難嚴格區分三項課題間的界線。其實，「現代化」不同於「西化」的論戰本身，正好說明二者相去不遠，不能截然二分——若然則不能引發廣泛注意，也不消費時爭執其差異——因此只能在理念上與細微處辨白，而在學術界（而非政界與工商界）成為爭議性極高的課題。東方國家現代化過程中常見的東西文化論戰，或西化派與本土派（或西化派與現代化派）的對抗，總在一段時日之後消失，這並不是因為孰是孰非的問題獲得解答，而是因為反西化勢力及東方傳統的消沈。並且，二十世紀亞非國家脫離西方帝國控制之後，經常反而更積極接受與推動西化工作。至此，現代化是否即為西化的學術問題已經變得不重要，因為當西化路線獲致勝利時，在現實中現代化就等於西化。

所謂「現代世界」指涉的意涵有二：一是現代性，二是單一世界。現代世界標舉或追求某些文明價值及意識型態——即現代性——而這些價值觀及意識型態都被強調具有普遍性意義，故可（應）為各民族所接受，實踐這些價值觀與意識型態即能造成現代化的單一世界。前述西方自文藝復興以下所提倡的人本主義諸觀念，皆具放諸四海皆準的可行性與價值，西方人在近一、二百年中，或以文化宣導方式或以強制手段（帝國主義）將它們推行至東方，對於現代世界的興起影響甚大。惟這是否加速現代世界的形成，仍待商榷，因為以教化觀點或優勝劣敗的競爭方法推展現代文明價值，未必能速成而持久，且易導致誤解扭曲。但不論如何，現代文明的（形式）標準已經普遍被接受，東西文化的對立觀念於此將逐漸泯除，現代的單一世界已是可期的結果。

討論現代世界的形成必注意兩個層次問題：一是應然或理想問題，此即是現代世界理應是怎樣的世界；二是實然或歷史問題，此即是事實上人類世界在現代的發展狀況為何。換言之，「現代」一詞具有兩個意義，一是概念性的，二是時間性的：前者是指基於普世價值標準（即現代性）的評斷立場，後者是指相對於古代思想的文化趨勢變遷，也就是說前者屬於絕對性與普遍性的知識觀，而後者是比較性與詮釋性的看法，對一般學者而言這是社會科學與人文學對「現代化」的不同認知。故論「現代化」須兼顧現代觀念的超越性及其落實的程度，例如「平等」觀念的提出有著眼於歷史與社會的現實需求（如此乃可具體化），也有出於永恆普遍的超文化理想（如此乃難以實現）。由此可知，即使「西化」等於「現代化」也不表示西方文明就是理想的現代文明，最多只能說西方文明提出理想的現代文明標準，而其實現地步先進於其他社會。在相當高的程度上，「世界史」或「現代世界」觀念的提出恐是先於事實而存在的理想，它有一種「創造時代」的精神和目的，然人類此一自覺與理念對於當代文明的發展確實造成極大的指引作用。只是吾人應保有高度警覺，勿自迷於文明顛峰的意氣，其實現代世界並未完整形成，文明仍在發展中。而且，物質文明也許堪稱「進步」或「現代化」，但精神文明則不然，倫理道德、政治主張、宗教信仰、價值觀念、以及藝術審美等，俱無論定絕對好壞對錯的理性原則或形式標準，可見最高的文明意義與真理一樣具有超越性。「現代世界的形成」一題含有甚強的價值判斷色彩，學者若忽略時間（歷史）意義的現代在此問題中的重要性，則不能解脫後見之明的妄念，極易陷於以今非古的偏執。

現代世界的特質在空間意義上是單一世界，因全球的高度互動互賴，東西對抗的傳統已達改弦更張的時刻；在時間意義上可見新舊衝突嚴重，傳統與現代興替快速，世代的差距（代溝）劇烈，歷史意識深濃；在人與人的關係上，這是一個大眾社會，貴族統治與菁英領導的時代已成過去，階級與階級的關係轉變為多數人 (majority) 與少數人 (minority) 的關係；在人與自然的關係上，這是一個最緊張與不諧和的時代，心物的平衡難覓，人生與科技失去本末主從的定位，文明的危機感首度出現；在人與神的關係上，這是一個天人之際最親近的時代，理性的發揚及其極限的探知，使人自信而不自大，「不知為不知是知也」的體悟，使宗教信仰的重要性大增；在人與歷史的關係上，這是一個文明發展的終結時代，許多價值已達確立的階段，文化的反省多於開創和前瞻；在生活方式上，這是一個定型但充滿變異可能性的時代，工業化、都市化、與民主化的趨勢已難改變，但人的求新動力不減。文明的發展正如人的成長，將經歷「見山是山」的直覺認定，至「見山不是山」的批判反省，再到「見山是山」的安心肯定等階段。這個歷程並非循環，而是不斷朝向某一目的（為 teleological）前進（直線史觀 linear view of history 乃為正確），或說具有「未來取向」（'future-oriented'，例如後現代主義可謂醞釀於現代主義而為現代性的一種表現）而無停滯僵化的危機與「落伍」之虞。現代世界或許仍未形成，但現代世界的觀念卻大致已經出現，人類未來的路途容非平坦，過程或許仍舊曲折，然其方向卻是確定的。

若以文明開化發展的目的為追求真理，則歷史所暗示的訊息是「少數人未必是對的，但多數人絕對是錯的」；這個現象說明當現代世界成為一個大眾社會時，真理並未因「時代進步」而普及落實，但少數有識之士卻可站在歷史巨人的肩膀上看得比過去更高更遠，並繼續文明傳承與探求終極意義的大業。「從錯誤中學習」雖不能使人直接掌握真理，但可使人不致「反其道而行」地步步接近真理，雖說「歷史最大的教訓是人類永遠不能接受歷史的教訓」，但這也顯示讀史者若能從雲端看人間，領略人事大義，便能「與眾不同」，知曉真正的人其實是與人類不一樣的。

附錄 史上東西對立觀念的發展

The Battle of Issus, Albrecht Altdorfer, 1529.

東西觀念若僅出於地理上的相對性，本無足稱述，但若兼有文化上的對立意涵，則值得深入探究。例如歐亞界線向較其他洲界為模糊，若以自然地理為區隔，則一般皆以烏拉山 (the Ural Mountains) 為準；然烏拉山區低矮而寬闊，並非良好的地形疆界，更重要的是烏拉山所在的俄國，橫跨歐亞，它並不承認烏拉山為歐亞的分界，而同樣的，西歐在文化認同上亦不視烏拉山為「歐洲」之東界。以歐亞非世界而論，俄國所定義的「西方」顯較英法所認定的「西方」大得多，但不論如何，其所謂「西方」即是「歐洲」。易言之，「歐洲」並非地理意義上的一塊大陸，而是歐人自覺其「有別於亞、非」的一個文化概念 (cultural conception) *1*。總之，歷史不是依據洲界或天然地理而運行，文化史尤不應以政治地理界線作為討論範圍。學者常將世界文明概略區分為東西二部，此說雖嫌籠統，然實其來有自，起源甚早，且就說明文化的差異性而言，其法亦有某種程度的有效性，只是論者所言之東西（未必涵蓋全世界，而可能只是指稱某一文化區），其地理界線甚不一致，或常忽略不同期中此界之變遷問題。東西世界分隔的界線變遷多、爭議多，然東方世界的北、東、南界線，與西方世界的北、西、南界線，顯然甚為固定而少爭議——大致言之它們正是亞洲與歐洲臨海的自然疆界。這個問題容或仍有斟酌商榷之餘地，尤其是事涉世界史的古代與現在部分，但不論如何，結合地理因素與文化因素的東西觀念，對於理解與詮釋世界歷史的發展以及現代世界的形成，具有高度的重要性。

1. R. R. Palmer and Joel Colton, *A History of the Modern World* (New York: McGraw-Hill, 1992), 2.

在西洋歷史中，東西觀念清楚的展現當始於古典時代的希臘。緣於西元前 1300 年多利安人 (Dorians) 入侵前，希臘本有朝向由邁錫尼 (Mycenae) 一統的趨勢，但希臘黑暗時期 (1100–800 B.C.) 中，希臘已形成小國分立的局面，邁諾亞 (Minoa) 與邁錫尼文明相繼毀滅，愛琴海地區 (the Aegean) 與近東文明的交通連繫幾乎斷絕，甚至希臘內部的交流亦大為消歇，物質與精神文明盡皆衰退。然由此黑暗時代產生的希臘文明，卻與其先前文明和近東上古文明在本質上有極大的差異，建立了獨特的西方式文化。

相對於上古近東（包括埃及）文明，古典希臘文化展現相當高程度的人本精神 (humanism)、理性主義 (rationalism)、世俗性 (secularism)，它重視個人自由、平等精神，富有多樣化、多元性、溫和樂觀的表現。此種文化特徵不僅為後世學者所重視，亦是古代希臘人所自覺自許。波希之戰 (492–479 B.C.) 正是東西對立的具體呈現與強化力量，它常被時人（如希羅多德 Herodotus, c. 484–425 B.C.）與後人解為自由與奴役、民主與專制（所謂「東方式專制」Oriental Despotism）之抗爭。此戰雖有促進希臘與近東歷史匯流之效，然西方之文化優越感亦由此而生 2；希臘之屹立不敗，振興了希臘人的精神與自信。先前東方的繁榮強盛與文化成就甚令希臘人欽羨敬畏，而今希臘竟能以寡擊眾，令希臘人觀感一新，以為其「勝利」不僅由於戰力，且因其整個生活方式（城邦體制）較東方為優秀。此外，在古希臘的海外拓殖移民活動中，西方是遠較其他地區重要的發展方向。這種擴張並非近世

2. 前此，希臘人雖自覺與非希臘人 (non-Hellenes) 不同，但並不富於自尊或鄙視異族之心。他們稱外族為 “barbarians”，並非指「野蠻人」之意，而是指一群與希臘人語言不通，聽來像是只會發出「巴巴聲」(“bar-bar”) 的人。

「殖民地」之屬，而是文化的傳輸與新生地的建設，其地文化經濟成就又往往超過母國，這不是希臘在東方的殖民區所常見的現象，可見古希臘文化的傳播與傳承已隱然有西向的發展趨勢。不論如何，殖民活動強化了希臘人面對非希臘人時的自覺意識及其以「歐洲」為本位（相對於亞洲、非洲）的天下觀。

希臘化 (Hellenistic) 時代亞歷山大 (Alexander) 融合東西的努力未能成功，東西對立的趨勢乃繼續發展。原來亞歷山大之父腓力普 (Philip) 雖攻滅希臘，然他自命為希臘正統的繼承者與文化的保護者，組織「希臘聯盟」(the Hellenic League)，準備東征波斯以「解放」小亞細亞上的希臘城邦，並為昔日希臘所受波斯侵略復仇，頗有表示東西對決之勢。然此雄圖未展，而腓力普已先死。亞歷山大繼為馬其頓王，於西元前 334 年以希臘聯軍統帥之名，出師東征，小亞細亞與兩河流域相繼落入其手。西元前 331 年波斯皇帝大流士三世 (Darius III) 為大夏 (Bactria) 君主貝色斯 (Bessus) 所弒，亞歷山大竟以為波斯皇室討逆為名出兵，擊潰叛臣，收服四方。事後且以波斯傳統禮制厚葬大流士，優遇其皇室遺族，亞歷山大並引用當地神權體系，採用東方服飾、朝儀與制度治理波斯故土。此種「入境問俗」的作風顯示亞歷山大欲以波斯正統繼承者自居，藉以贏得東方民族的接納與擁戴。至此，腓力普的希臘帝國主義 (Greek imperialism) 若非放棄，即已收藏。亞歷山大帝國的大同世界觀 (cosmopolitanism) 或許是因襲波斯政策而來，然亞歷山大本人的主動性與積極性確是不可忽視。在文化上，亞歷山大顯然懷著西方優越（乃至本位）意識，故其文化政策旨在推廣與宣揚希臘文化至近東世界，此舉固帶有「教化任務」(civilizing mission) 之想，但在政治作為上亞歷山大並不強制遠人歸化。他的帝國與波斯、羅馬政權一樣，均富有「世界性」的色彩，但與此二者不同的是，它鮮有帝國主義的霸氣與壓迫性 3。亞歷山大對東方世界的「西化」政策，顯然是漸進而溫和的，如其選送東方少年至希臘受教，鼓勵東西交通、聯姻、與移民，建立新城（所建七十餘城中十多個皆名為亞歷山大城 Alexandria）以為政教推展基地等，凡此皆不似近代西方帝國的同化手段；而他立都於巴比倫 (Babylon) 與選擇波斯公主為妃的作法，更顯示亞歷山大親近東方的善意與混同東西的用心。

亞歷山大放棄希臘人自視為文明、而鄙視東方為野蠻的傳統觀念，堅持全人類平等與族群融合的立場。（此大同觀 universalism 甚且表現在希臘化時代最重要的兩個哲學人生觀流派上——斯多克學派 [Stoicism] 與伊比鳩魯學派 [Epicureanism] 均否認希臘人在本質上與外邦人的差異。）但此政策在其在世時，即遭部屬的反對與抵制，而亞歷山大死後，更遭拋棄。或許是意識到其融合東西之困難，亞歷山大臨死前並未指定政權繼承人，灰心之餘僅表示帝國前途由強者自行裁度。其結果是在二十年間龐大的帝國即為眾將領裂土割據，而分立之諸王國版圖大致上即是原來的傳統文化區，如希臘（馬其頓王國 [Kingdom of Macedonia]）、埃及（托勒密王國 [Kingdom of the Ptolemies]）、波斯（塞流卡斯王國 [Kingdom of the Seleucids]）等，此正說明東西整合的困難，與亞歷山大一統政策的失敗。

亞歷山大雖欲推廣希臘文化，然在其帝國內，希臘的城邦民主政治卻逐漸沒落，區域性國家聯盟（如 the Achaean League, the Aetolian League）在巴爾幹半島上興起，而近東地區內東方式的

3. P. L. Ralph et al., *World Civilizations* (New York: Norton, 1997), vol. I, 217.

專制盛行；希臘時代藝術的中庸典雅簡樸之風，淪為希臘化時期的繁複誇張與煽情激揚；昔日的人文（人本）精神消退，希臘文化成就代表的文學與哲學，在希臘化時代已乏可稱述的成績，而宗教信仰（轉趨於反現世精神的救贖觀念）乃至迷信，以及悲觀宿命的生命態度，卻逐漸轉濃。同時，著重物質享受、財富追求、實用功利的人生觀也開始盛行，此與希臘人的小康知足、不重物慾之精神，大異其趣。顯然地，在推廣希臘文化以為立國之本的亞歷山大帝國時期，東西融合不僅不盡理想，希臘文化反而經歷了一個被簡化與單一化 (simplification and unification) 的過程，此誠希臘本身之不幸，然東方文化卻也同時受到壓抑與扭曲。此種情勢至羅馬帝國時代，仍具體而微地呈現於東地中海世界，直到羅馬帝國後期政治控制力漸弱而綱維崩解時，東方的反動 (Oriental reaction) 便應勢而起。亞歷山大以來三百年間，以西方領導東方的文治路線，終究未能融合東西，它只製造了一個「親」西方、卻非西方亦非東方的希臘式 (Greek-like or Hellenistic [4]) 文明，而東西對立仍在歷史伏流中繼續發展。

羅馬帝國時期西方政權所統治的東方地區雖減少，但西方的基地卻有所擴大。如果希臘文化相對於西亞與埃及文化，是「西方式」的，則這個「西方」文化的鞏固壯大及其地理上的西進運動，是在羅馬時期確定的。亞歷山大推展希臘文化至東方的成就並不持久，而繼承希臘文化的羅馬卻決定了西方文化向西發展的方向（至近代才又東輸），同時東西文明的地理界線亦往西移。早在希臘化時代，希臘本土已喪失其作為學術文化與政治中心的地位（埃及的亞歷山大城與兩河流域的巴比倫成為帝國的文化重鎮

4. 此詞乃十九世紀學者所造。

與政治重心），而羅馬帝國時代更以義大利為中心，逐步發展出重西輕東的政策。（羅馬征服地中海世界乃自西部起始，而其對東方本無永久佔領或統治之意，後因考量帝國安全，為防東方民族之反側，乃有併吞之舉。）至羅馬帝國後期以亞德里亞海 (the Adriatic Sea) 為線，分裂國土為東西二部。此後二者各自發展，交流漸少，對峙之勢日劇，至二十世紀初，西方人的東西觀念約略即是以此為界。

羅馬時期的東西對立發展有幾個重要的階段，首先是布尼克戰爭 (the Punic Wars, 264–146 B.C.) 所致新局。此戰乃羅馬與腓尼基人 (Phoenicians) 在北非的殖民地迦太基 (Carthage) 之爭霸戰 5，從某一角度看，它類似波希之戰，是一個東（腓尼基）西（羅馬）對立的抗爭。第二次布尼克戰爭後 (201 B.C.) 羅馬取得迦太基的殖民地西班牙，更開啟了羅馬的西進政策。（羅馬的東進運動興起較晚，在西元前 146 年至 30 年間，幾乎所有東方希臘化世界均落入羅馬的控制中。）其次，羅馬在第一次三人執政 (The First Triumvirate) 時，龐比 (Pompey) 與克雷色斯 (Crassus) 均致力於經營東方，而凱撒 (Caesar) 則獨具慧眼，體認西北歐的重大潛力，而西征高盧 (Gaul)，其後他更使高盧與西班牙人獲得公民權，提升了帝國西部的法權地位。第二次三人執政 (The Second Triumvirate) 時，屋大維 (Octavian) 領有帝國西部（義大利與西班牙），與統有東方省分的安東尼 (Mark Antony) 漸成對峙之局。為贏取羅馬人心（屋大維在義大利的公正執政本已獲得義大利人的相當支持），屋大維宣稱他是為維護羅馬（希臘）傳統而對抗安東尼的東方式專制王權，再度掀起東西文化對抗的意識。而屋大維的勝利（先前已自雷比得 [Lepidus] 手中取得高

5. Punic 一詞乃拉丁文之 Phoenician。

盧與北非，至此又佔有西亞與埃及）對羅馬人而言，正象徵西方的價值觀戰勝東方的理念，希臘式的觀念與西方的生活方式因而得以延續；同時，羅馬帝國重歐（西）輕亞（東）的政策亦於是形成，對後來西方文化的發展影響甚鉅。凡斯柏西 (Vespasian, 69–79 A.D.) 主政時出兵佔據不列顛島，強化了羅馬的西進政策。稍後的羅馬皇帝圖拉真 (Trajan, 98–117 A.D.) 出生於西班牙，而哈德林 (Hadrian, 117–138 A.D.) 與奧理略 (Marcus Aurelius, 161–180 A.D.) 是西班牙人，這顯示西部漸成帝國重鎮，義大利本身已不能獨領風騷。當羅馬帝國擴張時，為統治之便，將義大利半島和海外領地分設成許多自治區 (civitates or municipalities)。在帝國東部，這些自治區多沿襲古代東方的城邦規模而置，故其自治傳統與地方認同和效忠仍得延續；而在帝國西部，因多新闢之地，故其自治區之設置乃屬新政，富於人為的規劃設計，其法即是組織一些部落與聚落以為自治區，然後建一新城為其首邑，而這些新建的都城即是以羅馬城為模範來興築。至西元第二世紀時，羅馬帝國已形成城市聯盟的規模，帝國西部的城市組織結構劃一，而帝國東部的城市則因發展較早，各有傳統，差異較大。文化上羅馬帝國亦以亞德里亞海為界，分成兩個世界，東方是希臘化的 (Hellenistic)，西方是羅馬式的 (Roman)。（故羅馬文明遺產亦分成兩部，而非單一整體之文化。）至羅馬後期，亂局中帝國東部逐漸取得自主權，解脫西方的控制，而與西方再成對立之勢。西元 212 年 (*Constitutio Antoniana*) 帝國內所有自由民皆獲公民權，它提升了東部省區的法權地位，終於得與西部平等並立（西元第一、二世紀時西部省民已取得公民權）。此時東方波斯對羅馬的威脅日漸嚴重，一個東方的反動正在醞釀中。

羅馬帝國後期皇帝戴奧克里先 (Diocletian, 284–305 A.D.) 是出生於東部達馬西亞（Dalmatia，今 Split，位於亞德里亞海東岸）的專制君王，在其執政時帝國西部城市在百年的軍人亂政 (180–284 A.D.) 之後，已漸衰微，相對地東部的經濟卻顯繁榮。戴奧克里先將帝國以亞德里亞海為界裂土分治，他長期駐守於尼可米底亞（Nicomedia，在小亞細亞境內），並另選代理人（即 Maximian）常駐米蘭，帝國在名義上雖仍為統一，然實質上已呈分裂，至少戴氏已為中古時期東西歐對抗埋下伏因。在帝國政治重心東移之時，羅馬統治型態亦漸東方化。其東方式專制仿效波斯宮廷之制，神權風格日濃，羅馬帝國中的公民 (citizen) 概念與權利日削，人民淪為臣民 (subject)，共和面貌漸失，地方自治減低，甚至羅馬城也失去國都的地位。於是羅馬帝國越來越少羅馬精神，而越來越多帝國氣息，這正是前述東方反動的一種效應。戴氏之後君士坦丁（Constantine, 306–337 A.D.，出生於東部 Naissus，今 Nis，位於巴爾幹半島中部）建東部新都君士坦丁堡 (Constantinople)，號稱「新羅馬」(New Rome)，與西部爭輝。迪奧多西斯 (Theodosius, 379–395 A.D.) 晚年雖統一了帝國東西二部，但死前卻又將帝國二分傳子，東西羅馬帝國的分裂至此已成定局 6，而東西對立的形勢亦於焉確定。

中古以後東西對立表現在日耳曼王國（西歐）與拜占庭帝國的對峙、和基督教世界與回教世界的對抗上，由是中國誠屬「遠東」，幾與西方無涉。拜占庭雖自命繼承羅馬正統（拜占庭人自稱

6. 雖然，在理論上這種分割只為行政與統治上的便利，名義上羅馬帝國仍是單一的政權；它是統一的，只是由兩個地位平等的皇帝來治理，而當時的羅馬人民也不認為他們的國家已經分裂為二。

羅馬人)，但其文化富於東方特徵（拜占庭文化源自東方希臘化文化)，拉丁文雖訂為官方語文，然民間則流行希臘文，宮廷朝儀中東方風格多於羅馬形式，其皇帝為波斯式元首，而宗教亦深染異教色彩。拜占庭之稱呼正顯示西方學者並不肯定其圖謀正統的努力，蓋史家不稱其為東羅馬帝國，而改稱之為拜占庭帝國（The Byzantine Empire，君士坦丁堡建於古代希臘 Byzantium 上)，表示西方人認為它不夠「羅馬」(Roman) 或「西方」(Western)。相對於此，或相對於古典時代，「希臘的」(Greek) 至此已被視為「東方式的」(Eastern)（故而有所謂「希東式」[Hellenistic-Oriental] 的說法)，這是希臘文化西傳與希臘本土「東方化」的結果。儘管如此，拜占庭史的一大課題正是羅馬正統傳承的強調與爭取，尤其是查士丁尼大帝 (Justinian I) 在位時 (527–565 A.D.)。為此，查士丁尼編法典，以強調其繼承羅馬法統；為此，查士丁尼西征，光復羅馬故土；為此，拜占庭的文化政策與體制作風守舊保守，並極力保存和研究古典（希臘羅馬）學術文化，以強調其繼承羅馬道統；為此，拜占庭敵視強調繼承羅馬正統的西方政權（如查理曼帝國與神聖羅馬帝國)；為此，拜占庭（政教合一，反教皇體制，重《聖經》權威）與西方教會對立，並推行破除偶像崇拜運動（iconoclasm，由 Leo III [717–741 A.D.] 發起，其子 Constantine V [741–775 A.D.] 強力推動)，以爭信仰正統[7]。查士丁尼以「一神、一國、一教」(One God, One Empire, One Religion) 為目標，推展其復國大業，他採東守西攻政策，不惜代價與波斯講和，而全力向西發展。在其在位之年，拜占庭的武功

7. 第八世紀以前羅馬教廷與東正教關係尚佳，而偶像破除運動使教皇與君士坦丁堡決裂，轉與西歐法蘭克王國結盟，以與東方教會抗爭。

顯赫，然實過度耗費國力，令人民不堪負荷。（為了維持西征軍力，查士丁尼政府大量提高國內賦稅，甚至對被「解放」的義大利、北非等地，亦課以重稅。此外，為向四方宣揚和誇耀其為羅馬帝國皇帝之尊貴威嚴，耗費亦多。）查士丁尼去世後，帝國從此日漸衰微，西征所得更逐一放棄，此因無力固守故也。且由於專注西方，疏於東顧，波斯為患日亟，終使拜占庭後繼皇帝必須放棄西方，專力對付東方威脅。此一局面正說明東（拜占庭）西（廣義的西歐）的對立分治與各自發展，已是無可回天的趨勢。正如史家佛格森 (W. K. Ferguson) 所評，拜占庭之西征乃是一個「錯誤」，「如果查士丁尼致力於鞏固帝國在東方的權勢，則他的歷史評價當更高 8 。」

在另一方面，日耳曼王國亦圖宣示其繼承（西）羅馬帝國的正統，以合理化其政權，並與東方拜占庭爭霸。除了所謂「卡洛琳文藝復興」(Carolingian Renaissance) 代表文化道統的追求外，在政治上依卡洛琳王朝的說法，西元 476 年西羅馬帝國皇帝羅慕路思 (Romulus Augustulus, 475–476 A.D.) 的遜位，是表示羅馬帝國政權的中斷，而非滅亡。（日耳曼將領奧多瓦克 Odovacar 罷黜羅慕路思後，即握有義大利統治權，但令皇位懸虛不補，而名義上則承認東羅馬皇帝之至上權威，故理論上此時羅馬帝國又再度統一在一個皇帝之下。）以此，查理曼政府便可宣稱其繼承羅馬政治統緒的合法性。拜占庭政府視查理曼在西元 800 年的加冕稱帝為僭越，對於主持（乃至說策劃）加冕禮的羅馬教皇李奧三世 (Leo III) 自亦痛恨有加。查理曼的稱帝固象徵西歐自信與獨立自

8. W. K. Ferguson & Geoffrey Bruun, *A Survey of European Civilization* (New York: Houghton Mifflin, 1969), 117.

主地位的提升，然終查理曼餘年，他一直努力尋求拜占庭政府的認同，這說明中古前期東歐在文化與政治地位上的優越性。查理曼加冕前，拜占庭藐視他為西方的一個小國君，其後，則不得不承認他具有西方帝國君王之尊榮地位。查理曼之加冕使他在西羅馬故土的統治權取得合法的效力，但同時查理曼政府亦不得不於此放棄其繼續擴張與吞併東方的宏圖。自此拜占庭與西歐正統之爭逐漸平息，經過數年的擾攘紛爭與談判，西元 812 年時拜占庭皇帝邁可一世 (Michael I, 811–813 A.D.) 終於承認查理曼帝國的政權地位，而另一方面查理曼則被迫拋棄其對威尼斯 (Venice)，愛思翠 (Istria) 與達馬西亞 (Dalmatia) 等地的主權。這也注定了其後的神聖羅馬帝國 (Holy Roman Empire, est. 962) 充其量僅得為一西方帝國，而不能發展至古羅馬帝國橫跨東西的規模。東西的分裂分治於此再次確定，1054 年東西教會的分裂（其近因是該年羅馬教廷堅稱對東方教會具有領導權），只是此種局勢的又一表現而已。

至十一世紀以後，西歐日漸復興，而拜占庭則日見疲態，西歐人反成東方之外患，「西方的興起」成為此下歷史研究的重要問題意識。來自南義大利的諾曼人（Normans，1071 年佔領了拜占庭在南義大利最後的據點），來自西歐的十字軍（1204 年十字軍劫掠君士坦丁堡，嚴重惡化東西關係），與來自義大利城市的商利投機客，皆成拜占庭之禍害，甚至羅馬教會對東方教會的政策與神學教義立場，亦展開嚴厲攻擊。拜占庭人與西歐人彼此的厭惡與反感向來有增無減，尤其在十一世紀後期十字軍東來之後，雙方普遍的仇意更形惡化，十二世紀末起武力的衝突即不斷出現，1204 年西歐人之掠奪君士坦丁堡只是其尤著者。1204 年至 1261 年之間，為了解脫西歐人囂張跋扈的勢力，拜占庭政府甚至不得不遷都以為對策。此法雖為有效，但西方人對拜占庭的影響力，對君士坦丁堡政府而言，仍是揮之不去的夢魘。東西對立的情勢，至此轉成西強東弱之局。十字軍運動代表東西聯合在羅馬教廷(西方）的領導下，共同打擊亞洲（更東方）的異端，這是近代西方崛起的前兆。由於西歐在軍力與經濟實力上的優勢，拜占庭皇帝為保國家的生存，在 1274 年與 1439 年與羅馬教廷達成了聯盟的協議，但皆因國內人民的反對而作罷。拜占庭帝國在亡國前三、四百年間的命運，簡直是操控在西歐人手中，故美國著名史家布林頓 (Crane Brinton, 1898–1968) 指出，東羅馬之亡，與其說是亡於土耳其人，無寧說是亡於西歐人，此乃兄弟鬩牆之禍也[9]。

然拜占庭終究不是亡於西方，而是亡於更「東方」的回教帝國。西元 1453 年拜占庭被土耳其人攻滅後，深受拜占庭影響的俄羅斯[10]，慨然負起接續東羅馬命脈的使命。於此莫斯科以「第三羅馬」 (The Third Rome) 自居，儼然成為希臘正教的信仰中心，而俄國元首「沙」皇（Czar，源自 Caesar 一詞）稱號之引用（伊凡四世 [Ivan IV or Ivan the Terrible, 1530–1584] 是第一個正式採用此銜的俄皇)，也明白宣示俄羅斯為羅馬傳人的身分，這對後來俄羅斯帝國主義 (Russian Imperialism) 在東歐地區爭霸與擴張的傳統，影響至深。而在另一方面，土耳其人滅亡拜占庭後，入主君士坦丁堡，以它為帝國新都，其蘇丹仿效拜占庭皇帝的權威與

9. Crane Brinton et al., *A History of Civilization* (Englewood Cliffs, New Jersey: Prentice-Hall, 1962), vol. I, 362.

10. 俄國的歷史文化表現與西歐甚不相同，而其最相似的乃是古典文化，然俄國承繼自拜占庭的古典文化與西歐承繼自羅馬的古典文化，實大不相同。

風格統治，大量採用拜占庭的政治制度，穆罕默德二世 (Mohammed II, 1451–1481) 更自稱為基督徒的保護者，頒佈寬容法令，鄂圖曼帝國似乎成了拜占庭帝國的繼承者。(回教帝國本來即深受拜占庭文化的影響。) 三代以後土耳其人與希臘人的混同，更提高鄂圖曼帝國對這個傳承的訴求力量，而東正教徒也大致接受了土耳其蘇丹為拜占庭政權的繼承人。如此，兩個「東方」傳統於是出現，俄羅斯帝國與鄂圖曼帝國二者在東歐黑海地區長久的對抗，不僅是為帝國利益，亦可解為文化道統之爭。

然而俄羅斯終究較鄂圖曼帝國更為「西方」，且它在十七世紀以後積極尋求西化與歐洲人的認同，其爭取作為西方世界成員的一個表示，即是採取與歐洲人一致的政治與文化立場，其中一大「使命」正是反攻回教徒，光復東羅馬故土。俄國是西方列強中最早且最積極主張瓜分土耳其帝國者，俄國對土耳其的戰爭自十八世紀後期以來，幾乎是每一世代均有 (1768–74, 1787–92, 1806–12, 1828–29, 1853–54, 1877–78, 1914–17)。俄國向西方靠攏更明顯的例子，是俄皇亞歷山大一世（Alexander I, 1801–25 在位）在 1815 年 9 月所號召建立的「神聖同盟」(The Holy Alliance)。為對付拿破崙，英普奧俄四強原已組成「四國同盟」(The Quadruple Alliance)，稍後俄國又發起「神聖同盟」，亞歷山大的動機與居心難免令人猜疑，因其功能和目的與「四國同盟」類似，二者常為人們所混淆。此舉實為俄國企圖融入歐洲國際社會的表現，卻為西歐大國英（甚表不齒）、法（自命基督教世界盟主）所排斥。在建構此盟的聲明中，俄普奧三國領導人共同呼籲歐洲各國發揮基督徒的信與愛，團結合作，和平共處；其訴求是「堅信同屬單一而一致的基督王國，受命於上帝而治理本屬一家的三個分室，既然同為基督世界的一分子，必以唯一的真主威權為上帝[11]。」這個與現實的外交政治格格不入的宣言，是俄皇試圖泯除東西對立關係的表現，其號召是基督徒的「大同小異」立場（與列國對於法國大革命的共同反感），此誠可謂 1054 年東西教會分裂以來，繼十字軍運動之後，最大一次整合基督教世界的努力，同時它也是東西羅馬帝國分裂以來，一系列恢復一統歐洲帝國的企圖之一（也可謂最後一次）。這個想法和作法在此時顯是一種「時代錯誤」(anachronism)，它不僅不合時宜 (untimely)，而且是過氣的 (obsolete)，乃至不能有唐吉訶德式的 (Quixotic) 浪漫情調；它簡言之只是一個不切實際的夢想，既是夢想，故無成敗可言。正因為它是不切實際的夢想，所以歐洲各國政府率皆不憚於連署「支持」(因其為無意義且無義務之滋生)；因為它是不切實際的夢想，故英國不屑隨風起舞，其外相卡斯里（R. W. Castlereagh, 1812–22 在位）譏之為「意味深長，而不知所云」(a piece of sublime mysticism and nonsense)[12]。因為東西之復合至此已無可能，故羅馬教皇庇護七世（Pope Pius VII, 1800–23 在位）不支持此案（此時西歐基督教信仰復興的盛況顯示東西基督教世界隔閡之深），而普奧之贊助也只是出於外交謀略和手段，其目的是為交好東方強鄰，而非視俄國為歐洲之內的兄弟邦，故梅特涅亦稱此盟約為贅詞無物。由此可見，俄國只能在列強考量國家利益和勢力均衡 (balance of power) 時，才被西方國家接納為歐洲國際社會之一員，至論文化認同，則俄國終難突破西歐藩籬。故「四國同盟」(英普奧俄）能運作良好，而「神聖同盟」竟像歐洲外交丑劇，只教眾

11. 引文見 David Thomson, *Europe Since Napoleon* (New York: Alfred A. Knopf, 1965), 76.

12. Ibid.

人一笑置之。(第一次世界大戰時英法俄結為「三國協約」The Triple Entente,第二次世界大戰時英美俄等共組同盟國對抗軸心國家,這都是「事急且相隨」的權宜作法,不代表西方國家之接納俄國。)然另一方面因為俄國在面對回教世界時,自況為西方社會成員之心理傾向,使亞歷山大在推動神聖同盟時,完全排除邀請土耳其蘇丹(統有甚多基督教臣民)「共襄盛舉」之想。如此,俄國與鄂圖曼帝國的對抗,又可解為東西對立的另一表現。

但諷刺的是,地接歐洲東緣而具亞洲文化特徵的俄國,始終難以獲得西歐的認同,常被西人視為「東方」或「半亞洲式的」(Semi-Asiatic)[13]國度。(同樣與歐洲大陸歷史發展有相當隔閡與歧異而為「半歐洲式」Semi-European 國家的英國,卻高度被歐洲國際社會所接納,且常居主流之地位。)十九世紀之前西歐人頗覺俄國為野蠻 (barbaric) 之地,且對其所知甚少。例如法王路易十四 (Louis XIV, 1643–1715) 曾經寄送一封信給俄皇,而渾然不知收信人辭世已十二載矣。儘管十七世紀末葉以來俄國與奧國(以及波蘭和威尼斯)一同竭力對抗與反攻土耳其,但這個同志關係仍未能使俄國與聞歐洲事務的角色與分量有所增進。「北方大戰」(the Great Northern War, 1700–21) 時,俄國與丹麥和薩克森尼 (Saxony) 一齊對抗瑞典。當俄國戰勝瑞典的消息傳到維也納時,俄駐奧京的大使回報:「人們恐懼瑞典的心,已為恐懼俄國的心所取代[14]。」俄國在西方不受信任之情於此充分顯現。俄國與西歐

13. 關於俄國為何不被列入「西方世界」(The Western World) 的問題,詳見 Alfred Weber (trans. R. F. C. Hull), *Farewell to European History* (Westport, Connecticut: Greenwood Press, 1977), 2–7.

14. John Merriman, *A History of Modern Europe* (New York: Norton, 1996), vol. I, 315.

之間的差異性與對立性，在十九世紀以後日形尖銳。具有強烈自覺意識的「歐洲」觀念或「歐洲性」(Europeanness) 概念隨著法國大革命而萌生，並日漸高張，東西對立的行動在地理上的歐洲乃愈演愈烈[15]，而十九世紀自由主義者強調的東西歐差異，對此更有推波助瀾之效。俄國與歐洲的軍事對抗，自拿破崙侵俄 (1812) 以後，至二次大戰後的冷戰對峙時期，一直不斷。(1854–56 年，克里米亞戰爭中英法聯合抗俄；1916–18 年，第一次世界大戰後期德國東侵俄國；1919–20 年，一次大戰後西歐盟軍進逼歐俄；1941–44 年，第二次世界大戰期間德國再度進攻俄國。）而這一系列衝突自然更令俄國對歐疏離，乃至仇視。例如克里米亞戰爭後，敗戰的俄國其歐洲政策轉為保守，代表東歐本位主義的泛斯拉夫運動 (Pan-Slavism) 轉趨強烈。泛斯拉夫主義強調東歐斯拉夫文明與西歐日耳曼文明的差別，其倡導人波格丁 (Michael Pogodin, 1800–75) 在克里米亞戰爭初起之際即宣告:「我們必須知道：西是西，東是東[16]。」顯然所謂東西在泛斯拉夫主義者口中並非地理名詞，而是文化圈。(二十世紀後期以來，回教的基本教義派亦持類似觀點和立場。）克里米亞戰爭之後俄國因西進政策受挫，乃轉而向東發展，在中亞與遠東加強帝國控制力與領土擴

---

15. Pim den Boer, "Europe to 1914: The Making of an Idea", in Kevin Wilson and Jan van der Dussen eds., *The History of the Idea of Europe* (London: Routledge, 1995), 13, 65–67.

16. Quoted in Victor Roudometof and Roland Robertson, "Globalization, World-System Theory, and the Comparative Study of Civilizations: Issues of Theoretical, Logic in World-Historical Sociology", in S. K. Sanderson ed., *Civilizations and World Systems* (London: Altamira, 1995), 289.

張；二十年之間俄國在亞洲所兼併的土地已超過它在歐洲二百年來之所獲，俄國的「東方性」因而大增。俄國與歐洲之間的緊張性，可視為東西對立的又一章，而傳統西方對俄國的敵視態度，並不因其在二十世紀的共產革命及國家改造而有所改變[17]。由此看來二十世紀初年的日俄戰爭 (the Russo-Japanese War, 1904–5) 是否可解為「東西之戰」，實有待商榷。俄國是一個地接西方的東方式國家，而日本是一個位居東方的西化新秀，日本與俄國之戰可謂地理位置上的東西對抗，但就文化意義而言，若以日俄戰爭為東西之戰，則何為「西方」、何為「東方」，實大有斟酌餘地。

中東地區素來被學者視為一個與西方世界迥異的歷史、文化、和地理單元[18]，尤其第七世紀之後回教帝國的建立與擴張，以及十五世紀中葉時兼併拜占庭帝國，更使得這個與西歐對峙的東方世界，形成一個大規模而單一的政治體與文化圈；它包含東歐巴爾幹地區、小亞細亞、北非、伊朗與阿拉伯半島，整個古代近東文明區至此再度被統一起來。這將東西對立的地理範圍擴大，使東西文化的對比性加深，東西對抗的緊張性亦以此加劇，這乃是回教文化的傳布以及回教世界與西方世界之間的緩衝國拜占庭被消滅的結果。當 1453 年回教帝國攻滅拜占庭時，鄂圖曼蘇丹穆罕默德二世為宣示東歐基督教政權時代的終結，將查士丁尼所建的

---

17. Gottfried Niedhart, "Western Attitudes toward the Soviet Union: Perceptions and Misperceptions", in M. D. Intriligator and Hans-Adolf Jacobsen eds., *East-West Conflict: Elite Perceptions and Political Options* (London: Westview Press, 1988), 6–7.
18. 詳見 Bernard Tewis, *The Middle East and the West* (New York: Hamper & Row, 1966), 9–27.

著名大教堂聖索菲亞 (Santa Sophia) 改裝為回教清真寺。同時，許多東正教信徒為不淪為土耳其臣民，乃往西遷徙至義大利，他們攜帶最珍貴的希臘文獻西去，傳揚古典學術於西歐。此外，羅馬教廷在拜占庭滅亡後亦不斷呼籲西歐君主再組十字軍東征，然因各國忙於內爭互鬥，無暇東顧，他們雖不吝於聲討「東賊」，但終無實際行動。凡此皆顯示回教世界與基督教世界的東西對抗情勢，將較昔日拜占庭與西歐的東西對立關係，更為冷峻。回教帝國建立的初期歷史與西向擴張事蹟，學者研究甚為深入而詳細，其間所涉及的宗教信仰衝突問題，尤為人所重視；反觀有關基督教的建立與傳布之研究，則不若前者之精詳，君士坦丁大帝皈依基督教之後基督教發展的情況，後人的研究仍嫌粗略，其中宗教信仰衝突問題，常為人所忽視[19]。這個現象的產生除了因為學術研究本身的偏失之外，它反映的事實是在回教的建立與傳布過程中，東西對立衝突的嚴重性甚高於第四世紀後基督教勢力擴張的時代。由於回教與基督教在信仰對象上一致[20]，而在神意與禮法教

---

19. 參見 Fred Dallmayr, *Beyond Orientalism: Essays on Cross-Cultural Encounter* (New York: State University of New York Press, 1996), 10.
20. 穆罕默德自信其所傳之教義乃猶太教與基督教信仰的完美總結，亦即是神意至理，適合所有人。他認為亞當 (Adam)、諾亞 (Noah)、亞伯拉罕 (Abraham)、摩西 (Moses)、以至耶穌 (Jesus) 皆是（或僅是） 古之先知 (prophet)，而他自己乃是此一先知系列中的最後一個，得神最後與完整之啟示。以故《聖經》（*the Bible*，意為 the Book）被回教徒承認為《可蘭經》（*the Koran*，意為 the Book）之前驅，亦屬受神啟示之經典 (divinely inspired books)；而猶太信徒與基督徒亦被回教徒認同為「真理信眾」("people of the Book")，在他們眼中非此信仰傳統中的人均為異教徒 (the heathen or

規的認知上則甚歧異，以致「正信」之爭尤烈，其摩擦較南轅北轍的不同宗教之間的情況，嚴重甚多。正如史上猶太教徒（東）與基督教徒（西）之對立，以及希臘正教（東）與羅馬公教（西）之對立，回教世界與基督教世界的緊張關係，亦可解釋為西方信仰傳統中的東西對立表現。

雖然回教徒對於基督徒與猶太教徒大體上仍能寬容，但在其所征服的領土上，他們畢竟大力推動回教徒信仰與文化，而對非回教徒構成不小壓力。為了維持其信仰與文化的純淨，阿拉伯政府禁止回教徒與外人通婚（《可蘭經》教義已明白規範回教徒不得與非信徒或異教徒結婚），對於文化交流亦不鼓勵；反之，對於皈依回教的人，則以稅賦優待為獎勵。歐洲在其東界（東歐）、西界（西班牙）、與地中海世界（從第七世紀末至十一世紀中地中海直如回教帝國之內海），處處為回教徒所侵襲，因此歐洲人對回教徒戒慎恐懼之心特為深重。而回教帝國向西擴張之時，正當歐洲步入中古衰退之期，這使得西方的困頓更雪上加霜，幾陷於封閉孤立的絕境。然也正由於此種困阨的環境，使得西歐的改造與復興，被賦與一種自力更生與絕地逢生的新契機，而能在中古後期發展出一個與傳統和東方迥異的文化[21]。這個文化是融合日耳曼與希臘羅馬傳統、以及基督教西方教會觀點的新生命，它與東方拜占庭文明差異甚大， 與南歐地中海世界所傳遞的東方文化亦不相

---

pagan)。

21. 西歐何時形成一個一致、自主、而獨特的文化圈，學者各有不同觀點，西元 1000 年是一個常見的答案，無疑地它只是一個便利和概略的說法，西元 1050 年是美國史家 E. M. Burns 進一步探討後所提出的觀點 。 見 E. M. Burns et al., *Western Civilizations* (New York: Norton, 1980), 285–86.

似[22]。中古歐洲從「黑暗時代」(the Dark Ages) 浴火重生的經驗，與古代希臘在其「黑暗時代」之後的新生（見前），如出一轍。由是東西的對立性 (opposition) 更加升高，東西的對比性 (contrast) 更為加深，這恐不是當時的回教政府所預料或樂見的事。

回教帝國愈往後發展，其與西歐在文化上的差異與對立愈深，換言之，回教世界愈來愈「東方化」。早期阿拉伯世界深受拜占庭文化影響，然第八世紀中葉阿巴斯王朝 (The Abbasid Dynasty, 750–1258 A.D.) 建立後，回教文化獨受拜占庭影響的時代已成過去，此後巴格達政權吸收越來越多東方波斯文化；同時阿拉伯人的政治盛期隨第十世紀而逝去，其政權逐漸落入來自更東方的土耳其人手中，回教世界愈來愈多東方性成分。1055 年土耳其人取得巴格達政權，此後直到 1258 年蒙古人入主當地為止，其哈里發 (Caliph) 僅為土耳其人之傀儡。其後鄂圖曼帝國的發展趨向，也只有更加深回教世界的東方色彩與對西方的敵視，早期回教徒——尤其是「傳統主義者」(traditionalists) 的素尼派（the Sunnites，相對於「基本教義派」fundamentalists 的什葉派 the Shiites）——在文化政策上的包容性此後也逐漸減少。

第七世紀哈里發烏瑪 (Umar) 奪下耶路撒冷後，對西來的朝聖者並不妨礙，自十一世紀初哈里發哈金 (Hakim) 則開始迫害聖地中的基督徒；至 1071 年塞爾柱土耳其人 (Seljuk Turks) 自埃及王朝手中奪下耶路撒冷後，其政策愈加仇外，十字軍東征 (1096–1291 A.D.) 乃是此種東西關係惡化的發展結果。十字軍運動的同時，西歐基督徒亦加強其對西班牙回教勢力的反攻，以及對東歐

22. A. M. Craig et al., *The Heritage of World Civilizations* (New York: Macmillan, 1994), 394.

與東北歐斯拉夫人的攻擊，而「清理」出一個單純且更廣大的基督教世界 (Christendom)。而在十字軍東征的時期中，回教世界也在擴張，其方向是往阿富汗、印度等地發展。雖然攻佔聖地的十字軍久留之後，大多因對回教徒了解漸深而變得寬容許多，但一波波新到東方的十字軍仍是又激情又凶殘。第一次十字軍在地中海東岸的佔領區，被西人依歐洲當時盛行的封建制度建立起一個拉丁王國（主要包含四區：The Latin Kingdom of Jerusalem, County of Tripoli, Principality of Antioch, and County of Edessa），其統治者一副殖民官的姿態，與當地回教信徒極不能融洽相處，顯見東西對立的緊張性。其時回教徒將所有東來的西方人皆一概指為法蘭克人 (Franks)，這說明東西雙方相互認識之淺薄。東西的相斥性亦可由十字軍時期文化交流的問題探知。當時佔領聖地的西方人極少有人願意入境問俗，學習阿拉伯文或回教文化，而回教徒亦少有人藉此研究西學。雙方交流成果最豐的地區，反而是位於歐洲邊緣——或說文化意義上的東西世界中間地帶——的西班牙與西西里 (Sicily)。十四、十五世紀時，西方對抗鄂圖曼帝國的行動，往往假託十字軍之名以為號召，而土耳其人也加強其對拜占庭殘存國土的攻擊，可見雙方敵意在十字軍時代之後仍持續不減。

此外，第八世紀後回教帝國分裂，其各自領土亦依傳統文明區的疆界而劃定，在阿拉伯地區、西班牙、與北非埃及分立三大國 (The Caliphate of the Abbasids, 750–1258; the Caliphate of Cordoba, 756–1031; the Caliphate of the Fatimids, 969–1171)，而其他敵對的回教小王朝也在波斯、敘利亞及東方舊有政權故土上出現。此情此景令人聯想到亞歷山大帝國之分裂，它再次說明東西整合的困難。(雖然在政治以外的文化、宗教、社會與經濟各方面，回教世界呈現出相當高的調合性和統一性，這在對比於基督教世界時尤其明顯[23]。）就某一角度所見，回教帝國政治上之分裂乃因非阿拉伯人的信徒（如波斯人、土耳其人、北非人等）之增加，以及異族文化的摻入，這可視為更廣義的東西對立之表現。第八至第九世紀回教帝國盛世時期所控制的地區，其中除了地中海中的島嶼及西班牙 (1492) 在往後幾個世紀間被基督徒收復之外（阿拉伯帝國勢力式微的原因之一是西方人在十一、十二世紀後控制了地中海），近東與北非世界即長期（至十九、二十世紀）在回教政權統治之下。此種局面表現出羅馬帝國後期以來傳統的東西對立形勢（不論是文化的或地理的意義），尤其是十四至十六世紀間鄂圖曼帝國兼併小亞細亞、巴爾幹半島與東南歐地區後，其勢更明。諷刺的是，正如希臘化時代的東方政權與拜占庭帝國，回教帝國在歐洲文化衰頹時，大舉保存並發揚相當多西方古典文化傳統；因此，在十二世紀以後，經由西西里島與西班牙的回教徒以及東方的希臘人，古典西方學問乃得以又呈現於西歐知識界。在回教帝國興盛時，古代希臘重要的科學著作大都被譯為阿拉伯文（昌明的回教醫學其實正是建立在古希臘的醫學成就上發展起來的），中古時期以後它們又被轉譯為拉丁文，而傳布於西方。此外，藉用希臘哲學所建構的回教神學，對於基督教神學的影響，亦是眾所周知的事。甚至原流行於拜占庭與鄂圖曼帝國的專制政體，在中世紀晚期以後（相當程度是透過十字軍的引介），也開始在中西歐（除英國與波蘭外）建立，而被視為最自然的政府型態。至於十四世紀以後西歐文藝復興學者所憑藉的古典學術著作，正

23. 回教世界 (Islam) 一詞在使用頻率上，以及在文化意義的精確性與有效性方面，顯較基督教世界 (Christendom) 一詞為高。

是拜拜占庭與回教學者的保存、翻譯與研究工作之賜，此已無庸贅述。由上述可見，回教文明在打擊西方時，也無意間幫助了西方的復興。

總之，回教帝國對東西對立情勢的激化影響甚鉅，它在武力上是西方的一大勁敵，它在文化與信仰上是西方的一大刺激（如果不是啟示的話）。先前的拜占庭帝國因武力不夠強盛，且其文化和信仰與西歐的淵源甚深，故不能造成對西方的重大挑戰或衝擊。以此，西方人常鄙視拜占庭人，但對回教徒卻帶著敬畏之心[24]。回教帝國的壯大造成對拜占庭的嚴重威脅，尤其是1071年曼茲克特 (Manzikert) 之役以後，君士坦丁堡陷於岌岌不保的困境，這使得拜占庭與西歐的對立關係緩和，乃至促成二者的合作（十字軍與廣義的十字軍）而一致對抗回教徒，東西對立的分界線因此由西（亞德里亞海）往東（黑海海峽）移。然十字軍的失敗與拜占

24. P. L. Ralph et al., op. cit., vol. I, 392. 中古西歐人對東方拜占庭和回教帝國不同程度的反感，由十四世紀義大利名詩人佩脫拉克 (Petrarch, 1304–74) 下列的文字可見一斑，他說：「到底失去耶路撒冷或佔有拜占庭那一件事比較不好，我實在不知道。在耶路撒冷，耶穌基督並不被人所接受，而在拜占庭基督雖被禮拜，但實不為人們所重視。土耳其人固然是我們（西歐人）的敵人，但另立門戶的希臘（拜占庭）信徒比敵人更壞。土耳其人公然攻擊我們的帝國（西歐），而希臘人（拜占庭人）認羅馬教會為母，自言是孝子，但卻不聽羅馬教皇的指令。土耳其人比較不恨我們，因為他們比較不怕我們；而希臘人則不僅恨我們，也怕我們。」引文見 Crane Brinton, op. cit., vol. I, 362. 相對於西歐這種態度，拜占庭的教士在十五世紀時亦曾慨言：寧願在君士坦丁堡看到土耳其人，也不願在此看到一個羅馬公教的紅衣主教。

庭的滅亡，只有更惡化東西對立的情勢，於此東西對峙的界線又西移至傳統的地帶——亞德里亞海。鄂圖曼帝國在十四至十七世紀間，一直維持向西攻勢，嚴重威脅著哈布士堡帝國 (the Hapsburg Empire) 的生存，只是此時西歐國家耽於內政事務，對這個東方威脅不甚措意。同時，鄂圖曼帝國國力也在諸多內部問題困擾下，逐漸衰微。十七世紀以後，歐洲反攻勢力首先由哈布士堡帝國發動，然後俄國亦跟進，二者至 1856 年前恆聯手反制鄂圖曼勢力。土耳其與西方的長期戰爭在 1699 年卡洛維茲條約 (*Treaty of Karlowitz*) 簽訂後告一段落，此約使鄂圖曼帝國喪失匈牙利，從此帝國領土一再受人侵奪，而且整體回教世界的版圖同時也在退縮，它代表自中古以來東方長久凌駕西方的威勢之告終。此後，東西對立關係的課題已轉變成西方帝國主義發展史。西元 1798 年，法軍登陸東地中海岸，此乃十三世紀以後西歐武力首度進攻近東[25]。1800 年以前歐洲人最多只能據有小型的回教國家為殖民地，但其後回教大國所在的非洲、印度與東南亞，紛紛淪落為西方人的殖民地，至十九世紀中葉時，西強東弱與歐洲獨霸全球的局面已明顯出現[26]。西人所謂的「東方問題」(The Eastern

25. 詳見 M. S. Anderson, *The Eastern Question, 1774–1923: A Study in International Relations* (London: Macmillan, 1991), 26–27. 此事亦代表鄂圖曼帝國與歐洲關係全面的惡化，蓋前此法國與鄂圖曼帝國基於外交利益的考量，在十八世紀裡恆維持友好的邦交。參見 F. M. Gocek, *East Encounters West: France and the Ottoman Empire in the Eighteenth Century* (New York: Oxford University Press, 1987), 4–5, 7–9. 然十九世紀以後，西歐的英法雖不致像俄奧一樣與土耳其正面對抗，但俱採反土耳其的政策，儘管西歐可能因為抵制俄國的需要而支持土耳其抗俄。

Question, 1774–1923) 成了歐洲列強外交的主題之一，它的討論焦點是在於如何瓜分土耳其帝國，特別是東歐巴爾幹地區（即 Turkey-in-Europe）的政治安排問題[27]。西歐壯大後，它自然也企圖「光復」東歐基督教世界之故土，因此西方人所定義或所掌控的「西方世界」，自然也就涵蓋了東歐巴爾幹地區，儘管在文化認同的意念上，西方人仍雅不欲視東歐人（含俄人）為其同類[28]。在克里米亞戰爭中，英法聯合擊敗俄國，它昭示世人西歐——尤其是法國而非東方的俄國——才是鄂圖曼帝國治下東正教信徒的保護者，其意表示西方東拓並非欲認同或整合俄國。由於西方列強對於瓜分土耳其帝國的方式與領土安排難有協議，以致這個十五世紀以來的東西對立局面，直至第一次世界大戰後因土耳其帝國的瓦解，才終於破解。無怪乎十九世紀前期奧國外相梅特涅 (Klemens von Metternich, 1809–48) 大歎：亞洲始於維也納 (Vienna) 的東郊[29]。在「東方問題」中，土耳其與歐洲列強的關係、以及俄國與西歐的關係均告惡化[30]，東西對立的緊張性難以舒緩。

---

26. W. H. McNeill, *The Rise of the West* (Chicago: University of Chicago Press, 1966), 726–28.
27. 關於「東方問題」的定義和問題本質的討論，參見 A. L. Macfie, *The Eastern Question, 1774–1923* (London: Longman, 1991), 1–3.
28. 政治統一或文化一致的歐洲並非歷史事實，故歐洲權傾一時的政治領袖如十九世紀的俾斯麥 (Otto von Bismarck, 1815–98) 與二十世紀的戴高樂 (Charles de Gaulle, 1890–1970) 均曾表示歐洲並不存在。
29. David Thomson, op. cit., 65.
30. 詳見 J. C. K. Daly, *Russian Seapower and 'The Eastern Question', 1827–41* (London: Macmillan, 1991), 191–92.

十五世紀後「歐洲」一詞逐漸流行，西方學者開始為文討論歐洲事務，其時「歐洲」大致被視同「基督教世界」(Christendom)。十五世紀至十九世紀間，諸多重大改革運動造成現代歐洲（西方）的興起，如文藝復興（the Renaissance，十四世紀至十七世紀，人文主義的發揚），民族國家建國運動（十五、十六世紀與十九世紀，民族主義的體現），宗教改革（the Reformation，十六至十七世紀，個人主義的興起），知識革命與啟蒙運動（the Intellectual Revolution and the Enlightenment，十七至十八世紀，理性主義的標舉），工業革命（the Industrial Revolution，十八世紀以下，資本主義制度的建立），法國大革命與民主化運動（the French Revolution，十九世紀以下，自由主義的流行）等等，大致而言這些重大的變革在西歐發展的時間較早、程度較高、成就較大，而愈往東歐則愈不及，至於俄國與土耳其治下的東歐地區，更是「春風不度玉門關」的化外景象。由於這些運動對於塑造「現代」的「歐洲」——亦即「現代性」(modernity) 與「西方性」(Occidentalism)——有決定性的影響，因而至十九世紀時，文明層次高低差別甚大的「兩個歐洲」(the two Europes) 已分明可見[31]。同時在另一方面，地理大發現、工業革

31. 英國史家 Sir Ernest Barker (et al.) 在 1951 年出版三冊的 *The European Inheritance* (London: Oxford University Press, 1954)，其文末對歐洲史提出全面的省思，「兩個歐洲」由古至今的發展脈絡正是其說重點。參見鍾建閎譯，《近代歐洲文化史》（臺北：教育部，民國四十八年），頁 611–24。冷戰結束乃至 1989 年東歐共產政權紛紛瓦解以來，這兩個歐洲的對談與統合，仍不順利。見 Mary Kaldor, "After the Cold War", in Mary Kaldor ed., *Europe from Below: An East-West Dialogue* (London: Verso, 1991), 38–40.

命與帝國主義的殖民擴張運動，均在推展「歐化」，它使得「西方」的範圍擴大而實力增加，「東方」的範圍相對縮小而實力減弱，但這並不意味東西的對立必然惡化。在近代「西方」的範圍由傳統的西歐（包括中歐），擴展至包含東歐、美洲、澳洲、紐西蘭，乃至高度西化的東亞地區，如日本。籠統言之，它雖仍可稱為地理上的西方（由現代的科學知識可知，劃分地球為東西南北方位顯然是相對而不正確的人為之見），但精確地說它是高度文化意義的西方。待全球西化高至「世界一家」的程度時，傳統的東西對立概念自然須加以修正。於是，相對於「東方」的西方文明屬性乃由「歐洲的」(European)，轉為「西方的」(Western)，再進而成為「現代的」(Modern)；而西方所推展的「文明教化」(civilizing mission) 工作，也由「歐化」(Europeanization) 轉為「西化」(Westernization)，再進而被喻為「現代化」(Modernization)。

相對於「西方」的擴張，「東方」的範圍固然是縮小了，但其縮小程度其實不多，蓋東歐巴爾幹地區在土耳其帝國瓦解後，是否可歸屬「西方」，仍大有爭議。而且由於科技的進步與歷史演進諸多因素，文化交流與東西接觸愈來愈深入、普遍、快速而直接，在此情形下東西世界的分界愈來愈模糊或失去其作用。西方人到亞洲活動的第一波風潮出現在十六、十七世紀時，雖然其所獲並不多，但在近代歐亞的交通史中，西方人可說「發現」了東方，他們主動積極地尋找直接到達東亞的路線，或為見識新事物，或為追求財富，不論如何皆不願再以阿拉伯人為東西之媒介。傳統東西對立形勢發展至今，其中的東方範圍其實是增加了，因為由西方的立場來說，他們所面對或實質接觸的東方世界較十七世紀以前擴大甚多，在十九世紀時東方已不再僅是「近東」，而是包含中亞、印度、中國、與東南亞等地。廣大的「遠東」（含有西方本位偏見的字眼）在西方的知識中固然早已存在，但在東西對立或東西接觸的歷史中，它實質的出現乃是近二、三百年的事，這是單一世界發展過程中重要的一步。

儘管近代「西方」壯大而「東方」擴大（究竟現代西方是興是衰，或東方是強是弱，眾說紛紜而莫衷一是），二者持續對立，但敵對與衝突程度卻未必加劇。正如東來的十字軍對回教徒的仇視，在兩方接觸之後往往不增反減；甫與西方人接觸的印度人或中國人，縱有扞格之感，但若無西方殖民帝國的侵略行動，雙方劇烈或全面的衝突實無從發生。了解未必會促成包容、接受或欣賞，但至少能導引出某一相安無事的共處之道，這是東西接觸的歷史經驗所示。理性精神或自由主義所主張的寬容（如啟蒙時代學者強調尊重歐洲以外 [extra-European] —— 特別是東方世界——的文化觀點），或許不能展現於一般人民的行為上，但只要沒有涉及國家民族的外交衝突，激進而普遍的東西對抗亦不會產生，第二次世界大戰後東西對立關係的緩和，與南北對抗（主要是基於經濟利益因素）的代之而起，正說明此道理。但無論如何，東西對立仍不失為一個解釋世界現代史有效的模式，儘管世界一家已是國際社會所鼓吹的道德立場。

共產主義政權的興起造就了一個「非西方」（或「反西方」，但非「東方」）對抗「西方」的新國際情勢[32]。固然共產主義主張

32. 十九世紀前期的社會主義，或馬克思所謂之「烏托邦社會主義」(Utopian Socialism)，僅是一種西方現代化過程中反現代化的「鄉愁式」(nostalgic) 情結，它追念的是「現代以前的」(Pre-Modern) 的和諧社會（這可能是事實，但更可能只是想像），它反現代化（或簡單說即工業化），但不反西方（正如二十世紀法西斯政權之立場）。

國際主義 (internationalism)，反對國與國、民族與民族、或東方與西方的對抗，但它追求的新社會關係與新生活方式（或文明型態），乃是非西方式的 (non-Western) 或反西方式的 (anti-Western)。蘇聯共產政權的崛起，代表數世紀以來俄國內部西化與本土化（或「東化」orientalization）二派勢力抗爭的終結與兩敗俱傷，因最後得勢的是一非東非西的第三路線，此即共產主義[33]；這個反西方勢力不是出自於傳統的親斯拉夫主義 (Slavophilism)，也不圖整合東方世界以對抗西方（雖然蘇聯的對外政策仍明顯有重歐輕亞的態度[34]），它主張的既不是歷史經驗也非現狀，而是全新的社會

因此，它不反「西化」（於此可見「現代化」不盡然等同於「西化」），其所持理念是一種大同觀 (universalism)，相信普遍、一致、善良、平和（而非彼此對立抗爭）的人類本性和社會本質，在此概念之下既無所謂「西化」亦無「東化」，只有「開化」才是切實而有意義的。在此社會主義觀點下，東西對立並不必要，也不重要。

33. 1881 年亞歷山大二世 (Alexander II) 的被刺身亡及其後政府的反動政策，代表俄國西化政策的挫敗，它造成本土化情緒的激昂，然而持本土化立場的傳統守舊人士對於俄國的改革，始終沒有重大的建樹和成就，甚令俄人——尤其是知識分子——絕望，一股虛無主義 (nihilism) 與失敗主義 (defeatism) 之風，由是流行。當時西歐各類思潮與意識型態乘隙湧入俄國，最後一支獨秀者則是理想性甚高而作法激進的馬克思主義。（關於馬克思主義所以能在俄國興盛的理由，參見 C. E. Black and E. C. Helmreich, *Twentieth Century Europe* (New York: A. A. Knopf, 1972), 191–92.）1917 年俄國的二月革命與臨時政府的成立，代表西化路線的勝利，不意數月之後，十月革命竟建立起非東非西的共產體制。

34. 事實上早期的馬克思主義信徒可以說皆是持歐洲本位 (Eurocentric) 觀點，因為依據馬克思的說法，社會主義革命只有在資本主義發達

結構和文化，它欲以新式的 (new) 文明——依馬克思觀點乃為「高度的」 (advanced) 文明——取代舊有東西對立的格局[35]。然共產

的國家才可能發生，馬克思主義者顯然是以歐洲經驗去看東方世界未來的文明發展，而相信「歐化」即是進步（此乃歷史的必然性）。見 R. L. Greaves, et al., *Civilizations of the World: The Human Adventure* (New York: Longman, 1997), 974. （韋伯 (Max Weber) 的社會學觀點亦被指為建立在歐洲本位立場上。見 Albert Bergesen, "Let's Be Frank about World History", in S. K. Sanderson, op. cit., 203.）列寧所建立的「第三國際」（或稱「共產國際」）(The Third International or The Communist International or The Comintern, 1919–43) 在 1920 年第二屆大會時公開呼籲「盡可能結合西歐共產主義無產階級大眾與東方農民大眾的革命運動」(the closest possible union of the Western European communist proletariat with the revolutionary movement of the peasants in the East) （引文見 Tony Howarth, *Twentieth Century History: The World Since 1900* (Harlow, Essex: Longman, 1982), 83.）。同年 9 月第三國際召開「東方民族大會」(the First Congress of Peoples of the East)，第三國際主席芝諾耶夫 (G. E. Zinoviev, 1919–26) 在會中又做了一次相同的聲明。但此會目的實在於利用東方民族對西方帝國主義的仇恨，以便利蘇聯推動向東方的「革命輸出」。對於與會的東方民族代表之呼籲與心聲，蘇共領袖甚表藐視，以致引起東方各國代表嚴重的抗議。有印度共產主義信徒建言：「歐洲的共產革命能否成功端視東方國家的共產革命能否成功。」而列寧卻反譏：「雖然印度的無產階級有五百萬之眾，其佃農更達三千七百萬人，然至今印度的共產主義信徒都還無法成立一個印度共產黨，可見同志所言差矣。」見 F. Claudin (trans. B. Peasce), *The Communist Movement: From Comintern to Cominform* (New York: Monthly Review Press, 1975), vol. I, 247–48.

35. 英國知名史家湯恩比 (A. J. Toynbee) 在第二次世界大戰後指出，共

世界的興起激使西方世界更加「西化」，無形中使東西對抗更為嚴重。第二次世界大戰後，除了未曾被納粹德軍佔領的英國外，大部分歐洲國家均因戰時共產主義信徒從事抗德（反法西斯）運動，而有共產黨聲勢壯大的現象。為了防止共產黨掌權執政，在法國與義大利等地出現了許多新的天主教政黨，致力於社會改革之推動與西式民主 (Western-style democracy) 的確保，以抵制共產主義的革命。由此例可見，共產主義的興盛確對西方的自我認同有所刺激。共產世界的興起也「創造」了一個「第三世界」，此即既非西方資本主義國家、亦非共產主義國家的舊有東方式「開發中」國家。蘇聯工業化迅速致果的經驗，的確提供了一個非西化取向而現代化有成的典範，對於反西方的東方國家造成極大的震撼與吸引力。第二次世界大戰後，在美蘇霸權的對抗下，「第三世界」（概括言之即東方世界）國家若非主動靠攏即是受兩強收編，這造成全球的兩極化 (bipolarization)，一時之間傳統的東西對立彷彿已經成為過去；其現象之一是關係歐洲安危甚大的國際協定，概由美蘇二強主導與決定，而歐洲竟不能與聞。例如 1960 年代後期至 1970 年代初期的「戰略武器限制談判」(Strategic Arms Limitation Talks or SALT)，即令歐人憂喜交雜，喜的是它減低歐洲冷戰對抗的緊張性，憂的是它顯示在兩強對峙之下，歐洲已失其作為第三勢力的地位，因為此限武談判是「史上東西重大的交涉事件中，唯一無歐洲置喙餘地的場合[36]。」當然代表東方的亞

產俄國之可畏，不在於其軍事力量，而在於其能將西方人的思想轉化為非西方思想。見 A. J. Toynbee, *Civilization on Trial* (New York: Oxford University Press, 1948), 221.

36. John Newhouse, "SALT", *The New Yorker*, 2 June 1973, 101. Quoted in R. O. Paxton, *Europe in the Twentieth Century* (New York: Harcourt

洲國家在此事之中亦無影響力可言。

然而 1970 年代中期冷戰平息以後，東西之間的緊張性立即再現[37]。中國共產黨的興起所呈現的共產主義東方化取向，以及 1980 年代末期以來共產政權集團的崩解，皆明白顯示世界文明中的東西對立本質。其指標之一是蘇聯瓦解以後，傳統俄國歷史中的西化派與本土派（或斯拉夫派 [Slavophiles]）之間的抗爭，又在俄羅斯聯邦中興起。事實上在第二次世界大戰末期，當盟軍已勝利在望時，西方盟國即決定不介入巴爾幹地區的戰事，而默許蘇聯在東歐「行動」上的自由與特權[38]。這再度呈現傳統歐洲東西分立的觀念，所謂「一統帝國」或「一統歐洲」的想法，早已不是針對地理區劃上的歐洲而發。冷戰對立情勢結束以來，歐盟 (the European Union) 所須解決的一大課題，即是界定一條東西分隔線，以確定該組織以及北大西洋公約組織 (NATO)，在主觀與主動立場上所欲擴張的地理範圍（東界）。對此歐盟國家所得的共識，與尚在盟外的東歐國家所持的觀點與態度，竟甚為吻合，在此可見雙方大致仍保守十五世紀以來，以鄂圖曼帝國及俄國的西界作為東西分界的立場[39]。此線大約沿今日俄國與芬蘭的交界南

Brace Jovanovich, 1975), 627.

37. 詳見 W. R. Keylor, *The Twentieth-Century World: An International History* (Oxford: Oxford University Press, 1996), ch. 12, "The Resurgence of East-West Tension (1975–1985)", 382–97.

38. René Albrecht-Carrié, *A Diplomatic History of Europe Since the Congress of Vienna* (New York: Harper & Row, 1973), 588.

39. 詳見 Samuel P. Huntington, *The Clash of Civilization and the Remaking of World Order* (New York: Simon & Schuster, 1996), 158–

下，經波羅的海 (Baltic Sea) 三邦以及波蘭、捷克的東界，至羅馬尼亞中心西折，轉接波斯尼亞北界，至亞德里亞海而南行至北非。此線不僅區隔西歐基督教（新教與天主教）與東歐東正教及回教的地理範圍，而且在各國政治制度的差異、文化特徵、與經濟發展的程度上，亦為有效的地理分界，足見東西對立在人類文明發展歷史中的持續軌跡。實際上，在二十世紀前期以前，除了東歐國家以外，歐人周遊於歐洲列國之間並不需要護照為憑，可見東西有別，其由來久矣。但值得注意的是，上述東西界線並非區隔日耳曼人 (Germans) 與斯拉夫人 (Slavs) 的種族分界線。日耳曼人的東進運動與斯拉夫人的西進運動，以及二者的融合，在中古時代早已展開40；而屬於斯拉夫民族的捷克，尤早被視為不同於南斯拉夫的先進國度，而列名於西方之邦，可見東西對立觀念主要是基於文化上的差異。

無疑的，相對於東方世界包含龐大複雜而多樣的文化（如東正教世界、回教世界、印度文明區、中國文明區等），「西方」是一個相當單純而一致的文明區，即使是以廣義的西方而論（包括美洲、紐、澳等廣大地區）亦然，這可能是因為這些非歐洲的西化地方是近代西方帝國的殖（移）民區所致。從歷史觀點來看，東西對立觀念的興起與養成乃是出於西方人，或說源於西方的本

---

61. 關於西歐整合與東歐之分途發展的討論，參見 D. S. Collier and Kurt Glaser eds., *Western Integration and the Future of Eastern Europe* (Chicago: H. Regnery, 1964).

40. 詳見 Karl Bosl, "Political Relations between East and West", in Geoffrey Barraclough ed., *Eastern and Western Europe in the Middle Ages* (London: H. B. Jovanovich, 1970), 43–82.

位立場與優越意識（參見前文討論希臘時期東西觀念的出現），以故西方人動輒概稱「非西方世界」為「東方」，將複雜多樣的東方文明「一視同仁」。人類史上的文明無一像歐洲文明那般強烈地試圖將其本身的成就與觀點推展至其他社會，以求定於一尊的天下秩序[41]。「東方研究」（或「東方學」）的興起可溯及十四世紀初期，當時維也納教會為增進對東方的了解，設置許多大學教席，從事東方語文與文化的教學和研究。然東方研究的提倡在當時主要不是出於學術因素，而是基於與東方貿易、宗教論辯、以及軍事對抗上的制勝需求[42]。簡言之，西方人的「東方學」乃至「東方性」概念的出現，非為促進東西諒解或合作，而是為東西抗爭做準備。故其「研究」對象不以學術標準去認定，而是涵蓋所有當時與西歐對抗或對立的非西方世界；如此，所謂「東方」乃包括東歐、北非（東地中海世界），以至東亞，其中尤以與西方抗爭最力的回教世界，為其「研究」的重心。而且西方的「東方學」特別著重呈現東方與西方的差別性，它的終極目的是在闡明西方文明的本質，而不在認知東方世界的特點。而相對於西方人之「東方研究」(Orientalism)，東方人卻對西方沒有相同的「興致」去發展出一套「西方研究」或「西方學」(Occidentalism)，也沒有像西方人研究東方那種態度去研究東方本身[43]。

---

41. Marvin Perry, *Western Civilization* (Boston: Houghton Mifflin, 1997), 644.

42. B. S. Turner, *Orientalism, Postmodernism and Globalism* (London: Routledge, 1994), 37. Also cf. Ali Behded, *Travelers: Orientalism in the Age of Colonial Dissolution* (London: Duke University Press, 1994), 10–13, 71.

43. B. S. Turner, op. cit., 45.

「近東」(the Near East)（包含東南歐與鄂圖曼帝國在亞非的領土）與稍後「中東」(the Middle East)（大致指西南亞洲及北非）等詞的出現，大約是在十九、二十世紀之交（當然此皆西方人的「發明」），而迅速且廣泛地為西方人所採用。其所以如此盛行，原因正是歐洲人一、二千年來，本即習慣地視這些地區為化外的「東方」(the East)[44]。而這些名詞不僅為西方人所用，亦為俄國人、非洲人與印度人所採行，更可怪者，竟為「近東」或「中東」當地人民所好用。但若從長久的東西對立關係發展歷史來看，此種現象實不足為奇，蓋西方人基於歐洲本位立場與文化優越意識，而有「近東」、「中東」、「遠東」等稱呼，乃自然之事；同時，東方人亦自覺其與西方以及其他東方地區不同，故也有自稱「近東」、「中東」、或「遠東」的情形，雖然此種自我認定的方式並不恰當。相對於傳統狹小的西方，「東方」地區甚為廣大，包含不同的民族文化，他們個別引用西方人的「近東」、「中東」、「遠東」等說法自稱，雖嫌缺乏對西方人的文化偏見之警覺，但也反映出他們對自身文化的獨特性之自負。

紐澳的白人有時不自覺地稱呼與其相隔不遠的東亞為「遠東」，這顯示東西世界之說所含文化性意義往往高於地理性，或說西方人對東方的看法，常基於一種「自覺」或「自負」——而非「知己知彼」——的意識和習慣。如此，我們可以說「東方是被西方創造出來的」[45]。當然，這也可能不是道德或價值觀的問題，

---

44. Ibid., 10.

45. 關於這個論點闡述最深者為巴勒斯坦學者 Edward Said（美國哥倫比亞大學比較文學教授），見其著 *Orientalism* (Harmondsworth: Penguin, 1985), esp. 321. 事實上「東方性」(Orientalism) 一詞即是西歐（法國）人在十九世紀初期（1830 年代）的發明。

而是知識問題，這也就是說，因為西方人對廣大的東方世界所知不多或認識淺薄，以致西方人不免將相對其自身的異文化，簡化而單一地稱作東方。近來某些有所警覺的學者習以「非西方世界」(the non-Western World) 代替「東方」之稱呼，但其態度仍未盡脫西方本位主義，何況此種說法更嫌籠統含糊，蓋「非西方世界」可理解為西歐與北美以外的一切地區46。習於簡化者，其對文化的批評易趨於誇大，與動輒對比東西世界之不同，或其優勝劣敗與成就高下。現代的東方人也難免將非東方文明籠統說成西方，其害亦類似。值得注意的是，不論東西，人們皆不自覺地稱歐洲式的文明為西方文明47，這頗助長東西對立觀念的發展和流行。而在這樣的狀況中，可見雙方均習慣性地忽略非洲乃至南美洲文化區的存在，這又顯然不是因為知識不足所致，而是源於價值判斷的結果。

儘管現在人類社會文化漸有單一化的現象48，加上各國經濟

46. 關於西方人在近代以前對東方認知的狀況，可參見 D. F. Lach, *Asia in the Making of Europe* (Chicago: University of Chicago Press, 1971), vol. I, 16–30. 儘管近代西方學者已察覺到東方文化的複雜性，但仍多相信東方文化有其一致的風格和特質，故其通稱東方的習慣，依舊不改。參見 I. R. Siani, *The Challenge of Modernization: The West's Impact on the Non-Western World* (New York: Norton, 1964), p. 30.

47. S. P. Huntington, op. cit., 33.

48. 造成文化單一化現象的因素甚夥，其中一個原因是來自於近代西方帝國主義在東方的殖民活動與經濟剝削，它令西方人——尤其是知識分子——面對東方時，產生一種罪惡感，從而促使他們去探求一個全球性的宗教信仰與一套放諸四海皆準的哲學思想，以推進人類文化的包容性與整合性。（參見 J. J. Clarke, op. cit., 97.）如此，東西

的高度互賴，以及全球生態環境保護的問題，促使東西世界的對立性降低，但東西文化的衝突是否能因此消減，仍令人懷疑[49]。現今左右派學者皆傾向於視文化衝突為二十一世紀人類社會對抗的焦點，而即便全球的一致化為可能實現，它也不代表這必然是東西融合的結果，卻極可能是東西對抗結果一方的全面與最後勝利，如全球西化[50]。

對立的發展隨著人類文明的進化，似可導引出一個良性的結果，這雖不可能是東西融合，至少是雙方的互動、諒解、和尊重。然吾人對此前景恐只能持「審慎的樂觀」(cautious optimism)，因為它的實現在知識界縱有希望，但在民間大眾和政治界則未必可期。

49. 關於當今東西關係的調和與衝突現象，參見 Volker Rittberger and Michael Zurn, "Towards Regulated Anarchy in East-West Relations: Causes and Consequences of East-West Regimes", in Volker Rittberger ed., *International Regimes in East Politics* (London: Pinter, 1990), 9–13.

50. 持此觀點者似勝於相信西方「東化」者。參見 Serge Latouche (trans., Rosemary Morris), *The Westernization of the World: The Significance, Scope and Limits of the Drive towards Global Uniformity* (Cambridge: Polity Press, 1996), 24, 25; and T. H. Von Laue, *The World Revolution of Westernization: The Twentieth Century in Global Perspective* (Oxford: Oxford University Press, 1987), 317–29. Oswald Spengler 即使暢言西方的沒落，但他探討重點乃在有形世界與無形世界之間的消長（歷史哲學），而非東西衝突與興替，且他對西方的復興仍抱持厚望。見 Oswald Spengler (trans. C. F. Atkinson), *The Decline of the West*, trans (New York: Modern Library, 1962), 35–36, 39–40.

參考書目

1. S. J. Abas and A. S. Salman, *Symmetries of Islamic Geometrical Patterns*, London: World Scientific, 1995.
2. Henry Abelove et al. eds., *Visions of History*, New York: Pantheon, 1983.
3. P. R. Ackroyd and C. F. Evans eds., *The Cambridge History of the Bible*, Cambridge: Cambridge University Press, 1987.
4. R. M. Adams, *The Virtue of Faith and Other Essays in Philosophical Theology*, Oxford: Oxford University Press, 1987.
5. René Albrecht-Carrié, *A Diplomatic History of Europe Since the Congress of Vienna*, New York: Harper & Row, 1973.
6. Cyril Alfred, *Akhenaten: King of Egypt*, London: Thames & Hudson, 1991.
7. Keimpe Algra et al. eds., *The Cambridge History of Hellenistic Philosophy*, Cambridge: Cambridge University Press, 1999.
8. M. S. Anderson, *The Eastern Question, 1774–1923: A Study in International Relations*, London: Macmillan, 1991.
9. Michael Angold, *Church and Society in Byzantium under the Comneni, 1081–1261*, Cambridge: Cambridge University Press, 1995.
10. Julia Annas, *Hellenistic Philosophy of Mind*, Berkeley, Calif.: The University of California Press, 1992.
11. Julia Annas and Jonathan Barnes eds., *Sextus Empiricus, Outlines of Scepticism*, Cambridge: Cambridge University Press, 2000.
12. F. B. Artz, *The Mind of the Middle Ages*, Chicago: The University of Chicago Press, 1980.
13. Elizabeth Asmis, *Epicurus' Scientific Method*, Ithaca, N.Y.: Cornell

University Press, 1984.

14. Esin Atil ed., *Islamic Art and Patronage*, New York: Rizzoli, 1990.

15. G. N. Atiyeh and I. M. Oweiss eds., *Arab Civilization: Challenges and Responses*, New York: The State University of New York Press, 1988.

16. M. M. Austin, *The Hellenistic World from Alexander to the Roman Conquest*, Cambridge: Cambridge University Press, 1981.

17. Aziz Al-Azmeh, *Arabic Thought and Islamic Societies*, London: Croom Helm, 1986.

18. M. W. Baldwin, *The Medieval Church*, Ithaca, N.Y.: Cornell University Press, 1965.

19. M. C. Banner, *The Justification of Science and the Rationality of Religious Belief*, Oxford: The Clarendon Press, 1992.

20. Patrick Bannerman, *Islam in Perspective: A Guide to Islamic Society, Politics and Law*, London: Routledge, 1988.

21. Halim Barakat, *The Arab World: Society, Culture, and State*, Berkeley, Calif.: The University of California Press, 1993.

22. Malcolm Barber, *The Two Cities: Medieval Europe, 1050–1320*, London: Routledge, 1992.

23. Ernest Barker et al., *The European Inheritance*, London: Oxford University Press, 1954.

24. Ernest Barker, *Social and Political Thought in Byzantium*, Oxford: The Clarendon Press, 1961.

25. Jonathan Barnes, *The Toils of Scepticism*, Cambridge: Cambridge University Press, 1994.

26. Geoffrey Barraclough ed., *Eastern and Western Europe in the Middle Ages*, London: H. B. Jovanovich, 1970.

27. Geoffrey Barraclough, *The Medieval Papacy*, London: Thames &

Hudson, 1992.

28. C. D. Batson et al., *Religion and the Individual: a Social-Psychological Perspective*, Oxford: Oxford University Press, 1993.
29. Giovanni Becatti (translated by John Ross), *The Art of Ancient Greece and Rome*, Englewood Cliffs, N.J.: Prentice-Hall, 1967.
30. Ali Behded, *Travelers: Orientalism in the Age of Colonial Dissolution*, London: Duke University Press, 1994.
31. Bettina Bergmann and Christine Kondoleon eds., *The Art of Ancient Spectacle*, New Haven, Conn.: Yale University Press, 1999.
32. Peter Biller and Barrie Dobson eds., *The Medieval Church: Universities, Heresy, and the Religious Life*, New York: The Boydell Press, 1999.
33. John Binns, *An Introduction to the Christian Orthodox Churches*, Cambridge: Cambridge University Press, 2002.
34. C. E. Black and E. C. Helmreich, *Twentieth Century Europe*, New York: A. A. Knopf, 1972.
35. Marc Bloch (translated by L. A. Manyon), *Feudal Society*, London: Routledge, 1989.
36. Harold Bloom ed., *Modern Critical Interpretations: The Book of Job*, New York: Chelsea House Publishers, 1988.
37. Uta-Renate Blumenthal, *The Investiture Controversy: Church and Monarchy from the Ninth to the Twelfth Century*, Philadelphia: The University of Pennsylvania Press, 1988.
38. John Boardman et al. eds., *The Oxford History of Greece and the Hellenistic World*, Oxford: Oxford University Press, 2001.
39. Susanne Bobzien, *Determinism and Freedom in Stoic Philosophy*, Oxford: The Clarendon Press, 1998.

40. R. R. Bolgar ed., *Classical Influences on Western Thought, 1650–1870*, Cambridge: Cambridge University Press, 1979.
41. Arno Borst, *Medieval Worlds: Barbarians, Heretics and Artists in the Middle Ages*, Cambridge: The Polity Press, 1991.
42. A. B. Bosworth, *Conquest and Empire: The Reign of Alexander the Great*, Cambridge: Cambridge University Press, 1989.
43. Jean Bottéro (translated by Zainab Bahrani and Marc Van De Mieroop), *Mesopotamia: Writing, Reasoning, and the Gods*, Chicago: The University of Chicago Press, 1992.
44. G. W. Bowersock, *Hellenism in Late Antiquity*, Ann Arbor, Mich.: The University of Michigan Press, 1990.
45. Mary Boyce, *A History of Zoroastrianism*, Leiden: E. J. Brill, 1975.
46. G. R. Boys-Stones, *Post-Hellenistic Philosophy: A Study of Its Development from the Stoics to Origen*, Oxford: Oxford University Press, 2001.
47. S. M. Braund and Christopher Gill eds., *The Passions in Roman Thought and Literature*, Cambridge: Cambridge University Press, 1997.
48. Émile Bréhier (translated by Wade Baskin), *The History of Philosophy: The Hellenistic and Roman Age*, Chicago: The University of Chicago Press, 1965.
49. Jan Bremmer ed., *Interpretations of Greek Mythology*, London: Routledge, 1990.
50. Crane Brinton et al., *A History of Civilization*, Englewood Cliffs, N.J.: Prentice-Hall, 1962.
51. Carl Brockelmann (translated by Joel Carmichael and Moshe Perlmann), *History of the Islamic Peoples*, London: Routledge &

Kegan Paul, 1982.

52. Christopher Brooke, *Medieval Church and Society*, New York: New York University Press, 1972.

53. Christopher Brooke, *Europe in the Central Middle Ages, 962–1154*, London: Longman, 1990.

54. Peter Brown, *The World of Late Antiquity AD150–750*, New York: W. W. Norton, 1989.

55. Peter Brown, *The Rise of Western Christendom: Triumph and Diversity AD200–1000*, Oxford: Blackwell, 2003.

56. Robert Browning, *Justinian and Theodora*, London: Thames & Hudson, 1987.

57. Leslie Brubaker, *Vision and Meaning in Ninth-Century Byzantium*, Cambridge: Cambridge University Press, 1999.

58. P. A. Brunt, *Studies in Greek History and Thought*, Oxford: The Clarendon Press, 1997.

59. Vit Bubenik, *Hellenistic and Roman Greece as a Sociolinguistic Area*, Amsterdam: John Benjamins Publishing Co., 1989.

60. Peter Burke, *Varieties of Cultural History*, Cambridge: The Polity Press, 1997.

61. Walter Burkert, *The Orientalizing Revolution: Near Eastern Influence on Greek Culture in the Early Archaic Age*, Cambridge, Mass.: Harvard University Press, 1992.

62. Walter Burkert (translated by John Raffan), *Greek Religion: Archaic and Classical*, Oxford: Basil Blackwell, 1992.

63. A. R. Burn, *The Lyric Age of Greece*, London: Edward Arnold, 1978.

64. J. B. Burton, *Theocritus's Urban Mimes: Mobility, Gender, and Patronage*, Berkeley, Calif.: The University of California Press, 1995.

65. Herbert Butterfield, *The Origins of History*, New York: Basic Books, 1981.

66. Peter Byrne, *Natural Religion and the Nature of Religion: The Legacy of Deism*, London: Routledge, 1989.

67. W. H. Capps, *Religious Studies: The Making of a Discipline*, Minneapolis: The Fortress Press, 1995.

68. Paul Cartledge, *The Greeks: A Portrait of Self and Others*, Oxford: Oxford University Press, 1993.

69. Paul Cartledge, *Ancient Greece*, Cambridge: Cambridge University Press, 1998.

70. Brendan Cassidy ed., *Iconography at the Crossroads*, Princeton, N.J.: Princeton University Press, 1993.

71. D. K. Chakrabarti, *The Archaeology of Ancient Indian Cities*, Delhi: Oxford University Press, 1998.

72. Peter Clarke and Stewart Sutherland eds., *The Study of Religion, Traditional and New Religions*, London: Routledge, 1991.

73. P. B. Clarke and Peter Byrne, *Religion Defined and Explained*, New York: St. Martin's Press, 1993.

74. F. Claudin (translated by B. Peasce), *The Communist Movement: From Comintern to Cominform*, New York: Monthly Review Press, 1975.

75. R. A. Cohen, *Elevations: The Height of the Good in Rosenzweig and Levinas*, Chicago: The University of Chicago Press, 1994.

76. Dan Cohn-Sherbok, *The Jewish Heritage*, Oxford: Basil Blackwell, 1988.

77. Dan Cohn-Sherbok, *Islam in a World of Diverse Faiths*, London: Macmillan, 1991.

78. D. S. Collier and Kurt Glaser, eds., *Western Integration and the Future*

of Eastern Europe, Chicago: H. Regnery, 1964.

79. Roger Collins, *The Arab Conquest of Spain 710–797*, Oxford: Basil Blackwell, 1989.
80. Giles Constable, *Culture and Spirituality in Medieval Europe*, Aldershot, Hampshire: Variorum, 1996.
81. M. D. Coogan ed., *The Oxford History of the Biblical World*, Oxford: Oxford University Press, 1998.
82. Patricia Cook ed., *Philosophical Imagination and Cultural Memory: Appropriating Historical Traditions*, Durham: Duke University Press, 1993.
83. R. M. Cook, *Greek Art: Its Development, Character and Influence*, Harmmondsworth, Middlesex: Penguin Books, 1984.
84. Henry Corbin (translated by W. R. Trask), *Avicenna and the Visionary Recital*, New York: Pantheon Books, 1960.
85. Simon Corcoran, *The Empire of the Tetrarchs: Imperial Pronouncement and Government, AD284–324*, Oxford: The Clarendon Press, 1996.
86. F. M. Cornford, *From Religion to Philosophy: A Study in the Origins of Western Speculation*, Princeton, N.J.: Princeton University Press, 1991.
87. Rushton Coulborn ed., *Feudalism in History*, Princeton, N.J.: Princeton University Press, 1956.
88. A. M. Craig et al., *The Heritage of World Civilizations*, Upper Saddle River, N.J.: Prentice Hall, 2003.
89. Michael Crawford, *The Roman Republic*, Hassocks, Sussex: The Harvester Press, 1978.
90. R. C. Dales, *The Intellectual Life of Western Europe in the Middle*

Ages, Leiden: E. J. Brill, 1992.

91. Fred Dallmayr, *Beyond Orientalism: Essays on Cross-Cultural Encounter*, New York: The State University of New York Press, 1996.
92. J. C. K. Daly, *Russian Seapower and 'The Eastern Question', 1827–41*, London: Macmillan, 1991.
93. Eve D'Ambra ed., *Roman Art in Context: An Anthology*, Englewood Cliffs, N.J.: Prentice Hall, 1993.
94. Norman Daniel, *The Arabs and Medieval Europe*, London: Longman, 1975.
95. W. D. Davies ed., *The Cambridge History of Judaism*, Cambridge University Press, 1989.
96. H. A. Davidson, *Proofs for Eternity, Creation and the Existence of God in Medieval Islamic and Jewish Philosophy*, Oxford: Oxford University Press, 1987.
97. H. A. Davidson, *Alfarabi, Avicenna, and Averroes, on Intellect*, Oxford: Oxford University Press, 1992.
98. N. J. Dawood trans., *The Koran*, Harmondsworth, Middlesex: Penguin Books, 1970.
99. Jodi Dean ed., *Cultural Studies and Political Theory*, Ithaca, N.Y.: Cornell University Press, 2000.
100. Margaret Deanesly, *A History of the Medieval Church, 590–1500*, London: Routledge, 1991.
101. I. M. Diakonoff, *The Paths of History*, Cambridge: Cambridge University Press, 1999.
102. Charles Diehl (translated by Naomi Walford), *Byzantium: Greatness and Decline*, New Brunswick, N.J.: Rutgers University Press, 1957.
103. Albrecht Dihle (translated by Clare Krojzl), *A History of Greek*

Literature: From Homer to the Hellenistic Period, London: Routledge, 1994.

104. K. J. Dover, *The Greeks and their Legacy*, Oxford: Basil Blackwell, 1988.

105. Den Dowden, *The Uses of Greek Mythology*, London: Routledge, 1992.

106. Georges Duby (translated by Arthur Goldhammer), *The Three Orders: Feudal Society Imagined*, Chicago: The University of Chicago Press, 1982.

107. T. E. Duff, *The Greek and Roman Historians*, London: Bristol Classical Press, 2003.

108. Eamon Duffy, *Saints and Sinners: A History of the Popes*, New Haven, Conn.: Yale University Press, 1997.

109. A. A. Duri (edited and translated by L. I. Conrad), *The Rise of Historical Writing among the Arabs*, Princeton: Princeton University Press, 1983.

110. A. A. Duri (translated by L. I. Conrad), *The Historical Formation of the Arab Nation: A Study in Identity and Consciousness*, London: Croom Helm, 1987.

111. Donald Earl, *The Moral and Political Tradition of Rome*, Ithaca, N.Y.: Cornell University Press, 1970.

112. Catherine Edwards and Greg Woolf eds., *Rome the Cosmopolis*, Cambridge: Cambridge University Press, 2003.

113. D. F. Eickelman and James Piscatori, *Muslim Politics*, Princeton, N.J.: Princeton University Press, 1996.

114. Jas Elsner, *Imperial Rome and Christian Triumph: The Art of the Roman Empire, AD100–450*, Oxford: Oxford University Press, 1998.

115. P. E. Esterling and J. V. Muir eds., *Greek Religion and Society*, Cambridge: Cambridge University Press, 1985.

116. Pat Esterling and Edith Hall eds., *Greek and Roman Actors: Aspect of an Ancient Profession*, Cambridge: Cambridge University Press, 2002.

117. Franklin Edgerton, *The Beginnings of Indian Philosophy*, London: George Allen & Unwin, 1965.

118. S. N. Eisenstadt, *European Civilization in a Comparative Perspective*, Oslo: Norwegian University Press, 1987.

119. Mircea Eliade and J. M. Kitagawa eds., *The History of Religions: Essays in Methodology*, Chicago: The University of Chicago Press, 1974.

120. Andrew Erskine, *Troy between Greece and Rome: Local Tradition and Imperial Power*, Oxford: Oxford University Press, 2001.

121. Richard Ettinghausen and Oleg Grabar, *The Art and Architecture of Islam, 650–1250*, New Haven, Conn.: Yale University Press, 1987.

122. C. S. Evans, *The Historical Christ and the Jesus of Faith: The Incarnational Narrative as History*, Oxford: Oxford University Press, 1996.

123. H. C. Evans and W. D. Wixom eds., *The Glory of Byzantium: Art and Culture of the Middle Byzantine Era AD843–1261*, New York: The Metropolitan Museum of Art, 1997.

124. Majid Fakhry, *A History of Islamic Philosophy*, New York: Columbia University Press, 1970.

125. Enis Feeney, *Literature and Religion at Rome*, Cambridge: Cambridge University Press, 1998.

126. L. H. Feldman, *Jew and Gentile in the Ancient World: Attitudes and*

Interactions from Alexander to Justinian, Princeton, N.J.: Princeton University Press, 1996.

127. W. K. Ferguson and Geoffrey Bruun, *A Survey of European Civilization*, New York: Houghton Mifflin, 1969.
128. Gail Fine ed., *Plato*, Oxford: Oxford University Press, 2000.
129. J. V. A. Fine, *The Ancient Greeks: A Critical History*, Cambridge, Mass.: Harvard University Press, 1983.
130. Michael Fishbane, *The Garments of Torah: Essays in Biblical Hermeneutics*, Blooningtion: Indiana University Press, 1989.
131. Timothy Fitzgerald, *The Ideology of Religious Studies*, Oxford: Oxford University Press, 2000.
132. C. W. Fornara, *The Nature of History in Ancient Greece and Rome*, Berkeley: University of California Press, 1988.
133. John Forsdyke, *Greece before Homer: Ancient Chronology and Mythology*, New York: W. W. Norton, 1964.
134. Robert Fossier ed., *The Cambridge History of the Middle Ages*, Cambridge: Cambridge University Press, 1989.
135. Garth Fowden, *Empire to Commonwealth: Consequences of Monotheism in Late Antiquity*, Princeton, N.J.: Princeton University Press, 1993.
136. R. L. Fox, *Pagan and Christians*, New York: Alfred A. Knopf, 1987.
137. Michael Frede and Gisela Striker eds., *Rationality in Greek Thought*, Oxford: The Clarendon Press, 1996.
138. Charles Freeman, *Egypt, Greece and Rome: Civilizations of the Ancient Mediterranean*, Oxford: Oxford University Press, 1996.
139. M. D. Fullerton, *Greek Art*, Cambridge: Cambridge University Press, 2000.

140. David Furley ed., *Routledge History of Philosophy*, vol. II: *From Aristotle to Augustine*, London: Routledge, 1999.

141. J. B. Gabel et al., *The Bible as Literature*, New York: Oxford University Press, 1996.

142. Johan Galtung and Sohail Inayatullah eds., *Macrohistory and Macrohistorians: Perspectives on Individual, Social, and Civilizational Change*, London: Praeger, 1997.

143. Peter Garnsey and Richard Saller, *The Roman Empire: Economy, Society and Culture*, Berkeley, Calif.: The University of California Press, 1987.

144. P. J. Geary, *The Myth of Nations: The Medieval Origins of Europe*, Princeton: Princeton University Press, 2002.

145. R. D. Geivett and Brendan Sweetman eds., *Contemporary Perspectives on Religious Epistemology*, Oxford: Oxford University Press, 1992.

146. Jyl Gentzler, *Method in Ancient Philosophy*, Oxford: The Clarendon Press, 1998.

147. L. P. Gerson, *Plotinus*, London: Routledge, 1994.

148. H. A. G. Gibb, *Mohammedanism: A Historical Survey*, London: Oxford University Press, 1964.

149. H. A. R. Gibb, *Studies on the Civilization of Islam*, Princeton, N.J.: Princeton University Press, 1982.

150. Christopher Gill et al. eds., *Reciprocity in Ancient Greece*, Oxford: Oxford University Press, 1998.

151. F. M. Gocek, *East Encounters West: France and the Ottoman Empire in the Eighteenth Century*, New York: Oxford University Press, 1987.

152. F. R. B. Godolphin ed., *The Greek Historians*, New York: Random

House, 1942.

153. Jacques Le Goff ed. (translated by L. G. Cochrane), *Medieval Callings*, Chicago: The University of Chicago Press, 1990.
154. Jacques Le Goff (translated by Julia Barrow), *Medieval Civilization 400–1500*, Oxford: Blackwell, 1992.
155. Jacques Le Goff (translated by T. L. Fagan), *Intellectuals in the Middle Ages*, Oxford: Blackwell, 1993.
156. S. M. Goldberg, *Epic in Republican Rome*, Oxford: Oxford University Press, 1995.
157. L. E. Goodman, *Avicenna*, London: Routledge, 1992.
158. Fritz Graf (translated by Thomas Marier), *Greek Mythology*, Baltimore: The Johns Hopkins University Press, 1993.
159. Michael Grant and Rachel Kitzinger eds., *Civilization of the Ancient Mediterranean*, New York: Charles Scribner's Sons, 1988.
160. Michael Grant, *The Severans: The Changed Roman Empire*, London: Routledge, 1996.
161. R. L. Greaves et al., *Civilizations of the World: The Human Adventure*, New York: Longman, 1997.
162. Arthur Green ed., *Jewish Spirituality: From the Bible through the Middle Ages*, New York: Crossroad, 1989.
163. Peter Green, *Classical Bearings: Interpreting Ancient History and Culture*, Berkeley: University of California Press, 1998.
164. Kevin Greene, *Archaeology of the Roman Economy*, Berkeley, Calif.: The University of California Press, 1990.
165. John Gregory, *The Neoplatonists: A Reader*, London: Routledge, 1999.
166. Leo Groarke, *Greek Scepticism: Anti-Realist Trends in Ancient*

Thought, London: McGill-Queen's University Press, 1990.

167. E. S. Gruen, *Culture and National Identity in Republican Rome*, Ithaca, N.Y.: Cornell University Press, 1992.

168. E. S. Gruen, *Heritage and Hellenism: The Reinvention of Jewish Tradition*, Berkeley, Calif.: The University of California Press, 1998.

169. A. J. Gurevich (translated by G. L. Campbell), *Categories of Medieval Culture*, London: Routledge & Kegan Paul, 1985.

170. Dimitri Gutas, *Greek Thought, Arabic Culture: The Graeco-Arabic Translation Movement in Baghdad and Early Abbasid Society*, London: Routledge, 1998.

171. W. K. C. Guthrie, *A History of Greek Philosophy*, Cambridge: Cambridge University Press, 1967.

172. W. K. C. Guthrie, *The Sophists*, Cambridge: Cambridge University Press, 1977.

173. K. J. Gutzwiller, *Theocritus' Pastoral Analogies: The Formation of a Genre*, Madison, Wisconsin: The University of Wisconsin Press, 1991.

174. K. J. Gutzwiller, *Poetic Garlands: Hellenistic Epigrams in Context*, Berkeley, Calif.: The University of California Press, 1998.

175. Moses Hadas, *Hellenistic Culture: Fusion and Diffusion*, New York: W. W. Norton, 1972.

176. Pierre Hadot (translated by Michael Chase), *The Inner Citadel: The Meditations of Marcus Aurelius*, Cambridge, Mass.: Harvard University Press, 2001.

177. J. F. Haldon, *Byzantium in the Seventh Century: The Transformation of a Culture*, Cambridge: Cambridge University Press, 1990.

178. J. A. Hall, *International Orders*, Cambridge: The Polity Press, 1996.

179. N. G. L. Hammond, *A History of Greece to 322BC*, Oxford: The Clarendon Press, 1984.

180. R. J. Hankinson, *The Sceptics*, London: Routledge, 1995.

181. M. H. Hansen (translated by J. A. Crook), *The Athenian Democracy in the Age of Demosthenes: Structure, Principles and Ideology*, Oxford: Blackwell, 1991.

182. Stephen Happel, *Metaphors for God's Time in Science and Religion*, New York: Palgrave Macmillan, 2002.

183. E. A. Havelock, *The Greek Concept of Justice: From Its Shadow in Homer to Its Substance in Plato*, Cambridge, Mass.: Harvard University Press, 1978.

184. Jacquetta Hawkes, *The First Great Civilizations: Life in Mesopotamia, the Indus Valley, and Egypt*, New York: A. A. Knopf, 1973.

185. G. R. Hawting and Abdul-Kader A. Shareef eds., *Approaches to the Qur'an*, London: Routledge, 1993.

186. G. R. Hawting, *The Idea of Idolatry and the Emergence of Islam*, Cambridge: Cambridge University Press, 1999.

187. Peter Heather, *The Goths*, Oxford: Blackwell, 1997.

188. Judith Herrin, *The Formation of Christendom*, Princeton, N.J.: Princeton University Press, 1987.

189. Jon Hesk, *Deception and Democracy in Classical Athens*, Cambridge: Cambridge University Press, 2000.

190. John Hick, *Interpretation of Religion: Human Responses to the Transcendent*, London: Macmillan, 1989.

191. E. G. Hinson, *The Church Triumphant: A History of Christianity up to 1300*, Macon, Georgia: Mercer University Press, 1995.

192. P. K. Hitti, *History of the Arabs*, London: Macmillan, 1991.

193. M. G. S. Hodgson, *The Venture of Islam: Conscience and History in a World Civilization*, Chicago: The University of Chicago Press, 1984.

194. P. M. Holt et al. eds., *The Cambridge History of Islam*, vol. I, Cambridge: Cambridge University Press, 1980.

195. P. M. Holt, *The Age of the Crusades: The Near East from the Eleventh Century to 1517*, London: Longman, 1990.

196. Derek Hopwood ed., *Studies in Arab History*, London: Macmillan, 1990.

197. Simon Hornblower ed., *Greek Historiography*, Oxford: The Clarendon Press, 1994.

198. Erik Hornung (translated by John Baines), *Conceptions of God in Ancient Egypt*, Ithaca, N.Y.: Cornell University Press, 1996.

199. Erik Hornung (translated by David Lorton), *History of Ancient Egypt*, Ithaca, N.Y.: Cornell University Press, 1999.

200. Erik Hornung (translated by David Lorton), *The Secret Lore of Egypt: Its Impact on the West*, Ithaca, N.Y.: Cornell University Press, 2001.

201. Leslie Houlden ed., *Judaism and Christianity*, London: Routledge, 1991.

202. Albert Hourani, *Islam in European Thought*, Cambridge: Cambridge University Press, 1991.

203. Norman Housley, *The Later Crusades, 1274–1580*, Oxford: Oxford University Press, 1992.

204. Tony Howarth, *Twentieth Century History: The World Since 1900*, Harlow, Essex: Longman, 1982.

205. R. S. Hoyt ed., *Life and Thought in the Early Middle Ages*, Minneapolis: The University of Minnesota Press, 1967.

206. Pat Hudson, *History by Numbers: An Introduction to Quantitative Approaches*, New York: Oxford University Press, 2000.

207. Peter Hulme and Ludmilla Jordanova eds., *The Enlightenment and Its Shadows*, London: Routledge, 1990.

208. Peter Hunt, *Slave, Warfare, and Ideology in the Greek Historians*, Cambridge: Cambridge University Press, 1998.

209. S. P. Huntington, *The Clash of Civilization and the Remaking of World Order*, New York: Simon & Schuster, 1996.

210. C. S. Hurgronje, *Islam: Origin, Religious and Political Growth and Its Present State*, Delhi: Mittal Publications, 1989.

211. J. M. Hussey, *The Byzantine World*, London: Hutchinson, 1970.

212. J. M. Hussey ed., *The Cambridge Medieval History*, vol. IV: *The Byzantine Empire*, Cambridge: Cambridge University Press, 1978.

213. J. M. Hussey, *The Orthodox Church in the Byzantine Empire*, Oxford: The Clarendon Press, 1990.

214. G. O. Hutchinson, *Hellenistic Poetry*, Oxford: The Clarendon Press, 1990.

215. M. D. Intriligator and Hans-Adolf Jacobsen eds., *East-West Conflict: Elite Perceptions and Political Options*, London: The Westview Press, 1988.

216. Washington Irving, *Mahomet and His Successors*, Madison: The University of Wisconsin Press, 1970.

217. Terence Irwin, *Classical Philosophy*, Oxford: Oxford University Press, 1999.

218. Charles Issawi, *The Arab World's Legacy*, Princeton, N.J.: The

Darwin Press, 1981.

219. Christian Jacq (translated by J. M. Davis), *Magic and Mystery in Ancient Egypt*, London: Souvenir Press, 1998.

220. Werner Jaeger (translated by Gilbert Highet), *Paideia: The Ideals of Greek Culture*, Oxford: Oxford University Press, 1986.

221. T. G. Jalland, *The Church and the Papacy: An Historical Study*, London: Society for Promoting Christian Knowledge, 1946.

222. Jack Jinegan, *The Archeology of World Religions*, Princeton, N.J.: Princeton University Press, 1965.

223. A. H. M. Jones, *The Later Roman Empire, 284–602*, Norman, Oklahoma: The University of Oklahoma Press, 1964.

224. A. H. M. Jones, *The Decline of the Ancient World*, London: Longman, 1990.

225. Michael Jones ed., *The New Cambridge Medieval History*, vol. IV, Cambridge: Cambridge University Press, 2000.

226. P. B. Jung et al. eds., *Good Sex: Feminist Perspectives from the World's Religions*, New Brunswick, N.J.: Rutgers University Press, 2002.

227. Mary Kaldor ed., *Europe from Below: An East-West Dialogue*, London: Verso, 1991.

228. Solomon Katz, *The Decline of Rome and the Rise of Medieval Europe*, Ithaca, N.Y.: Cornell University Press, 1977.

229. S. T. Katz ed., *Mysticism and Religious Tradition*, Oxford: Oxford University Press, 1983.

230. Alexander Kazhdan, *Studies on Byzantine Literature of the Eleventh and Twelfth Centuries*, Cambridge: Cambridge University Press, 1984.

231. A. P. Kazhdan and A. W. Epstein, *Change in Byzantine Culture in the Eleventh and Twelfth Centuries*, Berkeley, Calif.: The University of California Press, 1985.

232. Hugh Kennedy, *The Prophet and the Age of the Caliphates: The Islamic Near East from the Sixth to the Eleventh Century*, London: Longman, 1989.

233. Gilles Kepel (translated by Susan Milner), *Allah in the West: Islamic Movements in America and Europe*, Stanford, Calif.: Stanford University Press, 1997.

234. W. R. Keylor, *The Twentieth-Century World: An International History*, Oxford: Oxford University Press, 1996.

235. K. H. Kinzl ed., *Greece and the Eastern Mediterranean in Ancient History and Prehistory*, Berlin: Walter de Gruyter, 1977.

236. Nur Kirabaev and Yuriy Pochta eds., *Values in Islamic Culture and the Experience of History*, Washington: The Council for Research in Values and Philosophy, 2002.

237. David Konstan, *Greek Comedy and Ideology*, Oxford: Oxford University Press, 1995.

238. C. S. Kraus ed., *The Limits of Historiography: Genre and Narrative in Ancient Historical Texts*, Leiden: Brill, 1999.

239. A. L. Kroeber and Clyde Kluckhohn, *Culture: A Critical Review of Concepts and Definitions*, New York: Vintage, 1972.

240. D. F. Lach, *Asia in the Making of Europe*, Chicago: The University of Chicago Press, 1971.

241. B. K. Lackner and K. R. Philp eds., *Essays on Medieval Civilization*, Austin: The University of Texas Press, 1980.

242. G. W. H. Lampe ed., *The Cambridge History of the Bible*,

Cambridge: Cambridge University Press, 1987.

243. J. M. Landau, *The Politics of Pan-Islam: Ideology and Organization*, Oxford: The Clarendon Press, 1990.

244. Bernhard Lang, *The Hebrew God: Portrait of an Ancient Deity*, New Haven, Conn.: Yale University Press, 2002.

245. I. M. Lapidus, *A History of Islamic Societies*, Cambridge: Cambridge University Press, 2002.

246. Serge Latouche (translated by Rosemary Morris), *The Westernization of the World: The Significance, Scope and Limits of the Drive towards Global Uniformity*, Cambridge: Polity Press, 1996.

247. C. H. Lawrence, *Medieval Monasticism: Forms of Religious Life in Western Europe in the Middle Ages*, London: Longman, 1989.

248. Oliver Leaman, *Averroes and his Philosophy*, Oxford: The Clarendon Press, 1988.

249. Dorothy Lee, *Freedom and Culture*, Englewood Cliffs, N.J.: Prentice-Hall, 1959.

250. Padelis Lekas, *Marx on Classical Antiquity: Problems of Historical Methodology*, New York: St. Martin's Press, 1988.

251. Emmanuel Levinas (translated by Seán Hund), *Difficult Freedom: Essays on Judaism*, Baltimore: The Johns Hopkins University Press, 1990.

252. Emmanuel Levinas (translated by G. D. Mole), *Beyond the Verse: Talmudic Readings and Lectures*, London: The Athlone Press, 1994.

253. David Levine, *At the Dawn of Modernity: Biology, Culture, and Material Life in Europe after the Year 1000*, Berkeley, Calif.: The University of California Press, 2001.

254. Bernard Lewis trans. and ed., *Islam from the Prophet Muhammad to*

the Capture of Constantinople, New York: Walker, 1974.

255. Ralph-Johannes Lilie (translated by J. C. Morris and J. E. Ridings), *Byzantium and the Crusader States, 1096–1204*, Oxford: The Clarendon Press, 1993.
256. Charles Lindholm, *The Islamic Middle East: Tradition and Change*, Oxford: Blackwell, 2002.
257. A. C. Lloyd, *The Anatomy of Neoplatonism*, Oxford: The Clarendon Press, 1998.
258. A. A. Long and D. N. Sedley, *The Hellenistic Philosophers*, Cambridge: Cambridge University Press, 1988.
259. A. A. Long ed., *Problems in Stoicism*, London: The Athlone Press, 1996.
260. A. A. Long, *Early Greek Philosophy*, Cambridge: Cambridge University Press, 1999.
261. H. P. L'Orange, *Art Forms and Civic Life in the Late Roman Empire*, Princeton, N.J.: Princeton University Press, 1965.
262. Giacomo Luciani ed., *The Arab State*, London: Routledge, 1990.
263. Ian McAuslan and Peter Walcot eds., *Greek Tragedy*, Oxford: Oxford University Press, 1993.
264. Michael McCormick, *Eternal Victory: Triumphal Rulership in Late Antiquity, Byzantium, and the Early Medieval West*, Cambridge: Cambridge University Press, 1990.
265. Alan Macfarlane, *The Making of the Modern World: Visions from the West and East*, New York: Palgrave, 2002.
266. A. L. Macfie, *The Eastern Question, 1774–1923*, London: Longman, 1991.
267. J. F. McGlew, *Tyranny and Political Culture in Ancient Greece*,

Ithaca, N.Y.: Cornell University Press, 1993.

268. Angus MacKay and David Ditchburn eds., *Atlas of Medieval Europe*, London: Routledge, 1997.

269. Rosamond McKitterick ed., *Carolingian Culture: Emulation and Innovation*, Cambridge: Cambridge University Press, 1994.

270. Rosamond McKitterick, *The New Cambridge Medieval History*, Cambridge: Cambridge University Press, 2002.

271. W. H. McNeill, *The Rise of the West*, Chicago: University of Chicago Press, 1966.

272. W. H. McNeill, *The Human Condition: An Ecological and Historical View*, Princeton: Princeton University Press, 1980.

273. Henry Maguire, *Art and Eloquence in Byzantium*, Princeton, N.J.: Princeton University Press, 1981.

274. C. K. Maisels, *The Emergence of Civilization: From Hunting and Gathering to Agriculture, Cities, and the State in the Near East*, London: Routledge, 1990.

275. C. K. Maisels, *Early Civilizations of the Old World: The Formative Histories of Egypt, the Levant, Mesopotamia, India and China*, London: Routledge, 1999.

276. B. J. Malina, *The Social World of Jesus and the Gospels*, London: Routledge, 1996.

277. Cyril Mango, *Byzantine Architecture*, New York: Rizzoli, 1985.

278. Nanno Marinatos and Robin Idägg eds., *Greek Sanctuaries: New Approaches*, London: Routledge, 1993.

279. R. A. Markus, *The End of Ancient Christianity*, Cambridge: Cambridge University Press, 1990.

280. Michael Martin, *Atheism: A Philosophical Justification*, Philadelphia:

Temple University Press, 1990.

281. Benson Mates, *The Skeptic Way: Sextus Empiricus's Outlines of Pyrrhonism*, New York: Oxford University Press, 1996.

282. S. A. Matheson, *Persia: An Archaeological Guide*, Park Ridge, N.J.: Noyes Press, 1973.

283. T. F. Mathews, *The Early Churches of Constantinople: Archaeology and Liturgy*, London: The Pennsylvania State University Press, 1980.

284. R. W. Mathisen, *People, Personal Expression, and Social Relations in Late Antiquity*, Ann Arbor, Mich.: The University of Michigan Press, 2003.

285. J. F. Matthews, *Laying Down the Law: A Study of the Theodosian Code*, New Haven, Conn.: Yale University Press, 2000.

286. Harold Mattingly, *Roman Imperial Civilization*, London: Edward Arnold, 1967.

287. H. E. Mayer (translated by John Gillingham), *The Crusades*, Oxford: Oxford University Press, 1990.

288. Ozay Mehmet, *Islamic Identity and Development: Studies of the Islamic Periphery*, London: Routledge, 1990.

289. John Merriman, *A History of Modern Europe*, New York: Norton, 1996.

290. Fergus Millar, *The Emperor in the Roman World*, Ithaca, N.Y.: Cornell University Press, 1977.

291. Phillip Mitsis, *Epicurus' Ethical Theory: The Pleasures of Invulnerability*, Ithaca, N.Y.: Cornell University Press, 1988.

292. Arnaldo Momigliano, *Alien Wisdom: The Limits of Hellenization*, Cambridge: Cambridge University Press, 1991.

293. S. S. Monson, *Plato's Democratic Entanglements*, Princeton, N.J.:

Princeton University Press, 2000.

294. M. P. O. Morford and R. J. Lenardon, *Classical Mythology*, Oxford: Oxford University Press, 2003.

295. Colin Morris, *The Papal Monarchy: The Western Church from 1050 to 1250*, Oxford: The Clarendon Press, 1991.

296. Ian Morris ed., *Classical Greece: Ancient Histories and Modern Archaeologies*, Cambridge: Cambridge University Press, 1995.

297. T. V. Morris ed., *Philosophy and the Christian Faith*, Notre Dome, Indiana: The University of Notre Dome Press, 1988.

298. J. H. Mundy, *Europe in the High Middle Ages, 1150–1309*, London: Longman, 1991.

299. R. V. Munson, *Telling Wonders: Ethnographic and Political Discourse in the Work of Herodotus*, Ann Arbor, Mich.: The University of Michigan Press, 2001.

300. Alexander Murray, *Reason and Society in the Middle Ages*, Oxford: Clarendon Press, 1990.

301. Seyyed Hossein Nasr, *Islamic Spirituality*, New York: Crossroad, 1987.

302. Seyyed Hossein Nasr and Oliver Leaman eds., *History of Islamic Philosophy*, London: Routledge, 1996.

303. Jacob Neusner ed., *Take Judaism, for Example: Studies toward the Comparison of Religions*, Chicago: The University of Chicago Press, 1983.

304. Jacob Neusner, *From Testament to Torah: An Introduction to Judaism in Its Formative Age*, Englewood Cliffs, N.J.: Prentice-Hall, 1988.

305. Jacob Neusner, *Judaism and Its Social Metaphors: Israel in the*

History of Jewish Thought, Cambridge: Cambridge University Press, 1989.

306. Jacob Neusner, *The Way of Torah: An Introduction to Judaism*, New York: Wadsworth, 1997.
307. R. A. Nicholson, *Studies in Islamic Mysticism*, London: The Curzon Press, 1994.
308. D. M. Nicol, *Church and Society in the Last Centuries of Byzantium*, Cambridge: Cambridge University Press, 1979.
309. D. M. Nicol, *Byzantium and Venice: A Study in Diplomatic and Cultural Relations*, Cambridge: Cambridge University Press, 1988.
310. T. F. X. Noble and J. J. Contreni eds., *Religion, Culture and Society in the Early Middle Ages*, Mich.: Medieval Institute Publications, 1987.
311. David Norton, *A History of the Bible as Literature*, Cambridge: Cambridge University Press, 1993.
312. D. J. O'Meara, *Pythagoras Revived: Mathematics and Philosophy in Late Antiquity*, Oxford: The Clarendon Press, 1992.
313. A. L. Oppenheim, *Ancient Mesopotamia: Portrait of a Dead Civilization*, Chicago: The University of Chicago Press, 1977.
314. José Ortega y Gasset (translated by Mildred Adams), *An Interpretation of Universal History*, New York: Norton, 1975.
315. George Ostrogorsky, *History of the Byzantine State*, New Brunswick, N.J.: Rutgers University Press, 1957.
316. Rudolf Otto (translated by J. W. Harvey), *The Idea of the Holy*, Oxford: Oxford University Press, 1958.
317. Steven Ozment, *The Age of Reform 1250–1550: An Intellectual and Religious History of Late Medieval and Reformation Europe*, New

Haven, Conn.: Yale University Press, 1980.

318. R. R. Palmer and Joel Colton, *A History of the Modern World*, New York: McGraw-Hill, 1992.

319. G. C. Pande, *Studies in the Origins of Buddhism*, Delhi: Motilal Banarsidass Publishers, 1995.

320. N. Q. Pankaj, *State and Religion in Ancient India*, Allahabad, India: Chugh Publications, 1983.

321. R. O. Paxton, *Europe in the Twentieth Century*, New York: Harcourt Brace Jovanovich, 1975.

322. Marvin Perry, *Western Civilization*, Boston: Houghton Mifflin, 1997.

323. F. E. Peters, *The Hajj: The Muslim Pilgrimage to Mecca and the Holy Places*, Princeton, N.J.: Princeton University Press, 1994.

324. Marmaduke Pickthall, *The Meaning of the Glorious Koran*, New York: Alfred A. Knopf, 1930.

325. M. B. Piotrovsky, *Earthly Beauty, Heavenly Art: The Art of Islam*, Amsterdam: Lund Humphries Publishers, 2000.

326. B. B. Price, *Medieval Thought*, Oxford: Blackwell, 1992.

327. Susan Pollock, *Ancient Mesopotamia: The Eden that Never Was*, Cambridge: Cambridge University Press, 1999.

328. Anton Powell ed., *The Greek World*, London: Routledge, 1995.

329. J. G. F. Powell ed., *Cicero the Philosopher*, Oxford: The Clarendon Press, 1995.

330. J. M. Powell ed., *Medieval Studies*, New York: Syracuse University Press, 1992.

331. J. S. Preus, *Explaining Religion: Criticism and Theory from Bodin to Freud*, New Haven, Conn.: Yale University Press, 1987.

332. Karl Rahner (translated by W. V. Dych), *Foundations of Christian*

Faith: An Introduction to the Idea of Christianity, New York: Crossroad, 1990.

333. P. L. Ralph et al., *World Civilizations: Their History and Their Culture*, New York: W. W. Norton, 1997.
334. H. P. Ray, *The Winds of Change: Buddhism and the Maritime Links of Early South Asia*, Delhi: Oxford University Press, 2000.
335. Giovanni Reale (translated by J. R. Catan), *A History of Ancient Philosophy*, vol. IV: *The Schools of the Imperial Age*, New York: State University of New York Press, 1990.
336. C. L. Redman, *The Rise of Civilization: From Early Farmers to Urban Society in the Ancient Near East*, San Francisco: W. H. Freeman & Co., 1978.
337. Jan Retsö, *The Arabs in Antiquity: Their History from the Assyrians to the Umayyads*, London: Routledge, 2004.
338. Susan Reynolds, *Fiefs and Vassals: The Medieval Evidence Reinterpreted*, Oxford: The Clarendon Press, 1996.
339. D. T. Rice, *Byzantine Art*, London: Penguin Books, 1954.
340. D. T. Rice, *Art of the Byzantine Era*, New York: Oxford University Press, 1981.
341. Yann Richard (translated by Antonia Nevill), *Shi'ite Islam: Polity, Ideology, and Creed*, Oxford: Blackwell, 1995.
342. Janet Richards and Mary Van Buren eds., *Order, Legitimacy, and Wealth in Ancient States*, Cambridge: Cambridge University Press, 2000.
343. David Ridgway, *The First Western Greeks*, Cambridge: Cambridge University Press, 1992.
344. C. L. Riley, *The Origins of Civilization*, Carbondale, Ill.: Southern

Illinois University Press, 1972.

345. Jonathan Riley-Smith, *The Crusades*, London: The Athlone Press, 1992.

346. J. Riley-Smith ed., *The Oxford History of the Crusades*, Oxford: Oxford University Press, 1995.

347. Andrew Rippin, *Muslims: Their Religious Beliefs and Practices*, London: Routledge, 1990.

348. Volker Rittberger ed., *International Regimes in East Politics*, London: Pinter, 1990.

349. C. A. Robinson, *The History of Alexander the Great*, Providence, Rhode Island: Brown University Press, 1953.

350. I. S. Robinson, *The Papacy 1073–1198: Continuity and Innovation*, Cambridge: Cambridge University Press, 1990.

351. Lyn Rodley, *Byzantine Art and Architecture*, Cambridge: Cambridge University Press, 1994.

352. David Rohrbacher, *The Historians of Late Antiquity*, London: Routledge, 2002.

353. Lawrence Rosen, *The Anthropology of Justice: Law as Culture in Islamic Society*, Cambridge: Cambridge University Press, 1989.

354. Franz Rosenthal (translated by Emile & Jenny Marmorstein), *The Classical Heritage in Islam*, Berkeley, Calif.: The University of California Press, 1975.

355. M. Rostovtzeff, *The Social and Economic History of the Hellenistic World*, Oxford: The Clarendon Press, 1953.

356. Steven Runciman, *Byzantine Civilization*, New York: Meridian Books, 1956.

357. R. B. Rutherford, *The Meditations of Marcus Aurelius: A Study*,

Oxford: The Clarendon Press, 1989.

358. Edward Said, *Orientalism*, Harmondsworth: Penguin, 1985.

359. S. K. Sanderson ed., *Civilization and World System: Studying World-Historical Change*, London: Altamira Press, 1995.

360. Samuel Sandmel, *Judaism and Christian Beginnings*, New York: Oxford University Press, 1978.

361. K. T. S. Sarao, *The Origin and Nature of Ancient Indian Buddhism*, Delhi: Eastern Book Linkers, 1989.

362. Serge Sauneron, *The Priests of Ancient Egypt*, Ithaca, N.Y.: Cornell University Press, 2000.

363. Theodore Scaltsas, *Substances and Universals in Aristotle's Metaphysics*, Ithaca, N.Y.: Cornell University Press, 1994.

364. L. H. Schiffman, *From Text to Tradition: A History of Second Temple and Rabbinic Judaism*, Hoboken, N.J.: Ktav Publishing House, 1991.

365. Friedrich Schleiermacher (translated by Richard Crouter), *On Religion: Speeches to Its Cultured Despisers*, Cambridge: Cambridge University Press, 1988.

366. Malcolm Schofield, *Saving the City: Philosopher-Kings and Other Classical Paradigms*, London: Routledge, 1999.

367. Henry Schwarz and Richard Dienst eds., *Reading the Shape of the World: Toward an International Cultural Studies*, Oxford: Westview Press, 1996.

368. Martin Scott, *Medieval Europe*, New York: The Dorset Press, 1986.

369. John Van Seters, *In Search of History: Historiography in the Ancient World and the Origins of Biblical History*, New Haven, Conn.: Yale University Press, 1983.

370. B. E. Shafer ed., *Religion in Ancient Egypt: Gods, Myths, and Personal Practice*, Ithaca, N.Y.: Cornell University Press, 1991.

371. Hisham Sharabi ed., *Theory, Politics and the Arab World*, New York: Routledge, 1990.

372. R. W. Sharples, *Stoics, Epicureans and Sceptics: An Introduction to Hellenistic Philosophy*, London: Routledge, 1996.

373. A. N. Sherwin-White, *The Roman Citizenship*, Oxford: The Clarendon Press, 1939.

374. Philip Sherrard, *Byzantium*, Nederland: Time-Life International, 1967.

375. I. R. Siani, *The Challenge of Modernization: The West's Impact on the Non-Western World*, New York: Norton, 1964.

376. D. P. Silverman ed., *Ancient Egypt*, New York: Oxford University Press, 1997.

377. Ninian Smart, *Reflections in the Mirror of Religion*, London: Macmillan, 1997.

378. Christiane Sourvinon-Inwood, *Reading Greek Culture: Texts and Images, Rituals and Myths*, Oxford: The Clarendon Press, 1991.

379. R. W. Southern, *The Making of the Middle Ages*, New Haven, Conn.: Yale University Press, 1992.

380. Robin Sowerby, *The Greeks*, London: Routledge, 1995.

381. Oswald Spengler (translated by C. F. Atkinson), *The Decline of the West*, New York: Modern Library, 1962.

382. Peter Stein, *The Character and Influence of the Roman Civil Law: Historical Essays*, London: The Hambledon Press, 1988.

383. Peter Stein, *Roman Law in European History*, Cambridge: Cambridge University Press, 1999.

384. Andrew Stewart, *Greek Sculpture: An Exploration*, New Haven,

Conn.: Yale University Press, 1990.

385. J. Stewart-Robinson, *The Traditional Near East*, Englewood Cliffs, N.J.: Prentice-Hall, 1966.

386. Gisela Striker, *Essays on Hellenistic Epistemology and Ethics*, Cambridge: Cambridge University Press, 1996.

387. Eugen Strouhal, *Life in Ancient Egypt*, Cambridge: Cambridge University Press, 1992.

388. Ronald Syme (edited by E. Badian), *Roman Papers*, Oxford: The Clarendon Press, 1979.

389. Abdulwahid Dhanun Taha, *The Muslim Conquest and Settlement of North Africa and Spain*, London: Routledge, 1989.

390. Oliver Taplin ed., *Literature in the Greek and Roman World*, Oxford: Oxford University Press, 2000.

391. William Tarn and G. T. Griffith, *Hellenistic Civilization*, London: Edward Arnold, 1966.

392. H. O. Taylor, *Medieval Mind: À History of the Development of Thought and Emotion in the Middle Ages*, Cambridge, Mass.: Harvard University Press, 1951.

393. Bernard Tewis, *The Middle East and the West*, New York: Hamper & Row, 1966.

394. David Thomson, *Europe Since Napoleon*, New York: Alfred A. Knopf, 1965.

395. L. L. Thompson, *The Book of Revelation: Apocalypse and Empire*, New York: Oxford University Press, 1990.

396. Brian Tierney, *The Crisis of Church and State 1050–1300*, Toronto: The University of Toronto Press, 1992.

397. J. P. Toner, *Leisure and Ancient Rome*, Cambridge: The Polity Press,

2000.

398. Roberto Tottoli, *Biblical Prophets in the Qur'an and Muslim Literature*, London: The Curzon Press, 2002.

399. A. J. Toynbee, *Civilization on Trial*, New York: Oxford University Press, 1948.

400. Hugh Trevor-Roper, *The Rise of Christian Europe*, London: Thames & Hudson, 1989.

401. B. G. Trigger, *Early Civilizations: Ancient Egypt in Context*, Cairo: The American University in Cairo Press, 1993.

402. Charles Trinkaus, *The Scope of Renaissance Humanism*, Ann Arbor, Mich.: University of Michigan Press, 1988.

403. G. R. Tsetskhladze et al. eds., *Periplous: Papers on Classical Art and Archaeology Presented to Sir John Boardman*, London: Thames & Hudson, 2000.

404. B. S. Turner, *Orientalism, Postmodernism and Globalism*, London: Routledge, 1994.

405. B. S. Turner ed., *Orientalism: Early Sources*, London: Routledge, 2000.

406. Joyce Tyldesley, *Nefertiti: Egypt's Sun Queen*, London: Penguin, 1998.

407. Dominique Urvoy (translated by Olivia Stewart), *Ibn Rushd (Averroes)*, London: Routledge, 1991.

408. Jean-Pierre Vernant, *The Origins of Greek Thought*, Ithaca, N.Y.: Cornell University Press, 1982.

409. Jean-Pierre Vernant ed. (translated by Charles Lambert and T. L. Fagan), *The Greeks*, Chicago: University of Chicago Press, 1995.

410. Paul Veyne (translated by Paula Wissing), *Did the Greeks Believe in*

their Myths? An Essay on the Constitutive Imagination, Chicago: The University of Chicago Press, 1988.

411. Gregory Vlastos, *Socrates: Ironist and Moral Philosopher*, Cambridge: Cambridge University Press, 1992.
412. Gregory Vlastos, *Studies in Greek Philosophy*, Princeton, N.J.: Princeton University Press, 1996.
413. T. H. Von Laue, *The World Revolution of Westernization: The Twentieth Century in Global Perspective*, Oxford: Oxford University Press, 1987.
414. Speros Vryonis, Jr., *The Decline of Medieval Hellenism in Asia Minor and the Process of Islamization from the Eleventh through the Fifteenth Century*, Berkeley, Calif.: The University of California Press, 1971.
415. F. W. Walbank, *The Hellenistic World*, Brighton, Sussex: The Harvester Press, 1981.
416. James Warren, *Epicurus and Democritean Ethics: An Archaeology of Ataraxia*, Cambridge: Cambridge University Press, 2002.
417. D. J. Wasserstein, *The Caliphate in the West: An Islamic Political Institution in the Iberian Peninsula*, Oxford: The Clarendon Press, 1993.
418. W. M. Watt, *Muslim-Christian Encounters: Perceptions and Misperceptions*, London: Routledge, 1991.
419. A. Weber (translated by R. F. C. Hull), *Farewell to European History*, Westport, Connecticut: Greenwood Press, 1977.
420. Max Weber (translated by Ephrain Fishoff), *The Sociology of Religion*, Boston: The Beacon Press, 1968.
421. Mortimer Wheeler, *Roman Art and Architecture*, London: Thames &

Hudson, 1985.

422. A. N. Whitehead, *Adventures of Ideas*, New York: The Free Press, 1967.

423. G. M. Wickens ed., *Avicenna: Scientist and Philosopher*, London: Luzac & Co., 1952.

424. Kevin Wilson and Jan van der Dussen eds., *The History of the Idea of Europe*, London: Routledge, 1995.

425. Timothy Wilt ed., *Bible Translation: Frames of Reference*, Manchester: St. Jerome Publishing, 2003.

426. H. A. Wolfson, *The Philosophy of Kalam*, Cambridge, Mass.: Harvard University Press, 1976.

427. David Womersley, *The Transformation of the Decline and Fall of the Roman Empire*, Cambridge: Cambridge University Press, 1988.

428. A. J. Woodman, *Tacitus Reviewed*, Oxford: The Clarendon Press, 1998.

429. Ian Worthington ed., *Ventures into Greek History*, Oxford: The Clarendon Press, 1994.

430. K. E. Yandell, *Philosophy of Religion: A Contemporary Introduction*, London: Routledge, 1999.

431. Zwi Yavetz, *Julius Caesar and his Public Image*, London: Thames & Hudson, 1983.

432. I. M. Zeitlin, *Ancient Judaism: Biblical Criticism from Max Weber to the Present*, Cambridge: The Polity Press, 1984.

433. Reinhard Zimmermann, *The Law of Obligations: Roman Foundations of the Civilian Tradition*, Boston: Kluwer, 1992.

434. The Department of Antiquities and Archaeological Restoration, Greece, *Byzantine Art*, Athens, 1964.

索　引

增訂三版

英國史綱

許介鱗／著

本書打破權威的英國傳統史觀，以現代的觀點與中國人的立場來構築英國歷史發展的脈絡，詳細陳述英國從西元前一世紀以來至二十一世紀的英國歷史，同時以「挑戰」與「回應」的模式來討論英國歷史的發展，讓讀者能更明瞭英國兩千多年歷史發展的脈絡，以及大英帝國在近現代對世界歷史的影響。

三　版

世界通史

王曾才／主編

本書敘述深入淺出，以科際整合的手法及宏觀史學視野分析史前文化、埃及和兩河流域的創獲、希臘羅馬的輝煌，以及經過中古時期以後，向外擴張並打通東西航路，其後歐洲及西方歷經自我轉型而累積更大的動能，同時亞非和其他地域歷經漸變，到後來在西方衝擊下發生劇變的過程。最後整個地球終於形成「一個世界」。

從麵包到蛋糕的追求——歐洲經濟社會史

何　萍／著

本書從上古的蘇美、埃及、希臘、羅馬等近東世界，一路講到中古歐洲，並生動分析近現代全球經濟的雛形如何形成？清楚描繪歐洲經濟中心如何從地中海往大西洋發展？想知道歷史發展如何推動經濟變遷？今日世界的經濟貿易制度如何出現？如何發展？本書是瞭解今日世界經濟面貌由來的最佳入門書。

必然之惡——文明觀點下的政治問題

王世宗／著

人是政治動物而善心不足，因此在追求治世之道時，一則現實上不為善必作惡，二則權力鬥爭擴大人性之惡的作用，故下達者眾的政治成為舉世最大的惡勢力，並隨著民主風尚惡化，顯現文明的末世之兆。作者抱持著人性本善的期許，以本書揭示政治為必然之惡的無奈，願與您共同省思政治的終極目的，提昇人之所以為萬物之靈的層次，共同追求人的天職——「道」與「真」！

東方的意義——中國文明的世界性精神

王世宗／著

文明為普世不二的進化取向，故中國文明在形式上與西方對立，實則與之一致，不可能發展文明而與異域文明背道而馳，此即中國文明具有世界性的精神。中國文明的最高境界與希臘古典精神相彷，其間差異則顯示中國為東方代表的特徵，這表示中國在近代的落後是其發覺世界文明真諦的必要經歷，因為中國文明與西方本質無殊，其困境必反映人類求道的癥結與答案。

文明的末世——歷史發展的終極困境

王世宗／著

十九世紀後大眾化興起，菁英主義敗壞，反理性思潮盛行，人格物化，文化素質日漸低落，「後現代」主義當令，一切道學正統均遭質疑，末世亂象叢生；同時物質文明發達，科學、工商掛帥，民生經濟改善，令人深感「時代進步」，殊不知是末世的誤導性現象，更增愚者的迷惘與智者的虔誠。文明的末世有礙傳道卻有利求道，生活感受不佳但學習條件最佳，仁人君子當思「生於憂患而死於安樂」之義，以「通古今之變」的歷史知識獨善其身且兼善天下，雖然濟世者不能認為其力可以改變時勢。

中國歷史通釋

王世宗／著

本書依據朝代依序談論中國文化，「崇道尚賢」的先秦、「懷憂喪志」的魏晉南北朝、「行禮如儀」的隋唐、「自我作古」的兩宋、「務實圖功」的明清，終於「利慾薰心」而「與世偃仰」的民國。作者用超然的筆法，書寫各朝代的文明發展與歷史意義，提出深刻且獨到的見解。附錄談到成語的濫用、誤用，其原意與現今被世人所誤解的用法相去甚遠，也呼應了中國文化的轉變與沈淪。

國家圖書館出版品預行編目資料

古代文明的開展：文化絕對價值的尋求／王世宗著.
－－修訂三版一刷.－－臺北市：三民，2022
面； 公分

ISBN 978-957-14-7526-4（平裝）
1. 文明史 2. 上古史 3. 中古史

713.1 111013984

古代文明的開展——文化絕對價值的尋求

作　　者｜王世宗
發 行 人｜劉振強
出 版 者｜三民書局股份有限公司
地　　址｜臺北市復興北路 386 號（復北門市）
　　　　　臺北市重慶南路一段 61 號（重南門市）
電　　話｜(02)25006600
網　　址｜三民網路書店 https://www.sanmin.com.tw

出版日期｜初版一刷 2004 年 9 月
　　　　　修訂二版三刷 2018 年 1 月
　　　　　修訂三版一刷 2022 年 11 月
書籍編號｜S710410
I S B N｜978-957-14-7526-4